上海民政年鉴 2020

SHANGHAI CIVIL AFFAIRS ALMANAC

上海市民政局 编

上海人民出版社

《上海民政年鉴(2020)》编委会

凡　例

一、《上海民政年鉴》是系统记述上海民政部门在社会救助、社会福利、社区治理、社会组织、社会服务等方面情况的年度资料性文献。《上海民政年鉴(2020)》是新世纪首部记述上海民政事业改革与发展的部门年鉴，由《上海民政年鉴》编纂委员会主持编纂，《上海民政年鉴》编辑部负责编辑出版。

二、本年鉴存真求实，客观反映上海民政工作取得的成绩和实际情况，体现时代特征、地方特色和年度特点。

三、本年鉴记述时限为 2019 年 1 月 1 日至 12 月 31 日，部分内容、数据涉及时限外。

四、本年鉴设“特载”“社会救助与慈善”“社会福利”“社区治理与社会建设”“社会组织”“社会服务”“民政综合建设”“市局属单位和局管社会组织”“各区民政”“附录”等版块。共列 39 个栏目、109 个分目、708 个条目。

五、本年鉴栏目、分目之首一般设“综述”“概况”，反映各领域、各单位的总体情况，记述基本要素，保持各年度间相关资料的延续性。

六、本年鉴主要记述形式为条目，体裁有述、记、图、表、录等。

七、本年鉴资料和相关数据均由上海市民政局各机关处室及各局属单位、上海市各区民政局提供。

小雨 28℃~36℃
首页
社会救助
社会福利
上
今天数据
结婚登记量
267 对
离婚登记量
241 对
社区事务受理
46219 件
社区养老服务
37838 次
聚
村委会
收入核对
婚姻登记
综合帮扶
低收入
社区事务受理
儿童
社会福利
社区治理
社会救助
健全城乡社会救助体系，完善社会救助信息系统，

民政
社会服务
社区治理
社会组织
用
今年数据
入海数据总量
5.00亿条
当年法人组织
20264家
当年服务对象
753.86万人
当年资金发放
35.21亿元
金会
残疾人
社区工作者
居委会
支内回沪
低保
社会服务机构
团体
社会服务
社会组织
助
会救助相关措施，承担居民经济状况核对工作，指导和监督救助管理站。

5 月 30 日，上海市委、市政府召开"上海市养老服务工作现场推进会"。会前，市委书记李强（右四）、市长应勇（左四）等市领导实地调研社区综合为老服务中心和养老机构建设运营情况

6 月 11—12 日，民政部党组书记、部长黄树贤（左三）调研上海民政工作，上海市副市长彭沉雷（左一）和上海市民政局党组书记、局长朱勤皓（右三）陪同

10 月 22 日，民政部副部长王爱文（右三）调研上海社区事务受理服务中心标准化建设及“全市通办”“一网通办”工作，上海市民政局党组书记、局长朱勤皓（右二）陪同

1 月 3 日，上海市委副书记尹弘（左二）调研浦东新区书院镇塘北村“家门口”服务中心

9 月 21 日，上海市副市长彭沉雷（右一），市政府副秘书长赵祝平（左一）启动“上海市政府购买社会组织服务供需对接平台”

7 月 25 日，上海市民政局党组书记、局长朱勤皓（左一）出席“牢记初心使命　争做新时代民政孺子牛”主题宣讲会，并为民政部“孺子牛奖”获奖者王刚授奖

驻局纪检监察组组长黎荣（正面左二）听取民政工作交流

12 月 20 日，上海市民政局副局长蒋蕊（左四）出席上海长三角区域养老服务促进中心揭牌仪式

10月1日，上海市民政局副局长梅哲（右一）出席普陀区“金秋十月连理枝　欢颂祖国万年春”结婚登记集体颁证仪式

9月11日，上海市民政局副局长李勇（左一）出席“帮你找到家”中秋圆梦主题活动

上海市民政局副局长曾群（右三）调研黄浦区“社区云”建设工作

2 月 14 日，全市民政工作会议召开

6 月 6 日，上海市民政局召开“不忘初心、牢记使命”主题教育动员会

10 月 30 日，上海市民政局召开党员代表大会，选举产生新一届直属机关党委、纪委

6 月 11—13 日，“2019 上海国际养老、辅具及康复医疗博览会”

9 月 21—22 日，第九届上海“公益伙伴日”

9 月 11 日，上海市民政局寻亲甄别青年突击队成员护送受助人员回家

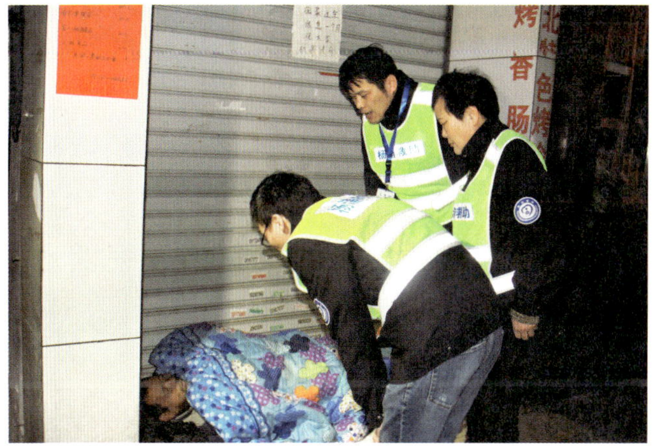

1 月 31 日，杨浦区救助管理站工作人员在街面救助流浪露宿人员

上海市救助管理站

长宁区华阳街道家庭救助顾问点

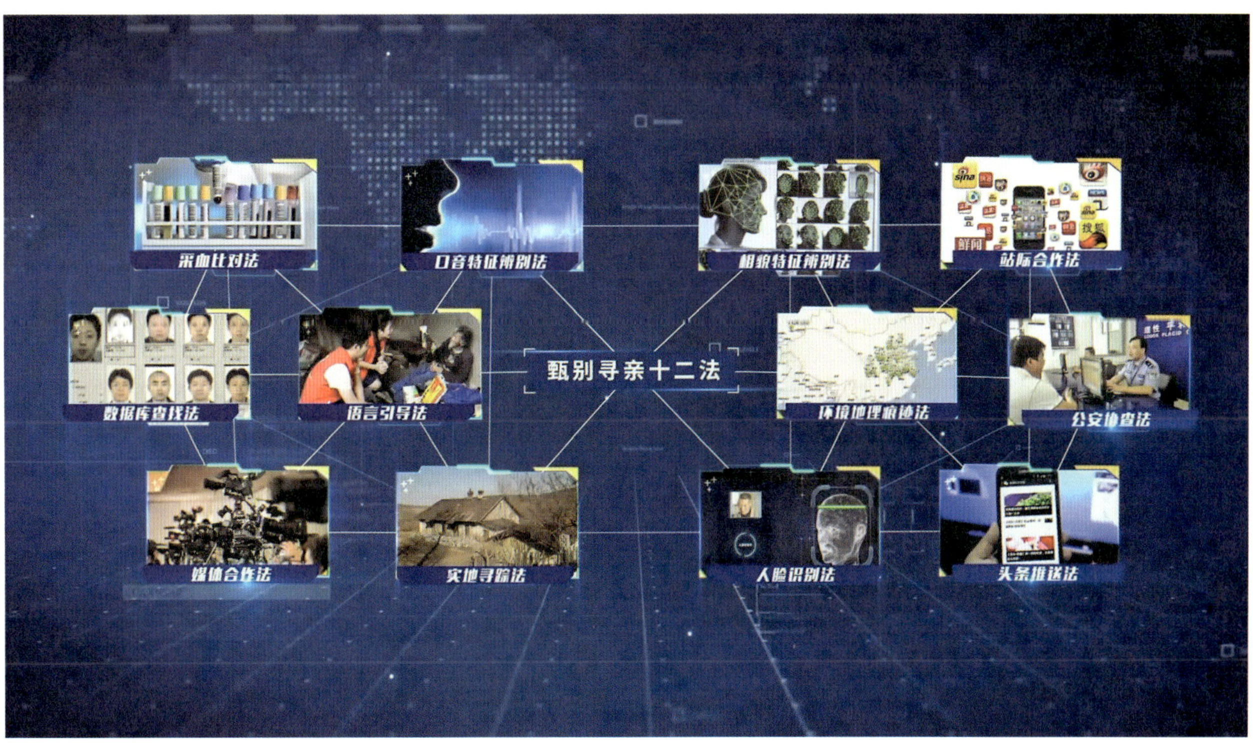

流浪乞讨人员救助“甄别寻亲十二法”

上海市第一社会福利院组织住养老人开展活动

黄浦区老西门街道综合为老服务中心提供助餐服务

黄浦区小东门街道长者照护之家开展健康咨询服务

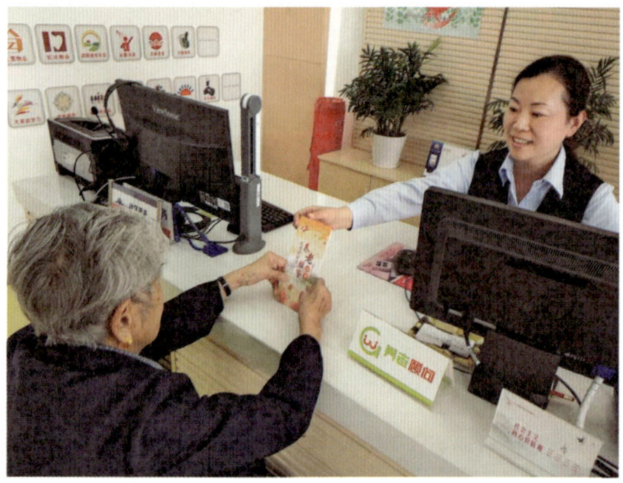

虹口区欧阳路街道综合为老服务中心设立养老顾问点

奉贤区奉城镇久茂村“四堂间”开展为老服务

10 月 19 日，金山区养老机构长护险护理员技能竞赛

10 月 10 日，以色列艺术家与上海市儿童福利院儿童互动交流

上海市第二社会福利院与住养人员制作花灯共贺元宵

上海市儿童福利院一景

普陀区万里街道设立居民康复辅具租赁点

上海市福利彩票发行中心开展宣传活动

7月4日，长宁区"初心讲堂"聚焦超大城市社区精细化治理

宝山区开展"邻里一家亲"自治美好家园活动

青浦区夏阳街道金家村在"平心客堂间"向村民宣传垃圾分类工作

崇明区陈家镇花漂村村干部开放式办公场景

松江区方松街道弘翔邻里中心提供社区服务

徐汇区枫林街道枫林路"邻里汇"阅读空间

9 月 24 日，上海市民政局党组书记、局长，上海市社会组织管理局局长朱勤皓（左三）出席局管社会组织工作会议

7 月 26 日，上海市民政局召开全市社会组织参与脱贫攻坚推进会

嘉定区社会组织开展成年孤儿关爱服务项目

5 月 23 日，虹口区社会组织参与生活垃圾分类活动

9 月 20 日，闵行区社会组织参加“携手并进 · 益创闵行”公益嘉年华活动

闵行区浦锦街道慈善超市

上海公益基地·上海农商银行

上海市民政局组织开展第十七期沪疆“银龄行动”志愿服务

4 月 2 日，闵行区举行 2019 年“蓝丝带”公益骑行活动

静安区大宁路街道组织开展“桥计划”项目活动

4月15日，上海市民政局党组书记、局长朱勤皓（右一）作客“2019 民生访谈”

9月22日，上海市民政局开展“地图文化之旅　上海市行政区划的变迁”主题活动

浦东新区实现长三角地区“一网通办”线下专窗全覆盖

4月28日，杨浦区民政局和中国人民解放军91860部队共同主办“情定浪花白，共筑强军梦”纪念人民海军成立70周年结婚登记集体颁证仪式

9月23日，上海市民政局组织开展第419次海葬活动

12 月 24 日，上海市民政局执法总队成立

7 月 1 日，上海市民政第二精神卫生中心新党员入党宣誓

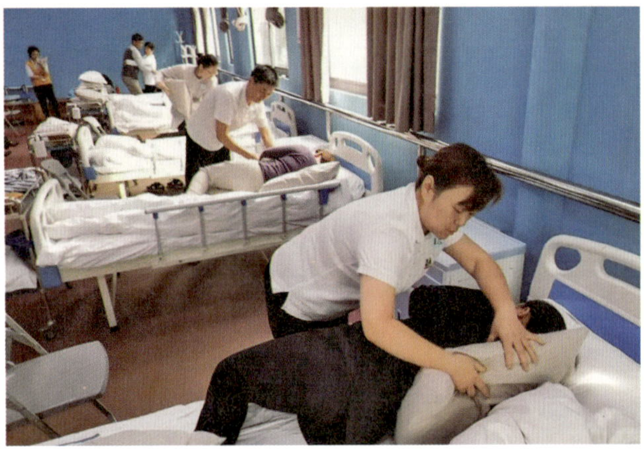

11 月 10 日，“同福汇杯”第一届上海开放大学民政学院老年服务与管理专业技能大赛

5 月 4 日，上海市民政局开展纪念“五四”运动 100 周年活动

6 月 6 日，上海市殡葬服务中心开展“寻访解放记忆　传承红色精神”活动

上海民政博物馆

上海市公益新天地园

上海社会组织展示馆

上海婚姻文化展示馆

上海殡葬博物馆

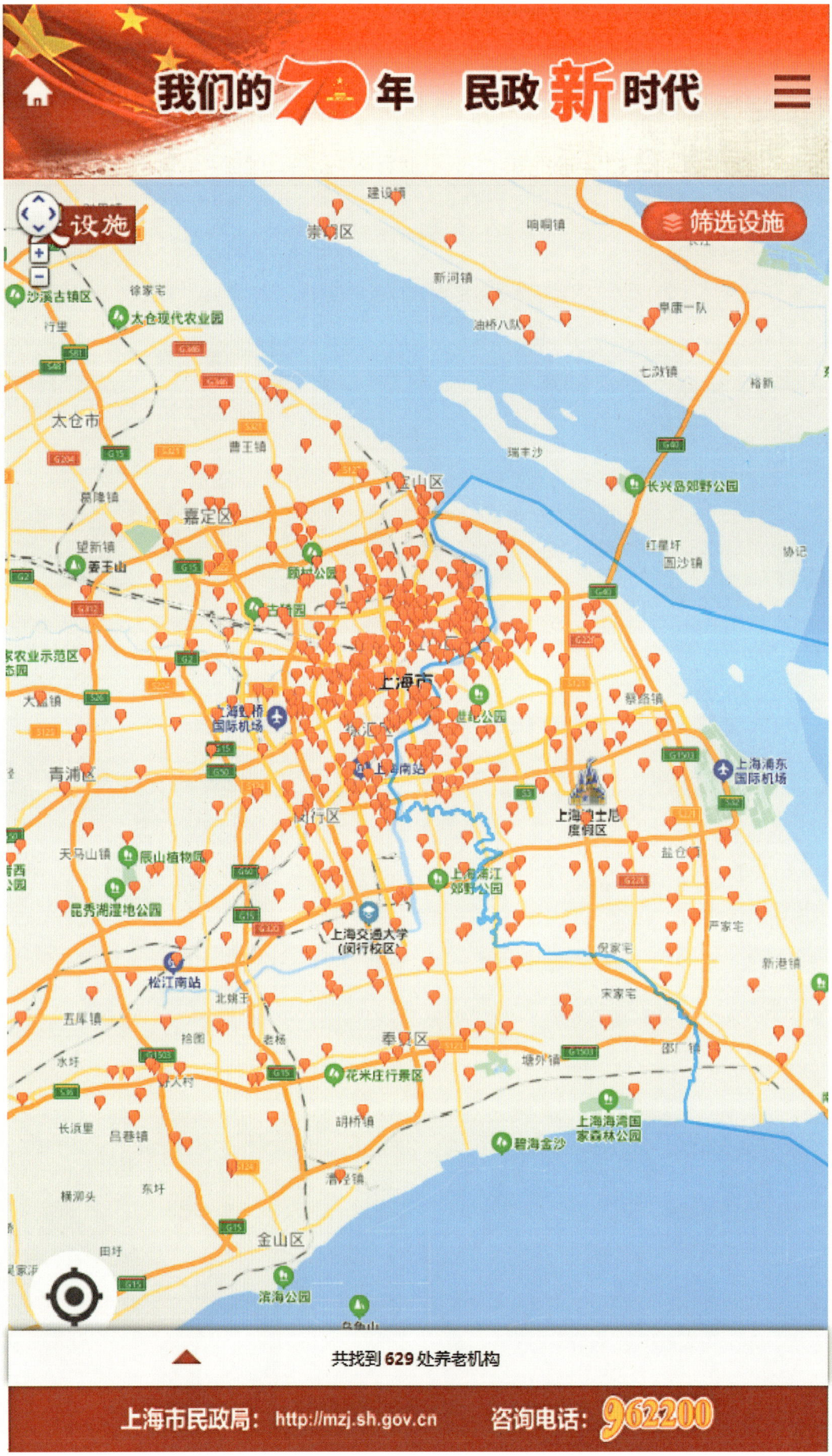
我们的70年 民政新时代
设施
筛选设施
上海市
嘉定区
宝山区
青浦区
闵行区
奉贤区
金山区
太仓市
上海虹桥国际机场
上海浦东国际机场
上海南站
松江南站
上海迪士尼度假区
上海交通大学（闵行校区）
辰山植物园
长兴岛郊野公园
共找到629处养老机构
上海市民政局：http://mzj.sh.gov.cn
咨询电话：962200

民政服务设施地图

目录

特载

第一篇 社会救助与慈善

第一章 社会救助

第二章 慈善事业

第二篇　社会福利

第三章　养老服务

第四章　儿童福利

第十三章　社会组织综合管理与服务

第五篇　社会服务

第十四章　婚姻管理

第十五章　殡葬管理

第十九章　民政信息化建设

第二十章　民政资金管理

第二十一章　局系统党建、群团与队伍建设

第七篇 市局属单位和局管社会组织

第二十二章 市局属单位

第二十三章　上海市民政局局管社会组织

第八篇　各区民政

第九篇　附录

Shanghai Civil Affairs Almanac(2020)

Contents

Preamble

Part III Community Governance and Social Construction

Chapter VI Development of Grassroots Administration Bodies

Chapter VII Management of Administrative Divisions and Geographical Names

Part VII Subordinate Units of Shanghai Civil Affairs Bureau and Social Organizations Managed by SCAB

Chapter XXII Subordinate Units of SCAB

Part IX Appendixes

特　载

习近平总书记对民政工作作出重要指示

近年来,民政系统认真贯彻中央决策部署,革弊鼎新、攻坚克难,各项事业取得新进展,有力服务了改革发展稳定大局。

民政工作关系民生、连着民心,是社会建设的兜底性、基础性工作。各级党委和政府要坚持以人民为中心,加强对民政工作的领导,增强基层民政服务能力,推动民政事业持续健康发展。各级民政部门要加强党的建设,坚持改革创新,聚焦脱贫攻坚,聚焦特殊群体,聚焦群众关切,更好履行基本民生保障、基层社会治理、基本社会服务等职责,为全面建成小康社会、全面建设社会主义现代化国家作出新的贡献。

——2019 年 4 月,习近平总书记对第十四次全国民政会议作出重要指示

2019年上海民政十大热点

一、《上海市社会救助条例》于5月1日正式实施。

二、上海市委、市政府召开“上海市养老服务工作现场推进会”，市政府印发《上海市深化养老服务实施方案(2019—2022年)》。

三、上海市委办公厅、市政府办公厅印发《上海市社区工作者管理办法》。

四、上海市民政局执法总队成立，上海民政综合行政执法开启新征程。

五、社区政务服务：从“一门式服务”到“一网通办”。

六、上海市成为全国康复辅助器具社区租赁试点城市。

七、“上海市养老服务平台”(www.shweilao.cn)上线。

八、“帮你找到家”：帮助生活无着流浪乞讨人员寻亲返乡。

九、上海社会组织积极助力“脱贫攻坚战”。

十、深化社区治理规范化、精细化，助推生活垃圾分类。

收官“十三五” 展望“十四五”
进一步构建符合超大型城市特点的民政事业发展体系

（代 序）

上海市民政局党组书记、局长 朱勤皓

在进入“十三五”收官、展望“十四五”的关键时期，我们要进一步按照超大型城市的特点，构建现代化民政事业发展体系。

一、2019 年上海民政工作进展情况

2019 年，上海民政工作坚持以习近平新时代中国特色社会主义思想为指引，深入贯彻习近平总书记考察上海重要讲话精神及对民政工作重要指示，结合“不忘初心、牢记使命”主题教育，根据全国民政会议的整体部署及市委市政府目标任务，在市、区两级民政部门的通力协作下，全市民政事业实现新突破、新发展。

（一）社会救助保障网不断巩固

上海市第 23 次调整低保等救助标准，达到 1 160 元/人/月。特困人员日常生活供养标准调整为 1 510 元/人/月。适时启动社会救助和保障标准与物价上涨挂钩联动机制，累计为贫困家庭发放价格临时补贴 4 500 万元。全面实施《上海市社会救助条例》，出台《上海市社会救助经办人员及居(村)民委员会工作人员近亲属享受社会救助项目备案管理办法》和《上海市最低生活保障审核确认办法》，修订《上海市城乡居民最低生活保障申请家庭经济状况核对实施细则》及《上海市城市居民享受最低生活保障待遇违法行为行政处罚裁量基准》，不断完善制度体系，提升精准救助水平。扎实开展城乡低保专项治理，确保“应保尽保”“应退尽退”。进一步加强生活无着流浪乞讨人员救助管理工作，持续开展“帮你找到家”活动。全面实施《上海市慈善超市创新发展三年规划(2017—2019 年)》，基本实现慈善超市街镇(乡)全覆盖。全市登记认定慈善组织 403 家，具有公开募捐资格的慈善组织 26 家。备案慈善信托 10 单，财产总规模超 1.3 亿元。杨浦区率先上线民政资金内控监管平台，助力精准救助机制建设；长宁区首推“救助顾问”制度，打造陪伴救助模式；徐汇区创新探索“徐汇 ABC 模式”社会救助服务；嘉定区、松江区不断强化社会救助体系建设；闵行区探索全国首个孤独症援助体系，持续深化弱有所扶工作；崇明区创设“精准课堂”，着力提升经济状况核对水平。

（二）社会福利水平不断提升

养老服务方面。市委市政府召开养老服务工作现场推进会，下发《上海市深化养老服务实施方案(2019—2022年)》,对上海构建符合超大型城市特点的养老服务体系进行系统谋划。全年完成新增养老床位7 202张,改造认知症老人照料床位1 485张,改造89家郊区农村薄弱养老机构,新建83家老年人日间服务中心,新增88家社区综合为老服务中心,新增217个社区老年助餐场所。大力推进社区嵌入式养老模式,综合为老服务中心实现街镇(乡)全覆盖。建成"长者照护之家"180多家,老年人日间服务中心700家。深化长期护理保险试点。继续实施普惠型老年综合津贴制度,共惠及381万名老年人。深化"医养结合",全市有299家养老机构内设医疗机构。加强养老护理员队伍建设,全市已形成5万名护理员队伍。"上海市养老服务平台"正式上线,社区"养老顾问"实现街镇(乡)全覆盖。持续开展养老服务质量提升行动,在全国率先开展养老机构等级评定。出台《上海市社区嵌入式养老服务工作指引》,打响社区嵌入式养老服务上海品牌。推动成立长三角养老协会联合体。连续举办上海国际养老、辅具及康复医疗博览会。目前,上海养老博览会已发展成为国内第一、世界第二大养老福祉产业品牌博览会。黄浦区、静安区大力推进社区嵌入式养老服务,打造家门口的养老服务;长宁区率先探索认知症照护体系建设的"长宁标准";徐汇区建好家门口的"大食堂",进一步提升助餐服务水平;浦东新区着力推进养老服务"四个监管",探索养老行业应用场景建设;普陀区打造"一网、一圈、一核",构建党建引领下的养老服务体系建设;虹口区试点实施"时间银行",让养老互助公益服务更有动力;金山区创新推出"埭一家"互助养老模式;松江区不断推进幸福老人村和幸福老人家建设;宝山区创新开展"银龄e生活"服务项目,不断丰富为老服务新内容;黄浦区与绍兴市新昌县达成战略合作协议,推进长三角养老服务协同发展。

残疾人福利方面。着力打造青浦区西虹桥康复辅助器具产业园和闵行区南滨江康复辅助器具产业园,已入驻企业43家,累计营业额5.7亿元。建成"康复辅助器具创新产品体验馆"和"康复辅助器具应用场景展示馆"。举办长三角国际康复辅助器具产业创新论坛,发布《长三角康复辅助器具产业创新发展合作共识》。作为国内首个在全市范围进行试点的城市,上海制定并启动康复辅助器具社区租赁服务三年行动计划,年内在70个街镇开展试点。继续做好残疾人"两项补贴"发放工作,全市共发放困难残疾人生活补贴和重度残疾人护理补贴共6.73亿元、286.1万人次。

儿童福利方面。稳步提高儿童福利保障水平,机构孤儿养育标准提高到2 100元/人/月,社会散居孤儿、困境儿童和艾滋病病毒感染儿童的基本生活费标准提高到1 900元/人/月。推进成年孤儿回归社会安置工作。下发上海市关于事实无人抚养儿童保障、加强农村留守儿童和困境儿童关爱保护工作的政策文件,全市共建成困境儿童临时照料场所23处。崇明区不断加大农村留守儿童的关爱保护力度;松江区积极做好困境儿童关爱保护,鼓励支持社会力量参与困境儿童保护,金山区、普陀区着力加强困境儿童精准帮扶网,确保"成长的路上一个都不能少"。

(三) 社区治理能力不断加强

印发《关于推进社区治理分类指导的通知》,加强对全市社区治理的分类指导。举办新时代上海社区工作法论坛暨社区分类治理系列研讨会,促进各区、街镇相互学习借鉴、取长补短。广泛发动社会多方力量,应用社区治理机制助推"垃圾分类"。推进社区民主协商示范点(居村自治家园)建设。修订出台《上海市社区工作者管理办法》,进一步规范合同管理、强化街镇统筹、做实考核机制。扎实开展居(村)委会主任骨干培训、社区工作者骨干培训和街道自治办负责人培训。推动建设全市统一、面向基层的社区治理云平台——“社区云”，提升社区治理智能化水平。全面实施“阳光村务工程”，推进村务公开信息化全覆盖。推动村干部开放式办公。进一步做实深化基本管理单元，提升基本管理单元功能。组织实施并完成“沪浙线”第四轮省界联检。完成撤销五角场镇、设立长海路街道，及在南桥镇析出金海街道的行政区划调整工作。目前，上海有16个区，107个街道、106个镇、2个乡，居民委员会4 507个和村民委员会1 570个。浦东新区、杨浦区着力推进社区分类治理，提升精细化治理水平；长宁区积极推进全国社区治理和服务创新实验区建设。黄浦区举办新时代优秀社区工作法研讨会，深入推动社区“三会”制度；静安区构建能力模型，不断完善社区工作者队伍培养体系；普陀区开展“走百家门、知百家情、解百家忧、暖百家心”社区工作者百日竞赛活动；虹口区全面深化“全岗通3.0”版本；宝山区不断优化“社区通”工作系统；闵行区开发社区大数据管理应用系统，探索互联网＋基层治理新模式；青浦区打造公共“客堂间”，成为村民的“微课堂”和“展示厅”；金山区积极探索村民自治分类指导，夯实乡村振兴的基层基础；奉贤区推进“沉浸式”办公，让村干部零距离服务群众；崇明区不断提升“五美社区”新内涵，描绘农村生活新画卷。

（四）社会组织发展环境不断改善

不断优化社会组织登记工作，推动上海国际人类表型组研究院等一批科技类社会组织成立。深化社会组织登记“一网通办”平台建设，探索开展长三角社会组织登记工作。探索国际性社会组织落户上海办法，完善涉外社会组织试点登记管理方案。编印上海市社会组织涉(境)外活动问答，加强对社会组织涉外活动的服务指导。全面推开行业协会商会与行政机关脱钩改革，进一步激发行业协会商会活力。开展品牌社会组织选树工作，首批推出36家具有代表性和行业领军性质的社会组织。上线运行“上海市政府购买社会组织服务供需对接平台”，助推解决购买主体政府部门和承接主体社会组织的信息不对称、对接难等问题。严格开展社会组织年检年报、专项审计，实施以“评估、访谈、审计、查处”为主要内容的日常举措监管。开展社会服务机构登记管理自查自纠工作。制定《上海市基金会专项基金管理办法(暂行)》，规范上海市基金会的专项基金行为，杜绝公益风险。鼓励引导社会组织参与垃圾分类。举办第九届“上海公益伙伴日暨公益伙伴月”系列活动，开展首届社会组织公益创业大赛和年度公益盛典，举行第二届社区基金会公益创投大赛和社区公益会开放日活动，发布上海公益数据和“公益之申”评选榜单。深入推进社会组织参与脱贫攻坚，年投入扶贫资金超10亿元。静安区积极落实“一网通办”，实现社会组织登记“零跑动”；杨浦区不断强化资源、信息、平台的“三个集聚”，打造杨浦区社会组织总部基地；奉贤区积极凝聚社会组织力量，促进“贤社荟”品牌建设。浦东新区积极探索将党的建设贯穿于社会组织发展的全生命周期，推进社会组织品牌项目落地社区；普陀区加强党建引领、创新服务管理，打造社会组织特色党建品牌。虹口区积极引导社会组织参与居民楼组自治，践行垃圾分类；徐汇区以人才培育为突破口，整体提升社区基金会执行力。

（五）社会服务能力不断提高

全面实施社区事务“一网通办”，市民可在线办理12个委办局的188个事项(其中40个事项实现"全程网办"),年受理量达1 250万人次。"政务便利店"被评为2019年"最受市民欢迎的'一网通办'十件事"之一。首批开通上海、苏州、杭州等14个城市的21个个人服务事项"一网通办"线下专窗。推进婚姻登记规范化建设,全年办理婚姻登记15.3万对,登记合格率和满意率均达到100%。研究出台转制过渡期间消防救援人员婚姻登记工作有关意见,为全国提供可复制、可推广的上海方案。制定出台《上海市婚姻登记工作规范》《上海市婚姻登记管理工作指引》,进一步加强工作规范。并对残疾人、老年人等特殊群体婚姻登记作出特别规定,填补婚姻登记政策空白。推进殡葬事业改革发展,在全市范围组织开展违法违规私建"住宅式"墓地等突出问题专项摸排和殡葬领域突出问题专项整治"回头看"工作。集中整治互联网殡葬服务行业乱象。开通"上海市殡葬服务平台",推行"上海市白事顾问"制度,规范殡葬服务市场。大力推进志愿服务和社会工作平台建设,推动修订《上海市志愿服务条例》,开展志愿服务组织标识工作,目前全市共标识志愿服务组织231家,专业社会工作机构总量603家。完善"公益上海"信息平台功能建设,已命名"上海公益基地"超6 000家,为上海市志愿者发放"公益护照"32万本,设置志愿服务岗位1.23万个,记录志愿服务总时长20万小时。建立社区"公益顾问"制度,营造"人人公益、处处可为"的良好氛围。嘉定区积极推进社区受理中心标准化建设,扎实推进"一网通办"工作;虹口区推进5G智慧社区建设,打造"社区事务办理空间站"。静安区积极探索,开启智能化婚姻登记新体验;杨浦区不断创新"携爱同行"婚姻文化品牌;宝山区以"和"促文明、用"爱"树新风,深化特色婚姻登记服务;嘉定区进一步打造"礼乐嘉定·让爱丰盈"婚姻文化品牌。奉贤区不断推进绿色文明殡葬新风建设;青浦区积极推进丧葬礼俗改革,用鲜花扫去墓园"烟灰气";闵行区通过"互联网+"模式,不断提升殡葬管理服务能级;金山区探索在高压线下推进绿色殡葬。浦东新区正式启用公益示范基地"新益汇"社会组织创新空间,打造浦东公益新地标。

(六)民政自身建设不断强化

2019年,上海民政坚持以党建为引领,不断加强政风行风及自身能力建设,全面完成新一轮民政部门机构职能调整,推动上海民政工作迈上新的台阶。全面推进"不忘初心、牢记使命"主题教育,深入践行"民政为民、民政爱民"。深入推进党风廉政建设,加大执纪监督力度,进一步营造风清气正的氛围。深入开展"我和我的祖国""我们的70年——民政新时代"主题宣传活动,庆祝中华人民共和国成立70周年。开展"上海先锋行动"和"进博先锋、岗位建功"行动,服务保障"进博会"各项工作。编辑出版《老年护理指南》等民政专家系列丛书,出版《上海社会组织发展二十年》,宣传民政工作,树立民政优良形象。成立上海市民政局执法总队,推进民政综合执法体制建设。加强民政系统内控建设,试点推行全民政资金内控监管平台。2019年,《上海老年报》发行超25万份,福利彩票发行再创历史新高,达到51.57亿元,筹集福彩公益金16.08亿元。

2019年,上海推进养老服务体系建设连续两年被国务院点名表扬。在第十四次全国民政会议上,上海民政系统许多单位和个人被评为全国民政系统先进集体、先进工作者及劳动模范等称号。其中,市龙华殡仪馆王刚获民政部最高荣誉奖——"孺子牛奖"。上海假肢厂高级技师吕永兵荣获2019年"上海工匠"。市民政局养老服务处陈跃斌处长荣获上海市人民满意公务员称号。上海民政行业荣获上海市文明行业"八连冠"。在2019年度民政部重点工作综合评估中,上海再次被评为优秀。

这些成绩是在民政部的大力支持、市委市政府的坚强领导下，全市民政系统砥砺奋进、真抓实干的结果，是各兄弟部门、各区大力支持与密切配合的结果，是人大代表、政协委员及专家学者共同关心、社会各界共同推动的结果。在此，我代表市民政局，向所有关心支持民政工作的各位领导、各位同志，向奋勇拼搏、无私奉献的民政干部职工和基层工作者，表示衷心的感谢！

二、全国民政工作会议有关精神

2019 年 12 月 28 日至 29 日，全国民政工作会议在北京召开。会议总结 2019 年全国民政工作，研究部署 2020 年工作。

李纪恒部长作重要讲话，他指出，2019 年是民政事业发展历程中具有里程碑意义的一年。在以习近平同志为核心的党中央坚强领导下，在各有关部门大力支持、社会各界广泛参与下，各级民政部门紧紧围绕中心，坚决服务大局，深化改革创新，推进民政工作取得新进展、新成效。关于 2020 年民政工作，李纪恒部长强调，要深刻学习领会习近平总书记对民政工作的重要指示和论述精神，提升“四个认识”。一要提升对民政工作政治性的认识，深刻理解民政工作是党的政治工作，事关民心向背，事关党的执政根基和长治久安，把人民群众特别是困难群众拥护不拥护、赞成不赞成、高兴不高兴、满意不满意作为检验标准。二要提升对民政工作群众性的认识，始终站稳群众立场，践行“民政为民、民政爱民”工作理念，以群众的需求为政策导向，把群众的关切作为工作的重心和着力点，将心比心、心心相印，将党和政府的惠民政策精准送到群众身边。三要提升对民政工作时代性的认识，把民政工作放到全面建成小康社会、实现“两个一百年”奋斗目标的高度来审视，放到“五位一体”总体布局、“四个全面”战略布局来把握，顺应新时代我国社会主要矛盾的转化和人民群众对美好生活的新期待，紧紧围绕党和国家重大战略部署展开和推进民政工作。四要提升对民政工作协同性的认识，充分调动政府、社会、市场等方面的资源支持参与民政工作，形成“一盘棋”，拧成一股绳，推动民政事业行稳致远。

李纪恒部长指出，要紧紧围绕打赢脱贫攻坚战、全面建成小康社会，推进实施好 2020 年民政各项重点任务。一要全面排查兜底保障政策落实情况，确保应保尽保、应救尽救，坚决兜住脱贫攻坚之底。二要着眼于积极应对人口老龄化，针对养老服务政策落实中的难点堵点制定督促落实的政策措施，不断完善居家社区机构相协调、医养康养相结合的养老服务体系。三要着力提升基层社会治理和服务能力，促进基层社会和谐稳定。四要加快制定修订有关民政法律法规，使各项民政制度更加成熟更加定型，使中国特色社会主义制度的优越性在民政领域充分展现。五要科学编制民政事业“十四五”规划，为民政事业长远发展提供强力支撑。六要持续深化改革创新，多措并举加强基层民政工作，提高履职能力。

三、2020 年上海民政工作任务

2020 年，是“十三五”规划收官之年，更是全面建成小康社会之年。上海民政工作将以习近平新时代中国特色社会主义思想为指引，认真落实党的十九大及二中、三中、四中全会精神、习近平总书记考察上海重要讲话精神及对民政工作重要指示，根据民政部和市委市政府年度重点工作安排，全面完成“十三五”规划所设定的目标和指标。对标党中央国务院关于打赢脱贫攻坚战整体部署中对民政的要求，全力推动工作落实。总体思路：聚焦脱贫攻坚，聚焦特殊群体，聚焦群众关切，更好履行民政在基本民生保障、基层社会治理、基本社会服务等方面的职责。坚持法治建设，制度优先。注重制度的积累和完善，努力形成“上海经验”和“上海方案”；坚持聚焦重点，带动全面。以关键环节、重点工作的突破带动面上工作的全面发展；坚持优化供给，落地见效。不断提升民政公共服务的质量和水平，托底保障困难群体，兼顾更多群众需求，通过场景式的服务，让群众更加有获得感和感受度；坚持多元参与，共建共享。通过“绣花式”的治理，打造共建共治共享的大城治理“上海模式”。为上海建设卓越的全球城市，为人民群众有更多、更直接、更实在的获得感、幸福感、安全感贡献力量。

（一）全力做好新冠肺炎疫情防控工作

深入学习贯彻习近平总书记关于新冠肺炎疫情防控工作的重要讲话和一系列重要指示精神，根据民政部和市委市政府有关加强新冠肺炎疫情防控工作总体要求，周密部署，稳防稳控，有序开展各项防控工作。一是开展社区疫情群防群控。根据市疫情防控工作领导小组统一安排，牵头开展有关疫情社区排摸、居民防病宣教、社区环境预防性消毒、隔离观察人员日常管理和生活服务保障等工作。二是加强民政系统服务机构疫情防控。下发并严格落实有关养老服务、儿童福利、殡葬管理、流浪乞讨救助、社区事务受理服务中心、婚姻登记及彩票站点等行业的疫情防控工作规范，进一步加强有关场所、设施及人员的疫情防控举措，确保各类服务对象健康安全。三是鼓励社会力量依法有序参与。加强规范管理，鼓励和引导社会捐赠，促使全社会爱心力量汇聚成合力。开展专业社会工作服务，引导和动员社会工作服务机构、社会工作者积极投身防疫工作，开展政策宣传、一线工作人员心理疏导及社区关系辅导等工作。

（二）进一步推进社会救助

以贯彻《上海市社会救助条例》为统领，不断完善社会救助体系，聚焦打赢脱贫攻坚战，进一步夯实民政托底保障网。一是细化完善救助政策。梳理完善粮油帮困、重残无业、救助渐退等政策措施。有序做好低保等救助标准的调整工作，加强特困供养和临时救助工作，确保困难群体基本生活。关注经济新常态下特殊群体的生活状况，探索相对贫困救助机制。二是加强社会救助绩效评价。进一步完善社会救助绩效评价指标体系，不断优化评价方式和评价流程，强化评价结果的应用。三是试点开展困难群众救助需求综合评估。探索建立评估指标，综合考虑家庭人口状况、经济状况能力等因素，综合评估救助需求，确定救助模式。开展分类核对研究，提升经济状况核对效能。四是着力提升精准救助。全面推开民政资金内控系统，实现低保等资金的信息化发放全覆盖，切实加强全市救助资金的安全管理。五是加强社会力量参与。推广“社区救助顾问”等制度，解决群众对政策不熟悉，对社会救助资源不了解，难以找到合适的救助途径的问题。健全救助发现机制，重点关注困难群众中“不声不响”的人，让“沉默的少数”应保尽保。推广“桥计划”，整合政府、社会、社区等多方面资源，加强非物质救助，解决社会救助服务和资源分散的问题。六是做好生活无着流浪乞讨人员救助管理。继续开展“帮你找到家”行动，进一步发挥长三角救助管理联动机制，加大跨省甄别和寻亲力度。全面推进救助机构标准化建设。七是深入推进慈善事业。完成第十一届“中华慈善奖”推荐申报，做好“上海慈善奖”表彰相关工作。开展“中华慈善日”主题系列活动。加强慈善超市建设和经常性社会捐赠点工作。推动慈善信托备案管理。

（三）进一步完善社会福利

着力推进养老服务。以贯彻落实《上海市深化养老服务实施方案（2019—2022年）》为统领，细化指标任务，明确时间节点和进度安排，有序推进养老服务"三增"。一是"增量"方面。推进居家机构社区协调发展，不断增加养老服务供给。确保完成市政府养老实事项目（新增50家综合为老服务中心、200个助餐场所、7 000张养老床位，改造建设2 000张认知障碍照护床位）。推进落实《上海市社区嵌入式养老服务工作指引》，加强社区养老服务综合体建设，打造"15分钟养老服务圈"，为老百姓提供更加便利的"家门口"养老服务。进一步推广农村互助式养老服务，新增示范"睦邻点"800家以上。加快护理型床位、家庭照护床位建设，继续开展老年认知障碍友好社区建设试点。持续做好"老吾老""老伙伴""银龄宝典""银龄行动"等为老服务品牌项目。二是"增能"方面。完善养老服务质量，提升养老服务能级。开展养老服务机构等级评定及服务质量日常监测，推进养老服务社会信用体系建设，推出一批养老服务标准，进一步加强养老服务质量综合评价。继续完善医养结合，加大探索体养结合。完善社区养老服务全流程管理。完善养老护理员职业技能鉴定，建立养老护理员统一数据库和行业薪酬指导机制，不断推进养老护理员队伍建设。加强消防等养老服务领域重点环节监管，探索老年助餐服务的"可追溯"模式。建立养老机构轮候排队系统，加强全市养老床位统筹。三是"增效"方面。大力发展养老服务产业，鼓励社会力量参与养老服务。深入开展养老服务领域放管服改革，支持各类企业进入养老服务市场，提供更加丰富的失能老年人长期照护服务、养老金融服务等产品。推进老年用品和康复辅具进机构、进社区、进家庭，办好第十五届上海养老辅具康复医疗博览会、第八届中国老年福祉产品创意创新创业大赛。采取市场化运作和政府资助等方式，试点探索居家环境适老化改造，引导扩大养老服务消费。深入推动长三角区域养老一体化高质量发展，推动老年照护统一需求评估、养老服务机构及人员管理和评价标准互通互认，养老服务政策待遇异地结算等工作，为异地养老提供便利。

有序推进残疾人服务。一是推进康复辅助器具产业发展。举办第三届进博会康复辅具产业创新论坛。推进康复辅具产业园区和应用推广基地建设，建成上海市"3+3"产业园区及应用场景展示馆，与长三角产业园区联动发展。落实《上海市关于开展康复辅助器具社区租赁服务三年行动计划》第二年目标任务，2020年新增社区实体租赁网点80家，再覆盖40%街镇乡（累计总覆盖70%），推动建成供应主体多元、经营服务规范、消费群体满意的康复辅助器具社区租赁服务体系。研究出台福利机构康复辅具配置目录。实施300名康复辅具适配专技人员培训计划。二是完善残疾人福利保障。继续做好残疾人"两项补贴"工作，建立上海市困难残疾人生活补贴标准动态调整机制。通过购买服务方式开展精神障碍社区康复服务试点工作。研究制定重度残疾人机构养护相关政策标准。三是服务残疾人集中就业企业。以"稳就业"为目标，优化上海市残疾人集中就业助残督导工作机制，维护残疾职工合法权益。继续实施上海市残疾人集中就业企业社会保险费补贴。进一步完善"残疾人集中就业信息平台"。

大力推进儿童福利。一是加大孤弃儿童保障力度。加强社会散居孤儿基本生活保障。做好成年孤儿回归社会安置工作。加强儿童福利机构规范管理。确保上海市第五福利院项目开工建设。二是完善困境儿童和农村留守儿童关爱保障。在基本生活和国家监护两个方面强化“兜底保障”，完善相关制度举措。加强儿童福利的设施载体建设，推动各区设立未成年人救助保护机构，促进儿童服务类社会组织规范发展、发挥作用。广泛动员社会力量参与，推动家庭依法尽责，共同呵护特殊儿童群体健康成长。

（四）进一步创新社区治理

以贯彻落实《上海市居民委员会工作条例》《上海市实施〈中华人民共和国村民委员会组织法〉办法》为统领，进一步深化社区治理体系，让社区更加秩序、更加安全、更加和谐。一是推进社区自治共治。发挥社区代表会议、社区委员会与其他社区共治平台的协同协作作用，推进社区议事协商制度化开展。深化“三会一代理”“四议两公开”等居村自治机制，推广“住户守则”等新型居（村）规民约。推广“社区微治理”工作模式和方法，进一步推进“有困难、找居村”工作机制。二是加强基层队伍建设。进一步推进社区工作者队伍建设，加强专业能力、绩效考核和合同管理，明确退出机制。组织好居村委会主任骨干培训、社区工作者骨干培训、街道自治办（镇乡服务办）负责人能力培训。积极引导和支持社会力量参与，提升基层工作力量社会化水平。三是推进“社区云”建设。加快推进“社区云”市级工作协调机制建设，全面完成平台一期建设，加强居社互动平台的运营管理。四是深入开展分类治理。推动各区制定分类治理实施方案，形成“一特征三清单”（即不同类型居民区的特征、需求或问题清单、资源清单和服务清单）。继续举办新时代上海社区工作法研讨会。推广“生活驿站、睦邻家园、邻里汇、同心家园、客堂间”等经验成效。五是提升乡村治理能力。深入开展农村社区建设试点示范村创建活动。继续实施“阳光村务工程”，进一步规范村务监督的内容、权限和方式。六是开展社会治理创新研究。继续举办“上海社会建设专家讲坛”，打造社会建设理论研究平台。组织开展社区治理创新项目推选，推广上海市社区治理的实践成果和新鲜经验。研究推进上海市社区综合服务设施建设。七是加强行政区划管理。研究制定基本管理单元评估标准，完善基本管理单元管理机制，进一步发挥基本管理单元在社区治理中的作用。贯彻落实《行政区划管理条例》，研究省级行政区域界线信息化建设方案，做好区划调整审核和政区地名管理工作，深化政区地名文化保护和开发。

（五）进一步发展社会组织

以制度建设为核心，进一步推动上海市社会组织健康有序发展，更好发挥上海社会组织在超大型城市社会治理中的作用。一是加强社会组织党的建设。以党建引领社会组织高质量发展，协同组织部门做好社会组织党建的“三同步”，确保社会组织中党的组织“应建尽建”，进一步提高社会组织发展中党的活动、党的工作及党的影响力有效覆盖，确保上海市社会组织发展的正确政治方向。二是加强登记管理。进一步完善社会组织登记“一网通办”，优化登记流程、细化工作指南，不断释放社会组织活力。推进电子印章在登记、年检等环节的应用，推动社会组织登记电子档案实时生成和应用。三是加大培育扶持。鼓励和吸引国际性社会组织落户上海，加大科技类、公益慈善类、社区社会组织培育力度，大力推动与上海五大中心建设和卓越的全球城市建设相匹配的社会组织发展。鼓励和推动上海市行业协会商会参与行业标准和团体标准的研究和制定，提升行业影响力。继续推进社会组织参与脱贫攻坚、参与垃圾分类。推动社区服务类社会组织健康发展，贴近百姓提供服务。办好第十届上海“公益伙伴日”及“伙伴月”系列活动。探索加强社会组织人才服务工作。继续完善政府购买社会组织服务，深化全市统一的社会组织服务供需对接平台建设。四是完善综合监管。采取有效措施，引导社会组织积极参加等级评估，以评促建。加强社会组织的日常检查和执法监察。深化社会组织信用体系建设，优化完善上海社会组织信用信息系统，做好社会组织活动异常名录和严重违法失信名单的管理、发布工作。深入推进社会组织信息公开。加强局属社会组织的规范化建设和管理。

（六）进一步提升社会服务

以人民群众获得感为出发点，进一步推进上海社会服务的精细化和智能化。一是深化社区政务服务。持续加强标准化建设，深化社区事务受理“全市通办”“一网通办”，推进社区事务受理线上线下深度整合，拓展移动端办理功能。扩大电子亮证、证件免交范围。全面推进社区政务服务“长三角一网通办”。二是开展婚姻登记管理。举办纪念《中华人民共和国婚姻法》颁布70周年系列活动，组织长三角婚姻家庭文化研讨会和集体颁证仪式。研究发布婚姻人口数据。研究“互联网+婚姻服务”工作措施，提升婚姻登记信息化水平。优化营商环境，会同有关部门加强婚介行业规范化管理。加强婚姻登记机关标准化建设。推进孝亲文化展示馆建设。开展形式多样的婚姻家庭文化活动，弘扬社会主义核心价值观。三是加强殡葬领域改革。确保清明(冬至)祭扫活动安全有序。持续推动多种节地生态葬式，推进惠民殡葬。加快火化设施升级改造，推行“绿色殡葬”。因地制宜推进农村公益性安葬设施建设。加强殡葬信息化建设，进一步加大殡葬服务信息公开力度。推进“无烟墓区”建设，倡导无烟祭扫、鲜花祭扫新风尚，促进移风易俗。进一步加强行业监管。充分发挥殡葬行业协会作用，推进行业自律。四是推进社会工作和志愿服务。以《上海市志愿服务条例》的贯彻实施为统领，全面推进上海市志愿服务工作。开展志愿服务调查统计，继续发布“公益数据”，全面推进上海“公益之城”建设。规范志愿服务记录证明，加强志愿服务组织管理。探索长三角区域志愿服务一体化工作。完善老年人、残疾人和儿童社会工作服务体系，拓展社会工作服务领域。继续做好社会工作者职业水平评价考试和专业社会工作高级人才培训。继续开展沪滇“牵手计划”，鼓励社工机构参与脱贫攻坚、服务乡村振兴。

（七）进一步加强自身建设

以党的建设为统领，聚焦法治化、信息化和标准化，不断提升民政工作能级。一是坚持党建引领。着力落实好新时代党的建设的总要求，深入开展好习近平新时代中国特色社会主义思想的学习活动。着力推进党建和业务工作深度融合，加强基层党组织和党员干部队伍建设，夯实党建工作的基层基础。强化正风肃纪，深入推进党风廉政建设。二是坚持法治保障。围绕民政中心工作，加强重点领域地方立法。注重立法研究和项目储备，组织实施《上海市慈善条例》(暂名)立法调研，深入开展基于居家、社区、机构的养老服务立法研究。加强规范性文件管理工作。加强民政综合执法，完善四级预警网络，构建集信息交互、联动执法和风险防控为一体的平台体系。三是坚持信息支撑。全力抓好“互联网+政务服务”工作，对民政各业务信息系统进行整合，按照“一网通办”的工作要求，完成民政业务信息系统建设和升级。推进民政领域业务流程再造，推动政务服务更加便利高效。加强信息共享和数据分析，深入研究大数据、区块链等技术手段与民政工作的融合和应用场景。重点推进民政“数据海”二期建设，全面推广电子证照、电子印章的应用。四是坚持标准先行。坚持国际视野、对标最高水平，形成推动上海民政高质量发展的标准化体系。按照“突出重点、加快供给、填补空白”的原则，打造上海民政标准品牌。2020 年年底前，要累计完成 80 个民政标准化示范点建设，重点推进救助管理、养老服务、志愿服务、经济状况核对、殡葬服务等领域标准研究和制定。五是坚持能力提升。牢固树立底线思维和红线意识，压实主体责任，构建安全风险分级管控和隐患排查治理预防工作机制，筑牢民政事业发展的安全防护网。大力弘扬民政行业“孺子牛”、劳动模范和“上海工匠”精神，组织开展全市民政行业职业技能竞赛，推动建立岗位练兵和技能比武的长效机制，构筑民政人才高地。加强民政科研和民政文化建设，加大民政工作宣传，强化民政专业权威。进一步完善财务内控管理，加强全市民政资金监管和基本建设资金管理。做好信访稳定工作。科学编制上海民政事业发展“十四五”规划。推进民政系统窗口文明建设，争取文明行业的“九连冠”。

在市委市政府强有力的领导下，2020 年，上海民政将继续发扬“孺子牛”精神，鼓劲抓开局、奋力起好步，抓紧时间、抓好落实、抓出成效，全力以赴完成好各项民生实事、建设好每一项民心工程，确保 2020 年全市目标任务及“十三五”各项指标圆满完成。

第一篇　社会救助与慈善

第一章　社会救助

【概况】 上海市民政局负责牵头拟订上海市社会救助政策、标准和实施办法；健全上海市社会救助体系，组织实施最低生活保障、特困人员供养、支出型贫困家庭生活救助、临时救助、特殊救济对象补助，指导开展社区综合帮扶等；组织实施生活无着流浪乞讨人员救助；实施居民经济状况核对等工作。2019 年，上海市民政局以宣贯《上海市社会救助条例》为主线，坚持问题导向、目标导向、效果导向，全面推动上海社会救助工作高质量发展。落实救助保障措施，调整提高城乡低保及相关社会救助标准，城乡居民最低生活保障标准由每人每月 1 070 元，调整为每人每月 1 160 元；启动价格联动机制，全年总计发放资金 5 399.37 万元；开展元旦春节帮困送温暖活动，覆盖各类困难对象 98.15 万人（次），支出资金 6.58 亿元。深入开展低保专项治理，坚持"应保尽保""应退尽退"，全年经审核确认纳入 1.38 万户、2.07 万人；复核退出 2.29 万户，3.45 万人。至 2019 年年底，全市社会救助对象 18.42 万人，累计支出救助资金 23.36 亿元。完善政策制度建设，制定出台《上海市社会救助经办人员及居（村）民委员会工作人员近亲属享受社会救助项目备案管理办法》，全市共备案 182 人；出台《上海市最低生活保障审核确认办法》，为群众提供便利，为基层减少压力，为审核确认提供规范；出台《上海市社会救助工作绩效评价办法》，通过自评报告、实地核查和问卷调查等方式，评价救助工作绩效。制定《关于上海市加强和改进生活无着的流浪乞讨人员救助管理工作的实施意见》，对托养机构严格要求、严格审核，开展救助管理机构和托养机构风险评估，提高托养机构管理水平。推进各区建立救助管理综合保险制度。推进市区两级救助管理机构等级建设，至 2019 年年底，全市有 11 个救助管理机构达到国家三级以上机构等级标准。启动"帮你找到家"活动，创建甄别寻亲品牌。在长宁区探索试点"社区救助顾问"制度。出版发行《上海社会救助发展报告书》。组织召开 2019 年度社会救助工作联席会议。

（王　希）

社会救助制度建设

【《上海市社会救助条例》】 5 月 1 日，《上海市社会救助条例》（以下简称《条例》）正式施行。《条例》明确社会救助的 6 类对象，即最低生活保障家庭、低收入困难家庭、支出型贫困家庭、特困人员、自然灾害受灾人员和临时救助对象。《条例》强化分类救助，明确 6 类救助对象在面临特殊困难时，分别给予生活、医疗、教育、住房、就业等多种专项救助。《条例》规定除教育救助、自然灾害受灾人员救助和流浪、乞讨人员救助外，其他救助事项可以通过网上或者向就近的社区事务受理服务机构提出申请，由申请人户籍所在地街镇或者社会救助管理部门进行审核、确认。并对申请人家庭经济状况的调查核实工作，尤其是对居民经济状况核对工作进行规定。《条例》鼓励企业、事业单位、社会组织和个人通过捐赠、设立帮扶项目、创办服务机构、提供志愿服务、开展社区综合帮扶、资助参加商业保险等方式，参与社会救助。社会力量参与社会救助，按照国家有关规定，享受财政补贴、税收优惠、费用减免等政策。《条例》坚持重心下移，细化街镇对社会救助工作的职责。规定街镇和相关社会救助管理部门应当对已经获得社会救助的家庭或者个人进行定期核查，同时规定对采取虚报、隐瞒、伪造等手段骗取救助资金、物资或者服务的，拒绝配合对其家庭人口、收入、财产、支出等状况进行核查的等 6 种情形停止给予社会救助。《条例》还规定社会救助工作人员，及社会救助对象的法律责任。

（于乐锋）

【《上海市社会救助经办人员及居（村）民委员会工作人员近亲属享受社会救助项目备案管理办法》】 7 月，在原有"最低生活保障经办人员和居（村）委员会干部近亲属享受最低生活保障备案制度"基础上，上海市民政局出台《上海市社会救助经办人员和居（村）民委员会工作人员近亲属享受社会救助项目备案管理办法》(以下简称《办法》),《办法》规定社会救助经办人员及居(村)民委员会工作人员有近亲属在其工作辖区享受社会救助项目的,本人应当自知道或者应当知道之日起30个工作日内,向辖区街道办事处、乡镇人民政府申报备案。社会救助经办人员和居(村)民委员会工作人员,在参与社会救助项目受理、调查核实、审核确认、动态管理等相关工作时,工作对象属于近亲属的,应当回避。对备案的社会救助对象严格落实定期核查制度,并根据需要进行抽查。对备案的救助对象中不符合相关社会救助项目条件的,应及时停止救助。《办法》进一步规范社会救助管理,完善监管机制,形成防范"关系保""人情保"的制度保障。此外,备案项目范围从最低生活保障拓展为包括低保、特困人员救助供养、支出型贫困家庭生活救助、临时救助、重残无业人员生活补助等民政救助项目。 (于乐锋)

【《上海市最低生活保障审核确认办法》】 8月,上海市民政局制定出台《上海市最低生活保障审核确认办法》(以下简称《办法》)。审核确认办法简化申请程序,更加便民惠民,明确凡是可以通过电子证照库共享的证明材料如户口本、结婚证等,不再要求申请人提供。优化调查核实方式,街道办事处、乡镇人民政府主要通过居民经济状况核对机构对申请人的家庭经济状况进行核查,对入户调查、邻里访问、信函索证等不作硬性规定,各街道可根据对象实际情况采取相应的方式。《办法》进一步落实分类管理,推动动态管理精细化,并统一文书,促进救助管理规范化。 (于乐锋)

【《上海市城乡居民最低生活保障申请家庭经济状况核对实施细则》修订】 根据《社会救助暂行办法》和《上海市居民经济状况核对办法》的规定,2014年3月,上海市民政局制定《上海市城乡居民最低生活保障申请家庭经济状况核对实施细则》(以下简称《细则》),为上海市城乡居民最低生活保障申请家庭的经济状况核对工作提供依据。2019年4月,上海市民政局对《细则》部分内容进行修订并重新发布,主要修订内容包括:删除"第五条可支配收入的具体内容"第四点中"退役士兵自主就业(自谋职业)一次性经济补助金";在"第八条家庭财产的具体内容"第六点"机动车辆(含车辆牌照)"后增加"残疾人功能性补偿代步的机动车辆除外"等表述。为简化证明材料,规定"对通过信息共享交换可以获取的证明材料,及国家和本市明确的证明清理事项,不得要求申请人提供"。核对时限由原来的20个工作日缩短至15个工作日。 (王　希)

【《上海市城市居民享受最低生活保障待遇违法行为行政处罚裁量基准》修订】 2017年,上海市民政局制定《本市城市居民享受最低生活保障待遇违法行为行政处罚裁量基准(试行)》,为上海市城市居民享受最低生活保障待遇违法行为行政处罚提供指引,强化行政执法人员规范执法、避免执法随意性。实施两年来,共追回资金21.15万元,涉及21起案例29人,对通过虚报、隐瞒、伪造等手段骗保及家庭变动后不按规定报告等行为形成有效震慑,取得一定的社会效益和经济效益,有助于社会救助的公平、规范实施。2019年12月,正式修订为《上海市城市居民享受最低生活保障待遇违法行为行政处罚裁量基准》,文件自2020年1月1日起实施,有效期5年。 (于乐锋)

【《上海社会救助发展报告》(白皮书)】 8月,上海市民政局会同上海市发展改革研究院共同编撰的《上海社会救助发展报告书(白皮书)》,由格致出版社、上海人民出版社正式出版发行。该书回顾总结改革开放以来上海社会救助的发展沿革及取得的社会成效;系统介绍为完善社会救助不断创新的联席会议制度、经济状况核对机制、绩效评价机制等工作机制;全面重点阐述上海"9+1"社会救助制度体系,包括最低生活保障、特困人员供养、支出型贫困救助、医疗救助、临时救助和其他救助等各项社会救助制度的基本情况;展望未来上海社会救助发展方向。上海社会救助事业改革与发展的40年,始终坚持探索与创新,许多首创性的实践,既开创上海社会救助事业的新征程,也为全国提供可借鉴、可复制的"上海模式"。 (蔡德琪)

社会救助机制

【社会救助工作联席会议】 8月,根据市政府清理协调议事机构要求,上海市社会救助工作联席会议、上海市流浪未成年人救助保护工作领导小组和上海市留守儿童关爱保护工作联席会议合并成立新的上海市社会救助工作联席会议。联席会议办公室设在上海市民政局,主要成员单位包括市民政局、市财政局、市教育委员会、市人力资源和社会保障局、市房屋管理局、市医疗保障局、市应急管理局等40家。市民政局负责统筹全市社会救助体系建设,统筹推进留守儿童关爱保护和困境儿童保障工作。12月27日,市政府召开2019年上海市社会救助工作联席会议。 (顾伟敏)

【居民经济状况核对机制】 居民经济状况核对是在实施社会救助、社会福利等保障制度及其他需要以经济状况为准入条件的公共政策时,由经济状况核对机构接受行政审批部门的委托以及申请对象的授权,依法对申请对象一定期间的收入、财产和支出情况进行客观核查比对,并向行政审批部门出具相应证明的制度安排。2019 年,核对工作涉及民政、教育、人社、司法、住建、残联、工会、卫健等 8 个领域的 15 个核对项目,建成电子比对专线 33 条,涵盖人社、市场监管、房管、银行等 13 个领域上百家单位的信息。全年全市共完成各类项目核对 44.69 万户。首次探索通过市大数据中心实现与市司法局、总工会的业务系统连通和数据交换,实现住房保障业务各类文书的电子流转,根据低保审核确认新规新增赡养人收入核对功能,全面实现数字档案和可视化审核应用。实现上海核对系统与民政部全国核对系统正式联网,有效探索数据信息的跨省查询。(陈颖超)

【价格联动机制】 2016 年 10 月,上海市发改委印发《关于进一步完善本市社会救助和保障标准与物价上涨挂钩联动机制的通知》,完善物价上涨联动机制中的价格临时补贴政策。价格临时补贴保障对象包括上海市享受国家定期抚恤补助的对象、城乡低保对象、特困人员、领取失业保险金人员以及符合上海市因病支出型贫困家庭生活救助办法规定、享受生活救助的因病支出型贫困家庭。满足以下任一条件即可启动价格临时补贴:全市居民消费价格指数月度同比涨幅达到或超过 3.5%;全市居民消费价格指数中食品类价格指数月度同比涨幅达到或超过 6%。价格临时补贴标准以城乡低保标准、居民消费价格指数月度同比涨幅等为基础进行测算。2019 年 6～12 月,上海连续 7 个月居民消费价格指数中食品类价格指数月度同比涨幅均超过 6%,满足社会救助和保障标准与物价上涨挂钩联动机制启动的条件。经上海市政府同意,上海市民政局及时对城乡低保家庭成员、特困供养人员、享受因病支出型贫困家庭生活救助的对象等发放临时价格补贴,平均每人每月约 41.43 元,共计发放对象 131.7 万人次,发放资金 5 399.37 万元。(于乐锋)

【绩效评价机制】 9 月,社会救助工作联席会议办公室在各相关成员单位的配合下拟定出台新的《上海市社会救助工作绩效评价办法》,将颁布实施的《上海市社会救助条例》等内容补充到评价办法中,按照民政部要求修改绩效评价指标和标准,采取自评报告、实地核查和问卷调查等评价方式,进一步完善社会救助工作绩效评价办法。10 月,联席会议办公室委托上海社科院、邀请相关成员单位对全市 16 个区开展 2019 年度社会救助绩效评价工作,形成绩效评价总报告报上海市政府。同时,对 2018 年困难群众基本生活救助工作进行全面自评并形成自评报告上报民政部和财政部。评价结果表明:2019 年,各区党委和政府认真贯彻落实习近平总书记考察上海重要讲话精神,在《上海社会救助条例》落地执行的过程中,以提升人民群众的获得感、幸福感和安全感为目标,社会救助的基础工作更趋完善,"9+1"社会救助体系更加完备,社会救助成效更加高效,社会救助创新更加多元。(顾伟敏)

基本生活保障

【最低生活保障】 4 月 1 日,根据《关于调整本市城乡低保及相关社会救助标准的通知》,上海市城乡居民最低生活保障标准由每人每月 1 070 元调整为每人每月 1 160 元。其中,对城乡低保家庭中的 16 周岁(含 16 周岁)以下未成年人,救助标准由每人每月 1 400 元调整为每人每月 1 510 元。享受定期定量生活补助的救济对象,补助标准在原各类标准的基础上,按照低保标准增幅,分别作适当调整。低收入困难家庭申请专项救助的收入标准调整为城乡居民家庭月人均可支配收入低于 2 320 元。至年底,全市城乡居民最低生活保障对象 13.44 万户、17.99 万人,比上年 18.91 万人减少 4.87%。其中,城镇居民最低生活保障对象 10.67 万户、14.85 万人,比上年 15.41 万人减少 3.63%;农村居民最低生活保障对象 2.77 万户、3.14 万人,比上年 3.5 万人减少 10%。全年累计支出低保资金 22.48 亿元,比上年 21.27 亿元增加 5.69%。其中城镇低保资金 19.18亿元,比上年 18.23 亿元增加 5.21%;农村低保资金 3.3 亿元,比上年 3.04 亿元增加 8.55%。(于乐锋)

【重残无业人员生活救助】 4 月 1 日,根据《关于调整本市城乡低保及相关社会救助标准的通知》,按照城乡重残无业人员生活补助标准为全市城乡低保标准的 1.3 倍的要求,上海市城乡重残无业人员生活补助标准统一调整为每人每月 1 510 元,比上年每人每月 1 400 元增加 7.86%。至年底,上海市重残无业人员 5.16 万人,比上年 5.08 万人增加 1.57%,其中城镇重残无业人员 3.44 万人、农村重残无业人员 1.72 万人;累计支出补助资金 8.35 亿元,比上年 7.59 亿元增加 10.01%,其中城镇重残无业人员补助资金 5.94 亿元、农村重残无业人员补助资金 2.41 亿元。(于乐锋)

【低保专项治理】 5 月,上海市民政局印发《关于深入推进本市低保专项治理工作的通知》,重点推进审核和动态管理两项工作。坚持"应保尽保",审慎开展审核确认,审核确认单位委托居民经济状况核对机构对申请人的家庭经济状况进行核查,同时视情采取入户调查、邻里访问、信函索证等方式,调查核实申请人家庭实际生活情况。对争议比较大的申请家庭,还采取民主评议方式进行讨论。对不符合条件的,分别书面说明理由。坚持"应退尽退",严格落实动态管理制度,对家庭成员中有重病、重残人员且收入等状况基本无变化的低保家庭,每年复核一次;对短期内家庭经济状况和家庭成员基本情况相对稳定的低保家庭，每半年复核一次；对收入来源不固定、有劳动能力和劳动条件的低保家庭，按季度复核，同时根据需要进行不定期抽查。全年全市新申请低保1.64万户、2.52万人，经审核确认纳入1.38万户、2.07万人。全年上海市民政局开展定期复核及不定期复核42.11万户次、82.43万人次，共复核退出2.29万户，3.45万人。（于乐锋）

【特困人员救助供养】 上海市特困人员救助供养包括提供基本生活条件、生活照料服务、疾病治疗、丧葬办理以及未成年人教育等内容，可自愿选择分散供养和集中供养两种方式，对有居住条件且有一定独立生活能力的，鼓励其分散供养；完全或者部分丧失生活自理能力的，优先为其提供集中供养服务。4月1日，根据《关于调整本市城乡低保及相关社会救助标准的通知》，上海市特困人员日常生活供养标准由每人每月1 400元调整为每人每月1 510元，比上年增加7.86%。至年底，上海市特困救助供养人员3 578人，比上年增加5.95%，其中分散供养人员2 466人，集中供养人员1 112人；城镇特困供养人员1 451人、农村特困供养人员2 127人；累计支出供养资金7 961.47万元，比上年增长20.3%，其中分散供养资金5 006.16万元，集中供养资金2 955.31万元；城镇特困人员供养资金3 408.83万元，农村特困人员供养资金4 552.64万元。（王 希）

【因病支出型贫困家庭生活救助】 上海市因病支出型贫困家庭生活救助，是对上海市城乡居民因患病导致家庭医疗费用支出较大，实际生活水平低于上海市最低生活保障标准的家庭，由政府给予基本生活保障的制度。至年底，上海市因病支出型贫困家庭生活救助对象为5 174户次、7 530人次，比上年分别增长18.3%和15.2%，其中城镇4 416户次、6 247人次，农村758户次、1 283人次；全年累计支出因病支出型贫困家庭生活救助资金799.69万元，比上年增长24.4%，其中城镇686.99万元，农村112.7万元。（顾伟敏）

【临时救助】 临时救助是针对遭遇突发事件、意外伤害、重大疾病或其他特殊原因导致基本生活陷入困境，其他社会救助制度暂时无法覆盖或救助之后基本生活暂时仍有严重困难的家庭或个人，给予应急性、过渡性的救助。临时救助一般以发放救助金为主，必要时也可采取提供实物和基本生活条件等形式给予救助。救助标准按照保障申请家庭或者个人的基本生活的原则确定，每人每月一般不超过全市同期城乡居民最低生活保障水平，救助时间一般不超过3个月。至年底，上海市各区共实施临时救助约4.35万人次，其中，低保对象2.47万人次，低收入人员0.09万人次、其他对象1.79万人次；共支出临时救助资金2 351.1万元。（王 希）

【元旦春节期间帮困送温暖活动】 2019年元旦春节期间，为保障困难群众的节日生活得到妥善安排，在上海市委、市政府的领导下，上海市民政局、财政局等13个部门和单位，开展以“听民意、惠民生、暖民心”为主题的元旦春节帮困送温暖活动。市委市政府领导带队分别到16个区指导、检查元旦春节帮困送温暖措施落实情况，走访慰问困难群众，慰问基层社会救助工作人员。市级层面安排的活动覆盖各类困难对象98.15万人次，支出资金6.59亿元。全市各级党政机关和群众团体组织走访慰问各类困难家庭10.13万户次，参加走访干部9.19万人次，其中处级以上干部参加走访慰问1.33万人次。（于乐锋）

【流浪乞讨人员救助】 流浪乞讨人员救助是对生活无着的流浪乞讨人员，提供临时住宿、急病救治、甄别查询、协助返乡救助措施。2019年，针对市救助管理二站长期滞留流浪乞讨人员人数多、滞留时间长、有效信息少的难点，市公安局刑侦总队与市救助管理二站探索采取人脸识别等高科技手段，为长期滞留流浪乞讨人员“帮你找到家”。8月5日，市公安局刑侦总队对市救助二站的421名受助人员分批核实身份信息，第一批156名男性受助人员中确认12名受助人员身份，市救助二站再次确认核实后护送返乡。8月10日，上海市委办公厅、市政府办公厅出台《关于我市加强和改进生活无着的流浪乞讨人员救助管理工作的实施意见》，提出进一步加强利用高科技手段，帮忙流浪乞讨人员回归家庭。至年底，共甄别成功43名受助人员，其中利用科技手段甄别成功35人。（林 超）

【社区市民综合帮扶】 2007年，上海市全面实施社区市民综合帮扶，旨在填补政府保障的政策缝隙，重点帮助那些现有社会保险和社会救助政策覆盖不到的、或虽享受一定社会保障但仍有突出困难的群众解决燃眉之急。社区市民综合帮扶工作已建立市、区、街镇三级服务网络和运作模式，建立包括社区排摸、个人申请、评估审核、民主评议、资金发放、回访反馈等完整的工作流程，初步形成包括个案帮扶、项目帮扶、特定帮扶等三种类型，有利于实现社区居民“困有所助、难有所帮、需有所应”。2019年，社区市民综合帮扶项目主要包括元旦春节帮困送温暖项目，资助困难家庭12 066户，公益支出2 985万元；综合帮扶项目，以“一户一策”“量体裁衣”的方式，个案帮扶17 914人次，公益支出7 119万元；“爱心传递”义务家教项目，组织大学生志愿者292人，为314位困难家庭的中小学生提供教学辅导；“爱心助老”实物帮扶项目，为全市2 610位低保、低收入家庭中65周岁以上的困难老人实现购物心愿，公益支出261万元；“医疗帮困一卡通”发放工作，每张500元，共发放23 318张；下放安徽回沪定居困难人员帮扶项目，共计1 515人次，公益支出432余万元；“帮侬一把”帮扶项目，通过专业社工为25 000人次提供评估类、干预类、照护类、社会融合类等多元化的服务，公益支出690余万元；参与长宁区昭化路“5.16”厂房坍塌事件遇难者善后处理特定帮扶工作。至年底，社区市民综合帮扶项目共帮扶人数约6万人次，筹集资金1.48余亿元，其中福利彩票公益金资助4 700万元，社会募捐及区域筹集资金1.01余亿元，公益支出1.25亿元。（详见表1-1）

（市帮困互助基金会）

表1-1　2007—2019年社区市民综合帮扶统计表　（单位：万元）

年　度	综合帮扶合计		其　中			
			个案帮扶		项目帮扶	
	人次	资金	人次	资金	人次	资金
2007年	5 325	514.94	5 325	514.94		
2008年	30 655	3 375.21	11 215	2 108.21	19 441	1 267
2009年	44 208	5 845.26	15 699	3 414.34	28 509	2 430.92
2010年	142 189	7 830.28	12 980	3 806.35	129 209	4 023.93
2011年	48 013	7 300.43	13 224	4 507.03	34 789	2 793.4
2012年	39 126	7 633.29	16 552	5 165.13	22 574	2 468.16
2013年	48 448	9 953.11	19 963	7 375.64	28 485	2 577.47
2014年	43 745	11 414.03	22 812	8 403.19	20 933	3 010.84
2015年	51 987	13 048.29	23 732	9 896.87	28 255	3 151.42
2016年	51 259	13 098.75	23 407	10 002.52	27 852	3 096.23
2017年	65 730	13 362.03	21 841	9 803.36	43 889	3 558.67
2018年	57 156	10 610.774 9	16 745	6 848.928 2	40 411	3 761.846 7
2019年	59 952	12 535.575 2	17 914	7 112.299 4	42 038	5 423.275 8
合　计	687 793	116 521.97	221 409	78 958.807 6	466 385	37 563.162 5

第二章　慈善事业

【概况】 上海市民政局承担拟订和组织实施促进全市慈善事业发展的政策措施，承担慈善组织登记、认定，慈善组织公募资格认定和活动备案，开展慈善信托备案管理，指导规范慈善活动开展，推进慈善表彰、弘扬慈善文化，协调推进全市慈善超市建设等方面工作。2019年，上海市民政局进一步贯彻落实《中华人民共和国慈善法》，积极推动市慈善事业健康发展。完成慈善组织登记44家、认定11家。开展"中华慈善日"主题活动，全面宣传报道，营造人人慈善、人人关爱困境儿童的良好社会氛围。推进"中华慈善奖"推荐评选工作。按照第十一届"中华慈善奖"评选表彰活动的统一安排，做好候选对象申报推荐工作。落实慈善超市三年规划。开展慈善超市第三方评估，全市214个街镇（乡）共建有慈善超市232家（包括部分区级慈善超市），基本实现慈善超市街镇（乡）全覆盖，积极推进慈善超市设施和服务规范的标准化规范化建设。探索慈善信托备案工作。完成4单慈善信托（信托财产1 130万元）行政备案，做到信息公开透明。开展经常性社会捐助工作。加强经常性社会捐助接收站点建设，共建有经常性社会捐助接收站点3 834个，加强扶贫攻坚的对口帮扶工作。 （鲁　兵）

慈善组织

【慈善组织认定】 根据《中华人民共和国慈善法》，慈善组织是指依法成立、符合法律规定，以面向社会开展慈善活动为宗旨的非营利性组织，主要以基金会、社会团体、社会服务机构等组织形式存在。上海市民政局是慈善组织的登记和认定机关。上海市慈善组织登记、认定，分为"新成立的社会组织，主要是基金会申请设立慈善组织"和"存量社会组织依法申请认定为慈善组织"两种。根据《慈善组织认定办法》，基金会、社会团体、社会服务机构申请认定为慈善组织，应当符合下列条件：申请时具备相应的社会组织法人登记条件；以开展慈善活动为宗旨，业务范围符合《慈善法》第三条的规定；申请时的上一年度慈善活动的年度支出和管理费用符合国务院民政部门关于慈善组织的规定；不以营利为目的，收益和营运结余全部用于章程规定的慈善目的；财产及其孳息没有在发起人、捐赠人或者本组织成员中分配；章程中有关于剩余财产转给目的相同或者相近的其他慈善组织的规定；有健全的财务制度和合理的薪酬制度；法律、行政法规规定的其他条件。严格执行《关于慈善组织开展慈善活动年度支出和管理费用的规定》，坚持按照年度慈善活动支出和年度管理费用"两条线"标准，把好慈善组织认定审核关。2019年，市民政局完成慈善组织登记44家、认定11家；至年底，全市共有慈善组织403家，其中登记219家、认定184家。 （温连杰）

【慈善组织公募资格认定】 慈善组织取得公开募捐资格主要有依申请取得和直接申领两种方式。依申请取得，依照《慈善法》第二十二条规定，依法登记或者认定为慈善组织满二年的，可以申请取得公开募捐资格。按照《基金会管理条例》的规定，基金会在内涵和外延上以及活动规范上与慈善法对慈善组织的规定基本一致，从促进和鼓励慈善事业发展的角度考虑，对《慈善法》公布前登记的非公募基金会和具有公益性捐赠税前扣除资格的社会团体，登记满二年并被认定为慈善组织，即可以申请公开募捐资格，以登记日作为满二年条件的起算点。直接申领，根据《慈善法》第二十二条第二款"法律、行政法规规定自登记之日起可以公开募捐的基金会和社会团体，由民政部门直接发给公开募捐资格证书"的规定，《慈善法》公布前登记的公募基金会可以凭其标明慈善组织属性的登记证书直接申领公开募捐资格证书。2019年，共完成2家慈善组织公募资格认定，至年底，全市共有26家慈善组织完成公募资格认定。 （张树臣）

【公募活动备案】 依法取得公开募捐资格的慈善组织可以面向公众开展募捐，不具有公开募捐资格的组织和个人不得开展公开募捐。开展公开募捐活动，应当依法制定募捐方案。募捐方案包括募捐目的、起止时间和地域、活动负责人姓名和办公地址、接受捐赠方式、银行账户、受益人、募得款物用途、募捐成本、剩余财产的处理等。慈善组织应当在开展公开募捐活动的十日前将募捐方案报送登记的民政部门备案。为同一募捐目的开展的公开募捐活动可以合并备案。有业务主管单位的慈善组织,还应当同时将募捐方案报送业务主管单位。开展公开募捐活动,涉及公共安全、公共秩序、消防等事项的,还应当按照其他有关规定履行批准程序。慈善组织为应对重大自然灾害、事故灾难和公共卫生事件等突发事件,无法在开展公开募捐活动前办理募捐方案备案的,应当在公开募捐活动开始后十日内补办备案手续。慈善组织通过互联网开展公开募捐活动的,应当在民政部统一或者指定的慈善信息平台发布公开募捐信息,并可以同时在以本慈善组织名义开通的门户网站、官方微博、官方微信、移动客户端等网络平台发布公开募捐信息。2019 年,全市共完成 175 家慈善组织公募活动备案。 (张树臣)

慈善超市建设

【慈善超市创新发展三年规划(2017—2019)】 慈善超市是以社会公众自愿无偿捐助为基础、借助超级市场管理和运营模式,为困难群体和居民提供物质帮扶、志愿服务和商品销售服务的社会服务机构。2017 年 4 月,上海市民政局印发《上海市慈善超市创新发展三年规划(2017—2019)》,旨在通过充分发挥市场和社会力量作用,以社会化运营为方向,增强慈善超市自我发展能力和社会服务功能,推进慈善超市标准化建设,实现慈善超市街镇(乡)全覆盖。至 2019 年年底,全市 214 个街镇(乡)共建有慈善超市 232 家(包括部分区级慈善超市),基本实现慈善超市街镇(乡)全覆盖。出台《慈善超市设施和服务规范指引》,统一规范慈善超市的门店标识、场地、建筑物、设施设备等标准,规范款物募集、困难群体救助、商品销售、慈善文化传播、志愿服务、便民服务等服务功能,明确人员管理、运营管理、款物管理、服务质量监督等管理规范。从总量和质量上,促进慈善超市创新发展,推动慈善超市与社区的共生共融发展。 (鲁 兵)

【慈善超市第三方评估】 1 月,上海市民政局委托第三方机构——上海交通大学中国公益发展研究院,开展全市慈善超市评估,评估分为中期评估和终期评估两个阶段。中期评估阶段,由各区民政局开展慈善超市中期自评工作提交自评报告,上海交通大学中国公益发展研究院组织评估团队开展中期现场评估工作,出具中期评估报告,提出整改要求。11 月,各区民政局结合全区慈善超市整改工作情况,报送终期评估自评报告。评估团队按照终期评估工作会议要求,形成评估总报告和各区分报告。评估显示,全市正常经营的 232 家慈善超市(包括部分区级慈善超市)中,约 85% 慈善超市店名店标符合标准,约 92% 慈善超市场地面积符合标准,约 75% 慈善超市工作人员配置符合标准。 (鲁 兵)

【慈善超市队伍建设】 1 月,上海市民政局举办慈善超市培训班,培训对象为各区民政局分管慈善事业工作的副局长、慈善事业科室负责人以及部分慈善超市代表等,共计 84 人。邀请上海交通大学中国公益发展研究院院长徐家良教授进行授课,重点讲解近年来慈善超市的政策文件,明确慈善超市的发展目标和标准化;培训慈善超市款物管理,要求严格实行收支两条线,社会捐赠和经营性收入隔离管理、分别核算等内容。普陀区民政局、松江区民政局、浦东新区唐镇慈善超市等代表就各自探索实践进行经验交流。 (鲁 兵)

【经常性社会捐助】 2019 年,上海市共建有经常性社会捐助接收站点 3 834 个,其中经常性捐助接收站 227 个,经常性捐助接收点 3 607 个,实现经常性社会捐助接收站点在中心城区居委会层面的全覆盖。至年底,全市经常性捐助站点共接收新旧物资总计 50 万余件,就地帮困支出 7.27 万件;送往云南、西藏、甘肃、贵州及新疆等贫困地区物资 40 余万件、价值约 1 000 万元,其中,通过上海市民政局安排送往云南、甘肃及贵州的旧衣物 25.85 万件,价值 206 万元;由各区民政局自筹运费或企业承担运费,送往西藏、甘肃及新疆等地区的新品物资 15 余万件,价值 870 余万元。 (鲁 兵)

慈善信托备案

【行政备案】 慈善信托是指委托人基于慈善目的,依法将其财产委托给受托人,由受托人按照委托人意愿以受托人名义进行管理和处分,开展慈善活动的行为。《慈善法》第四十一条明确民政部门承担慈善信托备案工作。2019 年,上海市民政局共完成爱建信托——爱兮韶光·无锡向日葵慈善信托、"上善"系列上信海亮中西部地区教育助学慈善信托、"上善"系列上信文化环境慈善信托和"上善"系列上信中西部地区(江西)医护人员培训慈善信托等 4 单慈善信托行政备案,信托资金合计 1 130 万元,全部资产及收益均用于信托合同约定的慈善目的。至年底,上海市民政局备案的慈善信托共 10 单,资金规模约 1.3 亿元,在慈善领域初步体现资产规模较大、设立群体多元、资助领域扩大、受益群体多样、覆盖区域广泛、监察工作专业等特点。 (鲁 兵)

【服务监管】　上海市民政局与上海市银保监局是慈善信托的监管部门，上海市民政局负责慈善信托备案和相关监督管理工作，上海市银保监局负责信托公司慈善信托业务和商业银行慈善信托账户资金保管业务的监督管理工作。双方根据各自的职责分工，建立跨部门监管和组团式服务工作机制，形成服务监管的合力。（鲁　兵）

【信息公开】　按照《慈善法》等规定，上海市民政局对备案的慈善信托均进行信息公开。2019 年，上海市民政局对已备案的爱建信托——爱兮韶光·无锡向日葵慈善信托、"上善"系列上信海亮中西部地区教育助学慈善信托、"上善"系列上信文化环境慈善信托和"上善"系列上信中西部地区（江西）医护人员培训慈善信托 4 单慈善信托分别在全国慈善信息公开平台"慈善中国"和"上海民政"官方网站，就慈善信托的名称、目的、委托人、受托人、监察人、托管人，以及财产规模、备案时间和备案机关等信息予以公示。同时，在"上海民政"官网"政务公开"中"慈善信托"栏目中，公开其他 6 单慈善信托 2018 年年度报告，接受社会监督。（鲁　兵）

弘扬慈善文化

【"中华慈善日"主题活动】　9 月 5 日，以"让困境中的花朵快乐绽放"为主题的 2019 年"中华慈善日"活动在全国第一家成立的少年宫——中国福利会少年宫举行，同步拉开 2019 年"上海公益伙伴月"系列活动的序幕。活动期间，上海市民政局、民政部儿福司和捐赠方代表，共同启动设立 100 万元"关爱困境儿童专项基金"，用于资助困境儿童和开展相关慈善活动。上海国际信托有限公司在上海市慈善基金会设立 40 万元"关爱困境儿慈善信托项目"，用于全市品学兼优困境儿童奖学金的发放。乐高玩具（上海）有限公司捐赠价值 30 万元玩具，发放给全市每一位困境儿童。同期，还开展政策发布宣传、关爱困境儿童的倡议、与困境儿童家庭结对帮扶、众筹困境儿童购置学习用品等活动，并通过户外地标媒体、移动媒体、楼宇媒体等加强宣传，动员社会力量共同关爱困境儿童。（鲁　兵）

【"中华慈善奖"评选】　"中华慈善奖"于 2005 年设立，是由国家民政部颁发的我国政府最高规格的慈善奖项，该奖项评选周期为每两年一次，2018 年评选出第十届"中华慈善奖"。9 月，上海市民政局制定《关于本市开展第十一届"中华慈善奖"评选表彰活动的实施方案》，推荐对象范围聚焦在近三年慈善活动中，特别是扶贫济困活动中事迹突出、影响广泛的单位、个人、慈善项目、慈善信托等。11 月，对收集到的申报推荐材料进行初核筛选，形成进入初评的 34 个推荐候选对象。由市民政局、市委宣传部、市委统战部、市国资委、市工商联、团市委、解放日报、文汇报、新民晚报等相关委办局代表、媒体代表、人大代表、政协委员、专家学者组成评委会，经初评、复评，最终评选出上海市 12 名推荐对象。其中：慈善楷模的推荐候选对象 4 个、慈善项目（信托）的推荐候选对象 3 个、捐赠企业的推荐候选对象 3 个、捐赠个人的推荐候选对象 2 个。（鲁　兵）

第二篇　社会福利

第三章　养老服务

【概况】 上海市民政局指导全市养老服务设施建设和管理，推进社会养老服务体系建设，监督管理机构养老和社区居家养老服务。上海是全国最早进入人口老龄化且人口老龄化程度最深的城市之一，至2019年年底，全市户籍60岁以上老年人口518.12万人，占户籍总人口的35.2%；65岁以上老年人口361.66万人，占户籍总人口的24.6%；80岁及以上高龄老年人口81.98万人，占老年人口的15.8%；百岁寿星2 729人，每10万人中拥有百岁老人数达18.6人。

上海市委、市政府高度重视养老服务工作，注重系统谋划，着力满足广大老年人多样化、多层次的养老服务需求。一是构建社会养老服务体系。2005年，在全国率先提出构建"9073"养老服务格局，2014年，贯彻国务院加快发展养老服务业要求，又在全国最完整地提出构建涵盖养老服务供给、服务保障、政策支撑、需求评估、行业监管体系的"五位一体"社会养老服务体系。二是建立健全领导体制。上海市政府于2013年4月成立市社会养老服务体系建设领导小组，由分管副市长担任组长，市政府20个相关部门和16个区政府作为成员单位，领导小组办公室设在市民政局，加强养老服务工作统筹协调发展。2019年根据国家最新机构改革要求，市民政局专设养老服务处，强化养老服务的组织实施工作。三是坚持以法制规划为引领。上海市人大于2014年、2016年分别施行的《上海市养老机构条例》和《上海市老年人权益保障条例》是养老服务工作的重要法制保障。"九五"开始持续制订"上海老龄事业发展五年规划"，均把养老服务发展任务作为重点。

2019年，上海养老服务再出发，市委、市政府召开史上最高规格的全市养老服务工作现场推进会，印发《上海市深化养老服务实施方案（2019—2022年）》，全面部署新一轮养老服务发展。市政府养老类实事项目全部超额提前完成，养老服务设施和服务水平进一步提升，全市共建成724家养老机构、15.16万张床位，268家社区综合为老服务中心，187家长者照护之家，720家老年人日间服务中心，1 020个社区老年人助餐场所。养老服务的各项保障制度和行业管理措施进一步健全。上海养老服务连续三年受到国务院激励表扬。

（徐秋慧）

社会养老服务体系建设

【上海市养老服务工作现场推进会】 5月30日下午，上海市养老服务工作现场推进会在徐汇区人民政府举行。中共中央政治局委员、上海市委书记李强出席会议并讲话，上海市委副书记、市长应勇主持会议，20多个相关委办局的主要负责同志和各区的区委书记、区长、分管区长、区民政局局长等80余人参加会议。会上，上海市民政局作为市社会养老服务体系建设领导小组办公室，汇报上海市养老服务工作发展情况。会议强调，养老服务关系民生、连着民心，既现实又紧迫，更事关长远发展。要深入贯彻落实习近平总书记考察上海重要讲话精神，抓住养老服务工作推进的着力点，补短板、提质量、扬优势、促联动，努力走出一条符合超大城市实际的养老服务路子，让上海这座城市的寿星更多、老年人的笑容更多，让人口老龄化背景下的上海经济社会发展充满不竭生机和活力。会前，李强同志率各区、各相关部门主要负责同志实地调研长宁区虹桥街道社区综合为老服务中心、徐汇区徐家汇街道龙吴路养老院。

（徐秋慧）

【《上海市深化养老服务实施方案（2019—2022年）》】 按照落实习近平总书记考察上海时对养老服务工作的指示要求和市委关于"老小旧远"民生工作的新要求，2018年下半年起，上海市民政局会同相关部门拟制《上海市深化养老服务实施方案（2019—2022年）》，经市委常委会、市政府常务会议审议通过后，上海市人民政府于5月27日印发《上海市深化养老服务实施方案（2019—2022年）》。该文件提出"三增"目标，让养老服务更加充分、均衡、优质，即着眼于全覆盖织密网的"增量"、着眼于提质求精的"增能"、着眼于活力可持续的"增效"；重点实施养老服务设施提升计划、养老服务功能提升计划、养老服务行业质量提升计划、养老服务队伍水平提升计划、养老服务支付能力提升计划、养老服务市场活力提升计划等 6 个“提升计划”，完成 26 项“主要任务”；明确强化政策保障、加大财力保障、落实工作机构和人员保障等 3 项保障措施，统筹协调机制、责任落实机制、考核监督机制等 3 个工作机制。

（徐秋慧）

【上海市社会养老服务体系建设领导小组第 15 次会议】 6 月 18 日上午，上海市社会养老服务体系建设领导小组第 15 次会议召开。上海市副市长彭沉雷主持会议并讲话。市社会养老服务体系建设领导小组的组成单位(20 个委办局和 16 个区)参加会议。会上宣读《上海市人民政府办公厅关于调整上海市社会养老服务体系建设领导小组组成人员的通知》，传达全国大城市养老服务工作会议暨全国养老服务推进会、市养老服务工作现场推进会精神，通报《上海市深化养老服务实施方案(2019—2022 年)》主要内容和任务分解方案。会议紧扣问题导向、需求导向、结果导向，聚焦养老产业发展、激发社会活力、推进高品质发展、护理员队伍发展、长三角区域养老服务一体化、综合监管、《实施方案》的培训解读等方面，明确下一步工作重点。会议要求各部门、各区要各司其职，按照市委、市政府的部署，明确时间表、任务图，全力抓好《上海市深化养老服务实施方案(2019—2022 年)》的落实。市民政局、市发展改革委、市规划资源局、市消防救援总队、杨浦区、奉贤区作重点交流发言。

（徐秋慧）

【《上海市社区嵌入式养老服务工作指引》】 上海自 2014 年开始在全国首倡并探索“社区嵌入式养老服务”。在丰富实践的基础上，上海市民政局牵头起草“上海市社区嵌入式养老服务工作指引”，着眼于打响社区嵌入式养老服务品牌，力求为街镇提供可操作、均衡化的“范式”，引导社会对养老服务的预期。11 月 8 日经上海市政府常务会议审议通过，11 月 19 日由市民政局印发《上海市社区嵌入式养老服务工作指引》(以下简称《工作指引》)。《工作指引》明确社区嵌入式养老服务，是指在社区内围绕老年人生活照料、康复护理、精神慰藉等基本需求，嵌入相应的功能性设施、适配性服务和情感性支持，努力让既有的深度老龄化社区具备持续照料能力，让老年人在熟悉的环境中、在亲情的陪伴下原居安养。同时在布局主体上，在中心城区和城镇化地区开展，包含“15 分钟服务圈”、1～2 个养老服务综合体、N 个专业性养老服务设施、居家服务项目和场景等关键要素；在服务功能上，包括专业照护类、助餐服务类、医养结合类、健康促进类、智能服务类、家庭支持类、养老顾问类、精神文化类等 8 大类 24 个通用服务功能；在服务设施上，针对养老综合体和家门口服务站点两个层级的服务供给，确定载体、数量、面积、运营管理、功能定位等基本要求。

（徐秋慧）

养老服务设施供给

【市政府实事项目】 1 月 10 日，上海市政府办公厅下发《2019 年市政府要完成的与人民生活密切相关的实事》，“新增 7 000 张养老床位；改造 1 000 张认知症老人照料床位；改造 80 家郊区农村薄弱养老机构；新建 80 家老年人日间服务中心；新增 40 家社区综合为老服务中心；新增 200 个社区老年助餐场所”等 6 项列入，数量为养老类市政府实事项目历年最多。为确保实事项目按时按质按量完成，市民政局结合各区养老服务设施现状、规划落实进度、项目储备及实施计划进行详细排摸，下发各项实事的区级分解指标；全年密切跟进建设进度，会同市政府办公厅、市重大办等相关部门赴杨浦、浦东等区对重点项目多次现场督查指导，对各区执行实事项目进度月报制度，委托第三方于 7 月和 11 月开展实事项目年中和年终两次全面进度督查，实地掌握 204 个具体建设项目进度情况。至 2019 年年底，6 个实事项目均超额完成：“新增 7 000 张养老床位”完成新增 7 202 张，超额完成率 2.89%；“改造 1 000 张认知症老人照料床位”完成建设 1 485 张，超额完成率 48.5%；“改造 80 家郊区农村薄弱养老机构”完成改造 89 家，超额完成率 11.25%；“新建 80 家老年人日间服务中心”完成新建 83 家，超额完成率 3.75%；“新增 40 家社区综合为老服务中心”完成新增 88 家，超额完成率 120%；“新增 200 个社区老年助餐场所”完成新增 217 个，超额完成率 8.5%。

（徐秋慧）

【养老机构床位建设】 上海从 1998 年起将新增养老床位列入市政府实事项目，迄今已持续 22 年。根据《上海市养老设施布局专项规划(2013—2020 年)》，上海市中心城区按照各区养老机构床位达到区域老年人口的 2.5%、郊区按照各区养老机构床位达到区域老年人口的 3.5%，到 2020 年全市建成 15.9 万张养老机构床位。至 2019 年年底，全市有养老机构 724 家，其中，2019 年新增 28 家；公建公营养老机构占 29.7%、公建民营养老机构占 20.7%、民建民营养老机构占 49.6%。有床位 15.16 万张，其中，2019 年新增 9 486 张；保基本床位 7.31 万张，占 48.20%。多年来，床位建设纳入政府工作绩效考核，确保目标和指标落地。根据《关于推进本市“十三五”期间养老服务设施建设的实施意见》，全市对养老机构床位建设加大扶持，给予相应的政策补贴。在新建养老机构床位的同时，实施安装自动喷水灭火系统、电气线路安全改造等工程，提升存量养老机构安全性能。

（徐秋慧）

【社区嵌入式养老服务】 针对超大型城市寸土寸金、老年人高度集聚的特点，上海首创社区嵌入式养老服务并将其作为大城养老的首选模式。重点建设集日托、全托、助餐、辅具推广、医养结合、养老顾问等功能于一体的"枢纽型"社区综合为老服务中心，2019 年新增 88 家，累计建成 268 家，已实现街镇全覆盖，并逐步向片区延伸。同时大力建设各类功能性养老服务设施。建成以短期住养照料为主的长者照护之家 187 家，2019 年新增 33 家，已实现中心城区及城镇化地区街镇全覆盖；建成提供白天照料的老年人日间服务中心 720 家，2019 年新增 83 家，服务老年人 2.7 万名；建成社区老年人助餐场所 1 020 个，2019 年新增 217 家社区长者食堂及老年助餐点，日均供餐 10.1 万客；建设社区标准化老年活动室 6 150 家，日均活动人数达 28.9 万，其中 2019 年新建改建 437 家，并委托第三方开展标准化老年活动室"以奖代补"评估工作，提升活动室建设质量；建设示范睦邻点 1 744 家，2019 年新增 744 家，发展互助式养老。 (徐秋慧)

【农村地区养老服务】 根据《上海市农村地区养老美好生活三年行动计划(2018—2020)》，上海市农村地区到 2020 年要全面构建镇有"院"、片有"所"、村有"点"的服务网络。镇有"院"，即每个乡镇有一个服务管理均达标的养老院。至 2019 年年底，农村地区养老床位近 10 万张，占全市的 66%。同时，每年中心城区优质养老机构与郊区薄弱养老机构普遍开展结对。片有"所"，重点是强化农村片区的社区照护服务功能，发展具有枢纽平台功能的综合为老服务中心。至 2019 年年底，农村地区建设 168 家，占全市的 62%，已实现乡镇全覆盖，并按"片区"建设分中心。全市建有 720 家社区日间服务中心、1 020 个老年人助餐场所等功能性养老服务设施，农村地区机构数占近七成。村村均建有标准化老年活动室，数量近 5 000 个。村有"点"，重点是做实互助式田园养老服务。以村民小组为单位，邻近居住的农村老年人利用闲置房屋，发展具有生活照料、精神慰藉、互助服务功能的睦邻点。至 2019 年年底，农村地区共培育 1 300 个示范睦邻点，占全市的 75%。全市纯农地区 49 个镇(乡)的养老服务基础进一步夯实，至 2019 年年底，共有"院"128 个、"所"429 个、"点"900 个。 (徐秋慧)

【家庭照护床位】 11 月 26 日，上海市民政局会同市医保局、市财政局联合出台《关于印发〈上海市开展家庭照护床位试点方案〉的通知》，分两批在中心城区开展为期一年的试点工作，依托有资质的养老服务机构，探索将专业照护服务延伸至老年人家中，使老年人家中的床位成为具备"类机构"照护功能的养老床位。家庭照护床位的服务对象为居住在家中、有较为稳定的家庭照料者，且老年照护统一需求评估为三级及以上的老年人，主要提供机构式长期照护、阶段性专项照护、机构设施共享服务、家庭照护增能服务等四类服务，具有以专业照护机构为支点、以社区为服务半径、以家庭为基础三个特征。符合条件的老年人可向民政部门公布的试点服务机构提出设立家庭照护床位的申请。服务机构根据老年人身体情况，结合老年人家庭照护状况，制定家庭照护床位服务计划与方案，经与老年人及其家属确认后签订服务协议，约定服务内容、服务方式、收费等内容。家庭照护床位不收取床位费，照护服务收费参照养老服务市场同类服务价格。服务机构为签约老年人办理家庭照护床位登记手续，建立服务档案，根据服务计划提供上门服务，并监测老年人身体状况的变化，及时调整服务计划。 (徐秋慧)

养老服务能力提升

【养老服务补贴】 上海市养老服务补贴制度，通过政府购买服务方式，对经济困难且有照护需求的老年人提供基本生活照护服务保障。2 月 12 日，上海市民政局联合市财政局制发《关于调整本市养老服务补贴标准的通知》，养老服务补贴的服务单价由原来的 25 元/小时提高到 32 元/小时，增幅达 28%，进一步缩小养老服务补贴服务与长期护理保险居家上门服务小时单价的差距。同时升级上海市社区养老信息系统，完善"社区养老业务数据入库""多维数据分析统计""服务实时监督""补贴资金精确发放"等功能。2019 年，全市 266 家服务机构为 8 万名有照护等级的低保家庭、低收入家庭老年人及年满 80 周岁且本人月收入低于上年度城镇企业月平均养老金的老年人提供服务，市、区两级财政共发放补贴资金 5.53 亿元，其中市级财力投入 2.45 亿元、区级财力投入 3.08 亿元。 (徐秋慧)

【医养结合工作】 2019 年，上海市设置护理站、医务室、门诊部、老年护理院等医疗机构的养老机构达 329 家，占全部养老机构数的 43.37%；全市养老机构中与医疗机构签约的达 455 家、与医疗机构邻近设置的达 196 家。同时，全市各类社区托养机构积极依托社区卫生服务中心，通过签约等方式，由医护人员定期提供医疗问诊、上门诊视、健康查体、保健咨询等服务；或是在社区养老服务设施规划选址时，通过与医疗设施整合设置或邻近设置，实现养老与医疗共同发展。至年底，全市的社区综合为老服务中心中，同址内有社区卫生站或护理站的占 56%。 (徐秋慧)

【老年认知障碍照护服务体系】 为提升上海市老年认知障碍照护服务水平，推动养老服务高质量发展，3 月

18 日，上海市民政局印发《关于在养老服务中加强老年认知障碍照护服务工作的通知》，着力加强老年认知障碍社区干预、机构照护、社会宣教等工作，营造关注、关心、关爱认知障碍老年人的社会环境。一方面，加强老年认知障碍照护服务设施建设，自 2018 年起，通过市政府实事项目的方式在养老机构中改建老年认知障碍照护专区床位，至 2019 年年底，全市养老机构和长者照护之家中共建成 197 个照护专区、3 288 张认知障碍照护床位。另一方面，开展老年认知障碍友好社区建设试点，9 月 21 日，在全市 10 个区 28 个街道(镇)启动首批试点。试点内容涵盖老年认知障碍社区服务的全方位、全流程，主要包括老年认知障碍健康教育、老年认知障碍风险测评、老年认知障碍的早期干预、给予老年认知障碍家庭支持、为认知障碍老年人提供资源链接、形成社区支持的长效机制等建设内容。　(徐秋慧)

【养老顾问制度】　为进一步打通养老服务供需对接“最后 100 米”，促进养老服务资源优化配置，引导社会对养老服务的良好预期，上海市继续推动养老顾问试点工作。一是推动“线下”养老顾问，至 2019 年年底，全市共有 1 812 个顾问点，其中街镇级 256 个(实现街镇全覆盖)、居村级 1 554 个，全市 2 669 名养老顾问员，面对面接待和服务 10.74 万人次，提供政策咨询、资源链接、个性化养老方案定制等服务事项 10.42 万件。同时，积极开展养老顾问员培训，提升服务能力。二是打造“空中”养老顾问，市民政局和上海广播电台《直通990》合作开播该节目，2018 年 10 月 14 日首播以来，每周六(13:00～15:00)在直播间为市民提供顾问服务，累计播出 53 期。三是完善“智能”养老顾问，5 月 31 日，在“上海市养老服务平台”(www.shweilao.cn)推出线上系统，10 月 29 日又开通“上海养老顾问”微信公众号，全市 3 000 多家养老服务机构资讯可“一屏查询、一目了然、一键直达”。　(徐秋慧)

【养老护理员队伍建设】　2019 年，上海市累计培训养老护理员 10 534 名，其中养老护理员技能水平评价 2 650 人，养老护理(医疗照护)技能水平评价 6 850 人，上岗证及健康照护 1 034 人；与开放大学合作举办第三届“老年服务与管理”大专班，共报名 383 人，三届累计学员 906 人，其中在职在岗学员 676 人，社会生 230 人。开展养老护理员激励宣传活动，统筹养老护理员专项基金举办第二届“寻找最美养老护理员”活动，选拔出 50 名“最美养老护理员”，并与上海教育电视台合作拍摄“我用青春陪伴你”纪实短片，开展“最美养老护理员”为祖国庆生活动。组织参加 10 月 24～28 日在北京社会管理职业学院举办的“中国技能大赛——第九届全国民政行业职业技能竞赛养老护理员职业竞赛”，来自市第二福利院徐长花、市第一福利院赵琼琼、杨浦区社会福利院王程、中福会养老院朱卫静四名选手组成的上海代表队参赛，经过理论知识和操作技能比拼，最终在全国 31 支参赛队、122 名选手中，获得团体三等奖和 3 个个人二等奖的优异成绩。　(徐秋慧)

【上海市养老服务平台】　5 月 31 日，“上海市养老服务平台”(www.shweilao.cn)上线，着力打造成为市民养老的“贴心管家”、养老顾问的“智能伙伴”、行业人员的“得力帮手”、服务机构的“展示窗口”。平台旨在实现“三大功能”：一是养老服务信息“一目了然”。平台囊括全市数千家养老服务设施及机构信息，包含养老院、长者照护之家、社区综合为老服务中心、日间照护机构、助餐服务场所、社区养老服务组织、护理站(院)等七大类，面向公众提供精准、便捷、高效、详实的信息查询服务；二是养老服务行业资源“一站获取”。平台涵盖养老服务领域官方信息、最新政策、热点动态、全量数据、规划报告、办事指南、实事项目等各类实用信息，为行业从业者提高服务水平、专家智库开展研究工作提供资源支持；三是养老服务管理“一网覆盖”。平台实现养老机构服务、社区居家养老服务、老年综合津贴、长期护理保险等数据联动共享，服务行业管理，提高工作效率，助力政府决策。10 月 29 日，又推出“上海养老顾问”微信公众号，市民通过手机微信就能对全市 3 000 家养老服务机构，200 多个社区养老顾问点以及各类养老项目、养老数据等进行查询、了解，让寻找养老资源“像网购一样方便”。　(徐秋慧)

【智慧养老】　为推动现代信息技术在养老服务领域的应用，9 月，上海市民政局会同市经济信息化委首次开展上海市智慧养老典型案例评选活动，共征集到案例 69 个，最终评选出“周家渡街道‘1＋32＋X’三级智慧为老服务网络”(浦东新区周家渡街道办事处申报)等 10 个案例为十大智慧健康养老典型案例优秀奖，“当嵌入式养老遇到智能——陆家嘴社区长者照护之家智慧养老案例”(上海陆家嘴社区长者照护之家申报)等 10 个案例为上海市十大智慧健康养老典型案例提名奖。同时，落实国家工信部、民政部和卫健委三部委的工作部署，根据上海智慧健康养老产业发展需求和趋势，组织开展《智慧健康养老应用试点示范(第三批)》及《智慧健康养老产品及服务推广目录》的申报、评选推荐工作。至 2019 年年底，已评选出国家级示范基地 4 家、示范街镇 25 家、示范企业 8 家、推广产品 3 个、推广服务 3 个。　(徐秋慧)

社区非正式照料体系

【“老伙伴”计划】　“老伙伴”计划，即低龄老年志愿者为高龄独居老年人提供互助关爱服务，是上海市民政局于2012年开始探索的互助关爱养老新模式。“老伙伴”计划以增进社区成员之间的情感为纽带，开展与家庭和社区生活密切相关的互助关爱服务，一般由年龄在70岁以下的低龄老年志愿者为80岁以上的高龄独居老年人提供以互助关爱为主题的志愿服务。低龄老年志愿者与所服务的高龄老人一般按不低于1∶5的比例配对，遵循就近和相近的原则，即志愿者结对的老人最好是在同社区，并有相近的生活爱好和健康状况，定期为高龄独居老人提供包括上门聊天、电话拜访、心理关爱、慢性病防治、老年人居所意外防范等，并通过社区养老服务平台开展一系列互助服务活动。2012、2013年列入市政府实事项目，全市每年有2万名低龄老年志愿者为10万名高龄独居老人提供服务；2014年开始，扩大服务范围，全市招募3万名低龄老年志愿者为15万名高龄独居老人提供互助服务，2017年起，进一步扩大服务范围，全市4万名低龄老年志愿者为20万名75岁以上的高龄独居老人提供互助服务，基本实现高龄独居老年人全覆盖。至2019年年底，累计为超过100万人次的高龄独居老年人提供服务。（徐秋慧）

【老吾老计划】 2014年起，上海在部分街道(乡镇)开展失能老年人家庭照料者培训项目，旨在通过专业社会组织为长期照料失能老年人的家庭照料者提供护理知识和技能培训，增强家庭自我照料失能老年人的能力。2014～2016年项目周期内，共有16个区、百余个试点街镇参与。通过集中培训、发放培训资料和个体入户指导等形式，对2万余名失能老人家庭照料者开展培训。根据《国务院办公厅关于制定和实施老年人照顾服务项目的意见》等有关要求，为进一步发挥家庭养老的基础性作用。2018年开始推出“老吾老计划——家庭照护能力提升项目”。该项目主要依托社区养老服务设施和机构，以实训式的“集中教学”和“个体辅导”等方式，为失能老年人家庭照护提供支持性服务，缓解居家照护的服务压力。2018年，第一批试点工作在全市8个区11个街道开展，培训1 500余人；2019年，第二批试点工作在9个区20个街道开展，培训5 000余人。（徐秋慧）

【住宅适老化改造】 上海从2012年开始探索住宅适老化改造项目，主要通过社会组织的专业化管理和操作，为全市低保等困难老年人家庭提供住房安全性和无障碍设施的改造，改善这部分老年人的居住环境和生活质量，减少跌倒、失火、煤气中毒等意外事故的发生。2012年和2013年，该项目列入市政府实事项目推进，每年对1 000户低保等困难老年人进行家庭居室适老性改造，在“安全、方便、整洁”上下功夫，改善老年人的居住环境，提升老年人家庭居住生活质量。至2019年年底，累计为8 000余户低保等困难老年人进行家庭居室适老性改造。在低保困难老年人家庭居室适老化改造项目的基础上，2019年探索引入市场机制以及“政府补贴一点、企业让利一点、家庭自负一点”的资金分担机制，引导和支持包括困难、无子女、失能、高龄等特殊群体在内的全体老年人家庭实施适老化改造。

（徐秋慧）

【《银龄宝典》】 上海市民政局、上海市教委和上海教育电视台联合制作的《银龄宝典》，是一档普及老年人家庭康复护理知识和技能的公益性、日播型电视节目。该电视节目于2015年10月21日首播，周一至周五每天播放一集，每天播放三次(时间为10:10、13:05、17:25)，一集片长8分钟；每周末黄金时间播出一周集锦(时间为19:35)。节目播放形式采用主持人、老年嘉宾、护理专业人员或医学专家搭配，边说边做边学，主持人选用在主持老年人节目方面比较有经验者，护理专业人员及医学专家都是三级甲等医院副主任以上级别、高校专业教师等。2019年，《银龄宝典》完成260集的制作及周末黄金时段40分钟合集制作，播出集次达1 300集以上。其中收视率较高的有《瑞金医院康复科》《厨房里的中草药》《老年人拔牙、装假牙及种牙》《老年人呼噜非小事》《老年人髋关节骨折康复》《老年人养生易筋经》《老年人腰突症的中医特色治疗康复》《家门口的康复科》等。2月27日，市民政局与上海教育电视台签署战略合作框架，整合资源全方位合作，全力打造养老服务融媒体平台，助推养老产业发展，传播家门口的养老服务。（徐秋慧）

【“时间银行”】 3月18日，上海市民政局印发《关于在虹口区、长宁区开展养老服务“时间银行”项目试点工作的指导意见》，在虹口、长宁开展为期一年的“时间银行”试点工作。试点期间的服务内容以非专业性、非家政类且风险可控的服务项目为主，服务提供者从60～70周岁之间(女性可适当放宽至50周岁)、身体健康且有服务意愿的退休人士中产生，服务对象优先考虑70周岁以上的低保、低收入等困难老年人，对社会有特殊贡献的老年人以及高龄独居老年人等。试点区设立“时间银行分行网点”，同步开展微信公众号、微信小程序、“时间银行”APP、信息平台网站、为老服务热线等支持系统的开发和建设工作。至2019年年底，两个试点区“时间银行”服务者共计1 993人，为799名老年人提供2 225个小时的各项为老服务。（徐秋慧）

养老服务行业管理

【养老机构备案管理】 为应对养老机构设立许可取消

后管理的新情况，1 月 28 日，上海市民政局发布《关于落实新修改的〈中华人民共和国老年人权益保障法〉做好有关工作衔接的通知》，明确备案工作要求，包括备案的时限、流程、材料等要求，向社会进行宣传引导。文件明确，养老机构法人登记后即可开展服务活动，并应当向区民政局备案。备案材料将作为养老机构享受市、区两级相关扶持政策的重要依据；区民政局养老业务部门在获知辖区内企业法人登记的养老机构信息后，应主动告知其备案要求，督促引导其及时办理备案手续；举办者应当真实、准确、完整地提供备案信息，填写备案材料；民办公益性养老机构在办理变更登记后，应同步做好相关事项备案工作；对于登记后 1 个月内未备案的民办公益性养老机构，区民政局养老业务部门应会同相关部门加强督促指导。对于登记后未备案的企业法人养老机构，区民政局养老业务部门应会同区市场监管部门加强提醒联络和督促指导。上海市养老机构备案工作总体有序进行，至 2019 年年底，全市备案的养老机构和长者照护之家共 289 家，其中新设立养老机构备案 31 家，长者照护之家备案 41 家，养老机构许可证到期备案 207 家，长者照护之家到期备案 10 家。（徐秋慧）

【养老机构日常服务质量监测】 2019 年，上海市 572 家正常执业的养老机构全部纳入日常服务质量监测，实现全覆盖。监测工作按照统一监测指标、统一监测项目、统一监测人员库、统一派遣监测人员、统一监测质量跟踪、统一发布监测结果的“六个统一”要求开展，并将监测分数对应“优秀(大笑脸)”“良好(微笑脸)”“一般(平脸)”“较差(哭脸)”四个等次，对每家养老机构区分等级，在“上海养老服务平台”(www.shweilao.cn)、“上海养老顾问微信公众号”等线上平台对应显示不同脸标识，要求在机构服务场所的醒目位置进行挂牌贴脸，方便机构对标和社会监督。根据监测，全市 572 家养老机构中，“优秀”123 家、“良好”223 家、“一般”202 家、“较差”24 家；全市养老机构服务质量总体处于“良好”，比 2018 年试点监测的 200 家机构平均分提高 5.1 分；市属机构平均分排名第一，处于“优秀”；从各区平均得分看，有 5 个区高于平均分，排名从前到后依次为：徐汇区、静安区、长宁区、嘉定区和杨浦区。（徐秋慧）

【养老服务标准化体系】 2019 年，上海成立市养老服务标准化技术委员会，致力于推动上海市养老服务标准化体系建设，9 月 4 日，标委会举行第一次会议，明确标委会委员的组成人选、落实人员分工。《养老机构服务质量监测评价指标》《养老机构信用评价指南》《社区嵌入式养老工作规划》《养老机构服务分级要求》等四项标准的制修订项目通过市市场监督管理局的立项评审，同时推动市养老服务行业协会在全市数字(虚拟)养老院实践经验的基础上，制定《数字(虚拟)养老机构建设规范》《数字(虚拟)养老机构运营管理规范》《数字(虚拟)养老机构服务规范》等三项团体标准，已于 12 月 23 日发布。（徐秋慧）

养老服务扶持发展

【存量资源改造为养老服务设施】 3 月 29 日，上海市发展改革委、上海市民政局、上海市规划和自然资源局、上海市住房和城乡建设管理委、上海市应急管理局等五部门联合出台《关于印发〈促进和规范利用存量资源加大养老服务设施供给的工作指引〉的通知》，明确利用存量资源兴办养老服务设施的适用范围、工作机制、实施路径和扶持政策。该工作指引主要是解决过去在存量资源改造中操作层面规定不够清晰、项目前期手续繁杂、建设周期长等问题，重点聚焦优化实施路径和工作流程，具体包括：在工作机制上明确民政部门牵头一口受理，相关部门协同办理，让社会投资方少跑腿；在实施路径上区分纳入城市更新、临时改变建筑使用功能等两种不同情形，并明确不同的办理流程，加强分类指导；在扶持政策上对社会投资方给予更多优惠，对纳入城市更新的，可享受城市更新相关优惠政策，其中从事非营利性养老服务且连续经营一年以上的，五年内可不增收土地年租金或土地收益差价，同时，改造后符合条件的养老服务设施还可享受建设补助、运营补贴、公用事业收费优惠等。（徐秋慧）

【养老服务机构综合责任保险】 上海市采取政府补贴的方式，在养老服务机构推行综合责任保险，提高养老服务机构发生意外责任风险的善后处置能力和抗风险能力。一是养老机构综合责任保险。经上海市政府采购中心公开招标，确定由太平洋财产保险公司、平安财产保险公司(5 月 1 日起由中国人民财产保险公司中标承保)和安信农业保险公司中标承保，全市 16 个行政区、1 个市属区域共 762 家养老机构(93 889 张已实际住养的机构床位)分成三个片区，分别与对应的中标保险公司签约投保，保费来源继续采取市属机构自身全额承担，市级以下机构由市、区两级民政各资助三分之一，投保机构自负三分之一的方式。2019 年，有 139 家机构共报案 489 件，全市百床平均发案率为 0.52%；共结案 477 件、赔付金额合计 919.83 万元。二是社区综合为老服务责任保险。由政府出资 150 万元，通过公开招投标方式确定平安财产保险公司、安信农业保险公司、中国人民财产保险公司中标承保，该保险已覆盖社区综合为老服务中心、日间服务中心、老年助餐服务场所、社区居家养老服务组织等 1 726 家机构 2.12 万名护理员，全年有 28 家机构共报案 43 件，共结案 37

件、赔付金额合计15.06万元。 (徐秋慧)

【养老服务机构“以奖代补”】 根据《关于对本市非营利性养老机构实施“以奖代补”扶持政策的通知》,上海市从内设医疗机构、招用专技人员、品牌连锁经营三个方面,对符合条件的养老机构予以奖补。其中,对内设医疗机构奖,新设置护理站、医务室/保健站、卫生所的给予10万元、新设置护理院或者门诊部的给予50万元;对招用持证人员奖,招用持有养老护理员初级、中级、高级等级证书的护理员的,分别按持证人数乘以上海市上年度最低工资20%、30%、50%的标准给予,招用医护、康复、社会工作等专技人员的,按专技人员数乘以上海市上年度最低工资50%的标准给予;对品牌连锁经营奖,按规定给予15万元,且每新增加1家机构,奖补15万元。根据《关于对本市非营利性社区养老服务机构实施“以奖代补”扶持政策的通知》,从招用持证养老护理人员、招用专技人员两个方面,对符合条件的长者照护之家、社区老年人日间照护机构、居家照护服务机构等予以奖补,奖补标准与养老机构的招用持证人员奖一致。2019年完成上一年度申报工作,在养老机构方面,共发放奖补资金近2 311.60万元;在社区养老服务机构方面,共有176家社区养老服务机构提出申请,共发放奖补资金1 920多万元。 (徐秋慧)

【上海国际养老、辅具及康复医疗博览会(CHINAAID)】 6月11～13日,上海市民政局在上海新国际博览中心举办2019上海国际养老、辅具及康复医疗博览会,民政部原部长黄树贤、上海市副市长彭沉雷、中国残疾人联合会副主席吕世明等领导莅临展会参观并参加相关会议活动。本届展会为第14届,展览面积达3万平方米,共分为养老服务、生活护理、辅助器具、康复医疗、宜居建筑、健康管理六大主题展示区,囊括产业上下游的产品、技术和服务。来自20个国家和地区的365家企业参展,海外展商约占36%。本届展会首次开设长三角养老联合展区。举办中日、中英、中荷产业对接会,并为来自海外的对接单位提供机构考察等活动。同期还举办“养老行业推动者峰会”“上海国际养老服务产业高峰论坛”“中国养老机构发展暨长三角养老一体化高峰论坛”三大峰会,以及19场研讨会及沙龙,共有70余位来自行业各个领域的专业发言嘉宾,1 279名会议代表参加会议活动。 (徐秋慧)

【中国老年福祉产品设计与创新创业大赛】 中国老年福祉产品设计与创新创业大赛是由政府主办、社会运作的公益性平台,是上海国际养老、辅具及康复医疗博览会的重要配套活动之一,自2012年以来已成功举办七届,成为目前国内举办最早、参赛作品最多、涉及地域最广的综合性涉老产品评比的赛事。本届大赛以“造福长者 创领未来”为主题,分创意设计、商业应用两个组别,于3月启动作品征集,有效作品528件,较上届同比增加53.9%(185件),覆盖国内23个省、市、地区(含台湾)以及4个海外国家。经过两轮评审,6月13日,大赛颁奖典礼在2019上海国际养老、辅具及康复医疗博览会(CHINA AID)展会现场举办,共揭晓14件获奖作品,其中,创意设计组8件(金1、银2、铜5)、商业应用组6件(金1、银2、铜3)。大赛除奖金激励以外,尤为注重成果转化,优秀作品还可纳入相关政府目录并进行常年推广、进入CHINAAID的福祉展区进行展示、通过大赛媒体进行宣传推广、享受资本对接服务以及“落地政策大礼包”等。本届大赛的获奖作品推广成果显著,金奖得主升乐迪在大赛助力下实现年销售额同比50%的增长,铜奖得主安宝乐赛后相继获得3家资本的青睐,估值已翻10倍。 (徐秋慧)

长三角区域养老一体化

【工作网络】 为贯彻习近平总书记倡导和推动的长三角区域一体化发展国家战略,上海市民政局、江苏省民政厅、浙江省民政厅、安徽省民政厅自2018年5月11日举办首届长三角民政论坛以来,积极推进区域养老合作联动。三省一市党委政府将养老服务作为区域合作重点之一,在“长三角区域合作三年行动计划”和“2019年度工作计划”中纳入10项养老服务任务。养老服务民间合作的工作网络不断健全,2018年11月27日,上海、江苏、浙江、安徽的6家主要养老服务行业协会共同发起成立长三角养老协会联合体,致力搭建养老行业发展平台,全面提升三省一市养老服务协同发展能力,在行业交流、行业发布、行业优选、行业认证、行业研究等方面开展服务,首批会员单位超过1 500家。2019年11月,上海市民政局推动成立上海长三角区域养老服务促进中心,以养老服务政策模式研究、养老展示推广、行业标准、行业培训、行业促进、对外交流为主要工作内容。同时,依托上海市养老服务平台,2019年6月开通长三角频道,涵盖长三角区域各省、市养老服务相关政策,养老服务行业发展动态,异地养老服务资源等内容,便于长三角老年人查询了解各地养老服务资源信息,养老服务企业掌握养老产业相关政策。 (徐秋慧)

【研究报告】 在长三角区域三省一市民政部门的指导和支持下,长三角养老协会联合体、上海长三角养老区域养老服务促进中心完成《长三角养老政策汇编》,并于6月12日首次发布。该《汇编》共4卷,系统整理“十三五”期间三省一市(含地级市)政策文件524条,超70万字,涉及设施建设、养老补贴、医养结合、人才队伍等内容，为养老服务行业发展、养老服务企业投资、各地民政部门制定政策提供参考。11 月 19 日，三省一市民政部门发布《长三角养老服务发展报告（2019 年版）》，分析长三角老年人口最新数据，首次梳理养老服务设施情况：至 2018 年年底，长三角地区养老机构总数达 7 801 家，机构养老床位数为 130.62 万张，各类社区居家养老服务设施 10 万多个，汇总区域养老一体化重大事件等相关情况，为长三角养老服务行业发展、行业研究、政策制定提供参考，推动建立区域养老统计制度。（徐秋慧）

【合作交流】 三省一市民政部门积极推动地区合作机制，6 月 12 日，签署《推进长三角区域养老一体合作备忘录》，确定江苏省苏州市、南通市，浙江省嘉兴市、湖州市，安徽省芜湖市、池州市及上海市浦东新区、静安区等 11 个地区开展区域养老一体化首批地市级试点，形成工作对接机制。搭建产业发展平台，在 2019 上海国际养老、辅具及康复医疗博览会上首次设立主题联合展区，包括品牌运营、旅居养老、养老教育、智慧养老四大主题展区，共计 60 余家单位参展，系统展示长三角养老首批试点城市的养老名片、项目推荐、优质养老服务供给等内容。打造养老服务人才发展平台，在 2019 上海国际养老、辅具及康复医疗博览会同期举办首届长三角养老人才招聘会，41 家知名养老服务企业参与。9 月推动成立长三角养老行业人才培养共享平台，探索“学历教育＋非学历教育＋继续教育＋实习实训”四位一体的养老行业人才培养新模式，首批共有长三角区域 37 所院校、24 家协会以及 28 家大中型企业、4 家养老培训中心参与。11 月 19 日，三省一市民政部门在合肥举办的第二届“长三角民政论坛”，在首届“长三角民政论坛”《长三角区域养老合作与发展 · 上海共识》的基础上，签署发布《深化长三角区域养老合作与发展 · 合肥备忘录》。（徐秋慧）

老年福利与老有所为

【老年综合津贴】 自 2016 年 5 月老年综合津贴制度实施起至 2019 年年底，全市累计发放津贴 196.8 亿元，惠及 394.6 万老年人。2019 年，全市共发放津贴 56.7 亿元，惠及 367.2 万老年人。为提升发放精准性和及时性，开展津贴发放管理信息系统升级改造工作，同时，完善与市人口办、市社保中心等部门间的数据比对机制，并研究制定关于老年综合津贴享受期间老年人身份信息变更有关事项的操作口径。此外，开展老年综合津贴政策宣传，向全市各区、街镇以及部分养老顾问点印发相关宣传折页近 10 万份；在老年综合津贴制度实施 3 周年等时间节点，依托上海民政、银龄上海等平台，扩大政策知晓度，提升津贴申请量；在敬老月期间，开展相关政策咨询活动。（曹　怡）

【“银龄行动”】 上海市民政局与新疆维吾尔自治区卫健委共同组织开展第十七期“银龄行动”项目，落实中央新疆工作精神和上海援疆工作要求。4 月市养老服务发展中心发布招募简章，共招募医疗专业 11 名、教育专业 6 名、社工专业 1 名、心理咨询专业 1 名、政工文化专业 2 名老专家作为本期志愿者；6 月 21 日举办欢送仪式，老年志愿者启程赴疆，分赴新疆喀什地区的莎车县、巴楚县、泽普县，克拉玛依市共 11 家受援单位开展智力援助；8 月 1 日，市民政局领导带队赴新疆调研项目开展情况，并慰问援疆老年志愿者；8 月 30 日援助工作结束，志愿者由新疆护送团护送回上海。此次援助，在医疗方面，共计开展门诊与会诊 10 300 人次、手术指导与疑难病例分析 87 次、专题讲座 158 场、审阅医学影像报告 2 200 份、带教医生 45 人；在教育方面，共计指导学员与带教教师 437 人、讲座培训与活动指导 31 次；在社工方面，共计提交调研笔记与课件 9 份，开展讲座 5 场；在心理咨询方面，共计开展讲座 19 场，个案咨询 20 次；在政工文化方面，共计完成 20 篇人物通讯稿，编撰刊物 1 本。（孙瑞华）

【老年志愿服务项目】 为落实沪黔民政对口帮扶工作及上海援滇工作要求，上海市民政局分别与贵州省民政厅组织开展首期“银智红情”试点项目，与云南省德宏傣族景颇族自治州扶贫开发办公室组织开展第三期“云海银晖”项目。其中，“银智红情”试点项目 8 月开始筹备，9 月下旬发布招募简章，共招募医疗专业 20 名、教育专业 4 名老专家作为首批志愿者。11 月 13 日至 12 月 4 日，老年志愿者为贵州省遵义市 8 家受援单位开展智力援助，在医疗方面，共计开展门诊 1 230 人次、手术指导与疑难病例分析 41 次、专题讲座与咨询 120 场、义诊 200 余人次；教育方面，共计开展听课 165 节、一对一辅导青年教师 20 人次、讲座培训与活动指导 12 次、提交校方调研报告 3 份。“云海银晖”项目于 12 月初，招募医疗专业 4 名、教育专业 2 名老专家作为本期志愿者。12 月 10～30 日，老年志愿者为云南省德宏州芒市和梁河县的 2 家受援单位开展智力援助服务，在医疗方面，共计开展会诊 4 次、疑难病例分析 45 次、专题讲座咨询与操作演示 31 次；在教育方面，共计开展听课 53 节、示范课与专题座谈会 5 次、讲座培训与研修活动 8 次，提交校方调研报告 2 份。至 2019 年年底，全市老年志愿者总人数逾 40 万。（梁栋杰）

第四章　儿童福利

【概况】 上海市民政局承担指导儿童福利设施建设和服务管理，孤儿救助、养育、收养登记以及孤弃儿童保障和成年孤儿回归社会安置，以及困境儿童、农村留守儿童、残疾儿童的关爱和救助工作。2019 年，儿童福利和收养登记工作积极贯彻以人民为中心的发展理念，认真落实全国儿童福利工作会议精神，聚焦孤残儿童、困境儿童等特殊困难儿童群体的生存权、发展权，聚焦社会关注和群众关切，完善政策制度，做好工作衔接，深入开展调研，谋划发展蓝图，完成全年各项任务。至 2019 年年底，上海市孤儿共 1 409 人，其中市儿童福利院机构养育孤儿 1 327 人，社会散居孤儿 82 人。全市困境儿童共 6 595 人，家庭贫困陷入困境儿童 5 350 人，自身残疾陷入困境儿童 598 人，监护缺失、监护不当陷入困境儿童 682 人。上海市农村留守儿童共有 996 人。全市各收养登记机关共办理各类收养登记 102 例，其中，国内收养登记 84 例、涉港澳台华侨外国人收养登记 18 例；解除收养登记 11 例，均为国内收养登记解除。（方四青）

孤弃儿童养育和安置

【提高基本生活补助标准】 坚持与上海经济社会发展水平相适应，按照不低于上海平均生活水平的原则，11 月，上海市民政局、上海市财政局发布《关于调整本市孤儿、困境儿童等基本生活保障标准的通知》，将机构孤儿养育标准从每人每月 2 000 元提高到 2 100 元，全年共支出保障金 3 335 万元；社会散居孤儿和艾滋病病毒感染儿童保障标准从每人每月 1 800 元提高到 1 900 元，全年共支出保障金 192.24 万元，进一步提高孤儿和艾滋病感染儿童的养育保障水平。（方四青）

【孤儿助学】 12 月，上海市民政局下发《关于贯彻落实民政部〈“福彩圆梦·孤儿助学”工程项目实施暂行办法〉的通知》，对被认定为孤儿身份、年满 18 周岁后在普通全日制本科学校、普通全日制专科学校、高等职业学校等高等院校及中等职业学校就读的中专、大专、本科学生和硕博士研究生，发放助学金，资助标准为每人每学年 1 万元。2019 年，全市共有 27 名孤儿获得“福彩圆梦·孤儿助学工程”项目资助。（方四青）

【成年孤儿回归社会安置】 根据《上海市人民政府办公厅转发市民政局关于上海市儿童福利院集中养育成年孤儿回归社会安置工作实施意见的通知》，适用范围为市儿童福利院集中供养、具有市儿童福利院集体户口，年满 18 周岁且已完成学业，经综合评估具备回归社会生活能力的孤儿。市儿童福利院每年年初初步梳理下一年度年满 18 周岁拟安置对象名单，经组织评估，市民政局确定并下达安置任务，各安置区在规定的时间内，完成户口迁移，落实住房、工作，安置区所在的街镇保持与安置对象的联系，关心其生活、学习、工作等情况。在三年社会适应期内，接收安置区要协助安置对象适应回归社会后的生活、工作，并通过申请共有产权住房，解决其长期、稳定的住房问题。2019 年，上海市共完成 10 名市儿童福利院集中养育孤儿的回归社会安置工作。（方四青）

【机构寄养工作规范管理】 针对上海市儿童福利院内弃婴、弃儿数量快速增长与院内床位以及工作人员短缺的矛盾及困难。1993 年，在民政部的关心和支持下，上海市民政局指导市儿童福利院尝试开展机构寄养工作；1998 年，在民政部社会福利司、安徽省民政厅的支持下，开展异地机构寄养。近年来，根据民政部统一部署，市民政局指导市儿童福利院分批接回外地寄养儿童，在外寄养孤儿逐年减少。2018 年 12 月，在外省和上海市民办机构寄养的 385 名儿童全部被接回上海市福利机构安置。2019 年 6 月，最后 105 名在安徽省公办福利机构寄养的儿童被接回上海市福利机构安置。其中市儿童福利院安置 30 名，市第二社会福利院安置 75 名。（方四青）

困境儿童和农村留守儿童关爱保护

【事实无人抚养儿童生活保障制度】　根据民政部等12部门联合印发《关于进一步加强事实无人抚养儿童保障工作的意见》，事实无人抚养儿童包括父母双方均符合重残、重病、服刑在押、强制隔离戒毒、被执行其他限制人身自由的措施、失联情形之一的儿童；或者父母一方死亡或失踪，另一方符合重残、重病、服刑在押、强制隔离戒毒、被执行其他限制人身自由的措施、失联情形之一的儿童。12月，上海市民政局制定印发《关于进一步完善本市社会散居孤儿、困境儿童和艾滋病病毒感染儿童基本生活费发放工作的通知》，明确将上海市户籍、未满18周岁的社会事实无人抚养儿童纳入困境儿童发放对象，规范申请、审核、发放、补发、增发和停发的具体流程，加强各保障制度衔接。并就生活费的发放工作开展专题培训，确保生活费及时、足额发放到保障对象手中。至2019年年底，全市领取基本生活费的困境儿童共488人。　（方四青）

【困境儿童和留守儿童关爱保护工作机制】　2019年，上海市民政局完善困境儿童基本生活保障制度，加强医疗和康复保障，完善教育资助和救助；加强家庭教育工作，把家庭监护主体责任具体化，督促落实监护责任；强化安全保护机制落实，健全完善发现报告、应急处置、评估帮扶、监护干预安全保护体系。加大对学校、幼儿园、医疗机构、村（居）委会、儿童福利机构等强制报告主体的指导和培训力度，依法打击教唆、诱骗、组织、胁迫、利用儿童从事违法犯罪活动等各类违法犯罪行为，推进完善闭环运行、严密有效的安全保护机制。加强日常关爱服务，健全关爱保障工作设施载体建设，推进各区新建区社会福利院儿童部，满足政府监护儿童养育需求的同时，惠及特殊困难家庭。通过完善制度，织密安全网络，切实保障困境儿童合法权益。全年协调解决困境儿童个案12例，推进公益诉讼2件。　（方四青）

【专项督查和评估】　6月，上海市民政局开展困境儿童保障制度落实专项督查评估工作。全面梳理2017年以来上海市困境儿童保障政策出台情况，分析各项政策要求和落实途径，对16个区及所属街镇、居村儿童福利工作人员进行深度调研，全面掌握各区困境儿童临时看护场所、工作队伍、保护机制的建设和落实情况，评估显示，上海困境儿童保障制度体系已基本完善，困境儿童工作网络已经建立，临时照护场所基本建成，基层儿童工作者对新时代儿童工作特点已形成共识，工作队伍综合素质较高、能力较强、具有一定的责任心。存在的主要问题是：不同保障政策的交叉和衔接需要进一步明确，困境儿童临时照护的运行机制尚未成熟，临时照护期间的风险责任缺乏界定，基层民政干部任务繁重且变动频繁，各区保障的投入力度差异较大，对困境儿童个性化精准帮扶机制有待加强，政府购买力度有限、社会力量引入不足。评估建议，从法律授权、政策衔接、智能化应用和多方动员等方面，进一步健全制度体系，为困境儿童织密安全网络。　（方四青）

【困境儿童安全保护实例集】　6月，上海市民政局启动编撰《上海市困境儿童安全保护工作典型实例集》，主要针对困境儿童中因家庭监护缺失或监护不当导致人身安全受到威胁或侵害的儿童，面向上海市儿童临时看护中心和16个区广泛征集困境儿童安全保护工作案例。共收到23份案例材料，经分析筛选确定收录10个典型案例，走访调研公安、检察院、法院等相关部门，编撰形成《上海市困境儿童安全保护工作典型实例集》，从案例释义、法律规章、裁判摘要、基本案情、裁判结果及理由、典型意义等方面，总结具体案例的成功做法，为基层更好地落实困境儿童安全保护工作提供指引。　（方四青）

儿童收养登记管理

【孤弃儿童收养工作】　分三个阶段进行。首先，开展收养前培训。要求收养申请人在收养登记前必须先接受培训，了解当前孤弃儿童收养形势分析、收养法律法规基本知识及收养登记办理程序、收养人的权利义务、孤残儿童的特点和心理需要、育儿知识等。其次，实施收养能力调查评估。上海市民政局委托上海东方社会发展促进中心严格按照收养评估工作规定和要求，开展收养家庭评估工作。最后，开展收养后回访。重点对已收养的家庭进行跟踪回访及服务，全面了解被收养儿童融入家庭情况和生活成长情况，对收养家庭及被收养儿童收养后出现的问题，及时介入，提供必要支持和帮助。2019年，完成家庭收养能力调查评估21例，开展收养后回访15例，收养申请家庭电话回访60例。　（方四青）

【事实收养历史遗留问题】　上海市民政局与上海市公安局针对社会弃婴事实收养的历史遗留问题，采取“一案一分析、一案一指导、一案一对策”的方法，在事实收养历史遗留问题的处理上，本着儿童利益最大化原则，加大材料调查和材料审核力度，做好个案指导。对符合文件条件要求的，引导收养当事人完成收养相关法律程序。对查无实据的，民政、公安部门及时反馈当事人联合调查结果。对被抚养人要求解决户籍问题的，由公安部门按户籍政策予以答复处理。市民政部门坚持“应审尽审、应退尽退、应送尽送”的原则，严格做到事实收养材料不滞留、不拖延。2019年，全市共解决流转市儿童福利院集体户手续的事实收养43例。

（方四青）

【外国收养家庭寻根回访】 关心关爱被收养儿童的重要举措，也是维系被收养儿童与我国亲情的桥梁纽带。2019年，上海市民政部门共接待13批外国收养家庭到市儿童福利院寻根回访，积极主动帮助收养家庭和被收养儿童了解其被收养经历及成长环境，帮助被收养儿童更好地了解中国文化以及祖国和上海近年来的飞速发展，正确对待身份、种族、文化认同，完成寻根的夙愿。 （方四青）

机构设施和工作载体

【上海市第五社会福利院项目】 列入上海民政事业改革与发展“十三五”规划的重大项目之一，是满足上海孤残儿童养护需求，提高市级层面对孤残人员的供养能力的重要保障设施。市第五社会福利院新建床位规模为1 000张，分为儿童生活区和成年孤残人员生活区。其中，儿童生活区床位为200张，服务对象主要包括：上海市6～18周岁、以养为主的智力低下、重度残疾的孤残儿童；由民政部门担任监护人的未满18周岁其他儿童（父母死亡或者宣告失踪且没有其他依法具有监护资格人的儿童、人民法院指定由民政部门担任监护人的儿童）；贫困家庭特定疾病和重残儿童，开展阶段性集中养育康复。成年孤残人员生活区床位800张，服务对象为需要集中养护的19～60周岁孤残人员。本项目于2019年4月完成选址工作。计划于2020年9月底开工，2022年10月底竣工验收，建设工期约为25个月。 （方四青）

【未成年人救助保护机构(临时照料场所)建设】 根据民政部等10部门联合印发的《关于进一步健全农村留守儿童和困境儿童关爱服务体系的意见》要求，上海市民政局积极推进困境儿童和农村留守儿童关爱服务工作，因地制宜、优化设置，不断推进儿童福利工作载体建设。各区在现有未成年人救助保护机构（部门）和困境儿童临时照料场所的基础上，优化设施空间布局，建立专门的工作团队，确保临时照料场所独立设置、专业管理，确保此项工作有场所、有机构、有队伍。至年底，全市已建成困境儿童临时照料场所49处。松江区和虹口区正积极推进区级儿童福利机构建设，松江区社会福利院儿童部已正式运营。 （方四青）

【儿童友好社区创建试点】 7月，上海市妇女儿童工作委员会、上海市民政局等部门印发《关于上海市开展儿童友好社区创建试点工作的指导意见》，部署上海市儿童友好社区创建试点工作，旨在为儿童打造一个环境友好、设施齐全、服务完善的15分钟社区生活圈。通过在街镇建立儿童服务中心、在社区设立儿童之家、建立儿童工作者队伍、培育从事儿童服务的专业社会组织和儿童社会工作者、绘制儿童友好社区地图等措施，在试点基础上探索形成儿童友好社区建设的上海标准。至年底，全市共有84个街镇申报创建儿童友好社区。 （方四青）

【工作队伍和信息系统建设】 2019年，上海市民政局全面加强业务培训，完成全市各街道儿童督导员业务培训和困境儿童护理员操作技能培训，举办首期儿童福利社会工作者骨干培训班，指导各区完成居村儿童主任全员培训。严格信息季报制度，及时更新儿童福利信息管理系统、农村留守儿童和困境儿童信息管理系统以及儿童督导员和儿童主任信息管理系统数据，实现动态维护。至2019年年底，全市共有儿童督导员255人，儿童主任6 174人。同时，还举办全市收养登记员业务培训班，升级完善上海市收养登记信息管理系统，为收养工作提供信息化手段支撑。 （方四青）

【特殊儿童服务类社会组织培育发展】 11月，上海市民政局出台《关于促进和规范特殊儿童服务类社会组织的发展的意见》，坚持扶持与规范发展并重的原则，明确通过政府委托、项目合作、重点推介、孵化扶持等多种方式，积极培育特殊儿童服务类社会组织，推动社会组织加强专业化、精细化和精准化服务能力建设，大力扶持特殊儿童服务类社会组织发展，推进上海儿童福利工作健康有序发展。至年底，全市共有特殊儿童服务类社会组织74家，服务范围涵盖自闭症及重病重残儿童康复、政策咨询、社工服务、心理咨询等领域。

（方四青）

第五章　残疾人福利

【概况】 上海市民政局承担指导残疾人福利设施建设和服务管理，实施困难残疾人生活补贴和重度残疾人护理补贴制度，协调指导慢性精神障碍残疾人社区康复和民政对象中慢性精神障碍患者机构照护的服务管理，推进康复辅助器具产业发展，以及市加快发展康复辅助器具产业部门联席会议办公室日常工作等。2019 年，上海市民政局坚持政府领导、民政牵头、残联配合、部门协作、社会参与的工作机制，依托社区事务受理服务中心和全市统一的信息管理系统，实现“残疾人两项补贴”申请全市通办和公共数据互联共享，不断优化制度落实工作。全年共为 9.15 万困难残疾人、21.85 万重度残疾人发放补贴 8.15 亿元，其中困难残疾人生活补贴 2.96 亿元，重度残疾人护理补贴 5.19 亿元。加强残疾人集中就业企业服务管理，至年底，全市共有残疾人集中就业企业 601 家，残疾人职工 13 176 人，其中肢体残疾 5 798 人、智力残疾 3 145 人、听力残疾 1 923 人、视力残疾 1 615 人、言语残疾 324 人、精神残疾 292 人、多重残疾 79 人。对上年 648 家残疾人集中就业企业进行社保缴费的补贴，涉及沪籍残疾职工平均人数 13 874 人，补贴资金 1.12 亿元。依托上海市民政局直属精神卫生中心，在满足城乡特困、低保、低收入等特殊困难群体中的慢性精神障碍患者服务需求的基础上，积极拓展功能，面向社会提供精神卫生服务。至年底，上海市 3 家民政精神卫生中心共收治精神障碍患者 1 582 人(占现有床位数的 88.9%)，其中收治特殊困难精神障碍患者 636 人、复退军人患者 38 人、医保患者 815 人、自费患者 93 人。从年龄层次划分，18 岁以下 70 人，19～59 岁 912 人，60～79 岁 552 人，80～89 岁 44 人，90～99 岁 4 人。在康复辅助器具产业发展方面，康复辅助器具产业园南滨江园区开园，全面启动康复辅具社区租赁服务试点，推进长三角康复辅助器具产业合作发展。　(孙洁怡)

残疾人两项补贴

【两项补贴制度】 为解决上海市残疾人特殊生活困难和长期照护困难，上海市政府出台《关于全面建立本市困难残疾人生活补贴和重度残疾人护理补贴制度的实施意见》，自 2016 年 1 月 1 日起全面建立困难残疾人生活补贴和重度残疾人护理两项补贴制度。其中，困难残疾人生活补贴的补贴对象根据困难程度确定为纳入最低生活保障范围的重残无业人员、低保家庭残疾人、低收入家庭中的残疾人等三类，分档补贴标准依次为每人每月 330 元、300 元和 200 元；重度残疾人护理补贴的补贴对象根据残疾程度确定为残疾等级评定为一级的残疾人、残疾等级评定为二级的残疾人和三级智力残疾人，分档补贴标准依次为每人每月 300 元和 150 元。2016 年至 2019 年底，全市共发放困难残疾人生活补贴 11.02 亿元，累计惠及 9.90 万残疾人；共发放重度残疾人护理补贴 18.32 亿元，累计惠及 23.21 万残疾人。　(史晓红)

【业务信息系统升级改造】 4 月，上海市民政局着手进行残疾人两项补贴发放业务管理系统升级改造。通过与区民政部门、街镇人员调研座谈，重点排摸出补贴业务信息系统功能亟须完善和改造的四个方面。加强人员资格校验，向上海市大数据中心提交残疾人享受其他生活和护理补贴的信息比对需求，确保残疾人两项补贴制度和其他类似社会保障政策进行有效衔接。建立残疾人两项补贴定期复核机制，在业务系统中新增半年复核功能，对已享受补贴的残疾人每半年进行信息和资格复核。加强数据比对的时效性，通过与上海市公安局、上海市残联等部门沟通协商，增加数据比对接口交换频次，实现人员基础信息、残疾信息及民政救助信息的实时比对。优化补贴资格变更申请、关系转移等线上办理途径，通过开设电子档案上传、补贴发放衔接时间自动计算等功能，进一步提高基层业务人员办理业务的质量和效率。9 月，残疾人两项补贴发放业务管理系统升级改造完成。　(史晓红)

【补贴业务培训】 9 月，上海市民政局、上海市残联在上海市职业培训指导中心开展年度全市残疾人两项补贴业务培训，培训对象包括全市各区民政、残联及街镇工作人员合计400多名，培训为期四天共八个批次。邀请上海市民政局信息中心工程师专题培训残疾人两项补贴发放业务管理系统中补贴受理审核、资金汇总、定期复核等系统功能的使用方法和办理流程，发放《残疾人两项补贴发放业务管理系统使用手册（升级改造版）》。同时，对普遍反映的全市通办、档案管理、业务流程、政策衔接等有关内容进行现场答疑，帮助基层一线人员解除困惑，提高补贴业务管理水平。（史晓红）

残疾人集中就业企业服务管理

【政府购买助残督导员服务】 为促进残疾人就业，加强对残疾人集中就业开展事中事后监管，保障残疾人合法权益，2016年4月，上海市民政局建立政府购买第三方助残督导服务制度，充分发挥社会组织的优势，对全市残疾人集中就业企业实施全覆盖的走访，督促引导福利企业规范用工行为，维护残疾职工的合法权益，为市、区民政部门对残疾人集中就业企业事中事后过程监管提供动态数据。2019年，上海市残疾人集中就业企业协会作为"第三方"，承接第五期助残督导服务项目。协会选聘16名助残督导员，分为7个小组，对全市16个区和民政集团共计611家企业展开督导服务工作。全年累计进行2 400余次的回访，与2 000余名残疾人职工进行访谈。在督导项目过程中，助残督导员通过上门走访、实地观察、跟踪随访等方式，记录残疾人集中就业企业和残疾职工的就业状况、存在的问题。针对随访到的企业在生产经营和退税方面的困难，及时向区有关部门反映；针对残疾人职工在工作、生活情况和问题，依法依规给予解答和解决，保障残疾人职工的基本权益。（陆润生）

【助残督导员培训】 1月31日，上海市民政局、上海市残疾人集中就业企业协会联合举办第五期助残督导员岗位服务项目培训，16名助残督导员参加培训。重点就《中华人民共和国残疾人保障法》和《残疾人就业条例》等相关法律法规政策、《劳动法》和《社保法》中有关业务内容进行讲解，分享优秀督导案例经验，要求各位督导员严格执行《助残督导岗位服务项目工作手册》，开展专业化、精准化服务，保障残疾员工的基本权益。此外，每月定时召开助残督导员工作例会，对当月督导工作进行小结和点评，保证全年助残督导工作顺利有序完成。（陆润生）

【首家残疾人集中就业见习基地】 5月19日，第29个"全国助残日"，上海市首家残疾人集中就业见习基地在嘉定区上海飞力勋铖电气科技有限公司成立。基地旨在通过为集中就业残疾人提供教育培训和模拟见习，改善残疾人集中就业状况，增强残疾人参与就业市场竞争能力。基地聘请经验丰富的社工入驻，为残疾人进行岗前培训和安全教育；根据残疾人见习专业设置、见习安排等实际情况，以订单式见习模式为途径，在专业化指导下熟练掌握职业技能，提高其职业素质和就业竞争力。（陆润生）

慢性精神障碍患者服务管理

【民政精神卫生中心特色康复服务】 2019年，上海市民政直属三家民政精神卫生中心立足民政精神卫生福利工作职能，对院内慢性精神障碍患者提供救治、诊疗、长期护理、康复等服务。为缓解患者社会功能的衰退，为服务对象开展森田治疗、内观治疗、团体艺术治疗、团体绘画治疗、作业治疗和音乐治疗等多种康复治疗项目。为提高服务对象的生活自理能力、社会交往能力及职业劳动能力，拓展形式丰富的康复项目，如第一精神卫生中心的"启航三部曲"运用自助式职业康复、平等化人文关怀、渐进式社会融入的工作模式，打造一个机构内的模拟社会生活区；"心灵港湾"服务品牌以"助人自助、增权赋能"为服务理念，通过亲情式服务、项目化康复、患者互助的运作模式，使患者得到更为人性化的服务。第二精神卫生中心通过开展"健康舞社""心晴巴士""让生活多点色彩""我和晨曦有约"等项目，助力服务对象身体功能训练、心理能力建设；开展"随心E购"服务，满足服务对象购物需求和零用金安全。第三精神卫生中心拓展社工"职业康复"模式，开启"解忧杂货铺"康复项目，运用行为和社会学习理论帮助患者恢复社会功能。（孙洁怡）

【民政精神卫生中心志愿服务】 2019年，上海市民政局直属三家民政精神卫生中心充分发挥志愿者服务作用，助力慢性精神障碍患者的康复。第一精神卫生中心与姚连生中学、上海政法学院、上海师范大学等共建"心灵港湾的导航塔"志愿服务项目，通过开展志愿者结对服务对象义工队形式，逐渐使服务对象义工队成员从"我是被服务者"转化为树立"我能够为他人提供服务"的理念，发挥其潜在能力，减轻住院综合征所带来的负面情绪。"伴你·再探索"——住院精神障碍患者社会融合志愿服务项目，利用"一对一"服务的志愿者资源，组织服务对象走出机构，缓解他们长期缺乏与外界接触、社会适应能力差的问题。第二精神卫生中心开展"心灵寻访"项目孵化季，30多位来自企事业单位、院校的志愿者通过心灵寻访，进入生活区，探访服务对象，深入了解他们的需求，进一步提升志愿服务意愿。利用上海市志愿者网，发布志愿服务项目，吸引众多社会爱心人士加入精神健康服务，全年参与服务项目社会志愿者 147 人，志愿者服务 2 488 人次，志愿服务时间 1 712 小时。第三精神卫生中心管乐队 5 位老师每月分别利用 3～8 小时，志愿为服务对象进行小号、长笛、黑管和萨克斯等乐器的演奏辅导。（孙洁怡）

康复辅助器具产业发展

【2019 年加快发展康复辅助器具产业部门联席会议】 为贯彻落实《上海市人民政府关于加快发展康复辅助器具产业的实施意见》，12 月 5 日，2019 年上海市加快发展康复辅助器具产业部门联席会议召开，上海市民政局、上海市财政局、上海市经济信息化委、上海市科委等 20 个成员单位参加会议。会议通报各联席会议成员单位在推进知识产权等生产性服务、建立健全标准体系、加强人才服务支撑、推动康复辅具在多个场景应用、开展康复辅具社区租赁服务试点、推进产业集聚发展等方面所做的工作；分析产业在创新动力、现有规模、支付体系、服务人才等方面的问题，明确下一步工作要点。（黄烨洁）

【第二届进博会配套论坛】 11 月 6 日，第二届中国国际进口博览会的配套论坛——2019 长三角国际康复辅助器具产业创新论坛在国家会展中心（上海）举办，本次论坛由上海市民政局、上海市青浦区人民政府、东浩兰生集团有限公司联合主办，包括政府部门、业内专家、企业家、投资人等近 200 位国内外嘉宾参加。论坛重点探讨在中国经济转型升级及人口老龄化的背景下，长三角三省一市康复辅助器具产业的政策协同、技术创新、应用推广和投资风向，以及在"长三角一体化"国家战略下，如何在长三角区域打造完整的康复辅具产业链。新华社、人民网、中国新闻网、央广网、解放日报、文汇报、上海电视台、上海人民广播电台等作相关报道。（黄烨洁）

【《长三角康复辅助器具产业创新发展合作共识》】 11 月 6 日，上海市民政局、江苏省民政厅、浙江省民政厅、安徽省民政厅发布《长三角康复辅助器具产业创新发展合作共识》。共建协作协商工作机制，以提升长三角康复辅助器具产业整体水平为目标，建立健全区域康复辅具产业协作协商工作机制。共育产品服务标准体系，发挥各地优势，分类建立产品和服务标准，推动省市地方标准成为长三角的统一标准。共享统计数据信息平台，共同研究康复辅具产业发展的统计指标体系，明确统计范围。共推知识产权保护落地，培育更多具有自主知识产权和核心竞争力的创新型企业。共促产业园区规划落地，依托长三角区域各省市原有产业基础，按照产业链分工，共同打造一批示范性康复辅助器具产业园区。共设产业发展引导基金，以资本为纽带，以市场化机制推动设立长三角康复辅具产业引导基金。深化长三角区域康复辅助器具产业的合作与发展。（黄烨洁）

【国家级康复辅助器具社区租赁试点】 6 月 27 日，民政部、发展改革委、财政部、中国残联发布《关于确定康复辅助器具社区租赁服务试点地区的通知》，上海市成为全国康复辅助器具社区租赁服务试点地区之一。11 月 26 日，上海康复辅助器具社区租赁服务试点工作正式启动，全市 16 个区的 70 个街镇被列为首期康复辅具社区租赁点。租赁试点的人群主要包括老年人、残疾人、伤病人；租赁试点的产品目录有 5 个一级类别、13 个二级类别、19 个三级类别共 45 种产品：一级类别主要是矫形器、家具及其配件、个人移动辅助器具、个人生活自理和防护辅助器具、个人医疗辅助器具。试点工作通过项目化方式开展，上海市户籍 60 周岁（含）至 75 周岁（不含）低保、低收入老年人和 75 周岁（含）以上老年人，租赁《上海市 2019 年社区康复辅具租赁产品目录》中的产品，均可申请租赁服务补贴。（黄烨洁）

【康复辅助器具应用场景展示馆和创新产品体验馆建成】 8 月 23 日，上海市首家康复辅助器具应用场景展示馆在国家会展中心（上海）正式开馆。展示馆以康复辅具"三进"（进家庭、进社区、进机构）为主题，划分为"家庭体验区""社区体验区""机构体验区""互动科普区"四大区域，以互动场景体验为核心，展示不同场景下康复辅具产品应用。同期，位于上海市静安区胶州路 207 号的康复辅助器具创新产品体验馆也向社会公众开放。体验馆以康复辅具"创新产品体验"为主题，划分为"科技体验区""亲民辅具集中展示区""听力检测问诊区""社区科普洽谈区""居家适老化改造区"五大区域，以创新产品体验为核心，展示家庭、社区场景下的创新康复辅具应用。（黄烨洁）

【上海市康复辅助器具产业园南滨江园区开园】 6 月 6 日，上海市康复辅助器具产业园南滨江园区开园。南滨江园区地处闵行零号湾，占地面积 10 000 平方米，是上海市建成的第二个康复辅助器具郊区产业园，集聚上海交通大学和华东师范大学的科研优势，定位康复辅助器具产业链和创新链的双链融合。根据"2＋2＋Δ"的康复辅助器具产业空间布局规划，上海市已打造 2 个郊区产业园、2 个常年展示馆，其中青浦区西虹桥已在 2018 年 11 月 9 日建成首个上海市康复辅助器具产业园，园区定位于引进消化吸收国内外中高端的康复辅助器具产品。（黄烨洁）

【康复辅具产业宣传】 综合运用各种宣传渠道，提高公众对康复辅具产品、服务的认知度和知晓度。在上海人民广播电台《直通990》空中养老顾问、上海教育电视台《银龄宝典》等新闻媒体推出康复辅助器具租赁专题。在10个区11个街道组织11场康复辅具进社区系列活动，为数千名老年人提供辅具租赁政策、辅具知识、产品功能及使用方法现场咨询。6月11—13日，在中国国际养老、辅具及康复医疗博览会上设立康复辅助器具展区和辅具租赁体验区，以“康复辅助器具产业创新”为主题，分“科技助力产业创新”“三进一连/未来生活2025”两大区域，展示康复过程的前、中、后期所需的康复辅具核心科技展品，以及康复辅具进机构、进社区、进家庭的多场景应用情况。 （黄烨洁）

第三篇　社区治理与社会建设

第六章　基层政权建设

【概况】 上海市民政局承担推进基层民主政治建设，指导基层群众自治建设，组织各区开展居(村)民委员会选举。牵头推进社区工作者队伍建设。配合相关部门推进街道社区层面共治工作。指导社区服务体系建设，会同有关部门拟订社区服务政策，牵头推进社区事务受理服务中心标准化建设。2019 年，上海市民政局推进全市社区治理分类指导，针对不同类型的居民区，探索分类施策治理方法。修订出台《上海市社区工作者管理办法》，加强合同管理、优化考核激励，完善社区工作者队伍管理机制。组织七期全市街镇(乡)、居村骨干示范培训，共 400 人参训。全面推进"阳光村务工程"，实现村务公开信息化平台建设实现全覆盖，至年底，全市各涉农区均已实现村干部开放式办公。深化巩固"全市通办"，优化完善"一网通办"，积极推进落实长三角地区"一网通办"。至年底，全市 16 个区共开设 54 个"长三角通办"专窗。推动社区事务受理服务中心应用 2018 新版地方标准。完善社区民主协商示范点(居村自治家园)建设评估机制，推进评估和命名居村自治家园 55 个。开展"深化创新社会治理加强基层建设"评估调研活动，梳理总结基层社会治理的"上海经验"。在静安区、长宁区、黄浦区、杨浦区举办新时代上海社区工作法论坛暨社区分类治理系列研讨会。推动各区指导基层应用社区治理机制助推"垃圾分类"。加强科技支撑，推进"社区云"平台建设。2019 年，"全市通办"被新华社上海分社评为"最受市民欢迎的'一网通办'十件事"；社区事务受理服务"全市通办"荣获上海市民政系统第六届十佳服务品牌；市民政局因社区治理与社会力量助力垃圾分类荣获评全市"2019 年生活垃圾分类工作先进单位"。 (丛　上)

社区自治共治

【社区治理分类指导】 5 月 8 日，上海市民政局印发《关于推进城乡社区治理突出问题分类指导工作的通知》。重点针对老旧公房小区、商品房小区、混合型居住区、涉外居住区、农村宅基住房居住区、农村集中安置居住区以及大型居住区等不同类型居民区，指导各区和各基层社区有针对性探索差异化治理措施，推动分类施策。聚焦不同类型社区居民群众反映强烈的突出问题，找准痛点，把准关切，实现为民服务有依据。检验社区服务资源在不同类型社区配置的合理性，分类考虑资金配置、人员配备、设施投放和考核标准等，体现资源配置的差异性，提高适配度，实现资源配置有导向。通过对不同类型居民需求的差异化分析，配套最有针对性的分类治理方式方法和治理工具，促进精准施策，提高工作的有效性。 (丛　上)

【社区民主协商示范点(居村自治家园)建设】 为积极推进社区民主协商，调动更多居民群众参与社区自治的积极性，2019 年，上海市民政局开展社区民主协商示范点(居村自治家园)创建活动，树立更多居民自治的示范样板。7 月，上海市民政局修订完善自治家园评估指标体系，主要内容包括多元参与、民主协商、资源整合、问题解决、文化营造、加分项目六大类别，涉及党建引领、主体多元、平台丰富、议题征集、协商过程、协商成果、资金筹措、资源利用、挖掘社区文化、激发社区认同、聚焦重点难点、项目化推进、形成典型案例、群众满意、获得荣誉、媒体报道等 16 个指标内容。引入第三方评估机制，邀请社区治理领域专家，通过实地走访、现场打分、线上点评等方式加强过程指导，推进评估和命名居村自治家园 55 个。 (顾建龙)

【新时代上海社区工作法论坛暨社区分类治理系列研讨会】 2019 年，上海市民政局共举办 3 次新时代上海社区工作法论坛暨社区分类治理系列研讨会。1 月举办静安区社区分析工作法研讨会，探讨运用"社区分析工具"，将资料搜集、数据统计、分类归纳、方案实施、效果评价五个步骤贯穿社区了解、回应、评价的全过程，从而提升社区治理效能。6 月举办黄浦区"三会制度"工作法研讨会，探讨以"听证会、协调会、评议会"为核心内容的"三会制度"及其配套机制在基层民主协商中的价值与成效，以及未来发展的方向。10 月举办杨浦区“微治理”工作法专题论坛活动，探讨杨浦区通过“三微治理”工作法，深化“睦邻家园”治理体系，开展楼栋微整治、空间微改造、景观微更新，回应居民关切，取得的明显成效。社区工作法论坛邀请各区民政局、街道、居村委工作人员参与学习和讨论，共享先进社区工作方法。各区在市级论坛和研讨会的大平台上相互借鉴，取长补短，促进全市社区治理水平的整体提升。

（顾建龙）

【社区治理机制助推“垃圾分类”】 5 月，上海市民政局、上海市绿化和市容管理局出台《发挥社区治理和社会组织功能助推垃圾分类的指导意见》，主要内容包括通过推进居村精细化治理、推进规范化建设、深化群众自治、开展教育宣传、鼓励支持社会组织参与等，广泛发动社会多方力量，助推生活垃圾分类工作，引导居民形成垃圾分类的良好习惯，将全市重点工作在社区落实落细。

（丛　上）

社区工作者队伍建设

【《上海市社区工作者管理办法》修订】 3 月 29 日，上海市民政局积极推动修订出台《上海市社区工作者管理办法》，修订的主要内容包括明确队伍定位、配备方式、规范合同管理、做实退出机制等方面。进一步强调社区工作者有别于公务员、事业编制人员的特殊定位，明确其是通过政府购买岗位，受委托从事“三公”或协助“三公”工作，按照劳动合同法进行管理的一支特殊队伍。重申社区工作者采取选任、招聘两种配备方式，通过优化招聘程序、拓宽招聘渠道、建立试用期筛选机制等方式进一步规范招录机制。社区工作者实行劳动合同管理，明确合同签订的主体，规范合同签订期限。明确选任和招聘的社区工作者均适用劳动合同法，加强与基层群众性自治组织民主选举制度的衔接，细化选任社区工作者的退出情形。

（丛　上）

【基层干部队伍示范培训】 8 月 27 日至 10 月 12 日，上海市民政局开展全市街镇（乡）、居村骨干示范培训，培训共分为七期，来自街镇（乡）职能科室负责人、居委会主任、“村改居”主任书记、村委会主任、社区工作者骨干等 400 人参加培训。培训主要包括社区治理形势与任务、心理沟通技巧、社区治理经验分享、社区突出矛盾的应对与处理、实地参观教学等内容，发放《居委会主任 100 天工作指南》《上海市基层社会治理法规政策汇编》等工作手册。通过市级示范培训，带动和指导各区开展专题培训，形成市、区、街镇全员培训的工作格局。

（丛　上）

农村社区建设

【“阳光村务工程”】 2019 年，村务公开信息化平台建设列入市乡村振兴年度重点任务，“阳光村务工程”在全市郊区农村全面展开。通过运用数字电视、移动端 APP 等信息化手段，实现村级重大事项、财务收支等全面、及时向村民公开，尤其在财务收支方面，要求公开到明细账目和每一张财务票据，发挥广大村民民主监督作用。至年底，各涉农区共有 1 557 个村运用数字电视或者手机端 APP 进行村务公开，村务公开信息化平台建设实现全覆盖。

（崔巍峥）

【村干部开放式办公】 2019 年，村干部开放式办公工作列入市乡村振兴年度重点任务。5 月 8 日，上海市民政局会同上海市委组织部，制定印发《关于在实施乡村振兴战略中全面推行村“两委”成员开放式办公的通知》，明确要求村“两委”不再设置单独办公室，“两委”成员在村级办公楼一楼集中办公，有条件的村，实行村干部在村级为民服务场所集中办公服务，以此促进村干部作风转变和服务意识能力提升。至年底，各涉农区均实现村干部开放式办公。

（崔巍峥）

【农村社区建设示范村创建】 为深入贯彻落实中共中央办公厅、国务院办公厅《关于深入推进农村社区建设试点工作的指导意见》和上海市委市政府《关于深入推进上海农村社区建设试点工作的实施意见》，上海市民政局进一步深化农村社区建设、全面推进乡村振兴，推动各涉农区以农村基层社会治理创新为引领，以深化村民自治、提升农村社区公共服务水平为重点，着力打造一批机制健全、管理有序、服务完善、文明祥和的农村社区建设示范村。创建标准主要包括组织架构、工作机制、民主协商、设施建设、村容村貌等。在申报和创建的基础上，由上海市民政局牵头，并邀请第三方机构、评估专家开展农村社区建设示范村验收工作。2019 年，共创建和验收示范村 51 个。

（崔巍峥）

社区事务受理服务

【社区事务受理服务中心标准化建设】 社区事务受理服务中心标准化是指社区事务受理中心统一“服务事项、办事流程、建设规范、标识标牌、管理软件、评估体系”，人员“统一考核、统一调配、统一培训、统一管理”，成立市联席会议办公室，确定事项准入机制，实现社区政务服务“一头管理、一门办理、一口受理＋事项准入”。2018 年出台的《社区事务受理服务中心建设服务规范》，进一步明确服务组织架构、硬件设施设置、服务要求、管理制度和绩效评价方式。为检验受理中心标准化建设推进情况，2019 年通过政府采购的方式委托第三方认证机构，对全市 220 个社区事务受理服务中心开展第二轮标准化建设第三方评估。评估结果显示，2017—2019 年全市受理中心管理水平明显提升，所有受理中心服务规范与管理规范全部达标。（秦 静 崔芳芳）

【社区事项"一网通办"】 2019 年，上海市推动线下受理服务与网上预约、填报、预审、查询等功能深度融合，拓展"一网通办"深度。广泛应用电子证照，移动支付、统一物流，让群众办事像"网购"一样方便。至年底，全市 287 个社区事务受理服务中心（含分中心），受理 189 项事项，其中 188 项事项实现"全市通办"（居民群众在全市任何一个社区事务受理服务中心均能申请办理社区个人事项），188 项实现"一网通办"（即可通过上海政务"一网通办"总门户，网上办理社区个人事项）。2019 年，社区事务受理服务中心受理 1 250 万件，其中"全市通办"169 万件，占比 13.5%。落实长三角一体化战略，推进长三角地区"一网通办"，至年底，全市 16 个区共开设 54 个"长三角通办"专窗，办理 21 项个人事项。

（秦 静）

专项工作

【"社区云"综合信息系统】 "社区云"综合信息系统是上海创新基层社会治理的智能化应用，是构建"社会治理一张网"的居村平台。"社区云"为"1＋2＋X"架构。"1"是形成全市统一的基础数据社区应用机制。上海市大数据中心汇集人、户、房等数据，建设全市统一的基础信息数据库，形成精细化治理、精准化服务的社区数据应用机制。"2"是构建一套社区治理、居社互动双应用平台。面向居村工作者用户群体，建设社区治理平台；面向社区居民用户群体，建设居社互动平台。"X"是建设开放性的智能化应用集群。向上海市大数据中心提供社区基础数据库需求清单，完成社区治理主题库的数据汇集。11 月，经过课题研究和项目论证，"社区云"建设正式启动，在浦东新区、徐汇区、宝山区等开展试点工作。（全 赟）

【全国基层政权建设和社区治理专题研究班】 6 月 11—15 日，上海市民政局承办中组部、民政部主办的全国基层政权建设和社区治理专题研究班，教学活动在中国浦东干部学院进行。市民政局与浦东干部学院组织专家精心设计课程，采取专题授课、现场教学、学员课堂、结构化研讨等多种教学形式，遴选具有创新性、代表性的社区治理现场教学点，认真准备上海城乡社区治理培训交流材料，制作"大城治理，基层开始"专题视频片，做好学员需求调研、整体日程安排、培训日常管理等，圆满完成研究班办学工作。学员对研究班办学质量评分高达 9.95，创同期班次最高分。（丛 上）

【市人大地方性法规执法检查】 3—7 月，上海市民政局配合市人大开展《上海市居民委员会工作条例》《上海市实施〈村民委员会组织法〉办法》等地方性法规的检查评估。相关条例出台后，上海市民政局积极配合市人大做好宣传贯彻工作。从检查情况看，相关条例有力支持和保障居委会、村委会履职尽责，明确基层群众性自治组织的性质和功能、规范运行机制、强化综合保障、深化基层群众自治。（丛 上）

【深化"创新社会治理加强基层建设"评估】 2019 年，上海市民政局开展"创新社会治理加强基层建设"课题全面评估，赴普陀区、黄浦区、宝山区、崇明区进行实地调研，个别访谈 40 人次，召开座谈会 40 场约 600 人次，对"1＋6"课题以来基层建设和需求情况进行全面评估。从评估情况看，自市委"创新社会治理加强基层建设"以来，全市各级持续抓落实、抓推进、抓深化，创新体制机制，做实基层基础，形成一批系统化、集成式、多角度的经验成果。（顾建龙）

【基层社会治理的"上海经验"分享】 2019 年，《全国社区建设部际联席会议简报》连续刊发"街道体制改革、基层治理法治保障、社区工作者队伍建设、社区信息化、居民自治与社区共治、社区事务受理"等 6 篇文章，系统梳理介绍基层社会治理的上海经验，为全国基层社会治理创新和基层建设提供借鉴样本。上海市委书记李强、市委副书记市长应勇为此专门对上海基层社会治理作出"在新的起点上再谋划、再创新、再提升"的批示。（顾建龙）

第七章　区划地名

【概况】 上海市民政局承担区及乡镇、街道的设立、撤销、调整、更名和界线变更以及政府驻地迁移的审核报批，行政区划的界线管理，政区名称的审核报批，指导居(村)委会的设立、撤销、更名、命名，牵头推进基本管理单元规划和建设工作。2019 年，上海区划地名工作围绕中心服务大局，持续推进行政区划管理、界线管理、区划地名文化保护和基本管理单元建设，稳妥推进行政区划调整。审慎、稳妥、有序地推进区划调整优化，完成撤销杨浦区五角场镇、设立长海路街道办事处，设立奉贤区金海街道办事处，柘林镇政府驻地迁移等行政区划调整，城市化总体进程持续推进，部分街镇的行政区划规模和功能得到进一步优化。深化区划地名文化保护。梳理和挖掘上海政区变迁历史，编印出版《上海市行政区划变迁图集(1949—2019)》。全面总结全国第二次地名普查成果，编印出版《上海市行政区划和地名图集》。持续推进政区地名保护，完成黄浦区“南市”政区地名保护项目的前期论证和项目选址。推进做实基本管理单元。在完成前两批共 93 家基本管理单元建设任务的基础上，进一步严格设立标准和验收程序，坚持“成熟一家，建设一家，建成一家，验收一家”的原则，全年共建成 11 家基本管理单元。深化省级平安边界建设。圆满完成第四轮上海市和浙江省省级行政区域界线联合检查工作，完成“沪浙线”全段巡检和界线档案更新。完善沪苏平安边界联创机制，全面梳理排查省界纠纷隐患，维护边界地区的和谐安定，为边界地区的繁荣发展提供保障。至 2019 年底，上海共设有 16 个区，107 个街道，106 个镇，2 个乡。全市有居委会 4 507 个，比上年增加 91 个；村委会 1 570 个，比上年减少 2 个。

(张　锋)

行政区划变更与界线管理

【行政区划变更】 4 月 8 日，上海市人民政府批复同意撤销杨浦区五角场镇建制，设立长海路街道办事处，管辖范围为原五角场镇全部管辖区域，以及原属五角场街道管辖的国顺东路以北、双阳北路以东，原上海拖拉机厂和原上海储运公司仓库围墙以西、安波路以南的区域，政府驻地为政立路 55 号，行政区划代码为 310110021。长海路街道办事处设立后，杨浦区共设有 12 个街道办事处，不再设有建制镇。5 月 27 日，上海市人民政府批复同意奉贤区柘林镇政府驻地从奉贤区联业路 1 388 号迁移至新塘路 198 弄 180 号。12 月 23 日，上海市人民政府批复同意设立奉贤区金海街道办事处，行政区域范围东至金汇港，南至浦南运河，西至 S4 沪金高速公路，北至西渡街道金港村和益民村村界。南桥镇行政区域范围作相应调整。金海街道办事处驻博丰路 155 弄 169 号，行政区划代码为 310120003。设立金海街道办事处，解决原南桥镇金海社区在行政管理上缺乏法理依据和主体地位不明问题，进一步提升社区治理能力和公共服务的精细化程度。

(张　锋)

【界线管理】 根据国务院《行政区域界线管理条例》和民政部《省级行政区域界线联合检查实施办法》《民政部关于做好第四轮省级行政区域界线联合检查工作的通知》精神，2019 年，上海市民政局与浙江省民政厅共同组织实施第四轮沪浙行政区域省级界线联合检查，成立由双方分管厅(局)长担任组长的联检工作联合领导小组，共同制定《上海市与浙江省第四次省级行政区域界线联合检查工作方案》。4 月 10 日，在上海市青浦区召开动员部署会，明确联检工作的各项任务和时间节点。4—11 月，双方毗邻的区、市(县)联合完成对全长 118.28 公里省级界线的实地检查以及部分界桩的更换任务。12 月 13 日，在浙江省平湖市召开总结会议，对本轮联检工作进行全面总结，进一步深化沪浙双方平安边界创建合作。12 月底，上海市人民政府和浙江省人民政府联合向国务院报送联检工作报告。

(张　锋)

【《上海市行政区划变迁图集(1949—2019)》】 为庆祝中华人民共和国成立 70 周年，9 月上海市民政局、上海市测绘院共同策划编印的《上海市行政区划变迁图集（1949—2019）》（简称《图集》）由中华地图学社出版发行。《图集》以上海行政区划变迁为主线，突出重大历史变迁节点，分为1949～1957、1958～1979、1980～1996、1997～2019 4个篇章，共38万多字，收录上海市1949年以来行政区划变迁地图共125幅，形象直观地反映上海自新中国成立以来行政区划建制的设置和变迁，从“以图证史”的独特视角，全景展示上海城市规划发展、城市功能跃升、社会发展变革乃至经济民生变化的重大历史进程，是“第一套”全过程反映新中国成立以来上海市行政区划变迁的专著，其中很多图片资料是“第一次”面向社会公开。为配合《图集》的出版发行，9月22日，上海市民政局与上海市测绘院在上海城市规划展示馆举办“地图之旅·上海市行政区划变迁”主题活动，邀请知名学者作上海行政区划变迁专题讲座，并从图集中挑选60多幅最具代表性的地图进行为期一个月的展览。（张　锋）

【《上海市行政区划和地名图集》】 7月，上海市民政局联合上海市规划和自然资源局、上海市地名管理办公室、上海市测绘院共同策划编制的《上海市行政区划和地名图集》（以下简称《图集》）由中华地图学社出版发行。作为一部上海市行政区划和地名专题地图集，《图集》全面反映截至2018年年底上海市16个市辖区、105个街道、107个镇、2个乡的行政区划和地名现状，集中展现上海市全国第二次地名普查的最新成果。全书由序图、分幅地图、索引和附录四大部分组成。其中，分幅地图按乡、镇、街道行政区划分幅，详细标注上海各级行政区域的界线、党政机关驻地、各类地理实体、公共设施、建筑物、构建物和村（居）委的名称，以及门牌号等内容。索引和附录中的行政区划索引、建筑物索引、村（居）索引、道路索引、《地名管理条例》以及上海地名生僻字、多音字辨析，方便读者查询使用，增加对地名管理法规的了解。（张　锋）

基本管理单元建设

【基本管理单元配置】 基本管理单元是承载和配置郊区城市化区域基本公共服务和基层社会管理的非行政层级单位，是城市管理服务的基本单元。2019年，上海共建成11家基本管理单元。其中，浦东新区2家（周浦镇瓦屑社区、北蔡镇莲溪社区）、奉贤区1家（庄行镇邬桥社区）、松江区2家（佘山镇佘北大居、泖港镇五厍社区）、崇明区6家（三星镇海桥社区、庙镇合作社区、新河镇新民社区、堡镇五滧社区、新海镇长征社区），大部分建立在原撤制镇地区，覆盖区域面积315.2平方公里，服务常住人口34.6万人，其中，户籍人口25.2万人。11家基本管理单元全部完成“3+3”（即社区事务受理中心、社区卫生中心、社区文化活动中心等3类基本公共服务设施和公安、城管执法、市场监管等3类执法管理力量）资源配置任务，共下拨市级财力补助3 300万元和46名行政编制。（张　锋）

【基本管理单元建设成效】 2019年，基本管理单元经过3年多的建设，成效不断显现。一是创新郊区城市化地区的管理模式。郊区地区基本公共服务布局进一步优化，有效解决郊区社区公共服务资源可及性和便捷性不足的问题。城市管理力量进一步下沉到社区，优化镇域行政管理幅度，显著提升郊区社会治理能力。二是开辟郊区深度城市化的新途径。增强社区居民心理认同感，加快居民的市民化进程，为在部分镇域城市化地区析出街道提供条件，做好战略储备。三是促进郊区社区高水平共治。建立以社区党委为引领的自治体系，区域化党建进一步深化。资源配置机构、政府职能部门、驻区单位、社会组织代表、居（村）代表和社区居民代表等多元共治主体进入社区委员会，增强社区的认同感、凝聚力和共治力。（张　锋）

第八章　社会建设

【概况】 上海市民政局研究提出加强社会建设的政策建议，协调社会建设有关工作，督促检查社会建设工作情况，总结推广社会建设工作典型经验等。2019 年，上海市民政局围绕社会建设职能，开展社区综合服务设施建设和社区服务体制机制调研，研制“上海民政指数”，打造社会建设学术交流平台，开展“我们的 70 年——民政新时代”主题宣传活动，建立健全局管社会组织综合监管体系。组织开展上海社区综合服务设施专题调研，初步摸清上海社区综合服务设施的基本情况，提出加强社区综合服务设施建设的设想和下一步工作计划。开展完善上海社区服务机制研究，了解社区服务体制机制的生成、运作、效果，分析社区服务管理协调、服务、评估等机构的体制机制，形成报告。组织开展“上海民政指数”研制，设计具体指标、分值和权重，基本完成指数框架结构、指标体系，对各区约 200 个居村的近千户家庭开展问卷调查。指导上海市社会建设研究会创办“上海社会建设专家讲坛”，邀请社会建设领域专家研讨交流社会建设的现实问题，提炼总结基层治理成功经验，从而为进一步提升上海社会建设水平、创新社会治理提供积极的理论启发和理论支撑。指导上海市社会建设研究会继续办好《上海社会建设研究》（双月刊），提高办刊质量及影响力，打造成社会建设专家智库、学者研究、社区实践的展示平台和宣传阵地。开展“我们的 70 年——民政新时代”主题宣传活动，在《文汇报》社会建设专版以“民政 70 年”为主题，用 24 个整版展示上海民政工作辉煌成就和各区民政工作特色亮点；在“上海民政”微信公众号辟“我们的 70 年”专栏，分“民设施、民信息、民政史”三个板块，全面展示上海民政的发展成果和历史脉络。（杜建秀）

社会建设研究工作

【上海社会建设专家讲坛】 “上海社会建设专家讲坛”是上海市民政局指导，上海市社会建设研究会着力打造的一个社会建设思想、理念和经验交流平台，旨在对上海市社会建设问题开展专业研究，通过发挥研究会专家资源优势，定期从宏观与中观层面对上海市社会建设的现实问题进行研讨交流，提炼总结基层治理成功经验，为各级政府加强社会建设创新社会治理提供智力支持。5～11 月，共举办 3 场社会建设专家讲坛，主题分别是“上海 70 年社会建设回顾与展望”“激发主体意识与创新社会治理”“中国之治与上海实践——学习贯彻党的十九届四中全会精神”，讲坛邀请李友梅、杨雄、张维为、徐家良、刘建军、顾骏等社会建设领域专家和杜娟、陈颖、董启蒙等街道社区基层干部共同深入探讨新时代上海社会建设面临的难题与解决方案。

（杜建秀）

【社区综合服务设施建设调研】 2019 年，上海市民政局组织开展社区综合服务设施建设和社区服务体制机制调研，旨在完善社区综合服务设施建设，加强社区服务供给。调研中发现，近年来，社区公共服务能力大为增强，群众获得感、满意度明显提高；社区沟通交流机制建立健全，社区矛盾增添化解的新途径，社区和谐程度显著提高；社区议事渠道畅通，群众在享受服务的同时，参与积极性提高，带动自治共治水平的提高；党建引领阵地加强，做实街镇的服务职能，做强基层党的执政能力，丰富群众工作方法，执政基础更加巩固。同时，上海社区综合设施的布局建设和服务效益存在着一些亟须改进的问题，调研提出：要厘清社区综合服务设施的主要作用、服务对象、发展动力、规划布局、造血机制等基本问题，坚持以人民为中心的发展思想，围绕高质量发展、高品质生活的目标，补短板、谋发展，着力在“扩容、提质、增效”上求突破，打造有温度、有归属的城市功能单元新支点，打响“上海服务”新名片。

（杜建秀）

社会建设经验推广

【“我们的 70 年——民政新时代”主题活动】 为庆祝

中华人民共和国成立70年，上海市民政局开展“我们的70年——民政新时代”主题活动。在《文汇报》社会建设专版创设“民政70年”系列专题版，于上海解放纪念日前夕的5月26日启动，在当天集中刊发4版，全年陆续出版24个整版。其中用8版展示70年来上海社会救助、社会福利、社区治理、社会组织、社会服务等方面工作所取得的成就；另辟16个区专版，从不同角度、全方位宣传民政工作特色和典型案例。同步在“上海民政”网及微信公众号开设“我们的70年”专栏，分“民设施、民信息、民政史”三个板块，发布上海民政为民服务设施的基本情况及分布地图、民政发展信息、民政大事记（1949—2019），通过在“民政70年”系列专题版面嵌入“上海民政”网址和“上海民政”微信公众号二维码，扩大宣传面，展示与百姓生活密切相关、“看得见、摸得着、能感受、更实在”的民政服务项目，呈现上海民政的服务体系、服务能力和服务特色，全面反映上海民政70年来的发展成果和历史脉络。（杜建秀）

【上海民政服务设施】 “上海民政”网及微信公众号“我们的70年”栏目，共发布26类3 757个上海民政服务设施（详见表8-1）的基本信息，包括机构名称、地址、电话、服务对象、服务范围和现场照片等。绘制分布地图，提供按市区行政区划、手机移动端随时定位和模糊状态三种搜索方式，便于用户查询。（杜建秀）

表8-1　分类统计表

序号	设施类型		市级数量	区级数量	市区两级总数
1	儿童福利院		1	0	1
2	儿童临时看护中心		1	0	1
3	康复辅具产业园区		1	0	1
4	殡仪馆		15	0	15
5	墓地		45	0	45
6	骨灰堂		7	0	7
7	博物馆/展示馆		5	0	5
8	救助管理站		2	16	18
9	养老机构		5	630	635
10	社会组织服务中心		1	152	153
11	社会组织孵化基地		2	49	51
12	婚姻（收养）登记中心/管理所		2	16	18
13	慈善超市		0	204	204
14	长者照护之家		0	124	124
15	社区老年人日间照护机构		0	590	590
16	社区老年人助餐场所		0	824	824
17	社区综合为老服务中心		0	202	202
18	困境儿童临时照料监护场所		0	21	21
19	康复辅具社区租赁服务点		0	21	21
20	社区综合服务设施		0	169	169
21	社区事务受理服务中心		0	249	249
22	各区民政因地制宜配置的服务设施	社区社会工作实践点（松江）	0	30	30
23		公益基地（松江）	0	11	11
24		公益性公墓（青浦）	0	11	11
25		睦邻点（浦东）	0	331	331
26		科技助老服务平台（浦东）	0	20	20
总计			87	3 670	3 757

第四篇　社会组织

第九章　社会组织登记

【概况】 上海市民政局负责对市级社会组织的成立、变更、注销的登记或备案；对社会组织实施年度检查；对社会组织违反登记管理条例的问题和行为进行监督检查，给予行政处罚。社会组织登记事项分六类：成立登记、变更登记、注销登记、有效期延续、章程核准、遗失补证。根据相关法律法规，上海社会组织实行双重管理为主、直接登记为辅的混合登记管理体制，逐步构建起"统一登记、各司其职、协调配合、分级管理、依法监管"的社会组织管理格局。近几年，上海市民政局有序推进社会组织登记领域各项改革。2014 年探索实施行业协会商会类、科技类、公益慈善类、城乡社区服务类四类社会组织直接登记。自 2016 年 1 月 1 日起，在全国率先实现社会组织法人登记证、组织机构代码证、税务登记证"一照一码、三证合一"，简化社会组织办事手续。同年，在全国第一批启动行业协会商会与行政机关脱钩试点，至 2017 年年底已完成两批 611 家行业协会商会与行政机关脱钩，第三批 322 家正在全面推开。2018 年实行社会组织登记事项全流程网上办理，让社会组织办理登记"只跑一次"。2019 年试点长三角社会组织登记工作，服务长三角一体化国家战略。至 2019 年年底，全市共有社会组织 17 011 家，其中社会团体 4 324 家，民办非企业单位 12 180 家，基金会 507 家。全年净增社会组织 742 家，其中社会团体增加 222 家，民办非企业单位 477 家，基金会 43 家。此外，全市在社区备案的群众活动团队约 2.88 万个，参加人数约 65 万人。2015—2019 年，全市社会组织的年平均增长率为 6.24%，其中社会团体年平均增长 1.94%，民办非企业单位年平均增长 7.61%，基金会年平均增长 17.06%。(详见表 9-1)　(温连杰)

表 9-1　2015—2019 年上海社会组织数量表 单位：家

	2015 年	2016 年	2017 年	2018 年	2019 年
社　团	4 003	4 004	3 999	4 102	4 324
民　非	9 082	9 839	10 506	11 703	12 180
基金会	270	335	426	464	507
合　计	13 355	14 178	14 931	16 269	17 011

市级社会组织登记管理

【市级社会组织日常登记】 上海社会组织登记实行双重管理为主、直接登记为辅的登记体制。2019 年，上海市民政局进一步优化登记管理工作，全面推开行业协会商会与行政机关脱钩改革、探索长三角社会组织登记和宗教活动场所法人登记、积极推进工商联所属商会登记、有序探索国际性社会组织落户上海等。同时，为提升登记效能、提升人民群众办事满意度，进一步优化"网上登记"，推动"线上登记"和"线下服务"有序协调。全年，上海市民政局登记市级社会团体 51 家、市级民办非企业单位 42 家、市级基金会 43 家；完成社会组织变更、注销、有效期延续、章程核准等事项 1 543 项。(温连杰)

【长三角社会组织登记】 7 月，上海市民政局(市社会组织管理局)制订《关于贯彻长三角区域一体化国家战略探索推进长三角社会组织登记的工作指引》。明确长三角社会组织登记要聚焦在长三角区域一体化发展主要领域和重点行业；从社会组织发起方的代表性、业务领域覆盖性、决策机构成员的权威性、具有未来发展引领性等方面明确登记的基本条件；从民办非企业单位中的智库研究类、协同服务类、产业促进类入手，按照"严格实行双重管理、成熟一家登记一家"的原则，稳妥推进长三角社会组织登记工作。至年底，市民政局登记成立上海长三角商业创新研究院、上海长三角乡村振兴人才发展中心、上海长三角区域养老服务促进中心等长三角社会组织。(温连杰)

【新兴领域社会组织登记】 2019 年，在推动长三角社会组织登记方面，上海市民政局聚焦经济发展、科技创新、文化交流、民生服务、综合交通、环境保护等领域，试点开展长三角社会组织登记工作。在探索宗教活动场所法人登记方面，市民政局按照《宗教事务条例》和工作实际，联合民族宗教管理部门研究宗教活动场所法人登记有关流程、所需材料等，做好登记准备工作。在推进工商联所属商会登记方面，配合业务主管单位明确工商联所属商会的登记原则、操作规范，创造条件推动登记。至年底，市、区工商联所属商会中，符合登记条件的10家市级专业性商会、239家区级商会完成登记。在探索国际性社会组织落户上海方面，配合上海市人民政府外事办公室研究制订吸引国际组织入驻上海的调研和工作方案，梳理全市涉外社会组织登记试点经验，探索国际组织在沪登记的路径，加强对已登记的涉外社会组织管理。（温连杰）

社会组织促进发展

【社会组织助力脱贫攻坚】 上海社会组织主动参与全国的脱贫攻坚工作，以西藏日喀则市、青海果洛州、新疆喀什地区和克拉玛依市、贵州遵义市以及云南省13州市等上海对口支援和东西部扶贫协作地区为主战场，众多社会组织积极参与分工合作，充分发挥资源整合优势，基金会积极募集资金，民非积极设计项目、组织项目运作，社会团体开展产业扶贫，多途径、多形式助力精准扶贫。2019年，根据民政部东西部扶贫协作对口支援要求，上海参与脱贫攻坚的任务是结对帮扶西藏日喀则地区、青海果洛地区、云南省迪庆州等共16个深度贫困县。按照“当地所需、上海所能、精准扶贫、有效对接”的原则，确定助医助困、助学助残、能力建设、技能培训、科技农牧、基础建设等方面共46个扶贫项目，累计金额1 513万元。为促进精准扶贫，制作《上海对口支援深度贫困县项目认领清单》，供全市社会组织认领，有60家基金会达成认领意愿。7月26日，市民政局会同市政府合作交流办，召开全市社会组织参与脱贫攻坚推进大会，向认领项目的社会组织颁发“上海社会组织参与脱贫攻坚任务”认领证书，下发《上海市社会组织脱贫攻坚案例集》，对全市社会组织参与脱贫攻坚继续系统部署推动。据统计，全年，上海有191家市级社会组织直接参与到脱贫攻坚中，扶贫项目数675个，扶贫资金总计10.34亿元。其中，用于“三区三州”扶贫资金为2.5亿元，开展扶贫项目共计246个，受益人数130万余人次；用于上海对口支援的16个深度贫困县扶贫资金为5 465.2万元，开展项目76个，受益人数15万余人次。（蒋奇磊）

【社会组织参与科创中心建设】 3月28日，经上海市政府同意，出台《上海市民政局关于印发〈上海市社会组织直接登记管理若干规定〉的通知》，明确在自然科学和工程技术领域内从事学术研究和交流活动的科技类社会组织，准予到民政部门申请直接登记。为贯彻落实上海科改“25条”，促进新型研发机构创新发展，4月20日，上海市民政局会同市科委等六部门联合制定《关于促进新型研发机构创新发展的若干规定（试行）》，明确适当放宽国有资产出资比例限制，即登记开办时其国有资产份额可提高到不超过总资产的三分之二，发展国有资本和民间资本共同参与的非营利性新型产业技术研发组织。通过国有资本的注入，为新型研发机构提供基本支撑，激发和增强其日后的“造血”功能。2019年全市共登记成立科技类社会组织47家，其中新型研发机构（科技类民非）30家。（温连杰）

【社会组织参与垃圾分类】 《上海市生活垃圾管理条例》（以下简称《条例》）明确，市、区人民政府及其相关部门，乡镇人民政府、街道办事处可以通过购买服务方式，支持各类社会组织参与生活垃圾管理活动。为贯彻落实《条例》，5月14日，市民政局、市绿化和市容管理局联合出台《关于发挥本市社区治理和社会组织作用　助推生活垃圾分类工作的指导意见》，要求立足基层社区，发挥“党建联建”资源整合优势，激发多元主体参与活力，鼓励支持社会组织规范有序参与生活垃圾分类工作。5月23日下午，在虹口区召开的上海社会组织参与生活垃圾分类工作现场会，18家社会组织代表向全市16 000余家社会组织发出《绿色低碳你我他　垃圾分类靠大家——致全市社会组织的倡议书》。9月21日，第九届上海公益伙伴日期间，举办“新时尚，社会组织参与垃圾分类”主题论坛。相关部门、街镇、参与垃圾分类的优秀社会组织、相关领域专家学者等各方主体围绕社会组织参与垃圾分类的实践与意义、社会组织在参与垃圾分类工作中的核心优势、积极作用等议题进行深入探讨。（温连杰）

【品牌社会组织选树】 5月23日，上海市民政局下发《关于开展本市选树品牌社会组织工作的通知》，正式启动上海市品牌社会组织选树工作。品牌社会组织需要满足四方面基本要求：成立已满三年，且历年年检未有过不合格、基本合格的，未受过行政处罚的上海市社会组织；内部治理结构完善、财务管理有序、人员队伍稳定、机构运作规范；聚焦建设具有全球影响力的科技创新中心和建设国际经济、金融、贸易、航运中心，聚焦打响上海“四大品牌”，聚焦创新社会治理、提升公共服务，形成本领域内的品牌项目或品牌服务；在本领域内具有卓越影响力，在业内发挥一定的引领示范效应，形成良好的社会认同度和公信力，在制定行业标准、推动机制创新、培育领军人物等方面作出积极探索并取得一定成效，曾荣获全国、市级相关荣誉。经行业推荐、市民政局相关管理处推荐、各区登记管理机关推荐，社会组织领域专家学者、市人大代表、媒体记者等组成专家组，反复研究讨论，最终形成品牌社会组织名单。9

月21日，在第九届上海公益伙伴日开幕当天，市民政局发布“上海市品牌社会组织”名录，上榜的36家品牌社会组织，涵盖科技、科研、法律、教育、社会服务、工商服务等。相关评选资料编印成《上海市品牌社会组织风采录》，通过《中国社会报》《中国社会组织》《上海社会组织》及上海主流媒体及新媒体登载宣传，讲好“上海社会组织”品牌故事。（温连杰）

社会组织信息化工作

【社会组织“一网通办”】 2018年5月，上海市民政局、市社会团体管理局启动“一网通办”项目开发，并先期试点基金会设立登记网上办理，方便群众办事。2018年9月，全面启用“上海社会组织网上办事平台”，并与全市“一网通办”平台对接，全市自然人或社会组织办理有关社会组织成立、变更、注销登记等18类事项，均可全流程在线办理，真正实现“流程简化、效率提高、一网通办”，登记办理“只跑一次”。同时，上海市社会团体管理局也成为“一网通办”统一物流平台首批试用单位。2019年，上海市民政局继续深化社会组织“一网通办”平台建设，做好社会组织业务系统升级改造工作，完成“民间组织网上办事跨部门协同办公平台（2019升级改造）、章程核准流程更新、印章和银行账户在线备案、慈善组织认定网上办事系统”等信息化项目建设和优化工作。升级改造“上海社会组织信用信息系统”，开发社会组织活动异常名录和严重违法失信名单管理系统。（温连杰）

【“上海社会组织公共服务平台”】 由“上海社会组织”网站改版而来。2003年9月，“上海社会组织”网站开通，向用户提供“中文简体版”“中文繁体版”两个版本。2009年2月，“上海社会组织”网站群正式开通，网站群包括18个区（县）社团管理局子网站以及社会团体、民办非企业单位、基金会3个专题网站。2019年，适应上海机构改革要求，市民政局制订“上海社会组织”网站修改方案，制定新版“上海社会组织公共服务平台”内容架构方案，新版网站由三部分组成：社会组织信息公开查询；包括通知公告、公众服务、专题专栏、社会组织风采、政策法规、供需对接平台等6个板块主体内容；包括综合类和慈善组织类的快捷键，可根据业务需要随时调整。2019年4月，正式对外发布“上海社会组织公共服务平台”，成为“上海民政”的子网站。（温连杰）

第十章　社会团体管理

【概况】　上海市民政局承担市级社会团体监督管理，指导社会团体规范化建设，承担社会团体培训、服务等工作，指导开展群众活动团队备案，协助开展社会团体党组织建设。2019年，按照“应脱尽脱”的原则，上海市民政局全面推开行业协会商会与行政机关脱钩改革，做到“五分离、五规范”，进一步激发行业协会商会活力。严格开展市级社会团体2018年年度检查，以“评估、访谈、审计、查处”为抓手推进日常监督管理，加强社会团体党的建设，规范行业协会、商会涉企收费行为，规范社会团体评比达标表彰活动。联合市市场监管局共同制定《上海市团体标准管理办法》，引导社会团体参与标准制定。举办年检、评估、脱钩工作培训，做好换届指导、咨询等日常服务工作。会同市财政局推动具有公益属性的社会团体申领公益事业捐赠票据，解决长期以来社会团体接受捐赠开展公益活动无法开具捐赠票据的问题。会同市委统战部、市工商联推进工商联所属商会改革，做好登记监督管理工作。开展《社会团体内部纠纷调解问题研究》课题研究，探索化解社会团体内部矛盾的有效途径。牵头编纂完成《上海市志·社会团体分志》(内评内审稿)。全年上海市共登记社会团体326家，其中市级51家，区级275家。至2019年年底，上海市共有社会团体4 324家，其中市级1 360家，区级2 964家。社会团体约占全市社会组织的25.4%，市级社会团体约占市级社会组织的52.8%。全市社会团体中，专业性社团1 780家，约占41.2%；联合性社团1 531家，约占35.4%；学术性社团712家，约占16.5%；行业性社团301家，约占7.0%。

(张军言)

市级社会团体监督管理

【社会团体年检】　3～6月，上海市民政局进行2018年度市级社会团体年度检查，修改完善年检报告书样本，补充开展评比表彰活动自查自纠情况等内容，优化模块功能。召开年检布置暨培训会，配合“962200”热线接听年检咨询电话2 000余次，主动对接填报有困难的社会团体，提供现场指导。加强与业务主管单位(行业主管部门)沟通合作，共同做好年检审查，特别是评比达标表彰情况、涉企收费情况、分支(代表)机构情况、党建信息、内部治理情况等重点审查事项。对逾期无故不参加年检的54家市级社团发放责令限期办理年检通知书，24家社团完成补检。6月30日，完成全部1 315家市级社会团体的年检工作，实现应检社会团体全覆盖。其中，合格1 123家，占参检社会团体的85%；基本合格114家，占参检社会团体的9%；不合格78家，占参检社会团体的6%。对基本合格和不合格的社会团体发放整改通知书162份(不包括30家未参加年检的社会团体)。

(张军言)

【专项财务审计】　为规范会计行为，建立健全社会团体法人治理结构，2019年，上海市民政局抽取40家市级社会团体，委托第三方会计师事务所(上海骁天诚会计师事务所有限公司)实施专项审计。审计主要围绕社会团体年度收支情况、重大经济事项决策制度、财务管理制度、资产管理制度、涉企收费情况、评比达标表彰违规收费情况、工资福利及在职或离退休干部兼职取酬等情况开展。社会团体专项审计的结果与社会团体年检结论挂钩，并作为确定年检结论的重要依据。40家被审计社会团体中，23家年检合格，11家年检基本合格，6家年检不合格。对年检不合格、基本合格的17家社会团体全部发出《整改通知书》。

(张军言)

【涉企收费规范】　9月，上海市民政局联合上海市市场监督管理局、上海市发展改革委员会、上海市经济和信息化委员会等部门印发《进一步加强本市违规涉企收费治理工作方案的通知》，市民政局配合市市场监管局完善上海市涉企收费监管名录库，及全市行业协会的随机抽查工作，将涉企收费抽查作为加强社会团体内部管理的常态化检查内容。根据通知，2019年按照5%的比例从600余家行业协会、商会中随机抽取32家开展涉企收费检查，未发现违规涉企收费问题。社会团体年度检查中对社会团体涉企收费进行重点检查，清理不符合规定的创建示范、评比表彰等活动，进一步促进行业协会商会健康发展，优化营商环境。

（张军言）

社会团体培育发展

【社会团体参与标准制定】 团体标准是依法成立的社会团体为满足市场和创新需要、协调相关市场主体共同制定的标准，是一类重要的市场化标准。2019 年，上海市民政局积极引导上海市社会团体参与标准制定，支持具备条件的社会团体向相关业务、行业管理部门争取标准制定修订资格，鼓励在没有国家标准、行业标准和地方标准的情况下，制定团体标准，鼓励制定严于国家标准和行业标准的团体标准，鼓励借鉴团体标准提出国际标准提案，参与国际标准制定。12 月 25 日，上海市民政局联合市市场监管局出台《上海市实施〈团体标准管理规定〉办法》，突出社会团体的主体和责任，进一步明确和细化相关制度和要求，并强化对团体标准的监管要求。至 2019 年年底，全市共有 79 家社会团体制定的 384 项团体标准在市市场监督管理局备案。

（张军言）

【社会团体申领公益事业捐赠票据】 2019 年，上海市民政局会同市财政局推动具有公益属性的社会团体申领公益事业捐赠票据，解决长期以来社会团体接收捐赠开展公益活动无法开具捐赠票据以及捐赠收入无法享受免征所得税的问题。为规范捐赠票据的申领和使用，8 月，上海市民政局制定《关于本市公益性社会团体申领公益事业捐赠票据管理办法》，明确将申领捐赠票据的社会团体列为年度财务抽查审计单位，将其使用捐赠票据情况纳入年度检查、评估、执法监督以及信用信息记录等工作体系。上海市抗癌协会、上海市控制吸烟协会等六家具有公益属性特征的市级社会团体作为首批试点单位参加社会团体申领公益事业捐赠票据推进会，会后六家试点单位分别筹备召开理事会，做好申领准备工作。至年底，上海中国和平统一促进会、上海市控制吸烟协会两家社会团体已成功申领公益事业捐赠票据。

（张军言）

【工商联所属商会登记工作】 1 月，上海市民政局制定《关于推进工商联所属商会法人登记的工作指引》。工商联所属商会登记全部实行双重管理，由市、区工商联担任业务主管单位。市级商会登记为专业性商会，与相关行业协会商会错位发展。各区分别登记所属辖区内的区级专业性和街镇商会。市民政局在办理登记过程中，重点抓好党建、章程和负责人三个关键点；对通过预审的商会，召开拟任会长、秘书长座谈会，详细解读召开第一届第一次会员大会所需的材料、流程和要求，协助解决商会登记过程中遇到的问题和困难。至年底，上海市、区工商联所属商会中，符合登记条件的 10 家市级专业性商会、239 家区级商会完成登记。

（张军言）

【异地商会发展】 异地商会是指境内同一原籍地的法人或自然人在上海市注册设立的企业自愿发起组成，以原籍地地域名命名，以促进两地合作交流为宗旨，开展活动的联合性社会团体。上海市从 1986 年开始登记异地省级在沪企业协会，2003 年 1 月开始，上海市民政局按照民政部办公厅《关于异地商会登记有关问题的意见》要求，开展省级异地商会登记试点工作。2014 年，市民政局、市政府合作交流办联合出台《上海市异地商会登记管理暂行办法》，2016 年修订为《上海市异地商会登记管理办法》，是上海市登记和管理异地商会的纲领性文件。至 2019 年年底，在上海市民政部门登记成立的异地商会共 156 家，其中，省级商会 26 家、跨地域商会 1 家、地市级商会 129 家。上海市异地商会在参与和推动上海市“五个中心”建设，促进区域经济协调发展，服务国家和上海市发展战略，加强两地和区域合作交流，服务企业、推动会员企业发展，积极参与社会治理和社会服务，响应国家脱贫攻坚战略，应对突发公共卫生事件等方面发挥重要作用。例如上海市安庆商会号召会员企业开展智力扶贫岗位扶贫，为家乡贫困地区提供千余个免费技能岗位培训，优先录用，帮助岳西当地群众提升职业竞争力，为脱贫创造有利条件，获得当地政府颁发的“支持岳西脱贫攻坚优秀商会”称号。

（张军言）

行业协会商会脱钩改革

【全面推开行业协会商会与行政机关脱钩改革工作部署电视电话会议】 11 月 22 日，上海市召开全面推开行业协会商会与行政机关脱钩改革工作部署电视电话会议，副市长彭沉雷出席会议并讲话。会议要求，2020 年年底前全面完成行业协会商会脱钩改革，各区各部门要认清本次脱钩改革的重点、难点，把握好本次脱钩改革的工作原则，要做好“五分离、五规范”，在机构、职能、资产财务、人员、党建外事等五方面实现行业协会商会与原来的业务主管单位或行业管理部门之间脱钩，同时，要坚持“脱钩不脱党的领导”“脱钩不脱监管”“脱钩不脱指导”“脱钩不脱扶持”“脱钩不脱服务”。为确保上海市全面推开行业协会商会脱钩改革任务全面完成，市区联动、部门协作、落实责任，进一步加强组织领导；加强行业监管、党的建设、部门监管，进一步完善综合监管；加大政府购买服务力度，发挥行业协会商会主体作用，促进行业协会商会健康有序发展。上海市16个区设电视电话会议分会场。（张军言）

【行业协会商会脱钩改革全面推开】 8月，上海市民政局制定《上海市全面推开行业协会商会与行政机关脱钩改革工作方案》，经上海市脱钩工作领导小组批准后实施，同时报国家联合工作组办公室备案。按照“应脱尽脱”的改革原则，列入此次脱钩改革的行业协会商会共322家，其中，市级117家、区级205家。建立市、区两级脱钩工作领导小组，形成发展改革委、民政、组织、财政、机关事务、外办、审计等相关行业管理部门各司其职、各负其责的工作协调机制。通过制定配套政策，规范工作流程，形成具有“上海特色”的脱钩实践经验。制订“一会一方案”样本，明确“先审计后脱钩”“部门党委（党组）先审定再上报”的工作程序，由第三方中介机构开展资产清查、专项财务审计，提高脱钩工作的规范性、严肃性和有效性。开发网上信息填报系统，实现无纸化填报与审批，强化数据采集、统计核查等环节的痕迹管理。编印《上海市全面推开行业协会商会与行政机关脱钩改革工作文件汇编》和《上海市行业协会商会脱钩信息填报用户手册》。组织全市脱钩改革培训，邀请市委组织部、市机管局、市外办等部门解读《脱钩改革工作方案》工作要求和时间节点，讲解脱钩政策和具体任务，并对网上填报进行现场演示。（张军言）

第十一章　社会服务机构管理

【概况】上海市民政局承担市级社会服务机构监督管理，指导社会服务机构开展规范化建设，承担社会服务机构培训、服务等工作，协助开展社会服务机构党组织建设。2019年，上海市民政局制定开展自查自纠工作的实施意见，对全市社会服务机构进行排查。全年排查社会服务机构11 594家，解决问题110个。加强非营利性教育培训机构监督管理，与教育部门对1 331家民办非学历教育培训机构开展联合年检。指导区民政局对不具备办学主体资格的教育培训机构启动行政处罚流程。稳妥指导处理"韦博教育"培训机构关停事件。开展全市0～3岁托育培训机构摸底调研和规范整治。10～12月，市民政局联合市教委等部门印发《关于依法规范和整治全市托育服务市场的通知》，分类分阶段规范整治。上海市民政局通过年度检查、年度报告、随机抽查、财务审计、专项检查、等级评估等方式，落实以"访谈、评估、审计、查处"为主要内容的"四必"监督管理。对629家应检市级社会服务机构开展2018年年度检查，对38家社会服务机构进行实地检查走访。全年开展调研活动69次，调研各类社会服务机构363家，共解决13个问题，完成《本市社会服务机构人员队伍建设问题研究》等两篇课题调研报告。委托第三方审计机构上海沪港金茂会计师事务所，对40家市级社会服务机构实施财务抽查审计。全年圆满完成30家机构评估工作，全市获得评估等级且在有效期内的市级社会服务机构共计111家。至2019年年底，上海市共有社会服务机构12 180家，约占全市社会组织的71.6%，其中市级社会服务机构714家，占市级社会组织的27.7%。2019年，社会服务机构净增477家，占社会组织净增总数的64%。2015～2019年，社会服务机构年平均增长7.61%，超过6.24%的全市社会组织年平均增长率。（李　鑫）

市级社会服务机构监督管理

【社会服务机构年检】2月26日，上海市民政局召开首次参检市级社会服务机构年检工作培训动员会，开展实务培训。3～5月，开展社会服务机构2018年年度检查，应参检市级社会服务机构（不含涉外）629家，实际参检604家，参检率为96%；年检完成629家，完成率为100%。其中，年检合格467家，合格率为74.3%；年检基本合格109家，占17.3%；年检不合格（含未参检单位）53家，占8.4%，年检合格率（含基本合格）为91.6%。7月26日，上海市民政局召开市级社会服务机构2018年度年检整改工作会，对基本合格单位和不合格单位发放《整改通知书》，明确具体整改要求，限期三个月完成整改工作。90%以上的机构提交整改报告。2019年，首次采用年检整改评定举措，对在规定的期限内未整改或未达到整改工作要求的社会服务机构，发出《年检整改评定意见通知书》，形成从年检报告审核——年检整改——年检整改结果审核确认的年检监督管理闭环。将2018年度检查不合格且未完成年检整改，以及存在其他重大违规问题的10家市级社会服务机构移送市民政局执法总队进行处置。（李　鑫）

【社会服务机构抽查审计】4～5月，上海市民政局开展市级社会服务机构抽查审计。采用指定抽查和随机抽查方式，共选取40家市级社会服务机构进行财务审计，涉群众信访举报、发生重大违规事件，以及上年度年检或实地检查发现财务问题的社会服务机构实行重点检查。市民政局委托第三方机构上海沪港金茂会计师事务所开展具体抽查审计工作，主要检查社会服务机构财务制度的健全性和执行情况，资金来源及使用情况、资产质量及可持续发展情况等。5月中旬，第三方审计机构上海沪港金茂会计师事务所出具40家被审单位独立审计报告和汇总管理建议书。对被审单位审计发现的问题进行研究推演，以审计报告有效信息为依据，作为年检结论的重要参考，将审计结果与年检结论直接挂钩。同期，各区民政局也相应开展社会服务机构抽查审计工作。（李　鑫）

【市教育培训机构监督管理】2019年，上海市民政局配合市教委等部门建立监督管理工作机制，通过网上年检与实地核查相结合、网上年检与约谈警示相结合，网上审查与财务报表审查相结合等方式，开展社会组织登记的非营利性教育培训机构监管工作。3～6月，市民政局和市教委对全市1 331家民办非学历教育培训机构开展社会组织年度检查。其中，883家单位年检合格，141家单位年检基本合格，307家单位年检不合格。对年检基本合格的单位，下发整改通知，并进行督导、回访。对年检不合格、群众举报、信访投诉的民办教育培训机构，存在违法行为的，市民政和市教委进行联合执法。10月，针对“韦博教育”培训机构出现大面积关停事件，市民政局迅速建立专项工作组，市区两级联动，指导各区完成处置预案。同时，指导相关区民政局对不具备办学主体资格的教育培训机构，启动法人资格撤销等行政处罚流程，积极推动民办教育培训机构行业协会登记成立。（郝　翔）

社会服务机构登记管理自查自纠

【市区两级自查自纠工作机制】 2019年，上海市民政局开展全市社会服务机构登记管理自查自纠工作。市级层面建立相应工作机制，明确由社会服务机构管理处作为牵头部门，会同社会组织登记处、民政执法总队，按照下发的《社会服务机构登记管理工作自查自纠指南》，围绕社会服务机构登记、管理、执法的各个工作环节进行分工，确保逐条落实到位。同时，初步形成《全市民政业务领域社会服务机构登记管理工作自查自纠实施方案》，突出排查重点。7月，市民政局召开全市社会服务机构登记管理自查自纠工作专题部署会，下发《关于全市开展贯彻落实加强和改进社会服务机构登记管理工作实施意见有关工作的通知》，明确第一阶段的重点是自查，各区须在8月20日前将情况报告和统计汇总表如实报送市局。会议对相关政策进行解读和任务分解，确定市局各处和各区登记管理机关联络员，并按照处室分工，通过微信群等方式建立市区两级定期联络机制。（费　葭）

【自查自纠统计报送工作方法】 2019年度的自查自纠工作主要针对2018年年底以前成立的11 594家社会服务机构，通过开发“社会服务机构电子台账”，实行“一机构一台账”。全年，自查工作进度100%。通过自查发现，名称核准管理、直接登记的存量划分、多部门协同监管制度、年检整改完成的标准和形式、执法处置的能力等问题需要重点推进解决。要求各登记管理机关在自查自纠过程中，严格按照《上海市社会组织直接登记管理若干规定》的要求开展登记管理工作；对传统民政业务领域以及民办学校、民办医院等与民生息息相关的重点领域，加强登记审查和监督管理；加强和改进名称管理、双随机抽查、年检年报、规范化评估等重点工作环节的有关措施，形成制度安排，强化“放管服”，加强事中事后监管。（费　葭）

第十二章　基金会管理

【概况】 上海市民政局承担上海市基金会的监督管理，指导基金会开展规范化建设，承担基金会培训、服务等工作，协助开展基金会党组织建设。近年来，上海的基金会领域已从传统的安老、扶幼、助学、济困、助医、助残、救灾等慈善领域，逐步拓展到科技、教育、文化、环境保护、拥军优属、法律援助、心理辅导、司法矫治、城市遗产保护、政策研究、行业支持等公益领域，已初步形成较为完整的公益生态链，有支持型和研究型的基金会，有募集型的基金会，有运作型的基金会。在社会保障体系中，上海的基金会通过吸纳社会资源，扩大公共服务，尤其是对边缘困难群众的帮扶，发挥拾遗补阙的重要作用。2019 年，上海市基金会按照培育发展和监督管理并重的原则，围绕党建、换届、重大公益收支和活动、涉外活动等重点内容，完善制度，规范行为，服务民生，并不断加强自身建设。全市基金会积极参与对口支援地区脱贫攻坚工作。社区基金会建设取得新发展，补充完善社区治理新体系，成为社区公益的生力军。至 2019 年年底，上海市基金会数量达 507 家，总资产规模将近 200 亿元；总收入突破 50 亿元，其中年捐赠收入超过 40 亿元；年公益事业支出近 40 亿元，占比总支出 95%。社区基金会 80 家，净资产总计 2.55 亿元，累计开展公益项目 600 余个，公益支出 4 800 余万元，服务社区群众 100 万人次以上。

（蒋奇磊）

基金会监督管理

【基金会年检年报】 1 月，上海市民政局召开基金会年检年报工作部署会议，组织年检年报工作培训，完善网上年检与年报系统，指导服务全市基金会完成年检年报工作。基金会按时报送上年度工作报告，以及经注册会计师审计的年度财务会计报告和会计师事务所出具的审计报告，同时，按照统一要求将年度工作报告、公募基金会组织募捐活动的信息、基金会开展公益资助项目信息等，在上海社会组织网上披露。基金会年度检查工作从 3 月 1 日开始网上填报，至 6 月 30 日网上审查结束。全市基金会共 464 家参加年检年报，年净增 38 家基金会，参与率为 91.5%。以政府购买服务方式，委托第三方上海上实会计有限公司对 100 家基金会进行专项审计等抽检工作。全年年检年报中共下发 16 件《注意事项通知书》和《整改通知书》，通过实地走访等形式进行专项督促检查。年检年报显示，上海各类基金会公益收支数、收益率、净资产平均规模、负债率等核心指标向好，整体发展水平居全国前列。

（蒋奇磊）

【基金会日常监管】 上海市民政局积极搭建基金会间交流合作平台，加大财税政策扶持，会同上海市财政局、上海市税务局，发布三批《关于上海市 2019 年度公益性社会团体捐赠税前扣除资格名单的公告》，保障公益救济性捐赠税前扣除政策落地。2019 年，全市有 423 家基金会得到公开募捐资格认定，备案公开募捐方案近 150 个；381 家基金会获得慈善组织认定，占比 75%。定期对基金会秘书长和财务人员进行业务培训，全年召开各类培训 10 次。全面加强基金会规范性建设，设置基础条件、内部治理、工作绩效和社会评价等 4 个一级指标、130 多条标准，上海唐君远教育基金会、上海师范大学教育基金会、华东师范大学教育基金会、上海真爱梦想公益基金会获得 2019 年度 5A 级社会组织认定。市民政局编印《基金会制度汇编》《本市社会组织脱贫攻坚案例集》《社区基金会项目案例集》《全市基金会通讯录》四本工具书，促进基金会监督和交流。

（蒋奇磊）

【基金会专项基金管理制度】 为加强基金会专项基金的规范管理，推动基金会健康发展，1 月，上海市民政局出台《上海市基金会专项基金管理办法（暂行）》（简称《办法》）。《办法》共十五条，主要内容涵盖目的依据、适用范围、主体责任、设立要求、运行管理、报备报告、终止程序、监督检查等内容。从内部监管、人员管理、捐赠财产管理、信息披露、报备年报等角度，明确基金会对专项基金的管理重点内容和相关规则。规定基金会理事会应当每年定期听取专项基金管理情况汇报，对于长期不开展活动、管理不善的专项基金要及时督促整改，必要时应当予以终止。《办法》依照《基金会管理条例》第三十四条等规定，明确登记管理机关对专项基金的日常监督管理及对违法行为的查处职责。

（蒋奇磊）

社区基金会规范发展

【第二届社区基金会公益创投大赛】 5月28日，以“让社区更美好”为主题的第二届上海社区基金会“新力杯”公益创投大赛正式启动。大赛共收到来自11个区58家社区基金会申报的130个公益项目。上海交通大学中国公益发展研究院负责组织评审，评审委员会成员来自沪上各大高校和知名基金会代表。经过项目路演、答辩等方式，评选出12个优秀项目奖、5个社区环保新时尚奖、4个特别鼓励奖、13个鼓励奖、41个参与奖，项目资助奖励共计52.7万元。7月15日，获奖名单在联劝网和上海仁德基金会官网进行为期一周的公示。

（蒋奇磊）

【“爱满社区”社区基金会开放日】 上海市民政局牵头浦东新区、普陀、杨浦、徐汇、虹口、长宁等六个区民政局，与市慈善基金会、市帮困互助基金会、上海联劝公益基金会、上海仁德基金会、上海真爱梦想公益基金会、市华侨事业发展基金会、上海韵达公益基金会、上海诺亚公益基金会结对，启动“大小牵小手”协同机制。通过分享运作经验、资助公益项目、分享公募平台等方式，培育和促进社区基金会筹资与运作能力提升。9月8日，“爱满社区——社区基金会开放日”于杨浦宝地广场、虹口鲁迅公园南广场、徐汇正大乐城、浦东文峰广场、普陀长寿路街道中心、长宁多媒体广场六大地标性商圈同步举行。共有67家社区基金会参与活动，49个公益项目在“腾讯99公益日”上线筹款。9月7～9日，获得近百家企业、1.2万人次的指尖捐赠，筹得75.8万元善款用于社区发展。

（蒋奇磊）

【“带头人”和“观察点”培育机制】 为解决社区基金会面临的人才紧缺、能力不足、经验不足等问题，上海市民政局率先全面实施“社区基金会带头人”和“社区基金会观察点”培育机制，着力建设一支敬业、专业的社区基金会负责人队伍，建设一批在社区治理方面有特色、有亮点的示范社区基金会，推动其社区化、专业化、社会化、规范化发展。2019年，江浦社区公益基金会、嘉兴社区公益基金会、宜川社区公益基金会、美丽心灵社区公益基金会、控江社区公益基金会、甘泉社区基金会、长寿社区基金会、金杨社区公益基金会、曹杨社区基金会等10个基金会被授予观察点证书。洋泾社区公益基金会秘书长任艳萍、美丽心灵社区公益基金会理事长马莉、盈浦社区公益基金会秘书长唐敏智、桃浦镇社区基金会秘书长商悦、长寿社区基金会副秘书长徐雁翎、陆家嘴社区公益基金会秘书长张佳华、延吉社区公益基金会秘书长王伟立、新华社区基金会秘书长沈蓥华、凌云社区公益基金会理事长唐有财、嘉兴社区公益基金会秘书长龚颖等10名同志首次被授予社区基金会带头人证书。

（蒋奇磊）

第十三章　社会组织综合管理与服务

【概况】 上海市民政局承担上海市社会组织建设和管理工作联席会议办公室日常工作，协调落实社会组织培育发展的政策和措施，指导推进社会组织服务中心、孵化基地建设，推进社会组织评估，以及涉外社会组织管理等工作。2019 年，上海市民政局加强社会组织综合管理，完成社会组织年检，全市应该参检的社会组织有 15 074 家，实际参检的社会组织有 13 801 家，参检率为 91.6%，完成率为 100%，年检合格率(含基本合格)为 89.3%。积极推进社会组织培育发展，全市累计建成具有一定规模的社会组织孵化基地 34 家，建成各类社会组织服务中心 240 家，其中 5A 等级 16 家，4A 等级 20 家，3A 等级 94 家，实现市、区、街镇三级全覆盖。加强涉外社会组织管理，登记在册的涉外社会组织有 45 家，其中教育领域 35 家、交通领域 5 家、文体卫等领域各 1 家。指导社会组织对外交流与合作，全市开展对外交流与合作的社会组织有 866 家。其中 155 家社会组织开展国际合作项目 393 个，金额总计 1.64 亿元；367 家社会组织组织或参加国际会议 1 116 场；329 家社会组织出境考察(培训)924 批 5 511 人次；309 家社会组织接待境外来访 2 222 批 29 867 人次；23 家社会组织接受境外捐赠 62 批次，金额总计 0.49 亿元；23 家社会组织参加境外非政府组织。开展社会组织评估工作，全市总计评估社会组织 4 110 家(次)，在评估有效期内具有评估等级的社会组织 2 147 家。按照评估等级分类，5A 等级 230 家、4A 等级 391 家、3A 等级 1 139 家、2A 等级 228 家、1A 等级 159 家；按照社会组织类型分类，社会团体 513 家、社会服务机构 1 596 家、基金会 38 家。按照登记管理权限分类，市级社会组织 290 家、区级社会组织 1 857 家。全年，确认评估等级的社会组织 420 家。其中，按照评估等级分类，5A 等级 24 家、4A 等级 50 家、3A 等级 243 家、2A 等级 58 家、1A 等级 45 家；按照社会组织类型分类，社会团体 58 家、社会服务机构 346 家、基金会 16 家；按照登记管理权限分类，市级社会组织 58 家、区级社会组织 362 家。　　(王　怡)

社会组织综合管理

【社会组织建设与管理工作联席会议】 根据上海市委、市政府《关于建立上海市社会组织建设与管理工作联席会议及其组成人员的通知》，联席会议由市委副书记担任总召集人，分管副市长担任第一召集人，市委副秘书长、市政府副秘书长担任召集人，40 个市相关职能部门、主要业务主管单位、行业主管部门和 17 个区县政府的分管领导为联席会议成员。2017 年，经报请市委、市政府同意，增加市新闻出版局、市网信办、市农委、市绿化市容局、市金融办、市环保局 6 家单位，形成 16 个区、46 家市级部门为成员的联席会议架构。2019 年，上海市机构改革后，在市委议事协调机构清理中，上海市社会组织建设与管理工作联席会议得以保留。11 月 19 日，上海市社会组织建设与管理工作联席会议联络员会议在上海公益新天地召开联席会议各成员单位联络员共 60 余人参加会议。会议强调，为更好地推进新时代社会组织改革发展注入强大动力、提供根本遵循，上海社会组织工作要秉持培育扶持和规范管理的发展理念，既要加大政府购买服务力度，积极培育发展，又要守住底线，严格规范管理，防范化解重大风险。会议希望，登记管理机关和业务主管单位、行业管理部门加强协同配合、深化共同合作，携手推进上海社会组织工作再上新台阶。会上通报上海市社会组织 2018 年年度检查情况、业务主管单位(行业管理部门)履职情况、第四次联席会议全体会议筹备相关情况；传达国家社会组织管理局关于社会服务机构登记管理工作自查自纠有关精神。部分成员单位就相关领域的社会组织管理工作作情况交流。　　(温连杰)

【社会组织年检】 社会组织年度检查，是国务院《社会团体登记管理条例》《民办非企业单位登记管理暂行条例》《基金会管理条例》赋予社会组织登记管理机关的法定职责。1993 年，市民政局对社会团体首次进行年度检查，随后依据民政部有关要求陆续开展基金会和民办非企业单位的年度检查工作。为适应信息化发展，上海率先在全国探索网上年度检查，提高年检工作效率。根据年度检查规定，2018 年 12 月，上海市民政局发布《上海市民政局关于开展全市社会团体、基金会、民办非企业单位 2018 年度检查的公告》，启动 2018 年度社会组织年度检查工作，要求 2018 年 6 月 30 日以前经上海市各级登记管理机关批准登记的民办非企业单位，在 2018 年 12 月 31 日以前经上海市各级登记管理机关批准登记的社会团体、基金会，均须参加年度检查。经网上年检填报、业务主管单位（行业管理部门）初审、登记管理机关给出年检结论等环节，2019 年 6 月 30 日年检审查结束。据年检数据统计，全市应该参检的社会组织为 15 074 家，实际参检的社会组织有 13 801 家，参检率为 91.6%；年检完成 15 074 家，完成率为 100%。其中，年检合格的有 12 276 家，年检基本合格的有 1 185 家，年检不合格的有 1 613 家。年检合格率（含基本合格）为 89.3%。根据年检结果，登记管理机关对逾期不接受年度检查、年检基本合格、不合格社会组织进行分类处理，推动社会组织履行年检义务、加强自身建设。（温连杰）

【《上海社会组织发展二十年》】　为庆祝改革开放 40 周年，更好地回顾上海社会组织发展历史，特别是记录 21 世纪以来上海社会组织走过的发展历程，6 月，由上海市民政局（市社会组织管理局）主编的《上海社会组织发展二十年（1999—2018）》出版发行，全书主要包括九大部分：社会组织成长发展、社会组织自身建设情况、社会组织服务国家、社会组织服务社会、社会组织服务群众、社会组织服务行业、改革社会组织管理制度、构建社会组织服务支持体系、构建社会组织综合监管体系。每一部分都记录相关重点工作、发展历程，并以大量案例、图标、数据予以说明。1999 年 8 月，上海市社会团体管理局正式挂牌成立，由市民政局管理，是全国首家以“社会团体”命名的社会团体管理机构。2018 年上海市机构改革以后，不再单设上海市社会团体管理局，由上海市民政局加挂上海市社会组织管理局牌子。《上海社会组织发展二十年（1999—2018）》，着重展现上海社会组织 20 年发展变化的基本经纬，为读者提供微观的具体图像，书中穿插大量丰富的案例，体现理论和实际、宏观和微观、整体和部分的有机结合。（温连杰）

社会组织培育发展

【政府购买服务】　9 月 21 日，上海市民政局牵头建设的上海市社会组织服务供需对接平台（一期）上线运行，该平台是全市统一的社会组织服务供需信息发布平台，面向市、区、街镇三级符合条件的购买主体和经民政部门登记的社会组织，供双方发布、查询和使用购买服务的相关信息，鼓励、支持优秀社会组织跨区域承接政府购买服务，在社会治理中发挥作用、做大规模、做响品牌。至 2019 年年底，由购买主体发布的项目需求已超过 1 600 个，300 多家社会组织发布 600 个可供购买的服务项目。（王　怡）

【上海公益伙伴日】　9 月 21～22 日，第九届公益伙伴日在上海公益新天地园区举办，共有近百家社会组织和学校参展，500 余名志愿者参加伙伴日的志愿服务，近 3 万人次到场参观，筹集公益伙伴基金近 6 万余元。本届公益伙伴日有几大亮点：上海市政府购买社会组织服务供需对接平台首次上线运行；品牌社会组织重磅首发；首届上海市社会组织公益创业大赛；社会组织参与垃圾分类的成果展示；社会组织参与精准扶贫案例展示；开展社会组织献礼新中国成立 70 周年快闪活动；聚焦“困境花朵”中华慈善日活动；首发《温暖这座城》公益伙伴日主题歌曲；首届校园公益展、首发 100 首《公益古诗词》；组织专业沙龙深谈志愿服务；公益盛典发布公益数据，揭晓“公益之申”年度六大榜单，开展滨江捡跑还原海洋蓝活动。上海市副市长彭沉雷、民政部和国家社会组织管理局等领导莅临现场指导。（王小峋）

【上海公益新天地园建设】　公益新天地园区是由上海市民政局建设和管理的社会组织孵化和示范园区，共有 31 家社会组织入驻，涵盖专业支持、特定人群、社区服务、扶贫济困、急救防灾等大类，入驻面积为 6 996 平方米，入驻率为 86%。2019 年，园区扶持培育并资助“公益之申”评选、“单眼看世界”、“打造上海流动儿童阅读志愿者热爱共同体”等 15 个“公益新天地品牌项目”，合计金额 80 万元。举办第九届上海公益伙伴日，共计 3 万余人来园区参加各类活动，其间市民政局和市教委在园区举行首个上海市公益创业育人实践基地的签约仪式并挂牌。联合市就业促进指导中心、黄浦区创业指导中心等单位举办社会组织公益创业扶持政策宣讲会，举办首届上海社会组织公益创业大赛，从 263 支参赛队伍中甄选出 18 个社会组织和公益项目创业团队。建设涉外基地，为相关参访接待、宣传及培训工作提供系统性服务，全年共接待 41 个参访团队，总人数近千人。首创园区季刊编辑制作，涵盖运管和入驻机构动态及热点专题，以促进园区信息互通交流，全年共编辑发布 4 期季刊。（王小峋）

【社会组织服务中心】　自 2002 年起，上海市民政局开始探索成立社会组织服务中心，经过 17 年的发展，形成“覆盖广泛、功能互补、工作联动”的市、区、街道（乡镇）三级社会组织服务中心体系。2015年，上海市民政局出台《关于加强本市社会组织服务中心建设的指导意见（试行）》，明确社会组织服务中心服务社会组织发展、承接政府转移事项、参与社区多元治理、引导社会组织自治的功能定位。全市涌现出一批内部治理优、服务能力强、工作成效好的品牌服务中心，极大地促进社区社会组织的发展，在孵化培育、购买服务、预警网络、群团备案、信息宣传、供需对接、社区公益、辅助监管等方面，发挥重要作用。2018年10月，上海市民政局实施《社会组织服务中心建设与服务指南》地方标准，指导社会组织服务中心夯实基础、补齐短板，健全治理、优化监管，培育队伍、提升能力，力求三年左右的时间，全部达到3A以上评估等级。2019年，上海市民政局出台《关于推进全市社会组织服务中心积极参与评估的通知》，明确社会组织服务中心评估的负面清单。至年底，全市已建成各级社会组织服务中心240家中，有163家社会组织服务中心参加规范化等级评估，评估率为68%；获得5A等级16家、4A等级20家、3A等级94家，3A等级以上占总数的54%。（王小峋）

涉外社会组织管理

【涉外社会组织年检与抽查】 2019年，上海市应参加2018年年检的涉外社会组织45家，实际参检45家，参检率和完成率均为100%。其中，年检合格的42家、基本合格的2家、不合格的1家，年检合格率（含基本合格）为97.8%。年检数据显示，45家涉外社会组织净资产约25.88亿元，年度总收入50.78亿元，年度总支出49.57亿元；现有工作人员5 331名，其中专职工作人员5 026名，占总人数的94.3%。委托第三方审计机构上海沪港金茂会计师事务所有限公司对上海长宁国际外籍人员子女学校、上海日本人外籍人员子女学校、上海市浦东新区海富幼儿园、上海日本商工俱乐部以及上海国际海上人命救助联盟亚太交流合作中心5家涉外社会组织进行年度财务抽查审计，对上海日本商工俱乐部进行实地检查，重点检查按章程开展活动、理事会履职、内部管理以及重大事项报告和信息公开等情况。根据年检和抽查情况约谈相关负责人，出具整改通知书3份、管理建议书5份。各相关涉外社会组织均按照要求在规定时间内提交整改报告。（金欢妹）

【涉外社会组织登记变更】 2019年，上海市民政局共办理39起涉外社会组织登记变更事项。其中，上海日本商工俱乐部、上海虹桥德国外籍人员子女学校、上海法国外籍人员子女学校7家涉外社会组织办理证书延期。上海日本商工俱乐部、上海日本人外籍人员子女学校2家涉外社会组织办理法人变更。上海国际海上人命救助联盟亚太交流合作中心、上海根与芽青少年活动中心2家涉外社会组织办理业务主管单位变更。上海杨浦法国外籍人员子女学校办理注册资金变更。上海蓝带厨艺职业技能培训学校办理业务范围变更。上海骏台日本人补习中心办理住所变更。上海布里斯班教育培训中心、上海震旦博物馆、上海市浦东新区海富幼儿园等7家涉外社会组织办理章程核准。上海根与芽青少年活动中心、上海国际学生服务中心、上海亚洲船级社中心等18家涉外社会组织办理人员备案。（金欢妹）

社会组织对外交流与合作

【社会组织涉外事项服务指导】 12月，上海市民政局编制《上海市社会组织涉（境）外活动问答》。该问答共有八条，包括社会组织涉（境）外活动的指导思想、鼓励方向、注意事项、报批报备报告事项及有关程序要求以及社会组织涉港澳台活动开展要求、直接登记社会组织涉（境）外活动开展要求、脱钩行业协会商会涉（境）外开展活动要求和涉外咨询途径。着力解决社会组织在开展涉（境）外活动时“能不能办、该怎么办”的问题。至年底，共受理涉外服务咨询3例。（金欢妹）

【社会组织对外交流示范基地】 上海市民政局与上海市人民政府外事办公室签订《上海市社会组织对外交流示范基地共建协议书》，选取公益新天地为上海市首个社会组织对外交流示范基地，基地的主要任务为建设参观点、对外接待、涉外培训、涉外项目申报等。2019年，基本完成基地的软硬件建设，协助市外办圆满完成“丝绸之路沿线民间组织合作网络”联合考察团和“柬埔寨和蒙古民间组织”联合考察团的接待工作。推荐部分社会组织开展“走出去”项目，如上海真爱梦想基金会的“去远方　看上海”项目和上海众谷青年公益发展中心的“中蒙爱传递·再生电脑教室”项目，鼓励上海社会组织加强国际交流合作。（金欢妹）

社会组织评估

【社会组织评估工作推进】 5月27日，上海市民政局组织召开《上海市社会组织评估指标（2018版）》评审标准专题培训会，就（2018版）评估指标具体评分标准，掌握原则、注意事项进行培训和解读。其中（2018版）包括4个社团、1个社会服务机构、1个基金会，总计6个不同类型指标；跟原有评估指标相比，基础条件等4个一级指标不变，二至四级指标内容涵盖更全面，评估内容更细化；强化党组织的作用，社会组织领导团队建设、特色亮点工作、社会评价等方面内容。市民政局编制《评分细则》和《评估要求》两本工具书，用于专家评估打分参考，便于社会组织掌握规范运作、内部治理的工作目标。此外，市民政局向市大数据中心申请并启用外网评估申请模块，推动社会组织评估工作“一网通办”。今后社会组织可以选择线上线下不同的方式提出评估申请，社会组织参与评估更加便捷。（和浚嘉）

【市级社会组织评估等级授牌】 1月11日上午，上海市民政局在上海公益新天地园举行市级社会组织评估等级授牌仪式。根据上海市民政局《关于2018年度上海市第二批社会组织评估等级的决定》，上海市商业联合会等22家被评为5A等级、上海市中学生体育协会等21家被评为4A等级。并向获得5A等级的社会组织授予评估等级牌匾，颁发证书。这是上海市政府机构改革后，新修改制作的评估等级证书和牌匾第一次公开亮相。（和浚嘉）

【高等级民办学校和幼儿园名单发布】 为方便社会公众近距离了解民办学校和幼儿园的社会组织属性，知晓民办学校登记管理的相关知识，发挥社会监督、社会参与的作用，8月，上海市民政局梳理在评估有效期内的所有民办学校和幼儿园情况，将上海市民办华育中学、上海杉达学院、上海帕丁顿双语学校等23家5A级、上海杨浦区民办沪东双语幼稚园、上海市民办风范中学、上海市民办东展小学等33家4A级民办学校和幼儿园的具体名单在“上海民政”网和“上海民政”微信公众号发布，鼓励更多的社会组织主动参与评估，助推自身发展。（和浚嘉）

第五篇　社会服务

第十四章 婚姻管理

【概况】 上海市民政局婚姻管理的职责为指导居民的婚姻登记工作，承担涉外国人、涉港澳台居民以及华侨的婚姻登记工作，承担婚姻介绍机构管理工作，推进婚俗改革。2019年，上海市民政局出台《上海市婚姻登记工作规范》《上海市婚姻登记管理工作指引》等政策文件；针对婚姻登记中的失信行业和疑难案例，不断完善婚姻管理工作机制；完成新中国成立以来上海市婚姻登记历史档案数据补录工作。加强婚姻服务信息化建设，实现结婚登记预约长三角政务服务“一网通办”，离婚登记网上预约办理等。开展婚姻家庭辅导，引导律师、心理咨询师等专业人士参与婚姻家庭建设，传递健康婚姻价值观。组织参展“伟大历程 辉煌成就——庆祝中华人民共和国成立70周年大型成就展”，举办新中国成立70周年结婚登记集体颁证活动。加强婚姻介绍服务行业管理。2019年，上海市办理婚姻登记153 527对，其中内地居民婚姻登记151 830对，涉外国人、涉港澳台居民、华侨婚姻登记1 697对。内地居民婚姻登记中结婚登记97 393对、离婚登记54 437对；涉外国人、涉港澳台居民、华侨婚姻登记中结婚登记1 282对、离婚登记415对，共涉及71个国家和地区。全年共计为307 054人次提供婚姻登记基本公共服务。全年办理补发婚姻证书35 610例，其中补发内地居民婚姻证书35 461例、补发涉外国人、涉港澳台居民、华侨婚姻证书149例。依法登记合格率和群众满意率均达到100%。 （祝沁磊）

婚姻登记管理

【《上海市婚姻登记工作规范》】 9月11日，上海市民政局出台《上海市婚姻登记工作规范》(以下简称《工作规范》)，2019年10月1日施行。《工作规范》共6章50条9个附件，包括总则、婚姻登记机关和婚姻登记员、结婚登记、离婚登记、补领婚姻登记证和附则。其中推出多项便民措施：明确港澳居民居住证和台湾居民居住证作为婚姻登记的合法凭证；明确当事人补领婚姻登记证的办事渠道；明确当事人因身体障碍、文化程度受限等原因，无法完成婚姻登记手续的，通过三种替代方式办理婚姻登记；细化当事人身份信息发生变更，申请换领婚姻登记证的，按照补领婚姻登记证程序办理；细化五项历史材料可以证明当事人的婚姻关系，解决婚姻登记档案未能查及的补领结婚证问题；明确婚姻登记证明材料和有关信息，能够通过信息共享交换获取的，及属于国家和上海市明确的证明清理事项的，不要求当事人提供；明确在口头表达或听力方面确有困难的当事人，可以向婚姻登记机关预约手语翻译，方便特殊群体婚姻登记；明确法院的《离婚证明书》作为当事人缔结新婚姻关系的材料，解决长期以来当事人凭涉及个人隐私的判决书或调解书办理结婚登记的问题。

（祝沁磊）

【《上海市婚姻登记管理工作指引》】 9月2日，上海市民政局出台《上海市婚姻登记管理工作指引》(以下简称《工作指引》)，2019年10月1日施行。《工作指引》共8章42条3个附件，包括总则、婚姻登记机关、婚姻登记员、结婚登记、离婚登记、补领婚姻登记证、监督与管理和附则。《工作指引》属于非规范性文件，主要是对婚姻登记机关、婚姻登记员队伍建设等内部管理的规定。明确婚姻管理信息化建设问题，在现有设备的基础上增加四项电子系统和其他智能设备。进一步细化婚姻家庭辅导的内容、路径；明确婚姻登记档案管理、婚姻登记机关规范用语以及婚姻登记员分别由市、区民政局任命并进行工作考核等。 （祝沁磊）

【《关于机构改革转制过渡期间上海市消防救援人员婚姻登记工作的通知》】 5月17日，由上海市民政局和上海市消防救援总队在全国率先研究制定印发《关于机构改革转制过渡期间上海市消防救援人员婚姻登记工作的通知》(以下简称《通知》)，解决机构改革转制过渡期间，上海市消防救援人员的婚姻登记问题，共惠及4 823名消防人员，为全国提供上海方案。《通知》分为适用范围、办理机构、证件和证明材料、有效期限和其他事项 5 个部分，明确在机构改革转制过渡期间，消防人员一方申请婚姻登记时，出具《居民身份证》、本人所在上海市消防救援总队或支队政治部门出具的《上海市消防救援人员婚姻登记证明》以及《干部证》或《消防员证》的，可以办理婚姻登记。（祝沁磊）

【婚姻登记严重失信行为联合惩戒工作机制】 11 月 22 日，上海市 17 个婚姻登记机关启动应用"全国婚姻登记信用信息系统"。在婚姻登记中出现使用伪造、变造或者冒用他人身份证件、户口簿、无配偶证明及其他证件、证明材料的；作无配偶、无直系亲属关系、无三代以内旁系血亲等虚假声明的；故意隐瞒对方无民事行为能力或限制民事行为能力状况，严重损害对方合法权益的；其他严重违反《中华人民共和国婚姻法》和《婚姻登记条例》行为的，由民政婚姻登记机关将当事人失信信息录入全国婚姻登记信用信息系统，列入严重失信名单，由相关部门根据《关于对婚姻登记严重失信当事人开展联合惩戒的合作备忘录》，实施惩戒，推进全市婚姻登记领域信用体系建设。（祝沁磊）

【婚姻登记疑难案例综合研判机制】 8 月 8 日，上海市民政局印发《关于建立上海市婚姻登记疑难案例综合研判工作的通知》（以下简称《通知》），建立婚姻登记疑难案例综合研判长效机制。《通知》分指导思想、目标任务、建立专家库、建立报告制度、综合研判程序、汇编疑难案例六个部分。明确疑难案例专家库由市司法系统相关人员，相关科研院所、高等院校的专家学者，市民政局机关、市婚姻登记机构资深业务人员，区民政局、区婚姻登记机构资深业务人员等 4 类人员组成。各区民政局和市婚姻登记机构需要书面上报市民政局的 3 种疑难案例：各区婚姻登记机构在受理当事人婚姻登记过程中，出现现行法律法规未明确规定情形的婚姻登记疑难案例；涉及国家、上海市重大体制改革中发生的婚姻登记疑难案例；通过市委书记、市长信箱、网络、媒体、信访、市民热线 12345、民政热线 962200 等反映市民对婚姻登记工作的投诉或者建议相关案例。市民政局接到报送的案例后，综合研判提出初步处理意见后，并视案例情况决定是否召开专家咨询会。（祝沁磊）

【新中国成立以来上海市婚姻登记历史档案数据补录】 2019 年，上海市民政部门开展新中国成立以来至今的婚姻登记历史档案数据补录工作。各区民政局负责辖区内的内地居民婚姻登记历史档案数据补录，市婚姻（收养）登记中心具体负责涉外国人、涉港澳台居民、华侨婚姻登记历史档案数据补录。全年，市民政局先后召开部署会、专题会、推进会、培训会等会议共计 15 次。全市民政部门集中投入 400 余名人员、260 余台补录专用电脑、330 余万专项资金以及专用房间，有序推进婚姻登记历史档案数据补录工作。共计完成 531 万余条婚姻登记历史档案数据的分析，补录 182 万余条数据，完成 6 000 余条数据的修正，实现全市婚姻登记历史档案电子化，提升婚姻登记民生档案质量，为促进婚姻登记信息精准共享、增强政务为民服务便捷度。（祝沁磊）

【婚姻家庭辅导】 婚姻家庭辅导是婚姻登记机关为当事人提供的婚姻家庭关系方面的指导帮助，辅导内容主要包括婚前辅导、婚姻关系辅导、家庭关系辅导和离婚调适辅导。2019 年，上海市 17 个婚姻登记机关为 39 011 对当事人提供婚姻家庭辅导，其中婚前辅导 19 191 对，离婚劝和 9 322 对（劝和成功 1 623 对），其他辅导 9 955 对。各婚姻登记机关充分发挥群团组织、社会组织，引导社会工作者、律师、心理咨询师等专业人士积极参与婚姻家庭建设，以政府购买服务的形式，在婚姻家庭辅导室内开设婚姻学堂，开展婚姻家庭教育进社区、进乡村、进军营等活动，传递健康的婚姻价值观，强化当事人婚姻家庭责任意识，引导当事人建立和发展稳固的婚姻家庭关系，传承良好的家风家教，弘扬社会主义核心价值观。（祝沁磊）

婚姻服务信息化

【结婚登记预约实现长三角政务服务"一网通办"】 3 月，上海市民政局完成结婚登记预约系统对接至长三角政务服务"一网通办"平台，实现结婚登记预约服务长三角地区一网通办，进一步促进基本公共服务长三角一体化建设。市民可以在长三角"一网通办"网络端和移动端，进行结婚登记网上预约，选择登记的日期和时间段。至年底，共有 78 628 对当事人进行结婚登记预约，提升市民结婚登记便捷度。（祝沁磊）

【离婚登记预约系统上线】 3 月，上海市离婚登记预约系统正式在"上海民政"官网上线应用，进一步扩大婚姻登记预约服务范围，填补空白，方便市民婚姻登记。市民可登录"上海民政"官网的预约系统选择离婚登记的日期、时间段。至年底，共有 7 434 对当事人进行离婚登记预约。（祝沁磊）

【《结婚证》《离婚证》电子证照】 2019 年，上海市民政局将 2002 年 1 月 1 日以来形成的全市婚姻登记数据统一归集至上海市大数据中心，制作成《结婚证》《离婚证》电子证照。上海市民可通过"一网通办"政务服务网站、市民云 App 添加《结婚证》《离婚证》电子证照。《结婚证》《离婚证》电子证照与实体婚姻登记证具有同等法律效力。市民办理“一网通办”政务服务时,如需要出示实体证照的,可出示市民云 App 的电子证照代替,从而市民办事更方便、体验更满意。婚姻登记证电子证照化为全市推进应用电子证照,实现婚姻登记基本公共服务“无纸化、无证化”办理奠定基础。

(祝沁磊)

【政府部门间婚姻登记信息共享推进】 在与上海市高级人民法院、上海市公安局人口办等 11 家单位建立婚姻登记信息共享的基础上,2019 年,上海市民政局进一步推进政府部门间信息互联互通,新增国家人口数据库、市公安人口数据库和市残联数据库实时联网。婚姻登记员在婚姻登记时,可实时比对国家人口库、市公安人口数据库和市残联数据库中的信息,精准核验、甄别婚姻当事人信息,实现规范、安全、高效的“互联网+婚姻服务”新模式,推进婚姻登记业务的标准化、智能化、多元化、协同化。(祝沁磊)

【婚姻登记历史档案数据补录系统】 3 月,上海市民政局研发上线婚姻登记历史档案数据补录系统。补录系统既包含民政部要求补录的男方当事人姓名、女方当事人姓名等 13 项必须补录字段,还包含男方当事人身份类别、女方当事人身份类别等 30 项可从婚姻登记档案采集的选择补录字段,实现补录系统字段全覆盖。补录系统与婚姻管理信息系统有效对接,进一步提升婚姻登记历史档案数据完整性和安全性。(祝沁磊)

婚俗改革和婚姻文化建设

【上海婚姻文化展示馆】 上海婚姻文化展示馆系全国省级首家婚姻文化展示馆,由上海市民政局和普陀区人民政府于 2018 年 4 月共同建成。展示馆坐落在普陀区曹杨路 510 号二楼,面积 350 平方米,设 1 个布展厅、1 个影视厅、1 个婚俗藏品主题馆、2 个互动平台、3 块显示屏、50 个展品小橱窗,展出 425 件实物。展示馆择取“婚姻登记管理制度”“婚姻习俗”“家风家训”三大板块,展示上海婚姻登记管理的创新成果、婚姻习俗的时代变迁、“忠孝礼善和”的上海故事,体现海派婚姻文化的传承,见证民间婚姻风俗的发展。(祝沁磊)

【新中国成立 70 周年结婚登记集体颁证活动】 9 月,上海市民政局制定《2019 年新中国成立 70 周年结婚登记集体颁证活动建议方案》。10 月 1 日新中国 70 华诞之际,上海市各区举办 10 场形式多样、内涵丰富的国庆结婚登记集体颁证仪式。上海是现代结婚登记集体颁证的发源地。为弘扬婚姻之美、婚姻之责、婚姻之义,促进婚姻家庭文明建设,上海率先推出结婚登记集体颁证仪式和实行特邀颁证师制度。至年底,各区聘请德高望重的社会贤达 30 余名为特邀颁证师,形成富有特色的婚姻品牌。在重大节日,举行为新人集体颁发结婚证仪式,反映上海国际化大都市文明新风尚,促进婚姻家庭和谐稳定。(祝沁磊)

【参展“伟大历程 辉煌成就——庆祝中华人民共和国成立 70 周年大型成就展”】 9~12 月,上海婚姻文化展示馆的 4 件展品:《婚姻法及其有关文件》(1950 年版)、《中华人民共和国婚姻法》(1980 年版)、《中华人民共和国婚姻法》(2001 年版)和 1959 年 1 月 15 日由上海市长宁区人民委员会区长刘鸿若签发的《结婚证》,入选由国家发展改革委、中央宣传部、中央军委政治工作部、北京市委主办的“伟大历程 辉煌成就——庆祝中华人民共和国成立 70 周年大型成就展”,展品同步在网上展馆展出。(祝沁磊)

婚姻介绍服务行业管理

【《上海市婚姻介绍机构管理办法》规章立法后评估】 《上海市婚姻介绍机构管理办法》系全国首个规范婚姻介绍机构的地方政府规章,自 2002 年 3 月 1 日施行至今,对规范全市婚姻介绍机构起到积极作用,促进婚姻介绍行业健康发展。5~11 月,上海市民政局分 7 项一级评估指标和 21 项二级评估指标,对《上海市婚姻介绍机构管理办法》开展规章立法后评估,形成评估报告。市人民政府办公厅、市高级人民法院、市公安局、市市场监督管理局、市档案局、市总工会、共青团上海市委、市妇女联合会、华东政法大学等 9 个单位组成的专家组,对评估报告进行评审。评审结果为一致同意评估报告内容。本次规章立法后评估形成的评估报告,为修订、完善《上海市婚姻介绍机构管理办法》提供科学依据。(祝沁磊)

【婚姻介绍机构督查管理】 2019 年,上海市建立婚姻介绍机构督查管理工作机制,开展对上海市婚介机构实施督导。累计调查督导 70 余家婚姻介绍机构,占全市婚姻介绍机构总数的 57%。督导内容包括:采集婚介机构基本信息、婚姻介绍合规性、婚介服务合同签订情况、婚介行业法律法规宣传、挖掘典型案例等。根据年度督导工作,起草全市婚姻介绍机构督导报告,分析掌握婚介服务行业动向,促进行业健康发展。全年共计处理各类婚姻介绍机构信访投诉近 200 件,有效维护人民群众合法权益。(祝沁磊)

【青年公益交友活动】 5 月 12 日,上海市民政局联合上海张江(集团)有限公司在上海星动力科创空间成功举办新时代上海青年人才公益婚恋交友活动。此次活动以“筑梦长三角·缘定大上海”为主题，吸引来自张江科学城、世博地区央企总部、上海市民政系统等知名企事业单位120余名青年人才参与。此外，上海市民政局作为指导单位参与“我预见　遇见你”——2019年长三角青年公益交友活动，来自沪苏浙皖长三角地区的近万名青年朋友参加此次活动。通过让更多单身人士找到爱的归宿，让爱得到延续，让幸福溢满家庭，让城市婚恋服务能为“上海服务”品牌战略增添一份温馨和暖意，进一步提升长三角地区人民群众的获得感、幸福感和满意度，不断满足人民群众对美好生活的向往。

（祝沁磊）

第十五章　殡葬管理

【概况】 上海市民政局负责殡葬活动和殡葬服务单位的监督管理，推进殡葬改革和殡葬行业标准化建设等。2019 年，市民政局深入贯彻落实习近平总书记对殡葬工作重要批示精神，按照民政部等 12 部门统一部署，在全市范围组织开展违法违规私建“住宅式”墓地等突出问题专项摸排和殡葬领域突出问题专项整治“回头看”工作，结合扫黑除恶专项斗争集中整治互联网殡葬服务乱象，开通“上海市殡葬服务平台”网站，推行“上海市白事顾问”制度，稳步推进全市火化设备改造，严密组织清明、冬至祭扫服务保障工作，持续推进节地生态安葬改革和殡葬领域移风易俗。全市全年火化遗体 132 690 具，比上年度同比增加 3 588 具、增加 2.78%；中心城区益善殡仪馆火化遗体 49 736 具，同比增加 525 具、增加 1.07%；郊区殡仪馆火化遗体 82 954 具，同比增加 3 063 具、增加 3.83%。全市 54 家经营性公墓（骨灰堂）共销售各类葬式 112 153 穴（格），其中墓葬 78 831 穴（格），寄存格位 33 322 格。全市遗体运出上海市 321 具，比上年度增加 47 具；遗体运回上海市 50 具，比上年度增加 1 具；办理国际间遗体运输 88 具，比上年度减少 17 具。（梁　扬）

殡葬服务设施建设和管理监管

【殡葬设施设备建设】 2019 年，上海市民政局推进全市火化设施升级改造。其中，益善殡仪馆进行 24 台火化炉维修改造，探索新型火化炉试用；奉贤区结合殡仪馆迁址新建，引进 11 台英国高档火化机；浦东新区和嘉定区殡仪馆全部加装火化机后处理装置；青浦区投入 2 415 万元对 6 台火化机和馆内设施进行升级改造，启用新型环保火化机并加装后处理装置。12 月 10 日，上海市民政局在青浦区殡仪馆召开“2019 年上海市殡葬改革专项工作现场推进会”，推广青浦新型环保火化设施更新改造工作经验，推进环保火化设施在全市改造应用。（梁　扬）

【殡葬服务单位监督管理】 2019 年，上海市民政局组织开展 2018 年度殡葬服务单位年度验审工作，共检查殡葬服务单位 68 家，包括 15 家殡仪馆、45 家经营性公墓和 8 家经营性骨灰堂。重点检查各单位殡葬法规执行、业务操作规范、殡葬改革推行、物价收费管理、文明行业创建、惠民殡葬政策实施、殡葬信息化建设、安全工作、档案管理等情况，对部分单位物价公开不够规范、葬式结构不够合理等问题，责令相关单位及时调整规范收费栏目，加大节地生态葬式开发建设力度。11 月，年度验审结果在《解放日报》进行公告。（梁　扬）

殡葬活动管理

【清明、冬至工作】 针对清明、冬至主要时间节点，上海市民政局制定完善 2019 年清明、冬至祭扫工作方案，对殡葬重点场所、关键服务环节、重要设备用品进行全面排查；会同新华社、《解放日报》、上视、上广电台、中新网、澎湃新闻等新闻媒体、殡葬服务单位开展殡葬改革、惠民政策、移风易俗等宣传，并通过电视、报刊、网站、微信公众号等发布便民提示信息，引导市民错峰、文明祭扫。清明期间全市共接待祭扫市民 630 万人次，祭扫车辆 85 万辆，落葬 10 178 穴；冬至期间共接待祭扫市民 190 万人次，祭扫车辆 29 万辆，落葬 21 491 穴，祭扫活动平安有序。（梁　扬）

【殡葬管理专项工作】 4～5 月，按照民政部等 12 部门《关于开展违法违规私建“住宅式”墓地等突出问题专项摸排的通知》部署，上海市民政局会同 13 个部门在全市范围开展违法违规私建“住宅式”墓地等突出问题专项摸排和殡葬领域突出问题专项整治“回头看”工作。对全市 16 个区的 214 个街镇（乡）实现摸排全覆盖，对 15 个殡仪馆、54 个经营性公墓（骨灰堂）、28 家殡葬中介服务机构、83 家殡葬用品经营户、59 处宗教场所、107 个医疗机构太平间开展“回头看”。未发现违法违规私建“住宅式”墓地问题，对存在的个别违规建

墓行为，督促各区、街镇落实属地管理责任，分门别类，推进整治工作。（梁 扬）

【互联网殡葬服务行业整治】 5～6月，上海市民政局会同市网信办、市通信管理局、市公安局和市市场监管局对互联网上冒充正规殡葬服务单位发布虚假信息，利用信息不对称侵害群众权益的行为进行打击。全市共清理发布虚假信息的网页222个，关闭“梦生殡葬”“风兮网络科技”“上海殡葬网”“上海殡仪服务中心”“上海殡仪馆管理服务中心”“常青殡葬服务”“龙华殡仪”等9家冒充正规殡葬服务单位发布虚假信息或假冒市民政局指定单位的网站，约谈“大众点评”“百姓网”等生活服务网络平台，要求其积极配合主管部门，对殡仪馆和公墓等殡葬服务单位页面信息进行清理整治，确保准确无误。在此基础上，市民政局又推出三项新举措：开通“上海市殡葬服务平台”，建立权威殡葬信息的公开发布渠道；推出“白事顾问”制度，提供专业、便捷的服务指导；持续推进殡葬代理服务标准化建设，公开曝光不良殡葬代理服务机构。9月3日，市民政局召开新闻发布会，宣布正式开通启用“上海市殡葬服务平台”网站，正式推行“白事顾问”制度，进一步规范殡葬服务市场，丰富殡葬便民服务项目。（梁 扬）

【“白事顾问”制度】 2019年，上海市民政局在上海飞思殡葬代理中心（以下简称飞思代理）一门式服务（“962840”白事热线）成功运营近10年的基础上，推出“白事顾问”制度。“白事顾问”制度的核心是24小时上门服务，主要包括24小时接听热线、24小时上门陪同服务，并根据丧事承办人需求提供专业丧礼指导、合理策划丧事。主要服务内容有：接受委托陪同指导丧事承办人办理《居民死亡殡葬证》等各种手续；联系接运遗体、确定火化时间、预定礼厅、选购丧葬用品；撰写讣告、撰写挽联、撰写悼词和答谢词；预定交通工具、布置追悼会会场、接待来宾；骨灰暂存、墓地选购等后续事宜。“白事顾问”制度首批在上海市殡葬服务中心飞思代理、龙华、宝兴、益善殡仪馆和宝山区、嘉定区、青浦区殡仪馆推行。中心城区的市民治丧可以拨打962840热线电话，上海飞思代理“白事顾问”将24小时上门提供服务。宝山区、嘉定区、青浦区市民可以拨打这三个区的“白事顾问”热线电话，约请“白事顾问”上门服务。（梁 扬）

殡葬改革

【节地生态安葬改革】 上海市民政局坚持节地生态殡葬改革方向，大力发展壁葬、草坪葬、花坛葬、树葬、骨灰深埋等多种节地生态葬式，鼓励殡葬服务单位扩大家庭成员合葬试点，严格控制墓穴占地面积，优化葬式结构，提高节地生态安葬比例。2019年，上海市节地生态葬式（含小型墓、壁葬、草坪葬、树葬、花坛葬、深埋、海葬等）共销售70 786穴/格，与2018年持平，共节约土地约46亩。深入贯彻落实节地生态安葬补贴、海葬补贴，全年共办理发放节地生态安葬补贴330.7万元、海葬补贴2 000万元，提高市民对节地生态安葬接受度。（梁 扬）

【殡葬领域移风易俗】 上海市民政局利用清明、冬至等重要宣传时机，制作殡葬公益宣传片、发布殡葬改革倡议书、举办殡葬改革成果展等，不断加大移风易俗的宣传引导力度。鼓励殡葬服务单位积极承担社会责任，在清明、冬至期间开展清明感恩典礼、海葬公祭、百姓公祭、节地生态葬式集体安葬仪式等系列公益纪念活动，丰富祭祀文化内涵，培树厚养薄葬、文明节俭、生态环保的殡葬新风尚。奉贤区以推动殡葬综合改革试点为抓手，建立殡葬工作联席会议制度，实行“五位一体”考核机制，深入推进殡葬改革；9月，召开丧葬礼俗改革工作推进大会，印发《关于加强奉贤区丧葬礼俗改革工作的实施方案》，发布《文明治丧倡议书》，积极推进丧葬礼俗改革，规范引导文明治行为。（梁 扬）

【第419次海葬活动】 9月23日，上海市举行第419次骨灰撒海活动，共有102户家庭、450位家属参加，110位逝者的骨灰被撒向大海。为推进海葬事业发展，提升服务质量，市民政局为90余名社会志愿者进行海葬业务工作培训，开展海葬业务“一站式”的全程陪同服务。在宝山区宝安瞑园新设海葬业务办理点，方便市民就近办理。改版升级海葬网及业务系统，实现客户网上预约登记及网上祭扫功能，增加微信公众号与短信推送功能。强化应急联动，将受“塔巴”台风影响，原计划于9月21日启动的下半年骨灰撒海活动推迟至9月23日，完成延期通知、丧属安抚等应急善后处理工作，取得所有丧属的理解和配合，未发生一起投诉。2019年，全市共举办49次骨灰撒海活动，5 210具遗体骨灰撒海，比上年度增加1 078具、增加26.09%，海葬占火化量比例达到3.93%。（梁 扬）

【殡葬信息化建设】 2019年，上海市民政局将殡葬服务单位设立、遗体外运、海葬补贴、节地生态安葬补贴等殡葬服务事项纳入全市“一网通办”平台。此外，为提供高效便民服务，市民政局建立“上海市殡葬服务平台”，包含“要闻动态、白事指南、信息公开、机构查询、殡葬地图、曝光台”等版块，提供6项特色服务：报道官方动态，及时公布殡葬服务领域热点动态、工作要求、通知公告等新闻信息；进行机构查询，公开全市所有15家殡仪馆、45家经营性公墓和9家经营性骨灰堂的概况、实景图片、便民服务、咨询电话等信息；提供白事指南，设置白事流程、白事热线、白事顾问三个子栏目，将治丧服务流程以图文并茂的方式告知市民，同时提供全市 69 家殡葬单位热线电话、白事顾问服务单位名单等信息；发布殡葬地图，各类殡葬服务单位可按名称、区域、类别在地图上直接查找；综合信息大全，收集殡葬领域政策文件、办事指南等各类实用信息，为行业从业者、专家智库提供资源支持；开展行业监管，设置“曝光台”栏目，公布投诉热线“962200”。（梁　扬）

第十六章　社会工作与志愿服务

【概况】 上海市民政局承担职业社会工作者及其专业组织培育发展和管理服务，以及志愿者队伍建设有关工作等。2019年，上海市民政局加大职业社会工作和志愿服务人才培养和机构发展力度，全市持证社会工作师达30 928人、注册登记的专业社会工作服务机构达638家；持续推进社会工作和志愿服务制度建设，完成《上海市志愿服务条例》修订，实现“上海公益基地命名”作为上海市民政局行政权力事项(行政确认)接入“一网通办”；扎实推进公益基地建设，创建“公益基地”超6 000家、发放“公益护照”近31万本、设置志愿服务岗位1.3万个，记录志愿服务总时长超过20万小时。

（顾巍巍）

社会工作人才队伍建设

【上海市专业社会工作高级人才培养计划】 8月，“上海市专业社会工作高级人才培养计划”第三期(2019～2022年)正式启动。培养计划致力于培养上海市社会工作领军人才，建设一支既能做比较复杂的社会工作服务项目，又能进行服务示范、督导，带领社会工作师、助理社会工作师向高水平发展的本土化、专业化的高级实务人才队伍。上海市民政局指导上海市社会工作者协会，组织对候选学员进行资料审核、专家现场面试，根据报名学员的学历、专业背景、从事社会工作的年限和单位类型等要素，择优遴选55名社会工作者参加第三期专业社会工作高级人才培养计划。至11月，第三期上海市专业社会工作高级人才培养计划共开展集中授课10次、集体督导2次、个别督导8次，入选本期培养计划的社会工作者全员参加全部培养课程。

（顾巍巍）

【社会工作者职业水平考试】 2019年度社会工作者职业水平考试和高级社会工作师职业水平考试分别于6月和11月举行，上海市民政局在全市范围内组织宣传发动和现场审核工作。2019年，全市共有26 552人报名参加社会工作者职业水平考试，其中，社会工作师报名人数10 153人，实考人数6 804人，通过人数913人，助理社会工作师报名人数16 399人，实考人数11 513人，通过人数2 671人；共有533人报名参加高级社会工作师职业水平考试，通过人数22人。

（顾巍巍）

【上海市优秀社会工作者评选】 12月，上海市民政局指导上海市社会工作者协会举办2019年上海市优秀社会工作者及优秀社会工作项目评选活动。经单位推荐、材料审核、专家初评、现场评审等环节，评选出2019年上海市优秀社会工作者10名，来自上海市儿童福利院、上海澜途社会工作事务所、上海新航社区服务总站、上海市静安区静安寺街道华山居民区等各级、各类机构的代表获评本年度上海市优秀社会工作者；评选出上海市优秀社会工作项目10个，上海中和社区矫正事务所申报的“合家欢未成年子女关爱项目”、上海市儿童医院申报的“‘妈咪宝贝帮’缓解新手妈妈育儿焦虑服务项目”、上海市第一社会福利院申报的“‘朝花夕拾’高龄老人回想疗法服务品牌”等项目获评本年度上海市优秀社会工作项目；另评出上海市优秀社会工作者入围奖10名、上海市优秀社会工作项目入围奖10个。

（顾巍巍）

社会工作专业机构

【专业社会工作机构发展】 2019年，上海市专业社会工作机构持续发展，服务涵盖儿童、青少年、老年人、妇女、残疾人、禁毒人员、外来人口、精神康复等多个群体，辐射城市社区、医院、企业、农村等多个场域，呈现出领域广泛化、类型多样化的发展格局，从业人员总量、专业化水平不断上升。至年底，全市注册登记的专业社会工作服务机构共有638家，各机构专职人员40 081人，兼职人员11 328人；在岗持证社工6 395名，持中级社会工作师证书的2 036名，持助理社会工作师证书的4 359名。其中大专及本科毕业的3 334名，社会工作专业硕士（MSW）毕业的190名，社会工作学术硕士毕业的22名，社会工作博士毕业的26名。

（顾巍巍）

【市、区两级社工协会】 2019年，按照上海市《关于推进本市社会工作人才队伍建设的意见》要求，上海市民政局继续推进区级社会工作（者）协会建设工作。至年底，浦东新区、静安、黄浦、虹口、长宁、普陀、徐汇、杨浦、宝山、闵行、金山、松江、青浦等13个区建立区级社会工作（者）协会。市民政局指导市、区社工协会建立季度联席会议机制，市、区社工协会定期召开季度联席会议，共同研究推进社工督导队伍建设、加强对专业社会工作机构的指导和完善优秀社会工作者的表彰奖励机制等工作。（顾巍巍）

社会工作专业服务

【社会工作服务脱贫攻坚】 2019年，上海市民政局与云南省民政厅及对口援助单位沟通协调，继续实施沪滇社会工作服务机构“牵手计划”，共牵手帮扶云南省13个州、20个贫困县，累计在地服务1 084天，援派专业社工125人，募集资金1 321.15万元。至年底，为当地培育发展文山州社会工作促进会等20家社会工作服务机构，新建或改扩建香格里拉妇幼保健院等14家社工站（室），培养60名社会工作专业人才，开展“助残就业脱贫”“小白杨爱心图书室”“同心天伦”“沪滇医疗援助服务”等29个优秀社工扶贫项目。全年，上海市民政局组织社会工作服务机构参加民政部“三区三州”东西部对口支援计划，帮扶甘肃省甘南州卓尼县，投入扶贫资金300万元。（顾巍巍）

【专业社会工作服务】 1月，上海市静安区民政局“‘桥’计划——多重需求家庭综合服务”项目入选民政部“2018年度社会救助领域优秀创新实践案例”。“桥”计划项目通过前期初步筛查，在大宁路街道筛选出以老养残家庭、残疾人家庭、重大病家庭等具有多重需求的100户重点服务家庭，对其进行需求评估。针对多重困境家庭最显著的需求，如定期访视、喘息服务以及经济支持等，提供多项服务叠加的系统式服务，协助家庭通过自身努力，回应家庭成员内在多方面的需求，增强家庭功能；在社区内部开展社区融合宣传与倡导活动；探索社会救助管理与服务机构社会工作岗位开发设置的可行性；探索社会救助服务三级预防网络的建立。

（顾巍巍）

【社工行业指数报告】 12月，上海市民政局起草《上海市社会工作发展指数研究报告》（以下简称《报告》）。《报告》对上海市社会工作教育领域专业化发展现状、上海市社会工作实务领域职业化发展现状进行全面分析，提出上海市社会工作发展指数总览。根据《报告》，社会工作职业化程度较高，服务机构的数量、发展阶段、运营年限、持证社工、专职社工数量和占比都处于全国领先地位；专职社工月薪较上海市平均工资偏低，但相较全国其他地区仍保持高位；社会工作高等教育覆盖较广，但专业人才就业对口率和稳定性有待提升；上海市社会工作专业化程度较高学术成果日益增多，但论文和期刊总量上与社会学一级学科相比仍然较低。

（顾巍巍）

志愿服务行政管理

【《上海市志愿服务条例》修订】 2019年，上海市民政局会同上海市人大社会建设委员会、上海市人大常委会法律工作委员会、上海市司法局等单位深入开展立法调研，广泛听取各方意见，4月上旬形成《上海市志愿服务条例修正案（草案）》送审稿，报送上海市司法局审核，并配合上海市司法局书面征求相关部门意见、组织实地调研和座谈。7月，《上海市志愿服务条例修正案（草案）》报经上海市政府常务会议讨论通过后，正式提请上海市人大常委会审议。11月15日，上海市第十五届人大常委会第十五次会议审议通过《关于修改〈上海市志愿服务条例〉的决定》。《上海市志愿服务条例》此次修改采用修正案模式，共涉及19个条文的修改。其中，主要调整的内容包括四个方面：关于上海志愿服务工作领导体制和工作机制，细化市、区民政部门行政管理职责的内容，关于志愿服务行业组织，不再保留现行《上海市志愿服务条例》中上海市志愿者协会统筹协调全市志愿服务工作的规定，明确该协会作为上海市志愿服务行业组织的定位和工作内容；关于建立和完善统一的志愿服务信息平台，要求建立和完善全市统一的志愿服务信息平台，实现各条线系统互联互通；关于志愿服务信息统计和发布，明确志愿服务信息的统计和发布属于政府职责，应由民政部门依法履行。新修改的《上海市志愿服务条例》于2020年1月1日正式实施。

（顾巍巍）

【志愿服务信息化建设】 5月，上海市志愿服务政务信息平台“公益上海”正式接入“一网通办”，同步在“随申办市民云”公共服务平台上线。上海市民政局对“公益上海”平台持续改进，根据业务需求新增认定机构字段、退回复评节点等功能，通过与法人库的比对修正历史数据中单位名称不确切等问题。指导各区民政局推进“公益基地”建设，通过“公益上海”平台发布志愿服务岗位和任务、招募和管理志愿者、记录公益时长和出具证明等工作。至 2019 年年底，“公益上海”平台为全市志愿者发放“公益护照”31 万本，设置志愿服务岗位 1.3 万个，记录志愿服务总时长 20 万小时。“公益护照发放”作为市民政局的公共服务事项纳入本市“一网通办”，并在“随申办 App”电子亮证上线。（顾巍巍）

【志愿服务组织标识工作】 2019 年，上海市民政局对全市志愿服务组织的情况进行梳理，对名称中含有“志愿服务”“志愿者”“义工”等字样的，或名称中不含有“志愿服务”“志愿者”“义工”等字样但以开展志愿服务为宗旨的两类符合标识条件的志愿服务组织，在社会组织登记管理信息系统（代码系统）中进行标识并向社会公告。至年底，全市分两批共标识志愿服务组织 206 家。（顾巍巍）

【长三角区域志愿服务一体化】 2019 年，上海市民政局指导上海市公益服务促进中心与江苏省志愿者协会签订合作协议，共同促进“公益上海”志愿服务信息平台和共青团江苏省委志愿服务信息平台“志愿者打卡器”系统互联互通，实现区域内“一地认证，两地互认”。根据协议，双方将在各自数据系统独立的基础上，围绕志愿者跨地域参与活动发生的个人信息和活动信息，实现个人信息验证和活动信息互联互通；双方将尽快完成各自既有服务系统改造，参照电子政务信息资源共享交换等相关标准进行调试、技术对接，完成各自现有业务系统数据信息推送工作。（顾巍巍）

【公益顾问】 7 月，上海市民政局发布《关于开展本市“公益顾问”试点工作的通知》，指导编写“公益基地经验汇编”“漫步公益上海”等公益顾问配套材料，在全市范围内开展“公益顾问”制度试点工作。9 月，全市首批共推出复旦大学附属儿科医院、上海市社会工作者协会等 50 个“公益顾问”服务点、100 名“公益顾问”。“公益顾问”依托全市“公益基地”资源，为有意愿参与公益服务的单位或市民提供政策咨询、项目设计、岗位推荐、资源链接和平台引导等服务，解决公益服务供需对接的“最后一公里”问题，推动上海市公益事业持续发展。（顾巍巍）

【公益基地】 为推进“公益基地”可持续发展，9 月，上海市民政局与上海农商银行签订《关于支持公益基地建设的战略合作协议》（以下简称《协议》）。根据《协议》，上海农商银行整体申请创建“公益基地”，携全市下属 380 多个营业网点向“公益护照”持有人提供公益服务，并在 5 年内为“公益基地”提供持续的资金、实物和服务支持。12 月，经上海市行政审批制度改革工作领导小组办公室同意，“上海公益基地命名”作为上海市民政局的行政权力事项（行政确认）正式接入“一网通办”。“公益基地”作为促进全市志愿服务开展的平台，凡有意愿开展志愿服务工作的企业事业单位、基层群众性自治组织和其他组织均可向市民政局进行申报命名。目前，全市“公益基地”分为场馆型、服务型和社区型，主要涵盖新闻媒体、教育、社区服务、医疗卫生、公共交通、社会组织、文化体育等多个行业。至 2019 年年底，全市共命名“上海公益基地”超 5 000 家。

（顾巍巍）

第六篇　民政综合建设

第十七章 民政法治建设

【概况】 2019年,上海市民政局不断完善民政法制建设。有序开展民政地方性法规规章立改废工作,持续推进立法调研和项目储备,完成12部地方性法规、5部地方政府规章的专项清理与即时清理。加强规范性文件审核和清理,完善规范性文件制定管理制度,共出台规范性文件13件,清理89件规范性文件。依法开展有关执法活动,成立市民政局执法总队,查处全市483家名存实亡社会组织、非法社会组织;建立民政综合执法体制机制;加强执法规范化建设,严格执法监督,加强法律服务保障。贯彻落实法治政府建设各项新要求,推动落实"谁执法谁普法"普法责任制。持续深化"放管服"改革举措,推进业务流程革命性再造,开展"双减半"工作,完成市级行政审批事项缩减法定审批时间458天,通过电子证照、网络核验等方式缩减申请材料90件。加强政务服务事项标准化建设和"互联网+监管"体系建设。健全标准化工作体制机制,加快各级各类标准的研究和制定,深入推进标准化试点示范。制定发布《康复辅助器具租赁服务规范》《养老机构设施与服务要求》2项地方标准,开展第三批标准化试点示范。完成民政公共服务"一网通办"线下窗口标准化建设。 (娄国剑 张艺雯)

地方立法与规范性文件

【地方立法推进】 2019年,上海市民政局调研起草《上海市志愿服务条例》修正案,经上海市人大常委会二次审议,11月15日表决通过,新修改的《上海市志愿服务条例》于2020年1月1日正式实施。完成上海市政府规章《上海市社会救助办法》的废止工作,通过市司法局提请市政府于10月11日作出废止决定。修订《上海市养老机构条例》《上海市村民委员会选举办法》,向市司法局和市人大社会委提请简易修订并报送修订草案。完成市政府规章《上海市婚姻介绍机构管理办法》立法后评估,形成评估报告报送市政府办公厅。

(张艺雯)

【规范性文件管理】 经合法性审核和集体审议,2019年,上海市民政局共出台规范性文件13件,均完成向市政府的备案工作;起草市政府(含办公厅)出台规范性文件2件。这些文件中社会组织领域3件,包括社会团体分类、社会组织直接登记管理、专项基金管理;社会救助领域6件,包括保障性住房和低保申请家庭经济状况核对、享受低保待遇违法行为行政处罚裁量基准、低保审核确认、社会救助标准调整等;社会服务领域5件,包括深化养老服务实施方案、养老服务补贴标准调整、婚姻登记工作规范、孤儿和困境儿童等基本生活保障标准调整、社会散居孤儿和困境儿童及艾滋病病毒感染儿童基本生活费发放;废止类文件1件,该文件废止5件规范性文件。至年底,共完成89件规范性文件的清理,完成43件规范性文件是否符合现行开放政策的专项清理,完成10件党内法规、规范性文件的清理,完成58件文件公平竞争审查专项清理。

(刘 静)

行政执法

【上海市民政局执法总队成立】 12月24日,上海市民政局执法总队正式成立。根据中共上海市委机构编制委员会《关于同意组建上海市民政局执法总队的批复》,市社会团体监察总队更名为市民政局执法总队。市民政局执法总队为市民政局所属行政执法机构,以市民政局名义,统一行使社会组织、殡葬服务、残疾人福利、儿童福利、婚姻、养老、慈善和志愿服务等民政领域相关行政处罚权,以及与行政处罚相关的行政检查权和行政强制权。机构规格为正处级;内设5个内设机构和一线执法机构;核定行政执法人员编制45名,其中总队长1名,副总队长3名。撤销市殡葬管理处、市社会福利企业管理处事业单位建制。执法总队是上海民政首次建成的一支市级综合执法队伍,标志着上海民政综合行政执法体制机制框架初步形成。

(蔡英玉)

【名存实亡社会组织处置】　名存实亡社会组织是指常年不开展活动，通过登记的住所、备案的负责人、业务主管单位均无法取得联系的组织。4～7月，上海市民政局执法总队对全市范围内登记注册的17 011家社会组织，开展数据核查摸底和案件甄别定性；8～12月，市、区两级民政执法部门依照法定程序，对全市483家长年未开展活动的名存实亡社会组织实施分类清理处置。其中，社会团体114家、民办非企业单位369家；实施撤销登记行政处罚37家，经约谈训诫后社会组织主动办理注销登记35家，其他案件正在进一步办理之中。（蔡英玉）

【整治非法社会组织专项行动】　2019年，上海市民政局在巩固上年集中打击整治非法社会组织专项行动成果的基础上，建立打击非法社会组织长效机制，一方面凝聚工作合力，持续完善民政、公安、网信、文旅等多部门联合执法机制；另一方面拓宽举报渠道，形成以非法社会组织投诉专线(63215555)、投诉信箱(上海市长宁区新华路272弄14号)为主，对接“12345市民服务热线”“962200社区服务热线”为辅的多渠道投诉举报机制。至年底，上海共查处非法社会组织12家。

（蔡英玉）

行政执法规范与监督

【综合执法体制改革】　建立民政综合执法体制机制，是提升执法意识和水平，加强和规范事中事后监管，切实增强依法行政能力的重要举措。12月25日，上海市民政局印发《上海市民政局关于建立综合执法体制机制加强依法行政的实施意见》(以下简称《实施意见》)。《实施意见》以完善体制机制、夯实监管责任为目标任务，主要包括明确执法职责分工、重大疑难案件会审机制、对区民政部门执法案件联合指导机制、深化执法规范化建设、加强法制审核以及建立执法案卷评查制度等多项新措施。《实施意见》明确，各区民政局、业务处室和执法总队可以结合部门、单位的工作实际，按照意见的规定和精神，研究制定加强执法工作的具体措施，并认真组织实施。（杨建华）

【行政执法三项制度】　指行政执法公示制度、执法全过程记录制度、重大执法决定法制审核制度。8月，上海市民政局完成行政执法公示信息的首次系统录入工作。10月，开展“三项制度”专题培训，邀请市司法局、法治政府建设领导小组办公室专家就国家和上海市实施行政执法“三项制度”的要求作讲解。12月，根据国办指导意见中确定的“坚持依法规范”“坚持执法为民”“坚持务实高效”“坚持改革创新”以及“坚持统筹协调”等基本原则，形成行政执法公示办法、执法全过程记录颁发与重大执法决定法制审核办法等三个征求意见稿，向局机关各处室、执法总队、局信息研究中心以及16个区民政局广泛征求意见，形成“三项制度”草案，同步完成《上海民政行政执法规范研究》课题研究。（杨建华）

【执法监督工作】　2019年，上海市民政局对28个行政处罚案件和2个行政许可撤销案件进行重大执法决定法制审核。全年行政诉讼应诉答辩3件，办理行政复议申请5件，案件涉及政府信息公开、社会组织、养老机构、村务公开等民政领域。6月，市民政局协同区民政局答复法院司法建议书1件，研究撤销婚姻登记的范围、法律依据和执法程序。8月，指导区民政局收回向弄虚作假当事人补发的结婚证，维护婚姻秩序，成为《婚姻法》实施后，上海市第一起由民政部门自行撤销弄虚作假办理婚姻登记的案件。（杨建华）

【执法队伍能力建设】　2019年，上海市民政局并入原执法主体上海市殡葬管理处、上海市福利企业管理处的执法职能，执法队伍不断壮大。至年底，市民政局共有执法证122张。为加强持证人员管理，10月，市民政局组织开展年度法治培训，市局机关各业务处室、市社团监察总队及各区民政局负责人、法制联络员等近80人参加，培训班邀请市政府办公厅、市市场监管局的法律专家就最新的规范性文件管理制度和公平竞争审查实务要求作解读；法院资深法官就行政诉讼实务作专题讲座；市司法局执法监督领域专家就国家和上海市实施行政执法“三项制度”的要求作讲解；政策法规处还就重大执法决定法制审核工作实务作介绍。（杨建华）

【法律服务保障】　2019年，上海市民政局强化对疑难执法问题的法律研究和实务指导职能。在政府信息公开、殡葬服务和墓穴购销合同(涉外)、特殊群体意定监护、村民委员会选举和村务公开、跨区经营的民办养老机构事中事后监管以及失智老人变更监护人等涉及行政相对人权益保障的执法问题上，提出法律解决方案。11月，编印《上海民政部门依法行政实用制度汇编》(法律法规规章篇)，供各区民政局和市局业务处室参阅使用。在市社团局机构改革后公章使用、社区云政府招投标采购、民政工匠系列出版物著作权保护、与上海地产集团合作开展适老房改造、与上海联通集团开展养老信息化合作以及与上海银联商务股份公司开展敬老卡服务等重点项目上，出具审核意见，起草协议文本。

（赵　辉）

法治政府建设与法治宣传教育

【法治政府建设责任落实】　11月26日，上海市民政局印发《上海市民政局关于法治政府建设与责任落实的规定》，明确上海市民政局党政领导、机关处室、局属单位推进法治政府建设和责任落实的适用范围、指导思想和原则、职责定位，在提出全体党政干部法治建设共同要求和各级主要负责人法治建设职责基本要求基础上，进一步明确局主要负责人、处室和局属单位主要负责人、机关工作人员职责，建立定期报告、述职考评和问责制度，努力打造“人民满意、群众放心、上海特色、时代引领”的模范政府部门。（张一波　杨建华）

【法治宣传教育】　6月28日，上海市民政局印发《2019年上海市民政系统法治宣传教育工作指引》。11月26日，印发《上海市民政局关于法治政府建设和责任落实的规定》，推动机关处室和局属单位落实“谁执法谁普法”普法责任制，聚焦民政重大立法、重要工作和民生热点关注。组织开展《上海市志愿服务条例》、中华慈善日和公益伙伴月、婚姻法和家庭责任、困境儿童关爱保障、社会组织行政执法案例汇编、公务员反腐倡廉和诚信守法教育等一系列法治宣传教育活动。开展宪法进社区主题日活动，在基层社区大力宣传志愿服务、社会救助、婚姻家庭、老年人权益保障等与民政工作相关的法律规定，把活动打造成社区共建共治共享的宣传平台。12月5日，会同市法宣办、市司法局等，在长宁区江苏路街道组织开展以“志愿精神‘益’满申城、美好生活就是‘宪’在”为主题的市级主场活动，100余位社区居民代表、180余位居民区书记和居委会主任代表、20余位公益基地及志愿者代表、16个区民政局负责同志参与活动。上海市民政局政策法规处获2019年度上海市法治宣传教育优秀单位称号。

（张一波　郑燕华）

行政审批制度与“放管服”改革

【业务流程优化再造】　2019年，上海市民政局根据上海市“一网通办”工作要求开展“双减半”工作，即行政审批事项审批办理时限比承诺时限平均减少一半；行政审批申请人实际提交材料平均减少一半。完成市级行政审批事项缩减法定审批时间458天，减时比例达50%，通过电子证照、网络核验等方式缩减申请材料90件，减材料比例达55%；完成区级行政审批事项减材料工作的审核，确认缩减申请材料57件，实现减材料比例达53%。推进业务流程优化再造“双一百”事项落地，开展“设立经营性养老机构”“设立公益性养老机构”两个事项业务流程革命性再造，整合两个事项涉及的养老机构内设医疗机构备案（市卫健委）、养老机构食品经营许可（市市场监管局）及养老机构备案（市民政局）等的跨部门协同办事流程，实现“减环节、减时间、减材料、减跑动”，并在线上线下同标准办理。实现依申请事项“零跑动次数”。提出“零材料提交”，并在“社会组织评估登记确认”等8个事项中实现。

（应晶晶）

【政务服务事项标准化】　2019年，上海市民政局开展行政权力事项动态集中梳理工作，依法增加、取消和调整现有行政权力事项，完善市局行政权责清单，初步确认市民政局行政权力事项253项。开展公共服务事项拓展工作，梳理增加“结婚登记预约”“离婚登记预约”“公益护照发放”3项市级公共服务事项和“临时救助”1项区级公共服务事项，并接入“一网通办”总门户。深化政务服务标准化、规范化工作，进一步规范完善政务服务事项各要素内容，修订市民政局16项权力事项和3项公共服务事项的办事指南，进一步细分审批办理情形，细化完善申请材料目录，规范材料名称、材料来源、材料类型、纸质材料份数、材料形式、材料必要性等内容，以及示例样表、空白表格等，推进同一事项无差别受理、同标准办理。

（应晶晶）

【“互联网＋监管”】　2019年，上海市民政局完成市、区民政部门监管事项目录清单和监管事项检查实施清单的认领梳理工作，其中，市民政局监管事项73项、区民政局监管事项79项，市、区民政部门监管事项共81项，另有检查实施项目9项。根据市政府办公厅印发的《上海市“互联网＋监管”工作实施方案》，首次向市“互联网＋监管”系统归集报送市民政局行政检查、行政处罚、行政强制、其他等四类监管行为数据。在国家“互联网＋监管”系统中为市民政局各执法监管部门开通录入人员账户。

（满　林）

【民政社会信用体系】　上海市民政局建立社会信用体系建设工作机制，聚焦社会组织、养老服务、志愿服务、殡葬服务、假肢和矫形器（辅助器具）生产装配企业、婚姻管理、慈善信托、社会救助、儿童福利等民政业务领域，加强法治化和信息化保障，探索以信用为基础的监管机制，从制度规范、系统建设、数据归集、信用应用等方面推进民政社会信用体系。向上海市社会信用建设办公室报送民政2019年版公共信用信息“三清单”和政务诚信“三清单”，2019年5月在“信用上海”平台统一发布。其中，公共信用信息清单包括数据清单事项35项、应用清单事项1项；政务诚信清单包括数据清单事项6项、行为清单事项8项、应用清单事项2项。

（满　林）

民政标准化

【标准化工作体制机制】　为进一步落实《上海市民政

局关于进一步推进民政标准化工作的意见》明确的目标任务，上海市民政局重点在标准化培训和专业委员会指导方面不断推进标准化工作体制机制建设。4月22～23日，继续开展标准化工作培训，对各区民政局领导及标准化管理部门负责同志、市民政局各业务处室标准化工作负责同志及标准化工作人员和2018～2019年上海市民政系统标准化试点单位负责人及工作人员等115人进行标准化知识宣讲和辅导。9月4日，召开上海市养老服务标准化技术委员会成立暨第一次会议，全面部署推进养老服务业标准化工作。（应晶晶）

【标准的研究和制定】　2019年，上海市民政局制定发布《康复辅助器具租赁服务规范》《养老机构设施与服务要求》2项地方标准，开展《社区公益服务项目招投标指南》《住宅适老改造技术指南》《养老机构等级划分与评定》3项地方标准文本编制工作。提出地方标准制修订计划7项，分别为《社会工作伦理守则》《社区老年助餐服务规范》《社区嵌入式养老工作规范》《养老机构服务质量监测评价指标》《养老机构信用评价指南》《智慧健康养老　居家安全监测规范》《养老机构分级服务要求》，其中《养老机构服务质量监测指标》《养老机构信用评价指南》《社区嵌入式养老工作规范》《养老机构服务分级要求》4项计划获准立项。指导市康复器具协会、市养老服务行业协会制定发布《养老机构康复辅助器具基本配置指南》《居家养老康复辅助器具适配指南》《轮椅车适配指南》《数字（虚拟）养老机构建设规范》《数字（虚拟）养老机构运营管理规范》《数字（虚拟）养老机构服务规范》6项团体标准，并进行自我声明。

（应晶晶）

【标准化试点示范工作】　1月，上海市民政局启动2018～2019年（第三批）民政领域标准化试点示范（实验）工作，确定上海市居民经济状况核对中心等22家机构为市民政局第三批标准化试点示范点。指导上海爱照护养老服务有限公司、松江区社会福利院、奉贤区救助管理站、虹口区老龄事业发展中心、杨浦区社会福利院、虹口区社会福利院、上海福苑养老服务中心、上海市信用服务行业协会8家机构通过市级社会管理和公共服务标准化试点验收。至年底，共有54家完成试点验收（含市级以上试点单位），在养老服务、救助管理、彩票服务、殡葬服务、婚姻登记服务、居民经济状况核对等业务领域打造一批看得见、摸得着的标准化工作示范引领点。指导虹口、杨浦、徐汇等区加快试点单位发挥示范引领作用。（应晶晶）

第十八章　民政新闻宣传与研究

【概况】 2019年，新闻宣传和研究工作着力讲好民政故事，为局中心工作提供智力支持。在新闻宣传工作方面，以业务工作需求为导向，加强新闻宣传统筹协调，特别是国庆期间联动市区开展“庆祝新中国成立70周年”各种形式的主题宣传。加强和规范内部刊物管理，促进政务新媒体建设。在研究工作方面，组织开展“十四五”上海民政事业发展规划前期研究，深入分析民政事业发展重大背景、面临问题、重大思路和重大任务。围绕上海民政改革攻坚和创新发展各项重点难点和问题，组织开展年度局立项课题和市政府决策咨询课题研究。积极参加民政部组织开展的民政部2019民政政策理论研究论文评选活动，上海市民政系统和科研基地共有15篇获奖，占全国获奖总数的9.2%，《社区顾问制度研究》获得一等奖。按照民政工作专业化发展要求，面向实践需求，联合上海开放大学举办民政学院，组织编写“上海民政专家系列”丛书，全力推进《上海市志·民政民生分志·民政卷(1978—2010)》编纂，形成评议稿。（张玉枝）

民政新闻宣传

【新闻宣传统筹协调】 上海市民政局通过新闻发布会、新闻通气会、上海市“政风行风热线”、上海市民政局政务新媒体等平台，加强主题策划和专项报道，统筹做好民政新闻宣传。在《上海社会救助条例》施行前夕，协调新华社、《法制日报》等媒体记者，采访宣传上海社会救助工作，《新华每日电讯》刊发文章《把“弱有所扶”承诺落到实处、上海编织起有温度的社会救助网络》，在新华网客户端阅读量破百万；在“第八届公益伙伴日”开幕之际，《中国社会报》头版报道《建公益之城让上海更有“温度”》，宣传上海公益之城建设成果；在“不忘初心、牢记使命”主题教育中，编撰主题教育简报，在上海民政局政务网站和政务微信公众号等开设专栏，宣传主题教育动态和先进典型人物；在民政部《中国民政》杂志和微信公众号开展“回眸民政70年”老照片征集活动和“祖国我想对你说”主题宣传中，浦东、静安、杨浦、奉贤、闵行及市儿童福利院相关作品被采用。组织参加上海人民广播电台《政风行风热线》2期节目，接受听众咨询提问，宣传解读民政政策。（于　蜀）

【局系统内部刊物清理整合】 按照“少而精，小而强”和“保留、关停和转隶”的处理原则对局系统报纸刊物进行清理整合，保留局领导审批签发报送的各类工作简报、有刊号或准印证号的报纸内刊和单纯信息汇编研究类的刊物，对部分单位内刊进行整合。7月，开展“回头看”活动，分别检查市社会福利中心、市殡葬管理中心、市救助站和众仁慈善服务中心内部刊物清理整合落实情况。清理整合后，局系统纸质刊物由32个，压缩为12个，进一步加强和规范内部刊物的管理。（于　蜀）

【政务新媒体建设】 上海民政政务微博全年发布信息190条。上海民政政务微信全年共推送微信177次、351篇，其中有5篇阅读量超过1万次，排名最高的《上海市民政系统第五届“孺子牛奖”评选公众投票活动开始啦》，阅读量达到68 922次。开展局系统政务新媒体建设调研，全面分析政务新媒体发展面临的新形势，局系统政务新媒体建设现状、存在的问题，系统提出加强局系统政务新媒体建设的对策建议，形成《政务新媒体发展情况调研报告》，为强化局系统政务新媒体建设和管理提供决策参考。（于　蜀）

民政研究

【规划研究和编制工作】 5月，上海市民政局召开部署会，印发《上海民政领域“十四五”规划研究和编制工作方案》，明确规划编制指导思想、总体要求、主要任务、进度安排和组织保障，并对2019年前期研究工作进行详细部署。由新闻宣传处(研究室)牵头，会同各处室、各相关单位，广泛听取专家意见，共分社会救助、社会福利、社会治理、社会组织、社会服务和民政保障六大领域召开专题会，形成《上海市民政事业发展“十四五”规划基本思路》。该《基本思路》对“十四五”期间上海民政事业发展的重大趋势、重大问题、重大方针、重要目标指标、重大风险和重大任务进行系统分析和梳理，为“十四五”期间民政事业发展规划编制奠定良好基础。2019年市民政局参加《“十四五”期间完善上海超大城市社会治理机制的目标、思路和重点举措研究》《上海人口中长期发展的趋势、基本思路和重点举措研究》《“十四五”期间上海促进就业和完善社会保障体系的目标、思路和重点举措研究》等3项全市“十四五”规划前期重大问题研究。（张玉枝）

【课题管理】　2014年上海市民政局出台《关于进一步加强民政科研工作的指导意见》，提出进一步确立民政科研工作的基础战略地位，发挥民政科研在加快推进现代民政建设中的先导性、基础性作用；加强科研统筹，建立局党组领导、业务主导、归口管理的科研工作体制，确保重大民生政策制定的有效性。2018年制定出台《上海市民政局科研课题管理办法》，进一步规范课题申报、课题立项、开题评审、中期评估、结题评审基本流程。2019年市民政局共设立局立项课题60个，市政府决策咨询课题5个，调研项目3个，共涉及24个机关处室和局直属单位，研究内容涉及专项立法（养老服务立法和殡葬管理条例修订研究）、工作体系建设、监管制度发展、实务能力标准等多个视角，全市数十家科研机构百余名科研人员参与民政研究工作，为民政工作创新汇聚强大的科研力量。（张玉枝）

【“十三五”上海民政科研基地】　2017年上海市民政局创新科研工作机制，探索建立民政科研基地制度，邀请复旦大学、上海交通大学、同济大学、华东师范大学、华东理工大学、华东政法大学、上海财经大学、上海社会科学院、上海市发展改革研究院、国防大学政治学院、上海市质量和标准化研究院等有关科研机构内部的20家相关部门，建立“十三五”上海民政科研基地，研究方向包括社会救助、养老、儿童福利、社区治理、社会组织、社工、慈善、国防保障、婚姻、殡葬、财务控制、辅具、信息化、标准化等领域。2019年，根据上海市民政局《“十三五”上海民政科研基地管理办法》，鼓励科研基地围绕民政相关业务开展战略性前瞻性研究、立法研究、政策制定研究、标准制定研究、试点跟踪研究、评估研究、公共话题研究及国际比较研究等，明确民政科研基地以观察员身份跟踪民政事业发展，针对制约民政事业发展的瓶颈和难点问题提出对策建议。2019年根据机构改革职能变化调整为19家。（张玉枝）

【2019年加强基层民政工作蹲点调研】　4月，民政部印发《2019年加强基层民政工作实施方案》，持续第三年开展以“下基层、作调研、抓落实”为主题，以“剖析村、蹲点乡、抓住县、带动市、联系省”为工作方法，组建32个工作组对口全国31个省（自治区、直辖市）和新疆生产建设兵团，着力加强基层民政工作。其中第20组对口上海开展蹲点调研，高晓兵副部长为上海蹲点调研组联系领导，北京社会管理职业学院（民政部培训中心）党委书记、院长邹文开和党委常务副书记程伟分别担任组长和副组长。2019年6月、7月、9月、11月，蹲点组围绕超大城市养老服务、社区治理、社会组织发展及其参与社区治理等专题，以及儿童福利和社会事务分别赴杨浦、虹口、普陀、崇明、长宁进行调研。蹲点组充分肯定上海民政工作，指出上海民政系统以全国民政排头兵和先行者的角色担当，贯彻落实习近平总书记对民政工作的重要指示和党中央决策部署，推动重点工作开拓创新。（张玉枝）

【《上海市志·民政民生分志·民政卷（1978—2010）》编纂】　《上海市志·民政民生分志·民政卷（1978—2010）》是上海市第二轮地方志155部志书中的一部，记述党的十一届三中全会到“十一五”规划（2010年）结束30多年间上海民政发展的历程、成绩和经验。按照市地方志办公室统一部署，2011年上海市民政局正式启动志书编纂工作。历时八年，于2019年5月向市方志办提交《上海市志·民政民生分志·民政卷（1978—2010）（评议稿）》。市地方志办公室组织上海市地方志书评审专家11人对志稿进行评议。6月中旬，市地方志办公室正式反馈专家组修改建议。根据反馈意见，市民政局新闻宣传处（研究室）认真组织修改。（张玉枝）

【《上海市志·社团分志》编纂】　2019年，社会团体管理处牵头编纂完成80万字的《上海市志·社会团体分志》（内评内审稿）。7月，组织开展《上海市志·社会团体分志》内评内审工作，根据编纂委员会委员提出的意见修改完善，形成《上海市志·社会团体分志》（评议稿）提交市方志办；9月，由市方志办组织11名编纂评审专家完成《上海市志·社会团体分志》评议工作，市方志办领导和评审专家在提出进一步修改完善建议的同时，对《上海市志·社会团体分志》给予较高的评价。《上海市志·社会团体分志》将于2020年年底正式出版发行。（姜　琦）

【“上海民政专家系列”丛书】　为进一步推广民政工作专业化发展的理念和经验，形成高质量的理论和实践积累，上海市民政局组织开展“上海民政专家系列”丛书编写工作。上海市民政局党组书记、局长朱勤皓为从书作序。8～12月，《老年护理指南》（黄琴著）、《遗体防腐指南》（徐军著）和《遗体整容指南》（王刚著）由学林出版社相继正式出版。（张玉枝）

【上海开放大学民政学院】 为加快推进民政服务人才队伍建设，加强基层民政工作，2017年上海市民政局和上海开放大学联合举办上海开放大学民政学院，共同打造民政人才培养基地。同年9月下旬，举行民政学院的成立签约以及首届"老年服务与管理专业"大专班开班仪式。民政学院致力加大民政人才培养力度和推进民政行业服务标准化，确保学员工学结合学以致用。根据民政事业发展需求开展课程设计，采用线上线下教学和社会实务、实践培训相结合的人才培养模式，为民政从业人员和有志从事民政工作的社会人士提供教育服务。首届老年服务与管理专科班系当时上海首个专门培养养老服务人才的大专学历班。至2019年年底，老年服务与管理专业已招生三届，共招收学员906名，其中80%来自各类养老机构的一线照护员或管理人员，平均年龄40岁。为鼓励学员积极参与专业学习，上海市民政局、上海开放大学决定通过市民政"养老护理员专项基金"给予学员助学奖励，包括民政入学助学金（每人1 000元）、民政优秀学员奖学金（每届每年前30名，每人1 000元）和民政毕业助学金（每人4 000元）。（张玉枝）

第十九章　民政信息化建设

【概况】　上海民政信息化建设紧紧围绕民政事业改革发展需要，坚持整体规划、分步实施的原则，创新机制，整合资源，加大投入。已建成“上海民政”网站、民政业务数据海、综合办公平台，以及社会救助、养老服务、社区事务服务、社会组织等 22 个主要业务应用系统 55 个子系统，实现上接民政部、横接市人社等 10 多个市级委办局、下接各区民政部门及街镇的互联互通网络应用格局，每年服务各类民政对象近 2 000 万人次，在全国同行业中处于领先水平，有力推动基础民生保障更加精准、基层社会治理更加精细、基本公共服务更加精良。2019 年，上海市民政局持续推动现代信息技术与民政工作深度融合发展，不断提升百姓获得感和满意度。持续开展民政业务数据海建设，归集整合 1 779 万个自然人和 2.08 万个法人组织对象数据，数据量达 4.5 亿条；推进“一网通办”改革，支持“双减半”“双一百”的工作任务；强化信息化建设管理，组织重点信息化项目建设，全年共计申报并批复建设类项目 9 个、运维类项目 30 个；不断加大政务公开力度，推进民政政务决策、执行、管理、服务、结果公开，及时制订、修订 2019 年政务公开工作要点、信息公开指南、政务公开工作指引等。　（费文东）

信息化建设

【民政业务数据海】　为打破信息壁垒，实现民政各条线信息共享、业务协同，并充分挖掘利用民政数据资源价值，2017 年，上海市民政局组织开展“上海民政业务数据海”建设。按照自然人、法人和其他组织的分类标准对民政各业务系统产生的信息数据进行梳理、清洗、聚集，形成上海民政的数据资源中心。在此基础上，进行数据价值分析，搭建数据应用模型，对数据信息进行开发利用，以改进民政服务和管理，辅助科学决策。2019 年，上海市民政局建设完成“数据海”二期建设，开发建设民政数据大屏功能，实现民政数据的直观展现；新增换届选举、特困供养人员、养老服务机构及民政服务设施等 6 类数据入海；开发“残疾人两项补贴人员数量及变化情况推送”“老年综合津贴业务资金发放人数和总额”“多重困难家庭分布情况”等 20 项数据推送产品和“社区居家养老服务能力评估”“民政对象信息异常预警”等 6 项数据统计分析模块，构建“老年综合津贴发放趋势预测”和“老龄人口趋势预测”等 2 项数据模型，进一步提升民政数据资源的应用价值。至 2019 年年底，上海民政业务数据海归集整合 1 779 万个自然人和 2.08 万个法人组织对象数据，数据量达 4.5 亿条。　（费文东）

【“一网通办”改革】　2019 年，上海市民政局完成市政府办公厅关于“双减半”“双一百”的工作指标，开展电子证照应用和数据共享核验，实现民政上网事项总体办理时间减半、提交材料减半，实现办事常用的 15 种证照免交，实现养老机构备案流程优化再造。完成 52 个信息系统迁移至市电子政务云；向上海市大数据中心归集养老、救助、婚姻等 1 786 万条数据资源；制作电子结婚证、社会组织登记证等 13 类电子证照近 700 万张，为全市开展电子证照应用提供基础条件；组织社区事务受理系统升级改造，全面实施“全市通办”，对接“一网通办”总门户；开发长三角“一网通办”模块，实现婚姻登记预约、救助证明出具等事项长三角通办；组织新增“社会组织评估等级确认”“节地生态安葬补贴”等 6 项事项上网，拓展上网事项服务范围。　（费文东）

【信息化建设管理】　10 月，修订完善《上海市民政局信息化建设管理办法》，加强信息化建设统筹管理。组织划转“上海市优抚信息系统”“上海市社会组织信息公示平台”等 10 个信息化项目，清理“上海市民政救灾捐赠业务系统”“上海市募捐信息服务平台”等 13 个老旧报废信息化项目；开展网络安全大检查，对网站链接注入等安全漏洞问题隐患及时组织整改，降低发生网络安全事件的风险。6 月，组织 2020 年度信息化项目支出预算集中申报工作，共计申报信息化项目 51 个，其中批复建设类项目 7 个，运维类项目 30 个；完成 2 个

信息化项目支出预算日常申报。组织 14 个信息化项目验收。（费文东）

政务公开

【政府信息工作公开】 按照“公开为常态，不公开为例外”的要求，至年底，通过“上海民政”网站公开政府信息 867 条，其中信息公开 450 条，主动公开的公文 168 条；通过“上海民政”政务微信公开政府信息 299 条。坚持依法依规开展政务公开依申请公开工作，2019 年共受理政府信息公开申请 58 件，其中网上申请 23 件、当面申请 29 件、信件申请 6 件。已答复政府信息公开申请 58 件，平均办理时间 3.53 个工作日。注重做好政策文件解读工作，2019 年共在网站发布政策解读 7 条，政策图解 1 条。同时，通过新闻发布会、网站在线访谈、“962200”社区服务热线等多种形式，政策宣讲、咨询问答、接受投诉，回应市民关注的热点问题。（费文东）

【重点领域政务公开】 2019 年，上海市民政局制订、修订《2019 年政务公开工作要点》《信息公开指南》《政务公开工作指引》等文件，全面梳理重点领域政务公开事项，共梳理养老服务、社会救助、儿童福利、慈善事业、残疾人服务、彩票公益金等六大板块 41 条事项内容，制定成《上海市民政局推进社会公益事业建设领域政务公开事项清单》并下发各区县民政局。研究编制社会组织、婚姻、社会工作、基层政权建设等业务领域政务公开事项标准目录。（费文东）

【门户网站公开平台建设】 对“上海民政”门户网站“政务公开”栏目进行改版升级，新增“双公示”“依申请公开”等 10 个小栏目，链接“养老服务平台”“社会组织查询”等 5 个服务平台，更加符合“五公开”要求。在门户网站增设“社会公益事业建设领域公开”专栏，及时发布相关信息，不断加大公开力度，着力提高透明度，努力提升民政部门为民服务的良好形象。组织开展政府信息公开业务培训。（费文东）

第二十章　民政资金管理

【概况】 2019年，上海市民政局按照“统筹兼顾、勤俭节约、量力而行、讲求绩效、收支平衡”的原则，落实各类民政保障资金156亿元，全年共审核29家预算单位的政府采购项目千余笔，涉及资金约3亿元，向社会公开政府购买服务项目涉及资金约2 000万元。继续推进“上海市民政资金内控监管平台”建设工作，确定宝山区、杨浦区等试点区。完成《上海市社会服务发展统计公报》编制。加强福彩公益金管理，出台《上海市民政局彩票公益金项目立项和评审办法》《上海市民政局彩票公益金项目督查办法》等4个管理办法，形成全过程管理体系。完善社区公益服务招投标管理，初步完成信息化平台智能管理升级改造。应用民政基本公共服务设施管理平台，进一步加强基本建设管理工作全过程跟踪管理；完善资产管理内部控制体系，利用行政事业单位资产管理信息系统和资产报告数据资料，形成国有资产基础数据库。根据机构改革职能调整安排，理顺内审工作机制；贯彻落实减税降费政策措施，继续推进示范单位创建工作。（侯雨薇）

预算及财务管理

【民政经费保障】 2019年，上海市民政局围绕民政“十三五”规划及重点工作任务，统筹协调内部外部资源，在经济下行、财政紧缩的新形势背景下，努力保障民政事业发展需要，安排2020年部门预算19.2亿元，较2019年持平。根据实行全口径预算管理的要求，结合各单位以往年度非财政资金实际支出情况，对上海市救助管理站、上海市儿童福利院等25家部门预算管理单位，及上海市民政传媒中心和上海市民政局财务服务中心2家自收自支事业单位上报的资金预算进行审核和汇总，包括事业收入、其他收入、经营收入等自筹资金。同时，根据市委、市政府关于市级机构改革工作的部署和要求，按照“对接方案、费随事转、衔接有序、保障有力”的原则，完成涉改单位预算调整。（侯雨薇）

【项目管理】 为提高预算资金使用效益，2019年，上海市民政局完成9批次预算项目二级及三级调整，涉及资金超过4亿元。确保政府采购项目的顺利实施，全年共审核29家预算单位的政府采购项目千余笔，涉及资金约3亿元，向社会公开政府购买服务项目涉及资金约2 000万元，包括项目的预算、执行情况、绩效情况等。银行监管系统拦截预警1 441条，经查终止支付54条。强化项目绩效管理，全年完成28个项目绩效后评价，40个项目绩效跟踪，1家单位整体绩效评价及社会救助工作专项评价，中央专款绩效自评价，并开展项目评审，涉及资金约8亿元。优化项目绩效目标编报，完成政府采购项目延期执行申报、政府采购提前启动项目申报和2019年度预拨项目上报工作，指导局属单位按时完成部门预决算公开、绩效情况公开、中央专款联动公开，并组织完成预决算公开自查自纠工作。

（侯雨薇）

【资金内控监管平台】 2019年，上海市民政局继续推进“上海市民政资金内控监管平台”建设工作。按照“事先业务资格审批监管、事中资金内控监管，减少事后审计出现的问题发生”的工作要求，梳理合同管理需求，增加合同管理功能，减少合同审签流程内控风险点，确定宝山区、杨浦区等试点区。完成与银行对接合同处理；与区财政、区民政的平台协调，数据核查、模拟上线、正式上线的安排，对街镇进行培训等。至年底，该项目已在杨浦区和宝山区成功上线，杨浦区完成80 503笔资金发放，总金额超过1亿元；宝山区完成7 472笔资金发放，总金额1 149万元。另有虹口、松江等8个区完成数据核查工作，虹口、闵行等3个区在模拟运行中，取得积极有效的成果。（侯雨薇）

【民政统计】 《上海市社会服务发展统计公报》分为月、季、年度公报，主要分综合、社会工作、成员组织和其他社会服务四个部分，将民政各项业务根据民政部统一规范标准分类统计。2019年，上海市民政局加强对区统计工作人员培训，做好对各区、各事业单位上报的报表、台账进行重复数据、机构类漏报、报表与台账一致性等方面的核查工作，完成《2018 年上海市社会服务发展统计公报》编制工作。同时，完成 2018 年统计年鉴数据核对。（侯雨薇）

福利彩票公益金筹集和使用管理

【公益金制度建设】 2019 年，上海市民政局陆续出台《上海市民政局彩票公益金项目立项和评审办法》《上海市民政局彩票公益金项目督查办法》《上海市民政局彩票公益金使用管理信息公开办法》和《上海市民政局彩票公益金预算操作规程》等 4 个管理办法，加强福利彩票公益金事前、事中和事后的监督管理。起草《上海市福利彩票公益金管理办法》《上海市市级福利彩票公益金使用管理办法》和《上海市市级彩票公益金支持社会福利事业专项转移支付资金使用管理办法》，形成福利彩票公益金"1＋1＋2＋3"的全过程管理体系。此外，印发《上海市民政局关于进一步加强彩票公益金使用管理工作的通知》，细化福利彩票公益金各项工作要求，形成各区公益金管理工作的"指南"，明确各方职责。（侯雨薇）

【公益金使用管理】 2019 年，上海市民政局进一步加强福利彩票公益金资金使用监管，探索建立福彩转移支付资金管理机制。开展福彩转移支付项目资金清算工作，按照部门预算、转移支付资金预算、政府性基金预算管理要求，分别编制 2020 年福彩公益金部门预算和转移支付预算，指导各区做好转移支付资金的使用工作；加强中央福彩公益金的使用管理。完成 2019 年中央福彩公益金的项目审核、预算编报、资金分配与下达工作，配合民政部做好 2016 年中央福彩公益金项目审计和彩票公益金审计问题整改"回头看"等工作，并对 2017～2018 两年中央彩票公益金项目开展自查自纠、对 2018 年中央彩票公益金项目开展绩效自评。指导各区完善区级福彩公益金制度体系，举办全市福彩公益金工作培训班，梳理统计 2018 年全市福彩公益金使用情况及结转结余资金情况。通过"上海民政"网站、《上海市福利彩票社会责任报告》和《上海市福利彩票公益金年度使用情况报告》等渠道，向社会公开上年度公益金使用管理情况，评选出上年度福彩公益金资助优秀项目并进行宣传。（侯雨薇）

【社区公益服务招投标管理】 2019 年，上海市民政局进一步完善社区公益服务招投标管理。推进社区公益服务招投标（创投）工作，完成年度预算编制，指导区县开展 188 个项目政府采购工作，对 191 个项目实施事中监管，对 2017 年 187 个项目实施审计和绩效评价，共清算结余资金约 273.99 万元，并开展招投标工作培训；推进标准化建设，形成《社区公益服务项目招投标指南》送审稿、编制说明、意见汇总处理表等材料；初步完成信息化平台智能管理升级改造，实现项目资金、实施过程、参与单位、执行情况、服务成效等全要素统计和立项、采购、签约、监管等全流程跟踪管理，进行大数据汇总分析。市财政局牵头把社区公益服务项目招投标（创投）工作作为上海民政部门购买公共服务的典型案例，向西藏日喀则财政局和民政局调研组介绍购买公共服务的基本做法及相关经验，为日喀则民政系统搭建社会救助政府购买服务管理平台提供数据支持和经验积累。（侯雨薇）

基本建设项目管理

【重点建设项目管理】 2019 年，上海市民政局完成重点建设项目中 3 个项目的审计工作，总投资 5 511.60 万元，其中，第一社会福利院南北楼修缮工程项目实际总投资 3 919.85 万元；社会工作培训中心市民政养老护理培训基地修缮项目实际总投资 1 236.08 万元；市局虹桥番禺绿地围墙改造工程项目实际总投资 355.67 万元。在建项目 8 个，批复总投资 23 494.82 万元，其中，市救助管理站房屋修缮工程进入结算审价阶段；第四社会福利院新建项目进入竣工收尾阶段；假肢厂六、七号楼局部房屋修缮工程项目已获得施工许可证，进入现场施工阶段；救助管理二站室外道路旧改新及给排水管网改造工程年底开工；儿童福利院综合楼修缮项目进入编制施工招标文件和工程量清单阶段；公益新天地修缮项目——4 号楼外立面项目（含 105 号大门立面沿街平房立面改造项目）完成现场施工；公益新天地修缮项目——3 号楼历保建筑修缮项目已完成二类费用服务单位的比选，进入修缮方案设计阶段；市救助管理二站川东安置所安置人员居室、厕所及水电配套改造工程开展前期工作；龙华殡仪馆综合业务楼一楼修缮项目进入施工阶段。（侯雨薇）

【民政基本公共服务设施管理平台】 8 月，民政基本公共服务设施管理平台进入全面试运行阶段。11～12 月，通过收集汇总市民政局系统下属单位 2016 年至 2019 年基建项目建设的基本信息，包括项目建设内容、建筑面积、预算落实情况、合同价、审价结算、审计决算等情况，形成《上海市民政局"十三五"期间（2016—2020 年）修缮工程投资情况汇总表》（当前数据至 2019 年），据统计，至 2019 年年底，累计有 53 家局系统下属单位申报实施 112 个基本建设项目，预算批复总投资为 40 958.37 万元，完成审价、审计总投资数为 13 573.21 万元。（侯雨薇）

【修缮专项项目】　2019年，上海市民政局完成上海市救助管理站、上海市第一社会福利院等19家局系统下属单位申报的29个年度修缮专项现场踏勘和专家评审等工作，涉及申报资金6 283.86万元，审定资金5 817.80万元，核减466.06万元。此外，列入2020年市民政局基建重点项目预备项目的市救助管理站综合楼修缮工程，已通过市机关事务管理局的专项维修计划审核，第一社会福利院南楼修缮项目正在进行市财政年度专项评审。（侯雨薇）

国有资产管理

【局属企事业单位年报】　2018年9月，上海市民政局印发《关于建立局系统国有资产报告工作机制的通知》，明确局属各部门各单位的职责分工，实施国有资产报告工作机制。2019年度，纳入市民政局资产报表编制范围的行政事业单位共30户。至2019年年底，市民政局资产总额(账面净值，下同)216 831.49万元，较上年减少41.28%(主要原因是局属6家事业单位划转至上海退役军人事务局，以及局本级政府储备物资划转至应急管理局和粮食局)。负债总额70 940.88万元，较上年增长5.89%。净资产145 890.61万元，较上年减少51.74%。至2019年年底，市民政局资产合计420 124.86万元、负债合计105 240.78万元，所有者权益合计314 884.08万元，归属于母公司所有者权益合计293 544.29万元；营业总收入149 806.04万元，利润总额43 512.12万元，净利润34 693.47万元，归属于母公司所有者的净利润22 970.57万元。（侯雨薇）

【局属经营性单位出租出借检查】　4月，上海市民政局制定《市民政局关于开展“防风险保平安、迎大庆护进博”消防安全专项行动工作方案》，要求每月上报安全检查报告，召开专题安全会议，参加企业季度安全工作会议，对重点出租物业进行消防安全检查，及时整改安全隐患。9月，印发《上海市民政局关于对局属经营性单位房地产出租实施监督检查的通知》，制定检查方案，在局属事业单位开展房屋出租出借自查摸底基础上，组织局属经营性单位开展房地产出租的专项检查工作。实施局属经营性单位土地房屋出租出借进行自查、检查，完善修订《上海市民政局系统经营性国资房地产出租监督管理暂行办法》。（侯雨薇）

【国有资产管理工作培训】　10月，上海市民政局举办2019年国有资产管理工作培训。邀请市机管局、市财政局、市国资委专家，对行政事业单位国有资产管理、上海国资国企改革的实践与探索、公物仓的建立与建设管理，进行详细解读和实例指导。局属企事业单位100余人参加培训。10月，根据市国资委《关于上海市国资委产权管理综合信息系统上线有关事项的通知》要求，组织局属企业依据管理级次，按要求落实监管企业产权登记管理层级，明确管理岗位、人员及相应的系统用户权限，参加市国资委产权管理综合信息系统上线培训、“上海市企业国有资产评估信息系统”应运规范和操作流程衔接专题培训。（侯雨薇）

审计和综合管理

【内部审计工作】　2019年，根据机构改革后职能调整安排，上海市民政局新增内部审计职能。按照“一审、二帮、三促进”的原则，建立和完善内部审计工作机制，成立上海市民政局内部审计工作领导小组，负责组织开展局机关和所属单位内部审计工作。11月，市民政局拟定《上海市民政局经济责任审计工作暂行规定》及经济责任审计工作流程，明确审计形式、实际期限、审计程序、审计人员要求等，并对审计报告、审计通知书、审计工作底稿等审计材料建立模板，使局经济责任审计工作有章可循、有据可依。（侯雨薇）

【物价收费管理】　3月，根据《民政部办公厅关于贯彻落实减税降费政策措施的通知》，上海市民政局下发贯彻落实的通知，自查行政事业性收费情况和行业协会商会涉企收费情况，将相关工作及时部署给市局下属单位及各区民政局，认真开展自查自纠工作，明确市局本级、区局和局属单位职责和工作任务，要求对区域内殡葬服务、婚姻登记、社会组织登记收费等行政事业性收费情况进行自查，同时，还对行业协会商会涉企收费情况进行清理自查。经查，上海市民政局及下属单位、各区民政局未发现违规行政事业性收费情况。8月，根据市场监管总局、国家发展改革委、工业和信息化部、民政部、财政部、国资委、银保监会《关于进一步加强违规涉企收费治理工作的通知》，及时下发通知，要求落实涉企收费、中介机构收费清理整治工作。（侯雨薇）

【节能管理】　2019年，上海市民政局完成市第二福利院、市第三福利院、市儿童福利院、市民政第三精神卫生中心的能源资源消费数据统计。协助推动市民政第三精神卫生中心、市社工培训中心、市救助二站、市儿童临时看护中心获得上海市计划用水先进单位；市救助二站垃圾分类工作获颁“智行”加入国管局46城万人志愿者队伍证书。完成市福利彩票发行中心、市儿童临时看护中心、市社区服务中心3家单位的能源审计工作；推动完成市第四社会福利院迁址新建工程项目的“三同时”落实，达到节能减排设备设施同期嵌入新建项目。完成市儿童福利院市级机关系统合同能源管理后评价工作。组织局属企事业单位节能减排管理工作培训，推动局属单位参加国管局与清华大学举办的第六期公共机构节能管理远程培训。11月，《上海市养老机构建筑合理用能指南》正式刊行，该《指南》明确各评价指标的先进值和合理值，确立节能减耗工作的评价标准，为养老机构建筑合理用能的优化提供方向。

（侯雨薇）

第二十一章　局系统党建、群团与队伍建设

【概况】 2019年，上海市民政局系统党建围绕“不忘初心、牢记使命”主题教育，开展“不忘初心、牢记使命，勇当新时代排头兵、先行者”大调研活动，确定调研题目63个，全年共开展调研1 800余次。召开党员代表大会，选举产生新一届直属机关党委、纪委。加强党风廉政建设，继续开展巡察调研。根据市委市政府印发的新“三定”规定，市民政局完成新一轮机构改革，加挂市社会组织管理局牌子。实行局机关公务员职务职级并行制度，完成职级套转。继续做好局系统技能人才管理工作。召开市民政局工会第七次代表大会，指导推荐上海假肢厂高级技师吕永兵获得2019年“上海工匠”殊荣。实施困难职工帮扶、职工实事项目，保障职工权益。鼓励广大团员青年创先争优岗位建功，开展机关“你说我议”论坛，传扬“追求卓越，开拓创新”的民政“孺子牛”精神。推进民政优秀服务品牌选树和群众性精神文明创建活动。2019年，上海市民政局荣获市文明行业“八连冠”，民政行业荣获2019年度行业文明进步指数测评公用性服务行业第一名。

（刘　晓　梁　露　丁　烨　张奕婷　吕　倩）

党建工作

【“不忘初心、牢记使命”主题教育】 上海市民政局为全市第一批开展主题教育单位，对口市委巡回指导组第六组。6月6日，召开局系统动员大会，印发《中共上海市民政局党组开展“不忘初心、牢记使命”主题教育的实施方案》，成立局主题教育领导小组。聚焦学习贯彻习近平总书记“不忘初心、牢记使命”的重要论述，以领导干部自学为主，7月底前分主题先后开展10次集中学习研讨。局主题教育领导小组围绕5个课题开展60余次调研，梳理问题30个，形成调研报告5篇，聚焦调研成果举行1场交流会。组织5场专题党课，覆盖局系统570名党员干部。坚持以“开门听意见”为检视问题的主要方式，召开50余次调研座谈会、个别访谈30余人次、谈心谈话55人次，累计收集意见建议58条。收集机关处室、局属单位、各区民政局的意见建议22类164条。梳理形成班子问题7个、班子成员问题37个。举行“不忘初心、牢记使命”主题教育专题民主生活会，形成《上海市民政局“不忘初心、牢记使命”主题教育专题民主生活会整改方案》《中共上海市民政局党组关于“不忘初心、牢记使命”主题教育专项整治工作情况的报告》。

（梁　露）

【“不忘初心、牢记使命，勇当新时代排头兵、先行者”大调研】 3月，上海市民政局印发《“不忘初心、牢记使命，勇当新时代排头兵、先行者”大调研常态化制度化的实施意见》。按照“一个结合、五个围绕”的要求开展调查调研，全局新确定调研题目63个，在7月底形成调研报告63篇。全年共开展调研1 800余次，其中通过“四不两直”等方式组织调研700余次，调研各类对象近3 400个，收集意见建议190余条。边调研边解决新问题280个，新问题解决率达到83%。围绕市委市政府2019年重点工作，结合上海民政事业发展，全局共选定调研项目25个，调研课题30个，其中局领导牵头的重点调研项目和课题9个。

（杨永杰）

【庆祝中华人民共和国成立70周年活动】 6月，上海市民政局出台《中共上海市民政局党组关于庆祝中华人民共和国成立70周年组织开展“我和我的祖国”主题宣传教育活动的实施意见》，推动局系统各级党组织围绕“我和我的祖国”主题开展学习体验活动、主题宣讲活动、故事汇活动、缅怀革命先烈活动、先进模范学习宣传活动、同升国旗同唱国歌活动、主题作品征集展示活动、“开学第一课”教育活动、节日主题活动、国防教育活动、网上主题宣传教育活动、精心打造公共环境等。10月1日，市民政局机关各处室，局属各单位的党员干部和职工，认真聆听习近平总书记重要讲话，收看收听庆祝大会实况转播、阅兵和群众游行，共同感受祖国强劲的脉搏，共同畅想祖国更加美好的明天。组织观看献礼新中国成立70周年影片《我和我的祖国》，回望峥嵘岁月，致敬伟大祖国。以“我们的70年　民政

新时代”为主题组织机关“你说我议”论坛，激励民政党员干部在新起点上奋发有为。市第三社会福利院的黄琴作为劳模和大国工匠代表赴京参加“庆祝中华人民共和国成立70周年招待会”。（刘　晓）

【党组理论学习中心组学习】 2019年，上海市民政局开展党组理论学习中心组学习16次，其中，集体学习11次、主题宣讲1次、情境党课1次、廉政警示教育1次、电影党课2次。以自己学、自己讲为主，注重学习讨论和互动交流，邀请市委党校吴海红、袁峰、汪仲启，华东理工大学过弋等专家学者作专题辅导。邀请民政部“孺子牛奖”、上海市民政系统第五届“孺子牛奖”、上海市“人民满意的公务员”等获奖代表作主题宣讲。赴中共四大纪念馆、浦东新区党风廉政建设教育基地开展情境党课，接受警示教育，观看电影《特别追踪》《我和我的祖国》。（胡文敏）

【党员代表大会】 10月30日，中共上海市民政局党员代表大会召开，全面总结直属机关党委、纪委工作，认真谋划今后五年党建工作任务，选举产生新一届直属机关党委、纪委。市民政局严格按照《党章》《中国共产党党和国家机关基层组织工作条例》等有关规定，积极引导广大党员正确行使民主权力，认真履行党员义务，充分发挥主体作用，全局共产生正式党员代表130名。经本次大会选举，产生直属机关党委委员11名，分别是（以姓氏笔画为序）李勇、李同岳、李志龙、李瑞铭、张永平、张奕婷、陈占彪、竺亚、胡永明、奚士英、曾群；直属机关纪委委员5名，分别是（以姓氏笔画为序）王正诒、卞菁华、李志龙、张永平、徐智敏。（刘　晓）

【党风廉政建设】 3月，上海市民政局召开局系统的党建暨党风廉政建设会议，分析当前党风廉政建设工作面临的形势、任务和要求，就深化完善“四责协同”机制作用，落实全面从严治党各项要求，提出明确的工作任务。签订党风廉政责任书，做到党风廉政建设和业务工作同部署、同落实、同考核。结合年度重点工作安排，确定10项主要责任项目，对照重点事项，做好日常监督检查工作。直属机关党委、纪委坚持赴基层单位开展专题调研，共开展调研活动14次。在驻局纪检监察组的组织下，5月，组织局系统的纪检干部赴杭州纪检监察培训中心进行纪检业务培训。11月，组织局属基层党组织纪检工作业务培训班，围绕纪检工作的总体要求和纪检工作实务等方面开展培训。12月，举办局属单位党政负责人培训班。宣讲党的十九届四中全会精神，对于做好党风廉政建设在内的各项工作明确要求。（刘　晓）

【巡察调研】 2019年，上海市民政局成立巡察调研工作组，对市社会救助事务中心、市福利彩票发行中心、市社区服务中心和市婚姻（收养）登记中心等4家局属单位进行巡察调研。其间，工作组听取4家单位的工作汇报；个别访谈110人；查阅党建工作、干部人事、财务管理等方面的台账资料；在此基础上形成4份巡察调研报告。市民政局党组听取汇报。为扩大巡察调研辐射效应，将2018年巡察调研过程中发现的共性问题以“党建工作提示”的形式印发局属各单位党组织，推动各单位开展对照检查。（刘　晓）

【岗位建功服务进博会】 2019年，上海市民政局在系统基层党组织和党员中开展“上海先锋行动”和“进博先锋　岗位建功”行动，持续深化“岗位建新功、党员见行动”等实践活动。据统计，在窗口单位和服务行业设立“党员先锋岗”180个，设立“党员示范岗”158个，在“党员责任区”服务的党员452人，党员岗位建功参与率100%。基层党支部集中开展“进博先锋　岗位建功”主题党日活动。7月，市民政局举行“牢记初心使命争做新时代民政孺子牛”主题宣讲会，表彰民政部“孺子牛奖”、全国民政系统先进集体、先进工作者和劳动模范及上海民政系统第五届“孺子牛奖”获得者。（刘　晓）

【党建典型案例征文活动】 8月，上海市民政局在局系统各级党组织中开展党建课题理论研究和党建创新发展典型征文活动。这是继2017年开展党建研究征文以来连续第三年开展此项工作。2019年的征文活动，共收到各级党组织报送的文章47篇。经专家组评审，市殡葬服务中心党委的《坚持党建引领强化技能人才队伍建设的实践探索——以上海市殡葬服务中心为例》等4篇获评一等奖；市龙华殡仪馆党支部的《“三面红旗”打造新时代殡葬服务战斗堡垒》等7篇获评二等奖；市民政第二精神卫生中心党支部的《坚持从严从细扎实推进党风廉政建设》等12篇获评三等奖；市民政局婚姻管理处党支部的《紧扣“学、聚、干”提高机关支部党建质量》等8篇获评鼓励奖。（刘　晓）

【民政信访】 2019年，上海市民政系统信访工作秩序总体平稳。全年共处理各类来信来访三千余件/人次。召开年度信访工作会议，明确目标任务，提出工作要求。制定民政系统信访分类处理清单，信访分类处理工作有序推进。重视做好日常信访秩序稳定工作。认真调查核实，严格依法依规办理，全年共受理办理信访复查复核案件9件。广泛收集人民意见建议，做好研究分析，积极推动成果转化。以“养老顾问”为主题在市信访办“人民建议征集”平台上征集人民建议。群众满意度、初次信访事项解决率和网信公开率等都有新的提升。上海市救助管理二站荣获“2018～2019年度上海市信访系统先进集体”，市民政局社会救助处蔡惠平同志荣获“2018～2019 年度上海市信访系统先进个人”。市民政局信访办获得市人民建议征集工作先进单位。（张晓耘）

组织人事工作

【上海市民政局新“三定”规定】 2 月 17 日，上海市委办公厅、上海市政府办公厅印发《上海市民政局职能配置、内设机构和人员编制规定》，上海市民政局为主管全市民政工作的市政府组成部门，正局级，加挂市社会组织管理局牌子。内设办公室、政策法规处、组织人事处（老干部处）、计划财务处、新闻宣传处（研究室）、信访办公室、社会建设处、社会救助处（收入核对处）、养老服务处、儿童福利处（收养登记处）、残疾人福利处、基层政权和社区建设处、区划地名处、婚姻管理处、殡葬管理处、职业社会工作和志愿服务处、慈善事业处、社会组织登记处（社会组织协调处）、社会团体管理处、社会服务机构管理处、基金会管理处、社会组织服务处（涉外社会组织管理处），按照有关规定设置直属机关党委。核定机关行政编制 195 名。设局长 1 名，副局长 5 名，正副处级领导职数 57 名。（朱 翊）

【机构改革】 根据《上海市民政局职能配置、内设机构和人员编制规定》新“三定”规定，完成局机关内设机构和人员调整调配；10 名局机关长期借用总队编制人员交流回局机关工作；市殡葬管理处、市社会福利企业管理处 15 名人员交流到局机关殡葬管理处、残疾人福利处工作。完成并印发《市民政局内设机构职责规定》（新小“三定”方案）。完成向民政部报告局机构改革情况专报。做好局机构改革涉及市退役军人事务局、市卫健委、市应急局、市粮食局等部门的有关机构人员转隶工作，完成市社会救助事务中心机构职能调整事项，该中心不再挂市民政减灾备灾中心牌子；完成市老龄事业发展中心、市老龄科研中心 2 家事业单位机构职能调整和人员转隶工作，整合后的市养老服务发展中心（市民政科学研究和国际交流中心）为市民政局所属事业单位，市老龄事业发展促进中心整建制划转市卫健委。完成市民政传媒中心岗位设置方案申报核准工作。（朱 翊）

【局机关公务员职务职级并行制度】 6 月，上海市民政局分别研究拟订市民政局机关和 4 家局属参照管理事业单位公务员职务与职级并行制度工作方案。8 月 1 日，市委组织部印发《关于同意上海市民政局等单位公务员职务与职级并行制度工作方案的批复》。至 2019 年 6 月，市民政局机关在编且已进行公务员登记备案共 158 人（未计副部级领导干部 1 人），另有试用期及其他未定级人员 3 人，经实施职级套转，有 106 人套转职级；原市殡葬管理处，在编且已进行参照管理人员登记备案共 10 人，有 9 人套转职级；原市社会福利企业管理处，在编且已进行参照管理人员登记备案共 13 人，有 12 人套转职级；原市社会团体监察总队，在编且已进行参照管理人员登记备案共 12 人，另有试用期及其他未定级人员 3 人，有 10 人套转职级；市救助管理站，在编且已进行参照管理人员登记备案共 58 人，另有试用期及其他未定级人员 4 人，有 43 人套转职级。（朱 翊）

【干部选拔任用】 市管干部：1 月 7 日，朱勤皓同志任上海市社会组织管理局局长。1 月 11 日，李勇同志任局直属机关党委委员、书记；免去桂余才同志局直属机关党委书记、委员职务。2 月 25 日，匡鹏同志任市委巡视组组长、正局级巡视专员；3 月 20 日，免去市民政局副局长职务；4 月 20 日免去市民政局党组成员职务。4 月，周书庆同志任市纪委监委正局级纪检监察员，不再担任市纪委监委驻局纪检监察组组长。7 月 4 日，黎荣同志任市纪委监委驻市民政局纪检监察组组长；8 月 28 日任局党组成员；10 月 27 日晋升市纪委监委一级巡视员。8 月 20 日，免去王桢同志市民政局副局长；8 月 28 日免去局党组成员职务。11 月 7 日，曾群同志任市民政局副局长；11 月 11 日任局党组成员。处级干部：2019 年，共提拔处级干部 24 人，其中提任正处级干部 7 人，副处级干部 17 人；机关岗位 7 人，基层岗位 17 人；45 岁以下中青年干部 12 人（其中 80 后干部 7 人）。调整交流局系统处级干部 87 人次（含因机构改革，处室名称变动重新任命的干部），安排局属单位科级干部主持工作 1 人次，按规定对 2018 年提拔的 5 名处级领导干部进行试用期考核。选派 1 名干部（陈震）援疆任喀什地区民政局副局长，1 名干部（王劲颖）任松江区叶榭镇驻村指导员。科级干部：调整机关科级干部 64 人次（含因机构改革，处室名称变动重新任命的干部）。选派机关科级干部到基层单位挂职 1 人，基层单位到局机关挂职 8 人。（胡文敏）

【干部教育培训】 2019 年，上海市民政局继续开展各项干部教育培训工作。组织选调 781 人次参加各类教育培训，其中市管干部调训 14 人次；选调杨浦、宝山、松江、嘉定等 4 区民政局负责同志参加 2019 年全国民政局长培训班；局系统处级干部调训 15 人次；选调局系统科级干部 2 人参加市委党校第 3 期青年干部培训班；双休日辅导讲座 12 期 110 人次，干部在线学习城 373 人次，公务员全员线上培训 263 人次。举办处级干部深入学习贯彻习近平总书记考察上海重要讲话精神培训班、局系统中青年干部培训班和局属单位党政负责人培训班，会同市委组织部、市委党校联合举办第1期社会工作高层次人才研修班。举办局系统组织人事干部培训班，举办近3年局系统新进公务员培训班。统筹协调局系统培训工作，局机关共审核立项培训项目60项，全年实际完成55项，培训104期，共10279人次。（孙丽婷）

【年度绩效考核】 12月，上海市民政局完成局党政领导班子年度绩效考核和领导干部年度考核，班子考核结果为优秀，市民政局党政领导班子考核连续第9年被评为优秀。养老服务处、残疾人福利处、区划处、计财处、基政处、登记处、政策法规处、社会服务机构管理处等8个处室为评为2019年度先进处室；51名个人（其中机关33人、总队5人、救助站13人）被评为优秀等次。根据《上海市民政局关于局属单位领导班子年度绩效考核实施办法》精神，推进落实19家局直管单位（其中事业单位17家、企业2家）年度绩效考核工作和局直管单位领导人员年收入考核分配工作。2019年度局直管单位绩效考核中：市救助管理站、市殡葬服务中心、市救助管理二站、市福利彩票发行中心、市社会福利中心等5家为优秀单位，15名单位领导人员为优秀个人。（胡文敏 邱 辰）

【人员招录和人事管理】 2019年，上海市民政局规范实施局机关公务员招录和军转干部接收安置工作，共录用新进公务员和参照管理工作人员11人（含局机关当年录用4人、当年选调生2人、上年延迟录用1人，局属参公单位4人），接收安置军转干部4人（均在所属参公事业单位）。完成10名2018年局机关和局属参公单位新录用工作人员试用期满考核定级工作；完成2020年度局机关公务员公开招录（含选调生）计划申报；协调落实6批次共9名新进公务员赴局信访办轮岗锻炼。全年局属事业单位公开招聘新进人员共118人，重点指导市属殡葬事业单位有序做好第二次事业编制人员公开招聘后续工作。完成局机关公务员职务与职级并行制度职级序列工资套转、晋升和相关待遇落实；完成机构改革转隶人员，企管处、殡管处交流人员供给关系转移接收；推进局属事业单位绩效工资工作，核定下达各单位2019年绩效工资总量，指导协调3家民政精神卫生中心落实浮动工资政策和高层次人才绩效工资二次统筹分配。（朱 翊）

【民政系统人才工作】 加强对058民政职业技能鉴定站的指导和服务，完成民政行业职业技能鉴定管理工作，058鉴定站年内组织开展假肢装配、矫形器装配2个工种、3个等级、15人的鉴定工作。支持市养老服务行业协会继续做好养老护理员职业培训和技能评价工作，该行业协会取得开展市养老护理员职业技能等级认定（三级、四级、五级）试点工作资格。委托市养老服务行业协会和相关单位选拔选手参加民政部养老护理员职业（工种）技能比赛，获团体三等奖。完成技能大师工作室、首席技师资助项目评选推荐工作，市第三社会福利院黄琴养老护理员职业（工种）工作室获评国家大师工作室，市第三社会福利院郭志娟获评首席技师资助项目。组织召开局系统高级专业技术人才座谈会，协调落实市属福利事业单位全科医生参照社区服务机构条件申报高级专业技术职称评审。（朱 翊）

【局老干部工作】 至2019年年底，局系统现有离休干部和局机关退休干部共211人，其中局系统离休干部23人、局机关退休干部188人。现有离退休干部党支部共7个，党员195人。2019年，上海市民政局组织举办离退休干部迎春团拜会、年度民政工作通报会。组织离退休党支部学习会，举办专题讲座、形势报告会、离退休支部党建工作培训班，局机关离退休干部各党支部召开"不忘初心、牢记使命"专题民主生活会。局机关退休干部第一党支部创建的"互助关爱行动"党建工作品牌录入市委老干部局编印的《上海市离退休干部党建工作品牌100例》，该支部被推荐为市离退休干部先进集体候选集体。全年走访慰问离退休老同志255人次，为局系统离休干部颁发"庆祝中华人民共和国成立70周年"纪念章。结合敬老节开展"三看"参观活动。组织老同志积极参加"庆祝新中国成立70周年，传承红色精神"和"坚守初心、发挥余热"为主题的系列正能量活动。部分老同志应邀参加《民政志》编撰编审、第十七期沪疆"银龄行动"志愿服务，担任局系统中青班指导老师，参与市精神文明办的市民巡访团工作和局系统的政风行风监督员工作。（朱 翊）

工会工作

【民政局工会第七次代表大会】 6月19日，上海市民政局举行局工会第七次代表大会，来自局机关和局属单位200余名代表出席。局工会第六届委员会作题为《坚定跟党走、建功新时代，团结凝聚广大职工奋力谱写上海民政事业发展新篇章》的工作报告，回顾总结五年来局工会在团结职工、服务职工，提升职工队伍素质等方面的工作。大会选举产生局工会第七届委员会委员、局工会第七届经费审查委员会委员。陈占彪当选局工会第七届委员会主席、丁烨当选副主席，许夏萍当选局工会第七届经费审查委员会主任，丁烨当选局工会第七届女职工委员会主任。（丁 烨）

【先进典型选树】 2019年，上海市民政局工会持续培育选树各类先进典型。上海假肢厂有限公司假肢制作高级技师吕永兵，30多年来致力于假肢制作技术研究，独立完成两大腿一上臂截肢、半骨盆切除等诸多疑难假肢病例的首例方案设计及实际制作；完成多种类别截肢病例在中国地区首例骨骼式假肢的成功安装；运用国际假肢新技术、新工艺，如美国飞毛腿系列假肢、德国 OTTO BOCK 的 C-Leg 智能关节等当代最先进假肢关节技术，使上海假肢厂的假肢装配技术水平始终立于全国领先位置。他先后获得首届全国民政行业职业技能竞赛第六名、全国民政行业技术能手称号，被民政部授牌“吕永兵技能大师工作室”，入选上海市首席技师千人计划，享受国务院特殊津贴。经局工会重点指导推荐，吕永兵获得2019年“上海工匠”殊荣，这是继王刚、徐军和黄琴之后，第四位获得“上海工匠”荣誉称号的民政人。此外，市儿童临时看护中心荣获上海市五一劳动奖状，市宝兴殡仪馆遗体整容化妆师许培培荣获上海市五一劳动奖章，市民政第一精神卫生中心吴晓敏被评为2017～2018年度上海市三八红旗手，市宝兴殡仪馆火凤凰女子化妆组被评为2017～2018年度上海市三八红旗集体，市救助管理二站甄别科被评为上海市工人先锋号。 （丁 烨）

【帮困送温暖】 根据市总工会印发的《上海工会困难职工帮扶工作的实施办法(试行)》通知要求，上海市民政局工会重点对局属各单位上海市户籍在职职工、因各种原因导致困难的职工家庭作调查摸底，对困难职工进行精准帮扶。全年，列入全国总工会深度帮扶困难职工计3批次、34人次，合计帮扶金额11.13万元；列入上海市总工会帮扶困难职工计18人次，合计帮扶金额2.06万元。春节前夕，走访慰问基层劳模和困难职工家庭7户，发放慰问金2.1万元；通过市市民帮困互助基金会筹措100万元专项资金，用于对困难劳模、困难职工、困难劳务工和助学职工家庭等进行走访慰问送温暖活动，重点对民政集团公司310名下岗职工实施帮扶救助；通过市总工会为3名市劳模申报发放低收入补助金0.87万元，为3名退休全国劳模、9名在职和退休市劳模申报发放特殊困难帮扶金10.25万元；做好困难职工子女“金秋助学”关爱工作，合计受助19人。 （丁 烨 张晓明）

【职工实事项目】 上海市民政局工会继续推出服务职工实事项目。出资15.74万元为全局3 962名工会会员参加市职工互助保障金B类专项保障，9名11人次患大病职工得到医疗补助，获赔金额18.3万元。对职工及直系亲属患大病或自费医疗费超过1万元以上的给予医疗补助，16名职工得到补助金额4.35万元。开展夏送清凉活动，高温季节走访看望13个单位奋战在高温一线的职工，送上慰问金27.8万元。分别在春节、夏季为全局90岁以上138名退休干部职工各发放500元慰问金，合计发放慰问金12.65万元。落实市总工会对2名职工晋升技师、1名技师带教、市职工合理化建议创新奖和市职工先进操作法获得者进行奖励，合计奖励金额5 500元。推进职工书屋建设，市总工会为荣获全国职工书屋示范点的市第一社会福利院奖励10台华为微型电子笔记本电脑。 （丁 烨 张晓明）

【群众性劳动竞赛】 上海市民政局工会开展以“当好发展主力军，建功民政十三五”为主题的劳动和技能竞赛及合理化建议等活动。据统计，各基层工会开展劳动技能竞赛共3 629人次，采纳职工提出的合理化建议共121条。“五一”期间，评选出在劳动竞赛中取得突出成绩的市儿童福利院学生部、市益善殡仪馆业务洽谈组等15个班组(部门)为局“工人先锋号”。聚焦安全生产保护，组织上海市救助管理站等28个单位、290个班组、3 668名职工参加市总工会“安康杯”活动竞赛。各参赛单位牢固树立安全发展观念，围绕“落实全员安全责任，促进企业安全发展”竞赛主题，以宣传培训、安全文化、班组建设等为载体，基本形成“以制度保安全、以活动促安全、以文化推安全”的特点，提升各企事业单位安全工作水平。市救助管理站荣获“安康杯”活动竞赛优胜单位，市第三社会福利院总务科、市飞思殡葬代理中心海葬服务部荣获优秀班组，市儿童福利院陶颂华荣获先进个人。 （丁 烨 张晓明）

共青团工作

【创先争优岗位建功活动】 上海市民政局团委坚持以创先争优作为推进共青团工作的重要抓手，1月17日，组织召开2018年度局五四红旗特色团组织评审会，产生共青团上海市儿童福利院总支部委员会等6家局“五四红旗团组织”，共青团上海市社会工作培训中心支部委员会等5家团组织为2018年度上海市民政局“五四特色团组织”。在全市的岗位建功行动和“五四两优”评选工作中，指导市儿童福利院康复中心自闭症小组获评2017～2018年度全国青年文明号；市第一精神卫生中心一病区等3家单位获得2017～2018年度上海市青年文明号荣誉；市救助管理二站寻亲甄别青年突击队获得2018年度上海市五四青年奖章(集体)；益善殡仪馆炉化组获得2018年度上海市青年安全生产岗；市第二福利院团支部获得2018年度市五四红旗团支部；宝兴殡仪馆礼厅服务组等5家集体获得2017～2018市级机关青年文明号荣誉；推荐市龙华殡仪馆吴斌、市第一社会福利院李洁、市宝兴殡仪馆李怡斐参加市青年五四奖章(个人)、市优秀共青团干部、市青年岗位能手评选并获得荣誉。在既有荣誉的基础上,进一步积极营造民政青年立足本职,建功成长的浓厚氛围,继续指导市儿童福利院学前教育组等12家团组织参加2019～2020年度青年文明号和2019年度青年突击队的争创工作。（张奕婷）

【垃圾分类系列活动】 2月,上海市民政局团委响应局党组向局系统党员干部发出做好垃圾分类的倡议,组织团员青年开展垃圾分类系列活动。4月17日,局团委组织垃圾分类讲座,邀请上海市绿化和市容局垃圾分类青年讲师团为局系统近100名团员青年普及宣传单位垃圾分类工作。重点讲解上海推进垃圾分类的原因、上海生活垃圾分类工作的要求及目标、上海生活垃圾如何分类、单位如何开展垃圾分类等内容。局团委布置全年的推进垃圾分类活动任务,鼓励局系统各级团组织青年联络点通过举办讲座、视频制作、社区活动、交流共建等形式贯彻垃圾分类理念,市老龄事业发展中心团支部为老年朋友组织社区垃圾分类讲座;益善殡仪馆团支部开展垃圾分类捡拾活动;市儿童福利院会同市公安系统团组织共同为孤弃儿童开展绿色环保主题团日活动;全局系统各级团组织近300人次参与垃圾分类为主题的各类活动,在团员青年中掀起青年先行,主动参与的热潮。（张奕婷）

【纪念"五四运动"100周年活动】 4月29日,上海市民政局团委举办"青春心向党　建功新时代"——纪念五四运动100周年暨建团97周年大会,局机关、局属单位相关人员、团员青年代表共180余人参加会议。市救助管理二站、市宝兴殡仪馆、市儿童福利院等多家单位的团员青年以TED演讲、现场访谈、情景剧等形式集中展现民政青年们的青春才艺和岗位风采。会议表彰2017年度市优秀团干部,2016～2017年度市级机关青年文明号、市级机关青年岗位能手、优秀团员、优秀共青团干部和2018年度局五四红旗(特色)团组织等荣誉的先进集体和个人等。大会向局系统团员青年发起号召:以五四运动100周年为新的起点,以改革创新的精神风貌,立足岗位革新,勇于突破自我,为新时代民政事业发展作出积极贡献。（张奕婷）

【机关"你说我议"论坛】 1月28日,上海市民政局机关以"新征程、再出发"为主题,举办第32期机关"你说我议"论坛。市民政局优秀共产党员代表崔巍峥、刘慧娟,2018年度考核优秀等次个人代表刘晓、李鑫和考核先进处室代表孙晓红以及援疆干部代表黄红宝作交流发言。机关团支部三句半《民政这一年》、现场互动《2018年民政亮点工作问答》,回顾一年来民政工作中的大事,表达机关干部新时代撸起袖子加油干的壮志豪情。9月17日,举办以"我们的70年　民政新时代"为主题第33期机关"你说我议"论坛。来自市儿童福利院的员工用诗朗诵的形式,回顾从1997年建立家庭寄养制度以来,儿童福利工作风雨前行的22年;宝兴殡仪馆的青年团队带来小组唱《我爱你中国》;新加入民政大家庭的社会建设处介绍,市民政局为新中国成立70周年献礼,在《文汇报》以"民政70年"为题,连续提供20个专题版面报道上海民政工作,并将全市3 719家民政服务设施的信息制作成电子地图,"晒一晒"民政的"家底",更加坚定民政人立足岗位建功新时代的决心和信心。（张奕婷）

文明行业创建

【文明创建体制创新】 上海市民政文明行业创建工作已基本形成党、政、群"三管齐下";第三方文明进步指数测评的引导力,政风行风监督员、特约监督员、市局在区民政设立监测站监督员、青年监督员的推动力,年度实地检查和行业自查自纠互为补充的拉动力,加强"三力整合";单位自查、互查与抽查"三查到位"的"三个三"文明创建的工作机制和运行体制。形成全国、上海市、市级机关、市民政局四个层级纵向递进的文明单位创建工作格局;初步形成民政服务和文化2个系列品牌,婚姻、殡葬、养老3大行业,以及党建、行业、团队建设、志愿服务等共同参与的"2+3+X"的民政品牌发展新格局。（吕　倩）

【全市民政系统创建文明行业工作会议】 9月26日,上海市民政局召开2019年全市民政系统创建文明行业工作会议暨为全国劳模和先进工作者颁发"庆祝中华人民共和国成立70周年"纪念章与迎接第二届国际进口博览会民政系统窗口服务保障动员会,回顾总结2017～2018年度全市民政系统文明创建工作,文明创建体制机制和工作格局不断完善,文化引领作用不断凸显,品牌建设不断加强,服务质量不断提升,在履行社会责任中充分彰显良好行业形象。为7名民政系统全国劳动模范和全国先进工作者颁发"庆祝中华人民共和国成立70周年"纪念章。通报表扬2017～2018年度上海市文明单位、市级机关系统文明单位、区民政文明行业等单位和个人。（吕　倩）

【第六届十佳服务品牌选树】 2月,上海市民政局组织开展全市民政系统第六届"十佳服务品牌"评选活动,共有14个区、24家局属单位申报52个服务品牌。8月23日,邀请市委宣传部、市文明办、市级机关工委相关同志以及高校和科研院所的学者、市局政风行风监督员和有关社会组织创始人担任评委,对网络初评的25个服务品牌开展评审。"上海社区事务受理'全市通办'——市民政局基政处、市社区服务中心、各区民政局、各街道社区事务受理服务中心"等10个品牌获得第六届"十佳服务品牌","忆路守护——上海市民政第三精神卫生中心"等15个品牌获第六届"十佳服务品牌"入围奖。　（吕　倩）

【第四届双十佳好人好事选树】　2019年,上海市民政局组织开展"为身边人点赞,为民政人喝彩"活动。3～5月,市民政局文明办先后收到推荐材料52篇,其中集体材料25篇、个人材料27篇。经局电子政务平台发布后,总计收到42 775个点赞数,获得点赞票数最多的集体是市社区服务中心项目部,共收到3 422个点赞数;获得点赞票数最多的个人是市颛桥寝园陈凤梅,共收到4 253个点赞数。最终"协力践行公益心,探索推进新格局——上海市社区服务中心项目部"等10个集体获得2019年双十佳好人好事集体荣誉称号,"为寝园发展倾情奉献——上海市颛桥寝园陈凤梅"等10人获得2019年双十佳好人好事个人荣誉称号。　（吕　倩）

【上海市文明行业"八连冠"】　1月23日,上海市文明办举办上海市第十届文明行业考评会,全市共有21个已创成的文明行业集中进行现场陈述。市民政局作"为民爱民聚民心　同创争创促创建"为题的现场陈述。在4月10日召开的全市精神文明建设工作会议上,民政行业获评第十届上海市文明行业,圆满实现"八连冠"的创建工作目标。　（吕　倩）

【第二届进博会全市行业文明指数测评】　10月9日,由上海市文明办主办的"迎进口博览会,创文明示范窗口,树上海服务品牌"第二届中国国际进口博览会窗口服务保障工作推进会召开。会上,市文明办通报迎接第二届国际进口博览会服务窗口城市文明进步指数测评结果。测评围绕第二届中国国际进口博览会城市服务保障总体方案部署,结合上海市生活垃圾管理条例的实施要求,采用实测检查、服务对象和行业内部员工问卷调查以及网络舆情监测等方式对42个参评行业的文明创建成效开展评估。在测评中,民政行业获评公用性服务行业第一名。11月,市文明办发布《2019年上海市行业文明进步指数测评报告》,民政行业荣获2019年度行业文明进步指数测评公用性服务行业第一名。　（吕　倩）

【群众性精神文明创建活动】　2019年,《敬礼——我叫王贯三》等5篇文章入选上海市市级机关工委"与共和国共奋进"主题征文活动成果集《信仰照亮征程》;市龙华殡仪馆、市第一社会福利院、市民政第二精神卫生中心志愿服务项目获市志愿服务基金资助,共计4万元;"爱·龙华"生命文化教育基地获2019年"市民修身行动"市级示范点,"心灵绿地"——社区精神健康志愿服务获2019年"市民修身行动"特色项目,市儿童福利院和市第一社会福利院获评2019年"市民修身行动"基层活动基地;市救助管理二站祁巍"千里寻亲,让更多家庭破镜重圆"获2019年度上海市社会主义精神文明好人好事;市第一社会福利院黄志行、市宝兴殡仪馆于旭辉、市社区服务中心张忆辛、市儿童福利院秦雯获评上海市优秀志愿者,市益善殡仪馆马慧丽获评上海市志愿服务优秀组织者,市第二精神卫生中心"心灵绿地"志愿服务队、市养老服务发展中心、市第四社会福利院"益起来Bar"志愿服务队获评上海市志愿服务先进集体;市儿童福利院"垃圾分类新时尚　儿福先锋做模范"入选《2019年上海垃圾分类志愿服务工作案例集》;"心灵绿地"社区精神健康、"斑斓的生命"助老行动志愿服务项目入选2019年上海市条块联动志愿服务试点项目。　（吕　倩）

【上海孝亲文化展示馆筹建】　11月18日,上海市民政局与奉贤区人民政府在奉贤区举办《关于共建上海孝亲文化展示馆的框架协议》签约仪式。上海孝亲文化展示馆选址位于奉贤区解放中路502号,原奉贤区人民政府旧址,建筑面积约1 152平方米。该项目在弘扬中华孝亲文化内涵的基础上,将"红色文化""海派文化""江南文化"资源与奉贤"贤文化"深度融合,建成集展示、教育、交流、体验为一体的新时代孝亲文化展示场所。同时,充分发挥优秀传统文化载体功能,并使其成为弘扬社会主义核心价值观,研究、展示、交流孝亲价值观和新时代家庭建设成果,打造集青少年思想道德教育基地、市民休闲娱乐公共空间和亲子活动场所等多功能平台。上海孝亲文化展示馆预计将于2021年建成开馆。　（江　怡）

第七篇　市局属单位和局管社会组织

第二十二章　市局属单位

上海市救助管理站

【概况】 上海市救助管理站的前身是上海市遣送站，成立于1958年。2003年8月，更名为上海市救助管理站。上海市救助管理站主要负责全市区域内生活无着流浪乞讨人员的救助管理，对各区救助管理站进行业务指导和检查，向流浪未成年人提供救助、保护和教育，对有轻微违法行为的流浪未成年人予以教育保护，联络协调受助人员返回常住户口所在地(住所地或所在单位)，护送外省籍的残疾人、未成年人、老年人和行动不便的人回原籍，安置无法确定家庭地址的智障受助人员，参与社会综合治理和城市综合治理等方面工作。2019年，上海市救助管理站坚持以“帮助受助人员找到家”为核心使命和价值追求，建立甄别工作室，灵活运用“甄别寻亲十二法”，帮助受助人员回归家庭、回归社会。指导检查区救助管理站业务工作，完善市、区两级救助管理机构联动机制。建立救助管理第三方监督长效机制，聘请市民巡访团成员和市民政局政风行风监督员加强街面巡查。实施救助管理综合保险制度，降低安全风险。开展第二届进口博览会救助管理安全保障工作，推进与全国各兄弟城市在甄别寻亲和护送接返领域的合作交流。开展救助管理行业“扫黑除恶”专项工作，协助公安部门共同打击组织、利诱、胁迫未成年人、残疾人流浪乞讨。全年共救助各类受助人员11 213人次，比上年下降17.40%，其中市救助管理站救助各类受助人员4 347人次，比上年下降16.95%。全市救助人数呈下降趋势，但情况特殊、寻亲困难的疑难人员呈上升趋势，比去年上升21.87%。2019年市救助管理站为疑难受助人员进行核实身份和寻亲服务1 499人次，查实身份信息或联系到亲属1 494人次，甄别寻亲成功率达99.67%，比上年上升0.69%；为患病受助人员提供医疗服务2 583人次，送各类医院救治569人次，占全市救助总量的38.77%。救助毗邻国家在沪遇困人员4人，救助台湾同胞1人，救助无家可归、无亲可投、无业可就的“三无”刑满释放人员返乡64人，安置无法确定身份信息的受助人员5名。 (杜懿骋)

【救助管理标准体系建设】 2019年，上海市救助管理站初步建成一套完整的救助管理标准化服务体系，包括服务通用基础、服务保障和服务提供三大标准子体系，建立安全与应急标准、人力资源标准、服务运行管理规范标准等20个模块安全管理规范、受理服务操作规范、受助人员离站操作规范等123项服务标准。全面健全受助人员入站接收、站内服务、甄别寻亲、医疗救助、离站返乡、预案处置等救助管理“全链条”式的在站服务。从严落实安全风险防范、人才队伍建设、财务经费管控、行政后勤保障等内部管理规范。 (杜懿骋)

【甄别寻亲十二法】 上海市救助管理站在传统的甄别方法上，应用现代科技手段创新和归纳总结出以“甄别寻亲十二法”为特色的精准救助“上海模式”，即口音特征辨别法、相貌特征辨别法、语言引导法、环境地理痕迹法、实地寻踪法、人脸识别法、采血比对法、数据库查找法、媒体合作法、站际合作法、公安协查法、头条推送法。“甄别寻亲十二法”聚焦寻亲工作难点，突破时间和地域困难，帮助生活无着的流浪乞讨人员回归家庭、回到家乡。市救助管理站还与华东理工大学合作，招募来自全国各省和地区的学生志愿者，发挥方言优势参与甄别寻亲工作。 (杜懿骋)

【各区救助管理机构等级达标创建指导工作】 根据《上海民政事业改革与发展“十三五”规划》中全市救助管理机构100%等级达标的要求，上海市救助管理站指导各区救助管理站按照等级评定行业标准，完善各类设施设备和场所硬件改造，按照分类管理的要求开辟流浪儿童活动区、家暴妇女庇护区、社工心理辅导区、特殊人员观察区等各类多功能服务场所，满足不同受助人员的个性化需求。2019年，等级达标创建工作持续有效推进，普陀区救助管理站完成等级达标评审工作；黄浦区和青浦区救助管理站完成等级达标初评工作，奉贤区、闵行区、金山区、静安区等救助管理站达标工作均有所进展，全市等级达标比例达77.78％。

（杜懿骋）

【救助管理综合保险保障制度】 上海市救助管理站推进救助管理综合保险制度在各区救助管理站实现“全覆盖”。协助指导各区救助管理站与大地财产保险股份有限公司合作，将救助管理工作中涉及的救助人员、第三方人员等纳入保障范畴，对由受助人员引起的意外伤害、疾病传染、财产损失等情况投保综合保险。以商业化的形式提升救助管理风险防范和管控能力，完善工作人员及受助人员的安全保障。2019年，全市各级救助管理站共办理救助管理综合保险5单。

（杜懿骋）

【“寒冬送温暖”专项工作】 1月14日～3月15日，上海市开展“寒冬送温暖”工作，市、区两级救助管理站发挥协同联动作用，应对低温雨雪天气的救助需求。上海市救助管理站密切关注气温变化，及时指导各区救助管理站启动气象等级应急救助机制，配合公安、城管执法等部门开展街面巡查，加强与乡镇、街道联系，发挥居、村志愿者队伍作用，落实寒冬救助工作要求，增加重要商圈、桥梁涵洞等重点区域夜间时段的巡查频次，加大甄别寻亲返乡力度，提高安全工作风险防控。“寒冬送温暖”专项救助行动共计救助流浪乞讨或露宿街头人员入站1 444人次，街面劝导救助524人次，街面发放被服119人次，发放食品148人次，甄别无姓名、无地址的特殊疑难受助人员30余人。（杜懿骋）

【“大爱寻亲·温暖回家”主题开放日】 6月19日，上海市救助管理站举办“大爱寻亲·温暖回家”主题开放日活动，邀请金山区民政、公安、卫计委、工业园区等部门代表，各街镇救助管理工作人员、救助管理志愿者等40余人到站参观。介绍近年来救助管理工作采取的举措及成效，带领参观受理接待大厅、救助服务工作区、受助人员居住区、未成年人救助保护区等场所，并听取参观者们的意见建议。参观者对市救助管理站人性化服务理念，以及综合运用多种甄别寻亲方法为特殊疑难受助人员寻亲回家的工作方式留下深刻印象。

（杜懿骋）

【社会工作介入流浪未成年人救助保护项目】 8月14日，“社会工作介入流浪未成年人救助保护”项目启动仪式在上海市嘉定区新春学校举行，上海市救助管理站、新春学校、市阳光善行公益事务中心等有关人员参加。该项目对接专业社工服务，根据未成年人身心、年龄等特点，组织适龄受助未成年人建立快乐成长小组，开展以测量评估、小组活动、课程活动等为内容的“倾心相伴　温暖你我”系列活动18人次；对有需求的受助未成年人实施个案服务、危机干预等9人次。帮助流浪未成年人重新建立人际支持网络，舒缓心理压力、改善社会认知，完善流浪未成年人救助保护的管理模式。

（杜懿骋）

【护送返乡青年突击队】 9月29日，上海市救助管理站举行护送返乡青年突击队成立仪式。青年突击队成员秉持“人员情况提前掌握，护送行程提前确认，材料物品提前准备，安全事项提前告知”的“四提前”原则，在护送返乡途中严格执行工作规程，保持和发扬能吃苦、能战斗、能奉献的优良传统，切实保障受助人员安全返乡、平安回家。全年，突击队成员参与站内护送工作112批次，参与护送125人次，担任线路负责人47次。其中，在特殊受助人员和加急护送任务中，参与27人次，担任线路负责人14次。在做好第二届中国国际进口博览会期间的救助服务保障工作中，奉献青春和力量。

（杜懿骋）

【进博会救助管理信息日报机制】 第二届进博会期间，上海市救助管理站每日开展全市流浪乞讨人员救助工作数据统计和分析，将全市各区救助人数、出入医院和住医院人数、街面发放被服或食物等情况进行实时汇总和动态更新，对市民巡访团成员、市民政局政风行风监督员在巡访过程中发现的流浪乞讨情况，即发现、即反馈。增进与流出地救助管理机构的沟通联络，市救助管理站与19个省市31家救助管理机构联系协调护送返乡事宜，其间共安排护送外省市救助管理站或上海市公安部门接领受助人员36批次、80人次；外省市送回上海籍受助人员5批次，5人次。（杜懿骋）

【救助管理工作信息化建设】 12月，上海市救助管理站初步完成信息化一期硬件建设。项目涵盖综合布线、监控智能分析、门禁识别、电话录音、信息展示发布、物资请购发放、护送返乡七大项内容，在救助业务场所内新建网络信息点290个、监控信息点157个、门禁信息点27个，运用电子科技手段，加大站内网络安全保障的力度，夯实站内安全风险防控基础。通过流程再造和系统整合，解决救助信息分散造成的数据碎片化的问题，助推救助管理工作智能化、信息化。

（杜懿骋）

上海市社会福利中心

【概况】 上海市社会福利中心成立于1999年，是隶属于上海市民政局的社会福利事业单位。中心本部内设

6个科室，在编职工27人，下设上海市第一、第二、第三、第四社会福利院，上海市民政第一、第二、第三精神卫生中心，上海市儿童临时看护中心，上海市黄山干部疗养院10家市属社会福利机构，均为全额拨款事业单位。市社会福利中心主要负责对市属10家社会福利机构实行全面、统一的管理、指导和监督，确保市属社会福利机构规范地开展各项服务，积极发挥在全行业的示范、辐射、标杆作用。2019年，市社会福利中心继续指导各区做好上海市社会散居孤儿、困境儿童相关工作；指导做好"上海市养老服务信息网""全国儿童福利信息管理系统""全国农村留守儿童和困境儿童信息系统"等相关平台的数据维护；指导推进3家养老机构开展标准化试点工作；开展对崇明区薄弱养老机构结对帮扶工作；指导3家精神卫生中心提升服务能力和专业辐射能力。全年综合服务满意率为98.4%，综合床位利用率为96.12%，专技人员持证率、卫技人员和护理员教育培训率达到100%，护理员全员参加资格证书培训；全年未发生责任事故，院内压疮发生率为0；有序落实2019年度孤残儿童社会安置工作，完成安置交接21名；做好散居孤儿建档造册工作，为上海市85名注册散居孤儿建立一人一档。（陈亚鹏　李　洁）

【福利中心成立20周年系列活动】 2019年，上海市社会福利中心开展系列活动庆祝中心成立20周年。4月，召开首届"社福@青年说"论坛暨"我与社福发展同进20年"主题活动，本次论坛由"社福@青年说"快闪视频、"听党的话"书记寄语、"社福新青年"主旨演讲、"我有我 youth"颁奖表彰、"青年创意家"服务创新展演、青年才艺展示等六个板块组成，中心系统80名青年参加活动。12月，总结和提炼中心20年来的发展成果，印制《福利机构社工精品课程汇编》等培训资料和《福利中心2016～2018年度科研课题汇编》等研究成果，充分发挥中心系统在社会福利机构实务、科研领域榜样示范作用。（沈佳怡）

【五月护理节活动】 5月10日，上海市社会福利中心举行五月护理节暨五四青年风采展示活动，表彰民政工龄满30年护士、护理员以及民政工龄满10年职业护理员，举行新护士授帽、宣誓仪式，中心系统民政工龄满30年的9位护士代表为18名新护士授帽，并在南丁格尔的画像前宣誓。护理员通过情景剧模拟和舞台剧创作等方式展示护理工作的爱心与耐心。活动号召系统内广大职业护理员扎根社会福利事业，钻研业务技术，练就过硬本领，继续用专业技能解除服务对象的病痛，满足服务对象的需求，提升中心系统护理服务水平。（庄寀雯）

【安全知识技能大赛】 6月3日，上海市社会福利中心开展以"强化安全观念，提升安全技能"为主题的安全知识技能大赛。本次大赛分为知识竞赛和现场应急处置推演两部分进行。知识竞赛环节通过必答题和抢答题等形式，检验中心系统各单位参赛选手对安全基本知识的掌握程度；应急处置推演环节中，中心系统各单位模拟电梯困人、燃气（油气）泄漏、食品安全、电气火灾等事故开展应急预案演练，并邀请第三方专家从现场展示、救援措施、秩序维护、情节设计等方面进行综合打分。最终市第一社会福利院荣获一等奖，市第三社会福利院、市民政第三精神卫生中心获二等奖，市儿童福利院、市民政第一精神卫生中心和市民政第二精神卫生中心获三等奖。（孙玮玮）

【优秀志愿者表彰暨院史馆建设成果交流会】 8月6日，上海市社会福利中心召开以"传承志愿精神　弘扬社福文化"为主题的优秀志愿者表彰暨院史馆建设成果交流会。会议对市福利中心系统2016～2018年度27名优秀志愿者、13个优秀志愿者团队和17个优秀志愿服务项目进行表彰。志愿者代表就项目开展情况、团队理念、服务成效、未来谋划等进行交流。此外，还集中展示中心系统各单位两年来院史馆建设情况，通过视频短片、演讲、情景朗诵、音乐剧等形式，详细介绍院史馆建设工作成效和背后的历史文化故事，诠释院史馆在文化引领、凝聚队伍等方面所发挥的积极作用。此前，福利中心系统各基层单位都完成院史馆建设。（李　洁）

【市郊结对共建】 2019年，上海市社会福利中心与上海市养老服务行业协会制定新一轮《郊区薄弱养老机构结对共建项目实施方案》，主要聚焦崇明区的8家薄弱养老机构，继续以项目化运作的形式开展结对共建。9月，上海市第一社会福利院、上海市第二社会福利院、上海市第三社会福利院、上海市第四社会福利院等4家市属养老机构通过分组调研的形式，分别前往8家机构开展"市属养老机构与区县共建结对"实地调研，通过对照《上海市养老机构服务质量监测评价指标》要求，对基础设施、人员配置、服务规范、制度流程、安全情况等进行逐一摸底，了解帮扶机构的实际困难和帮扶需求。在结对工作中，重点对薄弱养老机构进行制度建设、后勤管理、护理示教等方面的培训工作。至年底，市属机构共派遣专技人员92人次，开展授课和现场指导27次，参加培训人员共559人次。（陈亚鹏）

上海市儿童福利院

【概况】 上海市儿童福利院的前身是1911年由天主教教会创办的育婴堂，1956年更名为上海市儿童福利院。主要职能是承担上海市范围内0～18周岁被父母遗弃，经公安部门查找后，确认为弃婴、弃儿，经法院判决由民政部门担任监护人的困境儿童的收容和养育。市儿童福利院坚持以儿童为本的理念，通过专业化的人才队伍和完善的设施，为孤残儿童提供精细化照料、救治、教育、康复、安置等服务，全面保障孤残儿童的生存权和发展权。

2019年，市儿童福利院坚持“夯实基础、优化机制、强抓落实、注重成效”的工作思路，妥善做好儿童安置工作，修订出入院管理制度，完成异地和上海市民办机构寄养儿童回收安置工作。对全院公共区域视频监控系统进行整体升级改造，实现公共区域安全无死角。完成5个信息化项目统筹合并，整合打造上海市儿童福利院综合管理平台。选派教育课学前组开展青年文明号创建工作，获得2018～2019年度市级机关青年文明号称号。举办儿童福利机构媒体开放日活动。承办全市区级困境儿童临时照料场所工作人员培训，推动全市困境儿童保障体系建设。全年共组织护士及护理员152人参加护理示范带教操作培训，开展护理人员“三基”理论考试，共235名护理人员参加，合格率100%。全年送外院救治290人次、手术治疗11人次、送外院门急诊959人次、院内儿童病房年诊治儿童229人次、儿保外科全年治疗量34 000余人次。康复训练院内外儿童11 357人次，院内5 548人次，院外5 809人次。走访寄养儿童827人次，完成寄养家庭年度照料能力评估216户、寄养家庭培训211人次。落实18名安置成年孤儿民事行为能力鉴定和综合能力评估，完成孤儿社会安置交接21名以及90名成年孤儿转院安置工作。至年底，共完成内外宾接待138批3 260人次。　（胡倩影）

【“欢迎来我家做客”媒体开放日活动】　5月29日，上海市儿童福利院首次举办“欢迎来我家做客”媒体开放日活动。邀请来自全市部分委办局代表、市人大代表和市政协委员、爱心企业和社会组织代表、慈善友人和各大新闻媒体等40人参加活动。活动主要有快闪迎宾、观摩体验、交流分享三个环节。活动全方位向社会各界展示市儿童福利院在儿童养育、特殊教育、社会安置等方面的主要做法及取得的成效。参与活动的各方代表一起交流分享收获和感悟。活动得到文汇报、东方网、上观新闻、青年报等沪上各大主流媒体的报道，提高社会对儿童福利事业的关注。　（胡倩影）

【上海市副市长宗明来院慰问孤弃少年儿童】　5月31日，上海市副市长宗明一行专程来院慰问孤弃儿童。慰问过程中，宗明副市长向院领导询问关心孤弃儿童生活、教育、医疗保障等方面的情况，对于患有罕见疾病以及重度残疾的孩子，还特别关切地询问关于卫生医疗资源保障等方面的问题，在得知孤弃儿童的各项权益都得到有力保障后，宗明副市长充分肯定儿福院的工作，并祝福孤弃儿童们节日快乐。　（胡倩影）

【上海市副市长彭沉雷来院调研指导】　8月1日，上海市副市长彭沉雷一行专程来院调研指导。彭沉雷副市长详细询问孤弃儿童在养治、康复、教育与安置等保障服务情况，对市儿童福利院在维护儿童权益、促进儿童发展方面给予充分肯定，并强调要注重民政工作服务功能提升，聚焦儿童照料能力培育。　（胡倩影）

【全市区级困境儿童临时照料场所工作人员培训】　9月5日，上海市儿童福利院承办全市区级困境儿童临时照料场所工作人员培训，为期三天，共有34名学员参加培训。市儿童福利院抽取在医学、护理、特教、康复、社会工作等领域具有扎实专业技能的老师，组建专家讲师团，重点培训儿童生长发育基础知识、营养需求与喂养、儿童保健基础知识、儿童疾病基础知识、教育康复基础知识以及儿童常见行为问题识别等内容。通过专业老师的现场实操，分享儿童生活照料、日常保健与护理中的常见问题与注意事项；运用小组讨论的形式，让各区儿童福利机构掌握护理康复、心理干预等内容。34名学员全部通过测试，圆满完成课程目标。　（胡倩影）

【“小小义工”孤弃儿童志愿服务品牌】　上海市儿童福利院“小小义工”孤弃儿童志愿服务品牌，是以社工引导、儿童参与、无偿服务、公益反哺为宗旨，坚持“以服务助人、以服务自助、用公益乐人、用公益乐己”的服务理念，携手上海市静安区临汾路街道社区卫生服务中心舒缓疗护病房，组织孤弃儿童与临终患者进行互动。2019年，共开展职业服务12次，累计服务208人次。通过鼓励大龄孤弃儿童参与志愿服务的策划、执行、评估、反思等各个环节，不仅关注孤弃儿童心理健康，还将回报社会的感恩教育理念贯穿于孤弃儿童成长全过程，让他们在公益反哺、服务助人的过程中逐渐实现自我人格的完善。该品牌荣获“上海市民政系统第六届十佳服务品牌”。　（胡倩影）

上海市第一社会福利院

【概况】　上海市第一社会福利院的前身是上海市养老院，成立于1964年。1980年7月，更名为上海市第一社会福利院。主要负责收养和安置上海市无依无靠的离、退休孤老及部分自费寄养老人。2019年，上海市第一社会福利院发布《“上海品牌”评价认证依据：机构养老服务认证要求》团体标准，通过管理要求审核与服务特性体验测评，获得“上海品牌”和服务认证双认证。接受上海市养老机构服务质量监测90项评价专家评审，以总分全市第一获评优秀养老机构。申报“上海市政府质量金奖(组织)”评选，接受专家组现场审核。形成院标准化质量管理体系，通过市民政局标准化示范试点项目验收，以小单元家庭式照护服务标准化试点入围上海市标准化试点项目。同崇明两家薄弱养老机构结对共建，帮助共建单位提升服务质量，发挥市属福利机构示范辐射作用。申请单手指腕臂力锻炼器和轮椅脚部安全保护套两项专利，已进入专利审查阶段。完成南楼行政科室整体搬迁、首批住养老人入住北楼新居室。至2019年年底，上海市第一社会福利院住养老人平均年龄为89.74岁，按照护理等级划分重度照护占比55%、中度照护占比45%。全年综合满意率为99.46%，比上年提高0.64个百分点；意外事件发生率为2.1%；院内Ⅰ°、Ⅱ°、Ⅲ°压疮发生率连续五年均为0；医嘱、处方、病程记录规范率为99.4%，就医记录卡记录规范率为100%；排发药差错发生率为0，报损率0.074‰。借助上海市技师创新工作室平台，全年院内培训817人次；为崇明两家薄弱养老机构送教上门现场指导2次、开展培训3场次，辐射受益250人次。作为上海市志愿者服务基地，全年接待志愿者346人，服务住养老人598人次，同时走进社区开展养老志愿服务15次，服务社区老人400人次；作为上海养老窗口单位，接待内宾25批，共计838人次，外宾4批，共计40人次。 (陈婷婷)

【北楼修缮项目完成】 1月，上海市第一社会福利院完成北楼老人居室环境布置，满足适老化需求。北楼四层至七层为老人生活区，居室采用“两室一厅两卫”小单元家庭式格局，每层设置3～4个小单元，每个小单元入住8～11名老人。卧室与客厅之间有明确的区域分隔，采用无房门阻隔设计，便于老人出入、护理人员看护。卫生间位于卧室尽头，装有智能坐便器和扶手栏杆。老人护理床包括电动床和智能床垫两部分，电动床满足不同身高及肢体障碍老人需求，智能床垫通过数据终端监测老人生命体征变化和在床、离床状态。床位间隔可容纳轮椅和助步器自由出入，床头配有小夜灯，床旁设置幔帘，保证安全性与空间私密性。楼面配备助浴间、配餐间、污物间等功能用房。各楼层墙面为不同的暖色调，便于老人识别辨认。地面铺设防滑地毯，所有外露面确保无尖锐角。走廊装有栏杆扶手，两侧陈列老人们的字画与照片以及班组风采展示。走廊尽头为公共活动区域，用于老人小组活动、娱乐休闲、亲友来访。三层为老人活动室、多维怀旧训练室、多媒体感官训练室。老人活动所到之处均装有呼叫装置。10月28日，已有54位住养老人搬迁至新居室。 (陈婷婷)

【小单元家庭式照护服务标准化试点】 2019年，上海市第一社会福利院以小单元家庭式照护服务标准化试点入围上海市标准化试点项目。1月24日，市第一社会福利院成立标准化领导小组、工作小组、编写小组，建立养老过程服务通用基础、服务保障和服务提供三大标准子体系，涵盖市第一社会福利院各项基础服务、专业技术和特色服务，共3大类、16项分类、216个标准，总计21万字。重点提炼小单元家庭式照护模式管理规范，将“两室一厅”家庭化布局、去机构化装饰、暖心服务形成可复制可推广的标准，满足长者多层次养老需求。8月5日，发布《上海市第一社会福利院养老服务标准化体系》。全年召开推进会议3次，改进体系稿件6次，开展培训12次，累计培训306人次，宣贯培训率达100%，各岗位人员均掌握本岗位标准文件。将标准化体系纳入院三级考核体系，做到服务环节、服务流程、服务接触面全覆盖，对标标准修改质控点32项。对照市民政局标准化示范试点要点，持续改进服务条款3项。12月5日，通过市民政局标准化示范试点项目验收。 (陈婷婷)

【“上海品牌”与服务认证双认证】 2019年，上海市第一社会福利院获得“上海品牌”和服务认证双认证。完成近9万字的《上海品牌评价通用要求》自评报告；总结机构养老服务经验，对标养老服务业国标、地标，率先在业内采用国际一流的服务蓝图技术和服务接触理论，编制近5万字的《“上海品牌”评价认证依据：机构养老服务认证要求》，为探索机构养老服务领域开展“上海品牌”服务认证贡献一福方案。通过《上海品牌评价通用要求》自评报告以及《机构养老服务认证》团体标准的评价和先进性答辩；接受“上海品牌”联盟专家组实地调研和上海质量体系审核中心专家组连续三天的管理要求审核与服务特性体验测评，以管理要求成熟度四级(85.92分)和服务特性测评AAAA级(93.72分)，市第一社会福利院获得“上海品牌”认证与服务认证，成为上海首家通过双认证的组织。 (陈婷婷)

【缅甸社会福利和救济安置部来访】 11月15日，缅甸社会福利和救济安置部副部长梭昂一行6人，来到上海市第一社会福利院参观访问。代表团一行走访重度照护生活区域、老人手工坊、书法阅览室、多维怀旧训练室、多媒体感官训练室、技师创新工作室和院史馆，实地了解小单元家庭式照护模式、六位一体组团服务模式和第一福利院专业养老、人文养老、安全养老、科技养老的服务特色，感受以老人为本的为老服务理念和家文化氛围。双方就上海市社会福利领域的有关政策措施和经验做法进行交流探讨。 (陈婷婷)

【长三角养老从业人员实训基地】 12月，上海市第一社会福利院入选首批百家“长三角养老从业人员实训基地”。市第一社会福利院基地拥有可容纳70人理论培训、总面积125.6平方米的实训空间，配备多媒体授课设备和护理床、护理操作器具、移转位用辅具、仿真模拟装置等实训教具。具有多年薄弱养老机构带教、社区为老帮扶培训和院内60余人全职护理队伍分级培训经验；依托上海市“技师创新工作室”，组建上海市首席技师、高级护理员、主管护师的三人讲师团；建成理论教学、案例分析、实习带教、情景模拟、自我体验等培训体系；拥有完善的养老服务系统、医疗服务系统等智慧化养老系统。通过为长三角相关专业师生及养老从业人员提供教育和实训机会，助力解决养老服务需求日益高涨和人才短缺矛盾，助推养老从业人员专业化、规模化。 （陈婷婷）

上海市第二社会福利院

【概况】 上海市第二社会福利院的前身是大公所广仁院，成立于1953年。1978年12月，正式更名为上海市第二社会福利院。市第二社会福利院位于上海市崇明区港沿镇骏马村1718号，主要负责收养全市无依无靠、无生活来源、无家可归的痴呆人员和部分丧失劳动能力的青壮残缺人员。2019年，市第二社会福利院以“孤残人员融入社会”为康复特色，拓展社会融合，推出自主生活岗位管理服务，发展“栀子花开”浪漫婚嫁品牌项目，帮助服务对象重新回归社会、回归家庭。根据民政部和上海市民政局对解决市级儿童寄养于异地和民办等问题的要求，进行科室改革，原业务科调整为出入院管理科，新增寄养部；调整原护理区职能，新增一个护理区，分批次落实383名寄养儿童的转入安置工作。至2019年年底，全院共收养1 166名服务对象，同比收养人员数增加344人。为服务对象送医161人次，其中寄养儿童89人次、成年孤残49人次、有家寄养23人次。 （张 莹）

【寄养工作】 上海市第二社会福利院的寄养工作分为机构寄养和家庭寄养两种模式。机构寄养是由于院内实际容纳床位数无法满足实际供养服务对象数量，而逐渐增加民办福利机构作为寄养单位，2019年，市第二社会福利院下属寄养机构有上海蘭馨福利院、上海中馨福利院和上海海科第三福利院。家庭寄养是为了让孤儿回归家庭、融入社会而采取的照护方式。至2019年年底，寄养总人数为469人，其中机构寄养总人数达到453人（上海蘭馨福利院153人、上海中馨福利院159人、上海海科第三福利院141人），家庭寄养16人。为规范三家寄养机构和家庭寄养的工作机制，市第二社会福利院成立寄养部，统一协调寄养工作，将寄养机构纳入工作考核细则，并安排专人与寄养家庭做好沟通、协调、服务工作。1月，市第二社会福利院召开寄养工作专题会议，与三家寄养机构签订寄养合同，加强考核力度，将不定期形式对寄养机构进行考核的频率由每月一次提升为每月两次。同时，组织技师开展针对性较强的护理技能操作培训，优化人员配比结构，规范机构寄养的服务水准。 （张 莹）

【安置儿童照料服务】 4月和6月，上海市第二社会福利院分两批次转入安置383名未到龄寄养儿童。市第二社会福利院开设社工、行政、业务条线加强班，严密把控各环节、各流程，及时做好儿童情绪的安抚与疏导；针对安置儿童卧床比例高达75%，儿童吞咽困难，喂饭时间长至1小时的情况，成立志愿者队伍参加护理工作，并紧急招录16名职业护理员，加强一线人员护理巡查频率；了解安置儿童的健康状况和看护要求，根据其健康状况及时召开联合会议，商讨压疮、湿疹患者的治疗、护理方案，针对特殊病例组织护理骨干开展护理查房，现场讨论确定护理方案，对36名三级护理安置儿童进行评估后调整护理等级。调整膳食供给，提供儿童所需的米粉、营养粥、蛋白质粉等高蛋白饮食，确保安置儿童营养均衡。医护配合测量、统计、跟踪安置儿童的体征状况，细化、完善健康档案，定期开展“四防”风险评估。创新卧床儿童的保护措施，特制两款安全保护背心和床护栏套推广使用，并根据监测情况跟进服务，改善照料模式。 （张 莹）

【孤残人员社会融合】 5月，上海市第二社会福利院以部分服务对象渴望自主、独立的需求为实际出发点，启动“孤残人员社会融合项目”。项目分为三个层级，第一层级：在院内开辟出模拟生活班组，协助孤残人员开展自主岗位服务、进行自我管理、自主生活；第二层级：联系社会企业，安排有意愿、有能力的服务对象外出工作，让他们通过劳动实现自我独立；第三层级：针对经过锻炼，能够进行社交、工作、生活，且对脱离院内、在社会独立生活有强烈意愿的服务对象，实行更高程度的社会融合。7月，4名孤残人员经过自主报名、前期宣教、智力检测、司法鉴定机构进行民事行为能力测试等环节，各项要素均安全合格达标后，与市第二社会福利院签订《供养协议》，开始离院独立生活。9月26日，上年度社会融合人员唐丰学自主创业，解除监护关系，实现完全融入社会。至2019年年底，共有9名孤残人通过“社会融合评估项目”融入社会。12月，市第二社会福利院结合实践经验，完成《成年孤残人员社会融合新模式探索研究》课题研究，探索孤残人员社会融合项目科学化发展之路。 （张 莹）

【浪漫婚嫁项目】 上海市第二社会福利院从2010年开始开展浪漫婚嫁服务项目，帮助孤残人员建立自信、组建家庭，并在家庭的支持下，逐步转换角色，融入社会。浪漫婚嫁项目采用“三心”工作法，社工以“知心”好朋友的身份了解院内有情感需求的适龄孤残人员，通过小组活动、个案辅导、两性知识培训帮他们树立正确的婚恋观；出入院管理科是“贴心”暖阿姨，通过了解家庭成员结构、遗传病史等情况，合理安排相亲；市第二社会福利院作为“暖心”娘家人，协同筹备婚礼事宜，每年开展婚嫁青年回娘家活动，关心其婚后情况。至2019年年底，共有28名孤残人员步入婚姻的殿堂，13名孤残人员生育孩子，9名孤残人员找到工作，实现从家庭生活向社会职场生活的转变。5月，上海市第二社会福利院“栀子花开”浪漫婚嫁服务入围上海市民政第六届十佳服务品牌。 （张 莹）

上海市第三社会福利院

【概况】 上海市第三社会福利院的前身是上海市儿童教养院，成立于1979年4月。1990年，更名为上海市第三社会福利院暨上海市民政老年医院。市第三社会福利院位于上海市漠河路655号，内设床位600张（其中民政老年医院90张），主要职责为收养社会上“无家可归、无依无靠、无生活来源”的孤、老、残等人员和失智失能老人的托养工作。市第三社会福利院成为专门收养照料失智失能老人的医养结合型的国办养老机构，设有失智照料中心、介护照料中心、介助照料中心和医疗康复中心（民政老年医院）等“四大中心”。2019年，市第三社会福利院利用民政老年医院的医疗优势，将住养老人的生活照料和医疗康复关怀相结合，开展“安养疗护服务”，并在“中风偏瘫”专项治疗的基础上，开设“冬病夏治”中医诊疗服务。启动新一轮结对共建工作，与崇明两家养老机构建立结对共建机制，提供现场理论指导与操作培训；为170余名城建职业学院学生提供临床实习及见习机会。顺利通过上海市民政局标准化试点（示范）项目验收。全年底，共收住失智失能老人61人，在院住养老人达415人，其中养老人数346人，民政老年医院病人69人。全年服务满意率为98.69%。开展各类培训101次，参与7 541人次；完成局级课题《轻中度认知症老人怀旧疗法介入——以上海市第三社会福利院为例》及论文《风险管理在老年病房护理安全管理中的应用》的发表。 （张镇海）

【失智失能养老服务标准化示范试点】 3月，上海市第三社会福利院组织申报上海市失智失能养老服务标准化示范试点项目。通过建立健全标准化组织、制定标准化工作计划、开展宣传动员和人员培训、进行满意度测评、编写标准化体系内容等，初步构建科学合理、层次分明、适合工作需要、具有三福特色的标准框架体系，制定《标准化管理办法》《护理标识管理规范》《服务满意度调查规范》等基础性标准；在保障标准子体系方面，制定环境与能源、安全与应急等六方面“人、财、物”管理标准；在服务提供标准子体系方面，制定服务和服务提供、服务质量控制、服务评价等四方面服务规范。至年底，该试点项目已通过上海市民政局标准化试点（示范）项目验收。市第三社会福利院已完成《上海市第三社会福利院养老服务标准体系》建设，共有标准125个，其中国家标准26个、行业标准4个、地方标准5个，院标准90个，覆盖养老服务的各个环节，覆盖率为100%。 （张镇海）

【“安养疗护”项目】 2017年7月，上海市第三社会福利院开展“安养疗护服务”，将老人的生活照料和医疗康复关怀相结合，通过专业的医疗护理、社工心理、音乐舒缓、营养调理等人性化服务，为老人提供全方位照护，让生活不能自理且患有多种慢性疾病、需要长时间照护的老年人，在受到疾病困扰且无法治愈的情况下尽可能地维护生活品质，通过疼痛控制，尊严地面对死亡，让生命变得来去从容。2019年6月，首例老人正式入住安养病房体验该项服务，经过一个多月的照护，老人精神状况有所好转，各项指征也趋于平稳。在此基础上，尝试开展“安养疗护平移”，将“安养疗护”的工作理念从特定病房挪入普通病房，尽可能配合患者本人及家属的意愿，为老人提供服务。全年共有2例重病患者实施“安养疗护”，经过医护、社工及营养师的精心治疗和护理，两位患者均因病情好转而转回普通病房。 （张镇海）

【上海民政专家系列丛书《老年护理指南》】 8月，“上海民政专家系列”丛书之一《老年护理指南》在上海书展举办新书签售会。该书由上海市第三社会福利院组织编写，学林出版社出版发行，主要记录市第三社会福利院“上海工匠”黄琴同志及其护理团队，在多年一线护理工作中常用的操作技能及方法，特别是聚焦和分享认知障碍、失能老人照护的经验和体会。该书既可以作为养老护理员培训的专业教材，又可以作为家庭照护的教程，推动养老护理专业化、规范化、标准化的发展趋势。 （张镇海）

【认知症品牌“忆路有爱”】 “忆路有爱”失智服务品牌主要根据认知障碍老人生理机能和心理状态特点及需求，运用专业的社会工作方法、人性化亲情照护、个性化医疗康复服务，以生理、心理与健康需求为导向，帮助认知障碍老人唤醒失去的记忆，增进情感认知。2019年，上海市第三社会福利院开展“你和我的亲情时光”家属体验日活动。通过亲情树寄语、一封家书扣心扉、长者才艺展示、照护能手看我们等四大主题活动，让家属更加全面地了解市第三社会福利院的护理状况及住养老人生活情况，增进家属与老人、家属与院方的互动交流。开展住养老人春游、秋游踏青活动，让长年住在院内的老人有机会走出院门，共计32名住养老人参加活动。打造“忆路有爱”主题单元，对认知障碍一楼小单元区域进行空间改造，建成“游戏走廊”“阳光读书角”“家属会客厅”“彩虹花园”四大主题区域，为认知障碍老人提供更为温馨、舒适的居住环境。（张镇海）

【劳模创新工作室】 上海市第三社会福利院设立“劳模创新工作室”，充分发挥“上海工匠”黄琴同志在养老护理领域技术示范、传帮带教、服务创新、技能革新等方面的积极作用，运用集中培训、临床教学、师徒带教、技能比赛等手段，不断提升护理员的业务技能水平。2019年，市第三社会福利院通过整合全院资源，完善护理技能培训小组、医护健康教育小组、社工康乐服务小组和科研小组的“四位一体”养老服务模式，实行多层次、多结构、多方位培训，丰富和充实创新工作室内涵，为推动服务质量的提升和护理人才的培养奠定基础。全年共开展护理培训68次，参加人数3 599人次，护理员倪建红荣获上海市“最美养老护理员”称号。

（张镇海）

上海市第四社会福利院

【概况】 上海市第四社会福利院是上海市民政局所属的事业单位，为上海市三级养老机构。它的前身是上海市老残院，是上海地区养老历史最悠久的养老院，始建于清朝乾隆嘉庆年间（1736年），至今已有280多年的历史。市第四社会福利院位于松江区松汇西路1172号，院内拥有上海“十大名园”之一的明代古建筑颐园，松江文物保护建筑赵氏宅等。全院目前共有床位320张，主要收养社会孤老、退休孤老、成年孤残人员和自费寄养老人。2019年，市第四社会福利院立足新院发展，围绕新形势下机构发展和住养服务对象的多元服务需求，开辟“轮椅骑士”小单元照护区域，建立四福“共益合作社”，开展公益助残项目，创建综合性信息管理平台，创新“医养康”养老服务模式，开展基于GB/T 9001和GB/T 24421的服务标准体系建设，通过上海市民政局标准化试点（示范）项目验收，获得“上海品牌”及“机构养老服务”双认证。在院住养服务对象236人，其中社会孤老56人，成年孤残56人，自费寄养124人（包括街道孤老19人），孤老总数131人，占全院对象的55.51%。护理等级中度、重度老人共224人，占到全院住养服务对象的94.92%。全年出院3人，中心内部转出6人，新入院46人（其中30人为二福院转入成年孤残对象）。综合服务满意率98.6%，收到锦旗19面，表扬信7封。（胡春燕）

【“医养康”养老服务模式创新】 5月5日，上海市第四社会福利院与上海市养志康复医院（上海市阳光康复中心）进行合作项目签约，在诊疗服务、人才培养、科研合作等方面实现技术和资源共享。根据合约，阳光康复中心两名康复主任医师每半月一次来院对康复治疗师进行专业指导，针对老人的具体情况给出相应的康复活动建议，并对康复工作中存在的不足提出意见及整改措施；实行双向转诊，确保急重患者第一时间接受康复治疗。在“医养康”模式的探索过程中，市第四社会福利院坚持运用上肢智能力反馈康复机器人、上肢运动控制训练系统、下肢平衡检测仪、下肢踝关节训练器等专业康复技术及设备，开展智能康复、被动活动、音乐疗法等康复活动，结合新制定的《康复服务操作规范》《康复服务规范》《康复服务运行管理规范》，建立FIM生活自理评定量表评估，对住养服务对象康复数据进行统计分层，为康复工作提供数据支撑。“医养康”养老服务模式实施以来，服务人数33人，51人次。

（胡春燕）

【“共益合作社”义工服务体系】 2019年，上海市第四社会福利院初步建立“共益合作社”义工服务体系，结合院内义工服务组织的群体特点，搭建、孵化和培育“共益合作社”义工社群IP建设。7月26日，召开共益合作社共建会，选举产生共益合作社首届理事长陶韬，确认“奉献、互助、和谐、责任”合作社公约，产生乐龄童心、七彩文青、巧手魔法、幕后英雄社四社社长。8月28日，借助市社会福利中心社工学组平台召开志愿者运营管理交流会，启动“共益合作社”义工社群建设。“共益合作社”义工服务体系通过社长议事厅制，每月召开社群运营管理例会，决策“共益合作社”日常运营事项，实现自组织管理。根据院内长者特点和服务需求，“共益合作社”策划开展节日拍卖出品秀、“老宝贝VS小宝贝总动员”“带你看风景”“二十四节气”风俗体验系列活动，最大限度发挥“社会工作者＋义工”联动模式的效果。12月28日，在“义工大年烩”活动上推出“四喜丸子工具包”（四社LOGO、四喜丸子服务指南等）。至年底，“共益合作社”新招募70余名志愿者，并且已与47家企事业单位和社团组织建立联系和合作，开展义工服务活动313次，参与人数1 455人次，受益4 441人次。（胡春燕）

【机构养老服务标准化试点项目】 2018年11月，上海市第四社会福利院申报养老服务标准化试点项目。在上海质量体系审核中心的专业指导下，建立标准化工作机构、制定试点工作计划、配备标准化专员、开展标准化专题培训。依据 GB/T 24421.2 给出的服务通用基础标准、服务保障标准、服务提供标准三个子体系以及各子体系下包括的功能范围来设计标准体系结构图，建立标准体系明细表。院养老服务标准体系共有标准 243 个，覆盖院养老服务的出入院服务、生活照护服务、医疗护理服务、文化娱乐服务、心理/精神支持服务等各个环节，覆盖率达到 100%。2019 年 8 月，标准化试点工作进入试运行阶段，按照新制定的《内部审核与标准体系评价管理规范》，全面系统地开展内审与标准体系评价工作。12 月 4 日，市第四社会福利院机构养老服务标准化试点项目顺利通过上海市民政局验收。

（胡春燕）

【综合性信息管理平台】 9 月 9 日，上海市第四社会福利院综合性信息管理“智慧养老平台”正式启用。智慧养老平台共由老人管理、服务管理、院内管理、统计监管和系统管理等五个子系统组成，通过物联网、云技术、GPS 定位技术、AI 行为分析等先进的信息技术，形成“系统＋服务＋老人＋终端”的多种服务应用，使服务不仅满足院内 236 名住养服务对象的需求，还具有向居家养老、社区日间照料辐射的功能，通过跨终端的数据互联及同步，形成一个完整的智慧管理闭环，实现老人与家属、服务机构、医护人员的信息交互，满足其生活、健康、安全、娱乐等各方面需求。12 月 11 日，该平台成功入选“上海市智慧养老十大优秀案例”。

（胡春燕）

【新建新院项目竣工】 新建上海市第四社会福利院新院项目发挥市属福利机构托底保障功能，以生活照料和日常护理为主要功能，主要收养社会孤老、退休孤老、成年孤残人员和经长护险评估照护等级为四级及以上的自费寄养老人，开展对失能老人的照料护理，结合本地特点形成系统的失能老人照料护理模式，对上海市南部地区各类养老机构失能老人照料起到示范、带教、培训与指导作用。新院项目于 2018 年 3 月 13 日开工，分为四个子项，分别是 010—地下室、020—1＃楼—半失能照料中心及综合服务中心、030—2＃楼—失能照料中心、040—零星工程。施工单位为上海绿地建设（集团）有限公司。2019 年 12 月基本完成结构安装和装饰工作，并于 12 月 23 日提交安全标准化竣工。

（胡春燕）

【“上海品牌”及“机构养老服务”双认证】 12 月 29～31 日，上海市第四社会福利院接受“上海品牌”和“机构养老服务”双认证评价。评价依据 T/CSCA 120025-2019《上海品牌评价认证依据：机构养老服务认证要求》和 SAC-S-006《机构养老服务认证要求》，重点进行管理要求审核与服务要求测评。专家组通过审阅材料、听取汇报、走访座谈、体验感知等形式，对市第四社会福利院养老服务体系涵盖的所有流程和内容进行全面审核检查与服务体验。通过三天的审核，市第四社会福利院养老服务标准体系、智慧养老服务平台、精细化多元化养老服务模式得到专家组的肯定，并顺利通过双认证。

（胡春燕）

【“轮椅新天地”服务品牌】 “轮椅新天地”服务品牌针对轮椅老人的活动需求，以消除轮椅老人活动障碍为目标，通过空间设计、康复护理、社工介入等多种举措，为每一位轮椅老人量身定制照料服务方案，如根据老人各自不同的身体功能障碍，为每位轮椅老人评估、设计、适配轮椅；根据伤残者、老年病人、先天疾病患者差别，采用细分式照护标准，从医护、营养、心理健康等方面单独为轮椅老人制定个性化照护方案，使他们获得与健全老人相同的自由行动空间、平等参与活动的权利。自项目实施以来，院内卧床 1 年以上的老人从 33 人减少为 13 人，呈逐年下降趋势；下肢血栓的发生降为 1 例。2019 年，院内 35 位轮椅老人的肌力没有继续减退，关节进一步挛缩畸形的发生率为零，其中 8 位老人肌力从 I 级提高到 III 级，能自我控制进行主动运动，成效显著。该品牌获得 2019 年度上海市民政系统第六届十佳服务品牌。

（胡春燕）

上海市民政第一精神卫生中心

【概况】 上海市民政第一精神卫生中心成立于 1959 年，其前身为上海市精神病疗养所，2009 年 4 月，正式更名成上海市民政第一精神卫生中心。市第一精神卫生中心位于上海市闵行区中春路 9999 号，床位 500 余张，内设一级职能科室 16 个，二级职能科室 6 个，临床病区 7 个，主要负责收治“三无人员”精神障碍患者、复退优抚精神障碍患者、城乡低收入困难家庭精神障碍患者以及各类参保和自费的精神障碍患者，提供治疗、康复和护理等服务。2019 年，市民政第一精神卫生中心以上海市二级精神病医院评审标准、公立医院绩效评价体系、精神卫生质控考核以及社会福利中心目标管理考核办法为准则，围绕“质量、安全、服务、管理、绩效”五大目标，强化行业标准建设力度，完善门诊开设和综合治疗科无抽搐电休克 MECT 项目实施，完善清洁物品供应中心运行，夯实科教研实施平台，提升专业服务能力。强化信息化建设，加强全院 OA 办公系统、人事管理软件、病员信息一览表、党建信息化管理等信息项目的落实推进。科学高效的服务措施和管理举措，确保医疗护理始终保持高满意率。2019 年，市第一精神卫生中心门诊接待患者 292 人次，其中初诊 85 人次，复诊207人次；患者入院13人，出院26人，住院患者改良无抽搐电休克治疗71人次，经颅磁刺激治疗9人次，改良森田治疗、团体艺术治疗、团体绘画治疗、音乐治疗、脑反射治疗、内观治疗等康复治疗共累计3 022人，年末住院患者499人。（陈　杰）

【门诊部正式对外开放运营】 5月6日，上海市民政第一精神卫生中心门诊部开诊启动仪式在门诊大厅举行。门诊开设心理科和精神科诊室，配置数十名精神科中高级专业医师团队，提供心理测量、心理治疗、催眠治疗、生物反馈治疗、沙盘治疗等医疗项目，运营后主要为各类心理障碍患者及受心理困扰的来询者提供各项医疗支持，并为精神分裂症、阿尔茨海默症等疾病患者提供医学建议、复查、配药等健康服务。辐射虹桥地区的社区，新虹、七宝、徐泾等周边社区街镇的居民在家门口就可以享受到专业、便捷的心理健康服务。（陈　杰）

【第八届文化节暨院庆60周年活动】 2019年，上海市民政第一精神卫生中心开展第八届"真情暖人心、满意在一精"文化节暨院庆60周年系列活动。文化节核心内容是职工岗位技能比赛，医务科围绕第二届"中国医师节"活动组织开展主治医师"心肺复苏"技能操作比赛、"体格检查"岗位练兵及医师分层次理论考试；护理部围绕5·12国际护士节组织开展"护士、护理员应知应会"理论考试和"强基础、抓技能、保安全"急救预案演练；膳食科组织开展厨艺比赛；院内感染控制科组织开展手卫生宣传周和"疑似医院感染暴发报告处置预案演练"等。院庆60周年活动聚焦市民政第一精神卫生中心创业、使命、展望的奋斗之路，组织开展"与祖国共命运，与一精共发展"征文演讲比赛、"岁月如歌，印象一精"摄影作品展、"筚路蓝缕，薪火相传"十大感动一精奖评选、"六十华诞，心系一精"院史知识竞赛等系列活动。（陈　杰）

【新时代"一精精神"发布】 5～7月，上海市民政第一精神卫生中心开展"和"文化之"一精精神"学习大讨论，畅谈弘扬"一精精神"。"一精精神"概括为"厚德至善、仁和业勤"八个字。"厚德"即主张人要遵循高尚的品格，遵守道德规范，注重道德修养，以德养性、以德养身。"至善"即最崇高的善，善是心地仁爱，品质淳厚，坚守善道。"仁和"即仁爱和蔼，服务患者要有仁爱之心、和蔼之情。"业勤"即精益求精，勤奋工作，要不断改善服务质量，提高专业技术水平。（陈　杰）

【精神科综合治疗新技术】 2019年，上海市民政第一精神卫生中心围绕《上海市二级精神病医院评审标准》和《上海市公立医院绩效考核评价办法（试行）》，对临床服务项目进行优化和完善，新成立的综合治疗科全面启用以无抽搐电休克MECT和经颅磁刺激rTMS为主的综合治疗新技术。MECT适用于抑郁症和难治性精神分裂症等的治疗，rTMS用于治疗精神分裂症（阴性症状）、抑郁症、强迫症、躁狂症、创伤后应激障碍（PTSD）等精神疾病。精神科综合治疗新技术运用以来，符合治疗指征接受治疗的患者达到80人次，经临床评估，效果显著进步，对于提升患者精神疾病的康复满意度起到一定的促进作用。此外，综合治疗科建立健全综合治疗管理制度，对全体医师及治疗室操作人员现场培训，使综合治疗新技术全面与临床治疗对接，丰富治疗技术和手段，提升治疗效能。（陈　杰）

【多学科融合个案康复管理】 2019年，上海市民政第一精神卫生中心推出多学科融合的个案管理康复模式，满足慢性精神障碍患者在生理、心理、社会等方面的多样化需求。个案管理团队成员由精神科医生、护士、社工、督导组成，以社工为个案管理员，发挥实践者、教育者、协调者等角色，整合协调医生、护士、康复、家属等层面的资源，介入服务对象入院、治疗、出院全过程，与服务对象共同制定个案管理目标和计划，使服务对象在治疗中得到持续系统的服务，实现个案管理模式的综合运用。在个案管理康复模式中，多学科团队通过高效协调的方式，为服务对象的需求提供系统性服务，变"患者请求服务"为"体系提供服务"。康复社工部在院内开展的个案管理服务主要介入患者的出院适应管理（模拟社会生活区）、慢性病管理（糖尿病、高血压等），以及住院适应训练、服药依从性等特殊情况。2019年服务患者112人，共计451人次。（陈　杰）

【科研跨界合作交流】 2019年，上海市民政第一精神卫生中心加大资金投入，积极扶持各层级科研项目，与上海市精神卫生中心、上海市第九人民医院、上海市重性精神病重点实验室等进行合作。主任医师盛嘉玲的《冥想改善顽固幻觉妄想症状的前瞻性临床研究》和《上海市松江区外来务工女性孕期心理状况调查》2篇论文参加第十七次全国精神医学学术大会壁报交流，副主任医师高慧的《精神分裂症衰退期患者一级亲属述情障碍与社会支持、应对方式的关系》被评为"2019上海市医学会精神和行为医学联合学术年会"优秀论文，并被推荐到大会优秀壁报交流。全年，全院共发表论文6篇，有2篇发表在核心期刊。副主任医师陆如平的《益生菌对男性残留型精神分裂症的治疗作用探究》和主管护师张静的《正念训练对残留型精神分裂症患者社会功能及阴性症状的影响》完成上海市民政局课题结题，副主任医师高红锐的《男性慢性精神分裂症长期住院患者血清叶酸、维生素B12及同型半胱氨酸水

平的研究》申报2020年上海市民政局课题。（陈　杰）

上海市民政第二精神卫生中心

【概况】 上海市民政第二精神卫生中心院址前身为“翊园”，1958年之前，为南汇县安老院。2009年4月，更名为上海市民政第二精神卫生中心。市民政第二精神卫生中心是上海市民政局所属的社会福利事业单位，是二级精神专科医院。主要收治无生活来源、无劳动能力、无法定抚养义务人的严重精神障碍患者、低保家庭、因病致贫家庭中的严重精神障碍患者、市第二社会福利院住院对象中精神发育迟滞伴发精神障碍患者等，为他们提供医疗、护理、康复服务。2019年，市民政第二精神卫生中心理顺医院感染预防与控制工作，联动医疗、护理等职能科室，将院感感控理念和要求融入诊疗活动全过程、全环节、全要素之中。修订完善《二精中心目标管理考核办法》《专业技术职务聘任考核管理办法》，重新制定委外人员岗位职责及工作流程，通过制度的完善、技术的提升、专业职能的规范等，实行一月整改一细节，强化餐前宣教、交接班、药品管理、责任查房落实等12项护理内容，全面夯实基础管理。新增骨密度检测、胱抑素C测定、血清γ-谷氨酰基转移酶测定、病原体乳胶凝集试验快速检测等辅助检查新项目，以及重复经颅磁刺激治疗、心理测量和团体绘画治疗三项特殊服务诊疗项目；创设“健康小讲堂”，增设腰鼓、模特队、广场舞等课程；拓展“随心E购”服务方案，开展“我们的节日”、患者春秋游等活动。同时，继续深化“心灵送爱五深入”志愿服务，进病区、进军营、进社区、进学校、进社团，开展素质拓展、心理咨询等服务，并启动条块联动志愿服务项目，与黄浦半淞园、静安寺街道等4个社区对接，开展“心灵关爱志愿行动”，取得较好的社会反响。（姚燕佳）

【“心灵绿地”上海市志愿者条块联动项目】 上海市民政第二精神卫生中心组建由医生、护士、社工等专业骨干组成的“心灵绿地”志愿服务队，开展社区精神健康志愿服务。5月，市民政第二精神卫生中心先后与半淞园、静安寺街道、宝山顾村、浦东康桥镇等4家志愿服务中心建立结对共建关系，开展健康宣讲、疾病预防、心理促进等志愿服务。通过“暖阳行动”，联动社区资源，提升社区居民的心理健康水平；通过“乐心公益”，提升社区志愿服务项目及团队的专业化水平；通过“大城小爱”，培育一批社区爱心人士，成为健康心理促进的行动使者，发扬“奉献、友爱、互助、进步”的志愿精神。2019年，为市民巡访团、社区工作者、幼教老师、暑托班小朋友等群体进行健康心理讲座、团队心理辅导、心理拓展游戏等7次志愿服务，通过不同领域的健康宣传与普及，提升社会大众的健康意识，强化健康理念。

（邬春华）

【“呵护翊星期”服务品牌】 2013年4月，上海市民政第二精神卫生中心推行以“人文关怀”为核心的责任制整体护理，培育“呵护‘翊’星期”护理服务品牌。通过运用“周程式护理”模式，在病区落实“一星期”七天不同的重点护理服务内容，有效解决患者身心诊疗需求，进而延缓精神障碍患者社会功能衰退，增加患者的幸福感和归属感。周一“安全巡查日”，着重对病区设施设备、高风险病人监控、护理人员操作安全等进行排查，落实高危风险评估等护理措施；周二“基础护理日”，强化病人基础护理，规范病人日常生活用品的消毒管理，避免因群体生活而导致的交叉感染；周三“健康监测日”，落实患者生命体征、血糖等监控，了解患者躯体不适及发病先兆；周四“康复宣讲日”，采用集体授课、个体宣教、情景模拟等多形式宣讲模式，为患者提供心理和健康指导；周五“技能训练日”，落实患者各项技能训练；周六“家属接待日”，形成有效的医患沟通；周日“心灵关爱日”，利用沟通、冥想、音乐、心灵鸡汤等形式，帮助患者正确认识自身疾病，及时解决心理问题。“呵护‘翊’星期”服务品牌的培育和实践，为构建规范专业完整的护理服务体系提供有益探索，该品牌荣获2019年上海市民政系统第六届“十佳服务品牌”入围奖。（黄惠珍）

【“健康小讲堂”】 2019年，上海市民政第二精神卫生中心以“立足需求，专业融合”为理念，创新健康教育方式，通过专业医生与社工团队双向互动合作，针对服务对象的健康需求，开发健康课程，每月以病区为单位开展健康巡讲，传授健康知识，解答健康问题。“健康小课堂”的推出，逐步构建起集知识传授、能力培养、创新实践于一体的健康课程体系，促进患者主体作用与医生主导作用、社工引导作用有机融合。先后开展《认识自我》《如何管理我们的情绪》《如何有效防治失眠》等课程，在增进患者的健康知识，提高自我保护与健康意识的过程中，激发医务工作者的服务意识与专业能力，增进医患和谐，构建良好的医患关系，为加快推进医务社工联动工作机制打下基础，促进业务融合性，提升民政福利机构的照护水平。（邬春华）

【“随心‘E’购”服务项目】 上海市民政第二精神卫生中心通过出入院处、财务科、康复社工部联动的方式，创设“随心‘E’购”社工服务项目，立足康复服务对象的购物需求，组建以服务对象为主要工作人员的自主互助管理团队，合理有效使用零用金进行个人生活物品的采购。2019年，优化和完善“随心‘E’购”服务流程，就购物类别进行重新划定，同时又扩招10名服务对象，作为梯队建设，进行职业康复训练，为后序服务推进储备人才。同时建立“评估—培训—试岗—服务—再评估”的职业康复服务管理模式，工作团队自主为全院近400名住院患者进行每月一次的物品采购服务，及时满足患者的需求，同时也为患者创建职业康复的平台，承担采购、理货、分拣、打包、护送等工作角色，提升职业能力，为有效对接社区康复工作起到积极的作用。（邬春华）

上海市民政第三精神卫生中心

【概况】 上海市民政第三精神卫生中心是上海市民政局下属社会福利事业单位，是上海市二级甲等精神病医院、上海市心理卫生服务行业协会副会长单位。1964年4月建院，2009年4月正式更名为上海市民政第三精神卫生中心，现址静安区闻喜路590号，主要承担接收“民政三无慢性精神病患者”、市救助站送治的“流浪乞讨精神病患者”、市儿童福利院寄养收治的“儿童精神病患者”、市第二社会福利院收养的“成人孤残精神病患者”。2019年，市民政第三精神卫生中心坚持“安全第一、稳中求进”工作总基调，在医疗服务、人才培养、对外形象等方面积极开创发展新局面。新门诊大楼启用，进一步满足市民日益增长的门诊就诊需求。建设移动护理系统，优化护理工作流程。通过国家机关事务管理局评审验收，创成全国节约型公共机构示范单位。拓展重复经颅磁刺激rTMS新治疗技术，采取高效安全、无痛无创的治疗方法，帮助患者更好地控制和缓解病情。建立每月医保专项检查机制，确保医疗服务严格按照市医保要求运行。拓展社工“职业康复”模式，开启“解忧杂货铺”康复项目，运用行为和社会学习理论帮助患者恢复社会功能。年内，门诊总接诊患者1.02万人次，较上年同期增长10.3%，其中初诊619人；收治入院患者131人，较上年同期增长12%，其中流浪乞讨精神病患者18人；完善8条临床路径管理，明确各路径医疗护理标准化，新增入径92人次，出径75人次。加强与家属沟通交流，全年接待家属2.94万人次。医疗类论文发表15篇，其中一篇荣获2019年度上海市医院协会精神卫生管理学术会议二等奖。（徐　敏）

【长三角地区跨省异地门诊就医试点】 2019年，上海市民政第三精神卫生中心积极开展长三角地区跨省异地门诊就医试点工作。启动系统规范接口改造、三代社保卡读卡器设备更新、统一发票打印格式调试、新增异地医保结算报表、开展相关工作人员培训等，并将医保卡结算所涉及的各个环节，包括挂号、收费、退费全流程反复进行测试，确保标准统一和数据交换的准确无误。6月13日，市民政第三精神卫生中心试点准备工作顺利通过医保部门实地验收。长三角地区跨省异地门诊结算覆盖苏浙皖三省和上海市。通过试点工作，三精中心能够对异地安置退休人员、异地长期居住人员、常驻异地工作以及异地转诊等四类参保人员提供更便捷的就医服务。（徐　敏）

【护理管理信息化建设】 8月，上海市民政第三精神卫生中心正式实现移动护理信息化系统全覆盖。该系统主要用于优化日常护理工作流程，减少护理差错，加强护理质量控制。基于患者标识系统和条码识别技术，护士使用手持移动护理信息采集设备录入患者信息，通过无线网络接入综合医疗信息系统连通数据，护理站电子大屏实时显示和管理各类护理信息等交互方式，有效起到统一护理记录标准化，减少护理差错发生，推进查房过程移动化实时化，便于医护人员及时根据患者情况作出决策判断，提升患者满意度。至2019年年底，移动护理信息化系统共为全院700余名患者服务，成为全院综合医疗信息系统的重要组成部分。（徐　敏）

【门诊大病医疗登记试点】 11月27日，作为全市推进医保业务流程优化工作首批试点医院之一，上海市民政第三精神卫生中心开始试点门诊大病医疗登记。按照上海市医保局《关于开展定点医疗机构门诊大病登记信息上传试点的通知》要求，根据医保接口要求完成软件系统开发，率先完成试点任务的系统软件升级、制定审核流程制度、安装专用医保读卡器、反复测试系统开展演练等准备工作，并被“上海静安”微信公众号宣传推广。试点工作开始后，市民可直接在市民政第三精神卫生中心进行登记，当场就能得知审核结果，免去以往需要往返于医院和医保中心奔波的繁琐。至2019年年底，已为75名患者进行大病登记。（徐　敏）

【新门诊大楼启用】 为进一步满足市民日益增长的门诊就诊需求，提升医疗服务能级，确保就诊过程更为安全，上海市民政第三精神卫生中心对原有沿街楼宇进行改造，建设对外开放的新门诊大楼。根据二级甲等专科医院有关要求，结合逐年递增的门诊就诊量实际，设计门诊布局，优化诊室配置：设置有普通门诊、专家门诊、门诊药房、门诊化验、心理咨询室、抢救室等。12月26日，新门诊大楼正式启用，推动医疗服务水平提升，充分发挥自身优势和能力，继续为广大精神障碍弱势群体和周边市民做好服务，增强民政福利精神卫生机构为民服务能力。（徐　敏）

【认知症“医养结合”】 2019年，上海市民政第三精神卫生中心积极探索认知症“医养结合”服务，先后与虹口区银康老年公寓、上海市第一社会福利院等养老机构签订服务协议，调研养老机构对于住养老人中患有认知症的老人的照料需求，设计精神科专业医护人员介入养老机构提供专业支持的巡诊、照护培训等方案。组建精神科骨干医师队伍，为养老机构患有认知症的老人开展筛查评定，确定病情发展程度，为精准化服务提供专业依据；每月为养老机构开展巡诊，结合老人临床特点为照护和康复工作提供医学建议；定期为养老机构开展座谈会和专业讲座，对提升认知症老人照护质量、合理用药、减少照护压力、家属认可度等方面产生显著促进效果，帮助养老机构增加与家属的互动。至2019年年底，市民政第三精神卫生中心为养老机构开展巡诊14次，专题健康讲座2次，家属座谈咨询会2次。（徐　敏）

【全国节约型公共机构示范单位建设】 2019年，上海市民政第三精神卫生中心积极响应全国节约型公共机构示范单位创建号召，进一步提升能源利用和节能管理水平，努力做好LED高效节能照明、感应节水器具、屋顶绿化高效灌溉、污水回收、太阳能与空气源热水系统等相关项目的实施，取得较好的节能效果。通过高新科技设备、日常用能精细化管理、节能亮点特色工作及完备创建资料准备等工作，经过申报、创建、初评和复评等环节，三精中心通过国家机关事务管理局的评审验收，成功创成全国节约型公共机构示范单位，切实发挥民政福利公共机构在节约能源资源方面的示范引领作用。（徐　敏）

上海市黄山干部疗养院

【概况】 上海市黄山干部疗养院的前身是上海市档案局原战备档案库房，成立于1982年。建立之初，隶属于上海市人事局管辖，为上海市机关事业单位干部疗休养的场所。2000年7月，由上海市民政局接管，同时增挂“上海市黄山老年疗养院”“上海市黄山荣誉军人疗养基地”两块院牌。上海市黄山干部疗养院位于上海市番禺路617弄1号308室（沪办）、安徽省黄山市黄山区谭家桥镇茶林场4号（院区），主要业务范围是为上海市老年人及市级机关、事业单位干部疗休养提供配套服务。2019年，上海市黄山干部疗养院以上海市福利中心采购平台为抓手，推动管理规范化；以日常考核为基础，推动管理常态化；以制度汇编为契机，推动管理制度化；圆满完成业务工作目标，满意率进一步得到提升；进一步夯实基础管理，注重各项制度的完善和落实；通过服务体系“闭环”管理、探索社工工作介入短期疗休养工作模式等，提升综合服务能力；持续加大环境改善，积极营造舒适、安全的疗养环境；注重安全管理，加强安全防范；加强队伍建设，搭建职工培训和锻炼平台，提升职工综合素养；加强精神文明建设，不断积聚向上向善的强大正能量。全年完成接待团队88批，2 966人次，10 431人天。其中老人团28批，1 357人次，5 428人天，老人团满意率99.64%；双拥团32批，1 237人次，3 711人天，双拥团满意率99.39%；计划外团队28批，372人次，1 292人天。全年累计收到满意率征询表248张，综合满意率为99.52%。（闻伟敏）

【“‘申情徽意’待客来”服务品牌】 “湖”光“山”色相映生辉，“申”情“徽”意悠久绵长，上海市黄山干部疗养院“‘申情徽意’待客来”服务品牌，自2003年启动以来，已持续16年，始终坚持从亲情服务入手，努力为服务对象营造“家”的氛围，体现家的温暖。根据服务对象的多元化需求，设计适宜的人文景观，春天观赏油菜花，秋天看晒秋；同时精心规划红色景点，把红色人文景观和绿色自然景观结合起来，加强革命传统教育和爱国主义教育。近年来，上海市黄山干部疗养院通过“领队＋社工＋导游＋医护及后勤人员”的“4＋1”嵌入式服务模式，从“身、心、社、智”四个维度开启短期疗休养服务，探索全新的疗休养模式。2019年完成接待团队88批，2 966人次，先后收到锦旗逾百面，表扬信近千封，品牌服务满意率始终保持在98%以上。（闻伟敏）

【社会工作介入优抚对象短期疗休养】 2019年，上海市黄山干部疗养院与上海闵行区吴泾拾星者社会工作服务中心合作，通过采取“领队—导游—医护—社工”的嵌套服务，解决社工介入优抚对象短期疗休养工作从无到有的“盲点”问题。结合上海市重点优抚对象黄山短期疗休养行程，整合院区多方资源，通过开展丰富的主题服务活动，促进重点优抚对象参与，为重点优抚对象提供精神支持与关爱，从而提升重点优抚对象黄山短期疗休养团队的集体感与对黄山院的归属感。社会工作介入团队15批，共计590人次优抚对象的服务，精准对接服务对象的需求，逐渐形成“上海市重点优抚对象赴黄山短期疗休养”的专业模式。（闻伟敏）

上海市儿童临时看护中心

【概况】 上海市儿童临时看护中心成立于2004年6月，于2005年6月1日正式对外运行。主要接收上海市范围内经体检或救治后符合验收标准的1至14周岁弃儿（疑似），为其提供临时生活照料和医疗护理，并协助公安查找和确认身份，是全国首家专门负责弃儿（疑似）临时照料和寻亲工作的机构。2017年，上海市儿童临时看护中心拓展服务领域，参与和落实新形势下困境儿童救助保护工作，为监护缺失或监护不当的困境儿童提供临时生活照料和司法保护。2018 年，为配合安徽异地和上海市内民办机构寄养儿童回收安置工作，市儿童临时看护中心受市儿童福利院委托，承担孤残儿童寄养工作。2019 年，市儿童临时看护中心结合不同类型儿童的特点和需求，不断深化服务举措、提升服务效能。深入推进儿童营养管理，通过医护联手，定期监测儿童生长发育指标，开展膳食调查，落实个性化喂养干预。深化儿童综合评估服务项目，实现社工服务“一人一档”全覆盖。探索建立困境儿童“双访”机制，保障困境儿童合法权益。通过司法程序，落实困境儿童监护安置和司法保护。年内，市儿童临时看护中心累计收治弃儿（疑似）、困境儿童、寄养儿童 102 人次。弃儿（疑似）家属认领 3 人，确认弃儿身份转院 9 人。困境儿童转移监护权 1 人，监护人接回 8 人，委托近亲属照料 4 人。　（吴佳妮）

【弃儿（疑似）收治】　公安部门接到捡拾弃儿（疑似）的报案后，将弃儿（疑似）送至捡拾地定点医院体检或救治，并开展查找工作；弃儿（疑似）经体检或救治，各项身体指标符合出院标准的，医院通知市儿童临时看护中心验收，经验收合格接收入院；市儿童临时看护中心为入院弃儿（疑似）建立档案，开展临时监护和生活照料，同时通过新闻媒体发布寻亲公告，采集血样送公安部门进行 DNA 比对，配合公安部门进一步开展寻亲工作；其间，查找到监护人的，由监护人认领接回，60 天公告期满仍查找不到监护人的，由公安部门确认弃儿身份后转至市儿童福利院。2019 年，市儿童临时看护中心新收治弃儿（疑似）14 人，监护人认领 3 人，转市儿童福利院 9 人，其他尚未确认身份。　（吴佳妮）

【困境儿童收治】　公安部门接到发现困境儿童的报案，第一时间出警处理；监护人监护不当情节较轻的，由公安部门进行批评教育或出具告诫书，并进行监督回访；监护人监护不当情节较重或监护缺失的，参照疑似弃儿工作流程送定点医院就医或体检，由市儿童临时看护中心验收合格后接收入院，开展临时生活照料；其间，监护人恢复监护能力或有其他近亲属愿意照料抚养的，经公安部门确认身份，办理交接手续；三个月后仍无人监护或监护人不适合继续监护的，启动会商机制，由市儿童临时看护中心联合公安、检察院、法院等部门，启动司法程序转移监护权，经法院判决另行指定监护人。2019 年，市儿童临时看护中心新收治困境儿童 15 人，转移监护权 1 人，监护人接回 8 人，委托近亲属照料 4 人。　（吴佳妮）

【儿童综合评估服务项目】　2019 年，上海市儿童临时看护中心深化儿童综合评估服务项目，由社工部牵头，联合医疗、护理、康复等专业资源，共同评估儿童成长需求。从儿童健康状况、生长发育、语言运动、行为习惯、生活自理、社会交往等多个维度，开展综合评估，分析儿童问题与需求，制定干预措施。针对存在营养问题的儿童，由医务科牵头，联合护理部、生活区、后勤保障科共同制定营养食谱，开展个性化喂养干预，并通过每月生长发育指标监测，进行营养管理；对于有康复训练需求的儿童，由康复师制定专业康复计划并实施；对于存在心理创伤、情绪问题、行为问题的儿童，开展个案干预、小组工作等专业社工服务；对于部分学龄期儿童，由社工进行一对一学业辅导。全年共建立完善社工服务档案 84 份，实现在院儿童社工服务“一人一档”全覆盖。　（吴佳妮）

【困境儿童“双访”机制】　2019 年，上海市儿童临时看护中心初步建立困境儿童“双访”机制。即事前走访，在困境儿童入院前提前走访，了解困境原因、监护人情况及儿童个体情况，为临时照料作准备；事后回访，在困境儿童出院后进行跟踪回访，确保困境儿童得到妥善安置，儿童的各项权益得以保障。至 2019 年年底，共对 9 名困境儿童开展 21 人次“双访”服务。　（吴佳妮）

【困境儿童司法保护】　2019 年，上海市儿童临时看护中心针对 1 例因监护人拐卖儿童罪被判刑而成为困境儿童的案例，联合公安、检察院、法院等部门启动司法程序，由上海市儿童临时看护中心申请撤销其亲生父母监护人资格，通过法院判决，指定该儿童外祖父母为其判后监护人。这一案例，再次拓宽判后监护人范围，坚持以儿童利益最大化为原则，选择最适合的判后监护人，这也是落实困境儿童监护安置和司法保护的最终目标。　（吴佳妮）

上海市殡葬服务中心

【概况】　上海市殡葬服务中心成立于 1998 年 8 月 28 日，与上海市殡葬管理处政事分开后，成为上海市民政局所属的专门从事殡葬服务的事业单位。市殡葬服务中心坐落于徐汇区文定路 81 弄 1 号楼 5 楼，内设部门 9 个，下属实际运营管理单位 16 个，现有从业人员 1 360 名，主要承担上海市区的殡殓业务和涉外丧事及国际运尸服务，专业生产和销售殡葬用品设备，开展殡葬文化和殡葬科技研究，对所属单位和机构实行统一经营管理和业务指导监督。2019 年，市殡葬服务中心推进火化炉改造、“一门式”服务升级、海葬业务网上办理等工作，推动节地生态葬式及公益惠民举措，推进生产业务资源整合，参加雄安新区殡葬设施规划及其他技术外援任务，主办“生命如画——2019生命文化教育艺术作品展”，以支持单位身份参加“第四届中国当代生死学研讨会”等。2019年，市殡葬服务中心承接的殡殓业务总量为49 952具，较上年同期增加519具，同比增加1.05%；共办理“千元办丧事”1 956户，占殡殓量3.92%，同比减少1.4%。中心下属飞思海葬共办理骨灰撒海92船次，较去年增加24船次，共撒骨灰5 210具，较上年增加1 078具，增幅26.09%，共有4 803户家庭计21 761位家属参加撒海活动。清明期间，中心所属墓园及骨灰堂共接待祭扫市民77.8万人次，车辆11.3万辆次，落葬骨灰1 257穴。冬至期间，接待祭扫市民32.4万人次，车辆3.98万辆次，落葬骨灰2 954穴。

（黄　莺）

【节地生态葬式】　上海市殡葬服务中心积极探索节地葬式新方向，除统一推出的“博爱苑”“普爱苑”“众爱苑”节地生态葬外，中心公墓单位开发新型葬式，如古园“别有洞天”“长春苑”壁葬园区、息园“四季坊”特色墓区、西园“蟠龙阁”壁葬群、“天辰园”特色墓区、归园“墨梅苑”特色园区等。节地生态葬式不仅突显殡葬绿色公益属性，而且在优化治丧环境、传递人文情怀等方面营造良好氛围。至2019年年底，市殡葬服务中心小型墓销售占比已达到77%，节地生态葬占比达到31.8%，中心墓园25项葬式（40个墓区）已纳入市民政局“节地生态补贴”目录。

（陈　斌）

【“无烟墓区”宣传】　清明、冬至期间，上海市殡葬服务中心积极做好“无烟墓区”宣传工作，促进文明祭扫成果建设。中心所属各墓园根据《上海市烟花爆竹安全管理条例》和《关于印发〈上海市2019年烟花爆竹安全管控工作方案〉的通知》文件精神，在墓园现场设置横幅、展板、易拉宝、大屏幕等环境营造设备，通过劝导人员、鲜花置换、小礼品赠送、各项惠民措施跟进等举措，告知市民禁燃禁放的责任义务，强化“无烟墓区”前期对外宣传，倡导绿色环保祭祀新理念，营造无烟祭扫氛围。在属地部门的支持保障下，无烟墓区宣传初显成效，文明祭扫、绿色祭扫的公众参与意识和责任意识逐渐显现。

（陈　斌）

【全国第二届海葬工作交流（观摩）会】　5月24日，由中国殡葬协会主办，中国殡葬协会殡仪服务工作委员会、中国殡葬协会海葬工作（文化）交流会、上海市殡葬服务中心、上海飞思海葬服务部承办，中国殡葬协会教育科学文化工作委员会、上海市殡葬行业协会、上海市龙华殡仪馆、上海市宝兴殡仪、上海滨海古园协办的全国第二届海葬工作交流（观摩）会在上海市第415次集体撒海活动中开始，来自全国殡葬业同行80余人，应邀观摩骨灰融大海活动。观摩团参观滨海古园的海葬纪念苑、葬文化博物馆和人生文化博物馆，详细了解滨海古园从2002～2019年十七年间推进海葬纪念工作的情况以及生命文化教育发展情况。5月25日，与会人员参观位于龙华殡仪馆的上海殡葬博物馆、3D打印遗体修复工作室以及龙华生命文化教育基地，参加宝兴殡仪馆举行的“海葬的生态与人文价值”为主题的交流会议，围绕各地海葬工作发展及海葬人文价值，展开交流探讨。

（黄　莺）

【上海民政博物馆托管】　2019年，上海市殡葬服务中心承担上海民政博物馆托管工作，经过深入研究和情况梳理，明确由殡葬文化研究所负责接管。经与上海市龙华烈士陵园多次协调沟通，商定接管方案，确定接管时间、方法、重点、程序、责任人等事项，5月31日上报市民政局办公室备案。6月28日，殡葬文化所完成上海民政博物馆接管工作，对馆舍、文物、档案文书、财务、固定资产等形成完备的交接记录，民政博物馆运行管理工作正常。

（邵　颖）

【海葬业务网上办理】　9月，在以往海葬服务办理模式基础上，飞思海葬服务部对现有上海海葬网进行全面升级改造。在海葬网增加网上预约功能模块、海葬网与海葬业务系统对接模块，设计网上祭扫新界面，开通海葬微信公众号，新增公众号与短信推送功能。9月1日，海葬业务新系统正式上线运行，通过前台统一受理、后台分类处置、管理全程监控等，实现办理现场核验客户身份信息、录入银行转账信息、打印领灰证和车船票等现场一站式办结功能。飞思海葬服务部全年共组织92船次骨灰集体撒海活动（其中上海市88船次，外省市4船次），共有4 803户家庭21 761位家属参加，共撒骨灰5 210具。其中为常州、南通、嘉兴、无锡四城市民政局代理举办集体海葬活动，为294户家庭713位家属提供服务，为325位逝者骨灰举行撒海仪式，较2018年同期增加4%。

（王　燕）

【殡葬“一门式”服务升级】　2019年，上海市殡葬服务中心倡导的“一门式”服务，功能全面升级，由“一对一”转变为“多对一”模式。负责“一门式”工作的飞思代理中心梳理“一门式”服务工作流程及服务标准，与白事热线962840开展轮岗培训，建立相互协调共享的工作机制，分享资深员工优秀案例，传授业务经验，发挥“传、帮、带”作用。9月3日，上海市民政局开通启用“上海市殡葬服务平台”，正式推行“白事顾问”制度。由专人负责上门服务、业务洽谈、礼厅服务等多个环节，将“线下订购”转变为“线上下单”，市民选定后由服务人员进行后续跟踪，并转化为电子凭证给予确认，简化办事环节，缩短办事时间。中心积极指导飞思代理做好“一门式”服务和“白事顾问”制度在服务内容和服务模式衔接上的研究工作，并在龙华、宝兴、益善三馆有效落实。至年底，“一门式”服务与“白事顾问”制度对接4个月，未发生一起有责投诉。　（岳　乔）

【“生命如画”2019生命文化教育艺术作品展】　12月20日，“生命如画——2019生命文化教育艺术作品展”开幕式在上海民政博物馆举行。此次艺术展由上海市民政局殡葬管理处指导，上海市殡葬服务中心、上海民政博物馆主办。上海大学、华东师范大学、上海师范大学的部分获奖学生，文汇报、劳动报、澎湃新闻、上海电视台、上海电台、东方网新闻媒体等100余人参加此次活动。艺术作品展用艺术的形式，展示新中国成立70年来上海殡葬事业的改革发展成就，展示殡葬行业敬畏生命、尊重生命、热爱生命的人文情怀。这是上海殡葬行业与艺术界的首度跨界合作，活动得到张渊、何振华、陈伟中、陆小弟等一批知名艺术家的支持。实现艺术与殡葬、与生命文化教育的创造性结合，初步开创“殡葬＋艺术”新模式。艺术展在上海民政博物馆展出，并在殡葬中心所属7家墓园巡展。　（邵　颖）

上海市龙华殡仪馆

【概况】　上海市龙华殡仪馆前身为龙华公墓，始建于1952年。1984年9月14日，正式更名为上海市龙华殡仪馆。市龙华殡仪馆位于徐汇区漕溪路210号，事业编制人员62人，内设科室8个，主要承担为市民提供包括遗体接运、遗体化妆护理、追悼仪式、用品销售、丧宴承办等全程殡殓服务，并承接中国殡葬协会国际运尸网络服务中心国际运尸业务。上海市龙华殡仪馆围绕“公益、规范、惠民”主基调，系统推进安全管理能力、优化人才队伍结构、提升优质服务能级、启动内控体系建设、打造公益基地、优化和完善制度建设等方面。2019年，共处理遗体24 091具，与上年相比增加33具，提高0.14%；提供上门服务1 038件，占殡殓量4.31%；承办“千元办丧事”563户，占殡殓量2.34%；涉外丧事65具，其中，运出40具，运进25具；特殊整容与当面化妆17 938具，占殡殓量74.46%；承接重要重大丧事10件。共销售100元以下经济型花篮14 063只，600元以下经济型骨灰盒3 083只，1 000元以下经济型火化棺604只。共接待国际国内参观来访29批341人次。　（金　伟）

【王刚荣获民政部最高荣誉“孺子牛奖”】　4月2日，在北京召开的第十四次全国民政会议上，上海市龙华殡仪馆王刚获得民政部最高荣誉“孺子牛奖”，并与其他获得“孺子牛奖”的代表一起受到国务院总理李克强的亲切接见。王刚在“4・22沿江高速”车祸、“7・20”金山水上飞机撞桥事故、“8・15”天津港爆炸事故、“12・31”外滩踩踏事件、“10・13”西藏拉萨解放军某部队坠机事故等多起突发事故中，展现出上海殡葬行业遗体修复技术的精湛水准。4月4日上午，清明节来临之际，在上海市龙华殡仪馆召开的记者见面会上，王刚接受自全国14家传媒的联合采访，让全社会了解殡葬、关注殡葬工作。　（金　伟）

【内部控制管理体系建设】　2019年，龙华殡仪馆启动内部控制管理体系建设，提高风险防范能力。通过选择第三方会计事务所——瑞华会计师事务所（特殊普通合伙）上海分所指导，对预算管理、采购管理、资产管理（固定资产管理）、项目管理、合同管理、收支管理等重要业务流程进行梳理分析，着手编制内部控制体系建设文件——《内部控制制度汇编》和《内部控制手册》。按照上海市殡葬服务中心关于规范采购管理的要求，在内控管理体系建设过程中，重点对采购管理、资产管理（固定资产管理）流程进行全方位梳理，形成一整套规范化采购凭证；按照统一表式要求，编制年度财务预算，分析每季度预算控制表和预算执行情况，利润预算完成率103.26%；实时跟踪业务实际情况不断调整经营策略，顺利完成预算执行任务；开通并实现电子化缴费，至年底，共计缴费42 641元。　（金　伟）

【“上海品牌”认证创建工作】　11月22日，上海市龙华殡仪馆宣布启动“上海品牌”认证创建工作。在认真梳理已有文化、服务和公益品牌后，制定《上海市龙华殡仪馆申创“上海品牌”工作方案》，成立申创工作领导小组和工作小组，并明确以“人文追思服务”作为申报服务名称，提交《上海市龙华殡仪馆申报“上海品牌”自评报告》后，获得上海品牌国际认证联盟受理、批准，正式启动“上海品牌”认证程序。品牌申报依据——“人文追思服务认证要求”仍在编制过程中。　（金　伟）

【“2019年资助志愿服务公益项目”】　2016年3月，上海市龙华殡仪馆立足社会责任的履行，积极倡导生命文化教育，主导成立“爱・龙华”生命文化教育基地，2018年，基地申创成为市级志愿者基地。2019年12月，基地“‘爱・龙华’——殡仪馆的生命文化教育和关怀志愿服务项目”通过上海市志愿服务公益基金会评审，被列为“2019年资助志愿服务公益项目”。该志愿服务项目有201名注册志愿者，面向在校学生、部队战士、社区居民等各类人群开展针对性生命文化教育活动和心理关爱抚慰工作，预防为主，教育引导，让更多人懂得生命的价值与意义。持续开展清明、冬至、海葬、行车文明督导、“公益伙伴日”、“3・5”学雷锋、环卫工人爱心加油站、社区助残等各类志愿活动，年均参加

志愿活动 500 余人次、人均志愿服务达 32 小时。(金 伟)

【上海民政专家系列丛书《遗体整容指南》】 12 月，民政部最高荣誉“孺子牛奖”获得者、“上海工匠”、上海市龙华殡仪馆王刚等编写的“上海民政专家系列”丛书之《遗体整容指南》由学林出版社出版发行。全书共分为 5 章 23 节，主要研究讨论遗体整体或局部整容化妆等实用技术的应用方法，以通俗易懂的语言和实际案例，详细阐述遗体整容从准备工作到完成效果的全部过程及各种有效途径，为遗体整容从业者提供标准的技术参考和指南。(金 伟)

上海市宝兴殡仪馆

【概况】 上海市宝兴殡仪馆始建于清光绪三十四年(1908 年)，1984 年正式更名为上海市宝兴殡仪馆，位于西宝兴路 833 号，内设 7 个科室，事业编制 61 人、企业编制 287 人，是集遗体接运、遗体化妆护理、追悼仪式、国际运尸、殡葬用品销售、丧宴承办等殡葬服务于一体的大型综合殡仪馆。2019 年，上海市宝兴殡仪馆加快建设“公益、规范、惠民”服务体系，推动服务能级向高质量发展，服务功能向纵深延伸。加快“互联网+服务”融合发展新模式，先后推出远程祭扫、手机扫码支付和卫生间智能系统等 8 项为民服务；加快构筑多元化的服务体系，不断推出“生命晶石”“云祭扫”“微整形”等专业化、个性化、人性化服务。聚焦殡葬行业转型升级的难点、痛点、焦点，分别成立 3 个课题攻关小组，对遗体微整形技术、绿色发展标准化建设和生命晶石推广进行研究。加强科学化管理水平，形成 ISO 管理、5S 管理、标准化建设互通管理框架，全面实现管理科学化、信息化、精细化的目标。举办各类公益活动，拓宽生命文化教育渠道，强化生命文化教育基地“归去来”的教育作用，传播生命至上的简约环保治丧理念。全年，宝兴殡仪馆殡殓量为 20 564 具，“千元办丧事”办理共计 1 123 家，占殡殓量 5.46%；办理国内运尸 103 具、国际运尸 48 具；特殊整容与当面化妆累计 14 376 件；生命晶石共制作 15 775 件；电话回访客户满意率 99.95%。宝兴作为全市市区内唯一一家为市民提供骨灰暂寄服务的殡仪馆，清明、冬至期间，共接待祭扫市民 4 万余人次，车辆 4 千多辆，取出骨灰近 3 千只。(鲁卫军)

【绿色殡仪馆标准化建设】 2 月，上海市宝兴殡仪馆正式启动绿色殡仪馆标准化项目。绿色殡仪馆标准化建设以国家民政部颁发的《殡葬服务术语》《殡仪接运服务》《遗体保存服务》《遗体告别服务》《遗体化妆服务》《骨灰寄存服务》等 7 项服务标准为依据，内容涵盖殡葬服务设施设备、遗体化妆整形、遗体接运等多个服务流程和环节，有效减少污染排放量，全面推动宝兴殡仪馆向高效、绿色、科学的方向发展。绿色标准化的建立，使宝兴更加科学有序地淘汰能耗高、物耗高和消耗高的设施设备，进一步健全殡葬职业病健康管理体系，强化“百年宝兴”的精致服务品牌。9 月 21 日，宝兴殡仪馆受中国殡葬协会邀请，在殡仪工作交流会上就绿色标准化建设作专题交流发言。(沈 磐)

【“爱心公益暴走”活动】 4 月 26 日，上海市宝兴殡仪馆在徐汇滨江开展以“相约西岸，红色暴走”为主题的“爱心公益暴走”活动，殡葬系统 5 家单位、3 家公墓共计 119 位青年团员组成 20 支队伍参加活动。暴走路线总长共计 15 公里，沿途经过滑板公园、篮球广场、攀岩广场、龙美术馆等徐汇滨江地标性建筑。本次活动旨在以行走散播公益的力量，以行走传递民政的文化，以行走倡导绿色的理念，以行走展现民政的形象，使更多需要帮助的人切身感受到民政人的“为民、爱民”情怀。“爱心公益暴走活动”延续历届的公益理念，将全部奖金捐赠给红十字会。(沈 磐)

【“云祭扫”服务】 6 月 15 日，上海市宝兴殡仪馆为满足客户多元化的祭扫服务需求，在“百年宝兴”微信公众号上开通“云祭扫”服务。丧属可以在缅怀亲人时，不再受时间和空间限制，随时运用手机、平板电脑等移动通讯工具，在线创建先人祭扫空间，用献花、寄语等绿色文明方式进行远程祭扫、远程追思。“云祭扫”服务体现低成本、高便捷、零污染等绿色殡葬服务特点。至 2019 年年底，宝兴殡仪馆“云祭扫”服务共计服务群众 9 430 人次，收到寄思留言总数 11 326 条。(罗 霞)

【生命文化绘画赛】 12 月 15 日，上海市宝兴殡仪馆开展以“热爱生命”为主题的生命文化绘画赛，共收到中小学生作品 1 000 余幅，经上海师范大学、华东师范大学等专业教授评选后，73 幅优秀作品于 12 月 16 日在宝兴生命文化教育基地“归去来”展厅展出，展览时间为期三个月。此次绘画赛旨在帮助青少年树立正确的世界观、人生观、价值观，培养学生自觉养成尊重生命、珍惜生命的生活理念，切实增强青少年敢于挑战、勇于拼搏、善于奋斗的顽强精神，促进社会主义精神文明建设和生态文明建设。同时，绘画赛还破除公众对殡仪馆的固有认知，使殡仪馆成为青少年体悟生命、凝聚人生经验、升华生命观念的庄严场所。(鲁卫军)

【上海民政专家系列丛书《遗体防腐指南》】 12 月，由上海市宝兴殡仪馆徐军等编写的“上海民政专家系列”丛书之《遗体防腐指南》由学林出版社出版发行。该书以推动遗体防腐技术向专业化、科学化和绿色化发展为目的，将“上海工匠”徐军30年遗体防腐工作实践经验，分为遗体防腐、重新审视自我、微观世界的游历、防腐相关知识等7个方面进行论述，详细阐述遗体防腐理论、工作技巧、人员防护等专业知识，是系统、实用、科学的遗体防腐实践指南。该书可以作为殡仪生产企业单位的辅导用书，也可以作为殡仪专业学生的知识培训教材。（吕文琴）

上海市益善殡仪馆

【概况】 上海市益善殡仪馆成立于1995年6月15日，位于上海市闵行区老沪闵路1500号，内设8个部门，在编事业单位人员28人，是上海市中心城区唯一提供遗体火化服务的国家一级殡仪馆，是专业从事遗体接运、防腐、整容、化妆、追悼、火化、骨灰寄存、壁葬、墓葬、生命晶石项目以及国际遗体运输的殡葬生产经营服务类事业单位。作为上海市中心城区唯一的遗体火化服务提供方，上海市益善殡仪馆承担上海市区龙华、宝兴两馆及益善本馆全年的火化任务，设有大、中型追悼礼厅5个，火化炉24台。2019年，上海市益善殡仪馆启动火化炉大修工作，匹配火化任务的季节性特点分步骤推进22台火化炉维修，年底完成全部维修任务及2台新火化炉的安装并进入试烧阶段。开通网上祭祀平台，引导市民错时错峰祭扫。全面开展“倡导文明祭扫新风尚，共建绿色无烟墓区”文明祭祀活动，倡导以鲜花、电子祭品等用品缅怀亲人。推行“白事顾问”制度，强化首问责任制。借助生命文化教育载体，积极探索生命文化教育领域。年内，上海市益善殡仪馆火化量49 736具，比上年增长1.07%，殡殓量5 269具，比上年增长8.5%，“千元办丧事”271户。（马慧丽）

【火化炉技术试验】 上海市益善殡仪馆实施推进四号炉组技术试验炉项目，该项目以新建2台火化炉进行技术试验与现有22台火化炉整体性维修同步进行。1月完善火化炉技术需求方案，2月27日至3月25日完成新建火化炉的招、投标工作，5月21日起两家中标厂家陆续进场安装调试火化炉设备，11月分别进入技术试炉阶段，同时为后续的设备质量检验和环保检测做好准备。22台火化炉大修工作于3月正式启动，益善采用“原厂原修”的整体性维修方案，一方面确保火化炉设备在维修过程安全、稳定、有序，另一方面减少烟尘和异味排放。根据火化任务与维修实施节点匹配制定维修计划，有效落实分步骤实施火化炉大修，在确保安全顺利完成年度火化任务的基础上，12月完成全部火化炉的主体维修。（刘　勇）

【殡仪馆开放日活动】 4月4日，上海市益善殡仪馆开展“公众开放日”活动，邀请周边社区居民代表来馆实地参观探访。市民参观代表依次观摩生命晶石陈列室、故人沐浴工作室、火化服务接待等候区、火化设备技术试验区、职工之家等处，了解益善各项服务举措、服务环境、设施设备改造等情况，并就公益惠民殡葬、科技人文殡葬等方面进行座谈交流。（马慧丽）

【《上海市益善殡仪馆管理制度汇编》(2019版)】 5月，益善殡仪馆出台《上海市益善殡仪馆管理制度汇编》(2019版)，进一步完善相关管理制度。补充制定工作纪律制度，规定全馆人员的工作纪律要求；进一步细化出差管理制度，对外出交通、住宿等标准进行重新核定；严格考勤制度，明确请销假程序和权限；完善车辆使用制度，对车辆的管理责任、动用程序、维修保养等都作明确要求。（马慧丽）

【“至微坊”——查庆国创新工作室】 12月，以“技能大师工作室”为切入点，上海市益善殡仪馆成立以上海市五一劳动奖章获得者查庆国为负责人的“至微坊”——查庆国创新工作室，充分发挥技能大师的领军带头作用，在微整形、特殊遗体处理上总结经验、创新创效，打造一支具有专业素养、特点鲜明的防腐整容高素质团队。（马慧丽）

上海市养老服务发展中心（上海市民政科学研究和国际交流中心）

【概况】 8月，原上海市老龄事业发展中心更名为上海市养老服务发展中心(上海市民政科学研究和国际交流中心)，核定人员编制40人，位于黄浦区中山南路1088号3楼，主要承担上海市老年人福利保障、养老服务事业发展、民政领域相关科学研究和国际交流事务等职责。2019年，上海市养老服务发展中心共发放养老服务补贴约5.53亿元，惠及近8万老年人；完成社区综合为老服务责任保险续保，覆盖1 600多家机构、2万多名护理员，保费合计近150万元；完成上年度社区养老服务机构“以奖代补”申报工作，有176家机构享受，共计发放1 920余万元；累计发放老年综合津贴56.7亿元，惠及367.2万老年人，比上年增加3.25亿元，增幅6%。全年累计培训养老护理从业人员10 534名；与上海开放大学合作举办第三届“老年服务与管理”大专班，就读人数383人；开展第二届“寻找最美养老护理员”及“最美养老护理员”为祖国庆生活动；举办首届长三角养老人才招聘会，开展长三角区域养老护理员风采展示活动。养老顾问实现街镇全覆盖，至年底，全市共有1 812家顾问点、2 669名养老顾问员，接待和服务群众10万余人次，服务事项10万余件；组织养老护理员参加“直通990”“为您服务”等节目，拓展养老顾问服务渠道。完成第十七期沪疆“银龄行动”、首期沪黔“银智红情”志愿服务、第三期沪滇“云海银晖”老年志愿服务；出版发行《大爱在新疆》，编印《浦江晚霞》四期。为近80万老年人参保“银发无忧”；做好百岁老人数据统计与慰问工作；参与第十四届中国国际养老辅具及康复医疗博览会、第七届中国老年福祉产品设计大赛。完成上海市民政局60项科研课题管理工作，顺利完成《上海发展型社会救助路径研究》等7项课题研究；开展“养老护理员队伍建设‘四个统一’调研”等6项调查研究；编写《信息摘要与决策参考》；出版发行《上海民政政策理论研究报告・2018》。共协调联络、组织接待来自20余个国家和地区来访，交流范围包括社会救助、社会福利、养老服务、殡葬管理等民生热点领域。（瞿婷骏　周奕君）

【社区养老服务信息系统】 1月1日，上海市社区养老服务信息系统经过升级改造后正式试用。新系统具备在线制定招呼方案、派发服务工单以及服务过程跟踪、服务确认和结算等功能，运用“互联网＋养老服务”模式，打造“计划—执行—确认—结算”一体化的社区养老服务闭环，实现“社区养老业务全覆盖”“多维数据分析统计”“实时监督”“补贴资金精确发放”等目标，解决困扰多年的人户分离服务与结算的难题。至年底，社区养老服务信息系统共有266家社区养老服务机构，近1.8万名养老护理从业人员，共为8万余名养老服务补贴对象提供近1 208万次社区养老服务。（黄　磊）

【上海市第二届寻找“最美养老护理员”活动】 4－6月，上海市养老服务发展中心面向广大一线养老护理员在全市范围内开展第二届寻找“最美养老护理员”活动。通过事迹材料评审、专项技能比拼、个人风采展示、社会大众评价等环节层层选拔，最终有50名养老护理员获得上海市“最美养老护理员”荣誉称号。这些“最美养老护理员”，大多数来自养老机构，平均岗位工作年限近10年，最长的达20年；平均年龄为43岁，年纪最轻的为27岁。（周奕君）

【《大爱在新疆——沪疆“银龄行动”十六年纪事》】 5月，上海市养老服务发展中心编写的《大爱在新疆——沪疆“银龄行动”十六年纪事》由上海人民出版社出版发行。该书记载2003～2018年间，历期“银龄行动”老年志愿者赴新疆开展“银龄行动”智力援助服务的典型事例，收录部分志愿者的心声和新疆受援方的感想体会，并将十六期老年志愿者名单作为附录一一展现。该书出版后，市养老服务发展中心通过纸媒、网络等途径进行宣传，将书籍报送中华人民共和国民政部、寄送新疆维吾尔族自治区民政厅及卫生健康委员会，并通过全市老年志愿队伍三级网络、各类老年志愿服务相关活动和会议发放到各相关涉老部门、各级老年志愿者队伍及老年志愿者手中。（贾胜男）

【首届养老顾问骨干培训班】 9～10月，上海市养老服务发展中心举办两批全市养老顾问业务骨干培训班，共有200余名业务骨干参训。培训设基础知识、核心能力提升、专业拓展等三方面共9门课程，包括“做好一名养老顾问需要具备的能力和素养”“如何为老年人制定个性化养老服务方案”“新时代上海养老服务的实践与发展”“老年社会工作在养老顾问工作中的运用”“老年人常见法律咨询问题及解答技巧”“如何正确认识老年人心理并为工作赋能”等。此次培训不仅为长期在一线服务的养老顾问提供更加全面、实用的技能支撑，也为后续进一步提升养老顾问业务骨干队伍的专业化水平作出有益的探索。（刘　畅）

【2019年长三角养老护理员风采展示活动】 12月20日，上海市养老服务发展中心举办“2019年长三角区域养老护理员风采展示活动”。沪苏浙皖三省一市各派出2～3名“2019年中国技能大赛——第九届全国民政行业职业技能竞赛”获奖选手，按照全国民政行业职业技能竞赛的要求，现场演示测量体温、使用轮椅转移老人、口腔护理清洁等多种常见的老年人护理技能，养老护理员们展现了扎实的技能操作水平与良好的职业素养。该活动首次通过腾讯等新媒体进行现场直播，为长三角区域养老护理员提供了一个交流和展示的平台。（杨　帆）

【《上海民政政策理论研究报告・2018》】 2019年，上海市民政科学研究和国际交流中心编撰的《上海民政政策理论研究报告・2018》由上海人民出版社出版发行。该书定位于上海民政领域的政策研究、政策评价和政策信息发布等，涵盖社会救助、社会福利、社区治理、社会组织、社会服务等领域，共31篇文章，呈现上海民政工作的最新实践经验和研究成果。书中收录《2018年度社会服务统计报表》《2018年度国家民政政策主要文件一览表》和《2018年度上海民政政策有关主要文件一览表》，是对2018年度上海民政政策研究重要文献的完整呈现。（游婷婷）

【外事接待】 2019年，上海市民政科学研究和国际交流中心共接待来自22个国家和地区的31批315人次来访。如冰岛驻华大使携冰岛奥索企业代表来访交流康复辅具行业的发展情况，英国创新署来访交流养老服务的创新做法，缅甸保护、关爱和防止被遗弃儿童协会代表团来访探讨困境儿童救助，阿联酋社会发展部部长一行来访交流养老及社区发展，芝加哥社会服务代表团来访深度探讨交流社区养老、认知障碍老人照料、科技养老服务等方面的发展，缅甸社会福利和救济安置部副部长代表团来访探讨社会福利领域的有关政策措施和经验做法。此外，第十四届中国国际养老辅具及康复医疗博览会期间，邀请相关驻沪领馆参会，来自秘鲁、澳大利亚、英国等 10 个领馆的官员代表参加巡馆活动。（吴晶晶）

上海市民政局信息研究中心

【概况】 上海市民政局信息研究中心是上海市民政局所属事业单位，成立于 1996 年，位于上海市杨浦区江浦路 2100 号，人员编制 50 人，内设部门 7 个，主要负责制定上海民政信息化建设各类技术标准和规范，指导各区民政局、局直属单位开展信息化建设工作；负责三级民政信息网络平台的建设、管理和日常维护工作；负责上海民政系统信息安全保密工作；具体承担上海民政应用系统建设的用户需求分析、技术方案制定、项目管理和日常维护工作；负责开展民政信息研究，跟踪国内外民政事业及其相关领域最新动态，整合民政信息资源开展数据统计分析研究工作，为科学决策提供参考。2019 年，信息研究中心紧紧围绕上海民政信息化工作目标任务，积极推进电子政务工作，进一步提升民政信息化服务支撑和引领驱动能力。聚焦民政数据挖掘利用，完成民政业务“数据海”二期建设，发挥民政数据资源价值。聚焦数据共享，推进“一网通办”服务水平，提升市民群众满意度。聚焦课题研究工作，完成《基于民政业务数据海的民政精准服务的应用研究》《基于民政业务数据海的养老资源供需匹配的分析研究》两个课题研究，为后续民政业务数据海的应用和建模拓展奠定理论基础。聚焦技术应用创新，婚姻登记系统率先使用电子证照（身份证、户口簿）进行核验和亮证，方便市民办事；居家养老系统创新“平台”+“APP”模式，实现社区养老上门服务事前、事中、事后的全流程实时动态监管，确保补贴资金和服务内容的有效落实。至年底，信息研究中心完成建设类信息化项目 14 个、运维类信息化项目 24 个，为推进信息技术与民政业务深度融合提供项目支撑。（陈　淼）

【民政业务数据海二期建设】 2017 年，上海市民政局信息研究中心开始上海民政业务“数据海”一期建设，按照自然人、法人和其他组织的分类标准对民政各业务系统产生的信息数据进行梳理、清洗、聚集，形成上海民政数据资源中心。2019 年，为进一步推动民政数据资源开发利用，民政“数据海”完成二期建设。完成经济状况核对、婚姻撤销、社区事务受理机构和事项、养老服务事项、居村委换届选举等内部数据和公安人口及户籍、残疾人、长护险、救助帮困等外部数据收录，共汇集公安人口及户籍数据 940 万条、残疾人数据 57 万条、长护险数据 57.8 万条；完成涉及社会救助、社会福利、社区治理、社会组织、社会服务 5 大版块 11 个页面的功能开发；开发数据共享管理模块，对内与养老公共服务管理系统等，对外与徐汇、长宁区等单位实现数据共享；开发数据推送模块，确定业务办理情况、享受民政服务对象数量、民政对象异常预警人数、待修正数据处理和业务异常办理提醒等主题数据；开发数据治理模块，完成老年综合津贴、残疾人两项补贴等 17 个民政应用 13.7 万条待修正数据的处理；确定 7 个相悖性分析主题、上海人口老龄化趋势分析及老年综合津贴发放的预测模型。至 2019 年年底，“数据海”累计入海数据总量达 4.65 亿条，其中自然人 1 807 万余条，法人组织 2 万余条。（陈　淼）

【救助信息管理系统二期建设】 为有效管理全市各类生活救助对象信息，实现“应保尽保”，上海市民政局信息研究中心救助信息管理系统于 1999 年上线运行，围绕最低生活保障、特困人员供养、支出型贫家庭生活救助、临时救助、教育救助、住房救助、就业救助、特殊救济、重残无业等社会救助业务开发受理、复审、待遇发放、查询等功能。系统定期与电力公司、医保中心、公安人口办、社保进行数据交换工作，年交换数据量达到 500 多万条。2018 年，系统启动翻建工作，为满足救助“9+1”业务发展的需要，深入开展调研，2019 年根据实际需求，开发上线最低生活保障、特困人员供养、低收入家庭认定管理、临时救助、特殊救助、重残无业、支出型贫困救助、资金发放管理、报表管理、数据对接等业务功能，进一步优化系统架构、完善系统功能、提升用户体验。（陈　淼）

【老年综合津贴管理信息系统升级改造】 为福利补贴更好地惠及全市 65 周岁以上老年人，确保津贴发放的及时性、便捷性、准确性，2016 年，上海市民政局信息研究中心开发上线老年综合津贴管理信息系统，为符合条件的老年人计发老年综合津贴。2017 年，上海市推动建立“敬老卡联盟”，全市首批 2 700 家服务主体加入联盟，系统与多家联盟单位实现数据对接，为老年人提供优惠、优待和便利服务。2019 年，为提升服务和管理能力，系统优化资金发放计算模型、资金发放管理、特殊发放等功能，新增津贴补发管理、无户号人员管理、全息查询、常用业务统计报表、数据相关性分析、监督预警、外部接口管理、文件资料管理和通知公告管理等功能，全年累计为 367.2 万老年人发放综合津贴 56.7 亿元。（陈　淼）

【残疾人两项补贴系统升级改造】 为动态管理和服务全市残疾人，提高残疾人福利保障水平，2017 年，上海市民政局信息研究中心上线残疾人两项补贴系统，分别为全市困难残疾人和重度残疾人计发生活补贴和护理补贴，实现市、区、街镇三级信息管理。2019 年，根据“全市通办”的推进要求，系统优化业务申请和变更的审批流程，新增关系转移、定期复核等功能。通过完善数据比对更新机制，实现与民政业务“数据海”、救助、残联、公安等系统实时接口比对、定时批量比对功能。为优化用户体验，增加工作台、通知公告、通讯录、全息查询、报表统计等功能。全年累计为 9.15 万困难残疾人发放生活补贴 2.96 亿元，为 21.85 万重度残疾人发放护理补贴 5.19 亿元。（陈　淼）

【婚姻收养信息系统升级改造】 为提高婚姻收养登记管理和服务水平，市民政局信息研究中心婚姻收养信息系统于 2002 年正式上线。经过十多年的应用和数次升级改造，已建成覆盖全市 16 个区、形成两级管理的信息系统，具备全国婚姻查重、离婚数据查询、档案查询、婚姻状况查询、收养登记、收养数据综合分析以及日常业务办理等功能。2019 年，按照“一网受理、只跑一次、一次办成”以及“协同服务、一网通办、全市通办”的思路，升级改造婚姻收养信息系统，优化婚姻登记业务流程，完成与全国人口库、市人口库、市残疾人库的数据对接、电子证照的应用、事实夫妻标识、收养登记证明业务、解除收养业务等功能。同时，开发历史档案补录系统，开展新中国成立以来婚姻登记历史档案的数据补录工作，共梳理分析和补录 531 余万条数据。（陈　淼）

【社会组织信息系统升级改造】 为支撑国家法人库建设，实现社会组织数字化管理，2006 年，上海市民政局信息研究中心上线运行社会组织信息系统，主要包括网上登记、网上年检、信用管理、数据分析、规范化评估和日常管理六大功能，覆盖市、区两级用户，并与民政部实现实时数据交换。2019 年，根据“一网通办”要求，系统进行升级改造，完成慈善组织认定审批流程建设并接入“一网通办”；社会组织“一网通办”相关事项“好差评”功能建设，累计归集社会组织电子证照约 1.7 万张。同时，完成社会组织登记和年检业务网上申报改造，优化社会组织被列入、移出活动异常名录及社会组织被列入、移出严重违法失信名单的网上审批流程，完成行业协会商会脱钩审批模块建设。（陈　淼）

【推进“一网通办”服务水平】 2019 年，上海市民政局信息研究中心推进“一网通办”落地见效。优化接入模式，重建婚姻预约系统前后台功能，同时新增出入境数据的核验功能。扩大事项接入范围，完成“对残疾人集中就业社会保险费补贴”“节地生态安葬补贴”“社会组织评估等级确认”“海葬补贴”“慈善组织认定”5 项事项接入“一网通办”。双减半工作，完成市级 7 个事项 85 项次减材料任务，并已实现身份证、户口本、护照等 30 项次的电子证照调用或数据共享；完成区级 8 个事项 51 项次减材料任务，并已实现 36 项次的电子证照调用或数据共享。“双一百”流程再造，完成方案编写和相关改造工作，实现养老机构备案与“一网通办”“高效办成一件事”办理页面的对接，以及后续备案审批功能。电子证照归集和应用，完成婚姻 2 类 600 多万件、收养 3 类 7 000 多件、社会组织 1.7 万多张电子证照的归集和相关系统接口、制证功能改造；完成婚姻、残疾人两项补贴系统外部电子证照调用接口改造，完成社区事务受理信息系统电子证照标准模块接入改造。电子印章应用，完成社团事项、残疾人两项补贴、救助系统相关功能改造。移动端接入，完成婚姻预约接口改造，预约功能接入“随申办”移动端和微信小程序。（陈　淼）

【信息系统安全管理】 2019 年，上海市民政局信息研究中心进一步加强信息安全管理工作。做好网络和信息系统安全等级保护工作，完成上海民政网站、民政信息系统三级等保自查、整改加固和安全测评工作。完成民政业务数据海、社会救助、志愿服务、老年综合津贴、残疾人两项补贴、婚姻收养、居村委换届选举等 7 个 2019 年升级改造项目的安全测评和安全整改工作。加强上海民政网站、民政信息系统漏洞扫描、渗透性测试及安全整改工作，及时发现网络和信息系统安全隐患并及时处置；处理全局网络和信息系统漏洞通报及整改工作、发布安全预警告知等日常安全管理工作；完成国庆 70 周年、第二届进博会期间网络和信息系统安全保障和应急值守工作。完成市重要信息系统安全等级保护工作协调小组办公室关于互联网信息系统数据保护专项检查、网信办关键信息基础设施网络安全检查和整改工作；开展对局属单位的网络安全检查工作。分别完成婚姻及养老数据备份恢复应急演练和上海民政网站数据库损坏恢复应急演练，提高网络安全突发事件的应急处置能力。修订并完善《上海市民政局网络安全事件应急预案》以及其他信息安全管理体系制度文件。（陈　淼）

上海市民政局财务服务中心

【概况】 上海市民政局财务服务中心成立于 1999 年 6 月，位于黄浦区制造局路 88 号 6 楼，人员编制 20 人，主要职责为协助市民政局机关完成日常经费报销、会计核算、财务分析、民政统计、预算管理等工作；承担市级福利彩票公益金管理和社区公益服务招投标（创投）

受托监管等相关工作；完成财务内控平台的日常运行和维护工作；局属单位财务主管委派管理工作，完成委派单位日常财会工作指导、财务重大事项汇总上报和财务主管年度考核等工作；制定市民政局系统年度财务培训方案，负责组织实施会计人员继续教育等培训；承担部分事业单位会计核算工作。2019 年，财务中心共完成 7 家单位财务主管委派工作；落实财务重大事项报告制度，处理各委派主管上报的重大事项 70 多件；对局属 33 家单位，进行委派主管年度考核工作；完成 140 位会计专业技术人员的继续教育培训工作；调研 28 家局属事业单位政府会计制度实施情况。推进福彩公益金管理和使用工作，完成 2020 年市级彩票公益金部门预算编报工作及转移支付资金预算编报工作；完成对市民政局各业务处室申报的 17 个市对区专项转移支付项目的审核、清算；完成 2019 年及 2020 年提前下达中央集中彩票公益金的预算编报、项目审核、资金分配与下达工作；编写 2016 年度及 2017 年度《上海市福利彩票公益金年度使用情况报告》；开展 2018 年度公益金资助优秀项目评选工作；开展彩票公益金资助标识设立工作。推进社区公益服务招投标项目，完成 2019 年社区公益服务招投标项目需求细化、项目初审工作；委托会计师事务所完成 2017 年 187 个项目审计和绩效评价，共清算出结余资金约 274 万元。协助推进局基建重点项目管理，参加项目专题会、工程例会，参与协助解决和处理施工进程发生的问题；完成 3 个局基建重点项目审计项目；完成 19 家局属单位申报的 29 个 2019～2020 年度修缮专项现场踏勘和专家评审等工作事项，审定资金 5 818 万元，初步形成上海市民政局“十三五”期间修缮工程投资情况汇总表。　（孙剑华）

【局基本建设重点项目管理】　2019 年，上海市民政局财务服务中心督导推进上海市民政局基建重点项目，其中：已完成上海市第一社会福利院南北楼修缮工程项目、上海市社会工作培训中心市民政养老护理培训基地修缮项目以及局本部虹桥番禺绿地围墙改造工程项目 3 个局基本建设重点项目审计，实际总投资共计 5 512万元。管理在建项目有上海市救助管理站房屋修缮工程、上海市第四社会福利院新建项目、上海假肢厂六、七号楼局部房屋修缮工程项目、上海市救助管理二站室外道路旧改新及给排水管网改造工程、上海市儿童福利院综合楼修缮项目、上海市民政局公益新天地修缮项目——4 号楼外立面项目（含 105 号大门立面沿街平房立面改造项目）、上海市民政局公益新天地修缮项目——3 号楼历保建筑修缮项目、上海市救助管理二站川东安置所护区居室、厕所及水电配套改造工程、龙华殡仪馆综合业务楼一楼修缮工程项目 8 个项目，共计批复总投资 2.34 亿元。　（孙剑华）

【财务主管委派管理】　2019 年，根据《上海市民政局局属事业单位财务主管委派办法》的规定，上海市民政局财务服务中心完成 7 名新财务主管的委派工作；坚持按照双方参与、共同考核的原则，将平时考核与年终考核相结合，对委派财务主管“德、能、勤、绩、廉”进行考核，根据书面测评表和业务考核表打分情况，在局属 33 家单位委派主管中，评定出 5 名优秀财务主管；全年共处理委派主管上报的重大事项 70 多件。根据报告内容，做好重大事项分类处理工作，对于突发事件，第一时间形成处理意见立即上报，并跟踪后续处理的进程，及时反馈；对于需整改的重大问题，及时督促办理。（孙剑华）

【经济责任审计】　2019 年，上海市民政局财务服务中心拟定《上海市民政局内部审计工作暂行办法》及内部审计工作流程，对审计报告、审计通知书、审计工作底稿等内部审计流程建立统一模板，进一步使此项工作规范化、流程化。围绕财政收支、财务收支、内部控制三个方面，以加强资产、资金监管为主线，着力抓好领导干部经济责任审计，提升局内部管理整体水平，强化约束机制，促进廉政建设，规范财务管理和提高经济效益、社会效益，保障和促进民政事业健康发展。年内共开展对局管干部任期内经济责任审计 10 项，对相关单位进行科研经费审计调查 1 项，提出审计意见和建议 33 条。　（孙剑华）

【社区公益服务招投标项目大数据分析与应用】　2019 年，社区公益服务招投标中标项目 187 个，市级配套资金 3 141 万元，涉及承接单位 132 家。项目预算年度同比分析详见汇总表（表 22-1）。

表 22-1　2019 年上海社区公益服务招投标项目市级福彩公益金预算同比汇总表　单位：万元

年度	扶老类		助残类		救孤类		济困类		其他类		合　计	
	项目数	市级福彩公益金	项目数	市级福彩公益金	项目数	市级福彩公益金	项目数	市级福彩公益金	项目数	市级福彩公益金	项目数	市级福彩公益金
2019 年	122	2 156.31	14	178.74	30	501.37	14	223.90	8	80.91	188	3 141
2018 年	122	2 019.81	16	186.39	35	624.12	12	182.53	13	120.25	198	3 133
增减数	0	136.5	−2	−7.65	−5	−122.75	2	41.37	−5	−39.34	−10	8
增减率	0%	6.8%	−12.5%	−4%	−14%	−20%	16.7%	22.6%	−38%	−33%	−5.05%	0.25%

上海市民政局财务中心通过对社区公益服务招投标项目数据的采集、存储、检索、加工、变换和传输,推导出2020年社区公益服务招投标项目预算,并进一步加大对老年群体公益服务的预算投入,扶老类项目预算数占项目总预算的60%以上。同时,社区公益服务招投标项目数据形成资料数据库,利用大数据分析应用为开发数据资源,推进社区公益服务招投标项目精准对接需求提供有效支撑。 (孙剑华)

【会计专业技术人员继续教育培训】 10月16~18日,上海市民政局财务服务中心举办市民政局2019年度会计专业技术人员继续教育培训班,市民政局计财处、财务中心、局属企事业单位相关工作人员140余人参加培训。培训采取"结合实际、集中培训"的形式,突出重点,重在实效。特邀市委党校赵勇教授、上海财经大学赵宏斌教授和立信会计师事务所高级会计师刁勇,根据当前经济形势,结合2019年新实施的《政府会计制度》,分别对如何落实本领和执行力、加强全面实施绩效管理工作、新制度解读及实际操作,进行系统和全面的讲解。 (孙剑华)

上海市福利彩票发行中心

【概况】 1987年7月28日,上海市社会福利有奖募捐委员会成立。1995年6月,经上海市机构编制委员会批准,正式成立上海市福利彩票发行中心,主要负责上海行政区域内的福利彩票销售工作。2019年,上海市福利彩票销售网点共2 642个,其中五星级销售网点87个、四星级销售网点59个、三星级销售网点710个。全年福利彩票总销量达到51.57亿元,比上年增长0.66%,募集福彩公益金16.08亿元,均创上海福利彩票发行销售以来历史新高。完成兑奖人数约1 281人次(电脑福利彩票1万元以上中奖者),代扣代缴个人所得税1.37亿元。上海市福利彩票发行中心根据《政府会计制度》完成新旧会计制度衔接,从依法合规、安全运行、市场管理、责任彩票等四方面入手开展检查,顺利通过ISO9001质量体系监督审核。先后推出"票面新增公益金金额""提高代销站点兑奖限额"和"提高即开票微信兑奖限额"三项便民举措。编撰发布《2018年上海福利彩票社会责任报告》,组织"走近双色球""走近刮刮乐"观摩活动5批,观摩人次210人,直观见证福利彩票阳光形象。 (袭珍瑛)

【福彩营销活动】 2019年,上海市福利彩票发行中心通过实物营销、体验活动和广告宣传等方式,推进福利彩票发行和销售。全年开展迎元旦、春节"双节"双色球赠票、猪年红包套票、"刮乙亥猪票,赢幸运大奖"等营销活动;双色球和3D游戏实物营销;"迎国庆双色球周周送汽车"营销活动,累计送出42辆新能源汽车;以及"非常惊喜""双赢""祝你快乐"等品牌促销活动。7月,针对上海正式实施垃圾分类管理,开展"垃圾分类进站点,争做福彩文明人"系列宣传活动,联合上海市社区服务中心和上海市居(村)委会工作协会举办"橙意满满"上海开售及体验活动。10月,为庆祝新中国成立70周年,市福利彩票发行中心在轨道交通一号线投放16辆列车的车内包厢广告,并在主流媒体开展广告宣传。 (袭珍瑛)

【福彩"双活"中心超融合架构项目】 3月,上海福彩"双活"数据中心建设的重要组成部分——"上海福彩双活中心超融合架构项目"正式启动,通过需求调研、设备供货、调试上架、系统集成等步骤,9月顺利上线。该项目基于超融合虚拟化技术,搭建上海福彩浦江数据中心的存储资源池,对多个生产系统近5年的销售数据进行统一归集、存储管理。在不影响各销售系统正常业务的情况下,可实时在浦江机房同步产生一套相同数据,并且以T+1的时效同步归集到数据仓库中,基本实现网络和存储的双活,确保上海销售市和资金归集安全运行。11月13日,"上海福彩双活中心超融合架构项目"成功验收,为上海福彩业务层的"双活"奠定基础。 (袭珍瑛)

【福彩信息系统安全管理】 4月,根据《上海市人民政府办公厅关于进一步加强本市政府网站域名管理工作的通知》的要求,上海市福利彩票发行中心完成上海福彩官方网站(www.swlc.net.cn)域名的修改。5月,配合中彩网络防控工作,对中心各信息系统开展全面的系统排查梳理、风险评估和整改,开展风险防控、安全等级、等保测试、系统加固、安全扫描等工作,提升网络安全防控能力;健全信息安全责任制度,要求系统服务商和聘请专业网控专家驻场辅助监控和指导。9月,配合中彩调查组检查上海游戏开奖操作流程规范,全年摇奖程序符合要求,无事故发生。2019年,上海福彩官方网站、上海福彩集中账户平台网站、上海福彩电脑票销售系统、均已通过网络安全等级保护三级测评。 (袭珍瑛)

【新渠道拓展】 2019年,上海市福利彩票发行中心坚持"保护扶持专营店、优化升级单体兼营店、大力拓展规模化商业联营店"的原则,围绕行业、集团、商圈,做好传统销售渠道和联合代销渠道的拓展工作,开启"三进三新"的战略目标,即"进楼宇、进园区、进商圈、使用新的销售手段、寻求新的用户、开辟新的市场"。进入5类销售渠道:商圈、办公楼宇、工业园区、交通枢纽、有知名品牌的连锁商业店铺等,试点的业态有:餐饮(餐厅、食堂)、休闲娱乐(电影院、网吧、咖啡店)、知名连锁店铺、婚庆产业、慈善超市以及百货和地产业。共开设95个试点代销店,平均单点月销量为9 000元人民币,整体试点情况良好符合发展预期。　(裘珍瑛)

【“彩票+”品牌宣传活动】 2019年,上海市福利彩票发行中心创新品牌宣传方式,通过参加展会、活动等方式传播福利彩票公益理念,加强福彩品牌建设。先后参与“上海国际经典车超级盛荟”“上海公益伙伴日”“秋季婚庆博览会”“冬季婚庆博览会”和“上海爵士音乐节”。其中“爵士音乐节”属上海著名文化艺术活动品牌之一,已连续举办14年,为中国第一、亚洲第二大的爵士音乐节,具有广泛的传播能力和品牌吸引力。以“随手公益、乐在上海!”为活动口号,3天的音乐节共吸引6 000多人到展台现场参观解上海福彩。通过“彩票+展会”“彩票+音乐”“彩票+公益”“彩票+婚庆”等形式,吸引年轻群体关注福彩,关注社会福利。

(裘珍瑛)

【福彩官方客户端(APP)上线运行】 12月,上海福彩官方客户端(APP)正式上线,这是继上海福彩官网、官微之后,上海福彩为公众提供的又一个官方信息服务平台。上海福彩官方客户端(APP)从宣传营销、信息查询、即开票手机兑奖等三方面入手,公众可通过该客户端随时掌握上海福彩权威资讯,了解最新游戏开奖,查询历史开奖数据,快速定位周边福彩投注站,方便快捷进行即时开票兑奖。　(裘珍瑛)

上海市社区服务中心

【概况】 上海市社区服务中心成立于1997年6月21日,主要承担上海市社区事务受理服务中心标准化建设和社区事务受理信息系统的运行管理和技术支持、社区服务信息网的建设和运行管理、社区服务中心的工作指导和业务培训、社区服务资源整合开发和宣传、社区服务热线平台的运作管理和社会联动、社区公益招投标项目管理的事务性工作和社区志愿者注册管理等工作。2019年,上海市社区服务中心推动社区事务受理服务中心标准化建设,全面推进社区事务线上“一网通办”、线下“一窗受理、一次办成、全市通办、全年无休”。进行社区服务实体网点管理和上海社区服务网管理,运营“上海市社区服务”微信公众号。落实“962200”热线服务新增事项“上海市养老服务平台”“本市困境儿童保障”等来电受理,移交涉及退伍安置、优待抚恤、医疗救助等6类热线工单,参与“直通990”节目216期。制订《社区公益服务项目招投标指南》,升级改造“社区公益招投标网站系统”信息化平台,落实2020年度公益服务项目的立项申报、项目初审、业务指导等工作,推进“项目督导管理”精细化操作,探索研究“社区公益项目质量管理体系”专业化培育。开展社区综合服务设施专题调研,并在“上海民政”微信公众号,以民政服务地图形式展现各类民政服务设施建设成果。　(张瑞平)

【上海市社区综合服务设施建设】 2019年,上海市社区服务中心开展社区综合服务设施建设情况专题调研,召开6场专题座谈会,邀请区相关部门、街镇代表、专家学者等参加讨论;走访浦东、黄浦、静安、徐汇、长宁、普陀、虹口、杨浦、宝山、闵行、嘉定、松江12个区,了解各地区设施建设与运行情况;通过电子问卷形式,从街镇、片区、居村三个层面盘点全市社区综合服务设施基本情况。经排摸,全市共有2 130个社区综合服务设施,其中街镇层面99个、片区层面(街镇与居村之间)345个、居村层面1 686个。社区综合服务设施建设总体呈现出功能综合、重心下移、方法创新等特点,浦东新区“家门口”服务站、徐汇区“邻里汇”、普陀区“网格化综合管理服务片区(中心)”、虹口区“市民驿站”、杨浦区“睦邻中心”、闵行区“邻里中心”、松江区“好邻居”社区服务体系和奉贤区“生活驿站”等8个区在全面推进社区综合服务设施建设中形成新经验新亮点。　(王　赟)

【“962200”热线升级改造】 2019年,上海市社区服务中心重点在规范数据目录、完成接口开发和调整硬件设备三个方面进行“962200”热线系统改造升级。分类梳理数据目录,对照市热线办制定的“5+X”(即5个基础类字段和1个自定义类字段)类数据字段,协同开发公司对标基础样本,对热线工单系统全量字段进行逐一验证。完成“5+X”类数据归集工作,上报47个字段(即通用字段42个,自定义字段5个)的一期数据,并通过市大数据中心的联调测试。完成新增字段扩展,升级改造数据结构、优化业务流程、完善报表统计和新增移动端小程序开发,确保热线数据归集二期工作保质保量完成。　(崔晶晶)

【热线承办单位绩效考核】 2019年,上海市社区服务中心配合市民政局热线管理办公室进行民政热线各承办单位行政效能评估。重点聚焦“办理时长”“重复工单”“二次流转”和“工作瑕疵”等服务效能指标,定期通过工作专报等形式向相关部门进行通报,并将考核结果作为年度“上海市民政工作综合评估”的依据之一。根据“12345”“962200”热线服务效能的测评周期和测评指标,经统计,自2018年11月至2019年10月,民政各三级承办单位整体服务效能始终保持高位,按时办结率和一次性解决率持续上扬。市民政局业务处室和直属单位按时办结率 98.9%,一次解决率为 95.3%;各区民政局按时办结率 99.9%,一次解决率为 92.6%。热线运管部门年均平台接通率和三方转接成功率分别为 91.93%、92.49%,先行联系率 98.9%,查无纠错按时办结率 100%。（崔晶晶）

【公益招投标项目督导管理】 上海市社区服务中心利用《社区公益服务项目督导管理办法》《上海社区公益招投标项目督导指引》《上海社区公益招投标项目督导日志》等专业工具,针对项目实施中的关键环节、突出问题,开展实地督导、线上督导、重点督导等专业督导工作。2019 年,督导管理覆盖全市 16 个区 187 个项目,涉及民非、社团、基金会及企业等 132 家承接单位,累计受益服务对象 207 761 人次。通过公益招投标项目督导管理,加强项目全过程监督,配合市、区行政管理力量,定向定点加强业务和财务的督查指导,对审计、绩效问题即时整改,确保公益服务项目资金规范管理、安全使用,绩效目标如期实现。同时,引导承接单位创新服务模式,总结经验做法,形成服务品牌,推动行业发展,形成良好的社会效益。（臧 宇）

【公益项目质量管理体系】 2019 年,上海市社区服务中心以提高公益项目质量为目标,加强质量管理体系建设。升级改造社区服务网,建立综合库、全流程管理、公示管理、评估及汇总分析等方面,形成有效的在线统计、跟踪、分析等环节。进行专题课件研究开发,从立项及采购程序、服务设计、服务管理、志愿者管理等方面,为各区及承接机构搭建个案参考及经验分享的学习平台。遴选典型案例,开展项目运作规范、档案整理、报表填写等方面的培训。通过公益项目质量管理体系建设,指导和帮助中标组织规范项目实施、提升服务能级,推动项目服务与管理的科学化、精细化及规范化水平。（臧 宇）

【信息系统数据归集】 12 月,上海市社区服务中心开展上海市社区服务网平台、“962200”社区服务热线和上海市社区为老综合服务信息平台等三个信息化运维项目的核心数据编目及数据归集工作,共计完成 46 个核心业务数据库表目录的编目及数据归集,涉及全部核心业务数据,还通过打通数据接口,实现核心业务数据与大数据中心的每日更新。（裴春频）

上海市众仁慈善服务中心

【概况】 上海市众仁慈善服务中心成立于 1998 年 12 月,是上海市民政局和上海市慈善基金会共同出资兴建、具有独立法人资格的事业单位,下辖众仁公寓、众仁老人乐园、众仁老年养护院 3 家养老机构,在编职工 43 人,主要为老年人提供生活照料、医疗保健、文化娱乐等方面服务。2019 年,市众仁慈善服务中心坚持以需求为导向开展各项为老服务,充分尊重老年人的主体地位,组织各类差异化小组活动;不断挖掘各种资源,为老年人娱乐生活搭建平台,切实提升在院老人的幸福感;进一步将社工理论与工作实践紧密结合,及时做好个案介入,以“助人自助”的理念提升服务水平。加大对护理员的技能培养,切实提高护理员的实践操作与职业道德水平,逐步探索形成具有众仁特色的护理人才梯队。积极履行社会责任,深化志愿服务,参与南翔镇和菊园新区组织的嘉定创城志愿服务联盟,推动志愿服务活动常态化;加强中心未成年人教育基地建设,为青少年提供富有特色的暑期活动,被评为 2019 年度菊园新区未成年人暑期工作突出贡献单位。至 2019 年年底,中心入住老人数共计 699 人,入住老人平均年龄 81.85 岁,最大年龄 103 岁,“顾客满意率”均达到 90%以上。（秦斯雯）

【质量管理体系全覆盖】 3 月,上海市众仁慈善服务中心通过 ISO9001:2015 质量管理体系认证,形成下属 3 个机构的全覆盖贯标。质量管理体系是中心精细化、标准化、科学化管理的重要手段,通过体系构建、员工培训、标准化管理,进而不断提高服务质量,满足服务对象需求。通过强化服务过程控制,建立预防纠正机制,降低潜在责任风险;定期开展日常监督检查,落实问题整改;广泛收集体系运行情况,不断完善各类文件,实现质量管理体系与中心工作的有机统一。做好质量管理体系的培训工作,通过专项评审、主管会、职工沙龙等形式畅通交流平台,加强学习交流,切实推动质量管理体系的贯彻与执行,提升中心的科学化管理水平。（秦斯雯）

【“书香众仁”读书月】 10 月,“书香众仁”读书月以庆祝中华人民共和国成立 70 周年、学党史、学新中国史为主题,组织职工参观明止堂中国古砖馆,体验国家非物质文化遗产——古砖拓片;鼓励职工认真阅读、摘抄红色书籍;组织观看重大革命历史题材影片《古田军号》;开展寄语祖国活动,用真挚的话语向祖国告白、为祖国祝福。读书月系列活动激发大家的读书热情,满足广大职工的精神文化需求,营造健康向上的文化氛围。（秦斯雯）

【中心成立 20 周年活动】 为庆祝中心成立 20 周年,上海市众仁慈善服务中心开展“养老,我们怎么看、怎么干”主题论坛以及“众仁有你”家属开放日活动。主题论坛采取“参观+讨论”的形式,中心组织职工参观上海市第三社会福利院和嘉定镇街道乐龄老年人日间服务中心、南翔东园社区老年人照护中心等社区综合为老服务中心，对标先进服务理念、管理标准；各部门职工联系工作实际，在现场讨论环节聚焦中心发展短板和差距，共同探讨发展着力点和突破口。10月28日，中心开展家属开放日活动，邀请职工家属20余人走进众仁，实地参观院内环境，切身感受中心20年来的发展，加深对民政养老事业的认识。

【长期护理保险办理工作】 2019年，上海市众仁慈善服务中心加快长期护理保险办理政策落地，一方面积极向老人、家属及职工做好长护险政策宣传，做好长护险相关服务对接管理工作；另一方面积极联系评估机构和银行，帮助在院老人集体办理综合评估和银行卡，确保老人尽早享受实惠。同时，市众仁慈善服务中心严格按照管理部门要求开展自查自纠，加大对医保基金的监管力度，对日常数据进行分析研判，有效维护基金安全，确保长护险政策规范有序运行。至2019年年底，共有265位老人申请并享受长护险待遇。

（秦斯雯）

上海市民政干部学校（上海市社会工作培训中心）

【概况】 上海市民政干部学校（上海市社会工作培训中心）成立于1978年，前身是上海市民政干部训练班。1987年，正式更名为上海市民政干部学校，2000年5月，增挂牌“上海市社会工作培训中心”，2010年，新建民政行业特有职业技能鉴定第058站。上海市民政干部学校位于上海市闵行区沪闵路373号，人员编制40人，主要承担上海民政行业、社会管理和服务、社区建设领域从业人员的岗位培训、业务培训和技能实训等继续教育任务；承担社会工作者的岗位知识培训、实务技能实训等继续教育任务；承担上海民政行业特有工种职业技能站（所）建设任务；承担民政相关的课题研究等职能。上海市民政干部学校按照“归口管理，统一实施”要求，组织实施立项批复的培训项目及各类委托项目。2019年，共完成58个培训项目，培训总期数83期，培训各类人员10 513人次，连续12年全年培训人次超过1万人次。根据2019年上海市对口支援遵义实施人力资源开发项目计划安排，圆满完成上海对口支援地区贵州遵义民政干部来沪培训。完成民政行业特有工种假肢装配工、矫形器装配工两大工种的职业技能鉴定工作，为民政系统特殊技能人才搭建专业提高和发展的平台。完成单位办公地点由军供南站校区到闵行新修缮校区的搬迁工作，围绕新校区建设，不断发挥新校区的功能作用。（花　月）

【民政干校新修缮校区启用】 1月10日，上海市民政干部学校的办公地点由上海市军供站南站搬迁至闵行校区，增加和修缮办公、培训、会务、餐饮、住宿等方面相关配套设施，优化办班工作流程、任务安排、服务保障、经费结算等措施，为开展民政培训工作作好有效保障。6月10日，在新校区举办第一个培训班——上海市民政局离退休党支部书记培训班。8月27～30日，举办第一个校内住宿培训班——2019年上海市居委会主任示范培训班（第一期）。全年共在校内完成培训项目11个，培训期数13期，培训714人次。（花　月）

【对口支援地区培训】 9月6～12日，上海市民政干部学校举办为期7天的遵义市民政干部综合能力提升班，来自遵义市民政系统的50位学员来沪参加培训。根据培训需求，设计条线工作介绍、结合实地考察、干部能力提升和红色传承四大模块。介绍上海社会救助、养老服务、社区建设、殡葬管理等民政工作的探索和实践；组织安排赴上海民政博物馆、上海福彩文化展示馆、上海殡葬博物馆、上海市龙华殡仪馆、江川路街道社区事务受理服务中心、江川路街道社区综合为老服务中心等实地参观和现场教学；结合“不忘初心、牢记使命”主题教育，组织安排赴中共一大、二大会址参观学习。

（花　月）

【民政教育培训】 2019年，上海市民政干部学校组织实施上海市民政局立项培训项目55个，培训期数80期，培训10 279人次，内容涉及社会救助、社会福利、社会治理、社会组织、社会服务和民政自身建设等各方面民政干部培训工作。其中，社会救助项目3个，培训期数6期，培训1215人次；社会福利项目11个，培训期数22期，培训2 639人次；社会治理项目3个，培训期数7期，培训397人次；社会组织项目11个，培训期数13期，培训3 387人次；社会服务项目6个，培训期数11期，培训995人次；民政自身建设项目21个，培训期数21期，培训1 646人次。培训综合满意率继续保持在95%以上。（花　月）

【民政职业技能鉴定】 2019年，民政行业特有职业技能鉴定第058站（上海市社会工作培训中心）（以下简称058鉴定站）完成全市假肢、矫形器装配工两大工种三级、四级、五级的职业技能鉴定工作，共有15人参加理论及实操鉴定考试。其中，参加假肢装配工职业技能鉴定四级1人，五级4人；参加矫形器装配工职业技能鉴定三级1人，四级3人，五级6人。058鉴定站按照民政部职业技能鉴定指导中心的要求，严格执行考试流程，民政部职鉴中心委派督导员，全程参与督导鉴定考试工作。2019年，058鉴定站选派4名考评员参加民政部职业技能鉴定指导中心举办的考评员培训班，为上海民政职业技能鉴定工作作好考评人才储备。

（花　月）

上海市救助管理二站

【概况】 上海市救助管理二站成立于2000年10月，前身为上海市遣送二站。2003年8月，正式更名为上海市救助管理二站。市救助管理二站位于普陀区府村路500号，共有事业单位编制数199人，主要承担对流浪乞讨人员实施救助与管理及返乡的联络、协调；对流浪儿童实施救助、保护与教育；对区救助管理站实施业务指导与检查的工作职责；以及对江苏省大丰市川东安置所、上农安置所的监管等。2019年，市救助管理二站落实主体责任，全面强化托养监管。全年共救助上海市滞留受助人员615人，其中站区178人，江苏省大丰市川东安置所、上农安置所临时安置受助人员437人；共接收其他救助管理站转送受助人员26人，其中市站转送5人，其他地方救助管理站转送21人；共接待自行求助人员154人，其中主动来站求助26人，口头接待128人；接济接待"江西垦民"4批，共计185人次。积极拓宽甄别渠道，打造"帮你找到家"工作品牌，共甄别寻亲成功43人，其中科技手段35人、传统寻亲方式3人、DNA血样比对1人、跨省返乡4人。（方　心）

【站区服务精细化管理】 1月，上海市救助管理二站对新修缮场所进行科学功能布局，各楼层分别设居室、餐厅、活动室、甄别（心理辅导室），卫生间设红外线报警系统和呼叫报警系统，老年管理场所特设护理床位，未成年保护中心设"类家庭"。启用每日早检查、每周行政大检查、不定期抽查"三联动"管理方式，现场解决受助人员餐食合理搭配、场所宣传栏及时更新等问题153个，整改物品摆放不规范、活动记录不详细等问题80个。实行"四合一"数字式管理，即通过固定数字，对应床号、桌号、洗漱用品及个人衣物，做到专人专物。根据老年受助人员身体状况、自理能力、照料等级以颜色分类；对不同受助人员身体状况、宗教信仰实行分餐制；通过播放洗漱、吃饭短片视频，帮助受助人员培养良好卫生习惯、提升自理能力；策划不同主题活动，通过垃圾分类、节约用水宣讲、观看红色电影、与受助人员共同布置场所等方式，为恢复社会功能作好铺垫；通过"类家庭"开展数字油画、手工制作、点心烘焙、趣味运动等，提升受助人员生活技能、自我认知。（方　心）

【"6·19"开放日活动】 6月19日，上海市救助管理二站开展以"大爱寻亲、温暖回家"为主题的救助管理机构开放日活动及"爱心公益伙伴"铭牌墙揭幕仪式，来自上视新闻综合频道法制部、上海中医药大学、上海大学、东方航空等10家单位40余人参加活动。参会人员观看找家、寻家的短片，了解救助管理二站的特色工作；参观受助人员的生活场所、未成年人保护中心和救助甄别科等场所，与受助人员互动交流，零距离体验他们在二站这个"大家庭"的生活，让社会人士了解救助管理的工作流程，积极引导社会力量参与救助工作。

（方　心）

【"帮你找到家"工作品牌】 上海市救助管理二站主动与市公安局刑侦总队沟通协调，开展"帮你找到家"工作，解决长期滞留受助人员身份查询问题，帮助他们返回家乡。8月，通过先期排查和梳理，将两个安置所共497名受助人员信息报送刑侦总队开展身份核实，共查出疑似身份50人，其中30人得到最终核实并回到家人身边，共涉及浙江、江苏、安徽、湖南、云南、四川等9省，走失时间最长达15年之久。9月11日，举办《"帮你找到家"——中秋圆梦》系列活动启动仪式，民政部、上海市民政局、市公安局、市城管执法局、新闻媒体等近百人出席。活动中，向二站寻亲甄别青年突击队授旗，6名突击队代表立即启程护送2名寻亲成功的受助人员返乡。至年底，共有379名受助人员回归家庭。

（方　心）

【"部分城市救助管理站站长交流会议"】 9月20日，主题为"共享共赢促发展　大爱无疆助讲博"的"部分城市救助管理站站长交流会议"在上海举办，民政部社会事务司、上海市民政局领导，以及来自全国28个省（直辖市）52个城市的救助管理机构负责人参加会议。上海、江苏盐城、浙江温州、安徽淮北、吉林长春、甘肃兰州、贵州遵义等地救助管理站分别作主题发言，与会代表分组展开热烈讨论。会议为完善甄别联动合作协议，实现跨省市甄别优势互补，加强"互联网＋寻亲"模式，以及建立对失智失能受助人员的托养照料服务机制等奠定基础。

（方　心）

【托养机构管理】 9月，上海市救助管理二站制定《托养安置工作监管、指导办法（试行）》，完善监管检查考核手段，加强问题的发现与整改。川东安置所和上农安置所通过周"安全日""卫生日"自查发现受助人员居室消防应急灯不亮、空调外机支架未安装防撞保护装置等安全隐患91项，受助人员浴室防滑垫脏，窗户玻璃未擦干净等卫生问题113项，自行整改率分别为94.5%、96.5%。市救助管理二站对两个安置所检查24次，发现问题共30类，已整改28类，整改率93.3%；核对受助人员食谱128次，抽查食材11次。开通上农安置所远程监控客户端接入，随时了解掌握上农安置所具体管理情况。加强对安置所员工进行机构托养管理相关政策法规培训、业务工作知识培训、精神病防治

与应急救治知识培训力；组织开展全体员工业务知识测试，将测试结果与业务考核、员工绩效挂钩。（方　心）

【“爱相伴”志愿服务项目】 2019年，上海市救助管理二站继续开展“爱相伴”系列志愿服务项目。对接上海志愿者、瓶中森林志愿者、大学生志愿者、克切拉之家公益组织、税务青年志愿者以及相关专业团队，为受助人员提供体育康复、文化教学等服务。在春节、中秋节、国庆节等传统节日，举办“迎春游园会”“粽叶飘香端午节”“我们的中秋我做煮”“同吃国庆面”等系列主题活动。与“克切拉慈善基金”合作，邀请专业特教志愿者，为受助人员带来音乐疗愈课；携手“Stylish-Kun”公益组织，给未成年受助人员提供油画棒、绘图本、专注力贴纸等用品，教授绘画知识。邀请国家二级心理咨询师对全站职工进行心理健康测试和培训，缓解一线人员工作压力，为受助人员提供更好的照料服务。年内，市救助管理二站共与12家社会组织达成长期合作，累计开展志愿者服务47次，参与志愿者497人次。（方　心）

【“夕阳驿站”工作机制】 2019年，上海市救助管理二站借助上海市银杏老年公益基金会“夕阳驿站”公益项目专业护理优势，组织术后、全护理等老年受助人员到旗下的机构接受专业照料，建立医疗机构与救助机构之间有效功能衔接，帮助受助人员得到专业护理服务。全年共有4名老年受助人员参加该项目。在专业的悉心照料下，下肢无原因频繁肿胀走路困难的受助人员、有脑梗后遗症受助人员症状得到明显改善。“夕阳驿站”项目的成功案例，为市救助管理二站依托社会专业机构解决受助人员康复护理需求提供有益探索，为引入社会力量，运用社会资源提供借鉴。（方　心）

【社会捐赠】 2019年，上海市救助管理二站努力拓宽社会力量参与救助服务，主动对接社会各界的爱心慈善组织、企业，汇聚爱心力量，为在站受助人员提供关爱与帮助。全年共接受“Stylish-Kun”公益组织捐赠学习用品92套；华藏慈善中心捐赠月饼124盒；“哥老官”爱心企业捐赠靠背椅250把、物品收纳箱140个、户外桌椅4套、户外遮阳伞4套、点唱机1套、数码摄像机1台等。利用爱心捐赠物品，组织开展各类室内外文体活动，改善受助人员的精神面貌和身体康复。上海市救助管理二站向每一位捐赠者颁发捐赠证书，并专设铭牌墙，感谢公益组织捐赠和服务，汇集社会温度。（方　心）

上海市婚姻(收养)登记中心

【概况】 上海市婚姻(收养)登记中心成立于2004年4月，是上海市民政局直属事业单位，位于上海市徐汇区漕宝路82号，人员编制8人，主要负责全市涉外婚姻登记、涉外和市儿童福利院弃(婴、孤)儿收养登记、婚姻收养证书管理、婚姻收养法制宣传和婚姻收养档案管理等工作。2019年，上海市婚姻(收养)登记中心聚焦“依法行政、规范登记、优质服务”的工作目标，不断提升窗口服务和行政管理水平。启动“幸福家庭　和谐社会”咨询服务项目，开设“幸福课堂”婚姻家庭讲座，发放“婚姻宝典”宣传册，引领婚姻家庭新风尚。完成1984～2001年全市涉港澳台、华侨、外国人婚姻登记历史档案数据补录工作，包括15项“必录项”和13项“选录项”，共计3.69万份；完成2015～2018年婚姻档案电子化工作。借助“一网通办”平台，修订婚姻和收养登记网上办事指南，启动政务服务“好差评”工作，优化办事流程，提高办事效率。修订《市婚登中心关于开展收养能力评估工作的实施细则(试行)》，进一步规范儿福院弃(婴)儿收养评估报告的内容和格式、补充试养期跟踪的内容和要求、细化收养后回访等内容。加强对国内收养能力评估工作第三方评估机构的业务指导，举办国内收养申请家庭“收养前培训”。实行“首问负责制”，妥善处理窗口疑难诉求及矛盾。全年接待来电来访咨询0.79万例，无违法登记和有效投诉；共办理涉外及涉港澳台居民、华侨结婚登记0.13万对，离婚登记0.05万对，补发婚姻登记证0.01万对；开展国内收养家庭收养能力评估，做好收养后回访、电话回访工作，做好外国收养家庭寻根回访申请信息核实；向全市17个婚姻(收养)登记单位发放证书18批次，共计结婚证书24.5万本、离婚证书9.8万本、收养证380套、解除收养证70套。（杨嘉敏）

【“跨前服务”婚姻登记预审预约】 2019年，上海市婚姻(收养)登记中心开通“一网通办”网站、咨询电话及现场申请三种预约渠道，方便涉港澳台、华侨及外国人结婚登记预约，全年结婚登记预约率达到43%。在此基础上，中心继续“跨前一步”，为预约登记对象提供材料预审服务，通过短信或电话的方式通知已经预约成功的当事人现场预审登记证件、证明材料，向当事人出具《结婚预审回执单》，注明通过审核的材料以及缺少和需要修改的材料。推行预约预审服务机制能够更准确地掌握每日登记人数并以此为依据及时合理调配窗口登记人员，针对可能出现的登记高峰日提前做好预案，相应增设登记窗口。同时，预审机制能够尽早发现当事人材料错漏的情况，便于工作人员及时指导。随着预约预审率的不断上升，窗口矛盾量及投诉量呈下降趋势。（吕立文）

【“幸福课堂”婚姻家庭服务讲座】 上海市婚姻(收养)登记中心依托专业律师和执业婚姻家庭咨询师团队，

将婚姻咨询服务延伸到街镇社区，开展以“幸福课堂”为主题的婚姻家庭服务讲座。4月28日，在漕河泾街道社区文化中心顺利举办首次“幸福课堂”婚姻家庭服务讲座，为漕河泾街道30个居民区的社区工作者讲授主题为“幸福的三个维度之沟通与人际关系”的培训课程。通过理论阐述、案例分析、场景雕塑、小组讨论等方式，讲解维持婚姻家庭关系长久之道的沟通技巧，为社区工作者调处居民家庭矛盾提供思路和方法。10月29日，为市婚姻（收养）登记中心、市居民经济状况核对中心和宝山区婚姻登记管理所近50名职工开展以“点燃心能量之情绪与压力管理”为主题的讲座。通过自我剖析、自评互评、小组讨论、现场分享等方式，加设浸入式体验模块，讲解与服务对象交流中的情绪控制技巧，缓解职业困倦感，提升婚姻登记员及咨询员应对及引导婚姻当事人情绪的能力。（杨嘉敏）

【国内家庭“收养前培训”】 10月27日，上海市婚姻（收养）登记中心在六合大厦沃客共享会议中心举办2019年度国内收养申请家庭“收养前培训”，共邀请28个家庭50余人参加。市婚姻（收养）登记中心、市儿童福利院及第三方评估机构工作人员重点讲解收养法律法规基本知识及收养登记办理程序、收养能力评估内容及流程、上海市儿童福利院弃（婴）儿收养现状、弃（婴）儿生长发育特点和抚育知识等内容；复旦大学心理系陈侃副教授就不同阶段儿童心理发展特点、亲子融合、养育模式等育儿知识进行专业辅导；部分成功办理收养登记的国内家庭分享收养体会和养育经验。市婚姻（收养）登记中心已基本确立“收养前培训—收养中评估—试养期跟踪—收养后回访”的收养评估体系，明确将收养前培训放在收养工作的最前端，逐步丰富培训内容、创新培训形式、拓展培训外延，努力打造上海收养培训品牌，更好适应当前收养工作发展。（陈　绮）

【“幸福家庭　和谐社会”咨询服务项目】 上海市婚姻（收养）登记中心与专业律师和执业婚姻家庭咨询师团队合作，为前来办理结、离婚的当事人提供一对一的婚姻辅导、婚前教育服务以及涉外婚姻相关法律法规咨询服务。咨询师与当事人签署保密协议，进行结婚评估《探索爱的地图》或离婚评估《亲密关系评估》，根据评估情况有针对性地开展辅导、咨询、教育。2019年，婚姻家庭辅导工作重点对象多为离婚夫妻，共有111对。咨询师根据评估情况，在充分尊重当事人个人意愿的基础上，个性化地给出正向意见，帮助当事人调整心态。对即将步入婚姻殿堂的新人进行评估和引导，帮助新人树立正确的婚姻家庭观。针对涉外婚姻的特性，提供国内外婚姻收养法规、婚前婚后国籍身份发生变化以及婚前财产公证和婚后财产分割等法律咨询服务。（王　珉）

【“幸福同心圆”国内家庭收养评估】 上海市婚姻（收养）登记中心从2006年年底开始对申请收养上海市儿童福利院弃（婴）儿的国内家庭开展收养能力评估调查工作，经过十多年的探索、试点，不断调整和完善，于2016年开始引入第三方评估机构，通过收养需求备案、收养前培训、收养能力评估告知、评估前准备、评估实施并出具报告、评估报告审核、试养期跟踪反馈等7个环节，由专业社工人员对国内收养家庭进行评估。中心将评估模式、指标体系、收养后回访、监督及保障机制、隐私保护，评估报告的内容及格式等一系列内容纳入中心《关于开展收养能力评估工作的实施细则（试行）》中，通过建章立制确保评估工作开展的规范性，最大程度地确保被收养儿童拥有一个较适宜成长的家庭环境，实现“儿童利益最大化”。（陈　绮）

【中英双语“婚姻宝典”手册】 2019年，上海市婚姻（收养）登记中心首次编制中英文双语“婚姻宝典”手册。手册的主题是“活在爱里的秘诀”，篇幅近万字，以家庭生命周期为轴线，按照婚姻生活的各个阶段，分为“新婚家庭”“养育儿童的家庭”“有青少年的家庭”“孩子离家后”及“不同文化对婚姻的影响”等5个章节，预见可能出现的矛盾冲突并提供解决方案。手册将“爱的地图”“天生气质”“婚姻质量评估表”等心理学模型嵌入其中，互动性强、深入浅出、寓教于乐。考虑到服务对象多为涉外家庭，内容均有中英文对照。在结婚登记办理完毕后，登记员将手册作为赠礼发放给当事人。至年底，市婚姻（收养）登记中心共发放1 282本手册。（吕立文）

上海市社会救助事务中心

【概况】 上海市社会救助事务中心成立于2004年7月3日，是上海市民政局所属事业单位，核定编制23人，办公地址为上海市杨浦区江浦路2100号A座一楼，主要承担全市社会救助相关事务性工作，对基层社会救助机构进行业务指导和培训；协助开展全市救助资金运作管理和监督检查，对救助政策实施情况进行跟踪调查和评估；开展社会救助方面的课题研究、数据统计分析和信息平台维护等工作。2019年，市社会救助事务中心深入开展社会救助相关调研和综合服务工作。赴闵行、浦东及杨浦等区开展“数据报修”及上海市民政局救助信息管理系统实操问题的调研，加强与各区、街镇的业务工作联系，推进全市社会救助信息化工作的开展。赴江苏、浙江以及新疆、青海等偏远地区开展历史老案纠错人员实地走访和调研，了解对象真实情况，宣传救助政策，送去党和政府的关心、慰问。编发完成7期《社会救助工作》（内刊），积极宣传《上海市社会救助条例》，交流救助工作经验，分享典型案例，弘扬基层先进人物，推动低保专项治理工作深入开展。此外，顺利完成救灾备灾各项业务工作，并与上海市应急管理局、上海市粮食和物资储备局实施业务移交等工作。　　　　　　　　　　　　　　　　（奚笑蓉）

【社会救助信息系统数据管理】　2019年，上海市社会救助事务中心根据全市社会救助业务需求，完成城乡低保、低收入、特殊救济等对象的救助标准和农婚知青生活困难补助标准调整的需求分析及调标，以及元旦春节帮困和一次性临时价格需求分析及数据导入，确保及时准确发放救助资金。协助完成年度社会救助绩效评价相关工作；完成城乡低保、因病支出型贫困救助、临时救助、医疗救助等统计报表的报送及临时性统计工作。定期与市人力资源和社会保障局、市医疗保险事务管理中心、电力公司等多家部门和单位进行数据交换，提供业务服务和数据支持；完成医保缴费补助及起付线补助数据核查1 388条、民政业务数据海核查1 987人次、元旦春节发放数据核查54条、特困人员供养护理数据核查234条，以及落政退休人员信息核对工作；开展数据比对，配合完成上海市贯彻落实国家重大政策措施情况审计组关于救助资金，市侨办关于归侨侨眷低保（低收入）人员，华师大关于低保中老年和妇女，市残联关于低保、低收入和医疗救助等相关数据的比对工作。　　　　　　　　　　　　　　　　（奚笑蓉）

【社区帮困】　为缓解困难群众看病难问题，减轻困难居民的医疗负担，上海市民政局、市医保信息中心、市帮困互助基金会、市老年基金会等多家单位，运用社会慈善捐款资源，依托上海市社区卫生服务中心资源和网络，推出社区医疗帮困一卡通项目，市社会救助事务中心主要负责一卡通的日常管理及业务维护。2019年，全市社区医疗帮困一卡通使用资金共计8 357 929.98元，累计交易次数250 898人次。市社会救助事务中心与市医保中心，及市帮困互助基金会、市老年基金会处理交换数据27 045条，新制医疗帮困卡5 200张，检查更换坏卡361张。同时，发放帮困粮油卡492 500张。　　　　　　　　　　　　　　　　（奚笑蓉）

【救灾备灾职能划转】　根据《上海市民政局、上海市粮食和物资储备局、上海市应急管理局关于救灾备灾相关工作移交协议》相关规定，自6月12日起，原由上海市民政局承担的救灾职责划转市应急管理局；原由市社会救助事务中心承担的减灾救灾相关事务性工作划转市应急管理局所属相关事业单位；原由市社会救助事务中心承担的上海市救灾物资储备库日常管理以及相关事务性工作划转市粮食和物资储备局所属相关事业单位。同时，按照人随事转原则，从市社会救助事务中心划出事业编制6名移交给市应急管理局。市社会救助事务中心已于5月15日向市应急管理局移交无人机10架。　　　　　　　　　　　　　　　　（奚笑蓉）

【上海市救灾物资储备库移交】　6月，依据《上海市民政局、上海市粮食和物资储备局、上海市应急管理局关于救灾备灾相关工作移交协议》有关要求，上海市民政局完成与市粮食和物资储备局对于上海市救灾物资储备库中救灾物资实物、信息化设备、其他资产以及各类文件资料、档案等移交工作。其中，物资共有14类、3 465 164件（具体包括：帐篷15 322个、网花棉被52 521条、棉大衣55 000件、移动厕所16 000个、污物袋和凝固剂2 861 750套、床垫35 000个、毛巾被129 250条、手提式应急灯31 350个、冲锋舟8台、折叠床33 359个、便携式折叠水桶100 000个、应急包5 500个、汽油发电机应急灯104个、应急用便携式净水瓶130 000个），救灾物资储备库各类内部管理制度共41项。　　　　　　　　　　　　　　　　（奚笑蓉）

【职工培训】　9月，上海市社会救助事务中心开展《社会救助工作》信息员培训交流活动，市社会救助事务中心、市救助管理站、市救助管理二站、市居民经济状况核对中心、各区民政局社会科有关人员及信息员共40余人参加培训。活动邀请市政府办公厅《政府志》主编、市政府办公厅原副巡视员王永鉴老师讲授公文和新闻写作知识，与会人员进行社会救助信息工作的经验交流。年内，市社会救助事务中心还开展社会救助政策法规、安全教育、文明单位创建、职工礼仪、书法等培训，举办《不忘初心　牢记使命　做好新时代上海社会救助工作》的专题辅导讲座，全面提升职工的专业知识和文化素养。　　　　　　　　　　　　　　　　（奚笑蓉）

上海市民政传媒中心

【概况】　上海市民政传媒中心成立于2001年1月，是上海市民政局直属事业单位。2017年9月30日，经上海市机构编制委员会《关于同意调整〈上海老年报〉社机构编制的批复》，上海市民政传媒中心下设上海老年报社，事业编制增至30人，主要承担民政工作宣传报道和《上海老年报》《上海民政》等刊物的编辑出版工作等职责。2019年，上海市民政传媒中心共协助上海市民政局召开新闻通气会及组织记者集体采访、个别采访逾70次，其中专题策划报道17次，《人民日报》、新华社、中央电视台等中央媒体，《解放日报》《文汇报》、上海电视台、上海电台、澎湃等上海主流媒体共发布上海民政报道1 340余篇次，深度报道、专题报道数量比2018年有所增加。当年，中心共编辑出版《上海民政》杂志6期，其中第一期、第二期为特刊，分别为“2018年上海民政工作亮点集锦”和“深入学习贯彻习近平总书记对民政工作重要指示及第十四次全国民政会议精神”。完成上海民政政策发布和活动的日常摄影、摄像及资料的留存和完善，完成“上海敬老节集锦”“上海公益伙伴日”“认知症宣传片”等视频片的拍摄制作，参与首部“上海民政专家丛书”之《上海老年护理指南》、《上海年鉴(2018)》等上海民政系统外宣出版物的策划制作等工作。当年共出版《上海老年报》156期(逢星期二、星期四、星期六出版)；举办“真情为老，服务社会”读者咨询活动，为订阅单位和读者做好服务。

（伍成根）

【民政新闻发布】 2019年，上海市民政传媒中心的民政新闻发布工作做到“常规工作即时报，创新政策深度报”。围绕上海民政工作主要节点，配合市局及业务处室，完成如元旦春节帮困送温暖、寒潮临时救助、社会救助政策年度调标、年度民政工作会议、国际社工日、中华慈善日、第九届上海公益伙伴日、清明与冬至祭扫管理、相关节点婚姻登记等民政常规业务的新闻发布与宣传工作。针对上海民政领域2019年出台的重要政策，与业务部门合作、研议，策划深化“长三角民政一体化建设”、试行民政“社区民生顾问”之救助顾问、实施《上海市社会救助条例》、上线“上海养老服务平台”官方网站及微信平台、出台养老服务体系建设四年规划、整治殡葬领域突出问题及推出上海殡葬服务网上平台、启动全市康复辅具社区租赁体系建设等民政年度重要工作、政策的新闻发布与宣传工作。配合上海市民政局组织先进典型案例和重要工作成果有针对性的采访报道，如“中宣部重访习总书记之路”巡访团对上海社会治理、社区服务等领域成果的采访报道，中国新闻网等对上海社会组织支援三区建设、参与脱贫攻坚及垃圾分类等的采访报道，新华社等对民政部“孺子牛”称号获得者、首届“上海工匠”王刚先进事迹的集中宣传，上海观察等借助上海市儿童福利院媒体开放日对上海民政在保护孤残儿童、困境儿童领域的成果报道等。

（伍成根）

【重大宣传项目】 2019年，上海市民政传媒中心策划、组织、落实一系列重大宣传项目。与市政府新闻办发布处策划“每月一访”专题报道节目，于1月和5月，分别进行“上海养老服务体系建设”认知症床位建设和老年助餐工作专题访问，举行《上海市社会救助条例》实施的现场采访及市政府新闻发布会。8月22日，配合市民政局，策划组织副市长彭沉雷出席介绍“上海推进‘五位一体’社会养老服务体系建设情况”的市政府新闻发布会。组织策划《解放日报》《文汇报》对上海民政第五届“孺子牛奖”金奖获得者、市儿童福利院院长蔡璇璇等先进典型进行专访或刊发专版。配合市局组织策划上海电台“市民与社会”“市民政务通—民生访谈”“直通990—公益巡礼”、上海电视台“夜线约见”等栏目关于上海民政工作的直播和访问，宣传上海民政工作成果和思路，回应百姓诉求和期盼。

（伍成根）

【民政系统主题教育重大成果宣传】 2019年，上海市民政传媒中心配合市局策划组织对上海民政系统深入基层一线听民意、察民情、切实解决群众实际问题的主题教育成果进行宣传报道。7月7日，《文汇报》头条刊发《在调研中寻求困境儿童“解困之道”》，介绍上海市民政局在主题教育活动，走访调研、开门听取意见、认真查摆问题，深入推进困境儿童保护机制建设的新政策、新举措、新成效。《解放日报》多次专题报道市民政局深入开展主题教育活动，通过调研、座谈会、入户访谈、蹲点调查等多种手段，持续推动对养老、社会救助、困境儿童等民生领域痛点、难点、堵点问题和群众反映突出问题的实质解决。上海电台等媒体连续播发跟踪报道，反映上海民政婚姻登记部门结合主题教育活动，在全市范围内调研、与群众恳谈听取意见，出台工作规范解决婚姻登记工作中的政策盲区。上海市新闻媒体赴上海市救助管理站、上海市救助管理二站采访报道，展现上海民政救助管理部门帮助流浪乞讨人员找到家的温暖之举、大爱之心。此外，新华社、《人民日报》进行内参采访，报道上海养老服务体系建设取得的成果。

（伍成根）

【舆情监控与应对处置】 2019年，上海市民政传媒中心配合市局做好舆情监控与应对处置，注重做到“事前引导把控”与“事后监控处置”的结合与平衡。搜集有关民政的各类新闻、重要信息，编制《上海民政舆情摘报》；进行舆情预判，在策划新闻报道时充分考虑可能发生的社会反应，制定相关预防方案；对舆情事件及时跟进处置。针对相关重要舆情事件，均第一时间报告市局，协助市局及相关业务部门核实了解情况，主动开放采访，及时澄清谬误，通过准确详实的正面报道，回应公众对事实的关注。全年未发生过度负面舆论，未产生影响全局的负面影响。

（伍成根）

【《上海老年报》聚焦老年人关注热点】 2019年，聚焦老年群体关心的社会热点话题，《上海老年报》刊发旧小区老公房加装电梯实施“平层入户”创举等专题报道，携手上海市公安局治安总队推出老年人防诈骗等系列报道，发布“上海市养老服务平台”上线等涉及民生的权威信息。为增强与读者的互动，《上海老年报》对“固定电话升级为网络电话带来不便”等读者提供的线索开展调查报道，就老年大学“抢座位”现象等老年人焦点话题邀请读者发表观点，策划“向女同胞说出你的爱”留言征集等活动，召开作者、读者、编者座谈会，同时做好每周一期的《读者之声》专版。《上海老年报》联手上海市老年基金会设置《金色家园》每月专版，报道助老公益活动；专版刊发元旦春节期间助老帮困送温暖公益活动和老年节期间助老敬老公益活动；专版刊发第十七期沪疆“银龄行动”志愿者招募简章、第二期沪滇“云海银晖”志愿者招募简章、上海市民政系统第五届“孺子牛奖”评选公众投票活动、上海市第九届“公益伙伴日”活动内容等；全年共刊发公益广告167条通栏，近28个版面。（伍成根）

上海市居民经济状况核对中心

【概况】 上海市居民经济状况核对中心成立于2009年6月30日，是全国首个居民经济状况核对机构，是上海市民政局直属事业单位；事业编制30人。主要职责是依法开展居民经济状况核对和复核工作；承担居民经济状况核对工作体系建设，建立和完善居民经济状况核对系统操作平台；负责区县核对机构业务工作的指导和管理；负责对核对工作人员开展上岗培训和年度继续教育培训工作；开展居民经济状况核对工作研究分析；建立和完善居民经济状况核对工作规范等管理制度等。2019年，上海市居民经济状况核对中心在原有廉租住房、共有产权保障房、最低生活保障、因病支出型贫困、医疗救助、教育救助、临时救助、养老服务补贴、残疾人生活补贴、农村危旧房改造、特困供养、就业援助、资助参保、工会困难职工帮扶等14个项目的基础上，新增法律援助核对项目，核对项目总数增至15个，涉及民政、教育、人社、司法、住建、残联、工会、卫健等8个领域。至年底，全市共完成各项目核对446 862户次。廉租住房核对14 762户次，差异率11.35%；共有产权房核对18 499户次，差异率10.94%；城乡低保核对237 894户次，差异率9.22%；支出贫困核对3 064户次，差异率32.63%；医疗救助核对113 982户次，差异率9.45%；临时救助核对11 617户次，差异率32.56%；教育救助核对3 228户次，差异率19.16%；养老服务补贴核对26 472户次，差异率5.88%；危旧房改造核对115户次，差异率18.02%；残疾补贴核对7 467户次，差异率15.6%；特困供养核对1 492户次，差异率31.75%；就业援助核对2 935户次，差异率34.74%；资助参保核对4 040户次，差异率25.41%；法律援助核对2户次，差异率50%；工会帮扶（手工比对）核对1 293户次。各差异率是指实际状况核对结果不符合政策规定条件的申请家庭数占总申请家庭数的比例。（陈颖超）

【数据查询渠道】 2019年，上海市居民经济状况核对中心进一步巩固拓展数据比对交换渠道。2月1日，不动产登记专线正式上线。4月18日，东亚银行专线正式投入使用。至年底，共建成电子比对专线33条，涵盖人社、市场监管、房管、银行等14个领域上百家单位的信息。5月，部省联网临时网络成功搭建，首先应用于证券信息查询，替换以往与中国证券登记结算公司的“点对点”查询渠道。8月，完善证券查询字段，市居民经济状况核对中心可获取到申请人持有的沪深两市股票数量及市值、在证券公司购买的基金、债券、股转系统的市值和券商信息等，较以往获取的证券信息更加全面、详实。同时，结合非沪籍共有产权房核对试点工作，首次尝试通过部省联网渠道向27个外地省市查询445户申请家庭共1 467人的收入和财产信息，打通跨省核查重要渠道，查出部分申请人在外省市的商品住房、机动车和银行存款、开办企业、缴纳社保等情况。（陈颖超）

【部市核对系统联网】 3月，上海市居民经济状况核对中心根据民政部《居民家庭经济状况信息部省联网查询办法（试行）》的相关通知要求与有关标准，制定联网方案。核对系统部省联网将上海市核对系统与民政部低收入家庭认定指导中心系统进行对接，实现部省连通、数据交换，获取申请人在全国范围的收入、财产和支出信息。7月29日，经市民政局同意后，启动部市联网技术开发和测试。11月，市经信委批复《上海市经济信息化委关于上海市民政局“上海市居民经济状况核对部省联网”等2个项目的审核意见》同意项目建设。12月，上海核对系统与民政部全国核对系统正式联网。至2019年年底，中心通过民政部低收入家庭认定指导中心向申请人代表及其配偶所涉的27个户籍所在地经济状况核对机构发送跨省数据查询的请求。共查到机动车辆101辆，不动产权房24套，拥有银行存款147人，缴纳社保8人，开办企业2人。经核对，发现116户（166人）的外省查询结果与申报不符。（陈颖超）

【沪连对口合作】 上海市居民经济状况核对中心根据《国家发改委关于印发上海市与大连市对口合作实施方案的通知》中“突显实效、共同发展”的要求，积极跟进沪连对口合作重点工作计划，协助大连创立市级核对机构内训师模式，建立居民经济状况核对人员持证上岗制度，实现沪连两市全员持证上岗，共启两地内部讲师培养计划，促进两地核对工作快速发展。5月7～8日，市核对中心举办内部讲师交流论坛，邀请大连市核对中心内部讲师共同探讨讲师队伍的选拔、培养和管理，并探索建立两市区级机构业务合作的模式。7月16日，上海宝山区和大连中山区签署居民经济状况核对业务合作协议，围绕“携手、创新、共享、共进”的合作

主题,通过实地学习调研、培训资源共享、专题业务研讨、核对业务协查等方式,扎实推进合作。（陈颖超）

【成立10周年纪念】 9月24日,上海市居民经济状况核对中心举行成立十周年纪念暨论坛研讨活动,民政部低收入家庭认定指导中心和市民政局相关领导应邀出席,天津、重庆等直辖市,江苏、浙江、安徽等长三角地区和大连、来宾等合作市核对机构负责人,上海市各级核对机构负责人、核对工作人员共150余人参加。活动回顾总结核对中心十年来的发展历程,并以“核对十年　感谢有你”为主题,通过核对机制建设征文、岗位技能比武、知识竞赛等活动回顾征程、展望未来,凝聚队伍。编写《上海核对工作理论成果汇编》,集中呈现上海自核对工作开展以来的各项理论研究和实践探索成果。2019年,上海核对工作作为“我国社会救助事业发展取得重大成就”典型案例入选《全国干部学习培训教材》。《全国核对工作发展报告》(2013—2018)综述篇中介绍上海先行先试推动核对工作创新发展的典型经验。（陈颖超）

【全市核对培训考核】 2019年,上海市居民经济状况核对中心组织开展核对员教育培训12次,超过1 200人次参与培训。其中,开展2次核对员上岗考核,全市共234人报考,通过75人,平均通过率32.05%;组织2次新进核对员业务培训;组织6期全市核对员继续教育培训,参训人员750人次;组织各区核对业务骨干培训,共80人次参训;开展市居民经济状况核对中心内部讲师培训,开设课程设计与开发、PPT制作进阶等专业课程,着力提升内部讲师的授课能力和水平,全年共有5名内部讲师获得晋升,其中4人晋升首席讲师,1人晋升资深讲师;开展全市核对员岗位技能竞赛活动,共计700余人参加。至年底,全市取得核对员岗位培训证书人员共计1 333人,其中持证在岗772人。此外,市居民经济状况核对中心在8个街道进行核对工作带教示范点试点,发挥一线资深核对员传帮带作用。（陈颖超）

【核对标准化试点】 2019年,核对工作被列为市民政局标准化试点建设项目。根据上海民政系统标准化试点示范(实验)点建设项目要求,结合民政部出台的五个核对行业标准,上海市居民经济状况核对中心从机构、人员、管理、业务等方面进行全面梳理,通过健全管理组织、建立标准体系、制订修订标准、加强培训宣贯和落实实施督查等措施将标准化与业务紧密结合,制订以核对基础管理标准体系、核对内部管理标准体系和核对业务服务标准体系组成的标准化管理体系,共发布《核对业务流程工作规范》《核对信息安全管理规范》等53项内部标准,促进各项管理和业务工作更加标准化、制度化、规范化,实现以工作标准化促进核对精准化、助力精准救助。在2019年年底的标准化工作考评中以93.7分的成绩通过市民政局组织的专家组评审验收。（陈颖超）

【核对理论研究】 2019年,上海市居民经济状况核对中心完成《新个税法对居民经济状况核对工作的影响》和《新形势下居民经济状况核对制度完善的路径研究》两个局属课题的研究工作。前者通过研究,给出新个税法实施后需更新的税务字段,税务收入的计算口径和分项目应对方案;后者分析核对工作面临的热点、难点和堵点问题,提出四项完善核对制度的可行性路径。完成市发改委《2018年度收入监测报告白皮书》中核对工作研究报告,编写2019年度《核对项目准入条件与享受待遇总览》《核对项目准入条件与享受待遇标准文件汇总》。课题《基于核对数据的最低生活保障研究》荣获全国民政政策理论研究三等奖;《最低生活保障核对数据研究》获“2018年度局属课题十佳课题”,《核对项目开发规程标准化研究》获“2016—2017年上海民政优秀论文二等奖”。（陈颖超）

【品牌建设】 2019年,市核对中心突出文化特色,以“诚信”理念为基石铸魂立品,全面推进服务、文化、党建、志愿四大品牌建设。“助力诚信”服务品牌,以诚信建设作为中心,将全面提升业务服务水平和职工素养作为目标,通过宣传诚信,践行诚信,促进民政行业公信力的提高,2017年7月荣获上海市民政系统第五届“十佳服务品牌”。“诚信之帆”文化品牌将社会主义核心价值观和“民政为民、民政爱民”理念相结合,以“担核对之责,扬诚信之帆”为宗旨,2015年荣获“上海市民政系统首批优秀历史文化品牌入围奖”,2018年荣获“上海市民政系统第二届优秀历史文化品牌奖”。“蒲公英”志愿品牌秉承“奉献、友爱、互助、进步”的服务理念,建立起覆盖16个区、215个街镇的“蒲公英”志愿服务团队。“跟我学　照我做”党建品牌坚持以“党建+”领航,以新思路、新机制、新手段、新谋划推进党建工作,在创新核对模式、提高工作实效、规范教育培训、加强理论研究等方面精益求精,推动党建工作与中心工作、日常工作有机融合。（陈颖超）

上海假肢厂

【概况】 上海假肢厂成立于1965年5月,位于静安区胶州路207号,主要提供假肢矫形器等康复辅助器具的生产安装、康复训练和服务,为司法诉讼提供假肢矫形器仲裁、赔偿依据,承担对口援助假肢安装项目和政府购买服务项目,作为民政行业特有工种职业技能鉴定第058站假肢(矫形器)师职业技能实操鉴定点,承担上海及华东地区假肢矫形技术人员的技能鉴定及培训工作。2019年,上海假肢厂围绕"抓住发展契机、明确单位定位、强化制度建设、提升组织内涵,牢固假肢装配行业第一品牌地位"的工作目标,全年完成假肢矫形器装配1 928件,接待咨询约2 000人次。其中受上海慈善基金会、上海证券交易所公益基金会委托,赴云南省文山壮族苗族自治州完成假肢装配200件;受金龙鱼慈善公益基金会委托,赴河北省秦皇岛市、广西壮族自治州贵港市、黑龙江省佳木斯市、重庆市、云南省昆明市、江苏省泰州市等6个地区完成假肢装配300件。作为民政行业特有工种职业技能鉴定第058站假肢(矫形器)师职业技能实操鉴定点,组织开展假肢、矫形器职业技能实操鉴定工作1批次。　(华　剑)

【生活困难群体听力康复项目】　2019年,上海假肢厂中标《本市生活困难群体听力康复》项目,成立由信息收集、技术服务、数据分析、后勤保障、交通运输、应急后备组成的项目团队,建立从设计执行方案、配备实施人员及设备、获取对象信息、制定筛查计划、联络受检对象、建立数据库、听力检测、确定配置产品、配置调试维保、定期回访等构成的实施流程。至年底,项目覆盖上海市15个区,共为942名具有上海户籍的60岁及以上低收入群体进行免费听力筛查评估,其中社区集中服务869人次,上门服务73人次;对745名听力损失程度在中等程度以上的人员实际配置1 000台助听器。上海假肢厂通过该项目实现从"助行"向"助听"康复辅具领域扩展。　(华　剑)

【"行走的渴望"上海援助文山假肢助行项目】　7月,上海假肢厂受上海慈善基金会、上海证券交易所公益基金会委托,赴云南省文山壮族苗族自治州实施"行走的渴望"上海援助文山假肢助行项目。项目为期49天,共为197名受助对象装配假肢200件。"行走的渴望"项目由上海市对外协作办、上海市民政局、上海市红十字会于1999年发起,上海市假肢厂负责具体实施,至2019年年底,已累计为文山壮族苗族自治州因战致残人员完成假肢安装3821件。　(华　剑)

上海民政(集团)有限公司

【概况】　上海民政(集团)有限公司的前身是1964年3月成立的上海市民政局盲聋哑社会福利生产管理处。2002年10月8日,正式更名为上海民政(集团)有限公司。公司下属上海三智汽配实业有限公司、上海民政劳动服务有限公司、上海上奥轮椅销售有限公司和上海新沪标准件厂,主要承担着大量下岗职工、残疾职工及退休职工的保障管理和服务。2019年,上海民政(集团)有限公司全面加强安全、应急、物业出租、财务管理、人事管理各个环节的风险管控,新增15项管理制度。建立健全安全巡检和监督检查机制,不定期组织专项自查自检,每季度召开安全工作例会,对发现的各类问题实施有针对性的纠防措施。重组三家保障型企业,整合保障资源,提升保障服务质量。至年底,公司下拨各类帮困金共计1 234 869.28元,共帮扶2 334人次。对孤老及90岁以上的残疾退休职工参加市总退休职工住院补充医疗保费予以全额补贴,共计211人,补贴资金63 300元。下属劳服公司支付帮困资金925 094元,帮扶1 840人次;上奥公司支付帮困资金114 500元,帮扶169人次。制定《上海新沪标准件厂集体宿舍孤老生活保障方案》,解决13名残疾职工和孤老生活保障问题。　(陆志英)

【残疾人集中就业】　上海民政(集团)有限公司下属上海三智汽配实业有限公司是唯一一家市属残疾人集中就业国有企业,至2019年年底,公司共有在职残疾人职工38人,占车间职工人数的32%。为保障残疾职工就业,2019年三智公司新招录1名残疾人职工,与残疾人职工签订劳动合同、缴纳社会保险,确保残疾人职工与健全职工同工同酬。通过技术攻关及"传帮带""结对学艺""一岗多能"等多种形式技术培训,促进残疾人职工技术能力的"升级"。实行残疾人职工优先上岗制度,切实保障残疾人职工利益。此外,公司还通过短信(微信)信箱及时了解残疾人职工需求,对困难残疾人职工进行帮困慰问,从思想、学习、生产、生活等方面关心他们,使残疾人职工能更好地工作生活。　(陆志英)

【出租出借物业管理体系】　2019年,上海民政(集团)有限公司建立健全出租出借物业管理体系,实现物业统管。1月,全面盘点本部及属下企业现有厂房物业情况,重新建立物业台账。8月,对物业出租租借管理制度进行梳理,制定《上海民政(集团)有限公司物业出租出借管理暂行办法》,从职责分工、审批权限、审批流程、禁止行为、合同规范、出租出借前评估调研、出租出借事中事后管理及责任追究等方面,作出详细的规定和规范,将物业出租出借行为列入"三重一大"议事决策议程。建立安全巡检和监督检查机制,对下属有产证的独立物业委托第三方消防安全风险评估。全年共对下属企业生产经营和出租物业等进行全面安全生产检查10次,开出整改单10张,整治经费24.5万元。厂房物业出租企业租金回笼率96%。　(陆志英)

【ERP信息化系统】　2019年,上海民政(集团)有限公司下属上海三智汽配实业有限公司正式开始ERP信息化系统建设。2月,成立信息化推进小组,对公司的人员结构、岗位职权、部门运转流程、生产经营情况等进行全面梳理,编制部门结构图、岗位手册及运转流程图;对公司的产品和零件号进行全面整排,选取上海企通软件公司作为信息化合作单位。3月,启动ERP系统第一期实施项目(用友购销存模块),先后完成业务调研、项目主体计划设计、项目培训、方案测试、静态和动态数据准备、模拟运行以及切换上线等阶段性项目任务,5月正式上线。通过ERP系统模块,三智公司在进、销、存以及计划等方面实现信息化管理,推进各部门、各业务环节的信息共享,提升管理效率,降低管理成本。(陆志英)

【保障型企业联合管理中心】 8月,上海民政(集团)有限公司启动上海民政劳动服务有限公司、上海上奥轮椅销售有限公司、上海新沪标准件厂三家保障型企业合并管理工作。对三家企业的保障标准、保障方式、保障范围以及工作人员状况进行全面梳理,研究制订《保障型企业联合管理方案》。9月,经上海市民政局同意,正式成立"上海民政(集团)有限公司保障型企业联合管理中心",重组合并后定编22人(含公司委派财务主管)。组建联合管理中心党支部,撤销中共上海民政劳动服务有限公司支部委员会和中共上海轮椅车厂支部委员会,所有党员组织关系转移到保障型企业联合党支部,同时召开保障型企业全体党员大会,通过选举产生保障型企业联合支部委员。合并重组后保留三家企业法人、工会法人、工商、税务及社保等资质。设一套行政管理班子,实现保障工作统一领导,做到"三个统一",即统一开展下岗职工的基本保障,统一开展困难职工帮困帮扶工作和退休职工的管理,统一开展物业管理和安全生产工作。三家保障型企业工会仍独立运行,按照工会法和企业工会章程开展工作。(陆志英)

上海社会福利发展有限公司

【概况】 上海社会福利发展有限公司成立于1996年7月,前身为事业单位上海市社会福利发展公司,出资人为上海市民政局,注册资金1 000万元。2003年12月,上海市国资委同意在事业单位上海市社会福利发展公司的基础上,组建国有独资企业上海社会福利发展(集团)有限公司。2004年1月,上海社会福利发展(集团)有限公司成立,上海市国资委作为出资人,委托上海市民政局负责监管,注册资本金为人民币贰亿元。2014年7月,公司更名为上海社会福利发展有限公司。办公地址位于黄浦区普育西路105号,公司为老年人、残疾人、困难群体、孤残儿童提供服务,是提供与市民生活相关、以实现社会效益为主要目标的功能保障类企业。经营范围是实业投资、企业投资、投资咨询服务、会展会务、停车场管理。公司的主业为承担政府特定任务或实现特定功能,包括社会福利等特定领域及相关配套产业投资开发、战略性新兴产业投资培育、重大项目建设等。2019年公司在确保国资保值增值的同时,全力做好公益新天地园区日常运营管理工作,圆满完成第九届公益伙伴日的后勤保障工作;开展公司持有空转土地的调研工作;规范国有资产出租行为,完成上海市民政局托管房屋移交;以民政事业为核心,探索民政国资新业务;加强对子公司爱心物业的管理;着力风险管控,深化安全生产隐患治理。实现安全生产放首位、国资保值增值、园区运营有序、公益活动丰富的年度工作目标。(宫 键)

【国有资产保值增值】 5月,上海社会福利发展有限公司取得上海市自然资源确权登记局核发的虹桥路885弄4、7号中华人民共和国不动产权证书;协调交运集团,成功收回风采航运公司历史借款638万元及180万元利息,实现国有资产保值。积极与徐汇区税务局沟通协调,7月,上海社会福利发展有限公司被确定为辖区内优秀纳税企业,获得企业发展专项资金21万元。实际完成营业收入8 012万元,比上年增长4%;利润1 400万元,比上年增长53%。(卓 琼)

【上海公益新天地园区管理】 2019年,上海社会福利发展有限公司修订完善上海公益新天地园区运管制度,包括园区安全管理规定、园区入驻单位装修管理规定、机动车管理规定、电瓶车充电管理规定,以及7项监控中心管理制度,从园区建筑安全使用、入驻机构人员规范、车辆出入行为及二次装修行为等方面,确保园区运营管理安全有序。加强园区硬件设施建设,修缮改造园区4号楼外立面及普育西路105号大门立面沿街平房立面,2、3、6、9号楼局部屋面及7号楼内部部分区域。投入运营园区公益大食堂。至年底,上海公益新天地园区正式签约入驻公益单组织33家。(石建华)

【智社688文创项目】 智社688项目位于陕西北路688号,原为上海铝铆钉厂。2016年6月,上海社会福利发展有限公司与上海静工(集团)有限公司签约,共同组建上海智社企业管理有限公司,2019年初加速启动智社688项目建设运营。项目建设目标是按照"资源共享、优势互补、发展互惠"的原则,建立长期、全面、深度的合作关系,探索文化产业发展的新模式,为社会民生事业提供更多发展力量。同时促进上海"创意之都"和国际大都市建设,将"陕西北路"项目打造成一个以时尚与创意为主题的文化创意园区。至2019年年底,该项目入驻率已达96%,有教育机构森塾教育、特色餐厅良设夜宴、网红西餐UP等多家公司入驻,静安国际美食节也在此开幕，成为具有一定文化、艺术和品牌影响力，集时尚、文化创意、国际美食、民生为一体的国际化综合性社区项目。（王春根）

【爱心物业探索管理新模式】 2019年，爱心物业结合正在服务的众仁乐园等6家市区两级养老机构物业项目，在满足现有养老护理项目服务要求的同时，结合项目和公司业务实际，在养老护理队伍管理、人才招聘、队伍建设、教育培训、绩效考核等方面开展各项工作，为团队赋能。爱心物业公司将养老护理业务作为其发展养老特色物业的潜在业务方向。通过与专业培训机构合作建立并拓宽养老护理人才（管理人才、一线护理人才）招聘渠道，规划搭建养老护理人才队伍，作好充分的人力资源储备。聘请专业医护管理人才充实项目管理团队，持续提升团队专业技能，对公司养老护理团队（管理人员和一线养老护理员）全员进行在岗培训及培训效果鉴定。企业还依托ISO质量体系建设，探索建立公司内部“养老物业”质量标准；开展一线员工“养老护理员”转型培训，将“养老物业”服务内容从“幕后”延伸到“台前”，协同配合养老机构实施“长护险”等。

（王春根）

第二十三章　上海市民政局局管社会组织

【概况】 上海市民政局局管社会组织是指依法登记的、由上海市民政局担任业务主管单位(指实行双重管理的社会组织业务主管单位)或行业管理部门(指实行直接登记的社会组织的行业管理部门)的社会组织。至2019年年底,局管社会组织共计372家。2019年,上海市民政局重点从四个方面建立健全局管社会组织体制机制。盘清家底,明确思路。深入开展调研摸底,先后起草《关于局管社会组织的情况报告》《关于局管社会组织党建情况的报告》。出台政策,明确措施。出台《关于加强上海市民政局局管社会组织综合监管的若干意见》,为今后一段时间完善局管社会组织综合监管、加强业务指导、细化分工协作提供政策依据。传导基层,整合推进。召开上海市民政局局管社会组织工作会议,介绍工作情况,明确政策要求。个案处置,面上协调。针对局管社会组织运营中的问题,协调相关部门和单位研究处理、妥善处置。积极承办局管社会组织业务主管单位的前置审批工作;协调开展年检、换届、干部兼职、变更等工作;参加局管社会组织有关业务活动;参与处理投诉、举报、查处等各类相关事务。在此基础上,创新提出健全"登管合一、四位一体"的综合监管体系,为进一步加强局管社会组织管理、发挥局管社会组织作用打下基础。 (薛　海)

加强局管社会组织管理

【《关于加强上海市民政局局管社会组织综合监管的若干意见》】 8月22日,上海市民政局印发《关于加强上海市民政局局管社会组织综合监管的若干意见》,为完善局管社会组织综合监管、加强业务指导、细化分工协作提供政策依据。意见首次提出登记管理、行业管理、职能管理和枢纽管理各部门各司其职、协调配合的工作关系,明确各部门的职责分工,力求健全局管社会组织综合监管体系,更好地促进局管社会组织健康有序发展。 (薛　海)

【上海市民政局局管社会组织工作会议】 9月24日,上海市民政局在光大会展中心召开首次局管社会组织工作会议,市民政局行业管理处室、职能管理处室及登记管理处室,还有局管社会组织全体成员共计400余人参加会议。会议明确局管社会组织的综合监管体系建设要求,落实各管理部门的职责分工及协调推进工作。同期,按照局管社会组织的行业领域分别召开8个领域的专题会议,由各个行业管理处室介绍情况,各社会组织开展交流,组成工作网络。 (薛　海)

【"登管合一、四位一体"的综合监管体系】 上海市民政局作为全市社会组织的登记管理机关,又是部分市级社会组织的业务主管(行业管理)部门,建立健全局管社会组织的综合监管体制机制,有助于发挥"登管合一"的管理优势。同时,为加强各部门之间的协调整合,市民政局建立融合登记管理、职能管理、行业管理和枢纽管理四方面管理职能于一体的"四位一体"的综合监管体系特色。由社会建设处承担枢纽管理职能,负责局管社会组织的综合协调联络等枢纽职责;各行业管理处室负责行业监管和业务指导职责;社会组织登记处室负责登记管理职责,三类社会组织管理处室负责社会组织分类监管职责,社会组织服务处室负责社会组织的支持和服务等工作;各相关职能处室负责相关职能部门职责。各处室相互配合,形成合力,初步建成局管社会组织"登管合一、四位一体"的综合监管体系。 (薛　海)

重要局管社会组织展示

【上海市慈善基金会】 成立于1994年5月,以"安老、扶幼、助学、济困,依靠社会办慈善,办好慈善为社会"为宗旨,坚持积极发掘慈善资源,实施慈善救助项目,传播慈善公益理念,打造慈善公益品牌。基金会连续举办二十六届"蓝天下的至爱"慈善活动,被列为"上海文化"品牌建设150例重要项目之一。每年开展"新年慈善音乐会”“千店义卖”“万人上街募捐”“慈善跑”“蓝天至爱计划”“温暖送三岛”“元旦春节万户助困”“孤残儿童联欢会”“上海慈善论坛”“上海公益微电影节”“上海市慈善之星”评选表彰等品牌活动，利用义拍、义卖、义捐、义赛、义诊等形式，广泛动员社会各界关注慈善、参与慈善。至2019年年底，基金会累计总收入134亿元，其中募款收入累计103.96亿元，募物价值累计14亿元，增值保值、政府购买服务等收入累计16.04亿元；总支出累计103.77亿元，其中项目救助支出累计84.88亿元，物资支出价值累计13.31亿元，其他支出5.58亿元；通过各类慈善救助项目的实施，受益人数累计达1 442万人次。基金会是第一批获得“全国先进民间组织”称号的社会组织，第一批获得民政部5A级称号的基金会之一，连续七届获得“上海市文明单位”，多次获得“中华慈善奖”和“上海慈善奖”，2019年度被评为上海品牌社会组织。（市慈善基金会）

【上海市帮困互助基金会】 成立于2003年12月，宗旨是弘扬社会互助共济精神，协助政府为特殊困难人员提供应急性、临时性救助，及时缓解他们日常生活中的困难，对政府日常救助帮困工作发挥积极的补充作用。基金会通过福利彩票公益金的资助、募捐和接受捐赠，开展助医、助老、助困、助学、赈灾等项目。2007年以来，采取与各区县民间综合帮扶组织签订资金资助协议的方式，开展以个案帮扶为主，项目帮扶为辅，同时辅助与心理关怀的社区市民综合帮扶项目，在全市形成“1(基金会)＋17(区县，农场局)＋X(街道乡镇)”三级综合帮扶网络。基金会的社区市民综合帮扶项目被民政部评选为“全国优秀福利彩票公益金项目”并获“中华慈善奖”提名奖；2009年1月，被市民政局授予首届“上海慈善奖”。2013年、2018年连续两届被评为“5A级社会组织”；2019年荣获首批“上海市品牌社会组织”荣誉称号。至2019年年底，基金会公益支出总计13亿元，累计帮扶人数67万人次。（王靓文）

【上海联劝公益基金会】 上海第一家民间发起的资助型公募基金会(5A级社会组织)，成立于2009年。联劝公益坚持以“联合劝募”作为自身业务发展模式，通过“一个鸡蛋的暴走”“小小暴走”等公益参与方案，让快乐公益的理念传递给每一位公益参与者。2019年，联劝公益募集善款总额1.29亿元，较2018年增长21.1%；公益支出总额为1.03亿元，较2018年增长56.0%，公益支出比为93.3%。联劝公益支持473个机构，901个公益项目，覆盖社区建设、困境儿童关爱、贫困助学、社会救助、济困(精准扶贫)等12个领域，其中通过统筹资助(U积木计划、U悠计划、U泉计划等)共支持174个公益项目，支出金额超1 888万元。专项资助(包括公益专项基金及专项合作、企业专项基金及合作、捐赠人建议基金、政府购买服务)共支持724个项目，支出金额超8 430万元。互联网事业合作共支持3个项目，支出金额超18万元。2019年，联劝公益基金会透明指数FTI满分，荣获上海市品牌社会组织、2019年度公益生态共建代表、凤凰公益·行动者联盟年度“十大公益创意”，以及2018中国(上海)社会治理创新实践“优秀案例”等称号。（张楠雯）

【上海仁德基金会】 2011年12月9日在上海市民政局注册成立的支持型民间公募基金会。2016年11月，成为上海市首批获得“慈善组织登记证书”和“慈善组织公开募捐资格证书”的公募基金会之一。2017年12月通过5A级社会组织评审。基金会陆续打造出“海公益”“亲亲禾苗　营养一餐”“让星儿更美好”等品牌项目，其中“亲亲禾苗　营养一餐”项目荣获2019年全国社会组织扶贫50佳案例。至2019年年底，基金会支持与合作的民间社会组织数量累计有300多家，支持的公益项目数量累计有600多个，覆盖的受益群体286 393人次，项目辐射的省份(含直辖市、自治区)已经达到31个。基金会自成立以来募得善款总计2.74亿元，支出善款总计约2.68亿元。2016～2019年每年投入的扶贫资金分别是1 402万元、4 465万元、6 248万元和5 367万元。2019年，在“三区三州”开展28个项目，涉及金额144万元，受益63 872人次；云南省对口支援项目4个，涉及金额173万元，受益716人次；贵州遵义对口支援项目5个，涉及金额40万元，受益800人次。（王宛馨）

【上海真爱梦想公益基金会】 于2008年8月14日成立。真爱梦想以发展素养教育，促进教育均衡，教育推动社会进步为使命，通过系统化地为学校提供教育公益产品和服务——“梦想中心”体系，帮助孩子们自信、从容、有尊严地成长。真爱梦想将“全人教育”理念以30余门梦想课程的形式，融入公立学校的课程体系，2016年开始探索社区版梦想中心模式，将“全人教育”理念延伸到社区，让更多城乡少年儿童及其家庭在家门口就能享受到优质的素养教育课程和活动。真爱梦想先后荣获“中华慈善奖——最具影响力公益项目奖项”“全国先进社会组织”“拉姆·查兰管理实践奖”优秀奖、《界面新闻》“中国最透明慈善公益基金会排行榜”榜首；获评5A级社会组织；真爱梦想的教育实践荣获上海基础教育成果奖一等奖。2017年，真爱梦想获ISO9001:2015认证，成为中国第一家通过SGS全球社会组织对标审核的社会组织。2019年，真爱梦想筹集善款、物资及政府配套项目资金共计2.04亿元，在全国31个省市自治区建设学校梦想中心教室501间，社区梦想中心43间，其中在贫困县区捐建梦想中心263间，支持上海对口贵州遵义、青海果洛、新疆喀什、云南

各贫困县区扶贫行动，建设梦想中心48间。（宿彦慧）

【上海市社会工作者协会】 成立于1993年2月，是上海市4A级社会组织，上海市首批28家公益基地之一，2018年十佳公益基地，上海市唯一一家政府认可的市级社工行业管理组织。协会有64个单位会员、3 000多名持证社工会员。上海社工坚持以实务为基础，以“回应社会需求，解决社会问题，化解社会矛盾”为工作目标，在职业化和专业化的道路上不断前行。协会与上海新闻广播“直通990”栏目组联合打造的《社工分享计划》，自2017～2019年间累计有325位社工志愿者走进直播间，以社工的专业角度解答市民日常生活中的问题。协会组织和开展社会工作服务机构“牵手计划”，承担外部督导、物资保障、纪录片拍摄、评估与考核等工作。至2019年年底，沪滇“牵手计划”上海援派机构共牵手帮扶云南省13个州、20个贫困县，累计在地服务2 172天，援派专业社工146人，募集资金1 441.5万元，在云南当地开展社会工作培训93期，培训人数2 353人。协会承办以“追梦新征程，社工在行动”为主题的2019年社会工作主题宣传活动启动仪式，发布《2018年社会工作行业报告》。在社工应急服务团建设方面，协会组织开展12场，近300人次的社工应急服务团增能培训，主题涉及初级救护员基础知识、冲突管理、自然灾害、防火应急、心理疏导培训、社会工作核心理念与技巧等内容，加强应急社会工作服务队伍能力建设，提升服务团的综合实力，提升本土社会工作服务质量。（解国平）

【上海市养老服务行业协会】 成立于2003年7月，原名上海市社会福利行业协会，2019年4月12日正式改名。协会由上海市从事养老服务的机构、与行业业务相关的企事业单位和社会团体自愿组成，是实行行业服务和自律管理的非营利性社会团体法人。协会共有764家会员单位，其中养老机构会员单位588家，占全市实际开业运营养老机构712家的82.6%。2018年12月被评为5A级社会组织。协会主要负责上海市养老护理员岗位资格证书培训及审定，养老机构院长教材研发、岗位培训及继续教育，对养老服务行业中的其他人才进行培训；对上海市养老机构开展等级评定，参与推动养老服务行业标准化建设，接受政府部门委托，实行行业监管；承接政府、基金会委托项目，如“本市优质养老机构与薄弱养老机构结对帮扶项目”“寻找最美养老护理员项目”“养老行业工资指导发布与监测制度研究项目”等，编印《上海市养老机构合同示范文本》，维护养老机构及住养老人的合法权益；编辑印发《养老机构服务管理实用手册》，为养老机构管理者提供参考。开设专业论坛，编印《上海社会福利》季刊，开展长三角区域养老一体化相关工作。（朱朝华）

【上海市殡葬行业协会】 成立于1990年5月。协会是上海市殡葬服务单位殡葬工作者自愿参加的，以行业服务、行业自律、行业协调和行业代表为基本职能的非营利性社会团体，会员单位超过200家。2019年，协会发挥行业协会的四项职能，有序有效地开展各项工作，开展“打黑除恶”专项整治工作部署；配合中殡协开展以“创新生态安葬，引领绿色发展”为主题的生态产品设计征集活动及“中国公墓行业生态现状及趋势分析”课题调研；参加中殡协举办的第二届全国海葬工作交流（观摩）会活动；修订《上海市殡葬服务代理规范》，加强殡葬服务代理监管，推进标准化建设；举办“不忘初心，牢记使命，遵纪守法再出发——殡葬管理人员”专题培训班；增设颁发殡葬工龄职工荣誉证书；开展清明、冬至工作巡视，宣传文明殡葬、节地生态新举措；参加“三省一市”与阿里巴巴集团“智慧殡葬”合作建设推进会，不断提升长三角殡葬信息化共享能力等。（何兆珉）

【上海市社会建设研究会】 于2012年8月20日正式成立。是上海市开展社会建设工作的重要参谋，是汇聚社会领域研究力量的平台。2019年，研究会创设“上海社会建设专家讲坛”，宗旨是办成上海社会建设原创思想的“发布会”“交流会”。全年共举办三场上海社会建设专家讲坛。编辑刊物《上海社会建设研究》，主要反映社会建设方面的重要信息，包括社会建设的文献摘编、领导论述、专家言论、政策文件、工作要求、工作经验等。研究会积极为部分区的社会建设提供服务，先后与黄浦区五里桥街道党工委（办事处）、静安区地区工作办公室、闵行区地区工作办公室等合作，开展《“三会”制度在新时代社区治理中的实践价值研究》《关于构建上海市静安区基层治理指标体系研究》和闵行区社会治理“十四五”规划前期调查研究以及2019年闵行区邻里中心建设阶段性验收工作等项目。（郁　明）

【上海市癌症康复俱乐部】 于1989年成立，1993年在上海市民政局注册成为社团法人，是一个癌症患者自愿组织的自救互助联合性公益性组织。以“群体抗癌、超越生命”为宗旨，有16 000余名会员，18个团体会员，182个融入社区、依托社区、服务社区的活动块、站组成三级管理网络。2007年成立隶属于上海市志愿者协会的癌症康复俱乐部志愿者服务总队，1 000多名注册志愿者。建有13个按病种成立的康复指导中心和8个在市三甲医院的癌症病人资源中心，成立展望生命艺术团和16个兴趣活动小组。作为一个特殊的群体，俱乐部是已康复癌症患者以志愿服务形式，无偿服务于会员和社区。“癌症患者互助服务项目”获得上海市志愿服务品牌项目，“爱心康复营”为上海市慈善基金会品牌项目。俱乐部是5A级社会组织、连续12次被评为上海市文明单位、上海市志愿服务先进集体、上海市“慈善之星”特别奖、上海市先进社会组织。俱乐部“癌症患者互助康复志愿服务项目”获民政部优秀志愿服务项目一等奖，“癌症患者互助康复志愿服务项目”“跨越国界的爱”分获首届和第二届中国慈善公益项目大赛创意类铜奖。2016年获“第三届上海市优秀女性社会组织”，2018年获“上海市民政系统第二届优秀文化品牌”，在2018年公益之申评选中获“十佳公益机构”，2019年获“十佳公益故事”奖。（华芳大）

【上海慈善物资管理中心】 成立于2000年6月8日，是具有独立法人资格的民办非企业单位。中心受上海市民政局和上海市慈善基金会委托，负责对海内外社会各界捐赠的慈善物资进行募集、储运和处置以及全市经常性社会捐助接收点的后续服务与管理指导工作。2007年，中心率先在慈善工作领域引入ISO9001质量管理体系标准，完善慈善物资的募捐（验收确认、入库分拣、价格评估）、处置（助困、义拍、义卖和直属慈善超市管理）和仓库管理工作的标准化建设，2013、2016、2019年全部通过“再认证”工作。中心荣获中华慈善事业突出贡献奖、全国先进社会组织、上海市文明单位、中国5A级社会组织、市民政系统社会救助工作先进集体、上海市优秀慈善组织等荣誉和称号。2019年，中心被上海市政府授予“文明单位”称号，实现文明单位创建工作的“五连冠”。在“依靠社会办慈善、办好慈善为社会”的方针指引下，中心年平均募捐物资达到8 485.97万元，年均处置物资8 110.02万元。2019年，中心紧紧围绕“民生保障”和“精准扶贫”开展慈善项目工作，全年累计募集物资价值1.49亿，累计向对口支援地区及其他兄弟省市捐赠物资5 504万元，同比增长369.31%。（任少鹏）

【上海市社会组织服务中心】 于2000年8月成立，是一家从事非营利性社会服务活动的民办非企业单位法人。中心主要为社会组织提供咨询、培训、评估、合作、人才交流及其他相关服务；接受相关部门委托开展期刊编印、工资基金审核、档案管理、上海公益园区运营管理等工作。2019年度，中心提供登记业务咨询和服务；承担市级社会组织档案电子化工作；完成6期《上海社会组织》期刊编辑；协同组织市级社会组织各类培训班9期，参训3 354人次，协同区级登记管理机关和社会组织服务中心以及部分街镇合作举办20多期培训班，参训3 100余人次。组建公益新天地园区运管团队，与园区业主方上海市社会福利发展有限公司及园区物业方爱心物业合作，在机构入驻评审和考核、安全管理升级、垃圾分类工作执行、公益伙伴日等重要活动协助、国内外组织参访接待、首届上海社会组织公益创业大赛参与等各项任务中，推进园区的运营管理工作。

（市社会组织服务中心）

第八篇　各区民政

浦东新区

【综述】 浦东新区总面积1 210.41平方公里，辖12个街道办事处，24个镇，996个居民委员会，362个村民委员会。2019年年底，常住人口589.62万人。浦东新区民政局负责全区的社会救助、社会福利、养老服务、慈善管理、基层政权和社区建设、社会组织管理、婚姻登记、收养登记、殡葬管理等工作。内设办公室(计划财务处)、组织人事处、社会救助和社会事务处、社会福利处(养老服务处)、基层政权和社区建设处、社会组织管理处(行政审批处)、安置就业处(思政权益处)和拥军褒扬处(军休服务管理处)等8个处室，下设15家事业单位，在编公务员49人，在编事业单位人员259人。

社会救助：2019年，浦东新区共救助帮困近212.38万人次，发放各类救助资金108 222.05万元。主要社会救助对象33 537人，发放社会救助资金47 550.48万元。其中城镇低保18 894人，农村低保1 794人，城镇重残无业7 521人，农村重残无业4 852人，共发放城乡低保资金41 034.73万元；特困人员377人，发放特困供养资金1 063.46万元；因病支出型贫困952人，发放救助资金98.71万元；传统民政救助对象45人，发放补助资金89.95万元；落政对象54人，发放补助资金261.94万元。实施粮油帮困19 093人，发放资金1 575.16万元；临时救助6 815人次，发放资金347.73万元。发放医疗救助资金3 078.8万元。支内回沪人员83 831人，发放资金32 623.63万元。全年共救助各类求助人员1 199人次。开展浦东新区“慈善公益奖”评选，选出10名个人/企业类、10个组织类、10个项目类“慈善公益奖”。动员组织36个街镇参与第十八届“慈善公益联合捐”，共募集资金1.22亿元。

社会福利：2019年，浦东新区共有养老机构160家(含长者照护之家26家)，其中公办机构96家，民办机构64家。养老床位数26 792张，入住老人15 677人；综合为老服务中心43个；居村老年活动室1 332个；老年人日间照料中心89个；农村养老睦邻互助点479个；老年人助餐点156个，供餐能力1.8万客。共有“养老顾问”街镇顾问点36个，居村顾问岗1 341个，顾问员1 771人。老年人长期护理保险服务人数6.35万人，评估人数9.73万人。养老机构护理员4 452人，居家养老服务员3 127人，助老志愿者7万人。推进社区嵌入式养老服务设施建设，利用142处存量房屋资源合理布点社区为老服务设施。全区共发放老年人综合津贴69.04万人，发放金额10.83亿元；发放居家养老服务补贴2.61万人，补贴金额1.38亿元。全区共有散居孤儿12人，困境儿童61人，成年孤儿回归社会安置1人。全区共有福利企业86个，安置残疾职工2 876人。发放困难残疾人生活补贴21 042人，支出资金7 092.32万元；重度残疾人护理补贴40 570人，支出资金10 302.89万元。

社区治理：2019年，浦东新区共开展1 616个自治金项目，覆盖967个居委会，涉及资金近3 000万元。居委会下设环境和物业管理委员会工作，年底实现全覆盖。以“阳光村务工程”和农村社区建设试点示范村为抓手，加强村民自治和村务监督工作，年底实现村务公开信息化平台建设362个村全覆盖，完成55个区级试点示范村创建和10个市级试点示范村的遴选申报。建立完善新区社区工作者培训体系，开展新进社区工作者初任培训2 000人次，社区工作者骨干培训150人次，金牌社工培训50人次，全区共有持证社工8 000人。全年共有9家社工服务机构参与民政部“牵手计划”，发挥社会工作专业力量助力脱贫攻坚。推进政务服务标准化建设，形成“36个街镇主中心+27个镇分中心+1 300个居村家门口”的市民综合服务格局，在全市率先实现社区事务受理100%单窗通办，推进长三角地区“一网通办”线下专窗100%全覆盖，推进政务服务100%向居村延伸，实现212个社区服务事项全部下沉居村。

社会组织：2019年，浦东新区注册登记的社会组织共有2 388家，其中社会团体446家，民办非企业单位(以下简称民非)1 938家，基金会4家。准予社团成立登记46家，办理社团变更登记60家；办理社团到期换证91家，办理社团注销5家。共办理民非核名218家，准予民非成立登记126家，办理民非注销40家，办理民非变更登记326家；办理民非到期换证563家。完成社会组织年检工作，应参加年检的社会组织2 150家，其中社团404家、民非1 745家、基金会1家，实际参检社会组织1 893家，参检率88%，未填报社会组织257家(含名存实亡及连续2年不合格组织)。年检合格1 509家，合格率70.2%，其中社团合格率75%，民非合格率69%，基金会合格率100%；基本合格281家，基本合格率13.1%；不合格组织103家，另有未填报组织257家经处置为不合格，不合格率16.7%，不合格组织中有24家在年检期间完成注销。全年参加社会组织规范化建设评估101家，其中5A级9家，4A级33家，3A级36家，3A级以下20家，无等级3家。

社会服务：2019年共办理结婚登记22 261对，离婚登记11 793对，办理补领婚姻登记证4 800例。共办理办结收养登记20例。办结解除收养登记1例。清明和冬至期间全区各殡葬单位接待祭扫市民310.23万人次，落葬7 929穴。全年共火化遗体17 630具，实现基本殡仪补贴口径、受理、结算“三统一”，共发放2 833人次，补助金额339.86万元。审核完成市节地生态葬式奖补1 096人次，发放补贴金额109.6万元。加大基本殡仪补贴和节地生态葬式补贴两项补贴政策宣

传力度，奖补对象同比增幅达29%和72.5%。推进公益建设，年底共建成726家公益基地。　（孙胜男）

【爱心帮扶项目捐赠】　3月5日，浦东新区举行"不忘初心，牢记使命"浦东爱心帮扶项目捐赠仪式。该项目由浦东新区区域化党建爱心帮扶专门委员会组织开展，旨在充分发挥社会力量对政府政策刚性救助的拾遗补阙作用，关心困难群众，关注弱势群体，把个性需求通过"微心愿"认领，共性需求依托项目化运作。爱心帮扶项目主要包括两大重点推进项目——"爱心牛奶"项目，为浦东低保家庭和特困供养人员中60—89周岁老人每天赠送一份牛奶；"爱心鸡蛋"项目，为低保家庭中16周岁以下儿童及特困供养人员每月赠送一份鸡蛋，切实加强"一老一小"营养供给，满足困难群众对基本营养的需求。　（祝晓岚　赵政霞）

【第十八届"慈善公益联合捐"】　浦东新区"慈善公益联合捐"活动始于2003年，旨在通过对全区慈善活动、慈善队伍、慈善机构进行整合，形成系统的慈善劝募模式；通过组织慈善活动，整合爱心资源，打造慈善品牌项目；推进实现"一次募集，统筹使用"，提高资金使用效益。2019年，联合捐组委会创新工作机制，完善浦东新区困难群众帮扶项目认领机制，引导爱心资源精准对接困难群众需求，实施慈善公益项目化运作。10月，浦东新区举行以"守初心·担使命，凝善汇爱再出发"为主题的第十八届"慈善公益联合捐"活动，在为期两个多月的时间里，举办各类慈善活动，如区级机关"一日捐""名优信鸽爱心义拍会""蓝天下的至爱——万人上街募捐""爱心在社区"等，进一步播撒慈善公益的理念。此届联合捐共募善款1.22亿元，参与捐赠人数超过74.09万人，参与捐赠单位4 302个，约14 300名志愿者参与活动。　（唐　军）

【养老行业智能化监管体系】　2019年，浦东新区围绕"最严谨的标准、最严格的监督、最严厉的处罚、最严肃的问责"，切实做好"四个监管"，强化综合监管机制。4月，通过运用浦东新区养老行业协同监管大数据，开发建设应用场景并对接"六个双"平台（双告知、双反馈、双跟踪、双随机、双评估、双公示），以信用情况与风险程度为依据，对不同养老服务机构实施差别化监管措施，形成识险、评险、排险工作闭环，智能发现，联动处置，实现低成本、高效率监管。通过平台可查看所有机构的基础数据信息、实景图片、风险点、信用等级等，推动服务监管可视化、智能化、协同化，对纳入平台的机构形成全生命周期的监管。　（陈莉霜）

【15分钟养老服务圈】　2019年，浦东新区稳步推进"15分钟养老服务圈"建设，结合"家门口"服务体系建设，分层次、分区域合理布点社区为老服务设施，以"居家生活圈""街镇综合服务圈""社区托养服务圈""居村活动圈""邻里互助圈"为主要特征，构建全覆盖、多选择、可衔接的社区"15分钟养老服务圈"，实现社区为老服务"可知、可选、可及、可达"。2017年5月，根据浦东新区发改委测算，在15分钟服务圈要求半径内，全区共有162处养老服务设施缺项。2018～2019年已完成点位缺项补位157处，完成率97%。同时，着眼于精细化管理、精准化服务，依托15分钟养老服务圈建设，在社区层面进一步扩大养老微空间建设，解决社区养老设施建设缺地缺房的难题，在"见缝插针"式的空间内，实现熨烫、缝补、助餐、保健、洗衣等多种功能，如周家渡街道云台一居利用21平方米的弃用门卫室，实现洗衣、熨烫、缝补、助餐、看书、保健、娱乐的"洗衣增六"功能。　（陈莉霜）

【浦东新区养老发展研究院】　10月30日，浦东新区民政局与浦东新区金桥集团共同发起成立浦东新区养老发展研究院，推进养老服务与产业发展领域专业智库机构建设。研究院旨在通过开展养老服务与产业发展宏微观基础性研究与应用性研究等，解决养老服务实施运行过程中产生的痛点、堵点和难点，例如，社区嵌入式养老的发展，养老服务行业监管智能化等。12月17日，浦东新区养老发展研究院、复旦大学人口与发展政策研究中心联合主办"长三角社区养老服务体系研讨会"，会上浦东新区民政局、江苏省南京市民政局、浙江省湖州市民政局、安徽省芜湖市民政局等共同探索社区养老的区域合作常态化机制，推进长三角区域养老高质量发展。　（陈莉霜）

【实现社区政务服务三个100%】　2019年，浦东新区社区事务受理服务中心完成三个100%工作，即在全市率先实现长三角"一网通办"线下专窗100%全覆盖、个人社区事务212个事项100%下沉至居村、受理中心100%单窗通办。5月22日，沪苏浙皖三省一市政务服务"一网通办"正式开通上线，浦东新区在陆家嘴街道、张江镇社区事务受理服务中心先行试点，开设长三角地区政务服务"一网通办"线下专窗。5月23日，张江镇社区事务受理服务中心为来自苏州的市民办理"独生子女证档案证明"事项，为全市首单个人业务。11月1日，浦东新区率先在全市实现36个街镇长三角地区政务服务"一网通办"线下专窗100%全覆盖。浦东新区结合村居"家门口"服务体系建设，推动个人社区事务100%下沉至村居，以"自助办理""远程视频办理""人员下沉办理""代为办理"等方式，推进212个社区政务事项100%不出居村直接办理，浦东新区36个街镇1 358个居村实现"办事不出村居，服务就在身边"。深入推进个人审批服务便民化，将社保、医保、民政、计生等12个部门212个事项集中在一个窗口办理。至年底，浦东新区36个街镇受理中心全部完成窗口整合工作，在上海市率先实现街镇受理中心100%单窗通办。

（顾敏燕　陈　洁）

【“新益汇”社会组织创新空间】　6月28日，浦东又一公益新地标“新益汇”社会组织创新空间开园（浦东新区南洋泾路555号4号楼2A层），园区依托近3000平方米街区精心打造成为集党建服务站、公益图书馆、五峰讲堂、24小时文化客厅和社会组织成长空间等功能为一体的党建公益阵地，打造一个党建引领、文化传承、赋能公益公共空间，将区域内具有地缘联系却没有实际联结的组织整合起来，建立街区党建联盟，形成各种元素集聚、各类组织共存的生态圈。园区致力于服务和扶持处于成长期的创新型社会组织，推出“优新益”社会组织成长加速计划，深化政社企联动，在更大范围内整合资源；探索政府补贴、企业资助、组织自负“三合一”房租共担模式，突出“创新”功能，帮助其激发自我造血机制，加速成长，发挥社会组织的合力和创新活力。

（毕晓静）

【结婚登记集体颁证活动】　5月20日，浦东新区民政局与区文明办、区妇联联合举办“筑梦浦东幸福起航”青年结婚登记集体颁证仪式，弘扬婚姻家庭文化，倡导积极的婚姻价值观。活动现场，著名语言艺术家、全国广播电视“十佳”节目主持人、全国首届金话筒奖得主方舟，为新人朗诵《永恒的爱》，诠释婚姻内涵、传播爱的理念；爱心树公益团队为新人提供“幸福家庭的解码”讲座，让新人感悟婚姻和家庭所蕴含的责任和担当；八·一建军节，区民政局与区人武部联合举办“情系浦东军营，共筑幸福港湾”军人结婚登记集体颁证仪式，致敬中国人民解放军，传承弘扬优秀品质，展现新一代年轻军人充满青春、热血、理想的婚恋观和爱情观，来自浦东驻军部队的9对新人参加此次活动。

（赵元珺　赵政霞）

【婚姻信息共享】　3月12日，浦东新区民政局与区人民法院签订合作备忘录，建立婚姻信息共享机制，推进司法实践与社会服务紧密结合。2019年，浦东新区婚管所为区法院提供10件案件涉及的13位当事人的婚姻登记信息，区法院为民政局办理婚姻登记过程有疑问的6对当事人提供离婚的法律文书查询。针对早期结婚的当事人信息不齐全（主要是没有身份证号码）等问题，区民政局与区人口办沟通，开通公安信息系统共享端口，查询户口在浦东的当事人的相关信息，完成7.4万条婚姻历史数据补录工作。（赵元珺　赵政霞）

【殡葬改革】　清明期间，三林静园、浦东殡仪馆、北蔡西山湾安息堂实现无烟祭扫。通过举办上海市百姓公祭、殡葬改革宣传月、打造果园村生态祭祀园等一系列举措和活动，倡导文明祭祀。制作“禄宝白事通”宣传片、《惠民政策》3.0版、更新节地生态葬式VR、推出《家祭礼仪》，开辟政策宣传窗口，制作10万余份宣传册投入社区，推进殡葬文化建设。（张伟丽　赵政霞）

黄浦区

【综述】　黄浦区总面积20.52平方公里，辖10个街道办事处，177个居民委员会。2019年年底常住人口67.17万人。黄浦区民政局负责全区的社会救助、社会福利、养老服务、基层政权建设与社区建设、社会组织管理等方面工作，内设办公室、组织人事科、计划财务科、社会建设科、社会救助科、养老服务科、基层政权和社区建设科、社会综合事务科、社会组织管理科等9个科室。在编公务员25人，在编事业单位人员84人。

社会救助：2019年，黄浦区城乡低保、重残无业等各类困难对象共发放救助资金18865.29万元，救助人数达265216人次；其中发放城镇低保金14631.31万元，救助161910人次；发放城镇重残无业对象生活补助3661.05万元，救助24819人次；发放粮油帮困补助423.66万元，58842人次；发放粮油券40.93万元，18606人次；发放实物补助0.57万元，涉及142人次；发放临时救助金158.92万元，救助4794人次；发放支出型贫困生活救助金65.67万元，涉及595人次。为困难学生给予教育出证468人次。全年区民政系统的元旦春节帮困送温暖活动涉及多类民政困难对象，总计帮困约10.68人（户）次，共投入资金约5349.31万元。加强慈善超市规范化建设，实现慈善超市各街道全覆盖。

社会福利：加快社区综合为老服务（分）中心、老年人日间服务中心、老年活动室、老年人助餐点等各类养老服务设施建设进度。至2019年年底，黄浦区有养老机构46家，其中公办5家，民办41家。养老床位总数5216张，社区综合为老服务中心12家，长者照护之家12家，社区老年人日间服务中心36家，社区老年人助餐点70个，市级标准化老年活动室134个。至2019年年底，黄浦区共有困境儿童598人，其中因家庭贫困陷入困境568人，自身残疾陷入困境的17人，监护缺失或监护不当陷入困境的13人。领取困境儿童基本生活费的5人，累计接收安置回归社会的成年孤儿34名。区民政局设立困境儿童临时看护中心，各街道因地制宜设立社区临时照料点，作为突发性、应急性的照料场所。各街道和居委会配备“儿童督导员”配备“儿童主任”187名。全区共有残疾人集中就业企业5家，共有残疾职工88人，支出社会保险费补贴共73.9万元。全年共发放残疾人两项补贴 4 049.12 万元，其中困难残疾人生活补贴 1 062.03 万元，惠及 3.33 万残疾人；重度残疾人护理补贴 2 987.09 万元，惠及 14.26 万残疾人。

社区治理：开展居委会“居务公开”标准化、规范化试点工作，形成黄浦区居务公开规范模板。指导居委会因地制宜开展“零距离”家园建设和“星级”居委会创建工作。以“追梦新征程，社工在行动”为主题，组织各街道开展 2019 年“国际社工日”主题宣传活动。

社会组织：2019 年，黄浦区注册登记的社会组织共有 797 家，其中社会团体 195 家，民办非企业单位（以下简称民非）602 家。准予社团成立登记 19 家，办理社团变更登记 17 家，办理社团到期换证 95 家，办理社团注销 6 家。办理民非核名 30 家，准予民非成立登记 30 家，办理民非注销 16 家，办理民非变更登记 119 家，办理民非到期换证 175 家。开展社会组织规范化评估政策培训和实务指导。加强社会组织信息公开工作，推动 31 家社会组织建立新闻发言人制度。提升社会组织从业人员能力，组织开展社会组织新任法定代表人和财务人员培训。组织开展第九届“上海公益伙伴日”黄浦区系列活动，24 家社会组织共 38 个项目参展。发挥社会组织专业优势，组织引导开展生活垃圾分类投放、分工收集等工作。推进政府购买社会组织服务工作，做好市政府购买社会组织服务供需对接平台相关工作。加强区社会组织服务中心建设，开展各街道社会组织服务中心负责人网上登记事项培训，推进社会组织服务中心实体化、规范化运作。

社会服务：2019 年共办理婚姻登记 8 980 对，其中结婚登记 5 815 对，离婚登记 3 165 对；办理补领婚姻登记证 1 454 例，其中补领结婚证 1 048 对，补领离婚证 406 份。办结收养登记 1 例。组织开展以“爱在黄浦”和“我们的节日”为主题的形式多样、意义多元的系列颁证活动，推进婚俗改革，倡导“重登记、强责任、崇节俭”的婚俗新风。开设黄浦婚姻学堂，促进婚姻家庭和谐稳定。组织新老大学生志愿者团队完成“爱心传递”。依托各街道区域化党建平台，积极发动辖区内企事业单位、社会组织、基层群众性自治组织，系统化、区域化推进公益基地建设，全年新增 100 家“公益基地”，开展增能培训，申报市级志愿服务公益项目；推荐 3 家单位申报全市首批 50 个“公益顾问”服务点。

（公韵涵　顾　及）

【“让困境中的花朵快乐绽放”主题活动】　9 月 5 日“中华慈善日”，黄浦区开展“让困境中的花朵快乐绽放”主题活动，面向黄浦区困境儿童，征集 11 位儿童的“微心愿”，由爱心企业、爱心社会组织和爱心人士认领帮助儿童圆梦。爱心企业向黄浦区市民综合帮扶服务中心捐赠学习用品等，用于帮助困难学生完成学业。区困境儿童保障工作联席会议成员单位、困境儿童督导员、爱心单位、爱心人士代表、大学生志愿者代表以及困境儿童家长代表出席活动。

（公韵涵）

【养老服务行业监管体系】　2019 年，黄浦区对照《养老机构服务质量基本规范》国家标准和上海市标准，开展养老机构服务 90 项质量日常监测，持续改善养老机构服务质量。深入开展养老服务机构服务质量建设专项行动，重点对全区养老机构、长者照护之家、老年日托机构等养老服务服务机构可能引起群死群伤火灾的 9 类突出消防安全风险进行检查，督促指导各机构对突出问题、突出风险抓好整改落实。开展“防风险保平安迎大庆护进博”消防安全专项行动，对全区养老机构开展集中检查，与各养老机构签订《2019 年安全生产和消防工作目标责任书》以及《2019 年食品安全责任书》。落实养老机构“放管服”改革，依法做好养老机构设立许可取消后的登记备案工作，加强事中事后监管。推进执业 1 年以上养老机构党建全覆盖。健全养老服务质量日常监测机制、养老服务标准化管理机制和以信用为核心的联合惩戒机制。

（公韵涵）

【“智慧养老”信息平台】　黄浦区充分发挥信息化手段对养老服务效能的推动作用，加强与区大数据中心和各街道对接，定制各街道个性版和特色版，如淮海中路街道增加服务卡＋积分服务模块，打浦桥街道开通微信小程序，实现用户端定制服务＋机构端提供服务＋街道端监管服务的有效衔接。完成“认知症初步筛查与认知干预系统”项目建设，建成后可对区内人户一致的高龄独居老人开展认知症筛查工作。在各街道社区综合为老服务中心等为老服务设施配置智能健康管理终端系统 30 台，依托“智慧养老”平台帮助社区老年人开展健康自测，提高信息平台实际服务应用和老人基础信息汇集能力。

（公韵涵）

【长三角“异地养老”资源共享】　6 月，黄浦区民政局与浙江省新昌县签订《养老服务发展战略合作协议》，并制定“三年行动计划”，按照“扬优势、促联动”的工作要求，双方将以“资源共享、机制融通”为重点，在加强协作协商、发展养老产业、畅通民间交流、倡导异地养老、促进教育培训、加强舆论宣传等 6 个方面加强合作交流。该协议一方面可以满足上海老人异地养老的愿望，另一方面，可以使黄浦区养老床位资源流动起来，充分发挥转介功能，从而加大黄浦区养老服务供给，解决不同层级老人的养老服务需求。

（公韵涵）

【社区工作法制度研讨】　7 月，黄浦区围绕居民区“三会”制度（即议题征询会——听证会、民主恳谈会——协调会、监督合议会——评议会）实践 20 周年，举办新时代优秀社区工作法展示暨研讨会，通过TED演讲、经验分享、专家研讨等方式集中展现黄浦区“三会”制度，在基层社区萌生并实践20年来的历程和阶段性成果。与会专家一致认为“三会”制度以制度化的方式构建起一个全程发挥自治共治功能的“闭环”，业已成为激发民主意识、协调社区矛盾、实现居民自治、促进基层民主建设的重要抓手和有效途径。黄浦区在全国首创居民区“三会”制度，写入《上海市居民委员会工作条例》，入选“上海改革开放标志性首创案例”。（公韵涵）

【社区工作“蓄水池”计划】 12月，黄浦区民政局牵头制定社区工作者“1+4”系列文件，进一步明确社区工作者队伍定位、强化街道统筹、做实退出机制，其中更加注重发挥街道主体责任。在社区工作者配备方面，赋予街道自主权，明确街道在公开招聘的空档期，可自主随时启动“蓄水池”计划，快速解决部分人员流失问题。该计划在日常管理使用方面，建立包括日常考勤、薪酬福利、违纪处理等规章制度；在培训教育方面，由黄浦区相关部门与街道分层分类组织实施；在岗位晋升方面，街道各中心可设置以社区工作者为主的内设机构，并按人数10%～15%的比例来配备主管级社工，保障区社工队伍的稳定，也为社区优秀人才的稳步成长开辟向上晋升的空间。（公韵涵）

【《社区工作者管理办法（试行）》】 12月，黄浦区民政局修订完善《社区工作者管理办法（试行）》，对社工的招录、培训、考核、薪酬等四个方面进行规范统一，进一步明确社区工作者队伍定位、强化街道统筹、做实退出机制，发挥社区工作者在创新社会治理、加强基层建设、构建和谐社会中的积极作用。成立黄浦区社区工作者队伍建设工作小组，共同协调解决社区工作者管理的相关事宜。进一步发挥街道主体责任，建立各项规章制度和岗位职责细则；以街道为主，区相关部门与街道分层分类组织实施社工教育培训；新增年中考核、日常考核和专项考核，强化结果运用，实现奖勤罚懒，建立起“能者上、庸者下、劣者汰”的考核评价机制。（公韵涵）

【社会组织“四必”监督体系】 为探索实现社会组织合规性检查新路径，黄浦区建立健全以“访谈、评估、审计、查处”为主要内容的社会组织“四必”监督体系，加强社会组织事中事后监管。对有被投诉举报、信访、年检异常或有其他违法违规行为等情形的社会组织进行实地走访。开展2019年度社会组织规范化评估工作，举办专题培训会，全年评估58家社会组织，其中获评5A级1家，4A级1家，3A级44家，2A级2家。委托上海公信会计师事务所和上海新正光会计师事务所对65家社会组织开展财务专项审计，委托上海翰鸿律师事务所对20家公益慈善类社会服务机构进行检查，并完成24家名存实亡社会组织行政撤销工作。加强社会组织信用体系建设，推进现代社会组织法人治理体系，有15家社会组织被列入严重违法失信名单并进行公示。（公韵涵）

【社会组织优秀人才研修班】 12月，黄浦区民政局与华东理工大学社会科学高等研究院联合举办黄浦区社会组织优秀人才研修班。该研修班是黄浦区社会组织能力提升计划的重要组成部分，为期一年，学员包括黄浦区各街道自治办社会组织管理人员、各街道社会组织服务中心负责人以及黄浦区社会组织领军人物。根据教学方案，研修班以提升社会组织专业能力为宗旨，共设立“初心教育”“专题培训”“主题研讨”“实践参访”“成果报告”等五个版块，每月定期开展集中培训、跟踪培养、学习交流等活动，以期全面提升学员的社会组织培育管理和实际运作能力。（公韵涵）

徐汇区

【综述】 徐汇区总面积54.93平方公里，辖12个街道办事处，1个镇，306个居民委员会。2019年年底常住人口111.62万人。徐汇区民政局负责全区养老服务、社会救助、居民经济状况核对、困境儿童社会福利和生活保障、慈善管理、福利彩票管理、殡葬管理、基层政权和社区建设、职业社会工作者和志愿服务行政管理、行政区划、社会组织成立、变更、注销登记以及监督管理、社会组织的培育、指导和服务、婚姻登记和收养登记管理、民政领域相关行政执法和执法监督等工作。下设办公室、财务内审科、养老服务科、基层政权和社区建设科、社会科（区有奖募捐办公室）、社会组织管理科（婚姻管理科）、行政审批服务科（社会组织登记科）等7个科室，7家事业单位，行政编制26人。

社会救助：2019年，徐汇区共发放各类民政救助金2.58亿元，31.77万人次。其中最低生活保障支出11 655.40万元，10.34万人次；特困供养支出414.95万元，1 759人；因病支出型贫困支出40.81万元，362人次；粮油帮困卡、帮困券支出307.60万元，4.74万人次；临时补助支出723.17万元，4.29万人次；支援外地建设退休（职）回沪定居人员困难补助支出11 522.64万元，11.78万人次；落政人员支出124.70万元，338人次；征地养老人员支出40.28万元，71人次；安徽下放户定补支出421.57万元，1 896人次；综合帮扶资金512.72万元，1 806人次。全区2019年元旦春节投入各级各类帮困资金约5 374万元，覆盖各类困难群体约7.7万人（户）。共对12 383户最低生活保障项目申请家庭进行经济状况审核，其中新增 682 户，复审 11 701 户，出具核对报告 12 229 份，终止核对 154 户；审核因病支出型贫困项目家庭 116 户，出具报告 114 份，终止核对 2 户；审核低收入困难家庭医疗救助项目家庭 2 230 户，出具报告 2 228 份，终止核对 2 户；审核教育救助项目家庭 45 户，出具报告 44 份，终止核对 1 户；审核临时救助项目家庭 434 户，出具报告 433 份，终止核对 1 户；审核困难残疾人生活补贴项目家庭 151 户，出具报告 151 份；审核特困人员救助供养项目家庭 90 户，出具报告 90 份；审核法律援助项目家庭 2 户，出具报告 2 份；审核资助参保项目家庭 17 户，出具报告 17 份。全年共计救助流浪乞讨人员 1 737 人次。上海市慈善基金会徐汇代表机构广泛开展社会动员，积极组织慈善募捐、帮困救助活动，全年募集捐款 1 275.24 万元，支出 886.68 万元，开展项目 89 项。

社会福利：至 2019 年底，徐汇区共有养老机构 57 家，养老床位 6 845 张；新增 3 家养老机构内设医疗机构，共有 25 家；新设老年人助餐服务点 11 个，共有 107 个；新建老年人日间服务中心 2 家，共有 30 家；共有社区老年活动室 306 个，其中标准化社区老年活动室 274 个；共有睦邻点 213 个。为老年人提供居家养老服务 28 100 人，日间照料服务 160 人，助餐服务 4 594 人。高龄老人家庭互助服务 10 000 人，为困难老人家庭提供居室适老改造服务 60 户。为 1 497 户老人家庭免费安装无障碍扶手。“962899”为老服务热线为全区老人家庭提供 919 452 次电话主动关爱服务，为老人提供牵线搭桥服务 17 516 次，紧急援助服务 2 640 次，信息查询服务 10 529 次，发送关爱短信 3 822 条。对困境儿童开展摸底排查，确定困境儿童人数 520 人。进一步完善区困境儿童信息库，建立“一人一档”，实现动态化管理。严格落实基本生活费发放制度，全区散居孤儿 6 人，发放散居孤儿基本生活费 11.52 万元，享受困境儿童基本生活费 20 人，发放基本生活费 30.16 万元。组织开展困境儿童保障工作专业培训，培训对象覆盖至区、街镇分管领导、街镇困境儿童督导员和居委儿童主任，共 350 余人参加。联合公安、检察院、法院等司法部门加大重点个案分析研判，妥善处置 2 起疑难困境儿童监护案例，强化父母对孩子的监护责任。按照市民政局成年孤儿安置要求，虹梅街道和枫林街道落实 2 名成年孤儿安置工作。全区共有 4 家福利企业，残疾职工 41 人。全年享受“两项补贴”的残疾人总数为 143 534 人次，总金额 3 422.977 万元，其中享受困难残疾人生活补贴 28 124 人次，资金发放 902.047 万元；享受重度残疾人护理补贴 115 410 人次，发放金额 2 520.93 万元。

社区治理：经民政部批复确认，以“深化社区工作者全面成长机制实践”为主题，在社区工作者公开招聘中增加联合审查环节，2019 年，徐汇区共招聘社区工作者 217 名，区各街镇受理中心共办理业务 807 190 件，其中全市通办 142 488 件（直接受理 142 117 件，收受分离 371 件），占比 17.65%；推进社区治理分类指导，打造邻里汇治理服务品牌，研究制定《关于深化为民服务功能推动居民自治的指导意见》《徐汇区居民区邻里小汇建设和运营指引》，广泛开展居民区特征调研，指导各居委会探索形成各具特色的“一特征三清单”（特征报告，需求清单、资源清单和服务清单）；推荐枫林街道徐汇苑居委会、龙华街道强生花苑居委会、长桥街道长桥四村居委会申报 2018 年度上海市居委会自治家园（社区民主协商示范点）。

社会组织：2019 年，徐汇区社会组织管理局组织开展社会组织规范化建设等级评估工作，有 75 家社会组织申报参评。通过评估，53 家社会组织获得评估等级，其中 4A 等级的 4 家，3A 等级的 38 家，2A 等级 10 家，1A 等级 1 家。至 2019 年年底，全区有社会组织 954 家，其中民办非企业单位（以下简称民非）792 家、社会团体 162 家。2019 年度社会组织应检数 923 家，其中社团 160 家，民非 763 家；未检数 106 家（包括名存实亡单位），其中社团 10 家，民非 96 家；填报完成数 817 家，其中社团 150 家，民非 667 家；年检合格数 730 家，其中社团 116 家，民非 614 家；年检基本合格数 71 家，其中社团 27 家，民非 44 家；年检不合格数 122 家，其中社团 17 家，民非 105 家。对 122 家社会组织发出整改通知书。完成 23 家社会组织的实地抽检工作，完成 41 家社会组织财务审计。

社会服务：2019 年办理结婚登记 6 218 对，离婚登记 3 207 对，结婚补证 1 575 份，离婚补证 278 份，开具（无）婚姻登记记录证明 115 人次。全区共有 50 人享受殡葬补贴，补贴共计 4.88 万元。　（夏新军）

【社会救助“ABC 发展计划”】　9 月，徐汇区民政局制定《徐汇区社会救助“ABC 发展计划”》《关于开展徐汇区社会救助“ABC 发展计划”的实施方案》，启动社会救助“ABC 发展计划”，通过对社区内困难家庭的生活、就业、健康、医疗、教育等情况排摸分析（“A” Analysis，多维分析），综合分析困难家庭的致困因素；通过资源的再平衡再分配（“B” Balance，横向平衡），依托“9＋1”社会救助体系，运用社会救助、慈善帮扶、社会工作和社区服务等方式方法，加大对困难群体的保障力度；通过拓展社区服务功能惠及困难家庭，满足困难群众照护服务、助餐服务、文体服务、健康服务等个性化需求（“C” Care，人性关怀）。全年，对全区近 200 户困难家庭进行入户调查及综合施救，覆盖“老养残”“残养幼”“健养双病”“老病残需照护”“隐性残疾”“受限失无业”“困境儿童”“慢性病”“大重病”等 9 种困难家庭类型，解困率近 33.7%，缓解率达 100%。　（夏新军）

【"寒冬送温暖"专项救助】 12月,徐汇区开展"寒冬送温暖"专项行动,及时救助陷入困境、露宿街头的流浪乞讨人员。严格落实24小时值班制度、全天候接听热线电话,设立避寒室,备足棉服、棉被等御寒保暖物资;启动救助管理工作气象等级响应机制,依托民政、公安、城管"三合一"救助队伍对全区街面进行排摸,实现巡查区域广覆盖,保证巡查救助不断档;加强对流浪人员的引导、劝离和救助,并对流浪未成年人、老年人、残疾人实施保护性救助,做到发现一个、救助一个、随见随救,保障生命安全。对坚持不愿入站接受救助的人员,按照"自愿救助、无偿救助"的原则,给予棉被、食品等御寒物资,发放救助联系卡,做到"应救尽救"。2019年寒冬期间,共计救助流浪乞讨人员620余人次,宣传劝阻1 200余人次,发放棉被、棉大衣等御寒物资10余件,发放救助联系卡500余张。 (夏新军)

【贫困家庭儿童文化补贴项目】 徐汇区民政局整合妇儿工委、教育局、科委、体育局、文化旅游局、卫健委、街镇、慈善基金会徐汇代表机构以及社会各界资源,针对区内困境儿童、贫困家庭儿童以及滨江建设者之家来沪务工人员留守儿童开展文化科普场馆参观、电影好书观看、缤纷童趣体验等活动。通过政府购买服务方式,组织开展"悦读会""文化之旅""看世界之大"等8场困境儿童融合活动,用文化的力量助力儿童健康成长,提升困境儿童幸福指数。2019年共发放"童乐汇"手册1 177本,各类使用券1.28万张,惠及全区1 177名儿童和家庭。 (夏新军)

【"微关爱·困境儿童圆梦公益行动"】 徐汇区民政局联合区委宣传部(文明办)、慈善基金会徐汇代表机构、13个街镇联合举办"微关爱·困境儿童圆梦公益行动",积极引导社会各界关心关爱困境儿童。项目除征集徐汇区域内困境儿童的心愿外,还延伸至区对口援建的西藏沙迦和云南元阳、石屏、屏边、泸西四县贫困儿童,共实现微心愿303个,涉及精神关爱、物质支持、情感抚慰等心愿全部实现。这场"爱的接力"活动共筹集善款25万多元,参与的爱心单位和爱心人士达200余人。 (夏新军)

【邻里汇】 由政府主办,以街镇为依托,多元主体参与的社区服务和社区治理共享空间,提供政务服务、生活服务、为老服务、健康服务、文化服务、体育服务、教育服务、法律服务、心理服务、志愿服务等10类基本服务。街镇履行邻里汇建设运行主体责任,采用自主管理、全权委托第三方运营、项目化合作运营等多种方式开展日常运营管理。按照先试点,再推广的原则,在每个街镇设置1～2个邻里汇和若干个居民区邻里小汇,形成"1+13+X(305)"的三级服务网络体系。2017年4月开业的康健街道寿昌坊邻里汇是全区首家运营的邻里汇。2019年,实现13个街镇邻里汇全覆盖和305个居民区邻里小汇基本全覆盖。举办"邻里节",其间各街镇邻里汇共开展近千场各类特色主题活动,区文化局、区体育局、区绿化市容管理局、区总工会、区残联等部门向街镇邻里汇推送50多场高品质活动和服务。建立邻里汇标准体系,制定《进一步深化邻里汇建设的实施意见》以及《邻里汇建设和运行管理规范》(修订版)《居民区邻里汇建设和运营指引》《推进服务型居委指导意见》等一系列的配套文件,持续深化品牌认知。

(夏新军)

【社区工作者全面成长计划】 徐汇通过社区工作者"全面成长计划",开展全面轮训、实践锻炼、平台交流、成长舞台、人才培励等重点项目,在基层队伍的招录选用、培育培养、管理考评、关爱激励等环节持续用力,打造出一支职业化、专业化的骨干队伍。社区工作者队伍日趋稳定,结构不断优化。45岁以下社区工作者占比从53.2%上升至79.3%,大专以上学历从61.8%上升到88.2%,481人获助理社工师和社工师证书,专业资质持证率从10.7%上升到17.3%,新任社工到岗流失率从8.4%下降到2.8%。社区工作者教育培训体系初步建立,区级层面示范培训年均800人次,2 000余名社区工作者全面轮训有序推进;近三年82名赴台湾,34人赴井冈山,226人赴北京、南京、杭州等地学习培训,培育打造的优秀人才库初具规模。 (夏新军)

【"千里马"社区基金会人才育成】 3月,为解决徐汇区社区基金会普通面临的基金专业人才缺乏的局面,区民政局委托上海交通大学中国公益发展研究院共同实施"'千里马'徐汇区社区基金会人才育成计划",通过基础调研、外部参访、服务培训、配置带教导师等方式,加快社区基金人才培养。组织由社区基金会、街镇、相关社会组织代表参加的专题座谈会,调研上海联劝公益基金会、上海真爱梦想公益基金会、上海洋泾社区基金会、上海陆家嘴社区发展基金会、南京栖霞区乐助慈善基金会、南京姚坊门慈善基金会等慈善组织,在此基础上形成调研报告和计划推进方案,开展社区基金会负责人系列培训,分别邀请民政部社会组织服务中心党委书记刘忠祥、北京大学副教授金锦萍、华东理工大学社会与公共管理学院院长何雪松教授等知名专家授课。至年底,已开展12期课程培训。此外,上海交通大学中国公益发展研究院课题组还为徐汇区13个街镇社区基金会配备带教导师,进行一对一指导。

(夏新军)

【"公益伙伴日"暨社区基金会开放日活动】 9月7日,徐汇区"2019年公益伙伴日"暨"爱满社区"社区基金会开放日活动在正大乐城举行，该活动由徐汇区民政局、上海联劝公益基金会主办，上海正能社区发展中心承办，来自13个街镇的社区基金会参加活动。主会场通过嘻哈说唱、小品、展板等形式宣传全区社会组织参与扶贫帮困、垃圾分类等公益善举。上海联劝公益基金会、上海益社公益文化发展中心、上海正能社区发展中心等社会组织及13个街镇的社区基金会现场设摊开展筹款活动。活动参与3 400多人次，现场募捐金额1.1万余元。（夏新军）

【婚姻文化长廊】 2月，位于南宁路999号3楼徐汇区婚姻收养登记中心内具有徐汇特色的婚姻文化长廊项目完成并对外开放。婚姻文化长廊项目围绕婚姻登记处现有场地改造，一墙的徐汇文化、爱文化和家文化三大板块呈现徐汇文化特色；一廊的婚俗文化历史长廊，展示中国传统婚姻文化的演变，勾勒中国婚俗史的轮廓；一房的婚姻文化实物展示，让婚俗文化具有可读性。婚姻文化长廊宣扬“因爱而婚，汇爱成家”的理念，唤起登记新人们对爱的向往，对婚姻家庭责任的担当。此外，区民政局还通过考核甄选出6名婚姻文化长廊讲解员，负责婚姻文化长廊的宣传和讲解。（夏新军）

【特色颁证活动】 徐汇区婚姻收养登记中心作为婚姻家庭建设的一线窗口，将正确引导婚姻文化和婚俗礼仪作为重点工作，通过“汇·爱＋”特色颁证活动倡导“简约办婚、环保办婚”的新婚俗理念。2019年在新人登记量较大的“5·20”、七夕、国庆等特殊时间节点，特邀区长为新人举办集体特色颁证活动，并形成常态化“区长颁证日”工作机制。5月20日，举办以“花嫁年华筑情缘鎏金岁月汇爱家”为主题的5·20专场活动，引导新人们树立婚姻家庭责任意识，建立正确的婚姻观和家庭观。（夏新军）

长宁区

【综述】 长宁区总面积37.16平方公里，辖9个街道办事处，1个镇，185个居民委员会。2019年年底常住人口73.7万人。长宁区民政局负责全区的社会救助、社会福利、孤儿救助、养老服务、残疾人权益保障、慈善管理、基层政权和社区建设、职业社会工作者相关工作和志愿服务行政管理、行政区划、政区地名、婚姻登记和收养登记管理、殡葬管理、社会组织登记管理和培育发展、福利彩票管理、民政领域相关行政执法和执法监督等工作。内设办公室、法制科（行政审批服务科）、计划财务科、社会救助科、养老服务科、基层政权和社区建设科、职业社会工作和志愿服务科、慈善福利科、社会组织管理科等9个科室，行政编制26人。

社会救助：2019年，长宁区各类社会救助惠及48.08万人次，金额1.93亿元。享受城镇最低生活保障人员共5.39万人次，发放低保金5 371.43万元。民政条线组织开展节日帮困慰问1.02万人次，支出慰问金575.73万元。年内开展个案帮扶373人次，金额180.15元，接受各类核对委托12 140户。通过实地走访、召开座谈、调查问卷等形式调研各类困难对象6 569人，收集、梳理问题62条，解决62条，问题解决率达100%。印发《社会救助政策一本通》，制定《长宁区关于社会救助领域监督检查的意见》。修订《长宁区临时救助工作实施办法》，制定《长宁区关于推进“家庭救助顾问”工作的指导意见》《长宁区关于引导和支持社会力量参与社会救助工作的实施方案》，促进社会救助精细化发展。区救助站作为上海市民政系统标准化试点示范（实验）点之一，共救助生活无着流浪乞讨人员275人，其中18岁以下未成年受助人员9人。开展好慈善超市标准化建设，全区共有11家慈善超市，实现街镇全覆盖的目标。举办“中华慈善日”活动，宣传推广“蓝天下的至爱”“千店慈善义卖”“让特困家庭过好年”等一批优质慈善品牌。年内共募集资金1 384.12万元，救助支出1 078.74万元，受益1 127人次，开展公益项目10项，项目资金58.6万元。年内，新开办1家福利彩票销售“店中店”、2家专营店、1家三星专营店，表彰12家福彩优秀站点。全区彩票销售总额1.895 7亿元。

社会福利：承担全国居家和社区养老服务改革试点，建立“优质均衡”的养老服务体系，居家和社区养老服务全过程监督。“物业＋养老”服务模式，社区闲置设施改造成社区小型养老服务设施，提供助餐、日照等服务。制定《关于提升长宁区老年助餐服务水平的实施意见》。“养老顾问”便民服务体系，建立区级、社区养老顾问团队和“空中养老顾问”，提供政策咨询、链接资源等服务内容。全年新增养老床位超过300张，其中认知症床位超过60张，至2019年年底，全区拥有养老床位6 494张，占全区户籍老年人口的3%。完善“街镇综合服务圈—社区托养服务圈—居民区活动圈—邻里互助圈—居家生活圈”五级社区为老服务设施网络。年内，建成5家老年人日间服务中心、14家社区老年人助餐服务点、9家老年活动室，为100户低保等困难老人提供居室改造。为全区所有60周岁以上（含60）老年人购买“银发无忧”保险。养老服务“时间银行”长宁模式不断探索，至2019年年底，“时间银行”平台个人会员1 656人，实际发布服务需求346项，完成服务344项，共有512个时间币实现流转。实施“老吾老计划”，培训失能失智老人家庭照护者。完善医养结合体系，在5个街道建成社区卫生服务站、社区护理站、居家养老服务站“三站合一”；在5个街道设置“康养驿站”，为老年人提供慢病管理服务，全年服务9 980

人次；开展中医“治未病”医养结合体系建设，全年服务6 000余人次；全区7个街道先后荣获全国智慧健康养老示范街道。全年培训各类养老服务人员1 000余人次，招募为老服务志愿者764人。做好养老机构登记备案，加强对民办养老机构价格调整的监督机制。完善社区居家养老服务补贴政策，对老年照护统一需求评估等级为照护1～6级且经济状况等符合规定的60岁以上上海市户籍老人，以及90岁以上的上海市户籍老人享受养老服务补贴标准进行调整。落实老年综合津贴制度，全年累计发放57.89万笔，金额2.43亿元。继续开展“六助”为主要内容的居家养老服务，至2019年年底，享受居家养老服务人数1.63万人，累计发放补贴1 568万元。全区10个街镇实现困境儿童临时照护点全覆盖，至2019年年底，已服务困境儿童3名。全年享受困境儿童基本生活费人数为4名，累计发放补贴5.32万元；享受散居孤儿基本生活费人数为3名，累计发放补贴5.89万元。全区共有残疾人集中就业单位3家，上岗残疾职工38人，残疾职工社保补贴支出25.34万元。落实残疾人两项补贴工作，10.52万人次享受残疾人两项补贴共计2 421.48万元。在4个街道开展康复辅具产业发展试点，搭建康复辅具展示租赁交易平台。

社区治理：制定《上海市长宁区关于开展全国社区治理和服务创新实验区工作的实施方案》《2019年长宁区关于进一步深化社区分类治理工作的实施方案》，评选表彰100名长宁区“社区治理能人”，以“社区分类治理助推垃圾分类新时尚”为主题举办新时代上海社区工作法论坛，以“用好‘绣花针’绘就‘工笔画’”为主题举办“初心讲堂”，面向各街镇及185个居民区开展社区分类治理工作全员培训，选取46个居民区开展社工督导试点。汇编一本创新社区治理故事案例集和一本社会组织参与社区治理风采录。有针对性地对社区工作者开展考前辅导培训共计750人，社区工作者持证率为21.5%。2019年完成139家居委会标识标牌规范达标。申报新华路街道泰安居委会、程家桥街道上航新村居委会、新泾镇绿八居委会3家居委会为市级自治家园示范点。

社会组织：制定《长宁区关于推进社会组织党建“三同步”的工作方案》，打造1个区社会组织创新实践园、10个街镇社会组织服务中心和多种枢纽型社会组织共同发挥作用的“1+10+X”社会组织枢纽型支持平台。完成2018年度社会组织年检工作，应检690家，参检612家，合格率83.6%。社会组织登记办理7张特色牌服务，结合“一网通办”要求，新增12项特色便民服务，更新并印发社会组织12项登记办事指南3.0版本，开展社会组织“一网通办”实务操作专项培训，全年完成社会团体登记73件，民办非企业单位登记359件。共调研社会组织738家，覆盖率达100%；梳理问题411项，解决问题388项，收集建议77项。全年园区社会组织合计开展活动1 665次，累计参与21.68万人次；街镇社会组织服务中心做实9类23项具体职能，建立月报制度，为全区771家社会组织和251家社区社会组织提供支持。落实长宁区促进社会组织健康有序发展“1+5”扶持政策，实施对社会组织规范化建设等级奖励、初创扶持和用工扶持的政策奖励，2019年共发放扶持资金130万元，惠及98家社会组织。完成街镇社会组织服务中心合作方和社区公益创投项目绩效评估。累计培训社会组织人才2 155人次。深入推进社会组织规范化等级评估，全区共有33家社会组织申请参评，至2019年年底，全区规范化建设等级在3A等级及以上的社会组织共142家，其中3A等级103家，4A等级23家，5A等级16家。

社会服务：2019年共办理结婚登记4 240对，离婚登记1 950对，收养登记2例，解除收养登记2例。与妇联联合搭建“新人成长营”平台，为新人提供新婚家庭生活辅导，引导青年人明确婚姻责任。完成婚姻档案历史数据补录。全区共实施殡葬补贴人数63人，补贴金额6.17万元。加大绿色殡葬社区宣传，开展殡葬领域突出问题专项整治“回头看”，加强违法违规经营综合治理，组织“殡葬服务进社区”业务培训工作。

（周　艳）

【超大城市“弱有众扶”长宁探索】　构筑社会救助“四圈”防线：第一圈为最低生活保障家庭，第二圈为低收入家庭，第三圈为支出型贫困家庭，第四圈为特殊困难家庭，具体包括困难未成年人群体、困难残疾人群体、失独家庭、“支内退休回沪”人员、意外事故困难家庭等其他特殊困难家庭。服务对象实现从绝对贫困向相对贫困对象拓展，2019年，服务对象从以低保家庭为主约6 000人拓宽至包括低收入家庭、支出型贫困家庭、特殊困难家庭在内约3.5万人，从占全区户籍人口的1%扩大至6%。建立分层分类的救助模式，形成“可统计、可分析、可回溯”的精准救助“大数据”，推动困难群众精准识别、精准管理和精准帮扶。引导社会力量参与救助服务，服务方式实现从现金救助向现金与服务相结合的综合救助转变，为救助对象提供精神慰藉、社会融入、能力提升、心理疏导等专业服务，形成“艺术护照”文化关怀、“爱心传递”义务家教、“大重病家庭公益立体帮扶”等品牌项目。

（周　艳）

【家庭救助顾问】　通过整合政策资源、慈善资源、社会组织资源、市场资源、社区资源等形成资源池，针对不同类型困难群众建立分层分类的，包括政策咨询、心理支持、能力提升、资源链接、服务转介等全过程的“陪伴式”专业服务，向重视救助对象治本脱贫与发挥潜能方面转变，协助困难家庭走出困境。采取“线上顾问”和

“线下顾问”相结合方式，“线上顾问”提供基于智能语音技术的人机互动咨询服务；“线下顾问”通过设置街镇顾问点、居委顾问点等，提供现场顾问服务。至2019年年底，全区共建有185个家庭救助顾问点，重点服务对象约700人次。（周　艳）

【智慧养老】 3月，上线长宁区智慧养老大数据平台，平台拥有1个数据库、3个公共平台、6个功能系统和6个辅助系统。在全区实现养老顾问全覆盖，73位养老顾问员通过大数据支撑，为近40万老年人提供政策咨询、资源链接、智能顾问等服务。率先将敬老卡打造成为具备养老服务结算卡、服务记账卡、市场优惠卡等功能的综合为老服务卡，拓展敬老卡的服务功能。在天山路、虹桥路、北新泾3个街道开展“时间银行”试点，建立区、街镇二级时间银行服务网络，助推社区互助养老。依托962347固话、互联网、手机APP等形式，为老年人提供居家养老、主动关爱、社区为老志愿服务、便民服务、“一键通”及“24小时”紧急援助等服务，已覆盖独居老人9 955人，其中80周岁以上1 017人，共计拨打主动关爱电话36万余通。为500户经济困难老人提供智能“康养宝”健康大礼包，全年共计检测血压19 781人次、检测血糖2 147人次；为5 000户高龄独居老人提供烟感报警、红外监测、智能手环等“安康宝”智能产品，全年处理烟感报警器触发3 626次、红外监测装置触发报警4 591次、智能手环触发报警1 113次。在5家社区综合为老服务中心设置“康养驿站”，为区域内老年人提供慢性病管理服务，全年共计检测3 839人次。出台《长宁区支持“互联网＋生活性服务业”发展的实施意见》，吸引晨讯科技、诺诚生物等一批“互联网＋养老服务”企业入驻，为智慧健康养老产业发展奠定坚实基础。（周　艳）

【认知症照护体系“长宁标准”发布】 7月，长宁区民政局发布《长宁区认知障碍友好社区建设标准》，编制认知障碍专业照护标准，填补上海乃至全国该领域标准的空白。2018年，长宁区民政局与区卫计委、区精卫中心、专业社会力量合作，率先开展大样本认知症筛查，选取江苏路、华阳路、虹桥3个试点街道约2.4万名老人，筛查得出老年人认知症发病率在6.2%～7.2%，为上海乃至全国制定认知症照护政策提供科学依据。2019年，扩大试点范围新增新华路、北新泾2个试点街道，在5个社区建立涵盖认知症筛查、咨询、早期筛查、转诊治疗、医疗支持、活动体验的社区认知症家庭支持中心；在部分养老机构、社区综合为老服务中心内设置认知症专区，至年底，全区新增认知症床位60余张。对社会力量建设和运营小型嵌入式认知症照护机构给予资金扶持。联合社区卫生服务中心，市、区精卫中心以及街道养老机构、日托所、长者照护之家等为老服务资源，打造“前期宣导—早期筛查—社区预防—医院诊断—家庭支持—专业干预—入住照护机构”的工作闭环，搭建认知症领域医养融合的全链条服务模式。（周　艳）

【老年人助餐服务】 2019年，长宁区民政局会同区财政局、区市场监管局、区司法局等部门制定《关于提升长宁区老年助餐服务水平的实施意见》。在对低保、低收入老年人分别给予4元和2元的助餐补贴外的基础上，为区内其他户籍老人提供每天补贴1餐、每餐补贴1元的优待。对加盟“长者餐桌”和移动式助餐服务的企业，给予一定的建设补贴和运营补贴。扩大老年助餐服务供给，推进社区长者食堂、助餐点等场所建设，引导社会力量积极参与，上海新长宁慧生活科技有限公司开办仙霞新村街道“社区大食堂”“屋小饭香”和华阳路街道“社区微食堂”等就餐点，万宏集团打造悦膳大食堂“长者餐桌”品牌；与美团点评集团签订“智慧养老”战略合作协议，在大众点评网开设“智慧养老，幸福长宁”服务专区，为社区老人提供丰富便捷的助餐服务。（周　艳）

【“四化多维”困境儿童关爱保护网】 长宁区以申报全国困境儿童保障示范区、创建“儿童友好型城区”为契机，为全区266名困境儿童织密“四化多维”关爱保护网。即：应急处置体系化：出台《关于加强本区困境儿童保障工作的实施意见》，建立长宁区困境儿童保障工作联席会议制度，建立困境儿童工作队伍，全区所有街镇、居委均设立街镇困境儿童保障社区工作者（儿童督导员、儿童主任），创新“专职＋社工＋志愿者”联动模式。临时照料项目化：首创困境儿童社区临时照料模式，每个街镇就近对口一个公办社会福利机构，设置相对独立的困境儿童临时照护室，对接上海莱康管理有限公司、上海萝晓心理辅导支持中心，储备儿童看护、心理援助等专业力量。保障工作社会化：以政府购买服务、公益创投标、福彩金三种形式，引导和鼓励社会组织、企事业单位等通过慈善捐赠、志愿服务等方式参与困境儿童保障工作。引入上海复惠社会工作事务中心、上海申爱社会工作发展中心等专业力量参与困境儿童帮扶；携手上海青聪泉儿童智能训练中心、上海辰语儿童康复训练中心关爱自闭症儿童。帮扶干预精细化：依托社会救助、社会福利制度框架，全面落实最低生活保障等生活救助，并将困境儿童纳入“四医联动”保障范畴。重点保障因监护缺失、监护不当而陷入困境的儿童，定期组织“爱心传递”义务家教、“金秋圆梦”教育帮扶项目；开展“艺术护照”文化关怀服务、文化福利补贴项目等。（周　艳）

【全国社区治理和服务创新实验区建设】 2019年，长宁区以"优化社区分类治理，推进社区治理精细化"为主题，申创全国社区治理和服务创新实验区，聚焦售后公房、普通商品房、涉外商品房、老洋房、动迁安置房五类居民小区特征和治理难点，深入推进社区分类治理。探索研究"三清单一攻略一导则"，即问题需求清单、社会资源清单、公共服务清单，分类治理攻略和分类治理绩效评估导则，促进街居社区需求清晰梳理、公共服务精准配置、社会资源有效对接、工作方法普遍掌握。推进居民区分类治理"十个一"工作，包括打造一批分类治理优秀居民区、推广一批优秀社区工作法、挖掘一批社区治理能人、建立一支社区工作者督导师队伍等，不断提高社区治理水平。《上海市长宁区居民区分类治理清单模式探索研究》荣获2019年全国民政政策理论研究二等奖。"居民区分类治理清单模式"被评为首届"中国城市治理创新奖"全国十佳优胜奖。荣华居民区的涉外商品房居民区"融"工作法获评全国最具代表性的10个优秀社区工作法之一。（周　艳）

【社区工作者队伍建设】 2019年，长宁区优化社区工作者招录方式。通过区级公开招聘、街镇自行选拔以及面向宝武钢铁集团等大型企业、居民区属地定向招录，全年共招录9名居民区书记，82名居民区社区工作者。建立市、区、街镇三级联动和条块协同的培训体系。市级层面，共组织19名社区工作者参加全市基层骨干社区工作者培训班及社会工作高层次人才研修班；区级层面，开展居委会主任（副主任）、初任社区工作者、社区事务受理服务中心受理员培训，共计1 396人次。累计开展社会工作师培训1 367人次，持证社区工作者410人，持证率从6.2%上升到21.5%；街镇层面，定期开展专题培训、书记带教、骨干培训、全岗通培训、知识竞赛、点位拉练等实务培训。制定《长宁区社区工作者考核指导意见》，对各居委会和中心社区工作者按工作职能和要求进行分类考核以及第三方满意度测评，测评结果应用于年度考核；制定全区统一的季度奖、绩效考核奖、个人优秀奖励、社区优秀集体奖励等4个考核奖励；对评定为不称职的社区工作者采取扣发绩效奖、领导谈话、岗位交流以及退出等方法处理。（周　艳）

【社会组织政策创制与扶持】 2019年，长宁区民政局继续实施对社会组织规范化建设等级奖励、初创扶持和用工扶持的政策奖励，全年共扶持98家单位，扶持资金130万元。完成上年度10个街镇社会组织服务中心合作方的绩效评估，全部合格。委托上海市阳光善行公益事务中心开展2019年长宁区"社区公益创投"大赛，申报范围聚焦社会组织党建、分类治理、民生服务、志愿服务、环境管理、社区建设等内容，经过专家评审，正式签约54个社区公益创投项目，总计经费310万元，其中老公房加装电梯、自闭症儿童特教、社区重大病患者关爱项目等项目已经在社区具有一定知名度。为社会组织定制"必修＋选修"培训菜单，分层分类开展区街两级社会组织增能培训，累计培训2 155人次，内容涵盖登记办事、内部管理、社区公益创投项目申报辅导、规范化等级评估、"一网通办"实务操作、社区基金会增能等多个方面。搭建平台助力社会组织引进专业人才，在3月社工节期间，举办长宁区首届社会组织专场招聘会，提供涵盖社工、行政、财务、心理咨询师等领域的200余个用人岗位。（周　艳）

【民生领域多措并举优化营商环境】 2019年，长宁区民政局实现行政权力"清单化"，推进单窗受理变为综窗服务，将社会团体和民办非企业单位登记12项审批事项接入区行政服务中心跨部门综窗；建立健全首问责任制度、一次告知制度、限时办结制度、责任追究制度、服务承诺制度和好差评等窗口工作机制，打造"随时办、随地办、上门办、中心代办、一次办"全新"五办"便民服务模式率。提升"四减"服务效能，即：减少审批环节，对符合直接登记的社会组织和养老机构，实行"只进一扇门"服务；减少审批材料，取消社会团体、民办非企业单位名称预审、理事会、监事会人员（届内）变动备案等书面材料申请，改为网上预审通过；减少审批时限，承诺审批时间为法定时间的四分之一，收件后实际平均审批时间约为2个工作日左右，提速率达75%，群众满意度100%；减少跑动次数，受理中心37个事项已实现"全程网办"，145个事项为"原件预审"，5个事项为"原件审核"，群众办事"最多跑一次"。在北新泾街道试点开展受理中心居民区延伸点建设，接入"一网通办"门户的187项社区服务事项，月均预受理量为330件。在新泾镇受理中心开设长三角地区个人政务服务"一网通办"线下专窗试点工作，首批21个个人政务服务事项已实现上海、苏州、杭州等14个城市"一网通办"。（周　艳）

静安区

【综述】 静安区总面积36.77平方公里，辖13个街道办事处，1个镇，267个居民委员会、1个村民委员会。2019年年底常住人口105.17万人。静安区民政局负责全区的社会救助、社会福利、养老服务、基层政权与社区建设、社会组织管理等方面工作。内设办公室、组织人事科、财务审计科、社会福利科、养老服务科、基层政权建设和社会工作科、婚姻管理科、社会组织登记科和社会组织执法监督科等9个科室。2019年年底，静安区民政局及下属事业单位在编公务员31名（含阳光3人），在编事业人员62人。

社会救助：2019 年，静安区共发放城镇低保金 1.4 亿元，救助对象 13.1 万人次；重度残疾人护理补贴 3 659.04 万元，18.3 万人次；粮油帮困补助 418 万元，实物帮困 1 440 元；临时救助金 708.2 万元，救助 2.09 万人次；因病支出型贫困生活救助金 83.8 万元，涉及 844 人次。全年发放支援外地建设退休(职)回沪定居人员帮困补助 15.02 万人次，补贴金额 1.51 亿元。救助管理站救助各类城市生活无着流浪乞讨人员 1 064 人次，其中站内救助 503 人次，街面巡查引导 561 人次。医疗救助(包括急病、精神病、传染病等)287 人次。寒冬送温暖“三合一”专项救助行动期间发放御寒衣被 410 余件套，饮用水 610 余瓶，食品 790 余份。7～9 月高温期间，延长街面巡查时间至深夜，完善重点区域巡查路线，对需要救助的流浪乞讨人员和走失人员及时开展劝离、安置和寻亲服务，并发放防暑降温用品和食品，确保高温期间街面流浪乞讨人员人身安全。

社会福利：至 2019 年年底，静安区共有养老机构 35 家，其中公办 17 家，社会办 18 家，养老床位总数 6 593 张。社区综合为老服务中心 20 家，长者照护之家 16 家，社区老年人日间服务中心 26 家，社区老年人助餐点 75 个，标准化老年活动室 218 个。全区设置养老顾问服务点 14 个，居委会养老顾问服务地 36 个，配备养老顾问员 72 名，全年累计提供咨询服务 1 057 人次。开展老年照护统一需求评估，全年受理 36 980 人次，完成评估 35 891 人次，终止 4 037 人次，完成服务对接 31 087 人次。全年为 2 名社会散居孤儿发放基本生活费 4.56 万元，为 8 名困境儿童发放生活费补贴 12.73 万元。共有残疾人集中就业企业 5 家，残疾职工 55 人，残疾职工人数占全部职工总人数的 27.5%，享受社保补贴资金 43.74 万元。全年发放困难残疾人生活补贴 43 512 人次，补贴金额 1 284.472 万元；重度残疾人护理补贴 183 552 人次，补贴金额 3 659.04 万元。

社区治理：2019 年，静安区持续推进居委会标准化建设，规范细化居委会“十项制度”，深化“全岗通”工作模式，夯实社区治理基础。加强基层治理品牌建设，编写《不止自治》工作指导手册，开展市、区居委会自治家园创建，出版《居委会的会》，指导居委会掌握开会的实务方法和技巧，推动社区治理创新。加强社区分析工具全面应用，对社区需求(问题)的回应进行流程再造，推进社区分类治理。加强社区工作者队伍建设，注重基层能力培养。优化社区政务服务，实施“专业领航系列”培训及沙龙活动，举办业务技能竞赛，加强受理中心规范化建设。

社会组织：至 2019 年年底，静安区经民政部门核准登记的社会组织共 1 046 家，其中社会团体 213 个，民办非企业单位 833 个。全区 30 家社会组织获得年度规范化评估等级，其中 5A 级 2 家，4A 级 7 家，3A 级 18 家，2A 级以下 3 家。完成 2018 年度社会组织年度检查，应检 935 家，实检 876 家；合格 848 家，基本合格 20 家，不合格 67 家。参检率 94%，合格率 93%。

社会服务：2019 年共办理婚登记 6 267 对、结婚补证 2 026 份；离婚登记 3 628 对、离婚补证 499 份；开具(无)婚姻登记记录证明 99 人次。开展自 1952 年以来婚姻档案的调研与排摸，完成历史档案信息补录工作，共计录入信息 399 150 条。举办 2019 年国际社工日系列宣传活动、静安区“社工周”主题宣传活动以及优秀社会工作者、优秀社工案例和项目评选，加强社会工作推进和宣传。

（孙　漪）

【社会力量参与社会救助】 静安区持续在试点街道开展多重需求家庭综合服务项目——“桥计划”，探索创新非物质救助形式，通过“三级阶梯式”服务模式，为 400 余户困境家庭提供初级预防性服务、次级支持性服务和三级整合性专业服务，初步探索出“需求发现机制、困境评估机制、多元服务机制”的救助社会工作服务路径。根据家庭面临的问题及需求，“桥计划”项目设计出以 3 个层面 9 种类型为核心的积极、主动、系统的家庭服务路径，各项目之间通过每个家庭的具体需求相互联系，建立起家庭服务和家庭风险预警网络，最大限度协助家庭走出困境。1 月，“桥计划”获评民政部“2018 年度社会救助领域优秀创新实践案例”。

（孙　漪）

【养老服务设施建设】 养老机构建设方面，稳步推进华兴新城、三普基地等多个养老机构项目建设。社区养老服务设施方面，新建彭浦镇第二社区综合为老服务中心、静安寺街道社区长者照护之家、共和新路街道中山北路长者照护之家以及宝山路街道虬江路社区长者食堂、彭浦新村彭三社区长者食堂、闻喜路社区长者食堂，新建、改建 15 个标准化老年活动室和助老服务站。

（孙　漪）

【养老服务能级提升】 9 月，静安区启动认知障碍友好社区试点项目，大宁路等 5 个街道列入认知症友好社区试点街道。推进认知症照护床位改建，完成 51 张认知症床位改建；强化养老服务队伍建设，156 名养老护理员参加上岗培训，307 名养老护理员参加上岗证继续教育培训，130 名养老护理员参加医疗照护培训，40 名院长参加继续教育培训；做细做实为老助餐，全年助餐服务 2.3 万人，供餐 337.5 万客。在全区开展“为 500 位失能、半失能老人提供辅助用具”项目；在南京西路街道、江宁路街道、石门二路街道开展“老吾老——家庭照护能力提升计划”试点。开展爬楼机服务，解决“悬空”老人上下楼困难，全年服务 20 443 人次；实施乐龄有伴项目，共有 960 名关爱员结对关爱 4 241 名独居老人，提供关爱服务28.2万次，基本实现区内60岁以上无子女独居老人的关爱全覆盖；实施“老伙伴”计划，组织低龄老年志愿者为17 900名高龄独居老人提供家庭互助服务。（孙　漪）

【养老行业监管】 2019年，静安区开展“为全区养老机构安装故障电弧探测器”项目，完成设备安装、搭建区级物联网平台。联合消防、市场监督等部门定期开展养老机构安全联合检查，持续开展养老机构督导，每月进行业务指导、运营监督和安全检查。实施养老服务机构质量建设专项行动，对全区28家养老机构开展服务质量监测，共有11家机构获得优秀等级，9家机构获得良好等级。指导和养临汾养护院、彭浦新村街道社区食堂开展民政标准化试点示范（实验）项目。（孙　漪）

【居委会标准化建设】 进一步规范细化“十项制度”，包括：全年无休错时工作制度、全科接待制度、首问接待制度、工作例会制度、工作总结制度、巡查走访制度、联系群众制度、1+5+X联席会制度、三会一代理和约请制度。深化居委会“全岗通”工作模式，将居委会工作人员分为负责人岗、接待岗、工作岗三类，接待岗工作时间保证“岗上有人”，按照全科接待要求，承担服务事项的政策咨询、接待服务、诉求解决等工作。更新《居委会全岗通知识题库》，通过抓配套制度建设、全岗能力提升、工作事项梳理、信息系统支持，推动“一专多能，全岗都通”。优化社区综合治理服务平台，建设社区基础数据库，日常办公平台，社区自治平台，完善社区分析平台，绩效考核平台和可视化统计分析等功能应用。建立标准化督查常态长效督查机制，组建区级督导团，制定评估标准，全覆盖督查走访267个居委会，通过实地走访、评分、回访等形式，进一步发现问题、查漏补缺、关注需求、推动特色，居委会服务效能不断提升。（孙　漪）

【社区工作者队伍能力培养体系】 2019年，静安区完善社会工作者培训体系，组织开展全国社会工作职业水平考前培训、社区参与式会议引导者、周末课堂、“约课”等分层分类培训，全年共开展初任、专业、进修培训5 531人次。开展社区工作者心理调研，通过科学的统计分析，形成《静安区社区工作者心理调研报告》。编制《静安区社区工作职业能力培养手册》，包括社区工作者能力培养体系，社区工作能力模型，社区工作者能力习得路径等内容。（孙　漪）

【“静安区第二届社区治理十大创新项目”评选活动】 5～12月，静安区民政局组织开展“静安区第二届社区治理十大创新项目”评选活动，共收集区、街镇申报的48个项目，经初审、微信评选、专家论证、实地巡访、终审等环节，最终评选出“心系‘悬空老人’助力‘加装电梯’——临汾路街道实施2019年度一号民生实事项目”“党建引领智慧社区建设——芷江西路街道老旧小区非机动车库智能化改造创新项目”等静安区第二届社区治理十大创新项目，“党建引领装电梯，楼组自治靓品质”“新形势下业委会规范化建设‘一线四优法’”等静安区第二届社区治理十大优秀项目。（孙　漪）

【社会组织登记网上办理】 围绕服务事项一口进出，线上线下充分融合“一网通办”要求，静安区社会组织登记服务事项进驻区行政服务大厅“一口受理”综合窗口，同时推进社会组织登记全程网上平台办事。优化网上办理流程，将社会组织成立登记分为前期咨询、网上预审、受理审批三个阶段，申请人在每个阶段都能通过系统短信通知或网上系统及时掌握申请状态；推行材料时间“双减半”，减去社会组织成立登记中重复签章、多次证明、非必须的申请材料，减半原有法定登记审批办理时限，提高登记效率；对接全市“一网通办”平台，实行全程网上申请、网上办理和网上审批。同时，免费提供上海邮政EMS寄递证书及文书服务，实现社会组织登记变更事项“零跑动”。2019年通过社会组织网上政务大厅共办理359家社会组织登记手续。（孙　漪）

【“第九届上海公益伙伴日”活动】 9月5日，静安区民政局举办“静安区‘第九届上海公益伙伴日’启动仪式暨2019年‘中华慈善日’主题活动”，围绕“公益同行·成就未来”“让困境中的花朵快乐绽放”主题，将公益与慈善相结合，营造公益慈善发展环境、促进静安公益慈善事业发展。启动仪式播放静安区社会组织和企业参与公益慈善活动的宣传片；邀请5家社会组织和1家爱心企业代表，围绕垃圾分类、脱贫攻坚、关爱困境儿童等作主题分享。全区20多个部门、14个街镇、300多家社会组织参与义诊、义卖、助学、助残、扶老以及便民服务等社区公益活动。（孙　漪）

【婚姻（收养）登记中心新址启用】 10月28日，静安区婚姻（收养）登记中心在静安区秣陵路50号举办新址启用揭牌仪式。登记中心共两层，建筑面积1 099平方米，设有新人候登区、自助一体机服务区、中式及西式颁证厅等服务区域。中心在上海市率先启用婚姻登记一体机，结合人脸识别、电子指纹、智能信息采集和语音提示等特色服务功能，为当事人提供精准高效的服务。通过对业务流程的优化，减少当事人的等候时间，有效避免虚假证件、人证不一等情况的发生。

（孙　漪）

普陀区

【综述】 普陀区总面积55.53平方公里，辖8个街道办事处，2个镇，259个居民委员会，7个村民委员会。2019年年底常住人口126.13万人。普陀区民政局负责全区的社会救助、社会福利、养老服务、慈善管理、基层政权和社区建设、社会组织管理、婚姻登记、收养登记、殡葬管理等工作。内设办公室、社会救助科、养老服务科、基层政权和社区建设科、社会专项事务科、慈善事业和社会工作科、社会组织管理科等7个科室，下属7个事业单位。在编公务员21人，在编事业单位人员69人。

社会救助：2019年，普陀区累计救助各类对象约38.87万人次，发放社会救助金3.18亿元。其中低保人员8 670人，救助10.7万人次，支出资金1.13亿元；医疗救助3.7万人次，发放医疗救助金930.3万元；临时救助5.4万人次，发放救助金850.09万元；因病支出型贫困家庭生活救助408人次，发放救助金43.71万元；特困人员供养913人次，发放救助金155.67万元；春节节日生活补助7 268人次，发放救助金526.37万元；社保移交农婚知青73人，发放救助金18.6万元；支内回沪帮困补助15.2万人次，发放帮困补助金1.52亿元；综合帮扶6 568人次，发放帮扶金830.4万元。设立经常性捐助接收站274个，实现全覆盖，全年发放帮困物资1.6万件，折合资金约118.47万元；接受衣被捐赠3.04万件，帮困发放0.43万件，汇交2.61万件。全年慈善帮扶2.3万人次，发放慈善帮困资金1 435.97万元。全年累计募集捐款1 418.36万元，其中第25届“蓝天下的至爱”联合募捐款项1 003.8万元。开展福利彩票“树典型促销量”活动，4家代销点入选上海福彩“百佳优秀”站点，普陀区福彩代销网点120个，中福在线销售厅3个，全年销售额2.26亿元。

社会福利：推动养老设施全覆盖、成体系、均衡化布局，提升养老服务行业质量和服务水平，强化养老服务保障和政策支撑。2019年，新增养老床位409张，改建97张认知障碍照护床位；新建3家老年人日间服务中心，10个社区老年人助餐点；新建2家综合为老服务中心，养老顾问点40个。至2019年年底，普陀区养老机构66家，其中公办养老机构44家，民办养老机构22家；养老床位数8 403张，其中公办养老床位5 548张，民办养老床位2 855张；社区综合为老服务中心20个；老年人日间服务中心38个；老年人助餐点57个，日均供餐1.2万余客。全面推进老年综合津贴，为23.94万普陀区户籍老人发放老年综合津贴3.7亿元。推进养老服务补贴新老政策平稳交替，2019年度享受居家养老服务老人2.8万人，其中享受政府出资购买服务老人2 286人，自费老人1 101人，享受长护险居家服务老人2.4万人，支出资金1 633.57万元。至2019年年底，全区共有困境儿童354人。享受社会散居孤儿基本生活补贴7人、困境儿童基本生活费7人，累计发放基本生活费26.46万元；落实3名成年孤儿安置工作；首次启动公益诉讼程序，稳妥处理1名遗弃儿童个案。开展元旦春节“扶残帮困送温暖活动”；做好福利企业社保补贴工作，2018年度15家企业申请社保补贴，残疾职工222名，补贴金额166.88万元。发放困难残疾人生活补贴金额1 138.959万元，重度残疾人护理补贴金额3 597.585万元。

社区治理：夯实基层基础，举办居民区社区工作者“四百”走访竞赛活动，完善社区工作者激励机制，新招录社区工作者254名，社区工作者共2 431人。强化制度建设，突出减负增能强基，指导甘泉路街道甘泉苑居委会、万里街道颐华第二居委会、长征镇象源丽都居委会开展自治家园建设。贯彻社区事务受理中心“一网通办”，受理业务54.8万件。推进“社区治理云”平台2.0建设，提升大数据管理和服务支持能力，设计开发“百事能”APP及APP后台“辅助决策”平台，为社区分类治理提供政策依据。

社会组织：深化社会组织登记管理制度改革，全面推进8个行业协会商会与行政机关脱钩改革工作。推进社会组织参与社区治理，推动供需对接和公益服务落地，发布“零距离 · 益加盟”社会组织党建品牌。完善社会组织服务支持体系，区社会组织联合会召开第一次妇女大会，选举产生联合会妇联15名执委，1名妇联主席、2名副主席。加强社会组织综合监管，完成13家名存实亡社会组织撤销程序，推动社会组织规范化发展。至2019年年底，全区登记注册社会组织870家，社会团体138家，民办非企业单位（社会服务机构）732家，每万人户籍人口拥有社会组织数量9.72家。新成立社会组织64家。完成2018年度社会组织年检，应检社会组织778家，参检711家，年检合格651家，合格率91.6%。2019年，全区共15家社会组织获得规范化登记评估资质，其中5A级1家，4A级2家，3A级12家。

社会服务：2019年共办理婚姻登记8 955对，其中办理结婚登记5 494对，离婚登记3 461对。补发婚姻证书1 726份，补发解除收养证1例，办理合格率100%。上海婚姻文化展示馆接待参观1 683人次，其中团队15个；发放宣传册6 638份，祈福卡4 054份，参观礼8 086份。落实惠民殡葬服务补贴政策，全年殡葬服务补贴7人，补贴金额6 860元；落实违法违规私建“住宅式”墓地等突出问题专项摸排工作。做实公益基地，开展首批“公益顾问”试点工作。 （王启凡）

【民政部普陀区蹲点调研】 9月16～20日，民政部第二十组在普陀区开展蹲点调研。调研组实地考察上海婚姻文化展示馆、曹杨新村街道村史馆、桃浦中央绿地公园、万里爱照护、宜川养老院、长征镇新城片区、象源丽都居委会、长寿社会组织服务中心等20个点位，覆盖曹杨、长寿、宜川、万里、长征、桃浦6个街镇；组织多场主题座谈会，分别邀请高校专家学者、社会组织代表、街镇领导干部和居村一线工作人员，围绕“社区治理、养老服务、社会组织、社会救助和民政专项工作”，探讨基层民政工作新挑战和新发展；参与“2019年普陀公益伙伴日暨‘零距离·益加盟’社会组织党建品牌发布会活动”；赴顾正红纪念馆、苏州河工业文明展示馆等，感受普陀区文化底蕴和爱国主义教育氛围。调研组对普陀区民政在党建引领、队伍建设、精神风貌、养老服务、社区治理和社会组织培育扶持等方面所做的工作表示肯定。（陈　婷）

【二级救助管理机构达标】　按民政部《流浪乞讨人员救助管理站建设标准》《流浪未成年人救助保护中心建设标准》文件要求，普陀区救助管理站根据民政部国家二级救助管理机构评定标准开展新址装修，抓好等级达标创建。普陀区救助管理站新址于4月17日启用，位于普陀区长风二村82号，整体面积由原来的1 000平方米扩大至1 852平方米，救助床位数由15张增至28张，并新增各类活动及功能用房，房间分配和规划更合理、功能性更强、特色感凸显，丰富受助人员的站内生活。同时提升站内安全管理系数，施行分楼层、分区域管理措施，严格物品安检、存放等规定，站内大面积监控覆盖、启用门禁系统，有效保障站内人员及场所安全。9月3日，普陀区救助管理站通过由上海市民政局、上海市救助管理站进行的二级救助管理机构现场检查验收。（王道佳）

【养老机构党建全覆盖】　2019年，普陀区民政局坚持“一网，一圈，一核”的工作路径，实现养老机构党建全覆盖。编织养老服务保障“网”，普陀区60家已运营的养老机构中，党组织12个，3家养老机构成立党支部，24家养老机构成立9个联合支部，其余33家养老机构派驻党建联络员，党员142名，实现党组织和党的工作全覆盖。构建“15分钟养老服务‘圈’”，加快养老床位建设，已建成养老床位8 403张；扩大社区养老服务覆盖面，已建成20家社区综合为老服务中心、57个社区老年人助餐点、38个老年人日间服务中心和264个老年活动室；推广嵌入式养老服务，普陀区25个网格片区全部嵌入老年人助餐点、老年人日间服务中心（或长者照护之家），扩大养老志愿服务范围；强化智慧养老，完成2 000户社区独居老人家庭“智慧养老套装”安装，探索“时间银行”互助养老服务。打造养老服务人才“内核”，建立在业务骨干中发展党员、把党员培养成业务骨干的“双培养”机制。（刘颖华）

【困境儿童公益诉讼】　10月，普陀区社会福利院向普陀区人民法院提起公益诉讼，申请撤销该院照料的困境儿童小红豆（化名）父母的监护权。小红豆出生于2017年，非婚生子，无出生证明，无户籍，出生当日因早产被送入上海市儿童医院治疗，康复后被父母遗弃在该医院。在小红豆亲生父母因遗弃罪已被批捕并判刑的情况下，由普陀区检察院制发检察建议，普陀区社会福利院提起公益诉讼。经普陀区人民法院判决，撤销小红豆父母监护权，将监护权改判至上海市儿童福利院。11月29日，弃婴小红豆由上海市儿童福利院接收，开展生活照料及安排收养。（刘颖华）

【“四百”活动】　2月15日至5月25日，普陀区开展居民区社区工作者“走百家门、知百家情、解百家忧、暖百家心”百日竞赛活动。共有1 827名社区工作者参赛，走访22.7万户居民，覆盖普陀三分之二的家庭；推出“百事能”数据分析APP，用于问题上报和跟踪反馈，共收集走访信息20.4万条，收集并反馈问题1.1万件，解决问题9 954件，解决率91.4%；组织专家督导团，随机回访，对突出问题进行现场指导，形成“党建引领”“难题解析”等6个方面工作案例111个；评选18名“‘百事能’学习能手”、10名“社区工作者标兵”、3个优秀组织奖。活动还结合“垃圾分类”“扫黑除恶专项斗争”等专项工作，引导居民主动参与社区治理，打造“点对点发现问题、手拉手解决问题、面对面处置问题、心贴心反馈问题”工作链路，“330工作法”“走访八法”“错时走访法”等群众工作法。（吴　扬）

【社区工作者民生讲堂】　7月，普陀区民政局启动社区工作者“远航计划”。7～8月，联合上海广播电台“直通990”栏目组和阿基米德融媒体研究院，共举办4场普陀区“畅谈会——社区民生讲堂”活动，主题分别是“垃圾分类推进过程中群众工作的具体方法”“全岗通的落实方法和难点解决”“运用社区分析工具实际解决居民问题”“如何建设服务型居委”，带领各街镇、居委会分别赴长宁区、虹口区、静安区及徐汇区等区，与在社区治理工作中取得显著成效的居委会共同探讨研究新时代社区服务和治理创新模式，学习社区精细化治理、服务型居委会建设和垃圾分类工作推进过程中群众工作的具体方法。（吴　扬）

【“零距离·益加盟”党建品牌】　9月19日，普陀区公益伙伴日暨“零距离·益加盟”社会组织党建品牌发布会召开，区、街镇、社会组织、企业、社区居民等有关代表、志愿者500余人参加会议。“零距离·益加盟”服务品牌下设三大子品牌：机制建设“益同行”、平台建设

"加油站"、队伍建设"盟友荟"。聚焦创新社区治理、垃圾分类、脱贫攻坚，强化公益品牌示范引领，推进常态化公益服务支持体系构建，推动公益事业深入发展、公益机构有序成长、公益资源深度整合、公众广泛参与。发布会颁发普陀区十佳公益人物、公益品牌、公益伙伴等奖项。此外，各街镇携手辖区社会组织，陆续开展慈善法主题宣传、公益集市、互动体验、公益项目创投、供需对接、公益便民服务、慈善义卖、公益演出等公益服务活动。（梁　婷）

【上海婚姻印记实物展】 10月27日，为期5天的上海婚姻印记实物展在普陀区文化馆开幕。展览聚焦"上海婚姻印记"，以"婚姻，是一段云水相逢的故事"为主题，展示中国上海的婚姻发展轨迹。此次展览设"证书印记区""年代展示区""婚房展示区""礼服展示区""家风印记区"5个展区，共计展出近140件展品，通过实物的呈现及故事的引领，来展示上海海派婚姻文化的传承。实物展记录从上海人的婚姻记忆出发，展现新中国成立70年间逐渐演变的婚姻礼制，以及上海海派婚姻文化成果，传播中华民族家庭美德，弘扬新时代家风文化。（马春鸣）

虹口区

【综述】 虹口区总面积23.48平方公里，辖8个街道办事处，204个居民委员会。2019年年底常住人口75.66万人。虹口区民政局负责全区社会救助、居民宝经济状况核对、社会福利、养老服务、集中就业残疾人权益保障、慈善管理、基层政权、社会建设、职业社会工作者和志愿服务行政管理、行政区划和政区地名、婚姻登记和收养登记管理、殡葬管理、社会组织登记管理和培育发展、福利彩票管理等方面工作，内设办公室、组织人事科、财务科、社会建设科、社会救助科、养老服务科、慈善福利科、基层政权科、社会事务科、社会组织管理科等10个科室。在编公务员26个，在编事业单位人员91个。

社会救助：2019年，虹口区共发放各类社会救助资金2.58亿元，惠及约55万人次。其中发放最低生活保障金7 919万元，救助90 840人次；发放传统救济补助41万元，救助393人次；发放重残无业补助金2 788万元，救助19 146人次；发放农婚知青补助金30万元，救助504人次；发放安徽下放户补助经费673万元，救助609人次；发放粮油帮困345万元，救助53 618人次；发放实物补助1万元，救助182人次；发放因病支出型贫困补助88万元，救助804人次；发放支援外地退休回沪定居人员生活补助12 012万元，救助363 561人次；发放临时救助146万元，救助2 771人次；发放元旦春节帮困送温一次性节日补助863万元，救助17 310人次。

社会福利：出台《虹口区深化养老服务实施方案（2019—2022年）》，完善"家门口""管家式""智能化"的养老服务体系。新增养老床位209张，新增11家社区老年人日间照护中心，改造认知症老人照护床位72张，建成24家助餐点，35个市民驿站实现养老顾问点全覆盖。试点开展"养老服务时间银行"项目，累计产生时间币1 609个，对接服务需求672个，完成服务630次。至2019年年底，全区有养老机构46家，养老床位数7 559张，其中公办养老机构18家，床位数2 736张；民办养老机构28家，床位数4 823张。老年人日间照料机构27家，长者照护之家9家，综合为老服务中心8家，社区老年助餐场所66家。全年发放散居孤儿生活费58人次，金额11.02万元；发放困境儿童生活费91人次，金额17.29万元。全区共有残疾人集中就业企业9家，残疾人职工147名，占全部职工比例为37.98%。全年发放困难残疾人生活补贴2 460人次，金额901.09万元；发放重度残疾人护理补贴10 088人次，金额2 467.77万元，两项合计共发放12 548人次，总金额3 368.86万元。

社区治理：推进市民驿站建设再出发，打造15分钟社区党建活力圈、生活服务圈、网格化管理圈。建成3个示范性和8个标志性市民驿站，18个市民驿站实现"全年无休"。深化"一个街道一面旗帜"，开展"虹口区社会治理十大创新项目"评选活动。实施"全岗通3.0"机制，推动"条线部门围着社区转"。制定《虹口区居民区社区工作者考核实施办法》，落实社区工作者三年行动计划。修订《虹口区职能部门下沉街道事务准入清单》，在涉及部门由46个增加至50个的基础上，将原有291项下沉事务精简至211项。在"2017—2019年社区事务受理服务中心标准化建设第三方评估"中，欧阳路街道、曲阳路街道、江湾镇街道、广中路街道、北外滩街道、凉城新村街道等6家社区事务受理服务中心获"5A"评级。在北外滩街道社区事务受理中心试点开设长三角地区个人政务服务"一网通办"线下专窗。打造5G与双千兆宽带应用场景"虹口区社区事务办理空间站"，在各街道社区事务受理服务中心与市民驿站、居委会推广延伸。

社会组织：2019年，虹口区注册登记的社会组织共545家，其中社会团体149家，民办非企业单位396家。通过"一网通办"平台办理社会组织成立登记25家，变更登记47家，注销登记7家，证书有效期延续92家，章程核准30家。完成2018年度社会组织年度检查工作，年检填报率达92.80%。推动社会组织参与生活垃圾分类，登记成立全市首家从事垃圾分类活动的专业化社会组织"上海虹口新时尚垃圾分类事务所"。

社会服务：2019年共办理婚姻登记7 809对，其中结婚登记4 962对,离婚登记2 847对;办理补领婚姻登记证1 934人,其中补领结婚证1 579人,补领离婚证355人;办结收养登记1例。登记接待窗口设立"好差评"二维码指示牌,优化登记大厅叫号系统,为现役军人、70周岁以上老年人以及残疾人提供优先办理服务。全年向各街道发放特殊对象基本殡葬服务补贴80人次,共78 400元。

(沈　醉)

【低保专项治理】 6月,虹口区民政局制定下发《关于深入推进本区低保专项治理工作的通知》,明确低保专项治理工作的重点任务为整治形式主义、官僚主义、查处"漏保""错保"问题、查处近亲属备案制度不落实问题以及查处资金监管不力问题。加强制度梳理,规范街道工作流程,对低保监督检查制度、救助所岗位职责、岗位分工、操作权限等相关制度进行修订完善,形成制度目录;修订完善《虹口区社会救助工作绩效评价办法》,增加低保专项治理工作的评价内容,对街道救助工作开展情况进行评价打分。同时,深化监督检查,通过查阅资料、回访核查、开展座谈和受理投诉等方式,对专项治理工作发现问题的整改情况进行"回头看",建立救助资金监督检查的长效常态机制。通过专项治理,共复核低保家庭12 439户次,17 975人次,结合动态管理,清退746户低保家庭,涉及低保对象1 053人,新申请并纳入的低保家庭599户875人。

(李晨煜)

【"慈善之星"评选表彰】 第九届"上海市慈善之星"评选活动于2019年4月正式启动,市慈善基金会虹口代表机构同步开展虹口区"慈善之星"评选表彰工作,从帮助受助对象解决生活、学习、工作等方面的困难,积极依法行善,传播现代慈善理念等方面进行考量,在行业领域有较高声望的集体(个人)中,初步遴选11个单位和10人。经过动员推荐、审核初评、投票评选等环节,最终评选出8位"慈善之星"个人和9家"慈善之星"集体。其中:荣获虹口区"慈善之星"个人称号的天使妈妈基金会理事长黄惠和上海淞光进出口有限公司总经理俞庆榕,同时当选为第九届上海市"慈善之星",受邀出席12月30日举行的第二十六届"蓝天下的至爱"上海市慈善基金会"慈善四进"经验交流会,并在大会上发言,面对面与社会组织、社区慈善工作者、社区爱心企业的代表共同交流分享慈善经验和做法。

(吴罗春)

【"时间银行"试点】 4月,虹口区民政局在四川北路街道、凉城新村街道及彩虹湾老年福利院开展养老服务"时间银行"项目试点。通过制度设计,支持和鼓励低龄老年人为高龄老年人提供非专业性的养老服务,包括生活照料、精神慰藉、助学帮教、健康医疗4大类服务项目,以及助学、助聊、助洁、助行、助餐、助医、助乐7小类服务种类,合计21项服务内容。按照一定的规则记录服务提供者的服务时间,储入其"时间银行"个人账户,提供服务的低龄老人可在服务提供一年后或服务时间积累到100小时后,在本人有服务需求时提出兑换并享受"时间银行"试点项目内的服务。6月12日,"虹口区养老服务时间银行"微信小程序正式上线,至年底,微信小程序注册会员730名,累计产生时间币1 609个,发布需求672个,开展服务630次。

(袁　瑗)

【养老顾问点建设】 2019年,虹口区新增养老顾问点55个,共设立养老顾问点63个,实现35个市民驿站全覆盖,并延伸至28个居委会,接待老人及家属咨询9 795人次。推行顾问、管家并行的养老服务模式,实现养老服务进家庭、到身边。3～4月,组织开展社区养老顾问(管家)技术赋能项目。采用导师集中授课和情景模拟的方式,完成全区8个街道、35个市民驿站和各居委会的500名养老顾问(管家)的政策理论和实操能力的培训。学员对培训课程满意度测评的总体评分为96.4分,培训效果整体评价较高。建立养老管家服务清单,制定养老管家等级评定标准,开展中级以上养老管家评选工作,为老人提供优质服务。

(袁　瑗)

【居家和社区养老服务改革试点】 虹口区作为2017年第一批中央财政支持开展居家和社区养老服务改革试点工作区,至2019年年底,建成老年人助餐点66个,标准化老年活动室192个,老年人日间服务中心27家,社区养老顾问点63个,为有需求的老年人提供各类养老服务。制定出台相关文件,对从事居家和社区养老服务工作的专业机构、人力资源服务企业以及护理人员给予政策扶持。根据社区养老服务设施数量、分布、功能等和街道实际需求,配置符合老年人基本需求的医疗、康复设施设备,共投入资金454.13万元。通过区养老服务综合运行管理平台,提供精神慰藉、紧急援助、远程健康管理等各类服务项目,形成"线上+线下"服务链环,包括:通过"一键通"应急呼叫产品,为全区低保、高龄独居困难等2 499名老人提供紧急求助、居家监护、主动关爱、信息咨询等服务;通过"36129000"服务平台,对街道排摸出的348位老人进行陪医服务预约通知,对26位老人完成助医陪护37次;对115 415单虹口区户籍、享受政府补贴的老人送餐服务进行监管,提高老人助餐服务的满意率。

(王　青)

【市民驿站建设】 虹口区在全区划片布点建设35个市民驿站,打造"家门口"的服务站。出台《虹口区深化市民驿站功能建设的实施意见》,编制《虹口区市民驿站高标准建设导则》,"6+X"管理服务功能全面优化升级。具体围绕"四个实现":实现三圈融合。将服务元素、管理元素、党建元素集合在市民驿站服务平台,打造形成15分钟社区党建活力圈、生活服务圈、网格化管理圈,实现优势互补、同向发力、融合发展。实现资源共享。推动卫生保健、就业服务、事务办理等服务资源下沉驿站,撬动社会资源参与驿站为民服务和延伸点建设,实现服务资源的充分整合,放大驿站服务功能。实现供需对接。以需求为导向,创设"党建群建、生活服务、就业服务、事务办理、心灵港湾、网格化管理"6大类+X特色服务功能,使群众的烦心事、操心事、揪心事都能在驿站平台得到解决。实现政社联动。通过政府搭台、驻区单位、社会组织和志愿者等社会各界广泛参与,使驿站成为社区共治的有效载体,广大居民群众和社区单位职工既是驿站服务的受益者,又是活动的"参与者""策划者""组织者",凸显共治共建共享的理念。2019年,全区市民驿站服务群众达726万余人次,比上年增长32%。 （刘　艳）

【居委会"全岗通3.0"】 3月,全区推行居委会"全岗通3.0"工作机制,实现从"1.0技能通""2.0服务通"到"3.0治理通"的转变。围绕社区治理常态化运行,规范社区治理流程,打造"社区体检""议事协商""项目合成""全员行动""社会评价"为一体的"全岗通3.0"工作闭环,通过"每周自下而上形成一个小目标",帮助居委会解决难点问题,积社区小治为大治。至年底,全区各居委会已经完成治理项目2 600余个,办事群众对居委会工作的满意度达到98.1%。建立街、居、楼组三级议事协商平台体系,规范议事程序,明确协商制度,推动"公众事,公众议,公众决"。建立工作约请、协商联动、成果转化等机制,推动条线部门围着社区转,动员党员引领表率,引导社区单位参与,鼓励居民积极参与,让自治协商平台运转起来,形成主体广泛、形式多样、程序科学的议事协商体系。建立网络议题讨论与自下而上征求机制,引导社区党员、志愿者、群众团队骨干等各类主体加入,拓宽公众参与渠道,强化交流互动,推进以信息公开与居务监督为重点的信息平台建设。鼓励扶持群众自治团队,搭建社区自治载体,打造特色自治品牌,提升基层自治共治的能力和活力,形成"人人参与、人人负责、人人奉献、人人共享"的社区治理格局。开展"全岗通3.0"擂台赛,促进各居委会交流成功案例与优秀经验,在全区评审一批有实效、有特色的"全岗通3.0"典型。 （石亦佳）

【5G"社区事务办理空间站"】 9月,北外滩街道社区事务受理服务中心、北外滩街道第一市民驿站、曲阳路街道玉四居委会、四川北路街道山一居委会试行5G与双千兆宽带应用场景"上海市虹口区社区事务办理空间站",为市民提供远程视频事务办理服务,并在8个街道社区事务受理服务中心与各街道市民驿站、居委会进行推广延伸,让居民"办小事不出居委会、解难事不出街道"。通过与"全岗通"相结合,居委会不仅能提供社区事务政策咨询,还能直接进行业务受理,居民实现就近问,就近办,就近结。"社区事务办理空间站"的应用和推广做到"四个突破":让"一网通办"突破人群限制,服务人群进一步向老龄人群、出行不便人群延伸;让居民办事突破时间限制,减少对申请人日常工作的影响;让受理地点突破空间限制,在全区范围内都能就近办事;让服务范围超脱地域的限制,居民能够直接通过手机进行政策的咨询与部分业务的办理,享受在家办、随地办、异地办的便利。 （石亦佳）

【"社会治理十大创新项目"评选】 11月8日,"虹口区社会治理十大创新项目"评审活动在区机关大楼举行,由欧阳路街道推荐的"家园党建提升社区治理成效"、区规划资源局推荐的"虹口区社区规划及社区规划师制度"等15个项目入围现场评审。评审由区领导、专家点评小组、区进一步创新社会治理加强基层建设工作领导小组成员单位负责同志、区有关部门负责同志、32个参选项目申报单位联络员和入围项目申报单位推选的后援团代表组成,从项目的选题意义和价值、核心内容、项目成效和现场表现等方面进行评比打分。活动现场,15个团队的创新项目一一登台进行交流,围绕"基层减负增能""打造15分钟管理和服务圈""居民自治和社区共治工作"等,展示全区创新社会治理工作取得的最新成果。最终,居委会"全岗通""市民驿站"等10个项目获得"虹口区社会治理十大创新项目"。 （刘　艳）

【社会组织大调研常态化】 1月,虹口区民政局制定《深化联系走访社会组织实施办法》,会同各业务主管单位通过召开动员会、操作培训会、双周例会,全面推进社会组织联系走访工作。完善社会组织走访信息系统与虹口区大调研信息系统对接,形成大调研的全过程闭环管理,实现数据的统一统计、统一查询、统一分析、统一上报。完成调研主体和调研对象的匹配,会同软件开发企业完成信息系统录入字段与"市大调研统计月报"的数据匹配,将问题建议的分类和全市统计分类实现一致。全年,35家调研主体单位共计对237家社会组织进行277次联系走访,共收到社会组织反映问题总数52个,已解决问题47个,问题解决率为90.4%。 （戴珺元）

【婚姻登记大厅叫号系统及监控设备升级改造】 9月,虹口区婚姻(收养)登记中心根据群众反映婚姻登记大厅叫号系统的运行无法满足服务需求的意见,对叫号系统进行升级改造,并于9月27日重新投入使用。优化后的叫号系统在登记大厅醒目位置增设显示屏,由原先设置"结婚登记""出具无婚姻登记证明"2项业务,细分为"现役军人、高龄老人、残疾人优先通道""网上预约登记""未预约登记""补证登记"和"出具无婚姻登记证明"等5项业务,为特殊对象和已预约对象提供绿色通道、优先办理,更好地满足当事人的个性化需求。同时,升级监控设备,解决设备无法收录视频与音频,且视频画面分辨率低的情况,扩大数据存储量,可保存近一年的视频记录。 (杜　民)

杨浦区

【综述】 杨浦区总面积60.61平方公里,辖12个街道办事处、302个居民委员会。2019年底常住人口111.07万人。杨浦区民政局负责全区社会救助、养老服务、慈善管理、基层政权与行政区划、社会组织登记管理、职业社会工作、婚姻(收养)登记管理等方面工作。内设办公室(法制科)、社会救助管理科(婚姻收养管理科)、养老服务科、基层政权和社区建设科、社会组织服务管理科(职业社会工作和志愿服务科)等5个科室。在编公务员23人,在编事业单位人员81人。

社会救助:2019年,杨浦区累计救助54.15万人次,支出救助金3.84亿元,比2018年增加2.39万人次、0.22亿元。救助各类社会救助对象16.4万人次,发放救济(保障)金1.79亿元;粮油帮困卡(券)发放对象74 164人次,支出483.27万元;医疗救助33 635人次,支出1 120.1万元;居保缴费减免7 458人,支出515.19万元;居民门急诊起付线补助5 019人,支出132.81万元;各类临时补助对象92 975人次,支出1 696.48万元;历史老案平反纠错人员365人次,支出97.18万元;支内回沪帮困补助163 535人次,支出16 403.73万元。为困难学生给予教育出证2 038人次;发放安徽下放居民定期生活困难补助853.992万元,补助871人。2019年,杨浦区元旦春节帮困送温暖活动覆盖对象10.56万人次,支出资金5 511.35万元。举办第25届"蓝天下的至爱——万人捐,帮万家"万人上街活动、上海市慈善基金会成立25周年图片巡展活动、"从爱出发,感受杨浦温度"——市慈善基金会成立25周年暨杨浦代表机构各界人士座谈会、第七届"杨浦区慈善之星"评选表彰活动。1名个人和1家单位荣获上海市慈善基金会第九届"慈善之星"称号。全年共接收社会捐款2 318.98万元,共支出善款2 236.4万元。开展"益路有你,温暖同行"——中华慈善日公益活动,推出"伴行人"计划,动员社会爱心企业和爱心人士为10名困境儿童提供职业技能培训、兴趣爱好发展等方面帮助。开展市民综合帮扶2 424人次,支出帮扶金444.83万元。销售福利彩票1.83亿元,筹集公益金1 107.34万元。已建慈善超市10家。至2019年年底,建成经常性社会捐助接收站点317个,经常性社会捐助接收点接收旧衣物近15 177件,开展特殊家庭慈善援助项目,向全区1 073户困难家庭发放补贴103.61万元。

社会福利:2019年,杨浦区落实爱久家园养老院开业运营,完成341街坊配套养老院新建工程结构封顶,新增养老床位738张;完成认知症照护床位改建114张;完成控江路街道靖宇中路老年人日间照料中心建设;完成江浦康善、殷行欣益及久安、控江快乐靖宇、长白长馨等5家睦邻小厨(社区长者食堂)建设;完成平凉、四平、殷行及新江湾城等16家老年人助餐点建设。至年底,杨浦区共有养老机构59家,长者照护之家17家,养老床位总数10 235张;全区另有社区综合为老服务中心13家,社区老年人日间服务中心30家,睦邻小厨(社区长者食堂)17家,社区老年人助餐点43个。完成首批36家薄弱养老机构故障电弧探测器安装项目,组织薄弱养老机构开展放心食堂改造。与上海健康医学院合作开展继续教育、院长研修及急救证书等专业课程,全年开展课程培训593人次;继续选送14名养老机构负责人参加上海开放大学老年服务与管理专业大专学历深造。培训养老机构院长、护理员、医护人员、安全管理员等共计1 591人次。全年共发放困境儿童基本生活费246人次,49.61万元。全区共有福利企业3家,残疾职工32人,全年支出社保补贴224 418元,共发放各类帮扶资金10.41万元。

社区治理:制定评估指标体系,抽取全区50%的居委会开展"全岗通"工作评估,巩固深化"全岗通"工作机制。提升各街道对"e睦邻"系统的使用率,更好发挥"e睦邻"在社区治理和服务中的效能。通过"九部门"联审,排除不适合作为居委会干部的人员参选。2019年共报送87名候选人参加联审,排除2人的参选资格。开展居委会自治家园示范点建设。根据市民政局要求,选择一批在居民自治工作中卓有成效的居委会,从中推荐4个居委会参加全市居委会自治家园示范点评选。分批开展部分居委会成员(环境与物业委员会主任、人民调解委员会主任)轮训,开展全区居委会主任培训。推进居委会成员实训基地带教工作,帮助新入职的46名社区工作者尽快适应新岗位,满足居委会的工作要求。继续与上海开放大学合作开展"学历提升计划",提升居委会干部的学历素质。2019年春季,共有60人报名参加本科班,13人报名参加大专班。

社会组织:2019年,杨浦区共有登记成立各类社会组织854家,其中社会团体156家,民办非企业单位698家。准予社团成立登记14家、变更登记12家、注销登记2家;准予民办非企业单位成立登记43家、变更登记112家、注销登记15家。有备案社区群众活动团队共1 950家。共有专业社工机构20家,服务覆盖

15个领域。完成2018年社会组织年度检查工作，应检尽检率达到100%。有777家社会组织参加年检，其中596家社会组织年检结论为“合格”，合格率达到76.7%，在年检过程中抽取13%的社会组织进行财务审计或实地检查。

社会服务：2019年，全婚姻（收养）登记中心接待和服务群众3万余人次。推行“百姓休息我上班”“公对公核查”“特色颁证免费拍摄”等便民利民举措，累计受益3 000余人；开展“垃圾分类新时尚，杨浦新人在行动”“永结‘童’心”“中国梦、祖国颂”“亲子大咖说”等一系列婚姻家庭文化主题宣传活动，举办“情定浪花白，共筑强军梦——纪念人民海军成立70周年结婚登记集体颁证仪式”；全年结婚登记7 370对，离婚登记4 331对，补发结婚证2 403份，补领离婚证627份，出具《无婚姻登记记录证明》42份，办理收养登记3例，解除收养关系2例。惠民殡葬补贴71人次，支出6.98万元。（钱蓓蕾）

【生活无着人员“温馨驿站”】 2019年，杨浦区救助站采用“2+2”救助模式（2个标准+2只队伍），以更专业化、精细化的服务最大程度上满足生活无着人员多元化的受助需求，使区救助站成为替他们遮风挡雨的“温馨驿站”。第一个“2”即2个标准，指场所硬标准和服务软标准。杨浦区救助管理站按照国家三级救助管理机构要求，对受助人员实行分类救助，从硬件设施上保障受助人员住得安心。第二个“2”即2支队伍，指寻亲队伍和社工队伍。杨浦区救助站自2018年年底抽调工作人员组成专业寻亲队伍以来，通过耐心询问、人脸识别、多媒体寻亲等多种手段帮助近百人次的流浪乞讨人员寻找到家属。社工队伍由1名社会工作师、6名助理社会工作师组成，通过心理疏导、个案介入的服务方式为生活无着人员提供心理上的辅导和帮助。（居加定）

【全国第三批居家和社区养老服务改革试点验收】 杨浦区于2018年4月成功获批全国第三批居家和社区养老服务改革试点地区，围绕“智慧养老、睦邻杨浦”核心理念，推进“睦邻+精准”养老服务体系建设。2019年4月，出台《杨浦区居家和社区养老服务改革试点工作实施方案》，重点推进持续照料社区、信息平台建设等13个大项，“睦邻小厨”助餐提升行动、数字化养老院、认知障碍老人关爱体系等33个主要任务。其中睦邻小厨、数字化养老院等11项为试点创新工作。从“创新”“融合”“温度”三个方面，探索形成具有杨浦特色、上海特点的居家和社区养老发展道路。5月，相关试点工作获得民政部及财政部委派专家组充分肯定，顺利通过验收。（陆文彬）

【“睦邻小厨”助餐品牌】 2019年，杨浦区民政局率先加强对养老助餐体系化、制度化安排，全力打造“睦邻小厨”服务品牌。4月，出台《“睦邻小厨”杨浦区老年人助餐服务水平提升行动方案（2019年至2022年）》，提出至2022年，杨浦区建成助餐场所不少于115家，各街道平均助餐服务供给能力不低于1 000客/餐，助餐场所数量及供餐能力均实现“翻一番”目标。围绕“两个翻番”核心目标，形成“四个全面”（全覆盖、全口味、全人群、全天候）及“四个统一”（统一标识、统一配置、统一着装、统一评估）工作做法。加大政策扶持力度，对符合条件的老年人给予1元/餐餐食补贴或3元/餐送餐补贴。在部分社区长者食堂引入“打菜神器”，实现自助取餐、自动称量、自动计费，提升菜品多样化选择和营养均衡化需求。搭建具有杨浦特色的银联实时结算及后台统计系统，与银联合作建立老年人助餐一卡通结算机制，餐费直接通过POS机刷卡结算，为提升社区嵌入式养老服务的精准、可及、可持续积累经验。至2019年年底，全区供餐量上升至4 600余客/日，同比增长超过53%。（陆文彬）

【“尚体乐活空间”项目】 结合上海体育学院资源，杨浦区民政局探索“康—养—体”相结合的科学健身体系，并在殷行街道率先试点“尚体乐活空间”项目。项目主要使用专业开发的适老性健身器材，为老年人提供器械练习、健身指导、慢性病干预、课程讲座等支持服务，帮助老年人延缓身体机能衰退，改善身体功能，预防或减缓慢性疾病的发生或发展，提高老年人生活品质。2019年，殷行街道“乐活空间”项目累计服务老年人5.74万人次，现有会员328人，年龄分布在55～90岁。会员中209名老年人身体健康状况有所改善，其中52%的老人肌力得到提升，39%的老人精神状态明显好转，24%的老人心肺功能得到明显改善，减轻体重59人，改善睡眠58人（4位老年人停用安眠药），改善腰痛30人，改善高血压26人，改善糖尿病、血糖18人，膝关节疼痛减轻14人，改善便秘11人，5位肢体障碍老人从坐轮椅到独立行走，3位重度脂肪肝老年人转为轻度脂肪肝。（陆文彬）

【综合为老服务信息平台优化改造】 2019年，综合为老服务信息平台“彩虹桥”进行第三期优化改造。在平台原有基础上新增“智慧+助餐”模块，将助餐数据统计与银联结算相结合，提升老年人用餐支付体验。以老年志愿者爱心积分兑换制度为基础，新增“智慧+时间银行”功能，健全志愿者互助管理机制。通过平台匹配服务需求、记录服务时间及服务者的时间银行账户，用于将来兑换相同时长的服务或其他非物质奖励，探索以服务换服务的养老服务新模式，“时间银行”已率先在殷行街道开展试点。依托移动端“杨浦养老”微

信公众号平台,加强养老服务宣传,全年共推送 63 篇文章。（朱鲁佳）

【"数字化养老院"】 2019 年,杨浦区依托杨浦区社会福利院,选取 31 户长白社区居民家庭作为试点,通过居家适老化改造、智能辅助设备安装、服务平台搭建、专业护理团队输出等手段,向老年人提供生活照料、照料护理、人文关怀、评估及预防、应急救助等 5 大类共 48 项服务。"数字化养老院"项目被收录《全国居家和社区养老服务改革试点经验和典型案例汇编》并入选"上海市智慧养老十大优秀案例"。至年底,"数字化养老院"共开展上门服务 3 261 人次、设备报警处理 520 余次。（乔毅晧）

【镇转街道区划调整】 推进条件成熟的镇转街道,是创新社会治理、加强基层建设的重要举措,有利于公共资源的优化配置与创新社会治理,打造更加充满生机和活力的现代化大都市中心城区。2019 年,根据《行政区划管理条例》的要求,杨浦区完成撤销五角场镇建制、设立长海路街道的行政区划调整程序工作。6 月 4 日,杨浦区长海路街道成立大会在政立路 55 号举行,时任上海市委副书记尹弘、上海市副市长彭沉雷为长海路街道党工委、长海路街道办事处揭牌。（李　辰）

【"三微治理"】 通过"小区楼栋微整治,公共空间微改造,老旧景观微更新"等方式开展居民自治,创新社区治理方式。具体有五个环节:第一环为"搭建自治空间",在全区 60 个睦邻中心基础上,通过空间微改造建成睦邻客厅、睦邻议事厅,实现居民互动有平台,议事协商有空间;第二环为"确保自治资金"。推动社区基金更好地用于居民自治项目,规范居委会工作经费使用;第三环为"推进自治项目",以项目化形式开展,凝聚多方力量,形成有效议题,开展有序协商,规范推进流程;第四环为"提升自治能力",开展分层、分级各类培训,加强居委会能力建设。挖掘社区自治达人,提升社区治理组织化程度;第五环为"展示自治成果",总结优秀自治案例,在各类渠道进行展示,营造居民自治良好氛围,增强居民自治成就感。11 月,杨浦区民政局主办"深化'三微治理',共建睦邻家园——第三次新时代上海社区工作法研讨会",发布《"三微治理"工作导则》《杨浦区"三微治理"社区工作法案例汇编》,在上海推广杨浦"三微治理"工作经验。以《在"睦邻家园"价值引领下的"微治理"——上海市杨浦区基层群众自治的制度创新》为题,申报评选民政部"2017—2018 全国基层政权建设和社区治理创新经验"。（李　辰）

【社区管理信息系统】 2019 世界物联网博览会上,"杨浦区社区管理信息系统"被评为"2019 中国地方政府竞争力'智慧为民'十佳案例"之一。社区管理信息系统为集数据沉淀、信息检索、报表统计、工作记录于一体的居委会社区工作信息化平台。杨浦区自 2014 年 7 月开始全面应用社区管理信息系统。通过该系统,实现数据沉淀和信息共享、信息检索和数据分析以及工作记录和职能界定。系统中的基础数据一经录入无需再反复登记,居委会成员只需定期更新居民人员变动情况,把居民区内发生的民情信息、居民反映的各种情况以及居委会协助政府部门开展工作的落实情况,在系统中如实地予以记录。该系统的运用使居委会干部日常工作从埋头做报表向抬头察民情回归,使政府职能部门从问基层要数据到向系统取数据转变,使社区工作从数字化向信息化发展,提升公众参与度,促进人人有责、人人尽责、人人享有的社区治理共同体的建设。（李　辰）

【社会组织总部基地建成】 5 月,杨浦区完成杨浦区社会组织总部基地建设,该基地总面积 820 平方米,设置拥有 36 个工位的微创空间,以及公益讲堂、公益会客厅、公益咖吧等多个功能区,"社邻学院"也在总部基地公益讲堂区域挂牌成立。社会组织总部是杨浦区培育扶持社会组织发展的重要平台,通过助力集聚公益知识、公益资金、公益项目、公益人才等资源;汇聚社会组织各类数据信息,实现信息集聚,以此预判区内社会组织发展趋势;搭建教育培训平台、标准化建设平台,联动委办局、街道孵化园,实现平台集聚,为初创期、成长期、成熟期等处于不同生命周期的社会组织提供全过程、多层次、多元化的服务支持。总部还建立一系列运行管理制度,研究制定工位预约和正式借用机制,确保总部基地内的工位公正、合理地分配给社会组织使用。总部基地自运行以来,已引入社邻家、颂鼎社创、上海联劝公益基金会、中智(上海)等 10 余家合作伙伴。至年底,已有 5 家社会组织入驻办公,有 300 余人次的社会组织管理人员、项目负责人、一线社工等参与基地内的培训、研讨活动。入驻基地的上海市杨浦江浦路街道蚂蚁社区营造发展中心荣获"首届上海社会组织公益创业大赛银奖"。（谢润洁）

【社会工作领军人才队伍培养】 3 月,杨浦区通过督导推荐、集中面试和专家评审,产生第八批社会工作 2 名督导、2 名督导助理,评选出 2 名优秀督导。至年底,杨浦区共有在职 14 名督导、19 名督导助理,对杨浦区 26 家机构开展督导工作。同时,杨浦区鼓励具备条件的机构建立内部督导制度,并对申请内部督导的机构给予第一年 80%、第二年 50%、第三年 20%的督导补贴。5 月,在往年优秀项目及案例评选的基础上,在杨浦区公益性社会组织及医疗卫生系统中开展《杨浦社工之星》评选活动。评选根据服务领域划分成青少年服务、社区服务等10个，每个领域评选1名社工之星。2019年共评选出杨浦区互助服务项目——助困心理阳光家苑和业委会朋友圈2个优秀社会工作项目，重回和谐家庭生活——运用家庭社会工作方法解决外来媳家庭关系问题、小荷才露尖尖角，众人帮扶向美好——多重需求肿瘤患儿个案管理等4个优秀案例及10名杨浦社工之星，并编印成案例集。（毛春蕾）

【“携爱同行”婚姻文化品牌】 “携爱同行”是杨浦区婚姻登记中心精心打造的婚姻文化宣传项目，核心理念是坚持以“播撒人间挚爱，滋养和谐家庭”为理念，将婚姻文化宣传贯穿婚姻登记工作全程，引导婚姻当事人弘扬中华民族传统美德，珍惜婚姻、善待婚姻，构建平等和谐、相亲相爱的夫妻关系和家庭关系。2019年，杨浦区婚姻(收养)登记中心通过聚焦新时期婚姻家庭新文化特质，创新“线上线下”相结合的法治和文化宣传手段，通过微信公众号推送婚姻收养普法微视频和婚姻文化资讯，现场向新人发放婚姻文化宣传品“结婚对筷”；为750余人次免费提供“婚姻加油站”婚姻家庭辅导服务；为3 500余对新人举行“婚礼式颁证”“沪语颁证”“情诗对诵”等特色结婚登记颁证仪式，并开展“情定浪花白，共筑强军梦——纪念人民海军成立70周年结婚登记集体颁证仪式”“垃圾分类新时尚，杨浦新人在行动”“永结‘童’心”“中国梦、祖国颂”“亲子大咖说”等一系列婚姻家庭文化主题宣传活动。（吴悦新）

【民政部工作组蹲点调研】 6月17～20日，民政部加强基层民政工作第二十蹲点调研组赴殷行、四平路、江浦路、延吉新村街道，就“养老服务”“社区治理”“社会力量参与民政事业发展”三个主题开展蹲点调研，共实地走访22个点，召开调研座谈会3场，与20余家机关、企事业单位、居委会、社会组织以及群众团队沟通。通过听取专题汇报、个案剖析、现场征询等方式，理论结合实际的研究、直面群众的研讨、深入细致的研判，了解杨浦区以及殷行街道加强基层民政能力建设的大致情况。民政部蹲点调研组表示，杨浦民政富有创新发展的工作理念，民政干部具有高标准严要求的责任担当，民政队伍具备高效务实的执行力，并指出，要进一步落实中央政策，加强民政领域的理论梳理，将杨浦民政工作形成典型经验，覆盖更多地域和人群。

（钱蓓蕾）

【民政资金内控监管平台上线】 7月，杨浦区作为全市民政资金内控监管平台第一批试点区，率先上线民政资金内控监管平台，率先开展低保、重残无业人员、传统特殊救济对象、特困供养人员、支援外地建设退休(职)回沪定居人员等5类人员的定期补贴区级统发。杨浦区民政局核查、修正救助数据，指定上海农业银行和上海农商银行2家银行为发放机构；建立分级负责制，保证救助资金在审批、拨款、发放等各环节都能严格按规定程序操作；依托杨浦区社会救助联席会议制度，形成区政府考核、委办局检查和街道自查相结合的三级安全网络，并委托专业审计机构，对街道救助资金的信息录入、办事流程、资金发放等方面做全方位专项审计，加强基层民政资金使用的动态监控、科学监管，确保民政资金专款专用，准确、及时、足额地发放到民政对象手中；实行每月2次资金发放，保证申请家庭当月确认当月发放的要求。至年底，全区通过资金内控平台已成功发放9万人次，共计1.15亿元。（李晓萍）

宝山区

【综述】 宝山区总面积299.15平方公里，辖3个街道办事处，9个镇，2个工业区，400个居民委员会，103个村民委员会。2019年年底常住人口202.72万人。宝山区民政局负责全区社会救助、社会福利、养老服务、基层政权建设、社区建设、社会组织管理等工作。内设办公室、行政许可科、计划财务科、社会救助科、养老服务科、基层政权建设科、社区建设科、社会组织登记管理科等8个科室，直属事业单位7家。在编公务员24人在编事业单位人员104人。

社会救助：2019年，宝山区共发放城乡低保、重残无业等各类救助资金3.39亿元，救助人数达74.83万人次。其中发放城镇低保金1.03亿元，救助10.94万人次；发放农村低保金183万元、救助2 638人次；发放城镇重残无业对象生活补助4185万元、2.93万人次；发放农村重残无业对象生活补助279万元、2 535人次；发放粮油帮困补助465万元、7.02万人次；发放实物补助0.92万元、涉及230人次；发放临时救助金40.20万元、救助650人次；发放支出型贫困生活救助金85.33万元、涉及792人次。救助流浪乞讨301人次。开展宝山区元旦、春节帮困送温暖活动共81项，投入各类帮困资金6 107.09万元，受益群众91.38万人(户)次。在上海市率先推广运用民政资金内控监管平台。开展2019年“蓝天下的至爱”联合募捐活动，募捐收入2 163.54万元，用于安老、扶幼、助学、济困救助等项目，受益对象11.72万名，使用慈善资金1 898.77万元。落实慈善超市布点及标准化建设，实现街镇全覆盖。

社会福利：至2019年年底，宝山区有养老机构61家(其中公办34家，民办27家)，养老床位总数12 609张；有社区综合为老服务中心12家，长者照护之家12家，社区老年人日间服务中心51家，社区老年人助餐点40个，标准化老年活动室622个。2019年，新建1家养老机构、449张养老床位，198张认知症床位、6家老年人日间照料中心、4家长者照护之家、4家社区综合为老服务中心、12个助餐点等养老设施，完成9家农村薄弱养老机构改造项目和26家农村养老机构安装故障电弧探测器工作。全年发放困难残疾人生活补贴和重度残疾人护理补贴234 053人次，5 353.108万元。全年发放散居孤儿生活费84人次，金额15.12万元；发放困境儿童生活费52人次，金额9.36万元。全区残疾人集中就业企业共有65家，其中当年新增4家，退出2家；这些企业全部职工数为3 496人，其中残疾职工1 163人，占职工总数33%，核发社保补贴914.62万元，发放实物及慰问金67.99万元。全年发放困难残疾人生活补贴和重度残疾人护理补贴234 053人次，5 353.108万元。指导和配合市协会完成65家残疾人集中就业企业助残督导回访工作。

社区治理：制定《关于完善居村委会协助行政事务事项准入、变更及退出制度的实施办法》，规范和健全居村委会协助行政事务事项、开具证明事项准入管理机制，建立"动态跟踪、实时反馈"的联席会议制度，并开展专项检查监督。编印《宝山区村规民约、居民公约范例汇编》，制定并实施《关于深化完善本区村级民主监督的实施办法》，村干部开放式办公基本实现全覆盖。开展农村社区建设试点示范村建设工作，遴选14家区级农村社区建设试点示范村并申报5家市级示范村。调整社区工作者额度（共新增额度373人），开展社区工作者公开招聘（共招录250名）。优化社会治理智能化工作系统"社区通"平台，升级居村电子台账系统至4.0版，实现居村平台统一，台账表单从117项减少到68项，减少42%，创新推出"分色治理"功能。培育星级"活力楼组"310个，特色楼组3 000余个。建成张庙街道公共客厅、月浦八村暖心悦家园、淞南镇淞谊空间、罗店镇睦邻共享中心等社区共享空间，让社区群众就近享受更多公共服务，其中张庙街道公共客厅已成功申报2019年上海市标准化项目。修订《宝山区社区公益服务扶持引导专项资金使用和管理办法》，优选扶持83个社区公益服务项目，服务居民近50万人次。举办首届宝山区"社区达人赛"活动，挖掘百强社区达人。

社会组织：2019年，宝山区登记成立社会团体15家、民办非企业单位41家。至2019年年底，全区有社会团体162家，民办非企业单位541家。完成社会组织2018年度检查工作，共填报597家，参检率93.75%，年检合格率达86%。实施社会组织规范化评估工作，已评估社会组织252家（次），评估率（包括复评）达到42.20%。其中5A级3家，4A级27家，3A级126家，2A级26家，1A级15家。开展宝山区"公益伙伴月"活动，举办"砥砺奋进新时代"——"不忘初心　牢记使命　永远奋斗"宝山区社会组织发展成果展。

社会服务：2019年共办理结婚登记5 910对，比上年减少6.5%；离婚登记3 661对，比上年增加13.8%。办理补领婚姻登记证1 610件。办结收养登记2例。参与承办上海市青春益友"520"嘉年华启动仪式活动。完成新中国成立以来至2001年宝山区婚姻历史数据的补录工作。完成婚姻登记大厅设施提标改建工程，优化婚姻服务环境。宝山区有殡仪馆1家，经营性公墓3家，经营性骨灰堂1家。清明、冬至期间，共完成落葬3 162穴，接待祭扫群众81.5万人次，13.3万辆车次。开展散埋乱葬整治工作，印发《宝山区关于进一步加强殡葬整治与管理工作的实施意见》《宝山区关于加强散埋乱葬整治工作的方案》。全年共火化遗体25 109具，骨灰寄存14 212户，礼仪服务26 055户。

（黄帼英）

【核对工作培训教育与对外交流】 2019年，宝山区居民经济状况核对中心培训参与率、考核合格率和持证上岗率均达100%，核对业务退回率1.23%。将区层面培训逐步扩大到街镇实地带教，通过"一对一、手把手、面对面"的方式，将业务技能、实务操作、信访知识直接带教传授给街镇核对员，宝山区友谊路街道社区事务受理服务中心被授予全市首批核对工作带教示范点称号。同时，作为全市首个区级对口交流单位，宝山区居民经济状况核对中心与辽宁省大连市中山区居民经济状况核对中心开展业务合作。（黄帼英）

【《上海市宝山区深化养老服务实施方案（2019—2022年）》】 11月，宝山区民政局制定《上海市宝山区深化养老服务实施方案（2019—2022年）》，明确实施养老服务设施提升计划、养老服务功能提升计划和养老服务行业质量提升计划，推进增加养老服务设施供给、加快完成社区嵌入式养老服务设施布点、推动农村地区养老服务设施均衡布局、提高智慧养老服务水平、推广养老顾问制度、建立养老服务行业综合监管制度、健全养老服务质量综合评价机制等21项主要任务。

（黄帼英）

【"银龄e生活"服务项目】 2019年，宝山区民政局创新推出"银龄e生活"服务项目，通过第三方服务平台上海友康信息科技有限公司、上海安康通健康管理有限公司提供"紧急呼叫"和家电维修、送药上门等52项生活代叫服务。凡70周岁以上的宝山区户籍老年人，通过拨打第三方服务平台服务热线（962899、962255），告知服务需求，平台即分派相应的供应商提供上门服务，服务产生的费用由享受服务的老年人自行承担。政府承担平台热线服务费用。至年底，服务项目已实现宝山区街镇（园区）全覆盖，累计服务对象超过11万人。（黄帼英）

【社会福利院“星星闪亮”服务品牌】 2019年，宝山区社会福利院创新孤残人员农疗康复服务模式并打造“星星闪亮”服务品牌，获评上海市民政系统第六届十佳服务品牌(入围奖)。以建立“星星”微型农场为服务载体，基于“回归自然，农耕劳作，拥抱美好”的康复理念，组织院内孤残人员进行农疗康复活动。院内建立蔬菜基地、花棚、鱼塘及百果园等农疗康复场所，并针对不同类型的服务对象，安排他们参加力所能及的农耕活动，使他们在心理、身体机能上有所好转。有部分残疾人患有孤独症，存在社交障碍，通过安排他们参加需要相互合作的农疗活动，帮助他们与他人协作、与外界交流。“星星”农场的建立使他们寻找到心灵的出口，为他们搭建社交的平台，让他们共享收货劳动成果的自信。(黄帼英)

【“社区通”系统优化】 2019年，宝山区进一步优化“社区通”系统，优化“议事厅”版块议事流程，进一步明确议题转化条件，让自下而上提出议题、形成项目、订立公约成为新常态，12万余名居村民参与协商，产生议题2.5万余个，形成公约和项目2 600余个；做实“村务公开”板块，开通“居务公开”“农家集市”板块，新增“垃圾分类查询”“积分系统”等功能，服务居村民的最新需求；与市110接处警平台、区网格化系统等进行智能对接，实现非警务信息分流处置8 343起；开展面向宝山居村民的专项活动21场，64万余人次阅读参与。至年底，“社区通”已覆盖宝山区所有居村，49万余户家庭、65万余居村民实名加入，互动交流超过1.1亿人次，6.2万余名党员在网上亮身份、起作用、受监督，居村干部、社区民警、家庭医生、社区律师、物业公司在线上为居村民提供服务，解决群众关心关切的问题12万余个，为完善社区治理、促进社区和谐发展提供良好的平台。“社区通”入选全国城市基层党建创新最佳案例、首批20个全国乡村治理典型案例，被《人民日报》头版报道。(黄帼英)

【“活力楼组”培育】 “活力楼组”是指居民高度自治、事务民主协商、环境温馨整洁、邻里融洽互助、活力充分激发的楼组或楼群。宝山区采取党建引领、政府“搭台”、居民“唱戏”、第三方指导的模式，探索形成“整体推进”与“突出重点”、“规范培育”与“因地制宜”、“楼组建设”与“挖掘达人”、“示范引领”与“宣传推广”相结合的措施路径，建立“人员队伍”“制度规范”“人文环境”“党建引领”“活动开展”“推广宣传”“基本场地”“特色亮点”8个方面的培育体系。至年底，宝山区已培育“活力楼组”3 000余个，其中星级楼组310个。获评2018中国(上海)社会治理创新实践优秀案例。(黄帼英)

【社区成长计划】 实施“社区成长计划”，培养一批适应新形势、善用新方法、能解新难题、具备新经验的“精干队伍”，打造新形势下社会治理的“治慧团队”，形成一批可复制、可推广的社会治理“实践经验”，助力全面建设“两区一体化升级版”的现代化滨江新城区。出台《宝山区民政局关于完善培训体系、推进社区成长的实施办法》文件，建立社区系统化培训体系。加强“社区导师”队伍建设，举办社区治理系列主题沙龙，提升社区干部“实训基地”效能。实施本土社会组织人才培育“增益计划”，开展“宝山区居委会主任‘百事通’打造计划”“宝山区居委会骨干社区工作者‘全科医生’增能计划”等特色项目。编制《社区治理实务工具包》，便于居村干部使用和操作。办好“社区讲堂——百姓连线”节目，搭建群众与基层干部交流平台，挖掘解决难点问题渠道，提升基层治理能力。(黄帼英)

【“砥砺奋进新时代”社会组织发展成果展】 11月，宝山区民政局举办“砥砺奋进新时代”为主题的社会组织成果展，重点展示宝山区社会组织总体概况、发展历程、法人建设、先进典型等情况，在宝山区各街镇社会组织服务中心及其下辖社区进行巡展，参观人数约1万人，为宝山区社会组织健康有序的发展营造良好环境。(黄帼英)

【特色婚姻登记服务】 宝山区婚姻登记管理所深化“婚姻加油站”品牌建设。开展“婚姻加油站”社会联动服务项目，引入专业社会组织，推动婚前教育工作进社区、进单位、进高校、进军营。加大推进“离婚劝和”工作，建立由心理、法律、司法调解等多领域专家组成的专业团队，有效预防化解婚姻家庭纠纷。积极开展各类主题特色颁证活动，5月18日，组织招募12对新人，参加由团区委主办、在宝山智慧湾科创园举办的上海市青春益友“520”嘉年华启动仪式，在“七夕”“8·18”等特殊节日为新人们举办形式多样的主题特色颁证活动。(黄帼英)

闵行区

【综述】 闵行区总面积372.26平方公里，辖4个街道办事处、9个镇、1个工业区、452个居民委员会、117个村民委员会。2019年年底常住人口243.89万人。闵行区民政局负责全区的社会救助、养老服务、社会福利和慈善、基层政权与社区建设、社会组织管理、婚姻与收养登记、殡葬管理等方面工作，内设办公室(法制科)、党群科、计划财务科、社会救助和慈善科、养老服务科、社会福利科、基层政权建设科(职业社会工作和志愿服务科)、社会事务科、社会组织管理科等9个科室，在编公务员24人，在编事业单位人员32人。

社会救助：2019年，闵行区共有生活救助对象10 449人，其中最低生活保障人员7 614人，重残无业人员2 770人，特困供养人员50人，民政救济对象14人，因病支出型贫困1人，发放城乡居民生活救助保障资金13 459.97万元。发放各项医疗救助资金1 138.21万元。共有支内帮困补助对象44 620人。从4月份起，提高支援外地建设退休（职）回沪定居人员帮困补助标准，扩大分档补助的对象范围，累计发放支内帮困补助资金17 199.78万元，比上年增加15.76%。发放特困人员日常供养金69.26万元。发放社区市民综合帮扶资金1 091.75万元。元旦、春节帮困送温暖帮扶项目110个，覆盖各类困难人群11.33万人（户），各级财政和社会募集资金7 618.94万元。全区有114个经常性社会捐助接收站，接收各类衣被221 940件。全年对外援助贵州省纳雍县、甘肃省兰州合水县、甘肃省单尼县、江西九江都昌县，各类物资共计67 022件。区救助站救助流浪乞讨人员397人次，街面劝导338人。2019年，上海市慈善基金会闵行区分会慈善募捐4 200万元，实现基金增值936万元。开展助医、助学、助困、助老项目，总支出4 344万元，救助39 281人次。设立和实施“蓝天至爱计划”、闵行区孤独症谱系障碍交流培训中心建设等82个慈善项目，支出资金1 269万元。完成14个街镇慈善超市运作机制改革，共有慈善超市15家。制定下发《区慈善超市结对帮困的工作通知》，全年共结对帮困154户。

社会福利：2019年，闵行区被民政部、财政部确定为全国54个“第四批开展居家和社区养老服务改革试点地区”之一，区政府印发《闵行区居家和社区养老服务改革试点工作实施方案》，全面开展改革试点。闵行区社区居家养老服务标准化列入2019年第一批上海市标准化试点项目，形成《闵行区社区居家养老服务规范》地方标准。被市民政局列入首批长三角区域养老一体化试点单位，并和安徽省安庆市、浙江省丽水市建立对接机制。至2019年年底，全区已建成养老机构64家（含14家长者照护之家），养老床位14 418张，占户籍老年人口的4%，设置养老床位8 191张，占户籍老年人口的2.3%；有社区综合为老服务中心27家，长者照护之家14家，社区老年日间照护机构71家，社区老年助餐场所92家，康复辅具社区租赁服务点4个，养老顾问点15个，569家标准化老年活动室。闵行区执业养老机构现有养老护理员1 640人，其中持有初级及以上国家职业资格证书的915人，持证率为55.8%；已有1 152名社区居家养老护理员持有初级及以上国家职业资格证书，持证率达到87.41%。设立困境儿童保护中心和反家暴中心，设置床位9张，全年救助困境儿童2人，受家暴对象1人。发放2 724名重残无业人员、210名低保残疾人、374名低收入残疾人生活补贴共计1 255.429万元；发放6 172名一级残疾人、8 747名二级及智力三级的残疾人护理补贴共计3 670.812万元。

社区治理：2019年，闵行区深化居村自治体系建设，围绕城乡社区分类治理，着力提升居村自治规范化、精细化、智能化、专业化水平，进一步提升居村自治能级。制发社区分类治理指导手册PPT和案例汇编，在社区大数据应用管理系统中开发“全岗通”政策检索和咨询模块。制定《闵行区“社区自治微单元”自治楼组分类培育实施方案》，培育100个区级特色示范自治楼组，夯实社区自治“微单元”。在“闵行区居村民服务自治平台（云邻里）”推广建设村务公开手机移动端，至2019年年底，有114个村全面实施。制定开放式办公“一村一策”清单，推进村“两委”成员开放式办公，全区有114个村全面推行。至2019年年底，闵行区全区共有居委会452个，村委会117个。优化招标流程，制定出台《闵行区社区公益服务项目招投标工作的实施细则（细则）》，扶持22个社会组织实施项目25个。至2019年年底，各街镇社区事务受理统一办理事项189项，实现“全市通办”189项、“一网通办”事项188项。14个受理中心办理个人社区政务服务事项2 788 150件，接受跨区“全市通办”业务135 223件，其中直接受理134 577件，收受分离646件。全年注册社区志愿者127 465人，注册在民政局下的民非志愿者团体共71家。

社会组织：2019年，经区民政部门核准登记的社会组织1 101家，其中社会团体215家，民办非企业单位886家。闵行区社会组织培育发展中心新入驻孵化机构8家，出壳注册登记5家。完成2018年社会组织年度检查工作，全区应检社会组织971家，其中社会团体198家、民办非企业单位773家，年检合格793家，合格率81.67%。全年参加社会组织规范化建设评估29家，评定为5A级2家，4A级4家，3A级22家，1A级1家。开展闵行区社会组织评优活动，评选出10家品牌社会组织和10个优秀公益项目。9月举办闵行区社会组织“携手并进·益创闵行”公益嘉年华活动，共有100余家社会组织参与。

社会服务：2019年，闵行区全区办理结婚登记7 397对，比上年下降5.70%，其中双方均初婚4 196对，占结婚登记总量56.73%；两地婚姻3 528对，占结婚登记量的47.70%；复婚1 584对，比上年增长3.60%；离婚登记4 429对，比上年增长3.80%；收养登记11户，比上年增长83.33%；补领结婚证950份，比上年下降16.45%；补领离婚证385份，比上年增长25.41%；出具无婚姻登记记录证明98人次、108份，比上年下降13.60%；查阅婚姻档案1 120份，比上年增长242.51%；婚姻法律服务157人次；婚姻家庭辅导1 916余人次。年内，全区清明祭扫人流94.85万人次，同比下降22.82%；落葬998穴，同比下降18.66%。闵行区殡仪馆接运遗体 6 491 具；完成遗体火化 7 013 具。全区 4 家经营性公墓占地总面积 679.4 亩，建筑总面积 2.1 万平方米，总墓穴数 17.15 万穴；12 处公益性墓地占地 386.43 亩，可容纳穴位 14.02 万穴。新增公益基地 200 家，至 2019 年年底，全区公益基地共 550 家。

（王慧珍）

【《闵行区孤独症群体援助体系建设实施意见》】 3 月，闵行区出台全国首个孤独症援助体系地方性文件《闵行区孤独症群体援助体系建设实施意见》，成立区级联席会议。闵行区民政局牵头孤独症的“1＋2＋N”模式建设，成立一家孤独症研究中心，街镇 2 家关爱中心，同时发动街镇积极培育如咨询服务中心、培训中心、康复中心、实训中心、就业促进中心等不同服务类别、帮扶职能的中心建设，实现孤独症援助“N”的多种可能。各成员单位落实婴幼儿早期筛查机制，提高康复培训费用补贴，培训义务和幼教师资力量，推进医教研深度融合发展等项目推进。如组织孤独症 4.2 蓝丝带主题日活动，全区各单位、街镇开展孤独症关爱月活动，举办各类活动 35 个；推进孤独症知识普及教育，送教上门。邀请专家学者为联席会议成员单位、学校、街镇民政干部等做孤独症知识培训，已开展培训 4 场，受教 350 人次；启动孤独症家庭精神关爱活动项目，项目受服务人员为闵行区 100 名孤独症家庭成员及患者，项目金额共 27 万余元；试点实训项目“希望之芽”，为有能力的成年孤独症患者探索出庇护性就业新路。

（王慧珍）

【慈善超市改革】 2019 年，闵行区民政局制定印发《关于深化慈善超市社会化运作改革的指导意见》《关于“慈善超市”开展助困扶弱活动的通知》《区慈善超市结对帮困的工作通知》《慈善超市绩效考核实施细则》《区慈善超市结对帮困的工作通知》，指导各街镇慈善超市积极发挥公益属性，在慈善超市分别设立困境人员、自闭症人员、残疾人、退役军人就业培训基地，安置就业；每个街镇的慈善超市至少结对 10 户特殊困难家庭，定期开展志愿服务，一年服务不少于 4 次，给予物质和精神的关爱。同时，区民政局和区慈善基金分会联合制定下发慈善超市绩效考核办法，一年两次对超市慈善运营情况进行考核，实施优胜劣汰，扶持有爱心、有经济实力、经营能力、有管理能力、活动组织能力、横向协调能力的企业和社会组织参与到慈善超市运营中来，全区慈善超市全年经营利润反哺善款慈善款达 140 余万元，募集善款 70 余万元，公益活动 490 余场次。

（王慧珍）

【全市首家公建民营专业认知障碍照护机构】 6 月 20 日，全市首个公建民营专业认知障碍照护机构——北桥老年福利院正式开业。北桥老年福利院地处闵行区沪闵路 1810 号，设置 7 个照护单元、92 张认知症照护床位，配备适老化家具，专业的智能化健康监护系统、门禁系统以及认知康复训练区域。作为区内首批区级公建养老机构社会化运营项目之一，通过政府购买服务的公建民营模式，引进专业管理服务团队华康健康产业集团股份有限公司，打造认知障碍照护服务品牌。福利院以满足认知症长者对专业养老护理服务的需求为主，优先保障统一需求评估达到四级以上闵行区户籍长者的入住需求。其核心理念是“自立支援式照护、保护长者隐私、提倡家庭文化”，照护目标是“延缓病情发展、缓解精神行为症状、提高生活质量”。至年底，北桥老年福利院已收住 85 位认知障碍长者。（王慧珍）

【医养融合“3＋1”服务模式】 12 月 10 日，闵行区民政局联合区卫生健康委制定印发《闵行区关于进一步深化养老机构医养融合工作的实施意见》，整合医养资源，为闵行区养老机构医养深度融合的持续推进、有效落实提供指导和依据。根据养老机构的医疗需求和实际情况，形成医养融合一院一方案“3＋1”服务模式。“托管式服务”，由社区卫生服务中心接受委托管理运营养老机构。根据养老机构实际情况派驻院长、业务院长、医疗主管、业务主管等管理人员，全面管理养老机构运营或对养老机构内医疗服务进行托管。制定《闵行区社区卫生服务中心托管街镇公办养老服务机构的工作方案》，为托管服务和人员派驻提供支撑。“嵌入式服务”，按照不同养老机构的规模与硬件设施条件和需求，由社区卫生服务中心在养老机构设置家庭医生工作室等执业点，帮助养老机构住养老人解决基本医疗服务需求，并辐射周边社区，同时为周边居民提供基本公共卫生服务。“签约式服务”，养老机构根据实际需求与社区卫生服务中心签约医疗服务。完善社区卫生服务中心与养老机构签约服务内容，制定相关指导意见，推进签约服务落到实处。“执业点服务”，区级养老机构与区级医疗机构建立服务支持的保障机制，着力提高养老机构的医疗保障水平，让机构养老更安心、放心。2019 年，总计 13 家社区卫生服务中心与区域内 37 家养老机构、24 家内设医疗机构建立签约服务机制，为养老机构、社区托养机构的老人提供医疗护理服务。

（王慧珍）

【机构与社区养老服务融合发展】 闵行区打通“9073”养老服务梯度保障链，着力唱好“三部曲”：底部（90％）做实，让居家养老食无忧（助餐）、居无忧（适老化改造）；中部（7％）做强，让社区养老更多元、更可及、更专业；顶部（3％）做优，让机构养老有床位、有医疗、有品质。制定《关于推进机构与社区养老服务融合发展的实施方案》，推进养老机构破“围墙”、增功能，发挥养老机构资源优势,把服务延伸到社区、辐射到居家,为机构周边社区的老年人家庭提供各类养老服务与支持,打造多层次、开放式、枢纽型的养老服务融合平台,促进机构、社区居家养老服务融合发展。2019年,莲花老年公寓、莘庄镇敬老院等20家养老机构打开"围墙"向社区开放,为社区居家老人提供基本服务项目、拓展服务项目和社区支援项目,采取"走出去""请进来""合作共建"等多种服务模式,发挥养老机构的溢出效应,完善社区居家"15分钟养老服务圈"。(王慧珍)

【许泾村"三助"农村互助式养老服务模式】 闵行区梅陇镇按照《上海农村地区养老服务美好生活三年行动计划(2018—2020)》的总体发展目标与要求,积极探索农村互助式养老,打造建成农村版的长者照护之家,有效解决农村老人就近养老问题。针对梅陇镇农村地区老年人的收入水平和养老需求,积极推进生活自助、照料互助、建设运营资助的"三助"农村互助式养老服务模式。生活自助,根据社区老年人需求,协调镇域内的行政资源,配置基本公共服务,资源共享,建立部门间协同管理机制。由镇民政和老龄委牵头负责业务指导,许泾村物业公司发起成立民非组织,专业养老机构(上海五太健康管理有限公司)负责日常运作管理,镇文体中心、社会组织服务中心等职能部门给予资源支撑;照料互助,在机构专业社工队伍的基础上,大力培育孵化为老服务志愿者队伍,鼓励机构内高龄老人与低龄老人结对、自理老人与失能老人结对、社区老人与收住老人结对,形成灵活多样的互助模式;建设运营资助,积极引入各类社会资源,依托企业定向捐赠、社区卫生医疗服务资源定向对接和文体娱乐活动定向配送,实现服务效益最大化。此外,田园许泾长者照护之家立足自身实际,不断拓展服务项目,嵌入日间照料、助餐助浴、康复护理、养老咨询等服务功能,积极打造"一站式"服务平台,重点开展7大类服务项目,并依托机构设施向社区辐射,满足周边社区老年人多层次、多元化的养老需求。(王慧珍)

【"爱与童行"品牌】 2019年,由闵行区民政局、检察院、公安分局、教育局、妇联、团区委、司法促进会和慈善等部门与各街镇组成闵行区困境、留守儿童保护工作联席会议,出台《困境儿童关爱活动方案》,明确困境儿童救、养、治、教、康主业单位,设立专项帮扶基金,建成临时照护中心,落实生活经费保障,加强街面巡查,打造困境儿童帮扶"爱与童行"品牌。关爱保障工作开展以来,为江川、吴泾4名困境儿童落实监护人;为七宝镇孤儿裘某、莘庄工业区被收养儿童杨某落实寄宿制学校、安排专人负责日常生活照料,2名儿童分别考入上海立达学院专科层次传播与策划专业、第二轻工业学校物流专业;爱心传递义务家教项目五期以来共招募47名大学生志愿者,为48名困难家庭中的中、小学生进行课业辅导1 523次,累计服务时间2 284.5小时,投入项目资金14.71万元;莘庄结合"中华慈善日"困境儿童主题开展"乐善莘风"慈善亲子活动,马桥、江川等街镇联合慈善超市开展主题义卖活动,将义卖所得全部捐赠到上海市慈善基金会闵行区分会,用于帮助社区中的困境儿童及自闭症儿童;与华漕心丝雨调和疏导服务中心签订困境儿童关爱项目活动委托协议。(王慧珍)

【社区大数据管理应用系统】 闵行区民政局在莘庄镇试点建设"社区大数据管理应用信息系统",按照"数据标签化、标签台账化"的思路,变"居村上报"为"部门抓取",为基层减负。"标签化"管理社区人员信息。在公安部门人口信息原始数据的基础上,居村委日常对社区人员的全要素信息进行"标签化"维护,包括身份标签、活动标签、服务对象标签等,通过"标签化"管理居民信息,实现各类对象的快速查询和数据共享。"模板化"生成日常工作记录。对于会议、走访、活动等记录以及证明开具等办理事项,设置固定文字和表格模板,部分数据可通过选取标签直接提取至模板中,居村干部可通过移动端随时采集记录,避免事后重复劳动。"定制化"抓取数据进行决策。居村仅作系统数据维护,不再上报台账表单,向政府各职能部门在权限范围内开放系统数据,职能部门根据分析决策需要,选择标签,定制化抓取数据,并进一步建立可视化模块,提供重点工作跟踪和数据分析功能。(王慧珍)

【社区事务受理中心标准化管理应用系统】 2019年,闵行区民政局在"互联网+政务"服务上下功夫,全面实施社区事务受理服务中心标准化应用系统。在各受理中心做到服务事项、办事流程、建设规范、标识标牌、管理软件和评估体系的"六个统一"的基础上,根据系统实时抓取的数据,在窗口人员设置、机构设置、窗口设置上实现全区统一,形成具有闵行特色的"6+1"标准化建设体系。促进"全市通办"事项的"一口受理",至年底,全区综合窗口比例平均已达74%。各街镇可通过多维度精准分析、科学测算,准确、真实、客观反馈业务办理量,为中心管理人员提供完整的可视化数据决策体系,为窗口优化、人员优化和办事效率提升提供数据支撑;设置外屏办事指引评价和内屏受理指南的显示设备,提升"一口式"受理的办事效率和准确率;建立客观评估为主、主观评估为辅的分值绩效考核体系。实现全区业务精准统筹。通过区平台与街镇系统集成,可精准统筹协同协作,区级平台可实施监测全区各受理中心的情况,加强区层面对全区各受理中心的日常监管和工作指导;可精准统筹事项指南,受理事项一经调整,将第一时间在系统内对办事指南进行维护更新，确保统一受理事项的名称和办事流程精准而不被随意更改；可精准统筹窗口数量，随时抓取系统数据指导各受理中心窗口科学合理地设置和增长，形成以综合窗口为主，专项窗口为辅的模式。（王慧珍）

【《闵行区关于促进社会组织发展的实施意见》】 5月7日，中共闵行区委办公室、闵行区人民政府办公室印发《闵行区关于促进社会组织发展的实施意见》的通知，分别提出简化登记程序、降低准入门槛、实施社区群众活动团队备案管理，完善社会组织专业服务、加快推动社区社会组织和枢纽型社会组织发展、推进社会组织规范化建设、着力培育品牌社会组织、完善财税金融支持政策；扩大政府购买社会组织服务、建立具备承接政府购买服务资质的社会组织目录、完善监督绩效评估机制，推进社会组织人才队伍职业化建设、拓展社会组织参政议政渠道，发挥社会组织联席会议制度作用、引导社会组织加强内部治理、完善综合监督管理体系、建立区级社会组织联合执法机制、加强社会组织管理信息化建设，强化社会组织党的建设、发挥社会组织党组织作用、营造社会良好氛围。同时，与区财政局联合制定《闵行区关于促进社会组织发展的实施意见扶持政策实施细则》，增强社会组织参与规范化建设评估的积极性，扩大政府购买服务的范围和规模，发挥政府购买服务评估的导向和激励作用，完善双重管理体制。（王慧珍）

【殡葬"互联网＋"模式】 3月20日，闵行区民政局印发《关于全面推行我区殡葬服务单位视频监控与客流统计系统建设工作的通知》，提出"三个阶段"工作目标，分时、分段推进视频监控和客流统计系统的安装运行工作。第一阶段，完成仙鹤园墓园系统试运行，并进一步提升数据的兼容性和精准度，完善后台数据的统计分析功能。第二阶段，在清明前期为5个经营性公墓完成视频监控与客流统计系统的安装与使用。第三阶段，推进8个街镇9处公益性深埋地的系统安装、调试工作。冬至前期，全区殡葬服务单位（含公益性）全部完成视频监控和客流统计系统的安装和组网工作，并接入区清明（冬至）指挥部和区应急指挥中心的数据统计分析平台，实现镇、区、市三级联网。通过运用"互联网＋大数据"，为进一步做好清明、冬至两季祭扫安全保障工作提供技术支撑。（王慧珍）

嘉定区

【综述】 嘉定区总面积463.28平方公里，辖5个街道办事处（新区、工业区）、7个镇、221个居民委员会、143个村民委员会。2019年年底常住人口171.7万人。嘉定区民政局主要承担社会福利、养老服务、基层民主政治建设、社会组织登记管理、专项社会事务管理相关职责，负责区划勘界、婚姻登记、收养登记、流浪乞讨人员救助管理、福利企业管理、殡葬管理、社会组织培育发展、居民经济状况核对、福利彩票销售管理及牵头推进社区事务受理服务中心标准化建设等工作。内设办公室、政工科、养老服务科、社会福利科、基层政权建设科、社会组织登记科和社会组织管理科7个科室。在编公务员22人，在编事业单位人员61人。

社会救助：至2019年年底，嘉定区城乡低保共有1 586户2 450人。全年累计救助17.91万人（户）次，救助资金总额1.3亿元。其中发放居民最低生活保障金2 830.89万元，救助2.95万人次；发放传统救济补助金47.78万元，救助205人次；发放特困人员救助供养补助金63.01万元，救助431人次；发放因病支出型贫困家庭生活救助金33.2万元，涉及312人次；发放临时救助金657.9万元，救助2.9万人（户）次；发放教育救助金32.04万元，救助180人次。举办"蓝天下的至爱"第二十四届"一口募捐"活动，募集善款2 406.24万元。上海市慈善基金会嘉定代表机构救助困难群体26.07万人次，支出2 434.66万元。

社会福利：至2019年年底，嘉定区有60周岁及以上户籍人口22.5万人，占常住户籍人口的34.5%，其中百岁老人94人。共有养老机构25家，社区长者照护之家7家，养老床位9 760张。每千名老人拥有养老床位43张，位居全市前列。共有老年人日间服务中心30家，综合为老服务中心19家，助餐场所360个，社区标准化老年活动室316个。2019年，新增长者照护之家1家、床位37张。补贴养老机构（含长者照护之家）运营经费1 028.34万元。完成农村薄弱养老机构改造项目10个，认知症照护床位改造项目3个，新增认知症照护床位95张、照护单元10个，床位227张。新增老年人日间服务中心5家，新增综合为老服务中心分中心7家，新增老年助餐点19个，新（改）建社区标准化老年活动室28个。为1.6万名老人提供居家养老服务，其中933人获得服务补贴337.18万元。发放老年人助餐补贴283.18万元，受益60.17万人次；发放日间服务中心补贴45.2万元，受益4 520人次。向64名新增百岁老人发放补贴6.4万元。划拨老年综合津贴2.47亿元，发放14.56万人次。推进"老伙伴"公益项目，向6 000名高龄独居老人提供关爱服务，开展电话或上门慰问37万人次。推进"银发无忧"保障工作，为10.37万名老人购买10.59万份保险，涉及资金225.82万元。敬老月期间，走访慰问老年人1.94万户，发放慰问金1 400余万元。推动"互联网＋老龄"智慧养老建设，区综合为老服务平台建成并在4个街镇开展试点，提供服务7万余人次。实现街镇养老顾问全覆盖，设立顾问点13个、养老顾问26人。开展社区助老辅具租赁服务试点，爬楼机服务1 000余人次。开展送戏下乡活动42场，服务1.3万人次。开展老年教育讲座42场，受益老年人近3 000人次。区老年基金会开展及资助25项助老公益项目，支出资金544.53万元。2019年，发放困境儿童基本生活费179人次35.28万元，发放社会散居孤儿基本生活费63人次11.34万元。全区有残疾人集中就业企业76家，残疾职工1 658人，占职工总数的34.56%。实现销售收入43.77亿元，利润总额2.88亿元。残疾职工人均收入3.42万元，100%参加社保。发放残疾人集中就业社会保险费补贴资金1 363.57万元。全区有重残无业人员1 799人，其中城镇重残无业人员1 335人、农村重残无业人员464人；发放补助资金3 136.64万元。共审批困难残疾人生活补贴和重度残疾人护理补贴17.21万人次，发放补贴3 945.53万元。

社区治理：2019年，发放村居统一社会信用代码证79张，累计发放355张，全区99%的村居委会获得“身份证”。落实行政区域界线界桩“区、镇、村、人”四级管护机制，参加2019年度沪苏线苏州与青浦、嘉定、宝山段平安建设联席会议，就13个单面双立界桩跨界管护属地化管理事宜进行商讨。大力推进社区事务受理服务中心标准化建设，共受理事项49.33万件，其中“全市通办”6.59万件，收受分离410件。引入“好差评”评价系统，上线“电子亮证”功能，提升政务服务便利性。

社会组织：2019年，嘉定区有经核准登记的社会团体132家，民办非企业单位502家。社区社会组织207家。准予社会团体成立登记18家，办理变更登记16次，准予注销登记2家。准予民办非企业单位成立登记36家，办理变更登记125次，准予注销登记14家。9家民办非企业单位完成直接登记。完成社会组织年度检查，应检社会组织583家，实际参检549个，参检合格率为93.31%。85个社会组织获得规范化建设评估等级，其中5A级7个、4A级34个、3A级37个、2A级7个。63个社会组织获政府资助资金484.14万元；41个社会组织承接46个创投项目或微项目，总金额309.7万元。6个社会组织承接8个市级公益招投标项目，总金额232.14万元；31个社会组织承接41个区级公益招投标项目，总金额765.67万元。

社会服务：2019年共办理结婚登记4 067对，离婚登记2 072对，复婚771对；补发结婚证1 938张、离婚证276张，出具无婚姻登记记录证明28份。全年婚姻登记合格率100%。清明期间，接待祭扫市民128.35万人次，车辆16.17万辆，落葬2 529穴。冬至期间，接待祭扫市民38.12万人次、车辆5.43万辆、落葬5 639穴。火化遗体5 739具，接运遗体4 005具。推进“殡葬服务进社区”工作，受理市级补贴968人29.04万元，受理区级补贴856人34.32万元。深化小型墓和葬式改革，节约殡葬用地，销售小型墓穴11 283穴，壁葬、廊葬等节地葬式2 604穴，节地葬占销售总量的86.05%。为4 245家丧户提供免费殡仪基本服务，为692家丧户提供“贴心”殡仪服务。（张云映）

【社会救助监管“一文一图一表”工作法】 2019年，嘉定区为加强社会救助资金监管，推进社会救助规范化建设，形成“一文一图一表”工作法。“一文”指研究制定《关于进一步加强本区社会救助监督管理，推进规范救助的实施意见》，从区级层面明确区民政部门、街镇、街镇救助部门以及其他区级相关职能部门的职责任务，加强过程管理和监督检查。“一图”指完善社会救助业务流程图，对城乡低保、临时救助、因病支出型贫困等9项社会救助业务流程进行细化，通过流程图的形式，对每个环节中受理材料、受理时限、受理部门等予以明确。“一表”指梳理《社会救助风险防控措施表》，以廉政风险防控的形式，对社会救助领域可能存在的风险主动排查，并制定相应防控措施，用切实可行的举措来堵漏洞、防风险。（张云映）

【老年助餐居村全覆盖】 2019年，嘉定区12个街镇18个中央厨房全部投入使用，日供餐能力达4 500客，占户籍65周岁以上老年人口的3%。鼓励各街镇因地制宜，综合利用社区资源，灵活设置助餐分餐点，通过自行购买送餐车、直接委托中央厨房运营企业和购买第三方物流等方式，结合助老员、委托餐饮公司、招募志愿者配送，落实送餐上门。至年底，全区助餐场所280个，其中分餐点253个，实现村居全覆盖，解决特殊老人的送餐“最后100米”问题。（张云映）

【“在嘉有爱”——成年孤儿关爱服务项目】 嘉定区民政局链接各方资源，带动志愿者，持续开展“在嘉有爱”——成年孤儿关爱服务项目，为落户嘉定的18名成年孤儿分别结对1名专业老师、1～2名志愿者和专职社工，为他们提供就业指导、心理疏导和亲情重建等方面的服务，让孤儿们认识自我，接纳自我，建立自信，逐步建立良好人际关系，提高生活幸福指数。2019年，共开展团队建设5次、小组活动5次、社区融合活动2次，个案服务153人次。18名孤儿有的在摄影活动中多次获奖，有的成为社工，人际交往能力明显提升。

（张云映）

【长三角地区个人政务服务“一网通办”线下专窗试点】 5月，嘉定区在嘉定镇街道开展长三角地区政务服务“一网通办”试点工作，开设长三角地区个人政务服务“一网通办”线下专窗，提供收件登记、收件信息列表、待办提醒、视频交互等多项功能，实现敬老卡申领发放、婚姻登记档案查询、婚姻登记预约服务、独生子女证档案查询、知青上山下乡档案查询、个人所得税查

询、社保卡申请等 21 件事项异地在线办理。至年底，共接待咨询服务 10 人次。（张云映）

【社区民生服务创投项目管理工作】 2019 年，嘉定区民政局针对社区民生服务创投项目中出现的问题，立足过程管理，强化工作措施。实施项目扶持资金追回制度，立足上年 75 个社区民生服务创投项目的绩效评价及审计报告，对 21 个项目尾款作出收回处置决定，共收回资金 30 万元；修订社区民生服务需求征集申报文书模板及合同文本，细化各项填报说明，增加风险防控、违约责任等表述，并在项目立项评审过程中增设现场陈述评审环节，弥补单一审核纸质材料的弊端；实地专项检查 2019 年度创投项目和中期绩效评价得分低的项目，促进项目实施机构增强规范意识，按时按要求完成项目。（张云映）

【“礼乐嘉定·让爱丰盈”婚姻文化品牌】 嘉定区民政局大力弘扬新时代的婚姻文化，打造“礼乐嘉定·让爱丰盈”婚姻文化品牌。春节特邀书法家现场为新人写春联送福字；“5·20”举办“复刻经典时刻”主题颁证活动；七夕节前夕，举办 2019 年“新人成长营——暨‘嘉家幸福’主题宣传活动”等，改变结婚登记中填表、盖章的程序化，使原本刻板僵化的结婚登记手续变得更具仪式感。（张云映）

【普惠贴心殡仪服务】 嘉定区民政局率先在全市实施“贴心”殡仪服务，成立贴心服务站，开通 24 小时殡仪服务热线，第一时间为全区及周边地区提供上门服务、殡仪服务全程陪同策划和执行等周全、便利的“贴心”服务。对在区殡仪馆内购买骨灰盒和卫生棺的丧户分别补贴 500 元和 300 元。至 2019 年年底，累计为约 2.8 万余户丧家提供免费殡仪基本服务。通过政府购买服务为全区户籍居民、驻嘉部队、非嘉定户籍大中专学生、缴纳养老保险金 1 年以上的外来务工人员等实行免费接运遗体、免费冷藏存放遗体 3 天和免费遗体消毒等服务。（张云映）

金山区

【综述】 金山区总面积 611.97 平方公里，辖 1 个街道办事处、9 个镇、108 个居民委员会、124 个村民委员会。2019 年年底常住人口 86.32 万人。金山区民政局负责全区的社会救助、社会福利、养老服务、慈善管理、基层政权和社区建设、社会组织管理、婚姻登记、收养登记、殡葬管理等工作。内设办公室、党群办公室、计划财务科、基层政权建设科、养老服务科、社会救助科、专项事务科、社会组织管理科、社会建设科、行政审批科（法制科）等 10 个科室。在编机关公务员 26 人，在编事业人员 77 人。

社会救助：2019 年，金山区有城乡低保对象 4 436 人、城乡重残无业人员 3 261 人、城乡特困供养人员 312 人。发放城乡低保、重残无业、农村“五保”等生活救助金 10.5 万人次，1.15 亿元；医疗救助 9.6 万人次，2 092.4 万元；临时救助 927 人次，65.76 万元。发放困难群众临时价格补贴 4 万人次，165.24 万元。开展元旦、春节帮困送温暖活动惠及各类救济救助对象 7.4 万人次（含送岗位），661.05 万元。制定《金山区生活困难农户认定办法（试行）》，印发《关于建立金山区社会救助工作联席会议的通知》，完善区社会救助工作联席会议制度。区救助管理站救助流浪乞讨人员 89 人次，帮助寻人寻亲 26 例，协调救治和安置弃儿 1 例。举办“蓝天下的至爱”金山区慈善联合募捐活动，募集善款 2 456.61 万余元；开展助老、助困、助学、助医、公益项目 34 项，支出资金 2 379 万余元，惠及各类救助对象 4.4 万余人次。全区市福利彩票代销网点 85 个，销售额 1.75 亿元。筹集福利彩票公益金 932 万元。

社会福利：金山区现有养老机构 31 家，其中公办 18 家，民办 13 家，养老床位 7 067 张；长者照护之家 2 家，床位 30 张。有社区综合为老服务中心 13 家，老年人日间服务中心 60 个，老年人助餐点 55 个，老年睦邻点 450 个，其中示范睦邻点 100 个。发放 65 周岁及以上户籍老年人老年综合津贴 12 万余人 1.95 亿元；发放 60 周岁及以上农村户籍老年人“为老助浴”补贴 221 万元。全年新增“百岁老人”30 名，春节期间走访慰问“百岁老人”57 人，困难、高龄老年人 110 人。全区共有困境儿童 71 人、散居孤儿 5 人，发放困境儿童基本生活保障 863 人次，157.4 万元。全区 59 家福利企业安置残疾人职工 1 767 人，全年发放困难残疾人生活补贴、重度残疾人护理补贴共 12.3 万人次，2 998 万元。

社区治理：金山区 9 个镇、金山工业区全部完成村务公开信息化平台建设的开发和使用；120 个村委会实现村“两委”成员开放式办公。举办 2019 年村居委会购买社会组织服务项目供需对接会。举行社会工作表彰展示大会，建立“金·嘉·平”社会工作“毗邻驿站”。会同区农业农村委开展农村社区建设区级试点示范村抽样评估，组织枫泾镇中洪村、朱泾镇新泾村、山阳镇中兴村等 14 个行政村成功创建农村社区建设区级试点示范村。完成朱泾镇待泾村、亭林镇油车村、山阳镇华新村、金山卫镇塔港村、金山工业区高楼村“市级农村社区建设试点示范村”申报。推进农村社区分类治理指导工作，制订《金山区关于推进村民自治分类指导试点工作的实施意见》，确定张堰镇百家村、亭林镇后岗村、朱泾镇新泾村等 15 个村为 2019 年金山区村民自治分类指导试点单位。挖掘梳理“美丽城中村微治理”等社会建设创新项目 39 个。配合区人社局完成全区社区工作者招聘 94 人，并开展为期 5 天的新招社区工作者初任培训。

社会组织：2019 年，金山区新成立社会组织 34 家，其中社会团体 12 家、民办非企业单位 22 家，注销 12 家。累计核准登记社会组织 655 家，其中社会团体 189 家，民办非企业单位 466 家。完成 2018 年度社会组织年检，完成网上信息填报 591 家，年检合格率 89.2%。实施 2019 年第三届社区公益创投项目，投入 150 万元扶持为老、助残、帮困、社区治理等方面公益创投项目 20 个。指导金山工业区、张堰镇开展社区公益微创投项目运作。推进社会组织规范化建设评估工作，6 家社会服务机构通过市社会组织评估院实地综合评估，其中获评 4A 级 1 家、3A 级 3 家、2A 级 2 家。继续推进各街镇、金山工业区社会组织服务中心实体化建设，指导山阳镇社会组织服务中心申请获得区级福利彩票公益金 12 万元。组织开展第九届上海公益伙伴月活动。

社会服务：2019 年共办理结婚登记 3 628 对，比上年减少 8%；离婚登记 1 931 对，比上年增加 11.7%；提供婚姻家庭辅导 4 733 次；完成婚姻登记历史档案数据补录 5.5 万条；发放收养证 7 例。金山区有经营性公墓 2 家（枫泾公墓、松隐山庄），镇级公益性埋葬地 16 家，村级公益性埋葬点 82 家，形成“2＋16＋82”管理模式。金山区殡仪馆 2019 年火化遗体 4 375 具，发放高龄群体和特殊群体补贴 2 157 人、82.47 万元。推行节地生态葬式，全区 2 家经营性公墓销售 0.8 平方米以下小型墓 2 054 穴（占传统墓葬销售量 80.64%）、壁葬墓 201 格（含升降式壁葬墓 58 格）、草坪葬墓 88 穴、花坛葬墓 33 穴；枫泾镇新黎村、朱泾镇长浜村试点开展“墓林结合”葬式。完成 2018 年下半年及 2019 年上半年新死亡人员骨灰流向跟踪统计、上报、核查工作。清理整治乱埋乱葬 7 716 穴。下拨农村葬式补贴 472.45 万元。全区 2 家经营性公墓及 16 家镇级公益性埋葬地清明、冬至期间落葬 5 041 穴；接待祭扫群众 73.78 万人次。

（位福华）

【智慧助老服务管理系统】 2019 年，金山区民政局与上海友康科技有限公司合作开发的智慧助老服务管理系统（金山福鑫宝套餐），已实现 11 个街镇（金山工业区）全覆盖。该系统整合区域服务商 30 余家，提供牵线搭桥、主动关爱、紧急援助等 8 类服务，实现 24 小时服务接处，有效满足老年人的日常生活需求，通过智慧养老、科技助老使为老服务延伸到每一名老人家中。至年底，该系统已累计为 15 774 名老年人提供各项服务，其中主动关爱服务 88 397 人次，紧急援助服务 6 891 人次，其中有效救助 19 起，提供各类生活类服务 494 人次。

（单雪英）

【“埭一家”互助式养老模式】 2019 年，金山区在推进全国第二批居家和社区养老服务改革试点工作时，努力探索农村互助式养老模式。区民政局针对金山区域面积大、老年人居住相对分散、家庭养老功能日渐弱化的特点，结合金山农村“埭式”居住方式，提出“埭一家”互助式养老，推进“不离乡土、不离乡邻、不离乡音、不离乡情”的“埭式养老”模式，让农村老年人真正实现“家门口”养老。全区累计建成 450 家老年睦邻点，基本实现全区村居全覆盖。其中，有 295 家老年睦邻点建在农村老人家中、建在田间埭头。睦邻点活动主要有养生保健、防诈骗知识宣讲、唱红歌、编织毛衣等深受老年人喜欢的活动。老年人以自愿互助的形式聚在一起学习养生知识、垃圾分类知识等，每逢传统佳节，睦邻点负责人会召集老人们一起过节日，制作传统小吃。社区卫生服务中心、老年学校、社会志愿者等社会组织，积极参与上门健康指导、老年教育、老年文体娱乐等，进一步丰富睦邻点的活动内容。张堰镇“墙门埭”睦邻点，村两委将老年课堂学习点、家庭医生服务点、健身活动点、十五分钟学习圈“搬进”睦邻点。添置新桌椅、茶水柜、新的书架、报刊架；家庭医生服务的血压计、血糖仪等简易健康设备。埭上的睦邻点活动开展得有声有色。

（单雪英）

【“适老性”住房改造项目】 自 2016 年以来，上海市慈善基金会金山区代表机构通过不同资金渠道每年为金山区困难老年人家庭开展“适老性”住房改造项目。“适老性”住房改造的内容主要有安全性改造、无障碍改造及舒适性改造三大类。项目自实施以来，共投入资金 554 万元，惠及全区 240 户困难老人家庭，受助老人生活居住条件得到一定程度改善。4 月 18 日，市慈善基金会金山区代表机构召开“适老性”住房改造项目工作布置会，落实各街镇（工业区）慈善工作站、施工单位以及监理部门的职责分工。项目实施前，逐镇逐户对每个申报家庭开展摸底排查，入户了解申报家庭的家庭情况、住房条件及其实际需求。对于符合标准的申报家庭，结合老人的行为习惯、身体状况和心理特点等制定具体的改造方案，选择最需要、最迫切的内容进行改造，制定“一户一方案”，并通过改造前后对比的方式留档作为项目评估的依据。2019 年，枫泾镇、朱泾镇、亭林镇、吕巷镇、廊下镇、金山工业区等 6 个镇区完成 60 户改造项目。

（蒋伟琼）

【认知症照护智能产品启用】 2019 年，金山区社会福利院积极研究智能化养老，基于认知症照护的实际需求，对院内认知症老人充分调研，汇总认知症照护中的难点和共性问题，如夜间离床无法预测、突发疾病难以察觉、定期生命体征监测不配合等，在金山区社会福利院金山大道总院认知症照护区域启用智能床垫。相关工作人员经操作培训后，通过运用平板电脑、触控电视等智能载体，可精准掌握认知症照护区域内老人的身体情况和动态情况，护理人员能及时发现问题，采取措施；医务人员可随时查看生命体征等动态数据，评估住养老人的健康状况；管理人员通过互联网进行远程管理。

（邱群英）

【困境儿童“保护网”】 金山区民政局逐步构建困境儿童精准帮扶保护网。制定困境儿童长效帮扶机制，落实专项帮扶资金，每月向监护缺失以及监护不当的困境儿童发放1 800元基本生活费，2019年累计发放基本生活费863人次，157.5万元。在各街镇（金山工业区）配备1名儿童督导员，各居村委配备1名儿童主任，全区共有儿童督导员14人，儿童主任238人，实现村级儿童主任全覆盖。完成儿童相关数据采集及儿童的实时监管，制定“一人一档”数据库，通过数据库比对，制定差异帮扶措施，确保帮扶到位，避免发生“重复帮”“无人帮”等情况。通过政府购买服务模式，引入社会第三方机构，为困境儿童量身定制个性化服务方案，如“爱相融、心扉扬”关爱儿童公益活动，旨在通过对困境儿童心灵的帮扶，提高儿童的心理健康。整合民政、教育、属地及工青妇等资源，组成困境儿童关爱联盟，协同落实关爱机制，共同组织关爱活动，共享关爱帮扶信息数据。聘请专业督导团队，对帮扶过程进行动态跟踪和辅导，推动困境儿童关爱帮扶服务专业化。

（蒋伟琼）

【“三上三下”民主工作法】 2019年，金山区民政局在对124个村委会开展摸底调研的基础上，研究农村社区分类的科学性、多样性。对村委会采撷以“基本情况”“村两委建设情况”“收入情况”“经济发展情况”等70项指标数值，进行标准化处理，遴选不同类型的村委会开展村民自治分类指导试点工作。会同区农业农村委联合下发《金山区关于推进村民自治分类指导试点工作的实施意见》，并在15个村率先试点。初步形成金山区“三上三下”民主工作法。即通过三次自下而上和自上而下的方式进行议题征集、协商、表决，从而实现村民自治。第一次“一上一下”，即三分之一及以上村民（户）代表提出相关议题，村委会（骨干人员）向村民（户）广泛收集意见并形成征求意见稿；第二次“一上一下”，即村两委对征求意见稿组织村民（户）代表进行民主协商（对否决事项直接反馈，对协商通过事项形成正式草案），村民（代表）会议对正式草案进行商议并表决；第三次“一上一下”，即村委会对通过的议题进行备案并发布公告，村民在落实执行过程中进行民主监督。经过议题征集、充分酝酿、民主协商，通过科学决策、民主管理、全程监督、执行反馈等过程，实现社区治理事项的全过程民主。

（王小叶）

【农民自己“说事、议事、主事”】 2019年，金山区民政局继续在吕巷镇夹漏村深化完善以村民小组为基本单元的村民自治试点工作。夹漏村的村民自治试点工作已逐渐形成一套符合本土化、科学化、制度化的运转机制，村委会以赋予村民小组理事会一定的知情权、提议权和议事权，总结出从提议、协商、核算到执行的村民小组自治运转微体系，这种突出群众主体地位、让村民参与决策和治理的全过程的自治模式，实现民事民议、民事民办、民事民管。得益于这套“自治工具包”，夹漏村首创垃圾分类“五督三查”工作法，垃圾分类走在全区前列。“夹漏模式”先进经验将在全区推广。

（王小叶）

【村务公开信息化建设】 2019年，金山区124个村委会全面完成村务公开信息化建设。村务公开信息化是一项“互联网＋村级监督＋便民服务”的创新性工作，各镇、金山工业区结合本单位实际，运用数字电视、手机移动端APP、微信公众号等信息化手段，全面公开村级事务、村级财务基本内容，公开页面、模块根据各镇、金山工业区实际自行设计，公开内容以规定动作（市级文件要求）＋自选动作相结合为原则。如，朱泾镇采用数字电视公开村级事务的同时，与村域内的“雪亮工程”有机结合，将村级主干道道路治安探头有效切入数字电视，让村民不出户就能知晓村内道路实时动态；结合社区医院挂号系统，村民在电视上就能实现一键挂号，真正将便民利民措施送上门。各村委会按照规定，对于村民委员会财务收支情况，每月公布一次；对于一般事项，至少每季度公布一次；对于完成时间较长的事项，每完成一个阶段即公布一次进展情况；对于涉及村民利益的重大事项、村民普遍关心的热点事项，做到随时公布。从2019年1月1日起公开相关内容，保留查看时限一般为一年，2020年1月起按月叠加更新。

（王小叶）

【“薪火传承”服务品牌】 金山区殡仪馆与区老干部局对接，对其重点服务对象提供殡仪特色服务，通过多样化、个性化的礼仪、礼乐、鲜花等服务，充分还原逝者生前的先进事迹，组织专门的追悼仪式，以“专业、快捷、便利、贴心”的优质服务，让逝者圆满、生者无憾、闻者感怀，以“人生的红色句号”“贴心服务的黄色感叹号”“传承优秀精神的绿色省略号”，努力打造“薪火传承”特色服务品牌。2019年，共为10余位逝者完成服务。

（王玉新）

松江区

【综述】 松江区总面积604.64平方公里，辖6个街道办事处、11个镇、267个居民委员会、85个村民委员会。2019年年底常住人口总数176.22万人。松江区民政局负责全区的社会救助、养老服务、社区治理、社会组织管理、专项民生事务等方面工作，内设办公室、党群工作科、社会救助科、养老服务科、社会福利科、社会事务科、社会建设科、基层政权建设科、社会组织登记科、社会组织管理科、职业社会工作和志愿服务科、执法监督科等12个科室。行政编制30名。

社会救助：2019年，松江区共实施各类救助29.2万人次，发放救助金1.57亿元，其中城乡低保5.67万人次，支出5 764.2万元；重残无业补助2.62万人次，支出3 839.6万元；支出型贫困救助142人次，支出15.2万元；特困供养1 709人次，支出159.3万元；发放粮油帮困卡4.23万张，296.1万元；支内回沪人员困难补助2.78万人次，支出2 742.9万元；综合帮扶2 066人次，支出271.2万元；春节节日补助8 827人次，支出665.2万元。共救助各类流浪人员310人，其中老年人12人，未成年人17人，残疾人4人，精神病人75人，危重病人29人，接收和转送弃婴（儿）4人。上海市慈善基金会松江区分会募集资金4 585.33万元，救助支出3 891.05万元。全年实施各类救助项目153个，资助金额3 891.05万元，受益9.56万人次。全区经常性社会捐助接收中心共接收捐赠衣物10.67万件，向弱势人群赠送发放8.19万件，其中通过各类公益活动本地帮困5.27万件。

社会福利：至2019年年底，松江区共有养老机构23家，长者照护之家9个，养老床位数7 034张；综合为老服务中心12家，老年人日间服务中心16家，助餐场所38家，标准化老年活动室331家，普通型老年活动室57家，民办老年活动室74家，示范睦邻点210家，幸福老人村1个，幸福老人家5个。共为2 259名服务补贴对象提供居家养老服务。由1 600名志愿者为8 000名高龄独居老人提供家庭互助关爱服务。全年共开展健康探访41.36万人次，社区活动13.74万人次。全年共发放津贴2.14亿元，发放53.02万人次。17个街镇级养老顾问点实现全覆盖，养老顾问39人。共有各类困境儿童919人，其中因家庭贫困陷入困境儿童644人，因自身残疾陷入困境儿童242人，因监护缺失、监护不当陷入困境儿童47人，散居孤儿5人。发放困境儿童基本生活费105.66万元。共有3 028名残疾人享受困难残疾人生活补贴，6 758名残疾人享受护理补贴，共发放补贴资金2 830.61万元。向26家企业发放总计321.3万元残疾人集中就业社保补贴。

社区治理：278个居（村）委会完成规范化建设示范创建工作，75个居（村）委会被评为3A级。全面推进居（村）委会“好邻居”社区服务站功能优化提升，352个居（村）委会实现全覆盖。街镇层面，推进“好邻居”社区服务中心的建设，全区首批遴选6个街镇进行试点建设。全区社区事务受理服务中心办理事项总计190项，其中“全市通办”189项，“一网通办”189项，全年共受理各类事项99.41万件。梳理形成涵盖本村概况、党务公开、村务公开、财务公开、通知公告五大类、45项内容的公开目录。依托东方有线电视平台，完成7个镇84个村“阳光村务工程”数字电视平台建设，完成数字机顶盒的入户安装2.11万户。完成社区工作者公开招聘工作，计划招录265人，实际招录257人。动员1 200名社区工作者报名参加社会工作者持证考前培训，全区持证社工超过2 700名，社区工作者的持证率达到34%。完成两批次共204家公益基地的创建与增能培训工作。

社会组织：至2019年年底，松江区登记注册社会组织共有763家，其中社团146家，民非617家，户籍人口万人拥有率约12.5个，常住人口万人拥有率约4.3个。238家社会组织获得评估等级，其中5A级9家、4A级14家、3A级114家、2A级34家、1A级67家。在社会组织年度检查工作中，合格率为85%。政府购买社会组织服务资金5 206.12万元。

社会服务：2019年共办理结婚登记4 046对，离婚登记2 264对，补领婚姻证书1 905份，出具无婚姻登记记录证明79份。办理收养登记11例、撤销收养登记1例。协助区委组织部核查干部及居村（委）会成员初步候选人婚姻状况信息2 274人次。开展主题结婚登记集体颁证仪式2次。清明期间共接待祭扫市民114万人，落葬1 749穴，开设短驳车337辆；冬至期间接待祭扫市民17.6万人，落葬2 578穴，开设短驳车111辆。共发放节地生态补贴185人，18.5万元；发放惠民殡殓补贴22人，1.22万元。全年共火化遗体6 142具。

（徐思史）

【农村综合帮扶“四级”救助顾问网络】 2019年，松江区民政局采取“条块结合、部门联动”模式，建立区、镇、村、队（组）“四级”农村综合帮扶救助顾问工作队伍，对松江区85个行政村及部分街道的农村户籍的人员开展入户调查，走访农户10万余人，全面排查了解全区困难农户的基础底数。建立“四级”救助顾问工作机制，发挥部门优势，针对困难农户的生活状况、收入情况、致困原因、帮扶需求等分析汇总，做到“信息共享、资源互通、政策共制”，制定《松江区农村生活困难农户综合帮扶实施办法》，加强对农村生活困难群众的保障措施。通过“就业帮扶、助医帮扶、助学帮扶、托底保障”四类十项帮扶措施，对因病、因灾、因突发性重大变故而造成的困难农户开辟帮扶渠道，制订“两审、两公示、一核对”等动态管理制度，做到公平公正、精准精细。农村综合帮扶“四级”救助顾问机制，整合民政条线干部、就业援助员、助残员、网格长等各部门工作人员，将社会救助工作触角延伸至最末端，解决救助帮

扶供需对接的“最后一公里”，进一步提高社会救助帮扶的预警和发现能力，及时解决困难群众的“急难愁”问题。 （孙　强）

【“情暖归途”救助服务品牌】 松江区救助管理站全力打造“情暖归途”服务品牌，为特殊流浪人员提供三类个性化救助服务。开展专业社工介入，为特殊流浪人员建立专门个案，提供身份甄别、沟通联络、医疗照护等服务，让漂泊在外的特殊人员感受到家庭般的温暖，重新恢复对生活的信心。利用科技手段，加强与市救助管理站、区公安机关等单位的沟通协调，运用“DNA配对”“人脸比对”“指纹识别”“头条寻人”等手段提高寻亲工作效率。提供护送返乡服务，针对自身无力返乡的特殊人员派员全程陪同护送返乡，途中照顾其个人卫生、饮食起居等，保证安全、顺利归家。2019年，共开展社工介入服务33例，帮助特殊人员寻亲成功7例，护送8名特殊人员返乡。 （章　健）

【上海市人大常委会主任殷一璀来松调研养老工作】 11月28日，上海市人大常委会主任殷一璀来松江调研养老工作，先后考察泰康之家申园养老社区和申园康复医院，实地了解松江区养老社区建设、养老市场需求、养老服务等情况。殷一璀对松江区养老工作予以充分肯定。她表示，泰康创新打造“医养融合”高品质养老新模式，为完善养老服务、提升养老质量提供一种新思路。政府应当充分发挥养老服务事业发展的主导作用，鼓励多元化模式满足老年群体日益增长的多层次、多样化养老服务需求。 （庄浩杰）

【“幸福养老”养老服务品牌】 松江区民政局“幸福养老”系列品牌，包括幸福养老院、幸福老人坊、幸福老人苑、幸福老人家、幸福老人村、幸福久久为老服务热线等，独具松江特色的养老模式为老人们提供更多元的选择。通过出台《松江区关于深化养老服务发展实施意见(2019～2022)》《松江区关于扶持农村地区“幸福老人家”发展的指导意见》《关于推进松江区老年助餐服务体系建设的实施意见》《松江区关于在农村地区探索推广“幸福老人村”养老模式的实施意见》等一系列政策，不断丰富幸福养老品牌内容。按照40平方米/千人的建设指标，积极布局“幸福养老”服务设施。至2019年年底，完成养老床位7 034张，115张失智老人照护床位改造，6家薄弱养老机构改造，300张护理型床位改造和综合为老服务中心、日间服务中心、助餐点、老年活动室等政府实事项目。会同上海市养老服务行业协会，在松江区社会福利院建立上海市认知症照护基地，发布认知症老人照护服务标准，并在全区养老机构贯标。探索幸福久久为老服务热线ABC套餐融合发展，深化“五措并举”服务质量监管体系，试点开展认知症友好社区建设。 （庄浩杰）

【“五措并举”养老机构服务质量监管】 2019年，松江区民政局推进“五措并举”养老机构服务质量监管，全面推进养老服务机构服务质量建设常态化、制度化。开展服务质量自查，各养老机构每天开展服务质量自查，记录自查情况。开展服务质量抽查，每月会同区卫健委、市场监管局、消防救援支队和属地政府开展服务质量联合检查，向不达标机构发放告知书并抄送属地政府，限期整改。开展服务质量督查，每季度委托第三方机构围绕《上海市养老机构服务质量监测评价指标》开展督查，对每家养老机构出具督查报告，对所有机构的服务质量情况进行全区排名。年底开展评估，围绕养老机构组织领导、安全保障、服务质量和队伍建设开展评估，作为对各街镇年度考核的重要依据。持续开展公众监督，委托行业监督员，通过文明行业检查、满意度调查等方式，客观反映养老机构的服务质量情况。 （庄浩杰）

【社会福利院儿童部正式启用】 8月6日，松江社会福利院儿童部(松江区云间儿童照护中心、困境儿童临时庇护中心)正式启用。儿童部设于松江社会福利院一号楼西侧一至三层，建筑面积2 252平方米，内设个训室、评估室、感统室、心理咨询室、阅览室、公共休闲区和单人居室等，并预留19张孤儿床位，是上海市郊首个内设的儿童福利机构。儿童部共划分三大功能区：成长湾，主要承接照护上海市儿童福利院转送的孤儿、弃婴，为孤残儿童提供优质的生活、教育、医疗和康复服务；星星湾，为松江区户籍的孤独症儿童提供专业照料和康复，包括日间照料、康复训练、融合教育、家长教育等服务；亲情湾，为松江区户籍因监护缺失或监护不当而陷入困境的儿童提供短期托养，在困境儿童心理疏导、生活照护、学习教育上给予帮助，保障儿童身心健康发展。儿童部采用“委托运营”模式引进上海松江区星悦儿童成长服务中心第三方机构独立运作。 （顾安娜）

【困境儿童社工导入】 2019年，松江区开展困境儿童社工导入项目，在全区遴选80名困境儿童进行评估和“增能”“赋能”工作。调研松江区困境儿童现状与社会支持系统建设，制作风险评估量表(《困境家庭评估表》《困境家庭筛查指标表》)，完成80名困境儿童的“一人一档”建档工作。通过培训、讲座、沙龙等形式，提高全区17个街镇的儿童督导员、儿童主任的工作能力和沟通水平。为困境儿童提供心理咨询服务，开展困境儿童家庭互动活动，从一对一的个案活动到邻近家庭的小组活动再到所有家庭的社区活动，改善、重建困境儿童家庭功能，化解困境儿童成长危机。开设暑托班，组织困境儿童的学业辅导、兴趣培养。总结经验，编印《松江区困境儿童成长手册》，指导儿童督导员和儿童主任开展工作。年内，共开展困境儿童心理咨询240人次、课业辅导480人次、结对沙龙3次、家庭互动3次。 （黄晓琳）

【“三减一增”基层减负工作】 2019年，松江区大力推进居(村)委会减负增能。一是减牌子。区民政局结合“好邻居”社区服务站功能优化提升，梳理形成包括35块牌子的“挂牌清单”，并对设置在居(村)委会办公场所的信箱进行清理整合，只保留1个综合意见箱。二是减事项。通过实地开展调研、分批开展座谈、并征集30余家区级职能部门意见后，最终形成“三份清单”，即《松江区居(村)委会协助行政事务、法院事务、人民(社会)团体事务参考清单》《松江区居(村)委会台账、报表、工作APP参考清单》《松江区居(村)委会证明类印章使用参考清单》。经清理后，梳理形成居(村)委会台账24个、工作APP 2个、报表31个，较调研中梳理的平均每个居(村)90多项台账报表，减少近50%。三是减考核。严格执行区级督查检查考核事项年度计划管理和审批报备制度，汇总梳理区级职能部门考核检查清单，区级各单位、各部门原则上不组织安排未经备案的计划外监督检查考核事项。四是增能力。通过开展分层分类培训，举办“松江区居村干部沙龙”，全面推行错时工作制、接待群众制、日常走访制等服务制度，不断提升居村干部能力和水平。 （马逸欣）

【“好邻居”社区服务体系】 松江区出台《关于推进松江区“好邻居”社区服务体系建设的实施意见》，通过三年时间，构建社会价值体系、服务空间体系、社区服务体系、多元参与体系、考核激励体系等五个维度，进一步挖掘整合社区资源，形成品牌效应。在居村层面，制定《松江区“好邻居”社区服务中心(站、点)分类建设指标及配套VI视觉识别手册》，整合形成“1+5+X”的功能载体，即“五室一厅”：“五室”包括党群活动室、应急调处室、综合文体活动室、社区议事协商室、卫生健康咨询室；“一厅”为社区事务服务大厅，作为居村办公场所，代理代办相关基本公共服务项目。至2019年年底，实现“好邻居”社区服务站在居(村)委会全覆盖。在街镇层面，遴选3个街镇级示范“好邻居”社区服务中心开展试点工作，按照步行15分钟的原则，打造社区服务综合体，居民可就近享受政务服务、生活服务、为老服务、健康服务、文化服务、体育服务、教育服务、法律服务、心理服务、志愿服务等十大类基本服务。 （马逸欣）

【“五步法”社工人才社区实践计划】 3月，松江区民政局正式启动社工人才社区实践计划。通过组织社工督导和高级人才培育对象，并在全区范围内招募社区和社工志愿者，组成“1+1+X”即一个居村委会、一个社工协作组、若干个社工志愿者的社工团队，与30个3A级居村示范点结对，通过“需求评估”“服务策划”“服务执行”，在统筹社区照顾、扩大社区参与、促进社区融合等方面设计、实施社工项目，帮助社区形成“需求调摸—协商议事—项目转化—服务提供—绩效评估”的闭环“五步工作法”。在社工团队的助力下，30个居村委会发挥各自优势，围绕垃圾分类和物业管理两大社区治理领域的热点难点问题，开展“思鲈园噪音治理项目”“三湘四季社区儿童环保志愿者组建计划”等各具特色的品牌项目，让社工的专业特长得以发挥，也让社区的工作方法更为专业。 （王静蕊）

【“跨界合作·公益同行”社会组织参与计划】 2019年，松江区持续推进“跨界合作·公益同行”公益品牌建设，深化合作交流机制，促进政社、企社、社社等多方合作，激发全区社会组织活力，推进社会组织参与社会治理。出台《上海市松江区政府购买社会组织服务实施细则(试行)》，优化购买服务流程、绩效评价等工作机制。探索上海市政府购买社会组织服务供需对接平台的推广使用，开展承接政府购买服务社会组织推荐工作，进一步加大政府购买社会组织服务力度；利用发展专项资金扶持社会组织开展社区民生项目，有19个项目落地社区，覆盖扶老助残、儿童青少年、妇女家庭、社区自治、环境与环保、文化体育等服务领域，扶持金额近90万元，其中永丰街道翔玮社区服务中心的失独家庭关爱服务、洞泾镇爱枫助老服务中心的“喘息服务”等项目取得良好的社会效益。以公益伙伴日活动为平台，与商区公益联动，同时推出一批优秀的社会企业和公益人物，进行展示和对接，为社会组织争取社会资金的支持。松江区社会组织积极参与生活垃圾分类工作、脱贫攻坚工作，与社区、基金会等开展合作，涌现一批优秀的公益项目。 （张晓靖）

【社会组织服务中心赋能计划】 2019年，松江区民政局不断加强社会组织服务中心机制建设，促进中心能力提升。区民政局制定《社会组织服务中心建设与服务指南》，以加强服务中心内部管理、提升项目运作能力为重点，运用“走出去、请进来”的方式，分批分类开展专题培训，提升服务中心人员的业务知识和实操能力。推动服务中心找准定位、完善职能，充分发挥其在引导社会组织参与社区治理和构建社会组织服务支持体系中的平台作用，将中心打造为社会组织能力成长的陪伴者、支持者，为社会组织的成长营造良好环境。逐步搭建社区公共服务需求对接、合作交流的平台，引导社会组织扎根社区，聆听居民诉求，以社区民生服务项目、社区自治项目为载体，发挥好社会组织在社区共建共治中的作用。打造中山、方松、车墩、叶榭4家街镇社会组织服务中心示范点，分别从社会组织成长发展、社会组织能力建设、社会组织服务环境、社会组织社区营造等四个方面，建设不同定位、功能各异的品牌服务中心，在全区形成示范引领作用。（林菁华）

【"上海之根·山水婚典"结婚登记集体颁证】 9月28日，松江区民政局与区文明办、区文旅局和区妇联等单位在方塔公园共同举办"与祖国同庆　携幸福同行"——2019"上海之根·山水婚典"结婚登记集体颁证仪式，共有11对新人参加活动。新人们在领导嘉宾和亲朋好友的见证下，共同宣读结婚誓词；金婚夫妇相濡以沫的爱情故事则让新人们领悟到夫妻、家人和谐相处的真谛。婚事新办、俭办的倡议，引领树立勤俭朴实、健康向上的婚俗理念。此次颁证仪式倡导"重登记、强责任、崇节俭"的婚俗新风，弘扬中华民族的传统美德，抒发中华儿女的家国情怀，加强和谐婚姻文化建设，为新一代年轻家庭树立爱国爱家意识，打造难忘的结婚登记颁证体验。（王蓓芳）

【"白事管家"殡殓服务品牌】 松江区殡仪馆以"白事管家"品牌建设为抓手，积极破除丧葬领域三大陋习，打造松江殡葬新风尚。倡导"无烟祭祀"，破除丧家在馆内焚烧花圈、锡箔、冥币等陋习，引导以鲜花、鞠躬、电子香炉等方式开展文明祭祀，既保护生态环境，又净化治丧环境。开展"优雅·送行"活动，破题农村治丧吹吹打打等陋俗，成立"白事文明志愿者服务队"，通过宣传、劝导等，禁止"吹打"人员入馆，倡导用鞠躬、静思、献花等方式，优雅地为逝者送行。积极治理灵车沿路抛撒"买路钱"的陋俗，通过预约告知、治丧承诺、交警联动等举措，禁止行车抛撒行为，美化城市环境。

（侯慰新）

青浦区

【综述】 青浦区总面积668.7平方公里，辖3个街道办事处、8个镇、146个居民委员会、184个村民委员会。2019年年底常住人口127.29万人。青浦区民政局负责全区的社会救助、社会福利、养老服务、基层政权建设与社区建设、社会组织管理等方面工作，内设办公室、组织人事科、养老和儿童福利科、社会救助科、基层政权建设和社区建设科、社会组织管理科、社会事务科等7个科室。在编公务员22人，在编事业单位人员64人。

社会救助：2019年，青浦区城乡低保、重残无业等各类困难对象共发放救助资金11 225.29万元，救助达150 156人次；其中发放城镇低保金38 963人次，4 028.72万元；发放农村低保金13 327人次，1 166.73万元；发放城镇重残无业对象生活补助18 112人次，2 648.27万元；发放农村重残无业对象生活补助23 602人次，2 984.35万元；发放粮油帮困补助55 143人次，386.22万元；发放实物补助949人次，3.8万元；发放临时救助金34人次，4.02万元；发放支出型贫困生活救助金26人次，3.18万元。为困难学生给予教育出证468人次。2019年区民政系统的元旦春节帮困送温暖活动涉及多类民政困难对象，总计帮困约3 360人(户)次，共投入资金约1 233.57万元。开展2019年"蓝天下的至爱"联合募捐活动，积极挖掘区内慈善资源，开展安老、扶幼、助学、济困救助项目，募捐收入13 035.95万元，已使用慈善资金13 216.86万元。落实慈善超市布点及标准化建设，全区已建设12个慈善超市。开展第二届"青浦区慈善之星"评选表彰活动，评选出个人18名，集体20个。

社会福利：加快街镇养老院、老年人日间服务中心(老年托养所)、老年人活动室、老年人助餐点等各类养老服务设施建设进度，至2019年年底，全区有养老机构18家，其中公办12家，民办6家；养老床位总数7 568张，其中公办5743张，民办1 825张。有社区综合为老服务中心11家，长者照护之家5家，社区老年人日间服务中心122家，社区老年人助餐点25个，市级标准化老年活动室254个。全区在册保障社会散居孤儿3名，困境儿童155名，其中领取基本生活费59名，至2019年年底，共发放基本生活费105.3万元。安置1名成年孤儿，1名弃儿。全年共计发放残疾人"两项补贴"14.69万人次，累计发放补贴资金3 534.32万元，其中困难残疾人生活补贴4.81万人次，累计补贴资金1 537.32万元；重度残疾人护理补贴9.89万人次，累计补贴资金1 997万元。

社区治理：打造村级自治平台，圆满完成522家客堂间(睦邻点)建设。推进"阳光村务工程"，提前一个季度实现全区184个村全覆盖。推行村干部开放式办公，全区184个村中有条件实现干部下沉的170个村已全部实现干部下沉。

社会组织：至2019年年底，青浦区注册登记社会组织共897家，其中社会团体179家，民办非企业单位(以下简称"民非")718家。准予社团成立登记7家，办理社团变更登记21家；办理社团到期换证49家，办理社团注销6家。共办理民非核名86家，准予民非成立登记65家，办理民非注销23家，办理民非变更登记90家；办理民非到期换证122家。完成788家社会组织年检工作，合格社会团体132家，基本合格社会团体31家，不合格社会团体3家，逾期未参加年检社会团体10家；合格民非496家，基本合格民非32家，不合格民非7家，逾期未参加年检民非77家。

社会服务：2019年共办理婚姻登记4 470对，其中结婚登记2 922对，离婚登记1 548对；办理补领婚姻登记证1 063例，其中补领结婚证843对，补领离婚证220份；办结收养登记10例，其中事实收养8例，收养非福利机构抚养的弃婴、儿童1例，继父收养继女1例。清明期间全区各殡葬单位接待祭扫市民95.2万人次，落葬1 692余穴。冬至期间接待祭扫市民约31.5万左右人次，落葬约3 444穴。全区共清理乱葬乱埋843穴。全年共火化遗体4 792具，守灵服务422户，骨灰寄存674户，礼仪服务946户，获赠锦旗22面。

（李健飞）

【农村生活困难农户认定】 2019年，青浦区民政局与青浦区农委制定《青浦区农村生活困难农户认定标准(试行)》《青浦区农村生活困难农户认定办法(试行)》《青浦区农村生活困难农户认定工作程序(试行)》。决定以下列条件为首批困难农户认定准入标准：以家庭月人均可支配收入低于当年度上海市发布的城乡居民最低生活保障标准1.5倍以下为基本准入标准；人均货币财产低于5万元(2人及2人以下家庭上浮10%；18周岁及以下未成年人以及虽然年满18周岁但仍在全日制中等学校就读的人员、60周岁及以上老年人、残疾人上浮20%)；家庭成员名下无生活用机动车辆(残疾人用于功能性补偿代步的机动车辆除外)；家庭成员名下无非居住类房屋(如商铺、办公楼、厂房、酒店式公寓等)；经认定后的家庭人均月收入高于认定标准的，因病、因灾、因突发性重大变故等家庭支出较高，影响基本生活的，经所属村(居)评议认可，可酌情纳入生活困难农户。当年度已享受上海市最低生活保障待遇的农户，一般视作已认定为该年度生活困难农户。长期不在农村居住，属于空挂户，不纳入生活困难农户范围。与区农委共同召开工作推进会，启动农户认定工作；与上海齐科信息科技有限公司研究开发青浦区困难农户认定信息系统；在全区8镇3街道完成首批困难农户认定评议、核对、公示等工作。至2019年年底，已经完成所有困难农户的信息录入工作，青浦区共有生活困难农户5 121户，9 376人。

（李健飞）

【专项救助保障进博】 青浦区救助管理站巡查护送组，承担着流浪乞讨人员的求助接待、管理服务、宣传教育、护送返乡、主动劝导救助等工作。进博会期间，巡查护送组作为救助服务保障的攻坚力量，在前期保障阶段，加强与各街镇及职能部门的信息对接，组建微信工作群，强化每日信息报送；加强预警反应，特别是针对极端天气对桥洞、地道等重点区域开展巡查；加密巡查次数，在常规巡查频率的基础上增加夜间巡查。在临战攻坚阶段，除日常巡查外，每周开展一次集中专项行动，对进博会重点区域进行重点点位的街面巡查工作，实现“一个杜绝、二个基本”，即会展控制区域内杜绝流浪乞讨现象，其他街面重点区域内基本无流浪乞讨现象、流浪乞讨人员扰乱社会秩序的行为。在会展实战阶段，巡查护送组对国家会展中心5公里范围内的重点区域开展为期20天的连续集中救助行动，做到随见随救，确保“积极救助、精准救助”，共救助人员31人次(其中公安机关护送至区救助管理站8人次，护送至区精卫中心17人次)。

（李健飞）

【第二届“青浦区慈善之星”评选】 8月，青浦区开展第二届“青浦区慈善之星”的评选活动，表彰近年来涌现出的、能够代表现代慈善公益事业发展方向的集体和个人。联合募捐成员单位、各镇(街道)、区属企业、区社会组织服务中心等纷纷响应，积极推荐，共收到33个单位推荐的68份推荐材料，其中推荐慈善之星集体34个、慈善之星个人34个。根据不漏掉任何一个优秀慈善事业参与者的要求，经过推荐、申报、多轮的评选，上海市慈善基金会青浦代表机构、区精神文明建设委员会办公室联合授予韵达货运有限公司等20家单位、李伟民等18位同志第二届“青浦区慈善之星”集体和个人的荣誉称号，并在第26届“蓝天下的至爱”启动仪式上进行集中表彰。

【社区养老服务设施运营补贴政策】 11月，青浦区民政局、区财政局联合印发《关于加强青浦区养老服务设施运营和管理的指导意见》。该《意见》明确区财政按照区民政部门对各街镇纳入保基本公益性养老设施认定数量给予日常运营补贴，由街镇统筹用于养老设施运营，并提出养老设施运营经费如有不足，街镇应承担托底保障。对政府投资新建的养老机构，按核定床位数由区级财力一次性给予每张床位3 500元开办补助，约投入补贴资金2 300多万元。对社区老年人日间服务中心、市级标准化老年活动室、社区老年人助餐服务点、长者照护之家、社区老年人睦邻点等社区养老设施给予不同额度的运营补贴，主要用于管理、服务人员工资及培训等支出，图书、报纸、杂志订阅等支出，组织开展各类老年活动等支出，水、电、燃气等公用事业费支出以及与为老服务直接相关的设施设备添置、维修保养等支出。预计每年投入日常运营补贴资金1 700多万元。

（李健飞）

【“老伙伴”计划】 “老伙伴”计划是上海市政府实事项目之一，该项目通过社区邻里网络，由社区低龄老年志愿者与80岁以上高龄独居老人结成“伙伴”，通过上门探访、情感支持和社区活动等形式，给高龄独居老人一份关爱，帮助他们预防失能，让高龄独居老人能够积极地在社区健康生活。青浦区老伙伴项目通过政府购买服务方式，委托银辉为老服务中心具体负责项目的实施。全区11个街镇，共招募1 260名低龄志愿者为

6 000名的高龄独居老人开展电话问候、上门聊天陪护、社区自组织活动等服务内容，受益人群达 867 960 人次，项目资金 216 万元，其中市级 108 万元，区级 108 万元，2019 年项目完成率 100%。按照项目服务要求，每日老伙伴志愿者记录结对服务时间、服务内容，碰到的问题以及自己如何应对处理详细情况等，通过结对关爱行动实实在在帮助解决老人的急难事、突发事，减少高龄独居老人突发事件的发生。如华新“老伙伴”志愿者陆秋凤医生，在探望高龄独居老人田荷花时，发现老人跌倒在地，急忙与子女、居委同志联系把老人送往医院，经医院诊断老人脑梗造成中风，由于发现及时，挽救了老人的生命。　　（李健飞）

【阳光村务工程】 2019 年，青浦区面向全面开展“阳光村务工程”，在原有的党务、村务公开栏、农民一点通等基础上，以党务公开、村务公开、财务公开为重点，打造具有青浦特色，集服务、参与、监督为一体的综合系统。“阳光村务工程”有效解决传统村务公开成本高、传播慢、受众少等问题，实现村务公开从要求公开向主动公开，从结果公开向过程公开，从随意公开向规范公开的转变。青浦区村级频道设置八大版块 91 项村级民生服务事项全品类菜单，“三务公开”可“一键式”查阅。此外，贴近百姓需求的公交出行、文教卫生、就业保障等便民服务信息经整合后及时在频道发布，“村内公共部位实时摄像头”“亲情一键通话”“村民村事展示”等功能可以实时查看村内治安状况，实现亲友视频通话及村情村态分享。至年底，青浦区完成 11 个街镇镇、村两级联络员全员培训，提前一季度实现 184 个村村居频道全覆盖。　　（李健飞）

【“客堂间”村民自治品牌】 在创新乡村治理的大背景下，青浦区民政局先后印发《青浦区“客堂间”工作规范（试行）》《关于进一步推进“客堂间”建设的实施意见》，以“客堂间”建设为载体，鼓励村民利用自有住宅，以村民小组为单位，在小组长、老党员等有影响力的村民家中设置“客堂间”，按照市、区、镇级美丽乡村 70%、50%、30%的比例创建。“客堂间”的功能也实现多样化。从“议事厅”“调解室”到“微课堂”“展示厅”，从建立之初较为单一的谈心谈话空间到叠加党建、妇联、残联、就业、文广等其他部门的职能。“客堂间”在坚持自治性的基础上充分发挥政府的指导作用，就地、就近、就事为更多的村民提供更及时、更便捷、更贴心的服务，把基层社会治理的末梢延伸到村小组，为最小单元的“熟人社区”提供自治载体。至 2019 年年底，青浦区有序运转的“客堂间”数量达 632 家，先后培育出“游学张马，寻梦田园”“春满园温馨站”“莲湖益站”等客堂文化子品牌。　　（李健飞）

【“莲湖益站”项目】 2019 年，青浦区民政局在莲湖村探索社会组织参与乡村振兴工作新模式。莲湖村是青西郊野公园核心范围内唯一的原生村落，村内常住人口较少，且以老年人为主。村民希望能有增加收入的新兴渠道，有安全舒心的生活环境，有丰富多彩的娱乐活动，有足不出村的健康保障。区民政局通过实地调研走访，倾听村民心声，制定工作方案；集结社会资源，挑选 34 家优秀社会组织成立社工协会助力莲湖乡村振兴；实施公益引领，租下两处农民闲置房屋作为“莲湖益站”活动阵地。“莲湖益站”具有“8＋8”服务功能，即快递代收点、慈善超市、公益展示、彩票点、福利彩票销售点、志愿者休息站、公益基地、经常性捐赠点＋幸福老年晚年益站、村民技能培训、村民小法庭、公益小厨房、康复活动区、村民小广播、茭白叶编织工作室及职业指导站。区民政局通过打造“莲湖益站”，充分发挥社会组织在乡村居家养老、精神文化、社区治理等方面的积极作用，总结经验提出“一张网、一个圈、一个台、一个家的”的“4＋益”公益品牌。　　（李健飞）

【“暖心阁”婚姻辅导品牌】 “暖心阁”婚姻家庭辅导工作室由青浦区民政局、上海市慈善基金会青浦机构、青浦区妇女联合会主办，以“一站两中心”为运营模式，持续为全区市民开展婚姻家庭辅导服务。一站即婚姻家庭辅导室，设在离婚登记处，为离婚家庭“把关”，对冲动型离婚的夫妻进行劝和，对感情确已破裂的进行理性引导。两中心即两个社区工作室，长期坚持免费为社区居民开展心理和法律咨询服务，为预防婚姻走向终点筑起“防护墙”。“暖心阁”自 2015 年起持续举办《幸福课站》系列讲座，邀请资深婚姻情感咨询师进社区、进学校、进企业授课，内容涵盖家庭关系调解、亲子关系处理、老人再婚与情感生活等主题。同时，长期跟踪帮助劝和对象，协助有就业困难的人群再就业，帮助因家庭问题导致心理创伤的人员矫正认知等。2019 年，“暖心阁”共计接待当事人 1 561 对，其中开展心理疏导 1 425 对，愿意接受调解 129 对，离婚劝和 49 对，劝和成功占调解数的 38%，另外接待个人咨询 12 例，开展《幸福课站》6 期。“暖心阁”曾被上海市民政局授予窗口单位“优质服务品牌”，被上海市思想政治工作研究会授予“上海市人文关怀心理疏导示范点”，被青浦区社会工作党委授予青浦区 2016 年度社会组织参与社会治理“十大创新案例”入围奖，荣获 2019 年度市民政系统第六届“十佳服务品牌”。　　（李健飞）

【大型结婚登记颁证活动】 青浦区民政局把“淀山湖”作为青浦水乡的标志和家风传承的根脉，以“上善若水、大志修身”为核心理念，致力打造江南水乡婚姻文化特色品牌“情定淀山湖”。8 月 7 日，策划开展“新家庭，新风尚——2019‘我们的节日·七夕’”主题颁证活动，通过体验浓厚的传统文化氛围及庄重的主题颁证仪式，让新人铭记爱的誓言与家的责任，以新家庭的建立为起点，用向上向善的文明家风开启新征程。9月27日，青浦区率先聚合长三角生态绿色一体化发展示范区新人，邀请江苏省苏州市吴江区和浙江省嘉兴市嘉善区在青浦区金泽镇莲湖村举办2019年青浦"情牵三地缘，筑梦新时代"青吴嘉三地大型结婚登记颁证活动，倡导结婚登记颁证服务与婚礼相结合，为三地12对新人举办简约适度的集体婚礼，围绕水乡特色，弘扬中华清正家风仪范，强化新人的家庭责任意识。（李健飞）

【"孝情驿站"品牌】 青浦区民政局以"孝文化"为精神依托，以"情关怀"为抚慰目的，2015年创建市级文化品牌"孝情驿站"。青浦区殡仪馆设有守灵堂3套，守灵服务组有职工18人，实行"无烟守灵"、文明治丧，被社会公众称为"孝情驿站"。青浦区殡仪馆实行24小时管家式服务，提供居家守灵服务模式，倡导文明治丧、绿色守灵，依托"孝文化"，给予"情关怀"，做实做细做精守灵服务工作。守灵服务区设置孝文化宣传长廊，宣传孝道文化、守灵服务由来、灵堂布置要素、灵堂服务流程以及文明守灵规则；灵堂布置凸显简洁庄重，以宾馆式标准房设置，免费提供茶饮、糕点和雨具，让服务对象感到细心和温馨；做好丧户心理的疏导、心灵的慰藉。以"孝"与"情"探索实践心灵抚慰和情感交融，受到服务对象的肯定。"孝情驿站"品牌建设开展以来，多次被评为上海市和青浦区的先进集体、多人被评为先进个人。丧户到殡仪馆设灵堂、办丧事逐年递增。（李健飞）

【"无烟墓园"建设】 青浦区共有殡仪馆1家、经营性公墓8家、镇级公益性公墓11家，村级公益性埋葬点102个。2016年，上海福寿园墓地于清明节向市民推出首个"无烟墓区"——文星园节地生态葬区，凡选择该园区的市民，需签署一份"绿色承诺"：祭扫中不燃放爆竹、不烧锡箔和纸钱。在此基础上，区民政局要求各经营性公墓积极响应"绿色青浦，上善之城"的创建活动，倡导"共建绿色无烟墓区，倡导零碳祭扫新风尚"。利用网站、微信等媒介进行宣传，通过电话、短信等方式进行告知，在墓区增添禁燃禁放宣传展板、横幅及道旗，发放禁燃告知书和宣传单，新购墓客户签订文明祭扫承诺书等方式加强宣传；严禁客户在祭扫时燃放烟花爆竹，燃烧锡箔、冥币、纸钱、纸扎、衣物等用品，提供电子蜡烛、墓碑擦拭布、黄丝带、心愿卡等产品，设立锡箔换鲜花点，引导携带锡箔纸钱的客户换取鲜花等祈愿祭扫物品等。2019年冬至期间，8家经营性公墓增添禁燃禁放宣传展板、横幅及道旗等宣传用品共463处，发放禁燃告知书、宣传单超40 000份，收取客户锡箔、冥币、纸钱、纸扎品约12 000袋，兑换电子蜡烛6 000件、黄丝带600条、许愿卡500张、花束近10 000件。福寿园提供新媒体互动、音乐点歌、公益鲜花自助服务，让客户享有多选择的文明祭扫方式；至尊园、静园开展"莲"语寄情活动，让客户在宣传版上写下祈福寄语；徐泾西园主动联系青浦区报国寺，代客户将锡箔统一送至报国寺焚化，并将整个过程拍摄图片和录像，消除客户疑虑。（李健飞）

奉贤区

【综述】 奉贤区总面积687平方千米，辖3个街道办事处、8个镇、136个居民委员会、175个村民委员会。2019年年底常住人口108.3万人。奉贤区民政局主要承担社会救助、养老服务、基层政权和社区建设、社会组织管理，以及婚姻、殡葬等专项事务管理工作。内设办公室、党群工作办公室、计划财务科、社会救助科、养老服务科、基层政权和社区建设科、社会组织管理科及8家局属事业单位，公务员24人，事业单位人员83人。

社会救助：2019年，奉贤区共发放各类生活救助、教育救助、临时救助18.77万人次，金额1.45亿元。其中最低生活保障4.97万人次，支出4 732.23万元；粮油帮困卡(券)发放6.25万人次，支出437.07万元；重残无业补助4.75万人次，支出6 378.56万元；支内回沪人员生活补助2.02万人次，支出2 211.74万元；特困供养人员补助2 418人次，支出353.79万元。落政救济人员、特殊救济对象181人次，支出28.33万元。教育救助490人，支出114万元。各类临时补助4 399人次，支出159.28万元。全年筹措救急难综合帮扶资金2 630万元，帮扶4 054人次，发放帮扶资金2 977.48万元。全年救助流浪乞讨人员163人次，实施医疗救助87人次，给付医疗费用、生活费、返乡费300余万元。开展"东方美谷、风雨彩虹——圆梦行动在贤城"主题活动，对全区"孤、老、病、残、贫"困难家庭及困难人员开展"梦圆新春　温暖贤城"主题圆梦活动，征集梦想并圆梦600个。至2019年年底，全区有福利彩票代销站点130家，中福在线销售厅1家，实现彩票销售2.47亿元，筹集区级公益金约1 500万元，完成全年销售目标任务的109.8%。

社会福利：至2019年年底，奉贤区60周岁以上户籍人口17.82万人，占户籍人口32.89%，其中百岁老人86人。全年改建失智照护床位100张；完成农村薄弱养老机构改造14家；新增社区综合为老服务(分)中心8家，累计19家；新建老年人日间照护中心11家，累计41家；全区有居家养老服务中心13家；新建老年人助餐点15家、社区长者食堂17家。新增农村宅基睦邻"四堂间"103家，累计422家。会同区财政局、区市场监管局印发《关于提升本区老年助餐服务水平的实施意见》，构建家庭养老支持照顾系统，为 1 500 余名老年人提供日间照料、助餐等社区养老服务。落实市老年综合津贴制度，全年发放 49.98 万人次、2.01 亿元。落实《关于规范奉贤区困难失智失能对象护理用品补助工作的通知》，区、镇两级补贴 5 630 人次、88.84 万元。成立奉贤区养老机构管理中心（奉贤区福利院），区福利院完成服务型机构向管理型单位转型。推进“老伙伴”计划，1 600 名低龄老年志愿者对 12 个街镇、社区的 8 003 名高龄独居老人开展心理慰藉、健康指导、聊家常等上门服务 38.41 万人次。开展“银发无忧”老年人意外伤害综合保险推广工作，全年理赔 137 人次 9.6 万元。全年发放散居孤儿基本生活费 36 人次，6.48 万元，困境儿童基本生活费发放 310 人次，58.96 万元。至 2019 年年底，全区有在册残疾人集中就业企业 62 家，安置残疾职工 1 214 人，实现销售收入 34.9 亿元，缴纳增值税 1.22 亿元。完成 2018 年上海市福利企业残疾人集中就业社会保险费补贴的审核发放，70 家企业 1 901 名残疾人享受社保补贴资金 1 095 万元。发放困难残疾职工生活补贴和重度残疾人护理补贴 15.68 万人次，计 3 888.42 万元。申报 2 家康复辅助器具社区租赁点。

社区治理：全面完成村“两委”成员开放式办公，出台《奉贤区关于推进“沉浸式”办公的实施意见》，推进“沉浸式”办公。全区 175 个村开通“社区通”平台，实现“阳光村务工程”全覆盖。组织开展全区村（居）委会主任培训和社区工作者骨干实务培训，加强村（居）委会队伍建设。规范行政区划管理，成立金海街道，庄行镇邬桥社区创建为“基本管理单元”。新设立居委会 15 个：柘林镇佳源居委会、如意居委会，金汇镇德苑居委会、金贤居委会、金聚居委会、泰和居委会，青村镇青河居委会、长丰居委会、青韵居委会，奉浦街道君望居委会，四团镇平乐居委会、天鹏居委会、平港居委会、欣悦居委会，海湾旅游区海尚居委会。继续推进全国农村社区治理实验区建设，接受民政部专家组跟踪指导。南桥镇江海村、奉城镇陆家桥村、四团镇新桥村、柘林镇迎龙村、金汇镇光辉村、青村镇吴房村和庄行镇存古村创建为“上海市农村社区建设试点示范村”。

社会组织：2019 年，奉贤区新增社会组织 111 家，累计 836 家，其中社会团体 184 家，民办非企业单位 652 家。新增生活服务类、公益慈善类、文体活动类、专业调处类“四类”社区社会组织 76 家，累计 404 家。全区共 673 家社会组织接受年检，合格和基本合格率 90.8%。完成 20 家社会组织的财务审计抽查。55 家社会组织接受规范化建设评估。全面完成 5 家脱钩行业协会商会审计和方案申报、审核工作。组织 108 家社会组织参与撰写社会治理案例，48 篇入编《奉贤区社会组织参与社会治理优秀案例集》。根据《2019 年上海市创新社会治理加强基层建设工作要点》，年内在奉贤区各街镇共培育 12 家物业调处类社会组织，其中成立登记 7 家，变更登记（增加业务范围）5 家。举办以“弘扬公益贤风、共建美丽贤城”为主题的第九届奉贤区公益伙伴日（月）开幕活动，举办“贤社荟”公益论坛之“主任面对面”等各类公益主题活动 80 余场。

社会服务：2019 年共办理结婚登记 3 276 对、离婚登记 2 080 对，结婚登记合格率 100%。补发结婚证 740 件、补发离婚证 169 件，出具无婚姻证明 26 件。办理收养登记 1 件，建档率、入户走访率均达到 100%。网上预约结婚 722 对，占结婚总数 22.04%。婚姻家庭辅导室接待婚姻辅导 1 160 对，占离婚总数 55.77%。区殡仪馆完成火化遗体 5 004 具，比上年增加 146 具。年内，发放区内孤老、市劳动模范、残疾人、伤残抚恤对象、城乡低保、特困供养对象等特殊对象基本殡葬补贴 7.79 万元。完成整治农村散埋乱葬 4 070 穴，平整土地 0.9 公顷。清明期间，全区 3 家经营性公墓和 18 家镇级公益性公墓接待祭扫人流量 121 万人次，落葬 2 726 穴；冬至期间，全区祭扫人流量 33 万人次，落葬 3 872 穴。全年发放生态葬奖补金 231.75 万元、海葬奖补金 2.4 万元。（王中晶）

【综合帮扶新政】 2019 年，奉贤区民政局落实《奉贤区社区市民综合帮扶实施办法》，将受助范围由低保、低收入家庭拓展到支出型贫困家庭，规范精准帮扶对象，提高帮扶比例，缓解特殊困难家庭急、难、愁问题。区级帮扶资金从上年的 900 万元增加至 1 800 万元，街镇按照 1∶1 进行配比，全区各级综合帮扶资金 4 764 多万元；对 3 264 名困难家庭的居民实施个案帮扶，支出帮扶资金 3 885.64 万元，人均帮扶 11 905 元，比上年增加 69.7%；开展困难老人住院、安徽下放回沪人员等 10 个帮扶项目，累计为 4 513 人次解决“急难愁”问题，帮扶资金 878.55 万元。（王中晶）

【农村养老新体系】 奉贤区聚焦“老小旧远”等突出问题，着力构建“镇有院，片有所，村有点”农村养老新体系。一是夯实养老基础设施，做强养老服务机构。至年底，全区运行的养老机构（含长者照护之家）有 32 家，核定床位 6 922 张，确保公办养老床位不低于 2%，总床位不低于户籍老年人口 3.5%。二是整合养老服务资源，做大社区养老服务。至年底，全区规模型生活驿站 82 家，微型生活驿站 252 家，为老年人提供上门、结对、智慧、健康等多维服务。三是创新互助服务模式，做实农村养老服务。全年新建农村宅基睦邻“四堂间”103 家，累计 424 家，实现村居全覆盖，引进第三方专业社会组织进行管理，通过分类培训，制定制度规范，创建星级“四堂间”。7 月，奉贤区接受全国居家和社区养老服务改革试点工作专家组中期成果验收，评为优秀；12 月，获全国首批农村社区治理实验区和上海

市十大智慧健康养老典型案例优秀奖。（王中晶）

【农村宅基睦邻“四堂间”】 奉贤区以农村老年人实际养老需求为导向，探索建立“政府牵头、社会赞助、村委负责、老年自愿”的机制，充分利用农村地区闲置宅基房屋，进行基础设施“再改造”，为农村地区的老年人打造“吃饭的饭堂、聊天的客堂、学习的学堂、议事的厅堂”即“四堂间”，实现农村养老“不离乡土，不离乡亲，不离乡音，不离乡愁”的不离家情结。2019年，全区完成创建农村宅基睦邻“四堂间”103家，累计创建422家，惠及农村老人约1.26万人。120家睦邻“四堂间”被评为市“示范睦邻点”；农村宅基睦邻“四堂间”荣获“全国农村公共服务典型案例”、上海市“公益之申”十佳公益项目。（王中晶）

【“三社联动”】 2019年，奉贤区民政局通过社会力量有序参与，深入推进“三社联动”社会治理平台。向各街镇、社区、开发区征集和梳理社区民生需求，形成《2019年奉贤区民生服务需求清单》《2019年度政府向社会组织购买民生服务拟招投标项目清单》，会同区编办、区财政局召开购买民生服务项目征询会，确定向社会组织购买的民生服务招投标项目。通过政府采购平台，分四批完成70个政府购买民生服务项目招投标工作，涉及资金1 300余万元。委托第三方专业评估机构上海奉贤区众新公益发展服务中心对32个政府购买民生服务项目进行中期绩效评估，其余38个项目评估于2020年开始。对2018年1月1日后获得专业社工证、符合奖励条件的90位社工给予一次性奖励，共下拨资金27万元；对经各街镇、社区、开发区备案的、在社区治理中起积极作用，且符合补助条件的271个社区类社会组织（群众团队）给予经费补助，共下拨资金27.1万元；对上年经区民政局登记注册的重点培育发展社会组织给予第一年不超过1万元开办费补贴，上报申请106家，经审核补贴发放83家，下拨资金75.7万元。审核完成2019年社会组织代理记账补贴、全职聘用社工补贴、规范化建设评级奖励、枢纽型社会组织工作经费等。（王中晶）

【“沉浸式”办公试点】 2019年，奉贤区以1个街道、20个村、22个居为试点，探索推进“沉浸式”办公，通过让基层干部将办公场景置身于群众之中，实现从传统的“等百姓来”到“走进百姓间”的转变。实行“一卡一本，上门不漏户”，通过制作“村（居）· 民联系卡”，标明村（居）“两委”成员基本信息，送至每户村（居）民手中。采取定时定点接访、上门入户走访、围绕主题专访、急事难事约访等多种形式联系群众，听取群众心声，及时记录“民情日记本”，完善民情档案。做到“一单一册，服务不缺项”，结合村（居）实际和群众需求，按照“5+X”模式梳理形成《服务项目清单》，“5”为党群服务、政务服务、卫生服务、生活服务、志愿服务五大类，“X”可根据各街镇（社区、开发区）及本村（居）实际，增设特色服务项目。针对清单内的每项内容编制《办事流程手册》，具体说明每项服务的对象条件、服务流程、注意事项、相关材料等内容。实现“一月一汇，解难不出村（居）”。村（居）干部建立每周碰头、每月例会制度，对走访情况进行交流分享，梳理汇总每名干部在走访中收集的意见建议、困难问题，建立挂牌消项、约请街镇、满意度反馈等制度。（王中晶）

【生活驿站】 生活驿站是城乡生活网络的一个空间节点，交换交流的公共平台，具有开放性、现代化、个性化的全天候便民综合体。按照“公共＋公益、便民＋利民、共享＋共治”的原则，以15分钟、30分钟、60分钟社区生活圈为规划点，科学配置各类便民服务功能，立足解决服务群众“最后一公里”。9月，召开2019年奉贤区生活驿站建设推进大会，评选出10家“奉贤区最美生活驿站”、10个“奉贤区生活驿站最受欢迎项目”、5支“奉贤区生活驿站最佳运营团队”、5家“奉贤区生活驿站最佳组织奖”。建立全区统一的“生活驿站网上信息管理平台”，推出“奉贤区生活驿站”微信小程序，群众参与生活驿站活动打卡信息36万余条，奉贤各类生活驿站开展服务活动8 400余次，共有180余万人次“打卡”。至年底，全区共投入资金2.9亿元，建成规模型生活驿站84家，微小型生活驿站252家。（王中晶）

【“贤人颁证”服务品牌】 2011年，奉贤区民政局特邀社会各界德高望重的贤人，为参加结婚登记新人集体颁发结婚证书，并命名为“贤人颁证”。2019年，奉贤区不断深化“贤人颁证”服务品牌建设。全年共举办“一元复始万象新 · 喜结同心幸福来”——“我们的节日 · 元旦”专场；“巾帼新作为 · 引航新家庭”——三八红旗手专场；“劳动最光荣 · 齐贤创幸福”——五一国际劳动节专场；“垃圾分类促环保 · 美化贤城有新人”——垃圾分类宣传专场；“美育修身寻梦七夕 · 助建美谷缘定贤城”——“我们的节日 · 七夕”美育工程专场暨第六届公益相亲大会；“盛世华诞70载 · 贤城共圆幸福梦”——我们的节日 · 国庆专场；“爱人一生皆贤语 · 一路芳芳暖贤城”——迎进博美育修身专场暨缘定贤城青年联谊会等7场大型活动，不断提升“贤人颁证”服务品牌的社会影响力。（王中晶）

崇明区

【综述】 崇明区由崇明、长兴、横沙等三岛组成，三岛陆域总面积1 413平方公里，辖16个镇、2个乡、81个居民委员会、269个村民委员会。2019年年底常住人口73.09万人。崇明区民政局主要承担社会救助、养老服务、基层政权和社区建设、社会组织管理，以及婚姻、殡葬等专项事务管理工作。机关内设办公室、组织人事科、财务科、基层政权和社区建设科、社会组织管理科、养老服务科、社会科、婚姻管理科8个科室，下属7个事业单位，在编机关公务员22人，在编事业人员67人。

社会救助：2019年，崇明区有低保对象12 527人、低收入对象41 191人，共对最低生活保障、特困供养、重残无业等民政保障对象实施生活救助、临时救助等生活救助44.83万人次，支出2.12亿元。出具居民经济状况核对报告108 344份。组织元旦、春节期间帮困送温暖活动，投入救助资金4 596万元，受益群众7.3万人次。开展市民综合帮扶，募集帮扶资金739万元，组织实施"天伦安康"结石病防治等帮扶项目。完成区救助管理站标准化试点，制定、纳入75个基础标准。组织助医、助学、助老等慈善救助活动，全年共接收各类捐款1 093万元、物资12批386.6万元。销售福利彩票8 191万元。

社会福利：完成第二批11家农村薄弱养老机构改造项目，新增366张养老床位、改建60张认知症老人照护床位，新建2家长者照护之家、7家老年人日间照护中心、34个社区老年助餐场所、8家社区综合为老服务中心(分中心)，新建15个、改建10个社区老年人活动室，建设100个示范睦邻点。上线崇明养老服务平台，新增16个社区养老顾问点。2019年，开展居家养老服务11.36万人次，补贴金额7 696万元；发放老年综合津贴72.1万人次，总计2.98亿元。为18 673名85岁以上老人赠送"银发无忧"保险，2 300名低龄老人志愿者为11 500名高龄、独居老人开展家庭互助志愿服务61.46万人次。实施困境儿童基本生活保障制度，为32名困境儿童和3名社会散居孤儿发放每人每月1 900元基本生活费。安置2名成年孤儿。发放困难残疾人生活补贴20.6万人次，5 405.99万元，重度残疾人护理补贴13.3万人次，2 605.04万元。对105家残疾人集中就业企业实施2018年度残疾职工社会保险费补贴1 815.5万元。至2019年年底，全区60周岁及以上老年人25.48万人，占户籍人口总数的37.55%，其中百岁老人151人；农村留守儿童941人，困境儿童395人；残疾人集中就业企业109家，安置残疾职工2 215人。

社区治理：推进"五美社区"建设，全面开展全国农村社区治理实验区建设。加强村居委会规范化建设，实现"一站式服务"村居全覆盖。修订社区工作者招聘办法、考核办法、额度管理办法和职业化薪酬体系操作办法，开展两轮招录，全区社区工作者共991名。总结推广社会建设制度创新和实践经验，开展第四届崇明社会建设"十大创新项目"评选。

社会组织：优化社会组织登记管理受理、审批工作流程，办理"一网通办"业务611件。组织社会组织年检，社会团体年检率99.2%，民办非企业单位年检率98.7%，均位列全市第一。加强社会组织规范化建设评估，上海市崇明癌症康复协会等6家社会组织分别获评3A～5A等级。强化社会组织党建，87%以上社会组织完成"双报到"。加大政府购买社会组织服务力度，癌症新生困难患者关爱服务等9个项目为6 040名困难老人、儿童、残障人士等提供186.8万元项目服务，各乡镇购买居家养老、社区调解、生态保洁等社会组织服务60余项、2亿余元。至2019年年底，全区社会组织629家，其中社会团体145家，民办非企业单位484家。

社会服务：优化社区事务受理服务中心政务服务，190项社区事务中189项实现"全市通办"和"一网通办"，东平镇社区事务受理服务中心获评5A级受理中心。组织实施"爱满心扉"关爱留守儿童等9个公益性项目，全区社区志愿者157 765名，志愿团体952个。全年共办理结婚登记4 174对，补领结婚证1 250份，离婚登记2 245对，补领离婚证128份，收养登记5例，完成婚姻系统自查及抽查数据补录、更正16万条。组织违法违规私建"住宅式"墓地等突出问题专项摸排，推进7个乡镇公益性埋葬地和骨灰堂改建，至2019年年底，全区共有公益性埋葬地36个、公益性骨灰堂20个。全年共火化尸体7 150具，5家公墓共出售墓穴2 769穴、壁葬991格，发放基本殡葬服务补贴、节地生态安葬补贴1 033人次、91.6万元，接待清明祭扫群众28.7万人次。

(施云丹)

【收入核对"精准课堂"】　2019年，崇明区紧抓居民家庭经济状况核对环节，通过举办"精准课堂"系列培训活动，切实提高核对员专业水平和职业素养。设置经济状况认定应用、共有产权保障房经济状况认定等业务类课程，以及核对员工作职责等职业素养类课程。针对核对工作中涉及的14类比对专线，邀请市核对中心等机构的收入核对领域专家和税务、法律、工商等方面专家、专业工作者授课。邀请基层核对员展示和交流基层核对工作方法，以案释法、以例释法，总结和提炼收入核对经验。鼓励核对员参与"精准课堂"自主授课、组团学习、跨区交流，提升自身业务水平和交流能力。至年底，全区收入核对员、社区工作者、村居干部近500人次等参加培训，提出问题近200条，收集各类建议30多条；部分核对员在市级征文活动、内部培训师评选活动中取得佳绩，被聘为市级内部培训师。

(施云丹)

【农村薄弱养老机构改造】 崇明区针对农村公办养老机构普遍建设时间久、空间余地小、硬件设施差的短板，以保障基本养老公共服务和入住老年人的安全为出发点，有序推进郊区农村薄弱养老机构改造项目。涉及项目审批的各部门共同研究制定项目推进总方案，畅通审核审批全流程，缩短前期准备周期。改造项目列入区政府重点工程和重大生态项目，成立区级领导小组，建立推进月报制度，确保改造工程全面完成、按时验收。对改造前管理服务相对薄弱的养老机构，引导扶持社会力量以"公建民营"的模式参与农村养老服务事业，通过运营主体的变化整合和盘活农村机构养老服务资源。加强和规范运营行为，开展管理人员和服务人员专业培训，推动服务与管理水平有效提升。至2019年年底，全区已完成第一批8家、第二批11家薄弱养老机构改造项目。 （施云丹）

【留守儿童关爱保护】 崇明区以精准关爱为抓手，守护留守儿童健康成长，切实兜住留守儿童安全底线，为关爱留守儿童提供"崇明样本"。区级层面，建立"儿童关爱保护工作联席会议"制度，负责组织领导和统筹协调，建立发现报告、动态管理、服务督导、部门协同、社会参与、源头治理、资金保障等一系列保障机制。乡镇层面，成立乡镇级儿童关爱保护工作领导小组，开展儿童信息动态摸底排查，建立农村留守儿童信息台账，通过"一人一档"，实行动态管理、精准施策。村居层面，落实村居儿童主任设置与培训，组织村居干部和志愿者定期开展入户走访工作，及时了解留守儿童家庭变化和生活困难。引入公益慈善类社会组织、志愿服务组织、爱心企业等社会力量，构建学校、家庭、社会三位一体的留守儿童和困境儿童关爱格局，建立4 000多位"爱心妈妈"、儿童辅导员、儿童心理咨询专家等专业队伍。全区330多个村居建立关爱特殊儿童工作站，组成关爱留守儿童小英志愿服务联盟。至2019年年底，各项关爱保护已覆盖全区农村留守儿童941人。 （施云丹）

【生态惠民保险】 2019年，崇明区增强困难群体抵御灾害风险能力，加强因病致贫群众救助力度，实施"生态惠民保险"。投保对象包括具有崇明区户籍的60周岁以上老年人、18周岁以下未成年人以及见义勇为人群，覆盖29.26万人，43%以上的户籍人口。保障项目包括自然灾害、溺水、高空坠物、乘坐公共交通工具、公共场所意外事故等意外险和恶性肿瘤、再生障碍性贫血、儿童先天性心脏病、慢性肾功能不全、血友病等医疗险。保障金额标准，团体意外险最高赔付20万元/人，团体医疗险按天计算住院补贴，部分病种给予一次性补贴，保费全部由财政承担。生态惠民保险实施后，崇明区民政部门通过新闻报道、新媒体传播、张贴海报、田间小喇叭广播、村民宣讲等多种形式广泛开展宣传，并通过保险业务员进乡镇、下村居等形式不断畅通理赔渠道，让困难群众在第一时间拿到赔付金。至年底，共赔付各类保障对象2 933人次560.46万元，占总保费416.78万的134%，第三方绩效评价中群众满意率达到97%。 （施云丹）

【农村"五美社区"】 崇明区推进以"自然生态美、宜居环境美、绿色生产美、乡风文明美、生活幸福美"为主要内容的农村"五美社区"建设，创建全国农村社区治理实验区。塑造"自然生态美"，推进"水土林气"综合治理，生态环境要素品质不断提升。营造"宜居环境美"，推进生态市集建设和农民相对集中居住，16个涉农乡镇实现郊野单元（村庄）规划全覆盖；开通运行区级城乡智能管理平台，建设全球首个5G全覆盖的人居生态岛；加强生活垃圾分类减量，被评为全市生活垃圾分类示范区。促进"绿色生产美"，启动实施绿色农业发展三年行动计划，构建"两无化"农产品生产体系，推进农业经营主体绿色食品认证申报工作，加快培育新型职业农民队伍。提升"乡风文明美"，弘扬崇明乡贤精神，加强睦邻点建设，开展庭院学堂、田间课堂、妇女微家等教育；修订完善村委会自治章程、村规民约。实现"生活幸福美"，提升社区公共服务设施投入水平，村居"一站式服务"实现全覆盖，基本管理单元建设和社区事务受理服务向社区延伸；加强生态就业岗位开发力度，提高生态养老补贴和生态惠民保险标准。2019年，全区推进87个市级、区级试点示范村建设。至年底，已成功创建1个全国农村幸福社区建设示范单位（竖新镇仙桥村），15个市级试点示范村（三星镇新安村、陈家镇花漂村等）、160个区级试点示范村建设。 （施云丹）

【阳光村居务工程】 崇明区积极推行"阳光村务工程"，推进村居事务可视化公开。采取政府购买服务方式，与电视网络供应商开展合作，在全市率先建立村居务信息公开电视平台，覆盖全区所有东方有线和电信IPTV数字电视终端，将设在每个村居委的公开栏、信息栏搬进电视屏幕。至2019年年底，已实现全区18个乡镇、350个村居委会、23万户村居民家庭入户全覆盖。梳理制定村居事务公开清单，明确工作规划、社会救助明细、实事工程进度、经费使用和发票报销明细等公开内容，全区350个村居已公开各类信息40万余条。采取村居委线下专人接待，监督电话、网上信箱、公众号平台等线上收集，线上线下全面融合的方式方便群众反馈监督意见。将"五美社区"建设搬上电视，全面展示水土林气综合整治、宅前屋后环境改善、垃圾分类减量等生态岛建设成果。将村居服务信息、社区事务受理事项等服务内容广泛公开，满足村居民对信

息获取的现实需求，方便群众家门口办事。（施云丹）

【村居大讲堂】 崇明区开展每月一次的“村居大讲堂”活动，重点对全区各村居党支部书记、主任等进行培训。与上海研究院合作签订战略合作框架协议，每月邀请国家、上海市和崇明区三个层面的专家学者、实践工作者，通过集中培训、分片授课和主题论坛三种活动形式开展公共治理理论，社区治理方法，法律法规应用，基层实践案例等全方位授课。培训内容将社区相关理论与实践经验分享紧密结合，覆盖面广泛且深入。培训对象涵盖区、乡镇民政、党建工作者，村居党支部书记、主任、后备干部、大学生村官等。至 2019 年年底，“村居大讲堂”已累计培训 12 500 多人次，有效提升村居干部政策水平、工作能力。（施云丹）

【婚丧喜庆移风易俗专项行动】 崇明区制定《推进婚丧喜庆移风易俗专项行动实施意见》，推进婚丧喜庆移风易俗专项行动。区级层面建立联席会议制度，负责统筹协调、指导推进、督促检查；乡镇层面建立推进工作小组，负责传导工作措施，协调解决矛盾，整合各类资源；村居层面普遍建立红白理事会，协同村居两委开展具体实践。通过党建服务中心和村居党小组，组织引导广大党员带头宣传，带头简办。结合乡贤理事会、五星文明户创建，吸纳民间“带头人”，通过上门宣传、签订承诺书、开展移风易俗履行情况评价等形式，凝聚自发而为、相互监督的社会力量。推进村规民约、居民公约修订，制定红白事程序和费用标准。各乡镇创新举措，通过适度奖励引导群众遵守公序良俗。注重提升婚丧喜事仪式办理水平，通过举办结婚证集体颁证仪式、金婚银婚纪念仪式等，倡导喜事新办文明新风。至 2019 年年底，全区移风易俗工作知晓率、签约率 100%，婚事移风易俗达到率 90%以上，丧事移风易俗达到率 99.8%以上。（施云丹）

【骨灰乱埋乱葬集中整治】 崇明区结合“美丽乡村”和“生态文明走廊”建设，深入开展骨灰乱埋乱葬集中整治工作。组织村委会加强排摸和梳理，对乱埋乱葬点逐一登记造册，全区共排摸出乱埋乱葬点 41 998 个。研究制定全区整治骨灰乱埋乱葬工作三年行动计划，联合区文明办、组织部、纪委等部门制定具体实施方案，全面部署推进集中整治行动。通过电视、报纸等传统媒体和网站、公众微信号等新媒体全方位、多层次、多渠道开展宣传；印发《文明治丧告知单》和《致农户公开信》，通过入户宣传的方式点对点开展乱埋乱葬集中整治和文明殡葬宣传，争取群众支持；抓住清明、冬至、大寒等传统节日节点，各乡镇结合实际和自身特点制定阶段性行动计划，由村委会工作人员上门入户开展工作，督促建墓户主实施整改。至 2019 年年底，共整治 143 个乱埋乱葬点，累计整治 41 981 个乱埋乱葬点，整治率达 99.96%。（施云丹）

第九篇　附　录

附录一：

大事记

1 月

4 日，市委统战部副部长蔡忠率“全国党外人士实践锻炼上海基地”第七批挂职干部考察上海民政工作。

7 日，市民政局召开党组理论学习中心组（扩大）学习会，推动各级党组织持续深入学习习近平新时代中国特色社会主义思想。

10 日，市民政局党组书记、局长朱勤皓赴奉贤区调研工作。

同日，市民政局党组书记、局长朱勤皓赴市民政传媒中心（老年报社）调研工作。

11 日，市民政局（市社会组织管理局）在上海公益新天地园举行市级社会组织评估等级授牌仪式。

13 日，市民政局举行离退休干部迎新春团拜会。

15 日，《上海福彩 2017 年度社会责任报告》发布。截至 2018 年底，上海福彩全年总销量 51.2 亿元，全年筹集福彩公益金 15.87 亿元，均创下历史新高。

17 日，市民政局召开党组理论学习中心组（扩大）学习会，专题学习大数据建模。

22 日，市民政局党组书记、局长朱勤皓赴虹口区调研养老工作。

23 日，市民政局作为已创成文明行业接受上海市第十届文明行业现场考评。

25～26 日，市委书记李强，市委副书记、市长应勇，市人大常委会主任殷一璀，市政协主席董云虎，市委副书记尹弘等市领导，分赴全市 16 个区的街镇村居，实地了解全市帮困救助工作推进落实情况。

29 日，市民政局副局长李勇赴川东安置所和上农安置所检查节前安全工作及流浪乞讨人员救助安置工作。

1 月，市民政局组织开展冬季送温暖走访慰问活动，局领导分别走访慰问了离退休干部和基层困难职工家庭。

2 月

14 日，市政府召开 2019 年上海市民政工作会议，总结回顾 2018 年民政工作，部署安排 2019 年各项工作任务。副市长彭沉雷出席会议并讲话，市政府副秘书长赵祝平主持会议。

19 日，市民政局副局长梅哲赴市残疾人集中就业企业协会调研。

22 日，市民政局党组书记、局长朱勤皓，副局长蒋蕊赴上海市政府参事室汇报本市养老服务发展情况。

26 日，2019 年上海市社会救助工作会议召开。

3 月

1 日，市民政局召开机关干部大会，宣布局内设机构调整及干部任命。

4～6 日，市民政局党组书记、局长朱勤皓率队赴浙江省学习考察社区建设和养老服务工作。

7 日，市民政局召开 2019 年市民政局系统干部大会，对年度民政有关综合性工作进行部署。

同日，市民政局副局长蒋蕊赴闵行区调研养老服务工作推进情况。

15 日，本市完成“寒冬送温暖”专项救助行动，共救助流浪乞讨或露宿街头人员入站 1 444 人次，街面劝导救助 524 人次，街面发放被服 119 人次，发放食品 148 人次，甄别无姓名、无地址的特殊疑难受助人员 30 余人，护送返乡 30 批 79 人。

同日，市民政局党组书记、局长朱勤皓赴市民政干部学校检查调研工作。

20 日，市民政局召开 2019 年党建暨党风廉政建设工作会议。

22 日，上海市福利彩票工作会议召开。

4 月

1 日，根据市委、市政府的统一部署，经市政府同意，本市调整城乡居民最低生活保障等社会救助标准。其中本市城乡居民最低生活保障标准提高到每人每月 1 160 元。

2～3 日，第十四次全国民政会议在北京召开。本市民政系统 5 个集体和 6 名个人荣获部表彰，其中市龙华殡仪馆王刚获民政部最高荣誉奖——“孺子牛奖”。

清明节期间，全市累计接待祭扫市民630万人次，同比增长4.9%；祭扫车辆85万辆，同比增长9%。清明祭扫总体情况平稳有序。

9日，副市长彭沉雷、市政府副秘书长赵祝平赴青浦区调研市康复辅助器具产业园。

同日，市民政局、市绿化和市容管理局召开新时代上海社区工作法论坛暨社区分类治理助推垃圾分类新时尚研讨会。

15日，市民政局党组书记、局长朱勤皓作为“2019民生访谈”第一期嘉宾，就市民关心的社会救助、养老服务等问题展开对话。

18日，市民政局召开2018年度上海民政科研工作交流会。会议表彰了民政部2018年政策理论研究获奖论文、2018年度局财政立项课题十佳课题及2016—2017年度上海民政优秀论文。

22日，市民政局召开2019年度民政标准化工作推进会。

同日，市民政局召开2019年基政工作会议。

25日，市民政系统召开学习贯彻习近平总书记对民政工作重要指示及第十四次全国民政会议精神座谈会。

28日，市政府新闻办举行新闻发布会，市民政局党组书记、局长朱勤皓，副局长李勇就《上海市社会救助条例》有关情况作介绍。

29日，市民政局举办“青春心向党　建功新时代”——纪念五四运动100周年暨建团97周年大会。

5月

1日，《上海市社会救助条例》正式实施。

5日，市民政系统召开第二次学习贯彻习近平总书记对民政工作重要指示及第十四次全国民政会议精神座谈会。

15日，市民政局召开上海民政“十四五”规划研究和编制工作动员部署会。

20日，市民政局举行党组理论学习中心组（扩大）学习会，专题学习新修订的《公务员法》。

21日，市民政局党组书记、局长朱勤皓赴陆家嘴街道社区事务受理服务中心调研长三角地区个人政务服务“一网通办”工作。

同日，市民政局召开2019年民政工作通报会，市民政局副局长蒋蕊向离退休干部通报民政工作。

22日，市民政局举办局系统处级干部深入学习贯彻习近平总书记考察上海重要讲话精神培训班。

23日，上海社会组织参与生活垃圾分类工作现场会在虹口区召开，市民政局、市绿化和市容管理局联合发布了《关于发挥本市社区治理和社会组织作用　助推生活垃圾分类工作的指导意见》。

24日，市民政局纪念上海市解放70周年专题活动——“上海70年社会建设回顾与展望”专家讲坛在上海市公益新天地园举行。

26日，市民政局在《文汇报》设立专版，开展“我们的七十年——民政新时代”主题展示活动，连续17期，共20个版面刊登展示市、区两级民政工作的历史发展脉络和最新工作成效。微信平台展示活动同步推出。

28日，市民政局推出第三批社区“养老顾问点”共150家。至此，本市社区“养老顾问点”已达254家，实现街镇全覆盖。

29日，市民政局党组书记、局长朱勤皓赴上海市工商联，就市政协十三届二次会议提案进行走访答复交流。

30日，上海市养老服务工作现场推进会召开，市委书记李强出席会议并讲话，市委副书记、市长应勇主持会议。市委副书记尹弘，市领导翁祖亮、诸葛宇杰、宗明参加。会前，李强、应勇率各区、各相关部门主要负责同志实地调研社区综合为老服务中心和养老机构建设运行情况。

31日，副市长宗明前往市儿福院，探望慰问孤残少年儿童。

6月

3日，市民政局集体参观“城市荣光——庆祝上海解放70周年”主题展览。

4日，杨浦区长海路街道成立大会召开，市委副书记尹弘和副市长彭沉雷为长海路街道党工委、长海路街道办事处揭牌。

同日，市民政局召开党组会，传达学习中央扫黑除恶第16督导组上海市工作动员会精神，部署扫黑除恶专项斗争工作。

5日，市民政局“打造‘一网通办’政务便利店”荣获上海市“最受市民欢迎的‘一网通办’十件事”之一。

6日，市民政局召开“不忘初心、牢记使命”主题教育动员会。

同日，上海市康复辅具产业园南滨江园揭牌。

11日，中组部、民政部举办的“基层政权建设和社区治理专题研究班”在中国浦东干部学院开班。民政部党组书记、部长黄树贤，市委副书记、中国浦东干部学院第一副院长尹弘，中央组织部组织二局局长、基层办副主任石军等出席开班式。

11～13日，“2019上海国际养老、辅具及康复医疗博览会”在上海新国际博览中心举行。展会同期，举行2019上海国际养老服务产业高峰论坛。

14日，《上海市志·民政民生分志·民政卷（1978—2010）》评审会召开。

17日，民政部2019年加强基层民政工作第20工作组到沪开展调研。

18日，市社会养老服务体系建设领导小组第15次会议召开，副市长彭沉雷主持会议并讲话。

同日，民政部、发展改革委、财政部、中国残联四部门批准上海市为国家康复辅助器具社区租赁服务试点地区。

19日，市民政局工会第七次代表大会召开。

20日，市民政局召开《上海市志·民政民生分志·民政卷（1978—2010）》工作推进会，全面部署《民政卷》（评议稿）修改工作。

21日，市民政局举行第十七期沪疆“银龄行动”志愿者赴疆欢送仪式。

6月，市民政局联合市委网信办、市通信管理局，集中对互联网殡葬服务行业乱象开展整治，共清理发布虚假信息的网页222个，关闭“梦生殡葬”“平安殡仪”等7家冒牌网站。

7月

5日，市民政局分别召开养老服务、困境儿童帮助两场调研会，瞄准民生领域痛点、难点、堵点问题和群众反映突出的问题，面对面听取基层和群众意见，研究解决方案。

8日，市民政局召开“市民政资金内控监管平台”上线动员会并进行区级试点发放。

12日，市民政局党组书记、局长朱勤皓赴嘉定区调研养老工作。

18日，《上海社会组织发展二十年》正式出版发行，记录了从1999年到2018年，特别是21世纪以来上海社会组织的发展历程。

20日～8月14日，在夏季高温之际，市民政局领导分别带队走访局基层单位一线职工，看望慰问离退休干部。

24日，副市长彭沉雷主持召开“不忘初心、牢记使命”主题教育专题座谈会。

25日，市民政局举行“牢记初心使命　争做新时代民政孺子牛”主题宣讲会，对民政部“孺子牛奖”、全国民政系统先进集体、先进工作者和劳动模范，以及本市民政系统第五届“孺子牛奖”获得者进行了表彰。

26日，市民政局组织召开“全市社会组织参与脱贫攻坚推进会”。

31日，市民政局召开年度“新闻宣传工作媒体座谈会”。

8月

1～5日，市民政局党组书记、局长朱勤皓赴新疆开展沪疆“银龄行动”调研慰问活动。

9日，《上海社会救助发展报告》（白皮书）正式出版发行，回顾总结了改革开放40年以来上海社会救助事业的发展历程。

22日，市政府召开新闻发布会介绍上海持续推进“五位一体”社会养老服务体系建设情况，副市长彭沉雷参加会议。

22日～12月5日，“上海民政专家系列”丛书之《老年护理指南》（黄琴著）、《遗体防腐指南》（徐军著）和《遗体整容指南》（王刚著）出版发行。

23日，上海市康复辅助器具应用场景展示馆在国家会展中心“6＋365”常年展示馆开馆，成为进博会交易服务平台。许昆林副市长授牌。

同日，上海市康复辅助器具创新产品体验馆在上海假肢厂开馆。

29日，市民政局党组召开“不忘初心、牢记使命”主题教育专题民主生活会，要求坚持以人民为中心，不断增强政治能力，提高政治站位，全心全意为人民服务，使“不忘初心、牢记使命”主题教育的成效更加持续深入。

30日，市民政局召开儿童福利工作务虚研讨会，进一步贯彻落实全国儿童福利工作会议精神。

9月

3日，市民政局召开新闻发布会，宣布开通启用“上海市殡葬服务平台”，推行“上海市白事顾问”制度。

同日，市民政局举行了上海农商银行“公益基地”授牌暨战略合作签约仪式，推动公益信用激励实施。

5日，以“让困境中的花朵快乐绽放”为主题的2019年“中华慈善日”活动在中国福利会少年宫举行。

8日，作为上海“公益伙伴月”的重要活动，“爱满社区—社区基金会开放日”于六大地标性商圈同步举行。

20日，“部分城市救助管理站站长交流会议”在上海召开，会议主题为“共享共赢促发展　大爱无疆助进博”，全国28个省（市）52个城市的救助管理站站长等参加会议。

21～22日，以“公益同行　成就未来”为主题的第九届上海“公益伙伴日”主会场活动在上海公益新天地园举行，副市长彭沉雷、市政府副秘书长赵祝平等出席活动。

22日，由市民政局、市测绘院和上海城市规划展示馆联合主办的“地图文化之旅·上海市行政区划的变迁”主题活动在上海城市规划展示馆揭幕。市民政局、市测绘院编制的《上海市行政区划变迁图集（1949—2019）》正式出版。

23日，市民政局开展新中国成立70周年走访慰问离休干部暨纪念章颁发活动。

同日，上海市第419次海葬活动举行。

同日，上海婚姻文化展示馆四件藏品参展“伟大历程辉煌成就——庆祝中华人民共和国成立70周年大型成就展”。

24日，市民政局召开上海市民政局局管社会组织工作会议。

25 日，市民政局召开安委会工作会议。

26 日，市民政局召开 2019 年全市民政系统创建文明行业工作会议暨为全国劳模和先进工作者颁发“庆祝中华人民共和国成立 70 周年”纪念章与迎接第二届国际进口博览会民政系统窗口服务保障动员会。

10 月

1 日，市民政局集中收看收听庆祝中华人民共和国成立 70 周年大会，认真学习习近平总书记重要讲话。

9 日，民政行业获 2019 年全市行业文明进步指数测评公用性服务行业第一名。

14～18 日，由市委组织部、市委党校、市民政局联合举办的第 1 期社会工作高层次人才研修班在市委党校开班。

17 日，本市举行“实干彰显初心、奋斗践行使命”对口帮扶先进代表和典型案例主题展示活动，市委副书记尹弘、副市长彭沉雷出席活动。

20 日，2019 年全国民政论坛在杭州举办。民政部党组书记、部长黄树贤出席论坛并致辞，民政部党组成员、副部长詹成付主持会议。上海民政系统共有 15 篇论文获奖，其中一等奖 2 篇、二等奖 3 篇、三等奖 10 篇。

22～23 日，民政部副部长王爱文调研上海市民政法治和标准化建设、社区事务受理服务中心标准化建设，以及“全市通办”“一网通办”等工作情况。

28 日，市民政局党组书记、局长朱勤皓，副局长梅哲出席静安区婚姻(收养)登记中心新址启用揭牌暨结婚登记颁证仪式，并调研“智社 688”项目。

同日，市民政局党组书记、局长朱勤皓，副局长梅哲赴上海市康复辅助器具创新产品体验馆调研。

29 日，市民政局举办局系统中青年干部培训班座谈会暨“我为‘十四五’上海民政发展献一计”学员论坛。

30 日，市民政局召开党员代表大会，选举产生新一届直属机关党委、纪委。

同日，市民政局党组书记、局长朱勤皓赴宝山区调研社区治理工作。

11 月

6 日，作为第二届中国国际进口博览会的配套活动之一，“2019 长三角国际康复辅助器具产业创新论坛”在国家会展中心(上海)举办。

8 日，市民政局召开党组(扩大)会议传达学习十九届四中全会精神、习近平总书记考察上海重要讲话精神。

12 日，副市长彭沉雷、市政府副秘书长赵祝平到市民政局调研工作。

15 日，市第十五届人大常委会第十五次会议表决通过了《上海市志愿服务条例修正案》。新修改的《条例》将于 2020 年 1 月 1 日正式实施。

15～16 日，缅甸社会福利和救济安置部副部长梭昂率代表团参观访问本市社会福利工作。

18 日，市民政局与奉贤区人民政府举办了《关于共建上海孝亲文化展示馆的框架协议》签约仪式。

19 日，“2019 长三角民政论坛”在安徽合肥举行，沪苏浙皖三省一市共同签订《深化长三角区域养老合作与发展・合肥备忘录》。民政部副部长高晓兵出席并致辞。

同日，市政协 60 余位委员赴浦东新区周家渡街道综合为老服务中心开展“本市社区养老服务工作情况”专题年末视察，市政协副主席黄震参加并主持视察座谈会。市民政局作为主汇报单位，介绍了本市社区养老服务工作的基本情况。

21 日，民政部 2019 年加强基层民政工作第 20 工作组向上海市民政局反馈蹲点调研情况。工作组分别于 6 月 16～21 日、7 月 21～26 日、9 月 16～21 日、11 月 19～21 日，先后赴市民政局和杨浦、虹口、普陀、崇明、静安 5 区开展调研。

22 日，本市召开全面推开行业协会商会与行政机关脱钩改革工作部署电视电话会议，副市长彭沉雷出席会议并讲话。

12 月

1 日，市民政局副局长李勇作客上海人民广播电台“政风行风热线”栏目，宣传解读民政政策，与听众进行对话交流。

2 日，市民政局党组书记、局长朱勤皓赴局信息研究中心调研区块链技术在民政领域的应用。

4～6 日，2019 年社会组织参与社会治理街镇示范班举办。

5 日，本市召开 2019 年加快发展康复辅助器具产业部门联席会议。

6～7 日，市民政局召开 2019 年民政工作务虚会。

9 日，市民政局党组书记、局长朱勤皓调研民政信访工作。

10 日，市民政局召开 2019 年上海市殡葬改革专项工作现场推进会。

11 日，2019 年“为老服务类”共六项市政府实事项目全部提前且超额完成。

17～19 日，市民政局举办局属单位党政负责人培训班。

18 日，市民政局副局长曾群赴嘉定区调研“阳光村务工程”推进情况。

22 日，市民政局党组书记、局长朱勤皓赴市清明节工作指挥部检查指导冬至祭扫工作。冬至期间累计接待祭扫市民 190 万人次，祭扫车辆 29 万辆，落葬

21 491穴。

24日，上海市民政局执法总队正式成立并举行揭牌仪式。

同日，市民政局党组书记、局长朱勤皓，副局长曾群赴浦东新区周家渡街道，调研全市“社区云”建设在试点街道的推进工作。

27日，市政府召开2019年上海市社会救助工作联席会议暨2020年元旦春节帮困送温暖活动部署会，副市长彭沉雷出席会议并讲话，市政府副秘书长赵祝平主持会议。

附录二：

上海民政法规与规范性文件

一、地方性法规

1.《上海市社会救助条例》(2018 年 11 月 22 日上海市第十五届人民代表大会常务委员会第七次会议通过,2019 年 5 月 1 日正式实施。)

2.《上海市志愿服务条例》(根据 2019 年 11 月 15 日上海市第十五届人民代表大会常务委员会第十五次会议《关于修改〈上海市志愿服务条例〉的决定》修正)

二、规范性文件

1.《关于印发〈上海市基金会专项基金管理办法(暂行)〉的通知》(沪民规〔2019〕1 号)

2.《关于调整本市养老服务补贴标准的通知》(沪民规〔2019〕2 号)

3.《关于印发〈上海市社会组织直接登记管理若干规定〉的通知》(沪民规〔2019〕3 号)

4.《关于发布〈上海市城乡居民最低生活保障申请家庭经济状况核对实施细则〉的通知》(沪民规〔2019〕4 号)

5.《关于调整本市城乡低保及相关社会救助标准的通知》(沪民规〔2019〕5 号)

6.《关于印发〈上海市社会团体分类规定〉的通知》(沪民规〔2019〕6 号)

7.《关于印发〈上海市最低生活保障审核确认办法〉的通知》(沪民规〔2019〕7 号)

8.《关于印发〈上海市婚姻登记工作规范〉的通知》(沪民规〔2019〕8 号)

9.《关于废止〈上海市民政局、上海市社会团体管理局、中国人民银行上海分行关于在本市民间组织中实施工资基金管理工作的通知〉等 5 件行政规范性文件的通知》(沪民规〔2019〕9 号)

10.《关于进一步完善本市社会散居孤儿、困境儿童和艾滋病病毒感染儿童基本生活费发放工作的通知》(沪民规〔2019〕10 号)

11.《关于调整本市孤儿、困境儿童等基本生活保障标准的通知》(沪民规〔2019〕11 号)

12.《关于印发〈上海市城市居民享受最低生活保障待遇违法行为行政处罚裁量基准〉的通知》(沪民规〔2019〕12 号)

13.《关于印发修订后的〈上海市共有产权保障住房和廉租住房申请家庭经济状况核对实施细则〉的通知》(沪民规〔2019〕13 号)

上海市社会救助条例

(2018 年 11 月 22 日上海市第十五届人民代表大会常务委员会第七次会议通过)

第一章　总则

第一条　为了加强社会救助,保障本市居民的基本生活,帮助家庭或者个人克服生活困难,促进社会公平,维护社会和谐稳定,根据《社会救助暂行办法》等法律、行政法规,结合本市实际,制定本条例。

第二条　本市根据国家有关规定和经济社会发展状况,不断完善社会救助体系,推进城乡社会救助一体化建设,健全社会救助制度,逐步提高社会救助水平。

第三条　本市社会救助制度坚持托底线、救急难、可持续,与经济社会发展水平相适应,与其他社会保障制度相衔接,与法定赡养、抚养、扶养相结合,促进救助对象自助自立。

社会救助工作应当遵循公开、公平、公正、及时的原则。

第四条　市、区人民政府应当将社会救助纳入国民经济和社会发展规划，健全政府领导、民政部门牵头、有关部门各负其责、社会力量参与的社会救助工作协调机制。

各级人民政府应当完善社会救助资金、物资保障机制，将政府安排的社会救助资金和社会救助工作经费纳入财政预算。

第五条　市民政部门负责统筹本市社会救助体系建设，组织拟订相关社会救助政策和标准，建立健全居民经济状况核对和社会救助受理机制，开展相关社会救助管理工作。

区民政部门具体负责本辖区内相关社会救助管理工作，对乡镇人民政府、街道办事处开展社会救助工作进行业务指导和监督。

教育、房屋管理、人力资源社会保障、卫生健康、应急管理、医疗保障等部门按照各自职责，负责相应的社会救助管理工作。

发展改革、财政、审计、公安、城管执法等部门按照各自职责，共同做好相关社会救助工作。

第六条　乡镇人民政府、街道办事处负责有关社会救助的对象发现、申请受理、调查核实、审核确认、动态管理等工作。

村民委员会、居委会依法协助乡镇人民政府、街道办事处做好有关社会救助工作。

第七条　工会、共青团、妇联、残联、红十字会等组织根据职责或者章程参与社会救助，开展社会帮扶活动。

鼓励、支持公民、法人和其他组织参与社会救助。

第八条　各级人民政府及其社会救助管理部门应当通过各种形式，开展社会救助法律、法规、规章和政策的宣传。

广播电视、报刊、网站等媒体应当加强社会救助公益宣传。

第二章　社会救助对象

第九条　本市对最低生活保障家庭、低收入困难家庭、支出型贫困家庭、特困人员、自然灾害受灾人员和临时救助对象，根据其家庭经济状况或者实际困难，分类给予相应的社会救助。

第十条　最低生活保障家庭，是指在本市共同生活的家庭成员人均可支配收入低于本市最低生活保障标准，且符合最低生活保障家庭财产标准规定的本市户籍家庭。

第十一条　低收入困难家庭，是指未纳入最低生活保障范围，在本市共同生活的家庭成员人均可支配收入和家庭财产符合本市低收入困难家庭申请专项救助经济状况认定标准的本市户籍家庭。

第十二条　支出型贫困家庭，是指具有下列情形之一，且在本市共同生活的家庭成员年人均可支配收入低于本市上年度全市居民人均可支配收入、家庭财产符合本市低收入困难家庭申请专项救助财产标准规定的本市户籍家庭：

（一）家庭可支配收入扣除医疗、教育费用等必需支出后，在本市共同生活的家庭成员月人均可支配收入低于本市最低生活保障标准的；

（二）家庭年医疗费用支出在家庭年可支配收入中的占比达到或者超过规定比例的。

第十三条　特困人员，是指同时符合下列条件的本市户籍老年人、残疾人以及未满十六周岁的未成年人：

（一）无劳动能力；

（二）可支配收入低于本市最低生活保障标准，且财产符合最低生活保障家庭财产标准规定；

（三）无法定赡养、抚养、扶养义务人，或者法定赡养、抚养、扶养义务人无赡养、抚养、扶养能力。

第十四条　自然灾害受灾人员，是指因本市行政区域内发生自然灾害，导致其基本生活受到严重影响的人员。

第十五条　临时救助对象，是指具有下列情形之一的家庭或者个人：

（一）因火灾、交通事故等意外事件，家庭成员突发重大疾病等原因，导致基本生活暂时出现严重困难的本市户籍家庭或者家庭成员持有本市居住证的非本市户籍家庭；

（二）因生活必需支出突然增加超出家庭承受能力，导致基本生活暂时出现严重困难的最低生活保障家庭；

（三）因遭遇火灾、交通事故、突发重大疾病或者其他特殊困难，暂时无法得到家庭支持，导致基本生活陷入困境的个人；

（四）生活无着的流浪、乞讨人员（以下简称流浪乞讨人员）。

区人民政府可以根据本行政区的实际情况，规定遭遇其他特殊困难的家庭或者个人为临时救助对象。

第三章　社会救助内容与方式

第十六条　对最低生活保障家庭，按照其在本市共同生活的家庭成员人均可支配收入低于本市最低生活保障标准的差额，按月发放最低生活保障金。

对最低生活保障家庭中的老年人、未成年人、重度残疾人、大重病患者，通过配发实物或者增发最低生活保障金等方式，提高救助水平。

最低生活保障家庭有医疗、教育、住房、就业等特殊困难的，按照有关规定，给予相应专项救助。

第十七条　低收入困难家庭有医疗、教育、住房、就业等特殊困难的，按照有关规定，给予相应专项救助。

低收入困难家庭具有本条例第十二条第一项规定情形的，除前款规定以外，还应当给予相应的生活救助。

第十八条　支出型贫困家庭有医疗、住房等特殊困难的，按照本市有关规定，给予相应专项救助。

对具有本条例第十二条第一项规定情形的支出型贫困家庭，按照其家庭可支配收入扣除医疗、教育费用等必需支出后，在本市共同生活的家庭成员月人均可支配收入与本市最低生活保障标准的差额，按月发放生活救助金；医疗、教育费用等必需支出超过其家庭可支配收入的，按照本市最低生活保障标准，按月发放生活救助金。

第十九条　对特困人员，按照下列规定予以供养：

（一）提供基本生活条件；

（二）对生活不能自理的给予照料；

（三）全额资助其参加城乡居民基本医疗保险和相关补充医疗保障计划；

（四）对在本市医疗保险定点医疗机构就医所产生的费用，经基本医疗保险、城乡居民大病保险及补充医疗保障计划、商业保险支付后个人负担的部分，以及住院期间的护理费用，予以全额救助；

（五）办理丧葬事宜。

特困人员中的未成年人年满十六周岁后，仍在义务教育或者高中教育（含中等职业教育）阶段就读的，继续予以供养。

对完全丧失生活自理能力的特困人员，一般实行集中供养，由供养机构提供生活照料服务；有一定生活自理能力的特困人员，可以自行选择在家分散供养或者集中供养。

第二十条　本市建立相关社会救助待遇与居民消费价格指数联动机制。在居民消费价格指数涨幅达到规定条件时，对最低生活保障家庭、享受生活救助的支出型贫困家庭、特困人员，发放临时价格补贴。

第二十一条　最低生活保障家庭和低收入困难家庭中六十周岁以上老年人参加城乡居民基本医疗保险的，对其个人缴费部分给予资助；最低生活保障家庭成员参加本市少儿住院医疗互助基金等补充医疗保障计划的，对其个人缴费部分给予资助。

救助对象在本市医疗保险定点医疗机构发生的基本医疗保险目录范围内并经基本医疗保险、城乡居民大病保险及补充医疗保障计划、商业保险支付后的基本医疗自负费用，按照下列规定，给予医疗救助：

（一）对最低生活保障家庭成员和低收入困难家庭成员，按照规定比例给予相应的门（急）诊和住院医疗费用救助；

（二）对支出型贫困家庭成员，按照规定比例给予相应的住院医疗费用救助。

第二十二条　对需要住院治疗的最低生活保障家庭成员、低收入困难家庭成员和支出型贫困家庭成员，医疗机构应当按照本市有关规定免收或者减收其住院押金。

对最低生活保障家庭成员、低收入困难家庭成员和支出型贫困家庭成员在指定医疗机构发生的医疗费用，属于医疗救助范围的，按照规定及时予以结算。

第二十三条　本市建立疾病应急救助制度，对需要急救但身份不明或者无力支付急救费用的急重危伤病患者给予救助。

疾病应急救助所产生的费用，由医疗机构按照有关规定，向疾病应急救助基金申请支付。

第二十四条　对在学前教育、义务教育、高中教育（含中等职业教育）和普通高等教育阶段就读的最低生活保障家庭成员、低收入困难家庭成员、特困人员以及不能入学接受义务教育的残疾儿童，按照国家和本市有关规定，采取减免相关费用、发放助学金、给予生活补助、安排勤工助学、送教上门等方式给予相应的教育救助，保障其基本学习、生活需求。

第二十五条　对符合收入、财产、住房面积等标准规定的住房困难家庭和分散供养的特困人员，通过发放廉租住房租金补贴、配租廉租住房实物房源等方式，给予住房救助。

对宅基地住房符合危旧房改造条件的农村最低生活保障家庭、分散供养的特困人员，按照规定标准，给予相应的改造资金补助。

第二十六条　对最低生活保障家庭、低收入困难家庭中有劳动能力并处于失业状态的成员，通过创业担保贷款及贴息、社会保险补贴、岗位补贴、职业培训补贴、职业技能鉴定补贴、费用减免、公益性岗位安置等方式，给予就业救助。

最低生活保障家庭中有劳动能力的成员均处于失业状态的，乡镇人民政府、街道办事处和公共就业服务机构应当采取有针对性的措施，确保该家庭至少有一人就业。

最低生活保障家庭中有劳动能力但未就业的成员，应当接受公共就业服务机构介绍的工作。

第二十七条　申请社会救助家庭中有实际就业行为、月劳动收入达到本市企业职工月最低工资标准的成员，其符合有关标准规定部分的收入，不计入家庭收入。

最低生活保障家庭中就业年龄段、有劳动能力的成员实现就业，导致其家庭人均可支配收入发生变化，主动申报收入变化情况的，可以按照本市有关规定，在一定期限内继续享受相应的社会救助待遇。

第二十八条　自然灾害发生后，市、区人民政府或者相关部门应当根据情况，紧急疏散、转移、安置受灾人员，及时为受灾人员提供必要的食品、饮用水、衣被、取暖、临时住所、医疗防疫等应急救助；在确保安全的前提下，对住房损毁严重的受灾人员进行过渡性安置。

自然灾害危险消除后，区应急管理等相关部门应当及时核实本行政区域内居民住房恢复重建补助对象，并给予资金、物资等救助。

第二十九条 临时救助以发放救助金为主，必要时，可以采取提供实物和基本生活条件等形式给予救助。

临时救助的标准按照保障申请家庭或者个人基本生活的原则确定，每人每月一般不超过本市最低生活保障标准，每次救助时间一般不超过三个月。

对符合流浪乞讨人员救助条件的个人，按照国家和本市有关规定，给予临时食宿、急病救治、协助返回等救助。

第三十条 公安、城管执法和其他有关部门的工作人员在执行公务时发现流浪乞讨人员的，应当告知其向救助管理机构求助；对其中的残疾人、未成年人、老年人和行动不便的其他人员，应当引导、护送到救助管理机构；对突发急病人员，应当立即通知急救机构进行救治，并将有关信息通报救助管理机构。

负责收治患病流浪乞讨人员的指定医疗机构应当及时对相关人员进行救治，并根据病情需要，组织会诊或者转诊；经救治后病情稳定、符合出院标准的，应当及时通知救助管理机构。

乡镇人民政府、街道办事处所属的城市网格化综合管理机构对巡查发现的辖区内的流浪乞讨人员，应当及时派单调度，指挥协调相关机构进行救助。

民政、公安等部门应当建立流浪乞讨人员信息共享和身份甄别机制，运用大数据等信息技术手段，帮助流浪乞讨人员寻亲返乡。

第四章 办理程序

第三十一条 申请最低生活保障、特困人员供养、支出型贫困家庭生活救助、医疗救助、住房救助、就业救助、临时救助的，可以通过网上或者向就近的社区事务受理服务机构提出申请。

申请教育救助的，应当按照国家和本市有关规定，由学生本人或者其监护人向就读学校提出申请。

第三十二条 申请或者已经获得社会救助的家庭，应当如实申报家庭人口、收入、财产、支出等状况；家庭人口、收入、财产、支出等状况发生变化的，已经获得社会救助的家庭应当及时告知乡镇人民政府、街道办事处或者相关社会救助管理部门。

第三十三条 申请人户籍所在地的乡镇人民政府、街道办事处应当通过入户调查、邻里访问、信函索证、群众评议、居民经济状况核对等方式，对申请人家庭的人口、收入、财产、支出等状况进行调查核实。

对经调查核实拟给予救助的申请人，应当在其所在地的居(村)务公开栏、电子屏等场所或者相关政府网站进行公示。

申请人实际居住地和户籍地相分离的，实际居住地的乡镇人民政府、街道办事处应当协助做好入户调查、邻里访问、群众评议、公示等工作。

第三十四条 乡镇人民政府、街道办事处和相关社会救助管理部门可以委托居民经济状况核对机构，对申请人的家庭经济状况进行核查。

居民经济状况核对机构应当在规定时间内出具核对报告，为审核、认定社会救助对象提供依据。

第三十五条 居民经济状况核对机构根据委托，通过依法查询户籍登记、婚姻登记、车船登记、就业登记、不动产登记、工商和社会组织登记、税务、社会保险、补充医疗保障计划、住房公积金、医疗和教育费用支出、银行存款、有价证券、商业保险、基金等信息，调查核实申请人家庭人口、收入、财产、支出等状况。

居民经济状况核对机构查询前款规定的各项信息，按照国家有关规定需要取得申请人授权的，申请人应当提供书面授权。

民政、公安、市场监管、税务、人力资源社会保障、教育、金融管理、房屋管理、不动产登记、公积金管理等部门或者机构，工会、红十字会等有关团体，以及金融机构等单位应当予以配合，及时提供相关信息。

第三十六条 对申请最低生活保障、特困人员供养、支出型贫困家庭生活救助、医疗救助的，由申请人户籍所在地的乡镇人民政府、街道办事处审核、确认。

本市户籍家庭或者个人申请临时救助的，由其户籍所在地的乡镇人民政府、街道办事处审核、确认；持有本市居住证的家庭或者个人申请临时救助的，由其实际居住地的乡镇人民政府、街道办事处审核、确认；对不持有本市居住证的非本市户籍人员，由所在地的乡镇人民政府、街道办事处协助其向救助管理机构申请救助。

乡镇人民政府、街道办事处在对相关社会救助事项进行审核、确认时，应当按照国家和本市规定的标准，在规定时限内作出是否给予救助的决定，并及时通知申请人；不予救助的，应当说明理由。

第三十七条 学前教育、义务教育、高中教育(含中等职业教育)阶段的教育救助申请，由学校报主管的教育部门审核、确认；普通高等教育阶段的教育救助申请，由学校按照国家和本市有关规定审核、确认。

对申请住房救助的，申请人户籍所在地的乡镇人民政府、街道办事处应当将调查核实意见及时报送区房屋管理部门审核、确认。

对申请就业救助的，由申请人户籍所在地的公共就业服务机构核实后予以登记，并免费提供就业岗位信息、职业介绍、职业指导等就业服务。

教育、房屋管理部门应当在规定时限内，作出是否给予救助的决定，并及时通知申请人；不予救助的，应当说明理由。

第三十八条　乡镇人民政府、街道办事处应当将获得最低生活保障、支出型贫困家庭生活救助、特困人员供养待遇的家庭或者个人有关信息，在其所在地的居(村)务公开栏、电子屏等场所或者相关政府网站公布。

获得教育救助、住房救助的家庭或者个人有关信息的公布，按照相关规定执行。

第三十九条　自然灾害受灾人员和流浪乞讨人员的救助，按照国家有关规定办理。

第五章　社会力量参与

第四十条　鼓励和支持企业、事业单位、社会组织以及志愿者等社会力量，结合自身优势和服务对象需求，配合政府有关部门开展社会救助工作。

第四十一条　社会救助管理部门及相关机构应当建立社会力量参与社会救助的机制和渠道，做好信息发布、政策咨询、业务指导、项目指引、公益服务记录等工作，为社会力量参与社会救助创造条件、提供便利。

社会救助管理部门和乡镇人民政府、街道办事处可以将社会救助中的具体服务事项，通过委托、承包、采购等方式，向社会力量购买服务。

第四十二条　鼓励企业、事业单位、社会组织和个人通过捐赠、设立帮扶项目、创办服务机构、提供志愿服务、开展社区综合帮扶、资助参加商业保险等方式，参与社会救助。

提倡国家机关、企业、事业单位、社会组织和基层群众性自治组织在员工或者邻里之间，开展互帮互助活动。

第四十三条　社会力量参与社会救助，按照国家有关规定，享受财政补贴、税收优惠、费用减免等政策。

社会力量参与社会救助，应当与社会救助管理部门及相关机构的救助工作相衔接，坚持依法依规、诚实信用，接受政府指导和社会监督。

第六章　管理与服务

第四十四条　最低生活保障标准、最低生活保障家庭财产标准、低收入困难家庭申请专项救助经济状况认定标准、住房困难标准以及医疗救助、住房救助等具体标准，由市民政、房屋管理等部门拟订，报市人民政府批准后公布执行。

制定前款规定的标准，应当参考本市经济社会发展水平、居民生活水平和居民消费价格指数、困难家庭维持基本生活必需的费用等因素确定，并适时进行调整。

第四十五条　乡镇人民政府、街道办事处和相关社会救助管理部门应当依照各自职责，对已经获得社会救助的家庭或者个人是否符合社会救助条件，定期进行核查，并根据需要进行抽查。

有下列情形之一的，乡镇人民政府、街道办事处或者相关社会救助管理部门应当对已经获得社会救助的家庭或者个人停止救助：

（一）采取虚报、隐瞒、伪造等手段，骗取救助资金、物资或者服务的；

（二）不再符合相关社会救助条件的；

（三）拒绝配合对其家庭人口、收入、财产、支出等状况进行核查的；

（四）存在与其收入水平不相符的高消费行为且无法说明正当理由的；

（五）个人在救助期间参与赌博、吸毒等违法活动的；

（六）最低生活保障家庭中有劳动能力但未就业的成员，无正当理由，连续三次拒绝接受公共就业服务机构介绍的与其健康状况、劳动能力等相适应的工作的。

第四十六条　社会救助管理部门及其他相关部门应当通过全市统一的数据共享交换平台，进行社会救助信息共享交换，并做好社会救助信息的综合分析和运用；对通过信息共享交换可以获取的证明材料，不得要求申请人提供。

第四十七条　乡镇人民政府、街道办事处和相关社会救助管理部门应当依法主动公开社会救助政策、救助项目、申请流程以及社会救助资金、物资的管理和使用情况等相关信息。

第四十八条　乡镇人民政府、街道办事处、相关社会救助管理部门和居民经济状况核对机构的工作人员对在社会救助工作中获取的救助对象个人信息，除按照规定应予公示的外，应当予以保密。

第四十九条　市、区人民政府及其社会救助管理部门应当加强对社会救助工作的监督检查，完善相关监督管理制度。

社会救助资金实行专项管理，分账核算，专款专用，任何单位或者个人不得挤占挪用。

审计机关依法对社会救助资金、物资的筹集、分配、管理和使用实施监督。

第五十条　社会救助管理部门应当主动公开监督、举报电话，接受社会监督；对接到的投诉、举报，应当及时核实、处理，并将结果告知投诉人、举报人。

第五十一条　社会救助工作人员应当依法落实各项社会救助政策，公平公正实施社会救助，主动接受社会监督。

市、区人民政府应当采取措施，加强对社会救助工作人员的职业保护；对在社会救助工作中因公致伤、致残、死亡的，按照国家和本市有关规定，给予工伤和抚恤待遇。

第七章　法律责任

第五十二条　违反本条例规定，有下列情形之一的，由有关单位责令改正；对直接负责的主管人员和其他直接责任人员，依法给予处分：

（一）对符合申请条件的救助申请不予受理的；

（二）对符合救助条件的申请人不予救助的；

（三）对不符合救助条件的申请人予以救助的；

（四）泄露在工作中知悉的公民个人信息，造成后果的；

（五）丢失、篡改接受社会救助款物、服务记录等数据的；

（六）不按照规定发放社会救助资金、物资或者提供相关服务的；

（七）在履行社会救助职责过程中，有其他滥用职权、玩忽职守、徇私舞弊行为的。

第五十三条　违反本条例规定，截留、挤占、挪用、私分救助资金、物资的，由有关部门责令追回；有违法所得的，没收违法所得；对直接负责的主管人员和其他直接责任人员，依法给予处分；构成犯罪的，依法追究刑事责任。

第五十四条　采取虚报、隐瞒、伪造等手段，骗取救助资金、物资或者服务的，由相关社会救助管理部门责令退回非法获取的救助资金、物资，可以处非法获取的救助款额或者物资价值一倍以上三倍以下的罚款；构成违反治安管理行为的，由公安部门依法给予治安管理处罚；构成犯罪的，依法追究刑事责任。

乡镇人民政府、街道办事处发现骗取救助资金、物资或者服务等违法行为的，在停止救助的同时，应当及时移送相关社会救助管理部门依法进行处理。

对无理取闹或者以威胁、暴力等方式干扰社会救助工作，扰乱社会救助管理部门工作秩序，构成违反治安管理行为的，由公安部门依法给予治安管理处罚；构成犯罪的，依法追究刑事责任。

对有本条第一款、第三款规定的违法情形的人员，将其有关信息纳入本市公共信用信息平台，由相关部门按照规定实施相应惩戒措施。

第八章　附则

第五十五条　本条例所称的在本市共同生活的家庭成员，包括在本市共同生活的本市户籍家庭成员，以及与本市户籍居民在本市共同生活的非本市户籍的配偶、子女。

本条例所称的补充医疗保障计划，包括职工医疗互助保障计划、社区医疗互助帮困计划、少儿住院医疗互助基金等。

第五十六条　本条例自2019年5月1日起施行。

上海市志愿服务条例

（2009年4月23日上海市第十三届人民代表大会常务委员会第十次会议通过　根据2019年11月15日上海市第十五届人民代表大会常务委员会第十五次会议《关于修改〈上海市志愿服务条例〉的决定》修正）

第一条　为了倡导奉献、友爱、互助、进步的志愿服务精神，保障志愿者、志愿服务组织和志愿服务对象的合法权益，鼓励和规范志愿服务，发展志愿服务事业，培育和践行社会主义核心价值观，促进社会文明进步，根据《志愿服务条例》及相关法律、行政法规，结合本市实际，制定本条例。

第二条　本条例适用于在本市行政区域内开展或者发起的志愿服务以及与志愿服务有关的活动。

第三条　本条例所称的志愿服务，是指不以获取报酬为目的，自愿以智力、体力、技能等为他人和社会提供服务和帮助的公益性活动。本条例所称的志愿者，是指从事志愿服务活动的个人。

本条例所称的志愿服务组织，是指依法成立，以开展志愿服务为宗旨的非营利性组织。

第四条　志愿服务活动应当遵循自愿、平等、诚信、合法的原则。

第五条　本市鼓励为老年人、未成年人、残疾人、失业人员等有困难需要帮助的社会群体和个人提供志愿服务；提倡在教育、科学、文化、卫生、体育、环保等领域以及社区服务、应急援助和社会公益活动中开展志愿服务活动。

全社会应当尊重志愿者及其提供的志愿服务。

第六条　国家机关、社会团体、企业事业单位和其他组织应当支持志愿服务活动。

学校应当将培养志愿服务意识纳入青少年思想品德教育内容，鼓励大学和中学学生参加适合自身特点的志愿服务活动。

广播、电视、报刊、网站等传播媒体应当积极宣传志愿服务活动。

本市确定每年中国青年志愿者服务日（三月五日）当周集中宣传和开展志愿服务活动，倡导和弘扬志愿服务精神。

第七条　市、区人民政府应当将志愿服务事业纳入国民经济和社会发展规划，合理安排志愿服务所需资金，搭建志愿服务平台，支持和促进志愿服务事业发展。

乡、镇人民政府和街道办事处应当根据实际情况，在资金、场地等方面为本辖区内的志愿服务提供支持和帮助。

第八条　市、区精神文明建设委员会加强统一领导，建立和完善由精神文明建设委员会办公室牵头、有关部门和单位参加的协调机制，统筹规划本行政区域的志愿服务工作发展，协调指导有关部门和单位、社会力量协同开展志愿服务，督促检查工作情况，总结推广工作经验和宣传表彰先进典型。

第九条　市、区民政部门负责本行政区域内志愿服务行政管理工作，拟订促进志愿服务事业发展政策措施，开展志愿者队伍建设、志愿服务组织登记和志愿服务活动规范，查处相关违法行为。

发展改革、财政、人力资源社会保障、教育、科技、文化旅游、卫生健康、应急管理、生态环境、司法行政、市场监管等部门按照各自职责，负责与志愿服务有关的工作。

工会、共产主义青年团、妇女联合会等有关人民团体和群众团体应当在各自的工作范围内做好相应的志愿服务工作。

第十条　本市志愿服务行业组织应当支持各类志愿服务组织发展，做好指导和服务工作，加强行业自律、反映行业诉求、推动行业交流，维护成员合法权益，促进志愿服务事业发展。

第十一条　志愿者可以自行注册，也可以通过志愿服务组织进行注册。

第十二条　志愿服务组织应当根据自己的章程组织开展志愿服务活动。志愿服务组织在招募志愿者时，应当尊重志愿者本人的意愿，根据其时间、能力等条件，安排从事相应的志愿服务活动，并为其提供相关的信息和安全、卫生等必要条件和保障。

志愿服务组织应当为志愿者提供注册服务，如实记录其身份信息、服务技能、服务时间、联系方式等个人基本信息；未经志愿者本人同意，不得公开或者向第三方提供。

第十三条　志愿者应当具备与其所从事的志愿服务活动相适应的民事行为能力。

组织未成年人参加志愿服务活动的，应当符合其身心特点，落实安全保护措施，并征得其监护人同意。

第十四条　志愿者享有以下权利：

（一）根据自己的意愿和时间、能力等条件，选择参加志愿服务活动；

（二）获得与所从事的志愿服务活动相关的信息和培训；

（三）获得与所从事的志愿服务活动相关的必要条件或者保障；

（四）向志愿服务组织提出意见和建议；

（五）法律、法规规定的其他权利。

第十五条　志愿者应当履行下列义务：

（一）接受志愿服务组织的指导和安排，履行志愿服务承诺，完成相应的任务；

（二）尊重志愿服务对象的意愿和人格、隐私等权利；

（三）保守在志愿服务活动中获悉的依法受保护的秘密；

（四）不得利用志愿者身份从事与志愿服务活动宗旨、目的不符的行为；

（五）不能继续从事志愿服务活动时，及时告知志愿服务组织。

第十六条　志愿服务组织可以根据有志愿服务需求的组织、个人的申请，或者根据社会实际需要，确定志愿服务活动项目。

第十七条　志愿服务组织向社会招募志愿者时，应当将志愿服务活动项目的相关内容予以公布，并告知在志愿服务过程中可能出现的风险。

第十八条　志愿服务组织可以根据志愿服务活动的目的、要求，以及申请参与志愿服务活动的个人的实际情况，选择志愿者。

第十九条　志愿者、志愿服务组织、志愿服务对象可以根据需要签订协议，明确权利和义务，约定志愿服务的内容、方式、时间、地点、工作条件和安全保障措施等。

志愿服务组织、志愿者开展应对突发事件的志愿服务活动，应当接受有关人民政府设定的应急指挥机构的统一指挥和协调。

第二十条　志愿服务组织应当根据所开展志愿服务活动的需要，对志愿者进行相关培训。

第二十一条　志愿服务组织安排志愿者参与志愿服务活动，应当按照国家有关规定，如实记录和录入志愿者个人基本信息、志愿服务情况、培训情况、表彰奖励情况、评价情况等信息，并为有需要的志愿者无偿、如实出具志愿服务记录证明。

第二十二条　对志愿者在从事志愿服务活动中由本人所支出的交通、误餐等费用，志愿服务组织可以给予适当的补贴。

第二十三条　志愿服务组织一般应当避免安排志

愿者从事需要承担重大管理责任、经济责任或者具有较大人身伤害风险的服务活动。

在特殊情形下，志愿服务组织安排志愿者从事需要承担重大管理责任、经济责任或者具有较大人身伤害风险的服务活动，应当按照本条例第十九条第一款的规定签订书面协议。

第二十四条 志愿服务组织可以根据自身条件和实际需要，为志愿者办理相应的人身保险。

志愿服务组织安排志愿者从事有安全风险的志愿服务活动时，应当为志愿者办理必要的人身保险。

第二十五条 任何组织和个人不得利用或者借用志愿服务的名义进行营利性和其他违背志愿服务宗旨的活动。

第二十六条 志愿服务组织可以通过接受社会捐赠、资助等形式，筹集开展志愿服务活动的经费。

第二十七条 志愿服务组织筹集的志愿服务活动经费应当用于志愿服务活动、志愿者的人身意外伤害保险和交通、误餐补贴等开支，不得挪作他用。

志愿服务活动经费的来源及使用情况应当向社会公开，并接受政府有关部门、捐赠者、资助者、志愿者的监督。

第二十八条 本市建立和完善统一的志愿服务信息平台，制定统一的信息数据对接标准，依托市大数据资源平台整合志愿服务相关信息和数据资源，实现全市志愿服务数据统一归集、统一管理和共享交换。

政府有关部门、志愿服务组织、志愿服务行业组织等的相关信息系统，应当按照统一的信息数据标准与志愿服务信息平台进行对接，志愿服务信息平台应当向相关部门和组织开放相应的管理权限，实现数据互联互通。

第二十九条 本市建立健全志愿服务统计和发布制度，市民政部门应当定期向社会发布本市志愿者和志愿服务组织的发展状况、志愿服务活动的开展情况等信息。

第三十条 对于有良好志愿服务记录的志愿者，在其本人需要志愿服务时予以优先安排。

鼓励有关单位在招录公务员、招聘员工、招生时，同等条件下优先录用、聘用、录取有良好志愿服务记录的志愿者。鼓励国家机关、社会团体、企业事业单位和其他组织、公共服务机构等根据自身能力和实际情况为有良好志愿服务记录的志愿者提供优待。

第三十一条 本市将志愿服务工作纳入群众性精神文明创建活动。对在志愿服务活动中表现突出的志愿者和志愿服务组织，由有关部门予以表彰、奖励。需要市、区人民政府表彰、奖励的，有关部门可以向市、区人民政府提出建议。

第三十二条 本市建立志愿服务领域信用信息归集机制，有关部门应当将有良好志愿服务记录或者受到表彰、奖励的志愿者和志愿服务组织信息向市公共信用信息服务平台归集，依法给予信用激励。

第三十三条 以志愿服务名义进行营利性活动以及违反本条例规定的其他行为，由民政、市场监管等部门依法查处，并按照规定将相关信息向市公共信用信息服务平台归集。

第三十四条 志愿者、志愿服务组织、志愿服务对象在志愿服务活动中发生争议的，可以自行协商解决或者由志愿服务行业组织、人民调解组织主持调解，也可以依法通过诉讼等途径解决。

第三十五条 本市鼓励和支持国家机关、企业事业单位、人民团体、社会组织等成立志愿服务队伍开展专业志愿服务活动。

居委会、村民委员会、公益活动举办单位和公共服务机构开展公益活动，需要志愿者提供志愿服务的，可以与志愿服务组织合作，由志愿服务组织招募志愿者，也可以自行招募志愿者。自行招募志愿者提供志愿服务的，参照本条例关于志愿服务组织开展志愿服务活动的规定执行。

志愿服务组织以外的其他组织可以开展力所能及的志愿服务活动。

经居委会、村民委员会或者单位同意成立的内部志愿服务团体，可以依法开展志愿服务活动。

第三十六条 本条例自2009年6月1日起施行。

关于印发《上海市基金会专项基金管理办法(暂行)》的通知

(沪民规〔2019〕1号)

各区民政局，各基金会：

为进一步加强本市基金会专项基金管理，我局制定了《上海市基金会专项基金管理办法(暂行)》，现印发给你们，请遵照执行。

2019年1月15日

上海市基金会专项基金管理办法(暂行)

第一条(目的和依据)

为进一步加强本市基金会专项基金管理,规范专项基金行为,维护捐赠人、受助人和基金会的合法权益,根据《中华人民共和国慈善法》《基金会管理条例》《民政部关于进一步加强基金会专项基金管理工作的通知》等法律法规和相关规定,制订本办法。

第二条(适用范围)

本市基金会利用自然人、法人和其他组织定向捐赠的财产设立的,专门用于资助基金会业务范围内某一项事业的专项基金的管理活动,适用本办法。

第三条(原则)

专项基金的设立、管理和使用,应当合法合规,符合基金会宗旨和业务范围,专款专用,信息公开透明;不盲目追求专项基金的增速和规模,不违背慈善活动年度支出和管理费用规定,不背离捐赠人和受助人的意愿,不为个人和企业谋求私利。

第四条(主体责任)

专项基金不具备独立的法人资格。基金会对下设专项基金的所有活动承担主体责任。

第五条(设立要求)

专项基金由基金会按照章程和本办法的规定设立,做到理事会民主决策,程序规范。

基金会应当严格入口把关,并根据自身管理能力合理有序发展专项基金,细化制订专项基金设立和终止的条件和决策程序,并严格执行。

基金会应当与发起人以签订协议的方式明确专项基金的设立目的、财产使用方式、各方的权利义务、终止条件和剩余财产的处理等,不得以协议方式推卸管理责任。

专项基金下不得再设立专项基金。

第六条(名称规范管理)

基金会应当严格规范专项基金名称。专项基金的名称由“上海××基金会”+字号名+“专项基金”组合而成。字号名应当符合《基金会名称管理规定》有关精神,并不得有违社会主义核心价值观。

基金会应当加强对专项基金名称规范使用的监督管理。专项基金应当使用带有基金会全称的规范名称。专项基金不得以独立组织的名义开展募捐、与其他组织和个人签订协议或开展其他活动;以党政机关或者其他组织名义对外宣传或开展业务活动,应当经其同意。

第七条(运行管理)

基金会应当明确专项基金的内部监管措施,对专项基金的具体活动实施全过程监管。

基金会应当做好专项基金的人员管理。专项基金设立时应当明确管理架构和相应工作人员。基金会不得随意命名专项基金负责人称谓,专项基金负责人可以称主任、副主任,但不得称具有误导公众为基金会负责人的称谓。

专项基金可以设立管理委员会,可以邀请捐赠人参加管理委员会,担任管理委员会的主任或者副主任。

第八条(捐赠财产管理)

基金会应当按照下列要求加强专项基金的捐赠财产使用管理:

(一)按照捐赠协议的约定管理和使用捐赠财产,专款专用;

(二)专项基金列支管理成本时,捐赠协议有约定的,按照其约定;捐赠协议未约定的,除了为实现专项基金公益目的确有必要之外,不得超过规定的管理费用标准;

(三)专项基金的收支应当全部纳入基金会账户,不得使用其他单位、组织或个人账户,不得开设独立账户和刻制印章。

第九条(信息公开)

基金会应当加强专项基金信息披露,对专项基金的设立和终止信息、管理架构和人员信息、开展的募捐和公益资助项目等信息,应当依照有关法律法规进行全面及时披露,自觉接受社会监督。

第十条(报备报告)

基金会应当按照章程和有关规定,就专项基金的设立、运行等情况,通过重大事项报告和年度工作报告等方式,向业务主管单位(行业主管部门)和登记管理机关进行报备、报告,接受监督。

第十一条(内部管理与清理规范)

基金会理事会应当每年定期听取专项基金管理情况汇报,并定期对下设专项基金进行清理整顿。对于长期不开展活动、管理不善的专项基金要及时督促整改,必要时应当予以终止。

第十二条(终止程序)

专项基金经过清理、认为需要终止的,基金会理事会应当及时作出决议,并做好后续事宜,注意保护专项基金捐赠人和受助人的合法权益,妥善处理剩余财产。剩余财产按照专项基金捐赠协议处理;协议未约定的,一般应当将剩余财产用于目的相同或者相近的基金会其他慈善项目,并向社会公开。

第十三条(监督检查)

登记管理机关应当加强对专项基金的监督检查,发现违法违规行为的,应当依法予以处理。

第十四条(参照执行)

具有公益性捐赠税前扣除资格的社会团体的专项基金参照本办法执行。

第十五条(施行日期)

本办法自 2019 年 3 月 1 日起施行,有效期至 2021 年 2 月 28 日。

关于调整本市养老服务补贴标准的通知

(沪民规〔2019〕2 号)

各区民政局、财政局：

为进一步做好养老服务补贴工作，现对具有本市户籍，且老年照护统一需求评估等级、经济困难程度符合相关条件的老年人的养老服务补贴标准予以调整，有关事项通知如下：

一、标准调整

(一) 照护一级的困难对象

1. 最低生活保障家庭的老年人，补贴标准调整为每人每月 960 元；

2. 低收入家庭的老年人，补贴标准调整为每人每月 768 元；

3. 年满 80 周岁且本人月收入低于上年度城镇企业月平均养老金的老年人，补贴标准调整为每人每月 480 元；

4. 上述第 2、3 类对象中，无子女的老年人或年满 90 周岁的老年人，再增加第 1 类对象标准的 20%。

(二) 照护二级至四级的困难对象

享受长期护理保险待遇的同时，享受养老服务补贴的标准调整为：

1. 最低生活保障家庭的老年人，每人每月 896 元；

2. 低收入家庭的老年人，每人每月补贴 640 元。

(三) 照护五级至六级的困难对象

享受长期护理保险待遇的同时，享受养老服务补贴的标准调整为：

1. 最低生活保障家庭的老年人，每人每月 640 元；

2. 低收入家庭的老年人，每人每月补贴 384 元。

二、相关事项

(一) 享受居家上门照护服务、社区托养服务和按照有关规定入住在养老机构的认知症照护单元，以及按《关于在本市市民社区医疗互助帮困计划中增设照护补助的通知》(沪医保规〔2018〕1 号)规定已享受“照护补助”的养老服务补贴对象，按上述标准执行。

(二) 各区民政局要指导街镇督促服务机构根据调整后的标准完善服务项目与服务计划，提高服务质量。

(三) 养老服务补贴的发放形式、资金渠道、工作要求等事项，按《上海市民政局　上海市财政局关于进一步调整本市养老服务补贴政策的通知》(沪民规〔2018〕1 号)规定执行。

三、施行日期

本通知自 2019 年 2 月 1 日起施行。

上海市民政局
上海市财政局
2019 年 2 月 12 日

关于印发《上海市社会组织直接登记管理若干规定》的通知

(沪民规〔2019〕3 号)

各区民政局：

经市政府同意，现将《上海市社会组织直接登记管理若干规定》印发给你们，请认真按照执行。

2019 年 3 月 28 日

上海市社会组织直接登记管理若干规定

第一条　为激发社会组织活力，促进社会组织健康有序发展，根据法律、法规和国家有关规定，结合本市实际情况，制定本规定。

第二条 本规定适用于全市范围内行业协会商会类、科技类、公益慈善类、城乡社区服务类等社会组织(以下统称“社会组织”)的登记管理。

行业协会商会类社会组织，是指由企业及其他经济组织自愿组成，实行行业服务和自律管理的社会团体。国家另有规定的以及涉及国家安全等特殊领域须有业务主管单位的除外。

科技类社会组织，是指在自然科学和工程技术领域内从事学术研究和交流活动的科技类社会组织。

公益慈善类社会组织，是指提供扶贫、济困、扶老、救孤、恤病、助残、救灾、助医、助学服务的公益慈善类社会组织。

城乡社区服务类社会组织，是指为满足城乡社区居民生活需求，在社区内活动的城乡社区服务类社会组织。

第三条 市、区民政部门是同级社会组织的登记管理机关。

第四条 成立社会组织，申请人可直接向登记管理机关依法申请登记。

成立社会组织需要行业资质许可的，申请人应当在取得行业主管部门的资质许可后，向登记管理机关依法申请登记。

成立社会组织，申请人应当向登记管理机关提交《社会组织自律承诺书》，并按规定提交相关申请材料。

登记管理机关应当自收到全部有效文件之日起30个工作日内，作出准予成立或不予成立的决定。准予成立登记的，发放准予成立决定书，并颁发社会组织法人登记证书；不予成立的，应当书面说明理由。

第五条 社会组织的登记事项需要变更或者修改章程的，应当自变更发生或者章程修改之日起30日内，直接向登记管理机关申请变更登记或者章程核准。登记管理机关应当自收到全部有效文件之日起5个工作日内，作出准予变更(核准)或不予变更(核准)的决定。

第六条 社会组织需要注销的，应当在完成清算工作后，直接向登记管理机关申请注销登记。登记管理机关应当自收到全部有效文件之日起10个工作日内，作出准予注销或不予注销的决定。

第七条 登记管理机关受理成立、变更和注销登记申请，对需要征询意见的，应当以征询函的形式征询相关部门意见。

第八条 社会组织应当健全以章程为核心的独立自主、权责明确、运转协调、制衡有效的社会组织内部治理机制，完善自律承诺，主动履行重大事项报告和信息披露，依法接受登记管理机关的年度检查和各相关部门的管理和监督。

第九条 本规定未尽事宜，按照国家和本市有关社会组织登记管理的规定执行。

第十条 本规定自2019年4月1日起施行，有效期至2024年3月31日。

关于发布《上海市城乡居民最低生活保障申请家庭经济状况核对实施细则》的通知

(沪民规〔2019〕4号)

各区民政局，市居民经济状况核对中心：

现将修订后的《上海市城乡居民最低生活保障申请家庭经济状况核对实施细则》予以发布，自2019年4月1日起施行，请遵照执行。

2019年3月29日

上海市城乡居民最低生活保障申请家庭经济状况核对实施细则

第一条(目的和依据)

为规范本市城乡居民最低生活保障申请家庭经济状况核对工作，保障城乡居民的基本生活，根据《社会救助暂行办法》、《城市居民最低生活保障条例》、《国务院关于进一步加强和改进最低生活保障工作的意见》(国发〔2012〕45号)、《上海市社会救助办法》、《上海市居民经济状况核对办法》的有关规定，结合本市实际，制定本实施细则。

第二条(适用范围)

本实施细则适用于街道办事处和乡、镇人民政府在具体实施城乡居民最低生活保障制度时，委托上海市居民经济状况核对中心以及各区居民经济状况核对机构(以下统称核对机构)对提出申请或者已经享受城乡居民最低生活保障的居民家庭（以下统称申请家庭）开展经济状况的调查、核实并出具书面报告的活动。

本实施细则所称的经济状况，包括申请家庭的可支配收入和家庭财产。

第三条（主管部门）

上海市民政局主管本市城乡居民最低生活保障申请家庭经济状况的核对工作。

各区民政局负责本行政区域内城乡居民最低生活保障申请家庭经济状况核对工作的组织和实施。

第四条（核对委托）

街道办事处或者乡、镇人民政府自受理申请后的2个工作日内，委托核对机构进行经济状况的核对。委托书的内容包括街道办事处或者乡、镇人民政府的名称、核对对象、核对内容和核对期间等。

核对机构收到街道办事处或者乡、镇人民政府的委托书后，应当及时开具收件收据，并组织开展核对。对不符合核对要求的，退回街道办事处或者乡、镇人民政府，并告知不予接受委托的理由。

第五条（可支配收入的具体内容）

可支配收入是指在规定期间内申请家庭的总收入扣除缴纳的各项税金和社会保险费后的收入，包括工资性收入、经营性净收入、财产性收入和转移性收入等下列具体内容：

（一）工资性收入是指所从事的主要职业以及从事第二职业、其它兼职和零星劳动得到的收入，主要包括工资，薪金，加班费，年终加薪，各种奖金，各种津贴、补贴，个人从事各种技艺、各项劳动服务等所取得的报酬；

（二）经营性净收入是指从事生产经营活动获得的净收入，即全部生产经营收入扣除生产经营成本和税金后所得的收入；

（三）财产性收入包括利息收入，股息与红利收入，租金收入，知识产权收入，保险收益以及各种理财产品收益等；

（四）转移性收入包括养老金，失业保险金，社会救济金，重残无业人员生活补助，辞退金（包括因劳动合同终止或解除所获得的经济补偿金等），赔偿收入，赡（抚、扶）养费，接受遗产收入，彩票收益，遗属补助金，接受捐赠（赠送）收入等；

（五）其他有关的收入。

第六条（可支配收入的认定）

可支配收入，按照调查、核实后的收入认定。

下列可支配收入，按照以下规定认定：

（一）工资收入低于最低工资标准的，属于在法定工作时间或依法签订的劳动合同约定的工作时间内提供正常劳动的，按照社会保险费缴纳地的最低工资标准认定；

（二）疾病休假工资或者疾病救济费低于国家有关规定的，按照国家有关规定认定；

（三）自由职业者缴纳社会保险费人员的收入，按照个人实际收入认定，但一般不低于本市职工的最低工资标准；

（四）离婚家庭子女的抚养费，按照调解书、判决书或者协议书确定的金额认定；

（五）老年人的赡养费，由其子女（夫妻双方）的收入，先按照最低工资标准扣除子女（夫妻双方）的生活费，再按照城乡居民最低生活保障标准扣除抚养费后，一般将余下金额的20%作为赡养费；

（六）根据合同、协议规定的中介、转包承包获得的收入，按照双方签订的相关合同、协议认定；

（七）其他可支配收入，根据本条规定的原则或者其他合理的方式予以认定。

第七条（可支配收入所属月份的认定）

可支配收入所属月份的认定，按照下列顺序进行：

（一）通过规定途径获得的相关信息显示的月份；

（二）通过规定途径未获得相关信息的，以反映申请人获得可支配收入的银行卡等有效凭证显示的月份；

（三）经单位加盖公章并显示所属月份的工资单等有效凭证。

第八条（家庭财产的具体内容）

家庭财产包括货币财产和实物财产等下列具体内容：

（一）现金和银行存款；

（二）有价证券；

（三）债权；

（四）商业保险；

（五）居住类和非居住类房屋；

（六）机动车辆（残疾人功能性补偿代步机动车辆除外）；

（七）古董、艺术品等其他有较大价值的财产。

第九条（家庭财产所有权的认定）

家庭财产所有权按照以下规定认定：

（一）银行存款、有价证券和商业保险按照实名认定；

（二）居住类房屋和非居住类房屋，按照《不动产权证书》或者《房地产权证》、《租用居住公房凭证》、《房屋所有权证》、《土地使用权证》、《宅基地使用证》的登记人认定；

（三）机动车辆按照车辆购置登记人认定。

第十条（货币财产价值的认定）

货币财产的价值，按照受理申请之日上一个月末的价值认定：

（一）银行存款按照账户余额认定；

（二）股票类资产按照股票市值和资金账户余额的总和认定；

（三）基金按照净值认定；

（四）商业保险按照保险合同中规定的价值认定；

（五）其他货币财产的价值，根据本条规定的原则或者其他合理的方式予以认定。

第十一条（证明材料的形式）

可支配收入和家庭财产的证明材料，主要包括下列形式：

（一）可支配收入的证明材料：单位证明，失业证明，无业证明，租赁合同，养老金证明，领取各类救济、补助、补贴的证明，赡养费、抚（扶）养费的收入证明，离婚判决书、离婚调解书或者离婚协议书等。

（二）家庭财产的证明材料：银行存单，银行账户明细，证券对账单，债券凭证，商业保险合同，不动产权证，房地产权证，租用居住公房凭证，房屋所有权证，土地使用权证，宅基地使用证，车辆登记证书等。

对通过信息共享交换可以获取的证明材料，及国家和本市明确的证明清理事项，不得要求申请人提供。

第十二条（核对报告的出具）

核对机构应当自接受街道办事处或者乡、镇人民政府的委托之日起15个工作日内完成核对，并根据委托书的要求，出具申请家庭下列内容的核对报告：

（一）受理申请之月前三个月个人所得税等税额缴纳情况；

（二）受理申请之月前三个月养老保险金、失业保险金、医疗保险金缴纳情况；

（三）住房公积金缴纳和账面余额情况；

（四）拥有或者使用的房产情况，包括家庭成员的产权房、使用权房、租赁房的套（处）数和建筑面积等；

（五）拥有的机动车辆情况，包括车辆所有人、车辆牌照号码、车辆型号和使用性质；

（六）银行存款余额；

（七）证券开户信息、市值和资金账户余额；

（八）基金信息；

（九）商业保险的保单记录；

（十）婚姻状况；

（十一）其他与申请家庭有关的情况。

核对报告作为街道办事处或者乡、镇人民政府作出审批决定的参考。

第十三条（汇总认定）

街道办事处或者乡、镇人民政府收到核对报告后，应当及时对申请家庭经济状况的核对情况与实际掌握的情况进行汇总认定，并根据本市公布的认定标准作出审批决定。

第十四条（先行救助）

街道办事处或者乡、镇人民政府对因核对机构在规定时间内无法出具核对报告的，可以在审批期限届满前对生活确有困难的申请家庭先行给予临时性救助。

经核对机构出具核对报告后，街道办事处或者乡、镇人民政府应当对先行给予临时性救助的申请家庭作出审批决定。

第十五条（委托复核）

申请家庭对审批决定提出异议时，街道办事处或者乡、镇人民政府认为有必要复核其经济状况的，可以要求核对机构对异议所涉及内容进行复核。

核对机构应当自收到街道办事处或者乡、镇人民政府发出的复核委托书的7个工作日内完成复核，并书面告知复核结果。

第十六条（对核对机构及其工作人员的规定）

核对机构及其工作人员应当遵守核对工作规范，并对在核对过程中获得的涉及申请家庭的信息予以保密，不得向与核对工作无关的组织或者个人泄露。

第十七条（施行期限）

本实施细则自2019年4月1日起施行，有效期至2024年3月31日。

关于调整本市城乡低保及相关社会救助标准的通知

（沪民规〔2019〕5号）

各区民政局、财政局：

为进一步加大民生保障力度，让困难群众共享经济社会发展成果，经市政府同意，本市将从2019年4月1日起调整城乡居民最低生活保障及相关社会救助标准。

一、城乡居民最低生活保障标准，由每人每月1 070元，调整为每人每月1 160元。其中，对城乡低保家庭中的16周岁（含16周岁）以下未成年人，救助标准由每人每月1 400元调整为每人每月1 510元。

二、特困人员日常生活供养标准，由每人每月1 400元调整为每人每月1 510元（散居和集中供养为统一标准）。主要用于特困人员在食品、衣着、居住（即水电煤等)方面的支出,医疗、丧葬、教育及生活照料等方面的支出不纳入上述标准范围内。

三、享受定期定量生活补助的救济对象,其补助标准在原各类标准的基础上,分别作适当调整(详见附件)。

四、低收入困难家庭申请专项救助的收入标准调整为:城乡居民家庭月人均可支配收入低于 2 320 元。家庭财产等其他标准仍按现行有关规定执行。

五、申请社会救助家庭中,有实际就业行为、月劳动收入(包括计时制劳动收入等)达到本市企业职工月最低工资标准的人员,其本人的收入豁免标准为每人每月 870 元,与 2018 年相比保持不变。

所需资金按原渠道列支。

特此通知。

附件:享受定期定量生活补助救济对象的救济标准调整对照表

上海市民政局

上海市财政局

2019 年 3 月 29 日

关于印发《上海市社会团体分类规定》的通知

(沪民规〔2019〕6 号)

各区民政局:

新修订的《上海市社会团体分类规定》已经 2019 年 4 月 11 日第 6 次上海市民政局局长办公会议通过,现予发布,自 2019 年 5 月 1 日起施行,请遵照执行。

2019 年 4 月 28 日

上海市社会团体分类规定

第一条 为加强对本市社会团体(以下简称“社团”)科学、有效的管理,实现其组织结构的合理与优化,促进其健康、有序发展,根据《国民经济行业分类》、《学科分类与代码国家标准》、《社会团体登记管理条例》以及《上海市促进行业协会发展规定》,特制订本规定。

第二条 社团分类应当坚持实事求是、科学规范、注重质量、讲求实效的原则,确保社团分类工作的科学性和严肃性。严格实行归口管理,杜绝政出多门、多头管理,以促进社团规范、合理、有序发展。

第三条 按照社团的性质和任务,本市社团分为学术性、行业性、专业性、联合性四类。

(一)学术性社团主要是指专家、学者、科研工作者和相关科研机构自愿加入,为促进哲学、社会科学和自然科学的繁荣和发展,促进科学的普及,促进人才的成长和进步,促进科学与经济社会发展相结合,维护自身合法权益而开展工作的社团组织。其主要功能是推动学科发展,促进原始性创新和科技成果的转化,造就专门人才和技术创新人才,开展咨询服务,推进科技产业和社会进步。

(二)行业性社团主要是指由同业企业以及其他经济组织自愿组成、实行行业服务和自律管理的非营利性社会团体。其主要功能是为会员单位提供服务、反映需求,维护会员单位的合法权益;制定行业标准,进行行业统计,开展行业培训,加强行业协调,促进行业自律;承接政府转移的职能,协助政府部门加强行业管理。

(三)专业性社团主要是指单位会员和个人会员自愿加入,围绕相关领域的专业知识开展活动,发挥专业人员、专业组织的专长为经济、社会服务的社团组织。其主要功能是为单位会员提供专业化的服务,提高个人会员在科学技术、教育、文化、艺术、卫生、体育等方面的能力和技巧。

(四)联合性社团主要是指相同或不同领域的法人组织或个人为了横向交流而自愿组成的联合体。其主要功能是对内联合法人组织或个人,研究产业政策、协调行业关系,促进相关产业、行业或个人的交流和合作;对外代表他们与其他会员组织进行协商,以维护其利益和实现其诉求。

第四条 社团设立的基本标准

(一)学术性社团原则上参照《学科分类与代码国家标准》二级学科设置。对符合学科标准的,一般以学会命名;对未达到学科标准的,则以研究会命名。

(二)行业性社团按照国家现行行业分类标准设立,也可以按照产品、经营方式、经营环节及服务功能设立。行业性社团应当具有全市的行业代表性。

(三)专业性社团原则上参照《国民经济行业分类》小类标准设置,其分支(代表)机构的设立原则上按小类以下标准设立。一般以协会命名。对一些具有产业、产品和市场优势的经济类专业性社团，确有必要设立或更名为行业性社团的，经上海市民政局及有关部门充分论证后设立或更名。

（四）联合性社团分为联合类社团和联谊类社团两种。联合类社团根据相同或不同领域法人组织的需求设置，原则上参照《国民经济行业分类》门类标准设置，一般以联合会、促进会、商会命名；联谊类社团根据相同人群的需求设置，一般以联谊会命名。

第五条　对目前尚未列入《国民经济行业分类》，符合社会主义市场经济和上海国际化大都市发展需要的一些特殊的、边缘的、交叉的、跨行业的新型行业组织，经上海市民政局及有关部门充分论证后设立。

第六条　本规定用于指导和确定本市各类社团的登记、变更等事宜。

第七条　本规定自2019年5月1日起施行，有效期至2024年4月30日。

关于印发《上海市最低生活保障审核确认办法》的通知

（沪民规〔2019〕7号）

各区民政局：

现将《上海市最低生活保障审核确认办法》印发给你们，请认真按照执行。

2019年8月29日

上海市最低生活保障审核确认办法

第一章　总　则

第一条（目的与依据）

为进一步规范本市最低生活保障（以下简称低保）审核确认工作，切实保障困难群众基本生活，根据《社会救助暂行办法》《城市居民最低生活保障条例》《上海市社会救助条例》等法律法规，结合本市实际，制定本办法。

第二条（适用范围）

本市低保的申请受理、调查核实、审核确认、资金发放、动态管理及其监督等适用本办法。

第三条（职责分工）

市民政局是本市低保工作的主管部门，指导、监督本市低保工作。

区民政局负责本辖区低保管理及资金发放工作，对街道办事处、乡镇人民政府开展低保工作进行业务指导和监督。

街道办事处、乡镇人民政府具体负责本辖区低保的申请受理、调查核实、审核确认、动态管理等工作。

街道办事处、乡镇人民政府下属的社会救助经办机构，具体承担低保的相关事务性工作。

居（村）民委员会协助做好低保相关工作。

第二章　申请及受理

第四条（申请条件）

在本市共同生活的家庭成员人均可支配收入低于本市低保标准，且符合低保家庭财产标准规定的本市户籍家庭，可申请低保。

本市户籍家庭包括：

（一）全部由本市户籍居民组成的家庭；

（二）本市户籍居民与其在本市共同生活的非本市户籍的配偶、子女组成的家庭。

共同生活的家庭成员包括：

（一）配偶；

（二）父母和未成年子女；

（三）已成年但不能独立生活的子女，包括在校接受本科及其以下学历教育的成年子女；

（四）其他具有法定赡养、扶养、抚养义务关系并长期共同居住的人员。

下列人员不计入共同生活的家庭成员：

（一）连续三年以上（含三年）脱离家庭独立生活的宗教教职人员；

（二）在监狱内服刑、在戒毒所强制戒毒的人员；

（三）市民政局依照有关规定认定的其他人员。

第五条（低保申请）

低保申请以家庭为单位，由申请家庭确定一名共同生活的家庭成员作为申请人，向户籍所在地街道办事处、乡镇人民政府的社区事务受理服务中心提交书面申请及相关材料。申请人也可以通过网上或者向就近的社区事务受理服务中心提交申请材料。

申请人申请有困难的，可以委托居（村）民委员会或他人代为提交申请。委托申请的，应当履行相应委托手续。

第六条(人户分离家庭受理单位的确定)

人户分离家庭申请低保的，根据家庭状况，按照以下原则确定受理单位：

(一)家庭成员在实际居住地有户籍的，由该户籍所在地街道办事处、乡镇人民政府受理；

(二)家庭成员中全部或多数户籍在同一地的，由该户籍所在地街道办事处、乡镇人民政府受理；

(三)家庭成员中未成年子女户籍和父母(或监护人)户籍不在同一地点的，由该家庭父母(或监护人)户籍所在地街道办事处、乡镇人民政府受理；

(四)家庭成员中夫妻户籍不在同一地点的，由女方户籍所在地街道办事处、乡镇人民政府受理；

(五)属于"集体户口"、"社区公共户"的家庭或个人，由集体户口或社区公共户所在地街道办事处、乡镇人民政府受理；

(六)因各种原因在户籍迁出后未落实到迁入地的家庭或个人，由其户籍迁出地街道办事处、乡镇人民政府受理。

同时符合上述两个以上原则的，按照上述先后顺序确定。

第七条(申请材料)

申请人申请低保时，需提交以下基本材料：

(一)如实填写并签字确认的《上海市最低生活保障申请表》；

(二)申请人身份证或户口簿等身份证明材料。

需要进一步认定家庭成员基本情况及家庭经济状况的，街道办事处、乡镇人民政府可要求申请人在调查核实阶段提供符合规定要求的相关材料，申请人应予配合。凡是可以通过电子证照库共享的证明材料，不再要求申请人提供。

第八条(申请人义务)

申请人应当履行以下义务：

(一)申请人及其家庭成员要履行授权核对的相关手续，共同授权街道办事处、乡镇人民政府及核对机构调查其家庭经济状况；

(二)承诺所提供的信息真实、有效，无虚假欺骗和隐瞒；

(三)对相关部门的调查核实工作予以支持配合；

(四)申请家庭中符合就业条件尚未就业的人员，需先到公共就业服务机构进行就业登记，并自愿接受街道办事处、乡镇人民政府提供的就业培训、就业介绍。

第九条(受理程序)

街道办事处、乡镇人民政府应当对申请人或者其受托人提交的基本材料进行审查，材料齐备的予以受理，将信息录入上海市民政局救助信息管理系统，并发放《上海市最低生活保障申请受理单》。

第三章　调查核实

第十条(调查核实)

街道办事处、乡镇人民政府应当委托居民经济状况核对机构，对申请人的家庭经济状况进行核查，可视情采取入户调查、邻里访问、信函索证等方式，调查核实申请人家庭实际生活状况。对争议较大的申请家庭，还可进行民主评议。

第十一条(经济状况核对)

街道办事处、乡镇人民政府应当自受理申请后2个工作日内，委托居民经济状况核对机构(以下简称核对机构)对申请人家庭进行家庭经济状况核对。

核对机构一般应当自接受委托之日起12个工作日内完成核对，并出具核对报告。

街道办事处、乡镇人民政府收到核对报告后，对需要进一步查证的信息，申请人应当配合。

第十二条(其他调查核实方式)

调查核实申请人家庭实际生活状况，可按以下方式进行：

(一)入户调查。调查人员到申请人家中了解、核实其家庭收入、人员结构、财产情况和吃、穿、住、用等实际生活状况。入户调查结束后，调查人员应当填写《上海市最低生活保障入户调查表》，并由调查人员和申请人(被调查人)分别签字。入户调查至少由2名调查人员参加，可以委托居(村)委会或通过购买服务的形式实施。

(二)邻里访问。调查人员到申请人所在社区，通过走访居(村)民委员会和社区群众，了解申请家庭收入、财产和实际生活状况。

(三)信函索证。调查人员以信函方式向相关单位和部门索取有关证明材料。

(四)民主评议。民主评议由调查人员、居(村)党组织和居(村)民委会成员、熟悉该居(村)民情况的党员代表、居(村)民代表等参加，参与民主评议的人数为奇数，不得少于7人，其中居(村)民代表人数不得少于参加评议总人数的三分之二。民主评议按照宣讲政策、介绍情况、现场评议、形成结论、签字确认的环节进行。

人户分离的申请家庭需要进行入户调查、邻里访问、民主评议的，由申请人实际居住地街道办事处、乡镇人民政府根据负责审核确认的街道办事处、乡镇人民政府的委托组织实施。

第十三条(初审及公示)

调查核实后，街道办事处、乡镇人民政府提出初审意见。符合条件拟给予救助的，在申请家庭所在地的居(村)民委员会设置的居(村)务公开栏进行公示，公示期为7天。公示中应当保护低保对象个人隐私，不得公开与低保申请无关的信息。

人户分离的申请家庭，由负责审核确认的街道办事处、乡镇人民政府提供公示内容，委托实际居住地街道办事处、乡镇人民政府进行公示。公示结束后，实际居住地街道办事处、乡镇人民政府应及时反馈公示情况。

第四章 审核确认与资金发放

第十四条(审核确认)

公示结束后，街道办事处、乡镇人民政府在 2 个工作日内提出审核确认意见。确认给予的，发放《准予上海市最低生活保障通知书》；不予确认的，发放《不予确认上海市最低生活保障通知书》，书面告知申请人或者其受托人不予确认的理由和依据。

第十五条(低保金发放)

低保金自确认之月起按月定期发放，原则上依托上海市民政资金内控监管平台通过银行等代理金融机构实行社会化发放，直接支付到低保家庭指定成员的银行卡账户。

特殊情况需要通过现金形式发放的，需低保家庭指定的家庭成员签字确认，确有困难需要委托他人代签的，需注明关系。

第十六条(发放银行卡的管理)

低保家庭更换低保金发放银行卡的，持卡人及时到社会救助经办机构提供相关材料，并签字确认。确有困难的，经社会救助经办机构核实，可以凭本人签字确认的委托书委托他人代办。

第五章 动态管理

第十七条(定期复核)

街道办事处、乡镇人民政府应当根据低保家庭情况进行分类管理，对低保家庭的人口状况、收入状况、财产状况进行定期复核，并根据需要进行抽查。对家庭成员中有重病、重残人员且收入等状况基本无变化的低保家庭，每年复核一次；对短期内家庭经济状况和家庭成员基本情况相对稳定的低保家庭，每半年复核一次；对收入来源不固定、有劳动能力和劳动条件的低保家庭，每季度复核一次。

街道办事处、乡镇人民政府对低保家庭的人口状况、收入状况、财产状况发生变化，但仍符合低保条件的，继续实施救助并及时调整救助金额，发放《上海市最低生活保障金变更通知书》；对不再符合低保条件经查证属实的，停止救助，发放《停止上海市最低生活保障通知书》。

第十八条(救助渐退)

低保家庭的人口状况、收入状况、财产状况发生变化的，家庭成员应当及时告知街道办事处、乡镇人民政府。

低保家庭中就业年龄段、有劳动能力的成员实现就业，导致其家庭人均可支配收入发生变化，主动申报收入变化情况的，可以按照本市有关规定，在一定期限内继续享受相应的社会救助待遇。

第十九条(低保转移)

低保家庭户籍发生变动的，应当及时办理受助资格的转移手续。

转移范围在本区的，由街道办事处、乡镇人民政府办理转移手续；跨区的，由区民政局办理转移手续。

迁出部门在办理迁出转移手续时，应当支付当月和下月的救助金。迁入部门应当做好服务，按照程序及时办理迁入手续，并从第三个月起发放救助金。

第二十条(低保停止)

低保对象有下列情形之一的，街道办事处、乡镇人民政府应当对家庭或个人作出停止救助的决定，发放《停止上海市最低生活保障通知书》：

(一) 采取虚报、隐瞒、伪造等手段，骗取低保的；

(二) 不再符合低保条件的；

(三) 拒绝配合对其家庭人口、收入、财产等状况进行核查的；

(四) 在救助期间参与赌博、吸毒等违法活动的；

(五) 存在与其收入水平不相符的高消费行为且无法说明正当理由的；

(六) 家庭成员有劳动能力及条件，无正当理由连续 3 次拒绝接受公共就业服务机构介绍的与其健康状况、劳动能力相适应的工作的。

第六章 管理与监督

第二十一条(信息查询机制)

市、区民政局应当每季度公布辖区低保对象数量及救助资金支出情况，并建立面向公众的低保对象信息查询机制。

第二十二条(社会监督)

市、区民政局及街道办事处、乡镇人民政府要向社会公布监督、举报电话，主动接受社会和群众对低保审核确认工作的监督、投诉和举报。

对低保对象存在本办法第二十条规定的行为的，以及低保经办人员违法违规的实名举报，应当逐一核查，并及时向举报人反馈核查处理结果。

申请人或者低保对象对街道办事处、乡镇人民政府作出的不予确认、减发、停发低保等具体行政行为不服的，可以依法申请行政复议或者提起行政诉讼。

第二十三条(监督检查)

市、区民政部门应当加强对低保工作的监督检查，完善相应的监督管理制度，每年随机选取一定数量的对象，查看程序是否规范，对象是否符合条件、档案是否齐全，发现问题的及时纠正。

第二十四条(违规处罚)

对采取虚报、隐瞒、伪造等手段骗取救助资金的，街道办事处、乡镇人民政府应当在停止救助的同时，及时移送区民政局依法进行处理。区民政局根据《上海市社会救助条例》第五十四条的相关规定，责令其退回非法获取的救助资金，可以处非法获取的救助款额一倍以上三倍以下的罚款；构成违反治安管理行为的，由公安部门依法给予治安管理处罚；构成犯罪的，依法追究刑事责任。违法人员有关信息纳入本市公共信用信息平台，由相关部门按照规定实施相应惩戒措施。

第七章 附 则

第二十五条（难以判定或处理的情形）

本办法执行中，街道办事处、乡镇人民政府对难以判定或处理的情形要及时上报，由上级民政部门依照规定予以指导明确。

第二十六条（施行日期及有效期）

本办法自 2019 年 10 月 1 日起施行，有效期至 2024 年 9 月 30 日。

附件：1. 申请最低生活保障告知单
2. 上海市最低生活保障申请表
3. 最低生活保障审核确认表
4. 上海市最低生活保障申请受理单
5. 准予上海市最低生活保障通知书
6. 不予确认上海市最低生活保障通知书
7. 停止上海市最低生活保障通知书
8. 上海市最低生活保障金变更通知书
9. 上海市最低生活保障初审情况公示
10. 上海市最低生活保障入户调查表
11. 上海市最低生活保障动态管理告知单
12. 上海市最低生活保障动态管理家庭状况变化情况申报表
13. 上海市最低生活保障动态管理情况表
14. 送达回证

关于印发《上海市婚姻登记工作规范》的通知

（沪民规〔2019〕8 号）

各区民政局，市婚姻（收养）登记中心：

《上海市婚姻登记工作规范》已经我局 2019 年 9 月 2 日第十三次局长办公会议通过，于 2019 年 9 月 11 日公布，自 2019 年 10 月 1 日起施行，请遵照执行。

2019 年 9 月 11 日

上海市婚姻登记工作规范

第一章 总 则

第一条 为规范婚姻登记工作，提高婚姻登记服务水平，维护婚姻当事人的合法权益，根据《中华人民共和国婚姻法》《婚姻登记条例》和民政部《婚姻登记工作规范》等法律、法规、规范性文件和其他相关规定，结合本市实际，制定本规范。

第二条 全市各婚姻登记机关应当依照法律、法规及本规范，认真履行职责，做好婚姻登记工作。

第二章 婚姻登记机关和婚姻登记员

第三条 婚姻登记机关是依法履行婚姻登记行政职能的机关，具体履行下列职责：

（一）办理婚姻登记；

（二）补发婚姻登记证；

（三）撤销受胁迫的婚姻；

（四）建立和管理婚姻登记档案；

（五）宣传婚姻法律法规，倡导文明婚俗。

第四条 本市办理婚姻登记的机关是市和区民政局。

市民政局办理一方常住户口在本市的涉外国人和涉香港、澳门、台湾居民以及华侨的婚姻登记。区民政局办理双方或者一方常住户口在本辖区的内地居民之间的婚姻登记。

现役军人的婚姻登记，部队驻地、入伍前常住户口所在地或另一方当事人常住户口所在地在本市的，由其所在地的区民政局办理。

服刑人员的婚姻登记，一方当事人常住户口所在地或服刑监狱所在地在本市的，由其所在地的区民政局办理。

婚姻登记机关不得违反上述规定办理婚姻登记。

第五条 婚姻登记机关应当配备专职婚姻登记员。婚姻登记员具体履行下列职责：

（一）负责对当事人有关婚姻状况声明的监誓；

（二）审查当事人是否具备结婚、离婚、补发婚姻登记证、撤销受胁迫婚姻的条件；

（三）办理婚姻登记手续，签发婚姻登记证；

（四）建立婚姻登记档案。

婚姻登记员分别由市、区民政局任命、考核。婚姻登记员不得为本人或者近亲属办理婚姻登记。

第三章　结婚登记

第六条　当事人申请结婚登记，应当按照不同身份类别，分别出具本规范第七条至第十四条规定的有效证件或材料，并提交 3 张 2 寸双方近期半身正面免冠合影证件照。

第七条　内地居民办理结婚登记应当提交本人有效的居民身份证和户口簿，当事人无法提交居民身份证的可以出具有效的临时身份证。

居民身份证与户口簿上的姓名、性别、出生日期、公民身份号码应当一致；不一致的，当事人应当先到有关部门更正。

当事人声明的婚姻状况与户口簿上婚姻状况应当一致。不一致的，按照下列情形办理：

（一）当事人声明婚姻状况为“离婚”，但与户口簿上婚姻状况不一致的，应当提交能够证明其声明真实性的离婚证，或加盖档案保管部门印章的离婚登记档案材料复印件（档案在本辖区范围内能被查及的除外），或法院生效的司法文书，或法院出具的离婚证明书。

（二）当事人声明婚姻状况为“丧偶”，但与户口簿上婚姻状况不一致的，应当提交配偶死亡证明，必要时提交与其有法律关系的结婚证，或加盖档案保管部门印章的婚姻登记档案材料复印件（档案在本辖区范围内能被查及的除外）。

当事人声明的婚姻状况与婚姻登记档案记载不一致的，可以凭当事人提交的能够证明其声明真实性的法院生效司法文书、配偶居民死亡医学证明（推断）书等材料办理婚姻登记。

第八条　现役军人办理结婚登记应当提交本人的有效居民身份证、军人证件和部队出具的军人婚姻登记证明；到入伍前常住户口所在地登记的，还应当提交已注销的户口簿或者其他户籍有关材料。

居民身份证、军人证件和军人婚姻登记证明上的姓名、性别、出生日期、公民身份号码应当一致。

第九条　服刑人员申请办理结婚登记，本人应当到婚姻登记机关提出申请并出具有效的身份证件。

第十条　香港居民办理结婚登记应当提交：

（一）港澳居民来往内地通行证或港澳居民居住证或港澳同胞回乡证；

（二）香港居民身份证；

（三）经中国委托公证人（香港）公证的本人无配偶以及与对方当事人没有直系血亲和三代以内旁系血亲关系的声明。

第十一条　澳门居民办理结婚登记应当提交：

（一）港澳居民来往内地通行证或港澳居民居住证或港澳同胞回乡证；

（二）澳门居民身份证；

（三）经澳门公证机构公证的本人无配偶以及与对方当事人没有直系血亲和三代以内旁系血亲关系的声明。

第十二条　台湾居民办理结婚登记应当提交：

（一）台湾居民来往大陆通行证或台湾居民居住证或其他有效旅行证件；

（二）本人在台湾地区居住的有效身份证；

（三）经台湾公证机构公证的本人无配偶以及与对方当事人没有直系血亲和三代以内旁系血亲关系的声明。

第十三条　华侨办理结婚登记应当提交：

（一）本人的有效护照；

（二）居住国公证机构或者有权机关出具的、经中华人民共和国驻该国使（领）馆认证的本人无配偶的证明以及与对方当事人没有直系血亲和三代以内旁系血亲关系的证明，或者中华人民共和国驻该国使（领）馆出具的本人无配偶以及与对方当事人没有直系血亲和三代以内旁系血亲关系的证明。

与中国无外交关系的国家出具的有关证明，应当经与该国及中国均有外交关系的第三国驻该国使（领）馆和中国驻第三国使（领）馆认证，或者经第三国驻华使（领）馆认证。

第十四条　外国人办理结婚登记应当提交：

（一）本人的有效护照或者其他有效的国际旅行证件；

（二）所在国公证机构或者有权机关出具的、经中华人民共和国驻该国使（领）馆认证或者该国驻华使（领）馆认证的本人无配偶的证明，或者所在国驻华使（领）馆出具的本人无配偶证明。

与中国无外交关系的国家出具的有关证明，应当经与该国及中国均有外交关系的第三国驻该国使（领）馆和中国驻第三国使（领）馆认证，或者经第三国驻华使（领）馆认证。

第十五条　持有两个以上国家（或地区）身份证件的当事人，其合法入境身份视为当事人身份。

第十六条　婚姻登记员受理结婚登记申请，应当按照下列程序进行：

（一）询问当事人的结婚意愿；

（二）按照当事人的身份类别，查验本规范第七条至第十四条其中之一规定的相应证件和材料；

（三）自愿结婚的双方各填写一份《申请结婚登记声明书》；

《申请结婚登记声明书》中“声明人”一栏的签名必须由声明人在监誓人面前完成并按指纹；

（四）当事人现场复述声明书内容，婚姻登记员作监誓人并在监誓人一栏签名。

第十七条 婚姻登记员对当事人提交的证件、证明、声明进行审查，符合结婚条件的，填写《结婚登记审查处理表》和结婚证。

第十八条 颁发结婚证，应当在当事人双方均在场时按照下列步骤进行：

（一）向当事人双方询问核对姓名、结婚意愿；

（二）告知当事人双方领取结婚证后的法律关系以及夫妻权利、义务；

（三）见证当事人本人亲自在《结婚登记审查处理表》上的“当事人领证签名并按指纹”一栏中签名并按指纹；

“当事人领证签名并按指纹”一栏不得空白，不得由他人代为填写、代按指纹。

（四）将结婚证分别颁发给结婚登记当事人双方，向双方当事人宣布：取得结婚证，确立夫妻关系；

（五）祝贺新人。

第十九条 申请补办结婚登记的，当事人填写《申请补办结婚登记声明书》，婚姻登记机关按照结婚登记程序办理。

第二十条 申请复婚登记的，当事人填写《申请结婚登记声明书》，婚姻登记机关按照结婚登记程序办理。

第二十一条 婚姻登记机关对不符合结婚登记条件的，不予受理。当事人要求出具《不予办理结婚登记告知书》的，应当出具。

第四章 离婚登记

第二十二条 当事人申请离婚登记应出具结婚证、离婚协议书，并按照不同的身份类别，出具本规范第七条至第十四条规定的有效身份证件，各提交 2 张 2 寸单人近期半身正面免冠证件照。

第二十三条 婚姻登记员受理离婚登记申请，应当按照下列程序进行：

（一）分开询问当事人的离婚意愿（是否已经向人民法院提起离婚诉讼），以及对离婚协议内容的意愿，并进行笔录，笔录当事人阅后签名。

（二）查验本规范第二十二条规定的证件和材料。申请离婚登记的当事人一本结婚证丢失的，当事人应当书面声明遗失，婚姻登记机关可以根据另一本结婚证办理离婚登记；申请办理离婚登记的当事人两本结婚证都丢失的，当事人应当书面声明结婚证遗失并提供加盖档案保管部门印章的结婚登记档案复印件，婚姻登记机关可以根据当事人提供的上述材料办理离婚登记。

申请办理离婚登记的当事人提供的结婚证上的姓名、出生日期、身份证号码与居民身份证、户口簿不一致的，当事人应当书面说明不一致的原因，必要时出具户籍档案或有关信息变更更正材料。

现役军人申请离婚登记时，提供的结婚证上的姓名、出生日期、公民身份号码、军人证件号码与所持身份证件不一致的，在部队出具的军人婚姻登记证明备注栏予以载明或提供部队出具的说明。

（三）双方自愿离婚且对子女抚养、财产及债务处理等事项协商一致的，双方填写《申请离婚登记声明书》；

《申请离婚登记声明书》中“声明人”一栏的签名必须由声明人在监誓人面前完成并按指纹；

婚姻登记员作监誓人并在监誓人一栏签名。

（四）夫妻双方应当在离婚协议上现场签名；婚姻登记员可以在当事人持有的离婚协议书上加盖“此件与存档件一致，涂改无效。××××婚姻登记处××年××月××日”的长方形印章。协议书夫妻双方各一份，婚姻登记机关存档一份。当事人因离婚协议书遗失等原因，要求婚姻登记机关复印其离婚协议书的，按照《婚姻登记档案管理办法》的规定办理婚姻登记档案的查询和登记。

离婚登记完成后，当事人要求更换离婚协议书或变更离婚协议内容的，婚姻登记机关不予受理。

第二十四条 婚姻登记员对当事人提交的证件、《申请离婚登记声明书》、离婚协议书进行审查，符合离婚条件的，填写《离婚登记审查处理表》和离婚证。

第二十五条 颁发离婚证，应当在当事人双方均在场时按照下列步骤进行：

（一）向当事人双方询问核对姓名、出生日期、离婚意愿；

（二）见证当事人本人亲自在《离婚登记审查处理表》“当事人领证签名并按指纹”一栏中签名并按指纹；

“当事人领证签名并按指纹”一栏不得空白，不得由他人代为填写、代按指纹；

（三）在当事人的结婚证上加盖条型印章，其中注明“双方离婚，证件失效。××××婚姻登记处”。注销后的结婚证复印归档保存，原件退还当事人。

（四）将离婚证颁发给离婚当事人。

第二十六条 婚姻登记机关对不符合离婚登记条件的，不予受理。当事人要求出具《不予办理离婚登记告知书》的，应当出具。

第五章 补领婚姻登记证

第二十七条 当事人遗失、损毁婚姻登记证，现今仍然维持该婚姻状况的，可以向原办理该婚姻登记的机关或者一方常住户口所在地的婚姻登记机关申请补领，现役军人还可以到部队驻地所属婚姻登记机关申请。当事人办理婚姻登记时为内地居民，申请补领婚姻登记证时一方为本市居民，另一方为外国人或香港、澳门、台湾居民及华侨的，还可以向有办理涉外婚姻登记权限的婚姻登记机关申请。

符合《婚姻登记条例》规定的补领婚姻登记证条件的当事人，应向有管辖权的婚姻登记机关提出申请，按照不同身份类别，持有本规范第七条至第十四条规定的有效身份证件，到婚姻登记机关填写《申请补领婚姻登记证声明书》。

第二十八条　当事人因故不能到婚姻登记机关申请补领婚姻登记证，有婚姻登记档案可查且档案信息与身份信息一致的，可以委托他人办理。

委托办理应当提交当事人的户口簿、居民身份证和经公证机构公证的授权委托书。

委托书应当写明当事人姓名、身份证件号码、办理婚姻登记的时间及承办机关、目前的婚姻状况、委托事由、受委托人的姓名和身份证件号码。受委托人应当同时提交本人有效身份证件。

第二十九条　内地居民申请补领婚姻登记证时，所持身份证件上的姓名、出生日期、公民身份号码与婚姻登记档案记载不一致的，分别按照下列情形处理：

（一）婚姻登记档案中已记载当事人身份证号码，当事人所持身份证件上的姓名、出生日期、身份证号码与婚姻登记档案记载不一致的，当事人书面说明原因，必要时提交有关信息变更更正材料；

（二）婚姻登记档案中未记载当事人公民身份号码，因姓名使用同音字、非规范汉字，出生日期使用农历等原因，导致当事人所持身份证件上的姓名、出生日期与婚姻登记档案记载不一致的，当事人应当书面说明原因；

（三）因假冒他人身份、提供虚假材料办理婚姻登记导致所持身份证件上的姓名、出生日期、公民身份号码与婚姻登记档案记载不一致的，不予补领。

第三十条　现役军人申请补领婚姻登记证，所持身份证件上的姓名、出生日期、公民身份号码、军人证件号码与婚姻登记档案记载不一致的，在军人婚姻登记证明备注栏予以载明或提供部队出具的说明。

第三十一条　当事人持护照在中华人民共和国驻外使（领）馆办理婚姻登记的，在国内持户口簿、居民身份证申请补领婚姻登记证时，户口簿、居民身份证上的姓名、出生日期与婚姻登记档案记载应当一致，婚姻登记档案上“身份证件号”一栏填写护照号码的，应当书面说明原因；户口簿、居民身份证上的姓名、出生日期与婚姻登记档案记载不一致的，应当提交相应的身份信息变更更正材料。

第三十二条　申请补领结婚证的当事人，经婚姻登记档案保管部门确认结婚登记档案遗失或者未能查及的，可以向婚姻登记机关提交下列婚姻关系的历史材料之一：

（一）原婚姻登记机关出具的当事人办理过结婚登记的说明、记录；

（二）加盖单位印章的记载夫妻关系的人事档案复印件；

（三）有关部门存档并加盖部门印章的结婚证复印件；

（四）公证机构曾出具的结婚公证文书；

（五）其他能够证明当事人婚姻关系的说明、记录。

婚姻登记机关经过严格审查，确认当事人存在婚姻关系的，可以为其补领结婚证。

第三十三条　婚姻登记员受理补领婚姻登记证申请，应当按照下列程序进行：

（一）按照当事人身份类别，查验本规范第七条至第十四条规定的相应证件和材料；

（二）当事人填写《申请补领婚姻登记证声明书》；《申请补领婚姻登记证声明书》中“声明人”一栏签名必须由声明人在监誓人面前完成并按指纹；

（三）婚姻登记员作为监誓人并在“监誓人”一栏签名；

（四）申请补领结婚证的当事人提交 3 张 2 寸双人近期半身正面免冠合影证件照，申请补领离婚证的当事人提交 2 张 2 寸单人近期半身正面免冠证件照。

第三十四条　婚姻登记员对当事人提交的证件、证明和《申请补领婚姻登记证声明书》等材料进行审查后，符合补发条件的，填写《补发婚姻登记证审查处理表》和婚姻登记证。

第三十五条　补发婚姻登记证时，婚姻登记员应当向当事人询问核对姓名、出生日期，见证当事人本人亲自在《补发婚姻登记证审查处理表》“当事人领证签名并按指纹”一栏中签名并按指纹、书写日期，将婚姻登记证发给当事人。

第三十六条　当事人的户口簿上以曾用名的方式反映姓名变更的，婚姻登记机关可以采信。

当事人办理结婚登记时未达到法定婚龄，通过非法手段骗取婚姻登记，其在申请补领结婚证时仍未达法定婚龄的，婚姻登记机关不得补发结婚证；其在申请补领结婚证时已达法定婚龄的，当事人应当对结婚登记情况作出书面说明，婚姻登记机关补发的结婚证登记日期为当事人达到法定婚龄之日。

第三十七条　当事人办理过结婚登记，申请补领时的婚姻状况因离婚或丧偶发生改变的，不予补发结婚证；当事人办理过离婚登记的，申请补领时的婚姻状况因复婚发生改变的，不予补发离婚证。

第三十八条　当事人因婚姻登记证信息与本人所持身份证信息不一致申请换领的，填写《原婚姻登记证信息与本人实际信息不符的情况说明表》，可以参照本章有关补领的受理条件和程序办理。换发的婚姻登记证填写申请换领时所持身份证信息，备注栏中注明“原结（离）婚证的基本信息有误，换发此证。××××年××月××日”。

第三十九条 婚姻登记机关对不具备补发结婚证、离婚证受理条件的，不予受理。

第六章 附 则

第四十条 本规范规定的“近亲属”，包括配偶、父母、子女、兄弟姐妹、祖父母、外祖父母、孙子女、外孙子女。

第四十一条 本规范规定的当事人无配偶声明或证明，自出具之日起 6 个月内有效（注明有效期的除外）。

第四十二条 本规范规定当事人提交的证件、证明材料，婚姻登记机关对其提交的证件复印留存，对提交的证明材料留存原件。

第四十三条 当事人提交的证件、证明和声明等材料有私自涂改伪造痕迹、内容缺失或者不能辨认的，婚姻登记机关可以要求当事人重新出具。

第四十四条 当事人向婚姻登记机关提交的“本人无配偶证明”“离婚协议书”等材料是外国语言文字的，应当翻译成中文（汉语）。当事人未提交中文译文的，视为未提交该文件。婚姻登记机关可以接受中国驻外使领馆、当事人所在国驻我国使领馆或有资格的翻译机构出具的翻译文本。

当事人提交的港澳台地区证明材料可以使用繁体字，无须转换为简化字。

第四十五条 本规范所规定的证明材料和有关信息，能够通过数据共享交换获取的，不再要求婚姻当事人提供。

第四十六条 婚姻登记机关负责婚姻登记严重失信当事人名单管理，将婚姻登记严重失信当事人名单信息按有关规定纳入全国婚姻登记信用信息系统管理。

婚姻登记时，婚姻登记员应当将《婚姻登记个人信用风险告知书》内容，当面向婚姻登记当事人进行信用风险提示，请当事人签名确认并按指纹（一人一份）。登记完成后，婚姻登记员依照《婚姻登记档案管理办法》有关规定，将两份告知书与其他婚姻登记材料一并归档保存。

第四十七条 本规范规定的当事人提交的婚姻登记证件照，应当为同一底版、单一底色的近期半身正面免冠证件照，不得使用婚纱照、剧照、艺术照等。少数民族当事人提交的照片是否免冠从习俗。

第四十八条 本规范中要求提供的“户口簿”或户籍证明应盖有本人户籍所在地公安部门户口专用章。当事人为集体户口的，应当提交载明户籍所在地的个人户口卡或常住人口登记卡（表），个人户口卡或登记卡（表）应盖有户籍所在地公安部门户口专用章；无法提供原件的，可出具户籍所在地的户籍证明。

第四十九条 当事人因身体障碍、文化程度受限等原因，无法完成婚姻登记手续，但能明确表达真实婚姻意愿的，婚姻登记机关应当对婚姻登记进行全过程录音录像，并将录音录像归入同一当事人的婚姻登记档案。婚姻登记按照下列要求办理：

（一）当事人口头表达确有困难，但能填写相关声明材料的，婚姻登记员应当与当事人进行笔谈，笔谈文字材料归档保存；

（二）当事人书写、签名或按指纹确有困难的，由婚姻登记员做好记录，并将记录归档保存；

（三）当事人阅看笔录、离婚协议书内容或复述声明书内容确有困难的，由婚姻登记员宣读相应内容，当事人确认。

（四）当事人需要手语翻译的，可向婚姻登记机关预约，由婚姻登记机关聘请手语翻译。

第五十条 本规范自 2019 年 10 月 1 日起实施，有效期至 2024 年 9 月 30 日。

附件：1. 申请结婚登记声明书
2. 申请补办结婚登记声明书
3. 不予办理结婚登记告知书
4. 申请离婚登记声明书
5. 不予办理离婚登记告知书
6. 申请补领婚姻登记声明书
7. 原婚姻登记证信息与本人实际信息不符的情况说明表
8. 婚姻登记个人信用风险告知书
9. 离婚协议书

上海市民政局关于废止《上海市民政局、上海市社会团体管理局、中国人民银行上海分行关于在本市民间组织中实施工资基金管理工作的通知》等5件行政规范性文件的通知

（沪民规〔2019〕9号）

各区民政局、各相关单位：

经研究并经相关部门同意，市民政局决定废止下列5件行政规范性文件：

一、《上海市民政局、上海市社会团体管理局、中国人民银行上海分行关于在本市民间组织中实施工资基金管理工作的通知》（沪民社非〔2007〕1号）

二、上海市民政局、上海市计划生育委员会、上海市公安局、上海市司法局《关于印发〈上海公民收养子女登记若干规定〉的通知》（沪民婚发〔1999〕第16号）

三、上海市民政局、上海市财政局、上海市劳动局、上海市人事局、上海市卫生局《关于印发〈上海市精神病患者住院经费负担办法〉的通知》（沪民福（94）第7号）

四、《上海市民政局关于印发〈关于《上海市社会福利企业管理办法》中具体处罚问题的解释〉》（沪民企管发〔1999〕26号）

五、《上海市民政局关于印发〈上海市假肢和矫形器（辅助器具）生产装配企业资格认定告知承诺办法〉的通知》（沪民规〔2018〕3号）

2019年10月8日

关于进一步完善本市社会散居孤儿、困境儿童和艾滋病病毒感染儿童基本生活费发放工作的通知

（沪民规〔2019〕10号）

各区民政局、财政局、发改委，市社会福利中心、光明集团：

为进一步提高本市社会散居孤儿、困境儿童和艾滋病病毒感染儿童基本生活水平，根据《国务院办公厅关于加强孤儿保障工作的意见》（国办发〔2010〕54号）、《民政部财政部关于发放孤儿基本生活费的通知》（民发〔2010〕161号）、《民政部财政部关于发放艾滋病病毒感染儿童基本生活费的通知》（民发〔2012〕179号）、民政部等12部门《关于进一步加强事实无人抚养儿童保障工作的意见》（民发〔2019〕62号）等文件精神及有关规定，现就进一步完善本市社会散居孤儿、困境儿童和艾滋病病毒感染儿童基本生活费发放工作通知如下：

一、发放对象

本通知规定的基本生活费发放对象是指具有本市户籍、未满18周岁的下列三类未成年人：

1. 社会散居孤儿：失去父母（父母双亡或失踪）且非集中供养的未成年人。

2. 困境儿童：父母双方均符合重残、重病、服刑在押、强制隔离戒毒、被执行其他限制人身自由的措施、失联情形之一的未成年人；或者父母一方死亡或失踪，另一方符合重残、重病、服刑在押、强制隔离戒毒、被执行其他限制人身自由的措施、失联情形之一的未成年人；或者因遭受监护人虐待、遗弃、意外伤害、不法侵害等监护不当导致人身安全受到威胁或侵害情形的未成

年人。

3. 艾滋病病毒感染儿童：携带艾滋病病毒及患有艾滋病的未成年人（以下简称"感染儿童"）。

符合上述条件的三类被保障对象年满18周岁后，在学制规定年限内，仍在全日制高中阶段（普通高中教育、中等职业教育）和全日制大学阶段（大专、本科、高等职业教育）就读的，可继续享受基本生活费。

二、发放流程

1. 申请

本市社会散居孤儿由其监护人（以下简称"申请人"）向被保障对象户籍所在地街道办事处或乡镇人民政府提出书面申请，填写《上海市社会散居孤儿基本生活费申请表》（附件1），同时出具孤儿父母死亡证明或人民法院宣告孤儿父母死亡或失踪的证明。

本市困境儿童由其监护人或为其提供实际照料的祖辈、亲属朋友、相关单位或组织（以下统称"申请人"）向被保障对象户籍所在地街道办事处或乡镇人民政府提出申请，填写《上海市困境儿童基本生活费申请表》（附件2）。因监护不当导致未成年人陷入困境的，监护人不得作为申请人。

本市感染儿童由其监护人（以下简称"申请人"）向被保障对象户籍所在地的区民政局提出书面申请，填写《上海市艾滋病病毒感染儿童基本生活费申请表》（附件3），并出具国家医疗卫生机构开具的医学证明（HIV抗体确症检测报告单，HIV检测呈阳性）。

2. 初核

本市社会散居孤儿和困境儿童的申请，由街道办事处或乡镇人民政府对被保障对象及其家庭和实际照料人的相关情况进行核实查验，自收到申请之日起15个工作日内，作出查验结论，提出初核意见，连同申请材料一并上报区民政部门；本市感染儿童的申请，由区民政局相关部门对申请人提供的材料进行核实查验，自收到申请之日起15个工作日内，作出查验结论，提出初核意见。为保护被保障对象隐私，以上均不以公示方式核实了解情况。

发放对象为社会散居孤儿的，需核实孤儿及孤儿监护人身份信息、孤儿父母死亡或失踪情况。

发放对象为困境儿童的，需核实困境儿童及申请人身份信息，以及导致陷入困境的各类情形：父母死亡的，需查验死亡证明或人民法院宣告死亡的证明；父母失踪的，需查验人民法院宣告失踪的法律文书；父母重病的，需查验医疗机构出具的诊断病历；父母重残的，需查验有效的《中华人民共和国残疾人证》；父母失联的，需查验失去联系且未履行监护抚养责任6个月以上的情况（向公安机关了解有关查找情况并记录，或向3名及以上较为熟悉被保障对象家庭情况的证明人询问相关情况并记录）；父母服刑在押、强制隔离戒毒或被执行其他限制人身自由的，需查验人民法院或其他有权机关出具的依法被剥夺人身自由判决书等法律文书；父母监护不当的，需查验公安、法院、救助保护机构和医疗机构等单位出具的相关法律文书、情况说明等。

发放对象为感染儿童的，需核实感染儿童及其监护人身份信息，以及感染儿童艾滋病病毒感染、携带情况。

核实查验工作一般采取部门信息比对的方式进行。因档案管理、数据缺失等原因不能通过部门信息比对核实的，可以请被保障对象或申请人协助提供必要补充材料，申请人应予以配合。对有异议的，可根据工作需要采取入户调查、邻里访问、信函索证、群众评议等方式再次进行核实。

3. 审核确认

区民政部门自收到申报材料及初核意见之日起5个工作日内进行审核、作出确认。对审核同意的，出具《同意发放通知单》（附件4）；对未通过审核的，按原渠道退回申请材料，并出具《不予发放通知单》（附件5）。属于社会散居孤儿和困境儿童的，区民政局将确认结果通知街道办事处或乡镇人民政府，由街道办事处或乡镇人民政府及时告知申请人；属于感染儿童的，由区民政局将确认结果直接告知申请人。

被保障对象对审核确认结果有异议的，可向区民政部门申请复核，区民政部门应当在15个工作日内进行复核并告知复核结果。

4. 发放

符合申请条件的三类被保障对象基本生活费经审核同意后，自申请受理当月起发放，同时将有关信息录入"全国儿童福利信息系统"。区财政部门根据同级民政部门提出的支付申请，将被保障对象基本生活费在每月20日前足额拨付到被保障对象个人银行账户。区财政直接支付确有困难的，可通过同级民政部门予以发放。

5. 补发、增发和停发

对确症的感染儿童可申请补发，自HIV抗体检测报告单上日期的当月起补发。

上述三类被保障对象年满18周岁、仍在全日制高中阶段（普通高中教育、中等职业教育）和全日制大学阶段（大专、本科、高等职业教育）就读、需要继续享受基本生活费的，被保障对象需提供学校就读信息，受理部门要及时按照程序和规定，核定身份，办理增发手续，并从学制规定年限结束的次月起停止发放。

上述三类被保障对象因死亡、年满18周岁、被收养或其父母重新履行监护责任等不再符合发放条件的，从情况发生的次月起停止发放；被保障对象的父母刑满释放、解除强制戒毒等恢复人身自由的，自恢复人身自由之日起满6个月后停止发放。

被保障对象停止发放基本生活费的，民政部门要同时出具《停发通知单》（附件6），并在"全国儿童福利信息系统”中进行减员操作。

三、资金保障

1. 标准确定与调整

本市社会散居孤儿基本生活费标准，按照保障孤儿的基本生活不低于当地平均生活水平的原则，由市民政局和市财政局另行确定。

本市困境儿童和感染儿童基本生活费标准参照本市社会散居孤儿基本生活费标准发放，并随之同步调整。

2. 资金渠道

对于未满18周岁的被保障对象基本生活费发放所需资金，除中央财政补助部分按实拨付各区以外，其余所需资金由被保障对象户籍所在区级财政予以保障。

已满18周岁按照本通知规定继续发放生活费的，所需资金由被保障对象户籍所在区级财政承担。

四、监督管理

1. 区民政局、区财政局要对社会散居孤儿、困境儿童和感染儿童基本生活费保障资金实行专项管理，专款专用，防止发生挤占、挪用、冒领、套取等违法违规现象。

区民政局要对资金发放情况定期进行汇总，并报区财政局以及市民政局备案；要逐月了解核实被保障对象的情况，对不符合发放条件的，及时终止发放；要运用儿童福利信息系统加强对发放工作的动态管理，规范程序，提高效率，接受相关部门的监督。

市社会福利中心根据市民政局的指导和委托，具体做好基本生活费发放工作的培训、指导，督促各区民政部门做好被保障儿童的信息档案、信息统计数据月报工作以及纸质台账的保存，开展定期巡查和评估。

市民政局、市财政局不定期组织检查，对弄虚作假、虚报冒领的，由发放单位负责追回，并视情节轻重依纪依法处理。

2. 加强信用管理，建立健全失信联合惩戒机制，将存在恶意弃养情形或者采取虚报、隐瞒、伪造等手段骗取保障资金的父母及其他监护人失信行为记入信用记录，纳入市公共信用信息服务平台，并按照规定实施联合惩戒。

五、制度衔接

1. 本市社会散居孤儿和感染儿童已获得最低生活保障金且未达到基本生活保障标准的，进行补差发放，其他被保障对象按照标准全额发放。同时符合特困人员救助供养条件和孤儿认定条件的，应当纳入孤儿基本生活保障范围，不再认定为特困人员。

2. 本市困境儿童已获得最低生活保障金、特困人员救助供养金且未达到基本生活保障标准的，进行补差发放，其他被保障对象按照标准全额发放。

3. 本市社会散居孤儿、困境儿童和感染儿童已获得困难残疾人生活补贴且未达到基本生活保障标准的，进行补差发放，其他被保障对象按照标准全额发放。

4. 已全额领取基本生活费的被保障对象其家庭申请最低生活保障或特困救助供养的，被保障对象的基本生活费不计入家庭收入，在享受低保或特困救助供养待遇之后根据人均救助水平进行重新计算，补差发放。纳入孤儿基本生活保障范围的不再适用特困人员救助供养政策。

5. 已全额领取基本生活费的残疾儿童不享受困难残疾人生活补贴，但符合条件的可同时享受重度残疾人护理补贴及康复救助等相关政策。

6. 已享受本市社会散居孤儿、困境儿童基本生活费的感染儿童，不再同时享受感染儿童基本生活费。

六、其他事项

1. 市域外农场(光明集团)本市户籍社会散居孤儿、困境儿童和感染儿童基本生活费纳入市农场局部门预算，其发放工作参照本通知执行。

2. 本通知自2020年1月1日起施行，有效期至2024年12月31日。原《上海市民政局上海市财政局关于做好本市社会散居孤儿基本生活费发放工作的通知》(沪民福发〔2011〕20号)、《上海市民政局上海市财政局关于本市困境儿童基本生活费发放工作的通知》(沪民规〔2018〕6号)同时废止。

附件：1. 上海市社会散居孤儿基本生活费申请表
2. 上海市困境儿童基本生活费申请表
3. 上海市艾滋病病毒感染儿童基本生活费申请表
4. 上海市基本生活费同意发放通知单
5. 上海市基本生活费不予发放通知单
6. 上海市基本生活费停发通知单

上海市民政局　上海市财政局
上海市发展和改革委员会
2019年11月18日

关于调整本市孤儿、困境儿童等基本生活保障标准的通知

（沪民规〔2019〕11号）

各区民政局、财政局，市社会福利中心、光明集团：

为进一步提高本市孤儿、困境儿童及艾滋病感染儿童基本生活水平，经市政府批准，现就调整本市孤儿、困境儿童及艾滋病感染儿童基本生活费标准有关事项通知如下：

1. 机构孤儿基本生活费标准从每人每月2 000元调整为2 100元；社会散居孤儿基本生活费标准从每人每月1 800元调整为1 900元；

2. 本市困境儿童、艾滋病感染儿童基本生活费参照本市社会散居孤儿基本生活费标准发放，每人每月1 900元。

以上标准自2019年1月1日起实施。

特此通知。

上海市民政局　上海市财政局

2019年11月14日

关于印发《上海市城市居民享受最低生活保障待遇违法行为行政处罚裁量基准》的通知

（沪民规〔2019〕12号）

各区民政局：

根据《中华人民共和国行政处罚法》和《上海市人民政府关于本市建立行政处罚裁量基准制度的指导意见》（沪府发〔2013〕32号），我局制定了《上海市城市居民享受最低生活保障待遇违法行为行政处罚裁量基准》，经我局2019年12月16日第十九次局长办公会审议通过，自2020年1月1日起施行。请遵照执行。

2019年12月23日

上海市城市居民享受最低生活保障待遇违法行为行政处罚裁量基准

为了规范《城市居民最低生活保障条例》第十四条规定的城市居民享受最低生活保障待遇违法行为的行政处罚裁量权，现制定裁量基准。

一、法律依据

（一）义务条款

1.《城市居民最低生活保障条例》第七条第二款

2.《城市居民最低生活保障条例》第十条第一款

（二）处罚条款

《城市居民最低生活保障条例》第十四条享受城市居民最低生活保障待遇的城市居民有下列行为之一的，由县级人民政府民政部门给予批评教育或者警告，追回其冒领的城市居民最低生活保障款物；情节恶劣的，处冒领金额1倍以上3倍以下的罚款：

1. 采取虚报、隐瞒、伪造等手段，骗取享受城市居民最低生活保障待遇的；

2. 在享受城市居民最低生活保障待遇期间家庭收入情况好转，不按规定告知管理审批机关，继续享受城市居民最低生活保障待遇的。

二、裁量基准

（一）采取虚报、隐瞒、伪造等手段，骗取享受城市居民最低生活保障待遇的，按照下列裁量标准处理或处罚：

1. 骗取2个月以下城市居民最低生活保障金的，给予批评教育，追回其冒领的城市居民最低生活保障金。

2. 骗取3至4个月城市居民最低生活保障金的，

给予警告，追回其冒领的城市居民最低生活保障金，处冒领金额1倍罚款。

3. 骗取5至6个月城市居民最低生活保障金的，给予警告，追回其冒领的城市居民最低生活保障金，处冒领金额2倍罚款。

4. 骗取7个月以上城市居民最低生活保障金的，给予警告，追回其冒领的城市居民最低生活保障金，处冒领金额3倍罚款。

（二）在享受城市居民最低生活保障待遇期间家庭收入情况好转，不按规定告知管理审批机关，继续享受城市居民最低生活保障待遇的，按照下列裁量标准处理或处罚：

1. 在享受城市居民最低生活保障待遇期间家庭收入情况好转，不按规定如实告知管理审批机关，继续享受2个月以下城市居民最低生活保障金的，给予批评教育，追回其冒领的城市居民最低生活保障金。

2. 在享受城市居民最低生活保障待遇期间家庭收入情况好转，不按规定如实告知管理审批机关，继续享受3至4个月城市居民最低生活保障金的，给予警告，追回其冒领的城市居民最低生活保障金，处冒领金额1倍罚款。

3. 在享受城市居民最低生活保障待遇期间家庭收入情况好转，不按规定如实告知管理审批机关，继续享受5至6个月城市居民最低生活保障金的，给予警告，追回其冒领的城市居民最低生活保障金，处冒领金额2倍罚款。

4. 在享受城市居民最低生活保障待遇期间家庭收入情况好转，不按规定如实告知管理审批机关，继续享受7个月以上城市居民最低生活保障金的，给予警告，追回其冒领的城市居民最低生活保障金，处冒领金额3倍罚款。

本裁量基准所列的城市居民享受最低生活保障待遇违法行为有《中华人民共和国行政处罚法》、《上海市人民政府关于本市建立行政处罚裁量基准制度的指导意见》（沪府发〔2013〕32号）所列应当减轻、从轻、从重情节的，裁量时应当予以减轻、从轻、从重；本裁量基准对上述城市居民享受最低生活保障待遇违法行为从轻、从重情节已有具体规定的，从其规定。

本裁量基准自2020年1月1日起施行，有效期至2024年12月31日。

关于印发修订后的《上海市共有产权保障住房和廉租住房申请家庭经济状况核对实施细则》的通知

（沪民规〔2019〕13号）

各区民政局、住房保障房屋管理局，市居民经济状况核对中心、市住房保障事务中心：

现将修订后的《上海市共有产权保障住房和廉租住房申请家庭经济状况核对实施细则》印发给你们，自2020年1月1日起施行，请遵照执行。

上海市民政局　上海市房屋管理局
2019年12月25日

上海市共有产权保障住房和廉租住房申请家庭经济状况核对实施细则

第一条（目的和依据）

为规范本市共有产权保障住房及廉租住房申请家庭经济状况的核对工作，根据《社会救助暂行办法》《上海市社会救助条例》《上海市共有产权保障住房管理办法》《上海市居民经济状况核对办法》和国家及本市的有关规定，制定本实施细则。

第二条（适用范围）

本市行政区域范围内共有产权保障住房及廉租住房申请家庭的可支配收入、财产的核对以及核对程序，适用本实施细则。

第三条（实施机构）

申请共有产权保障住房或廉租住房的居民经济状况核对工作，由市、区居民经济状况核对机构（以下统称核对机构）组织和实施。

第四条（可支配收入的具体内容）

家庭可支配收入，是指申请家庭的总收入扣除缴纳的各项税金和社会保险费后的收入，包括工资性收入、经营性净收入、财产性收入、转移性收入和其他有关收入等。

（一）工资性收入是指就业人员通过各种途径得到的全部劳动报酬，包括所从事主要职业的工资以及从事第二职业、其他兼职和零星劳动得到的其他劳动收入；

（二）经营性净收入是指从事生产经营活动获得的净收入，即全部生产经营收入扣除生产经营成本和税金后所得的收入；

（三）财产性收入是指家庭拥有的动产、不动产所获得的收入，包括出让财产使用权所获得的利息、租金、知识产权收入，财产营运所获得的红利收入、财产增值收益等；

（四）转移性收入是指国家机关、企事业单位、社会组织等对居民家庭的各种转移支付和居民家庭间的收入转移，包括政府对个人收入转移的离退休金、失业保险金、社会救助金等，家庭间的赠送、赡养费、抚（扶）养费等；

（五）其他有关的收入是指按照有关法律、法规规定，能够以公允价值确定的收入。

第五条（免于计入可支配收入的内容）

下列内容免于计入可支配收入：

（一）省级政府、国务院部委和中国人民解放军军以上单位颁发的科技、教育、技术、文化、卫生、体育、环境保护等方面的奖金，政府给予见义勇为人员和对国家、社会和人民做出突出贡献者的一次性奖励金，省级以上劳动模范退休后享受的荣誉津贴；

（二）优抚对象按照国家和本市规定享受的一次性抚恤金、烈士褒扬金、伤残护理费、伤残抚恤金、定期抚恤金、定期定量补助、烈属抚慰金、差额补助、生活补助、优待金、临时补助、医疗补助和丧葬补助费；

（三）军队发放的转业费，军队复员干部和退役士兵按照国家和本市有关规定享受的复员费、路费、伙食费及津贴、易地安置的安家费、一次性退役金、自主就业（自谋职业）一次性经济补助及其他补助费；

（四）在校学生获得的奖学金、助学金、困难补助金、实习或者勤工俭学获得的收入；

（五）国家和本市有关规定明确的工伤保险待遇中的伙食补助费、生活护理费、一次性补助金、供养亲属抚恤金；

（六）其他抚恤金、丧葬抚恤金；

（七）依据《国家赔偿法》获得的国家赔偿金；

（八）因财产损失、人身伤害获得的赔偿收入；

（九）政府、社会各界给予的临时性救助帮困款物；

（十）工会组织发放的帮困金、补助金；

（十一）计划生育奖励金、生育医疗费补贴、独生子女意外伤残或者死亡一次性补助金、特别扶助金和其他有关计划生育的补助金；

（十二）按照本市有关规定享受的老年综合津贴、高龄老人长寿津贴；

（十三）困难残疾人生活补助、重度残疾人护理补贴、残疾人交通补贴、一户多残困难家庭获得的一户多残生活补助金；扶残涉农经济组织的扶持对象获得的劳动补贴等收入；残疾人阳光职业康复援助基地、“阳光心园”、“阳光之家”的援助及服务对象，获得的交通、伙食、劳动补贴及津贴；

（十四）政策性农业补贴，如农资综合补贴、水稻种植补贴等；

（十五）原住房被征收（拆迁）且无他处住房，获得的原住房征收（拆迁）货币安置补偿款；

（十六）其他政策明确规定免于计入申请家庭可支配收入的具体内容。

第六条（财产的具体内容）

财产包括货币财产和实物财产等下列具体内容：

（一）现金、人民币和外币存款、理财产品、非银行支付机构网络支付账户资金以及有价证券；

（二）机动车辆（含牌照）；

（三）房屋，包括在本市拥有的非居住类房屋，以及在本市以外拥有的居住类房屋和非居住类房屋；

（四）股权；

（五）债权；

（六）商业保险；

（七）其他价值较大的财产。

申请家庭在提出申请前五年内获得的离婚住房安置补贴款，由于自身原因未购买住房的，按照本市共有产权保障住房和廉租住房申请对象住房面积核查相关规定，折算住房面积并计入申请家庭住房面积后，不计入财产核对范围。

第七条（可支配收入的认定）

可支配收入的核对期间，按照核对委托书明确的核对期间确定。

可支配收入的所属月份，按照下列顺序认定：政府部门及有关机构反馈信息显示的月份；申请人提供的银行卡等有效凭证显示的月份；单位加盖公章的工资单等有效凭证显示的月份。

可支配收入，按照调查、核实后的收入认定。下列可支配收入，按照以下规定认定：

（一）工资收入低于最低工资标准的，属于在法定工作时间或依法签订的劳动合同约定的工作时间内提供了正常劳动的，按照社会保险费缴纳地的最低工资标准认定；

（二）疾病休假工资或者疾病救济费低于国家有关规定的，按照国家有关规定认定；

（三）根据合同、协议规定的中介、转包承包获得的收入，按照双方签订的相关合同、协议认定；

（四）离婚家庭子女的抚养费，按照调解书、判决书或者协议书确定的金额认定；

（五）房屋产权属多人所有的，该房屋的出租收入，依照房屋产权证上规定的份额比例进行分配；若房屋产权证上未写明产权人所占份额的，按产权人数等额分配；

（六）其他可支配收入，根据本条规定的原则或者其他合理的方式予以认定。

第八条（财产的认定）

财产价值的核对期日，按照核对委托书明确的核对期日确定。

下列财产的价值，按照以下规定认定：

（一）银行存款、理财产品、非银行支付机构网络支付账户资金、有价证券和商业保险等货币财产所有权按照实名认定。银行存款、理财产品、非银行支付机构网络支付账户资金按照账户余额认定；股票类有价证券按照股票市值和资金账户余额的总和认定；基金类有价证券按照净值认定；商业保险按照保险合同中规定的价值认定。

（二）机动车辆按照车辆购置登记人认定。机动车辆（含牌照）的价值，按照委托的车辆价格认证机构鉴证后认定。

（三）房屋按照《不动产权证书》《房地产权证》《租用居住公房凭证》《房屋所有权证》《土地使用权证》《宅基地使用证》等记载的权利人或者承租人认定。房屋的价值，按照有资质的房地产估价机构的估价结果认定。

（四）股权价值按照股权所有人所在公司的所有者权益乘以持股比例认定。

（五）规定申报期间内出售、赠与、支取的较大价值的财产，需提供合理说明以及资金流转凭证或者法院判决书、公证书等有效凭证后，据实认定。

（六）其他财产的所有权和价值，根据本条规定的原则或者其他合理的方式予以认定。

第九条（证明材料的形式）

可支配收入和财产的证明材料，主要包括下列形式：

（一）可支配收入的证明材料：单位证明，租赁合同，领取赡养费、抚（扶）养费的收入说明，离婚判决书、离婚调解书或离婚协议书等；

（二）财产的证明材料：银行存单、银行账户明细，证券对账单、债券凭证，商业保险合同，不动产权证书、房地产权证、房屋所有权证，车辆登记证书等。

对通过信息共享交换可以获得的证明材料，及国家和本市明确的证明清理事项，不得要求申请人提供。

第十条（委托核对材料的移交程序）

委托核对材料的移交，按照下列程序办理：

（一）住房保障机构将核对委托书和委托核对的申请材料（包括各类证明材料，下同）移交核对机构，委托书上应当填写委托编号、委托核对对象的姓名、身份证件类型及号码、核对期间以及财产截止时点等基本内容；

证明材料为复印件的，住房保障机构应当在查验原件后加盖“与原件核对一致”的印章，并由经办人签字；

（二）核对机构收到委托书和委托核对的申请材料后，对符合核对要求的申请材料，应当及时开出收件收据，并组织开展核对；对不符合核对要求的申请材料，退回住房保障机构并附需要申请家庭补正材料的清单。

第十一条（重新委托核对的规定）

住房保障机构根据规定需要重新委托核对的，应当在申请家庭审核登录公告前，将委托书和重新委托核对的申请材料移交核对机构。

核对机构对需要重新委托核对的委托程序，按照第十条第（二）项的规定办理。

第十二条（核对金额的确定和核对报告）

核对金额根据申请家庭的可支配收入总额和财产总额除以委托核对的家庭成员数，得出人均可支配收入和人均财产的金额确定。

第十三条（核对工作中止的情形）

核对机构在开展经济状况核对工作时遇到下列情形之一的，可以中止核对，并在作出中止核对决定的 2 个工作日内，书面通知住房保障机构，并附申请家庭需提交的补充证明材料清单：

（一）人均可支配收入或者人均财产超过准入标准的；

（二）拥有机动车辆或者房屋未申报的；

（三）拥有经营实体或其股份未申报的；

（四）拥有理财产品未申报的；

（五）拥有商业保险未申报的；

（六）社会保险费的缴纳与申请材料填写的情况不相符合的；

（七）有财产异动无法提供正当理由的；

（八）需要中止核对的其他情形。

第十四条（中止核对的处理）

住房保障机构应当自收到核对机构发出的核对工作中止通知书的 15 个工作日内，按照下列情况分别作出处理：

（一）申请家庭在规定的期限内提交补充证明材料的，或者在规定的期限内未提交相关证明材料的，书面通知核对机构继续开展核对工作。其中，申请家庭提交补充证明材料的，应附上相关的补充证明材料。

（二）申请家庭签字确认退出申请的，书面通知核对机构终止核对工作。

（三）申请家庭需要延长时间提交证明材料的，经住房保障机构同意后，书面通知核对机构延期开展核对工作。

住房保障机构在规定期限内未提供相关处理意见的，核对机构应当恢复核对工作，并根据本实施细则第十六条第一款的规定出具书面核对报告。

第十五条（委托复核）

申请家庭对审批决定提出异议时，住房保障机构认为有必要复核其经济状况的，可以要求核对机构对异议所涉及的内容进行复核。

核对机构应当自收到住房保障机构发出的复核委托书的7个工作日内完成复核，并书面告知复核结果。

第十六条（核对期限的规定）

核对机构一般自接受委托之日起35个工作日内完成共有产权保障住房的核对工作，30个工作日内完成廉租住房的核对工作，并出具核对报告。

本实施细则规定的委托估价和鉴证、中止核对或者延期核对所需时间，不计入核对工作时限。

存在需外省市协查的情形的，总体核对时间应相应延长。

第十七条（如实申报的义务）

申请家庭应当如实申报家庭可支配收入和财产状况，对隐瞒虚报经济状况的，经查实后由相关部门纳入个人信用管理范围，并实施相应的惩戒措施。

第十八条（实施日期）

本实施细则自2020年1月1日起施行，有效期至2024年12月31日。

附录三：

2019 年先进典型名录

一、先进集体

（一）全国先进集体

【全国民政系统先进集体】

上海市龙华烈士陵园（龙华烈士纪念馆）
上海市第一社会福利院
上海市社区服务中心
上海市杨浦区社会福利院
上海市浦东新区重度残疾人寄养院

【2017—2018 年度全国青年文明号】

上海市儿童福利院康复中心自闭症小组
上海市浦东新区婚姻管理所结婚登记浦东南路窗口

【全国维护妇女儿童权益先进集体】

上海市杨浦区民政局
上海市嘉定区民政局

【全国福彩系统第三届创新竞赛组织工作一等奖】

上海市福利彩票发行中心

（二）上海市先进集体

【上海市工人先锋号】

上海市救助管理二站救助甄别科
上海市松江区婚姻登记管理所婚姻登记班组

【上海市五一劳动奖状】

上海市儿童临时看护中心

【2017—2018 年度上海市三八红旗集体】

上海市宝兴殡仪馆"火凤凰"女子入殓师团队
上海市青浦区慈善事业和志愿服务促进中心

【上海市青年五四奖章集体】

上海市救助管理二站寻亲甄别青年突击队

【2018 年度上海市青年突击队】

上海市救助管理二站寻亲甄别青年突击队

【2019 年度上海市重点工程实事立功竞赛优秀团队】

上海市普陀区民政局
上海市闵行区民政局

【本市事业单位脱贫攻坚专项奖励记大功集体】

上海市养老服务发展中心（原上海市老龄事业发展中心）

【上海市巾帼文明岗】

上海市福利彩票发行中心客服团队
上海市静安区民政局基层政权建设和社会工作科
上海市宝山区民政局养老服务科
上海市青浦区殡仪馆礼厅组

【2017—2018 年度上海市青年文明号示范集体】

上海市民政第一精神卫生中心一病区
上海市青浦区居民经济状况核对中心

【2017—2018 年度上海市青年文明号】

上海市龙华殡仪馆业务恰谈组

【2018—2019 年度市级机关青年文明号】

上海市儿童福利院启心学校学前教育组
上海市第四社会福利院社工部
上海市宝兴殡仪馆服务组

【上海市文明行业】

上海民政行业获评第十届上海市文明行业

【2017—2018 年度上海市文明单位】

上海市浦东新区救助管理站
上海市浦东新区浦东殡仪馆
上海市浦东新区南汇殡仪馆
上海市浦东新区重度残疾人寄养院
上海市黄浦区第一社会福利院
上海市黄浦区第二社会福利院
上海市黄浦区社区服务中心
上海市黄浦区千鹤老年公寓
陈娟英敬老院
上海市黄浦区老年公寓
上海市黄浦区老龄事业发展中心
上海市黄浦区救助管理站
上海市黄浦区婚姻（收养）登记中心
上海市静安区婚姻（收养）登记中心
上海市徐汇区社会福利院
上海市徐汇区救助管理站
上海市徐汇区第二社会福利院
上海市长宁区婚姻（收养）登记中心
上海市长宁区救助管理站
上海市长宁区社会福利院

上海市金福第三养老院
上海市普陀区社会福利院
上海市虹口区社会福利院
上海市杨浦区社会福利院
上海市宝山区救助管理站
上海市宝山区社区服务中心
上海市宝山区婚姻登记管理所
上海市宝山区殡仪馆
上海市宝山区希爱康复俱乐部
上海闵行区老年福利院
上海市嘉定区殡仪馆
上海市金山区社会福利院
上海市金山区殡仪馆
上海市金山区卫夷健康管理服务中心
上海市金山区振欣职业技能培训中心
上海市松江社会福利院
上海市松江区救助管理站
上海市松江区婚姻登记管理所
上海市松江区殡仪馆
上海市青浦区婚姻登记管理中心
上海市青浦区殡仪馆
上海市奉贤区福利院
上海市奉贤区殡仪馆
上海市奉贤区老龄事业发展中心（奉贤区老年大学）
上海市崇明区殡仪馆
上海市龙华殡仪馆
上海市儿童福利院
上海市第一社会福利院
上海市第三社会福利院
上海市第四社会福利院
上海市民政第一精神卫生中心
上海市民政第二精神卫生中心
上海市民政第三精神卫生中心
上海市宝兴殡仪馆
上海市益善殡仪馆
上海市社区服务中心
上海市癌症康复俱乐部
上海市社会工作培训中心
上海市慈善基金会
上海慈善物资管理中心
上海市众仁慈善服务中心
上海市第二社会福利院

【2017—2018 上海市市级机关系统文明单位】

上海市福利彩票发行中心
上海市居民经济状况核对中心
上海市救助管理二站
上海市儿童临时看护中心
上海市救助管理站
上海市婚姻（收养）登记中心
上海市黄山干部疗养院
上海市老龄事业发展中心
上海市老年基金会

【2018 年度上海市平安示范单位】

上海市民政第一精神卫生中心
上海市宝兴殡仪馆
上海市徐汇区社会福利院
上海市金山区福利院
上海市松江社会福利院

【2016—2018 年度上海市未成年人保护工作先进集体】

上海市闵行区民政局

【2018—2019 年度上海市禁毒工作先进集体】

上海市救助管理站

【2019 年度上海市综合帮扶工作考评组织奖】

上海市松江区综合帮扶服务社

（三）上海民政系统先进集体

【2017—2018 年度上海市区民政文明行业】

浦东新区民政行业
黄浦区民政行业
静安区民政行业
徐汇区民政行业
长宁区民政行业
普陀区民政行业
虹口区民政行业
杨浦区民政行业
闵行区民政行业
嘉定区民政行业
金山区民政行业
松江区民政行业
青浦区民政行业
奉贤区民政行业
宝山区民政行业
崇明区民政行业

【2018 年度上海市民政局五四红旗团组织】

上海市救助管理二站团支部

【2017—2018 年度上海市民政局文明单位】

上海爱心物业有限公司
上海三智汽配实业有限公司
上海飞思殡葬代理中心
上海辰宇工艺品有限公司
上海市社会救助事务中心
上海市民政传媒中心（上海老年报社）
上海市老龄（民政）科学研究中心（上海市社会福利国际交流中心）
上海市帮困互助基金会

【2017—2018年度上海市民政系统文明创建文明处(科)室】

上海市民政局婚姻管理处

上海市民政局计划财务处

上海市民政局社团管理处

上海市浦东新区民政局办公室

上海市浦东新区民政局基层政权和社区建设处

上海市黄浦区民政局社会组织管理科(行政审批服务科)

上海市静安区民政局基层政权建设和社会工作科

上海市静安区民政局组织人事科

上海市徐汇区民政局养老服务科

上海市长宁区民政局养老服务科

上海市普陀区民政局基层政权和社区建设科

上海市虹口区民政局基层政权科

上海市杨浦区民政局基层政权与社区建设科

上海市宝山区民政局社会组织登记管理科

上海市闵行区民政局社会救助和慈善科

上海市嘉定区民政局基层政权建设科

上海市金山区民政局养老服务科

上海市松江区民政局社会福利科

上海市青浦区民政局社会组织管理科

上海市奉贤区民政局党群工作办公室

上海市崇明区民政局养老服务科

上海市儿童福利院组织人事科

上海市第一社会福利院办公室

上海市第二社会福利院组织人事科

上海市第三社会福利院总务科

上海市第四社会福利院行政组

上海市民政第一精神卫生中心康复社工部

上海市民政第二精神卫生中心出入院处

上海市民政第三精神卫生中心护理部

上海市龙华殡仪馆办公室

上海市宝兴殡仪馆办公室

上海市益善殡仪馆炉化部

上海市社区服务中心项目部

上海市社会工作培训中心办公室

上海市慈善基金会项目发展与客户服务部

上海慈善物资管理中心处置部

【上海市民政系统2019年度双十佳好人好事(集体)】

协力践行公益心　探索推进新格局——记上海市社区服务中心项目部

久病缠身跳江轻生　真情劝导护送回家——记上海市救助管理站社会工作科

热情敬业　严谨规范　撸起袖子办培训——记上海市社会工作培训中心培训一部

志愿温情　大爱暖心——记上海市龙华殡仪馆“爱·龙华”生命文化教育基地志愿者队

用心守护“来自星星的孩子”——记上海市儿童福利院康复中心自闭症小组

点点微光照亮每个清晨——记上海市宝兴殡仪馆鹤林酒家

守护生命天堂　奉献人间真情——记奉贤区殡仪馆火化组

真情侍亲　爱暖夕阳——记杨浦区社会福利院

筑起温馨避风港　俯身甘当孺子牛——记长宁区救助管理站

强化使命担当　践行为民宗旨——记宝山区婚姻登记管理所

二、先进个人

(一) 全国先进个人

【孺子牛奖】

王　刚　上海市龙华殡仪馆

【全国民政系统先进工作者】

杨霞静　上海市松江社会福利院

【全国民政系统劳动模范】

肖玉荣　普陀区社会福利院护理部主任

姜益青　嘉定区殡仪馆整容组遗体整容师

【“庆祝中华人民共和国成立70周年”纪念章】

王贯三　上海市龙华殡仪馆离休干部

冯长春　上海市龙华殡仪馆退休全国先进工作者

张宏伟　上海市龙华殡仪馆在职全国劳模

陈辉楠　上海市福利彩票发行中心上海世博会先进个人

凌　伟　上海市第三社会福利院全国先进工作者

徐善珍　上海市儿童福利院全国先进工作者

黄佰华　上海市益善殡仪馆全国先进工作者

焦连哲　上海市民政局机关上海世博会先进个人

【全国技术能手荣誉称号】

陈　钰　上海市龙华殡仪馆

【第九届全国民政行业职业技能竞赛养老护理员职业竞赛】

二等奖　赵琼琼　上海市第一社会福利院

徐长花　上海市第二社会福利院

王　程　杨浦区社会福利院

(二) 上海市先进个人

【“上海市人民满意的公务员”】

陈跃斌　上海市民政局养老服务处

【2019年上海工匠】

吕永兵　上海假肢厂

【上海市五一劳动奖章】

许培培　上海市宝兴殡仪馆

【2017—2018年度上海市三八红旗手】

吴晓敏　上海市民政第一精神卫生中心

陆雅静　静安区社会救助事务中心

【上海市青年五四奖章】

吴　斌　上海市龙华殡仪馆

【第十五届上海市青年岗位能手】

李　怡　上海市宝兴殡仪馆

邓虎成　静安区民政局

【2018年度上海市优秀共青团干部】

李　洁　上海市社会福利中心

【2017—2018年度上海市职工职业道德建设先进个人】

祁　巍　上海市救助管理二站

【2019年度上海市综合帮扶工作考评先进个人】

胡鹰飞　上海市松江区

（三）上海民政系统先进个人

【上海市民政系统第五届"孺子牛金奖"】

蔡璇璇　上海市儿童福利院

【上海市民政系统第五届"孺子牛银奖"】

张学军　闵行区颛桥镇银都苑第一居民区党总支书记、居委会主任

李福强　杨浦区救助管理站原党支部书记、站长

金文琴　宝山区民政局原优抚安置科科长

季鸣亚　静安区老年事业发展中心副主任

姜洪英　徐汇区社会福利院党支部书记、院长

徐　军　市宝兴殡仪馆业务科副科长兼技术总监

龚建琴　崇明区民政局原党委书记、局长

谢祥荣　虹口区救助管理站站长

傅　颖　普陀区社区服务中心主任

蔡国强　黄浦区陈娟英敬老院党支部书记、院长

【2017—2018年度上海市民政系统文明创建优秀组织者】

郭春祥　上海市民政局政策法规处副调研员

郝　翔　上海市民政局社会服务机构管理处主任科员

顾林栎　上海市浦东新区南汇殡仪馆党支部书记、主任

朱　凤　上海市浦东新区婚姻管理所党支部书记、副所长

樊青山　上海市黄浦区民政局党组副书记

严　柳　上海市静安区民政局养老服务科科长

吕　晴　上海市静安区民政局办公室副主任

付俊萍　上海市徐汇区婚姻收养登记中心党支部书记

陈汉传　上海市长宁区民政局党组副书记、副局长，长宁区社会组织管理局局长

傅　颖　上海市普陀区社区服务中心主任

周莉萍　上海市虹口区民政局党组副书记

余　征　原上海市杨浦区民政局党委副书记

陈　玲　上海市宝山区民政局办公室科员

洪　悦　上海市闵行区民政局机关党办文员

李金凤　上海市嘉定区殡葬管理所副所长

顾诗意　上海市金山区民政局专项事务科副科长

乔晓芳　上海市松江社会福利院社工科社工

徐品忠　上海市青浦区殡仪馆主任

汪海良　上海市奉贤区民政局调研员

许海斌　上海市崇明区民政局组织人事科科长

郁翠琴　上海市社会福利中心组织人事科副科长（主持工作）

宣惠红　上海市儿童福利院党支部书记

沈　健　上海市第一社会福利院党支部书记

张庆湧　原上海市第二社会福利院党支部书记

张镇海　上海市第三社会福利院办公室主任

储蓓林　上海市第四社会福利院党支部书记

陈　杰　上海市民政第一精神卫生中心办公室主任

孙飞红　上海市民政第二精神卫生中心办公室主任

徐　敏　上海市民政第三精神卫生中心办公室主任

王海山　原上海市儿童临时看护中心党支部书记

朱志伟　上海市黄山干部疗养院党支部书记、副院长（主持工作）

余忠明　上海市殡葬服务中心副主任（主持工作）、党委副书记

张丽芬　上海市殡葬服务中心副主任、市龙华殡仪馆主任

李　军　上海市宝兴殡仪馆主任、党支部副书记

魏　超　上海市殡葬服务中心副主任、市益善殡仪馆主任

徐　征　上海飞思殡葬代理中心副总经理（主持工作）、党支部书记

吴春燕　上海辰宇工艺品有限公司综合办公室主任

屠琪斐　上海市社区服务中心办公室副主任

王莉萍　上海市老年基金会综合联络部副部长

花　月　上海市社会工作培训中心办公室副主任

蒋天懿　上海市慈善基金会办公室高级主管

任少鹏　上海慈善物资管理中心综合管理部副部长

华芳大　上海市癌症康复俱乐部副会长兼秘书长

章　莹　上海市居民经济状况核对中心基层指导和培训部主管

史佩柱　上海市救助管理站组织人事科主任科员

姜骊嘉　上海市救助管理二站党务干事、团支部书记

周　文　上海市福利彩票发行中心主任

赵莉娟　上海市老龄事业发展中心主任、书记

颜梦恬　上海市婚姻（收养）登记中心婚姻（收养）登记员

王春根　上海爱心物业有限公司总经理

【上海市民政系统2019年度双十佳好人好事(个人)】

为寝园发展倾情奉献——记上海市颛桥寝园陈凤梅

让生命绽放最后的灿烂——记上海市救助管理站丁嘉平

奋斗不息的青春印迹——记上海市社会工作培训中心赵悦彤

以仁心厚德唱响暮年之歌——记上海市第三社会福利院姚瑞凡

社工理念助力回归家庭——记上海市救助管理二站何元懋

爱岗敬业　无私奉献——记上海飞思海葬服务部罗超

甘于平凡默默奉献的"白衣天使"——记长宁区第二社会福利院孙燕清

不忘初心　民政爱民——记闵行区民政局胡爱民

俯首身边事　甘为孺子牛——记虹口区社区综合服务管理中心邢博

善言不如善行——记松江区殡仪馆汤雪中

【2019年上海市优秀社会工作者】

田鹏志　上海市儿童福利院
乔佳琦　上海澜途社会工作事务所
庄　洁　上海市东方医院
胡春燕　上海市第四社会福利院
戴　愉　上海静安区居委会工作研究会
沈　琰　上海新航社区服务总站
张彦君　上海延泽社会工作发展中心
韩　斌　上海青浦区关爱社工事务所
王　静　上海静安区静安寺街道华山居民区
翁绿芪　上海市自强社会服务总社(杨浦工作站)

【2019年第二届上海市最美养老护理员】

丁秀芳　徐汇区斜土街道敬老院
丁彩红　上海徐汇区第三老年福利院
万　莉　上海市第四社会福利院
马永美　浦东新区耀华养老院
王义环　黄浦区第二社会福利院
王　凤　上海宝山杨行镇金秋晨曦老年公寓
王丽杰　上海虹口区吉阳红敬老院
王婉苹　上海市松江社会福利院
王筱英　上海市浦东新区祝桥镇光明养护院
牛亚军　上海市第一社会福利院
叶会民　上海和养第一第二老年公寓
付书华　嘉定区真新街道养老院
仝　玲　上海市嘉定区安亭镇黄渡敬老院
邢淑玲　浦东新区上钢新村街道德州养老院
权修娥　金山区社会福利院
刘壮丽　上海市杨浦区社会福利院
刘　芳　上海市安亭社会福利院
刘丽丽　普陀区沙田敬老院
刘培莉　上海星堡老年服务有限公司
刘德凤　嘉定区徐行镇敬老院
李仁芳　上海市嘉定区安亭镇黄渡敬老院
李先会　上海香柏养老院
杨全英　上海市徐汇区社会福利院
杨沙妮　上海静安区芷江西路社区长者照护之家
杨春珍　上海市静安区恒裕曹家渡老年福利院
吴克才　杨浦区五角场镇敬老院
吴春萍　上海金山区张堰镇敬老院
张秀花　上海市松江社会福利院
张金瑜　新唐镇敬老院
张雪琴　上海霞满云间公益发展中心
陈　红　上海金山区廊下镇敬老院
陈姝芳　上海闵行区老年福利院
范　萍　小昆山敬老院
金海红　上海金山区枫泾镇第二敬老院
周　莲　上海金山区朱泾镇第二敬老院
郝邵琼　嘉定区江桥镇封浜敬老院
战　法　上海市嘉定区安亭镇方泰敬老院
钟红平　上海市松江车墩敬老院
钟春兰　南风养老院
姜红玲　上海新长征福利院
姚美英　朱泾镇第一敬老院
贾彦波　嘉定区第一社会福利院
倪建红　上海市第三社会福利院
徐红娟　嘉定区华亭敬老院
徐彩珍　上海市众仁慈善服务中心
凌　萍　上海闵行区君莲养老院
郭　凤　上海市浦东新区浦惠明川养护院
郭柱琼　闵行区继王敬老院
蒋巧凤　上海中福会养老院
韩晓芹　上海东方老年公寓

【2019年核对员岗位竞赛优秀个人】

赵　娅　嘉定区民政局
刘君毅　青浦区民政局

三、先进服务品牌

【首届中国城市治理创新奖(2018—2019)优胜奖】

居民区分类治理清单模式——上海市长宁区

【全国城市基层党建创新最佳案例】

上海市宝山区社会建设工作办公室

【"2019中国地方政府竞争力'智慧为民'十佳案例"】

上海市杨浦区社区管理信息系统

【旗帜杂志社"第二届党建创新成果展示交流活动"百优案例】

《以党建为统领,用爱照亮流浪者回家之路》——

上海市救助管理站党委

【首批20个全国乡村治理典型案例】

上海市宝山区社会建设工作办公室

【改革开放40周年上海思想政治工作创新成果优秀品牌】

上海市宝山区社会建设工作办公室

【2018中国(上海)社会治理创新实践优秀案例】

“活力楼组”创新社区微治理上海市宝山区

【上海市民政系统第六届十佳服务品牌】

上海社区事务受理“全市通办”——上海市民政局基政处、市社区服务中心

各区民政局、各街道社区事务受理服务中心

暖心阁——青浦区婚姻登记管理中心

小小义工——上海市儿童福利院

精准救助十二法——上海市救助管理站

邻里汇——徐汇区民政局

轮椅新天地——上海市第四社会福利院

银龄法宝——上海市老龄事业发展中心

海之蓝——上海飞思海葬服务部

肖玉荣工作室——普陀区社会福利院

社区服务零距离——虹口区社区综合服务管理中心

【上海市民政系统第六届十佳服务品牌入围奖】

忆路守护——上海市民政第三精神卫生中心

呵护“翊”星期——上海市民政第二精神卫生中心

心语花艺——上海市龙华殡仪馆

栀子花开——上海市第二社会福利院

凡人善举——上海市慈善基金会

贤家有爱——奉贤区救助管理站

星星闪亮——宝山区社会福利院

孝亲课堂——上海市第一社会福利院

桥计划——上海市申爱社会工作发展中心

生命文化教育服务——上海滨海古园

爱在黄浦　携手同行——黄浦区婚姻(收养)登记中心

“申情徽意”待客来——上海市黄山干部疗养院

公益创智坊——杨浦区社会组织服务中心

薪火传承——金山区殡仪馆

七彩筑梦驿站——上海市福利彩票发行中心

【上海市十大智慧健康养老典型案例】

搭建“系统　服务　老人　终端”的智慧养老平台——上海市第四社会福利院

长宁区智慧养老大数据管理中心——长宁区民政局

奉贤区智慧居家养老服务系统——奉贤区民政局

数字化(虚拟)养老院建设方案——杨浦区社会福利院

周家渡街道“1 32 X”三级智慧为老服务网络——浦东新区周家渡街道办事处

基于SaaS云的友康智慧养老服务平台——上海友康信息科技有限公司

万达信息医养结合服务平台——万达信息股份有限公司

AI生物感知技术助力老年监护——上海百芝龙网络科技有限公司

“互联网助力，监管线上行”养老机构智能监管平台——上海华懋信息技术有限公司

福寿康智能居家康复护理系统——福寿康(上海)医疗养老服务有限公司

【2019年上海市优秀社会工作案例】

和家欢未成年子女关爱项目——上海中和社区矫正事务所

助残社工督导服务项目——静安区残疾人联合会

沉浸式体验生命教育模式在儿童健康促进中的应用——以“梦想医学院”地铁儿童医学体验馆为例——复旦大学附属儿科医院社工部

“朝花夕拾”高龄老人回想疗法服务品牌——上海市第一社会福利院

“肠友乐，常快乐”肠造口患者关爱项目——上海市东方医院

“妈咪宝贝帮”——缓解新手妈妈育儿焦虑服务项目——上海市儿童医院

“守望相助，重塑家园”——静安区“家庭后续照管”品牌项目——上海市自强社会服务总社静安社工站

医务社工为导向的安宁疗护跨学科团队查房的创新模式——上海市徐汇区康健街道社区卫生服务中心、上海大学社会学院安宁疗护与医务社工研究中心

“风信子”脑卒中病友俱乐部——上海市浦东新区人民医院

“绿泥人”青少年正面成长计划——上海中致社区服务社

附录四：

上海民政优秀论文

一、民政部2019年民政政策理论研究获奖论文

序号	获得奖项	论文名称	作 者	完成单位
1	一等奖	社区民生顾问制度发展研究——以上海为例	朱勤皓 张 政 张玉枝 肖春平	上海市民政局
2	一等奖	社区建设与社会福利事业发展关联研究	熊 竞 陈芳芳 任泽涛	上海交通大学、上海工程技术大学、上海市民政科学研究中心
3	二等奖	围绕机制体制创新 发挥平台载体作用——科技类社会组织融入科创中心建设研究	蒋 蕊 方文进 曾永和 李 鑫 等	上海市民政局
4	二等奖	上海市长宁区居民区分类治理清单模式探索研究	章 维 陈汉传 印海红 童 潇 等	长宁区民政局、长宁区社会工作协会、华东政法大学
5	二等奖	上海民政基本公共服务均等化的路径及建议	罗 娟 张临俊 崔开昌 高 凯	上海工程技术大学、上海市民政科学研究中心
6	三等奖	普陀区开展爬楼机服务的需求调查、问题分析以及运行模式研究	刘义海 赵 飞 陈芳芳 林宏宏 等	普陀区民政局、上海工程技术大学
7	三等奖	委托社会力量运营本区公建养老机构运营模式研究及发展探索——以上海市宝山区为例	罗 娟 崔开昌 高 凯 魏晓静 等	上海工程技术大学、宝山区民政局
8	三等奖	新时代浦东新区居委会工作自下而上评价机制探索研究	徐 红 王旭光 倪 滤 汤文建	浦东新区民政局、上海密思根营销管理咨询有限公司
9	三等奖	公益基地可持续发展研究	张 静 范 斌 刘伟权 陆 怡 等	上海市民政局、华东理工大学、上海东方社会工作事务所
10	三等奖	基于核对数据的最低生活保障研究	王玉青 吴 江 全莉莉 朱小林 等	上海市居民经济状况核对中心、上海开放大学
11	三等奖	政府购买社会组织服务定价研究	崔杨杨	中共上海市委党校
12	三等奖	上海市社会组织信用体系建设研究	祁克萍 陆慧新 傅 春 黄 俊 等	上海市民政局、上海市社会信用促进中心、量富征信管理有限公司
13	三等奖	慈善力量参与社会救助研究——以上海为例	章晓懿 杨 帆 张晓颖 王劲颖	上海交通大学、上海市民政局
14	三等奖	上海社会工作薄弱环节梳理及对策研究	范 斌 张 静 刘伟权 赵 阳 等	华东理工大学、上海市民政局
15	三等奖	民生视角下的民政统计研究	张 森 练进波 翟家宁 王 亲 等	上海财经大学、上海市民政局

二、第十二届上海决策咨询研究成果奖内部调研奖

序号	课题名称	完成单位
1	新时代基本民生保障研究	上海市民政局基层政权和社区建设处

三、2019年度上海市民政局财政立项课题十佳课题获奖名单

序号	课题名称	完成单位
1	社会组织登记网上办事和线下服务的关系研究	上海市民政局社会组织登记处、上海社会科学院信息研究所
2	社会组织跨区域发展研究	上海市民政科学研究中心
3	公益基地能力建设及评价指标研究	上海市民政局职业社会工作和志愿服务处、上海市公益服务促进中心
4	“养老顾问”的可持续运行机制研究	上海市老龄事业发展中心、上海仁馨健康管理咨询有限公司
5	康复辅助器具租赁研究	上海市民政局残疾人福利处、上海市康复器具协会
6	新个税法对居民经济状况核对工作的影响	上海市居民经济状况核对中心、上海海关学院
7	养老机构事中事后监管方法研究	上海市民政局养老服务处、上海市行政法制研究所
8	社会救助对象违规处罚路径研究	上海市民政局社会救助处、中共上海市委党校
9	上海婚姻家庭文化的现状与对策	上海市民政局婚姻管理处、上海社会科学院社会学研究所
10	质量管理体系与服务标准体系在养老机构的融合应用研究	上海市社会福利中心、上海市第四社会福利院

四、2017—2018年度上海市民政科研成果转化奖名单

序号	获得奖项	论文名称	完成单位
1	一等奖	上海市志愿服务条例修订研究	上海市民政局职业社会工作和志愿服务处、上海复恩社会组织法律研究与服务中心
2	一等奖	邻里汇建设和运行管理规范	徐汇区民政局
3	一等奖	强化兜底保障、坚持改革创新，构建“弱有所扶”社会救助体系	长宁区民政局
4	二等奖	关于奉贤区社区居民综合帮扶情况的调研	奉贤区民政局
5	二等奖	静安区社区分析工具	静安区民政局、上海静安区居委会工作研究会
6	二等奖	社会组织信用体系建设研究	上海市民政局社会组织登记处、上海市社会信用促进中心
7	二等奖	养老机构的风险防控和危机管理	上海市社会福利中心、上海仁馨健康管理咨询有限公司
8	二等奖	家庭居室适老化改造机制研究	上海市民政局养老服务处、上海立信会计金融学院人文艺术学院
9	三等奖	金山区村（居）委会负担重问题的调研报告	金山区民政局
10	三等奖	核对项目开发规程标准化研究	上海市居民经济状况核对中心
11	三等奖	杨浦区社会组织参与社区治理引导目录	杨浦区民政局、复旦大学
12	三等奖	康复辅助器具支付体系研究	上海市民政局残疾人福利处、上海理工大学

续表

序 号	获得奖项	论文名称	完成单位
13	三等奖	松江区发挥政府主导作用　打造分层分类的幸福养老模式	松江区民政局
14	三等奖	社会团体内部管理制度实务研究	上海市民政局社会团体管理处、上海浦江社会组织创新发展研究院
15	三等奖	探索建立民政资金统一发放机制	上海市民政局计划财务处
16	三等奖	嘉定区老年人社区助餐服务的现状及对策建议	嘉定区民政局
17	三等奖	奥氮平治疗 ANKK1、MC4R 基因多态性与精神分裂症生化及免疫指标检测的结果分析	上海市民政第三精神卫生中心
18	三等奖	养老机构吞咽障碍老人营养干预的研究	上海市第四社会福利院

附录五：

上海市行政区划情况统计表

（一）上海市行政区划情况统计表

截至 2019 年 12 月 31 日

区名称	街道数	镇　数	乡　数	居委数	村委数
黄浦区	10			177	
徐汇区	12	1		306	
长宁区	9	1		185	
静安区	13	1		267	1
普陀区	8	2		259	7
虹口区	8			204	
杨浦区	12			302	
闵行区	4	9		452	117
宝山区	3	9		400	103
嘉定区	3	7		221	143
浦东新区	12	24		996	362
金山区	1	9		108	124
松江区	6	11		267	85
青浦区	3	8		146	184
奉贤区	3	8		136	175
崇明区		16	2	81	269
合　计	107	106	2	4 507	1 570

上海市行政区划名称表

截至 2019 年 12 月 31 日

区	数　量			街道、镇、乡名称
	街道	镇	乡	
黄浦	10			外滩街道、南京东路街道、半淞园路街道、小东门街道、老西门街道、豫园街道、打浦桥街道、淮海中路街道、瑞金二路街道、五里桥街道
徐汇	12	1		湖南路街道、天平路街道、枫林路街道、徐家汇街道、斜土路街道、长桥街道、漕河泾街道、康健新村街道、虹梅路街道、田林街道、凌云路街道、龙华街道、华泾镇
长宁	9	1		华阳路街道、新华路街道、江苏路街道、天山路街道、周家桥街道、虹桥街道、仙霞新村街道、程家桥街道、北新泾街道、新泾镇

续表

区	数　量			街道、镇、乡名称
	街道	镇	乡	
静安	13	1		江宁路街道、静安寺街道、南京西路街道、曹家渡街道、石门二路街道、天目西路街道、北站街道、宝山路街道、芷江西路街道、共和新路街道、大宁路街道、彭浦新村街道、临汾路街道、彭浦镇
普陀	8	2		长寿路街道、曹杨新村街道、长风新村街道、宜川路街道、甘泉路街道、石泉路街道、真如镇街道、万里街道、长征镇、桃浦镇
虹口	8			四川北路街道、北外滩街道、欧阳路街道、广中路街道、凉城新村街道、嘉兴路街道、曲阳路街道、江湾镇街道
杨浦	12			定海路街道、大桥街道、平凉路街道、江浦路街道、控江路街道、殷行街道、长白新村街道、延吉新村街道、五角场街道、四平路街道、新江湾城街道、长海路街道
闵行	4	9		江川路街道、古美路街道、新虹街道、浦锦街道、莘庄镇、七宝镇、浦江镇、梅陇镇、虹桥镇、马桥镇、吴泾镇、华漕镇、颛桥镇
宝山	3	9		吴淞街道、张庙街道、友谊路街道、庙行镇、罗店镇、大场镇、顾村镇、罗泾镇、杨行镇、月浦镇、淞南镇、高境镇
嘉定	3	7		嘉定镇街道、新成路街道、真新街道、马陆镇、南翔镇、江桥镇、安亭镇、外冈镇、徐行镇、华亭镇
浦东	12	24		潍坊新村街道、陆家嘴街道、塘桥街道、周家渡街道、东明路街道、洋泾街道、上钢新村街道、沪东新村街道、金杨新村街道、浦兴路街道、南码头路街道、花木街道、川沙新镇、合庆镇、曹路镇、高东镇、高桥镇、高行镇、金桥镇、张江镇、唐镇、北蔡镇、三林镇、惠南镇、新场镇、大团镇、周浦镇、航头镇、康桥镇、宣桥镇、祝桥镇、泥城镇、书院镇、万祥镇、老港镇、南汇新城镇
金山	1	9		石化街道、枫泾镇、朱泾镇、亭林镇、漕泾镇、山阳镇、金山卫镇、张堰镇、廊下镇、吕巷镇
松江	6	11		岳阳街道、中山街道、永丰街道、方松街道、九里亭街道、广富林街道、九亭镇、泗泾镇、泖港镇、车墩镇、洞泾镇、叶榭镇、新桥镇、石湖荡镇、新浜镇、佘山镇、小昆山镇
青浦	3	8		夏阳街道、盈浦街道、香花桥街道、赵巷镇、徐泾镇、华新镇、重固镇、白鹤镇、朱家角镇、练塘镇、金泽镇
奉贤	3	8		西渡街道、奉浦街道、金海街道、南桥镇、庄行镇、金汇镇、柘林镇、青村镇、奉城镇、四团镇、海湾镇
崇明		16	2	城桥镇、堡镇、庙镇、中兴镇、新河镇、三星镇、向化镇、绿华镇、建设镇、陈家镇、竖新镇、港西镇、港沿镇、新海镇、东平镇、长兴镇、新村乡、横沙乡
合计	107	106	2	

（二）各区行政区划情况统计表

一、浦东新区

名　　称	地　　址	电　话
潍坊新村街道办事处	**福山路317号**	**68757800**
潍坊一村居委会	潍坊一村170号101室	58301847
潍坊二村居委会	潍坊二村4号101室	58781397
潍坊三村居委会	潍坊三村330号101室	58303273
潍坊四村居委会	潍坊四村438号101室	68755167
潍坊五村居委会	潍坊五村535号101室	58783102
潍坊七村居委会	潍坊七村708号101室	58309755

续表

名称	地址	电话
潍坊八村第一居委会	浦电路 331 弄 16 号 101 室	58311882
潍坊九村居委会	浦电路 330 弄 61 号底楼	58881579
潍坊十村第一居委会	潍坊路 154 弄 13 号底楼	58204797
潍坊十村第二居委会	崂山路 645 弄 15 号 101 室	58303546
竹园居委会	潍坊路 335 弄 3 支弄 21 号 101 室	58205660
源竹居委会	源深路 600 弄 2 支弄 11 号底楼	58315464
竹南居委会	潍坊路 168 弄 23 号 102 室	58204374
福竹居委会	张杨路 1000 弄 17 号 101 室	58201319
张杨居委会	源深路 600 弄 1 支弄 14 号	58319341
朱家滩居委会	浦东南路 1341 弄 5 号	58781331
泉东第一居委会	张杨路 628 弄 7 号 101 室	58352712
王家宅居委会	北张家浜路 188 弄 6 号甲	58308043
崂山东路居委会	潍坊路 131 弄 2 号	50582130
杨家渡居委会	张杨路 310 弄 21 号	58788764
张家浜居委会	浦电路 29 弄 27 号	68753163
谢家宅居委会	浦电路 48 弄 3 号 101 室	68757008
陈家宅居委会	浦东南路 1466 弄 71 号	58402899
东南新村居委会	东南新村 29 号 103 室	58766520
泉东第二居委会	南泉北路 1040 弄 1 号甲	58356461
香榭丽居委会	源深路 834 号 2 楼	50580018
世茂滨江第一居委会	潍坊西路 1 弄 21 号	58825528
陆家嘴街道办事处	**福山路 55 号**	**68767112**
梅园一村居委会	梅园新村 37 号 101～104 室	58764206
梅园三村居委会	钱仓路 313 弄 6 号 1 楼	58305616
市新居委会	栖霞路 300 弄 24 号 1 楼	58761931
隧成居委会	商城路 1025 弄 23 号 103 室	58402547
福沈居委会	商城路 1028 弄 20 号 101 室	68756720
福山居委会	浦东大道 834 弄 8 号	58205197
光辉居委会	乳山路 200 弄 35 号 102 室	68751672
松山居委会	福山路 111 弄 16 号 102 室	58311307
陈家门居委会	浦东大道 709 号	58312934
林山居委会	商城路 1177 弄 20 号 102 室	68759064
东昌居委会	东昌新村 25 号 1 楼	58824151
荣成居委会	荣成路 9 弄 10 号 1 楼	58879855
上港居委会	浦东大道 136 弄甲 15 号 1 楼	58878518
招远居委会	招远路 19 弄 26 号 101 室	58821992
三航居委会	浦东南路 595 弄 15 号底楼	58780554

续表

名　　称	地　　址	电　话
崂山一村居委会	崂山新村 114 号 101 室	58402065
崂山二村居委会	崂山二村 2 号 101 室	58787957
崂山三村居委会	崂山三村 36 号 102 室	58405563
崂山五村居委会	崂山路 150 弄 1 号 1 楼	58886960
崂山六村居委会	浦东大道 290 弄 11 号 104 室	58878562
乳山二村居委会	乳山路乳山二村 28 号 101～102 室	58401400
乳山四村居委会	乳山路 114 弄 18 号 103 室	58788193
乳山五村居委会	商城路 918 弄 5 号 1 楼	58793741
仁恒滨江园居委会	浦明路 99 弄 21 号楼底楼	58870923
江临财富居委会	浦明路 233 弄 8 号(物业二楼)	58794025
菊园居委会	浦城路 366 弄 3 号 105 室	58786027
浦江茗园居委会	昌邑路 55 弄 9 号 302 室	58785711
东园第一居委会	东园二村 201 号 103 室	58821525
东园第二居委会	东园三村 337 号	58820503
滨江居委会	东泰路 200 弄 3 号会所 2 楼	58821156
周家渡街道办事处	**洪山路 172 号**	**58455088**
上南一村居委会	上南一村 47 号 1 楼	58800973
上南二村居委会	上南二村 35 号	58800297
上南三村居委会	上南三村 67 号 1 楼	58473297
上南四村居委会	上南四村 31 号 104 室	58801300
上南五村居委会	洪山路 121 弄 7 支弄 1 号	58454354
上南六村居委会	上南六村 17 号 103 室	58455745
上南七村居委会	昌里路 98 弄 6 号 103 室	50873579
上南八村居委会	上南八村 44 号 102 室	50566252
上南九村居委会	成山路 248 弄 17 号 105 室	58800723
上南十村第一居委会	成山路 350 弄 63 号	58861734
上南十村第二居委会	洪山路 301 弄 38 号	58471125
雪野二村居委会	浦东南路 4800 弄 25 号	58834711
齐河第一居委会	东明路 383 弄 7 号 103 室	50771640
齐河第二居委会	南码头路 1186 弄 10 号 102 室	50771395
齐河第三居委会	南码头路 1187 弄 19 号 101～102 室	50770897
齐河第八居委会	南码头路 1288 弄 1 号 105 室	50773758
云台第一居委会	昌里东路 80 弄 41 号 102～104 室	50870953
云台第二居委会	成山路 601 弄 28 号	58456420
昌里第四居委会	南码头路 1550 弄 5 号	50773484
昌里第五居委会	昌里东路 650 弄 18 号	50864935
昌里第七居委会	南码头路 1621 弄 59 号	50772583

续表

名　　称	地　　址	电　话
上南十一村居委会	德州路150弄70号	58424861
上南十二村居委会	德州路20弄26号102室	58429379
云莲第一居委会	浦东南路3885弄92号102室	68705604
齐河第七居委会	昌里东路395弄53号101室	50778364
昌里花园居委会	云台路183弄10号1楼	58800848
齐河第四居委会	南码头路1349弄1号101、102室	50778454
都市庭院居委会	齐河路438弄20号101室	58839181
川新居委会	云台路529弄9号103室2楼	58865496
上南花苑居委会	齐河路257弄37号	68583011
恒大居委会	成山路668弄42号底楼	58801659
齐河第五居委会	东明路355弄2号	50861147
塘桥街道办事处	**峨山路487号**	**58393565**
微山居委会	微山新村47号102室	58815148
微南居委会	微山二村50号	58730832
宁阳路居委会	华安路24弄7号	58734817
茂兴路居委会	茂兴路90号302室	58395565
香花桥街居委会	浦明路1222号	58735977
浦建路居委会	南泉路1320弄9号104室	58898840
塘桥路居委会	南泉路1300弄21号102室	50395127
文兰居委会	蓝村路470弄31号101室	58395683
胡家木桥居委会	峨山路679弄7号101室	50171708
南泉路居委会	塘桥二村79号	58397238
蓝村居委会	南泉路1211-13-3-临	58396052
蓝高居委会	浦建路365弄7号102室	50903032
塘东居委会	峨山路280弄23号102～104室	58395967
南浦居委会	浦东南路2178弄16号	58391240
蓝东居委会	峨山路187弄20号101室	58890840
金浦居委会	蓝村路502弄22号101室	58390339
龙阳居委会	东环龙路181弄24号101室后门	50909181
南城居委会	浦澳路100号	58731489
东方居委会	东方路1800弄2号2楼	50893765
怡东居委会	环龙路263弄3号	50908660
贵龙居委会	东方路1663弄23号104室	68733205
龙园居委会	北园路258弄7号201室	58733646
富都居委会	蓝村路55弄24号101室	50903613
上钢新村街道办事处	**西营路18号**	**20224001**
上钢一村居委会	上钢一村64号101～103室	58749367

续表

名　　称	地　　址	电　话
上钢二村居委会	上钢二村 38 号	58839078
上钢三村居委会	上钢三村 28 号 101 室	58476084
上钢四村居委会	上钢四村 54 号	58741424
上钢五村居委会	上钢五村 36 号 101、102、103 室	58741882
上钢六村居委会	上钢六村 6 号甲	58746257
上钢七村居委会	上钢七村 48 号	58722731
上钢九村居委会	上钢九村 29 号	58838031
上钢十村居委会	西营路 33 弄 6 支弄 22 号 103 室	50127670
德州一村居委会	德州路 223 弄 14 号底层	58839479
德州二村居委会	德州路 255 弄 35 号	58740267
德州三村居委会	长清路 119 弄 19 号	58931138
德州四村居委会	成山路 24 弄 110 号(109 号 104 室)	58477738
德州五村居委会	德州路 230 弄 8 号	68320482
德州六村居委会	灵岩路 56 弄 68 号	68320221
德州七村居委会	德州路 380 弄 86 号 101 室	58749439
济阳一村居委会	德州路 420 弄 50 号 101 室	58862325
济阳二村居委会	耀华路 500 弄 18 号 102 室	50566271
济阳三村居委会	济阳路 65 弄 6 号 101 室	58801755
耀华路第一村居委会	耀华路 331 弄 38 号	68705852
济中村居委会	西营路 44 弄 35 号 101 室	68700651
耀华路第三村居委会	耀华路 579 弄 128 号	50879935
上南花城居委会	耀华路 87 弄 62 号	58831004
南码头路街道办事处	**东方路 2188 号**	**58397344**
西三里桥居委会	南码头路 32-2 临号	58893493
塘南居委会	东三街 3 号	58392940
银河居委会	沂南路 38 号 103 室	58397149
沂南路居委会	沂南路 70 号	58394611
东三里桥居委会	东三街 114 号	58399902
胶南路居委会	东三里桥路 170 弄 12 号临	58708473
临沂一村居委会	临沂一村 126 号	58394855
临沂二村居委会	浦三路 12 弄 18 号	58813275
临沂三村居委会	南码头路 450 弄 57 号	58390948
临沂五村居委会	临沂路 381 弄 27 号 103 室	58737656
临沂八村第一居委会	临沂路 81 弄 7 号 101 室	50111096
临沂八村第二居委会	东方路 2880 弄 1 号 108 室	50900269
新桥居委会	港机新村 45 号	58394837
港机新村居委会	华丰路 50 弄 29 号	58814247

续表

名　　称	地　　址	电　话
鹏欣居委会	东方路 2885 号	68730713
金星居委会	临沂路 8 弄 34 号 101 室	68730267
建业居委会	杨高南路 2030 弄 74 号	50905266
东盛居委会	浦三路 821 弄 1 号甲	50866644
六里第一居委会	浦三路 628 弄 16 号	50869590
六里第二居委会	齐恒路 118 弄 18 号	50867068
六里第三居委会	齐恒路 99 弄 58 号	50869816
六里第四居委会	浦三路 858 弄 8 号旁	50777561
龙馥居委会	临沂路 61 弄 55 号 1 楼	58730180
临沂六村居委会	临沂路 181 弄 167 号	58392810
临沂七村居委会	临沂路 101 弄 1 号 101 室	58819516
东方城市花园居委会	东方路 1881 弄 23 号 101 室	58810003
六里第五居委会	齐恒路 177 弄 4 号 101 室	33848102
沪东新村街道办事处	**兰城路 259 号**	**58501800**
沪东新村第一居委会	沪东新村 43 号甲	51351606
沪东新村第二居委会	沪东路 262 号	58461417
沪新居委会	沪东新村 362 号 101 室	58717986
沪南居委会	长岛路 85 弄 1 号 101 室	58468053
船舶居委会	长岛路船舶新村西一甲	58467653
向东新村居委会	莱阳路 111 弄 9 号 101 室	58464935
北小区居委会	莱阳路 301 弄 26 号 103 室	58712026
朱家门居委会	浦东大道 2970 弄 73 号	58502449
陈家宅居委会	浦东大道 2748 弄 9 号左边 1 楼	58460871
寿光路第一居委会	莱阳路 350 弄 28 号	58466568
寿光路第二居委会	寿光路 161 弄 27 号 101 室	58505249
博兴路第一居委会	博兴路 465 弄 2 支弄 3 号 102 室	58463809
博兴路第三居委会	博兴路 462 弄 43 号 103 室	58508961
柳博居委会	博兴路 616 弄 31 号	58461390
金桥花苑居委会	长岛路 588 弄 55 号 101 室	58713050
东波苑第二居委会	东波路 49 弄 78 号乙	68468151
东波苑第三居委会	东波路 195 弄 12 号 101 室	68466051
东波苑第四居委会	东波路 325 弄 9 号 101 室	68466851
东波苑第六居委会	东波路 166～168 号 2 楼	50691933
江南山水居委会	寿光路 78 弄 52 号 202 室	68504270
莱阳新家园居委会	利津路 185 弄 13 号	50341751
伟莱家园居委会	浦东大道 3076 弄 24 号 2 楼	68502701
金浦居委会	金桥路 899 弄 17 号 101 室	50343101

续表

名　　称	地　　址	电　话
汇佳苑居委会	莱阳路 817 弄 26 号 2 楼	68467111
伟业居委会	莱阳路 880 弄 27 号	68464457
伟锦居委会	东波路 585 弄 109 号	68469793
璞爱居委会	利津路 385 弄 37 号	50100320
同方锦城居委会	张杨北路 555 弄 22 号 101 室	50387821
长岛苑居委会	兰城路 115 弄 27 号 102 室	58711756
锦河苑居委会	五莲路 593 弄 34 号 3 楼	68501985
东方丽景居委会	东陆路 429 弄 37 号 2 楼	50692191
兰城居委会	兰城路 108 弄 34 号 103 室	58509089
金杨新村街道办事处	**博山东路 699 号**	**68501658**
金杨路第二居委会	金杨路 220 弄 65 号	50706027
金杨路第六居委会	金杨路 757 弄 76 号	50715694
金杨路第七居委会	金杨路 660 弄 9 号	50752173
银山路第三居委会	银山路 72 弄 1 号 104 室	50700011
金口路第一居委会	金口路 44 弄 46 号 1 楼	50708938
金口路第二居委会	枣庄路 810 弄 9 号	50709421
金台路第一居委会	金台路 161 弄 55 号	50710061
枣庄路第一居委会	金口路 53 弄 41 号	50700186
灵山路第三居委会	灵山路 2000 弄 9 号 103 室	50766127
金杨路第一居委会	居家桥路 737 弄 5 号 202 室	50714839
金杨路第八居委会	金杨路 750 弄 31 号 102 室	50714981
银山路第四居委会	银山路 370 弄 7 号 104 室	50716964
灵山路第一居委会	灵山路 2011 弄 19 号	50755745
罗山一村居委会	龙居路 30 弄 32 号 102 室	68500743
罗山二村居委会	德平路 34 弄 54 号 101 室	58212966
罗山三村第一居委会	栖山路 1088 弄 21 号 102 室	58218361
罗山三村第二居委会	龙居路 150 弄 30 号 101 室	58216290
罗山四村居委会	德平路 80 弄 17 号 103 室	58518746
罗山五村居委会	万德路 52 弄 19 号 102 室	58525415
香山新村第一居委会	灵山路 1840 弄 4 号 104 室	58330671
香山新村第七居委会	德平路 1066 弄 4 号 101 室	50752437
庆宁寺居委会	浦东大道 2641 弄 18 号 102 室	58460096
金台路第二居委会	杨高中路 750 弄 25 号 102 室	50715246
金台路第三居委会	金桥路 1500 弄 19 号 101 室	50711025
香山新村第三居委会	德平路 1125 弄 27 号 103 室	68566614
香山新村第四居委会	羽山路 1980 弄 13 号 103 室	50712731
黄山新村第二居委会	博山东路 459 弄 34 号 101 室	58504613

续表

名　　称	地　　址	电　话
仁和居委会	德平路 764 弄 24 号 101 室	68567008
银山路第五居委会	银山路 200 弄 72 号	50752376
竕信苑居委会	枣庄路 210 弄 22 号 101 室	58508415
香山新村第五居委会	灵山路 1724 弄 15 号 101 室	58339300
名人花园居委会	张杨路 2999 弄 43 号	50385048
蝶恋园居委会	栖山路 1899 弄 14 号 101 室	58509716
居家桥居委会	居家桥路 151 弄 34 号	58462411
金樟居委会	栖山路 1689 弄 15 号	58500158
高庙居委会	团林路 70 号	58718680
罗山六村居委会	德平路 100 弄 67 号	68531170
罗山七村居委会	龙居路 191 弄 26 号 101 室	68502228
黄山新村第一居委会	博山东路 440 弄 30 号 101 室	58508490
黄山新村第三居委会	栖山路 1558 弄 16 号 101 室	58464064
东方知音居委会	博山东路 807 号 2 楼	50347130
黄山新城居委会	云山路 839 弄 44 号	50347083
银山第一居委会	金杨路 308 弄 52 号	50700257
罗山八村居委会	德平路 215 弄 57 号 202 室	58710748
广洋苑居委会	居家桥路 699 弄 11 号 101 室	58466527
博山东路居委会	博山东路 173 弄 10 号 103 室	50346996
金杨路第四居委会	金杨路 757 弄 62 号	50719821
金桥瑞仕花园居委会	枣庄路 399 弄 37 号 103 室	50139433
洋泾街道办事处	**巨野路 219 号**	**58855179**
名门世家居委会	崮山路 322 弄 15 号 2 楼	58855116
西镇居委会	洋泾镇路 89 弄 17 号底楼	58858708
阳光二村居委会	阳光二村 25 号 103 室	58858784
阳光三村居委会	崮山路阳光三村 2 号底楼	58858901
海院居委会	浦东大道 1460 弄 6 号 101 室	58854218
泾西居委会	泾西一村 22 号	58858128
泾东新村居委会	博山路 51 弄 40 号	58857627
巨野居委会	巨野路 60 弄 5 号 101 室	58852232
博山路居委会	博山路 78 弄 106 号 102 室	58855107
栖山居委会	栖山路 100 弄 46 号 2 楼	50623515
巨西居委会	沈家弄路 900 弄 1 号	58603770
桃林第一居委会	灵山路 600 弄 8 号 103 室	58218355
巨东居委会	巨野路 469 弄 6 号	58212895
羽北居委会	张杨路 1734 弄 31 号	58215211
凌高居委会	栖山路 401 弄 2 号 108 室	58216883

续表

名　　称	地　　址	电　话
凌联新村第一居委会	浦东大道 1615 弄 11 号	58216752
凌联新村第三居委会	浦东大道 1695 弄 41 号乙	58853680
凌联新村第四居委会	浦东大道 1851 弄 16 号甲	58218321
桃林第二居委会	灵山路 701 弄 29 号 2 楼	58218267
星海居委会	民生路 999 弄 15 号	50930084
崮山第二居委会	崮山路 919 号	68568190
陆家嘴花园居委会	桃林路 815 弄 8 号 101 室	68539780
崮山路第一居委会	张杨路 2600 弄 3 号底楼	50332066
崮洋居委会	张杨路 2238 弄 2 号	58331228
羽洋居委会	南洋泾路 296 弄 2 号	68538775
森洋居委会	羽山路 1000 弄 25 号 101 室	50282910
民杨居委会	张杨路 1667 弄 1 号 102 室	58600204
巨杨居委会	沈家弄路 877 弄 16 号 101 室	58850234
永安新村居委会	永安新村 7 号底楼	58855503
海防新村居委会	海防新村 73 号	58857780
盛世年华居委会	羽山路 100 弄 31 号 101 室	51305337
第五大道居委会	羽山路 600 弄 34 号 2 楼	58510315
国际华城居委会	张杨路 1515 弄 16 号	68554702
维多利居委会	苗圃路 218 弄 18 号 101 室	68551305
玫瑰园居委会	浦东大道 1139 弄 2 号 601 室	58859078
海弘居委会	张杨路 1811 弄 11 号 201 室	50280365
山水国际居委会	羽山路 373 弄 3 楼 C 座	50932925
上海滩花园居委会	乳山路 505 弄 43 号	50282147
尚海郦景居委会	桃林路 299 弄 61 号	58958596
翠璟滨江居委会	滨江大道 399 弄 10 号	50676175
浦兴路街道办事处	**张杨北路 518 号**	**68515000**
凌河路第二居委会	凌河路 354 弄 58 号	68714654
凌河路第三居委会	凌河路 188 弄 72 号	50256102
凌河路第四居委会	凌河路 38 弄 41 号 101～102 室	50257165
凌河路第五居委会	巨峰路 90 弄 63 号 102 室	50261852
凌河路第七居委会	五莲路 1424 弄 33 号 102 室	50257934
凌河路第八居委会	博兴路 1676 弄 21 号 101、102 室	50254033
东陆路第一居委会	东陆路 1182 弄 55 号	68710262
东陆路第二居委会	东陆路 1268 弄 57 号	68712527
东陆路第五居委会	东陆路 898 弄 53 号 1 楼	68715023
菏泽路第一居委会	五莲路 959 弄 30 号 102 室	68517492
菏泽路第三居委会	牟平路 56 弄 20 号	68951883

续表

名　　称	地　　址	电　话
菏泽路第五居委会	牟平路 384 弄 20 号	68951368
浦兴路第一居委会	张杨北路 588 弄 57 号 102 室	68951226
胶东路第一居委会	杨高中路 10 弄 1 支弄 61 号	68513674
龙臣居委会	菏泽路 58 弄 2 号底楼	50259980
浦兴路第三居委会	博兴路 799 弄 72 号	68514097
银桥居委会	长岛路 800 弄 48 号	68512760
胶东路第二居委会	台儿庄路 666 弄 39 号 3 楼	58541545
双桥居委会	双桥路 184 号	58659925
金鑫居委会	金工路 172 弄 7 号 102 室	58991366
金泽苑居委会	菏泽路 825 弄 70 号	68517954
东荷居委会	东陆路 1018 弄 71 号 102 室	68953565
金鹏居委会	五莲路 780 弄 65 号	68519510
中大居委会	菏泽路 287 弄 14 号 102 室	68956171
证大家园第　居委会	巨峰路 667 弄 128 号 1 楼	68976160
长岛路居委会	长岛路 1201 弄 72 号	68513984
浦兴路第二居委会	长岛路 1118 号	68959776
平度居委会	平度路 376 号	58346198
牟平居委会	胶东路 855 弄 52 号 201 室	50315939
胶东路第三居委会	杨高中路 10 弄 3 支弄 8 号甲	50256745
凌河路第六居委会	利津路 1113 号 2 楼	50259495
凌河路第一居委会	凌河路 618 弄 6 号 103 室	50260695
证大家园第二居委会	巨峰路 399 弄 56 号 101 室	58659246
东陆路第三居委会	东陆路 1456 弄 57 号	68716625
东陆路第四居委会	长岛路 1560 弄 25 号 2 楼	50257021
金桥湾居委会	菏泽路 828 弄 29 号	68511596
台儿庄居委会	博兴路 916 弄 17 号	68958108
金桥居委会	金业路金桥横街 208 号 103 室	58991504
巨峰居委会	博兴路 1768 弄 2 号 101 室	50252780
金东居委会	金杨路 1055 弄 23 号	50326065
东明路街道办事处	**环林东路 478 号**	**50830889**
三林苑居委会	三林路 1466 弄 92 号底层	50830055
翠竹苑居委会	永泰路 775 弄 43 号底层	50830771
金光新村第一居委会	凌兆路 706 号	50844011
金光新村居委会	上南路 4265 弄 102 号 101 室	58496140
凌兆新村第一居委会	上浦路 565 弄 23 号甲	50848400
凌兆新村第二居委会	上浦路 606 弄 36 号	58415741
凌兆新村第三居委会	凌兆路 555 弄 20 号	50840202

续表

名　　称	地　　址	电　话
凌兆新村第四居委会	三林路 709 弄 21 号	50848411
凌兆新村第五居委会	凌兆路 586 弄 30 号	58415490
凌兆新村第六居委会	凌兆路 478 号	50848401
凌兆新村第七居委会	三林路 429 弄 25 号	58494553
凌兆新村第八居委会	凌兆路 379 弄 39 号甲 102 室	58415575
凌兆新村第九居委会	上浦路 336 弄 53 号	58418805
凌兆新村第十居委会	凌兆路 256 弄 32 号(临)	50848402
凌兆新村第十一居委会	上浦路 202 弄 77 号底层	50847787
凌兆新村第十二居委会	上浦路 36 弄 52 号	58495191
凌兆新村第十三居委会	上浦路 69 弄 37 号 101 室	50848626
凌兆新村第十四居委会	上浦路 165 弄 50 号	58495305
凌兆新村第十五居委会	上浦路 201 弄 71 号	50847770
品华苑居委会	环林西路 608 弄 7 号 102 室	50835020
红枫苑居委会	环林西路 848 弄 11 号 101 室	50834880
安居苑居委会	三林路 1662 弄 91 号 102 室	50831795
品翠苑居委会	南林路 584 弄 12 号 102 室	50831170
品新苑居委会	环林西路 613 弄 14 号 103 室	50850940
棕榈苑居委会	环林东路 906 弄 7 号 101 室	50854766
金桂苑居委会	环林西路 618 弄 10 号 102 室	50831200
凌兆新村第十六居委会	长清路 1654 号	58415104
盛源居委会	永泰路 1299 弄 29 号 101 室	50834941
新月第一居委会	环林东路 879 弄 32 号东	50858950
新月第二居委会	环林东路 799 弄 80 号	50651730
永泰花苑居委会	永泰路 630 弄 39 号底楼	50825833
金禾苑居委会	环林东路 271 弄 33 号	50830933
金橘苑居委会	尚博路 799 弄 56 号	50656870
樱桃苑居委会	环林东路 270 弄 36 号	50658500
金谊河畔居委会	永泰路 595 弄 30 号底楼	50104070
金色雅筑居委会	三林路 1300 弄 22 号	50186916
湾流域居委会	尚博路 557 号	50178591
花木街道办事处	**玉兰路 218 号**	**50450111**
东城第八居委会	东绣路 99 弄 27 号 101 室	68452358
东城第二居委会	浦建路 1288 弄 40 号 201 室	68450522
东城第九居委会	银融路 88 弄 10 号底楼	50591725
东城第六居委会	东绣路 1085 弄 21 号底楼	50595370
东城第七居委会	锦康路 389 弄 1 号 101 室	50154004
东城第三居委会	东建路 670 弄 7 号	50451946

续表

名　　称	地　　址	电　话
东城第四居委会	锦和路 289 弄 49 号架空层	50454278
东城第五居委会	锦和路 99 弄 41 号 102 室	50596260
东城第一居委会	锦安东路 280 弄 1 号 101 室	50597870
湖庭居委会	罗山路 2255 弄 1 号 3 楼	58387572
锦绣居委会	柳杉路 99 弄 20 号 202 室	58333039
蓝天居委会	碧云路 199 弄 24 号 102 室	50304875
联洋第二居委会	芳甸路 77 弄 25 号 101 室	50332414
联洋第六居委会	锦绣路 333 弄 34 号 102 室	58335197、58335195
联洋第三居委会	花木路 1767 号	50332184、58331704
联洋第四居委会	芳甸路 333 弄 27 号 E 座	50430196、50430196
联洋第五居委会	丁香路 1399 弄 18 号 1 楼	50785357、50337690、50335580
联洋第一居委会	丁香路 910 弄 10 号 201 室	68542852、68544087
明月居委会	白桦路 266 弄 1 号 102 室	50303091
牡丹第八居委会	杜鹃路 237 号	50458118
牡丹第二居委会	花木路 718 弄 36 号	50458885
牡丹第六居委会	梅花路 768 弄 32 号	50451406
牡丹第七居委会	杜鹃路 55 弄 72 号	68451584
牡丹第三居委会	白杨路 199 弄 7 号 101～102 室	50456865
牡丹第四居委会	牡丹路 145 弄 55 号	50453215
牡丹第五居委会	牡丹路 258 弄 25 号	68450415
牡丹第一居委会	花木路 500 弄 123 号 101 室	68450175
培花新村第八居委会	芳华路 788 弄 17—18 号	50450006
培花新村第二居委会	芳华路 285 号	58434045
培花新村第九居委会	芳华路 916 弄 62 号	58913304
培花新村第六居委会	芳芯路 149 弄 28 号 201～203 室	58911411
培花新村第七居委会	芳芯路 251 弄 8 号 1 楼	58442664
培花新村第三居委会	芳华路 478 弄 22 号 102 室	58448540
培花新村第四居委会	申波路 83 弄 21 号	50429896
培花新村第一居委会	芳华路 136 弄 14 号 101 室	58448720
前程居委会	锦绣路 2580 弄 23 号 101 室	50111017
世茂湖滨花园居委会	明月路 188 弄 10 号 2 楼	50301021
万邦居委会	龙阳路 1880 弄 34 号 202 室	58913541
梧桐居委会	锦绣路 2466 弄 25 号 1 楼	50460857
由由二村居委会	严民路 40 弄 9 号 101 室	58396891
由由六村居委会	严镇路 96 弄 28 号 102 室	58393254
由由七村居委会	严桥路 240 弄 24 号 2 楼	58736586
由由四村居委会	严中路 173 弄 24 号 101 室	58739691

续表

名　　称	地　　址	电　话
由由五村居委会	严中路300弄6号101室	58709328
由由新村第八居委会	高科西路2091号	50723004
由由一村居委会	严杨路30弄12号102室	58397911
御庭居委会	龙汇路55弄11号底楼西侧	58419659
牡丹第九居委会	白杨路199弄7号101室	
兰庭居委会	浦建路1399弄3号205室	
联洋第七居委会	丁香路910弄10号101室	
东城第十居委会	锦安东路88弄3号201室	
东城第十一居委会	东建路228弄28号	
川沙新镇人民政府	**新川路540号**	**58983540**
城西居委会	华夏东路2170弄15号	68397358
侨光居委会	华夏东路2454弄60号	58924500
南市居委会	兰芬堂71号	58982550
临园居委会	川沙路5015弄23号	58982259
园西居委会	川沙路5122弄56号	58983254
西市居委会	三灶浜路105号	58982824
川北居委会	华夏东路2170弄15号	38711661
新川居委会	新川路279弄31号103室	58981498
南桥居委会	城南路368弄6号	58982091
东市居委会	东门街153号	58982846
城南居委会	城南路293弄7号	58982316
曙光居委会	曙光路95弄1号	58981186
桃园居委会	南桥路459弄28号	58905162
新德居委会	华夏东路2110弄48号	58985728
普新居委会	普园路3号	58594922
黄楼居委会	黄楼栏学路398号	58946410
妙华居委会	新德路850号	58372042
妙境居委会	华城路88号	58372473
天乐居委会	川周路8828弄65号	58904432
明珠居委会	新德路735弄22号	58929667
新苑居委会	新川路640弄41号204室	58905410
华盛居委会	城西路245号	58922145
妙兰居委会	川环南路1155弄14号	58375020
沙田居委会	华夏东路1298弄3号	58379162
申华居委会	华夏二路338号	58377426
玉宇居委会	城丰路288弄48号	58375751
妙龙居委会	川银路150弄22号	58379455

续表

名称	地址	电话
玉兰居委会	青厦路 200 弄 1 号	58376657
妙城居委会	城南路 550 弄 37 号	58909548
妙港居委会	川环南路 1004 号 2 楼	58904551
万馨居委会	新德西路 183 号	33825516
翔云居委会	翔川路 458 弄 73 号 2 楼	68391705
舒馨居委会	新德西路 508 弄 83 号	50729730
华宇居委会	城丰路 567 号	50966066
鹿城居委会	六灶花苑路 1 号	58162356
鹿新居委会	六灶崇溪路 76 号	68162076
川迪第一居委会	华夏二路 1455 弄 35 号 2 楼	58931209
川迪第二居委会	华夏二路 1500 弄 45 号	50873219
川迪第三居委会	华夏二路 1255 弄 35 号	58959127
馨宇居委会	华夏二路 728 弄 8 号二楼	50922996
德馨居委会	德川路 259 弄 233 号 2 楼	50760507
佳华居委会	妙川路 300 弄 20 号 3 楼	58980770
新虹居委会	妙川路 1111 弄 3 号	58980619
虹馨居委会	川周公路 8288 弄 55 号	68779785
虹宇居委会	妙川路 1032 号	68772692
南佳居委会	妙川路 800 弄 112 号底楼	68779663
太平村村委会	太平村夏州路 66 号	58982492
柴场村村委会	柴场村四队徐家宅 38 号	58921051
陈行村村委会	川六公路 409 号	58920605
虹桥村村委会	川六公路 27 号	58958335
南高桥村村委会	南高桥村四队薛家宅 38 号	58982481
城南村村委会	川沙路 5285 号	58902658
妙境村村委会	妙境路 205 号	58980197
长丰村村委会	城丰路 915 号	58372059
对面村村委会	华夏东路 975 弄	58377948
湾镇村村委会	川六公路 1965 号	58590812
杜尹村村委会	杜尹村川六公路 2715 弄 108 号	58594757
高桥村村委会	高桥路 58 号	58590652
长桥村村委会	长桥村长桥路 631 号	58598168
储店村村委会	普新路 900 号	58590192
新浜村村委会	新浜村新园路 99 号	58590249
吴店村村委会	吴店路 288 号	58595258
八灶村村委会	川六公路 1185 号	58598608
牌楼村村委会	牌楼路 508 号	58597710

续表

名　　称	地　　址	电　话
七灶村村委会	龄七路 729 号	58590027
纯新村村委会	纯新村龄南路 429 号	58590072
新春村村委会	新春路 18 号	58941394
杜坊村村委会	杜新路 98 号	58941194
界龙村村委会	界龙大道 288 号	58941170
栏杆村村委会	栏学路 185 号	58941168
黄楼村村委会	川周公路 6049 号	58941874
金家村村委会	金家村金家宅 88 号	58941406
棋杆村村委会	黄赵路 9 号	58941162
赵行村村委会	赵行村赵瓦路南赵家宅 38 号	58941794
和平村村委会	和平村朱家宅 188 号	58933094
华路村村委会	华洲路李家宅 38 号	58931131
大洪村村委会	大洪村钱家宅 30 号	58931523
民利村村委会	民利村 6 队孙家宅 219 号	58938732
会龙村村委会	会龙村 14 组	58162073
新吉村村委会	六灶新吉村 6 组 698 号	68162068
其成村村委会	周祝公路 2039 号	68160371
七星村村委会	七星村鹿川路 88 号北区	58169145
民义村村委会	民义村 258 号	58162161
汤店村村委会	汤店村 618 号	58165730
鹿溪村村委会	六灶鹿溪北路 68 号	58162363
连民村村委会	连民村其新连路 488 号	58168907
陈桥村村委会	陈桥村 888 号	58167104
果园村村委会	鹿溪路 69 号	58166226
高桥镇人民政府	**张杨北路 5118 号**	**58612222**
上炼新村第一居委会	大同路 1010 弄 42 号	50405722
上炼新村第二居委会	大同路 922 弄 105 号	58672838
高桥新村居委会	清溪路 6 弄 52 号	58673433
潼港一村居委会	张扬北路 5428 弄 25 号	58672413
东街居委会	杨高北路 446 弄 41 号	58673308
南街居委会	界浜场 1 号	58677208
西街居委会	张家街 14 号	58615879
富特三村居委会	冬融路 246 号东 2 楼	58624116
富特四村居委会	季景路 19 弄 79 号	58621807
富特五村居委会	夏碧路 310 弄 46 号	58622049
潼港新村第二居委会	清溪路 299 弄 33 号	58615685
潼港新村第三居委会	清溪路 365 弄 50 号	50413583

续表

名　称	地　址	电　话
金高居委会	春晖路 276 弄 35 号	58670075
凌桥居委会	江东路 1380 弄 50 号	50435861
海高新村居委会	花山路 1001 弄 24 号	50403264
潼港五村居委会	清溪路 260 弄 94 号	50404635
潼港六村居委会	和龙路 295 弄 34 号	50402766
潼港八村居委会	张杨北路 5911 弄 58 号	58615756
凌桥第二居委会	江东路 1075 弄 3 号 2 楼	58646599
潼港四村居委会	花山路 609 弄 44 号	58616640
潼港西八村居委会	花山路 379 弄 2 号	50403440
陆凌居委会	浦东北路 4588 弄 37 号	50404861
永久新村居委会	季景路 259 弄 31 号会所 2 楼	68663396
学前街居委会	海春路 150 弄 10 号	58613726
高桥新城第一居委会	春晖路 610 号	58615258
港城新苑居委会	草高支路 170 弄 18 号	50137189
凌桥第三居委会	凌江路 311 号	33908663
和祥佳园居委会	草高支路 766 弄 18 号	50479081
凌桥第四居委会	高攀路 149 弄 25 号	58389501
凌桥第五居委会	顺凌路 49 弄 28、29 号	58647382
凌桥第六居委会	展凌路 58 弄 32 号	58640015
高桥新城第二居委会	莱阳路 3777 弄 83 号	50892038
浦凌佳苑居委会	康悦路 325 弄 71 号	68392606
南塘村村委会	清溪路 574 号	50411666
陆凌村村委会	陆凌村西凌家宅 127 号	50402250
屯粮巷村村委会	和龙路 685 号	58671520
新农村村委会	新农村北凌家宅 188 号	58678527
镇北村村委会	草高支路 638 号	58611728
北新村村委会	北新村中新村 107 号	58641604
西新村村委会	西新村大圩 216 号	58647172
新益村村委会	新益村严家江中 88 号	58642019
仓房村村委会	仓房村仓房头 193 号	58647800
三岔港村村委会	江东路 121 号	58642122
龙叶村村委会	江东路 628 号	58647236
凌桥村村委会	江东路 850 号	58642594
顾家圩村村委会	江东路 1523 号	58644907
北蔡镇人民政府	**沪南公路 1000 号**	**58911237**
虹南居委会	沪南路 1351 弄 9 号	58912438
香花居委会	香花街 52 号	58911298

续表

名称	地址	电话
莲溪第一居委会	莲园路555弄2号102室	58430068
天池居委会	北艾路227弄26号	58431058
莲溪第四居委会	莲中路337弄29号101室	58442896
莲溪第六居委会	新陈路280弄27号	68943453
莲溪第八居委会	北中路354弄36号	68926107
莲安居委会	莲安西路125弄24号	68920922、68929030
鹏海第一居委会	陈春东路99弄4号	58442929
鹏海第二居委会	五星路239弄48号	58442727
和平居委会	沪南路577弄10号	58913607
海东居委会	莲园路100弄2号3楼	68944009
大华第三居委会	北艾路1077弄46号101室	50131810
大华第四居委会	成山路2008弄45号101室	50186903
大华第六居委会	成山路1728弄18号201室	50127020
香溢居委会	成山路2399弄8号201室	68936032
振东第一居委会	北艾路1765弄56～60号	50860508
鹏海第七居委会	鹏飞路411弄6号1楼	50173107
鹏海第八居委会	鹏飞路51弄9号	58912657
龙博居委会	沪南路1168弄41号	50541615
大华第八居委会	北艾路1660弄1号楼2楼	50388751
莲溪第九居委会	北中路480弄18号二楼	58432605
艾东居委会	杨高南路2451弄67号	50863146
艾南居委会	新浦路629弄15号	68746734
下西浜居委会	下南路971弄22号底楼	68363714
南新第一居委会	下南路161弄38号二楼	68740763
南新第四居委会	下南路551弄59号对面	58533714
南新第六居委会	下南路500弄43号	68744249
南新第七居委会	下南路320弄2号102～103室	68740628
南江苑居委会	杨高南路3342号	50780400
南杨居委会	新浦路346弄14号2楼	68745953
金旋居委会	北艾路1128弄29号	68363321
绿川第一居委会	博华路999弄38号102室	58444776
绿川第二居委会	博华路1018弄4号102室	58444926
绿川第三居委会	绿林路51弄59号	68926477
绿川第四居委会	绿林路320弄8号甲	58449317
安建居委会	博华路237弄1号甲	68925731
龙港居委会	高科西路3060弄3号102室	68924712
民乐苑居委会	御青路328弄60号	68933270

续表

名称	地址	电话
锦华居委会	锦绣路 2868 弄 4 号楼底楼	68935463
河东居委会	京浦路 82 弄 6 号 103 室	68931761
大华第一居委会	锦绣路 3088 弄 58 号	68363744
大华第二居委会	锦绣路 3336 弄 8 号南门	50777089
春夏居委会	北艾路 1200 弄 72 号	68368677
御桥第一居委会	御桥路 1978 弄 3 号底楼	68937795
御桥第二居委会	御水路 199 弄 4 号楼 102 室	36377361
御桥第四居委会	御山路 360 弄 2 号 101 室	50916250
艾南花苑居委会	华绣路 179 弄 60 号 2 楼	50132066
御桥第三居委会	御水路 150 弄 32 号	38970570
下南居委会	下南路 227 弄 27 号 2 楼	68742745
紫叶居委会	紫叶路 192 弄 48 号	68926119、58430098
莲中居委会	莲中路 212 号	58430998
鹏海第三居委会	莲溪路 1099 弄 20 号	50831186
鹏海第四居委会	高青路 4567 弄 7 号底楼	50682633
陈桥居委会	陈春路 620 弄 7 号	50917039
大华第七居委会	华鹏路 300 弄 10 号	50479990
博华居委会	成山路 2388 弄 95 号 101	68406536
御桥第六居委会	御桥路 1679 弄 12 号	50917500
杨桥村村委会	北中路 521 号	58918623
中界村村委会	中心路 50 号	58912667
联勤村村委会	联勤村冯桥队冯家宅 88 号	58915692
五星村村委会	西中路东首	58435752
御桥村村委会	御桥路 1351 号	50917918
卫行村村委会	卫行村沈家队沈家宅 185 号	33906826
一六村村委会	罗山路便道 6006 号	33907009
南新村村委会	下南路 152 号	68743143
同福村村委会	杨高南路 3255 号	50861841
合庆镇人民政府	**庆荣路 381 号**	**58971888**
合庆居委会	前哨路 88 号	58977180
蔡路居委会	蔡路塘东街 178 弄 58 号	68905580
益华居委会	运通路 726 号	58921422
胜利居委会	胜利路 169 弄环庆新苑内	58584239
庆东居委会	庆利路 425 弄 104 号	58971115
庆华居委会	庆利路 185 弄 36 号	50783216
庆南居委会	庆滨路 155 弄 51 号	58974142
庆利居委会	环庆南路 239 弄 8 号	58990652

续表

名　　称	地　　址	电　　话
向东村村委会	向东村朝阳路 108 号	58971281
前哨村村委会	朝阳路 108 号	58975001
朝阳村村委会	朝阳村徐家宅 186 号	58971104
勤奋村村委会	勤奋村八队张家宅 98 号	58970074
向阳村村委会	向阳北路 200 号	58970877
共一村村委会	东川公路 5055 号	58971317
奚家村村委会	奚家村张杨家宅 138 号	58971021
庆丰村村委会	东川公路 5649 号	58978801-8011
庆星村村委会	东川公路 6028 号	58970041
红星村村委会	红星中心路 158 号	58971125
跃丰村村委会	跃丰村三队凌家宅 76 号	58970418
永红村村委会	永红村三队小白路 1000 号	58971207
东风村村委会	东胜路 1181 号	58971102
直属村村委会	直属村凌行路 288 号	68903027
海塘村村委会	海塘村 5 队	68903259
建光村村委会	建光村川杨河路 858 号	68900233
勤昌村村委会	三甲路 268 号	68905910
春雷村村委会	春雷村星升路 542 号	68902588
友谊村村委会	高科东路 4600 号	68902538
青四村村委会	表四村龚家宅 208 号	68913107
青三村村委会	东川公路 7100 号	68906422
大星村村委会	大星村尹家宅 225 号	68913002
蔡路村村委会	蔡路村赵家宅 188 号	68900264
勤益村村委会	跃东路 508 号	68909988
益民村村委会	益华路 68 号	68900236
跃进村村委会	跃东路 508 号	68906959
华星村村委会	华夏东路 3102 弄 128 号	68651391
勤俭村村委会	勤俭村新村 60 号	58780328
营房村村委会	川杨路 238 号	68904221
唐镇人民政府	**唐陆公路 3312 号**	**58961203**
东唐苑居委会	唐镇路 321 弄	58968301
王港居委会	新雅路 259 号	58584957
唐人苑居委会	唐镇路 127 弄 57 号	58962134
金枫居委会	虹盛路 250 弄 37 号	58584565
暮紫桥居委会	川沙路 3608 号	58581328
绿波苑居委会	创新中路 399 弄 4 号 101 室	58966285
同馨苑居委会	王港云雅路 398 号	58589924

续表

名　　称	地　　址	电　话
金唐居委会	创新西路 75 弄 131 号	68799228
齐爱居委会	创新中路 199 弄 72 号	50136212
瀚盛居委会	创新西路 199 弄 92 号 2 楼	68796606
金盛居委会	川沙路 2015 弄 81 号	68798216
唐丰苑居委会	创新西路 333 弄 126 号	68790015
齐友佳苑居委会	创新中路 380 弄 24 号	68796807
金爵居委会	银樽路 58 弄 24 号	68799850
天歌居委会	乐昌路 37 号	58953508
保利居委会	创新西路 300 弄 32 号	58386162
上丰居委会	宏雅路 150 弄 27 号	68796072
同福居委会	川沙路 2301 弄万嘉欣苑 6 号楼 1 楼南门	68796071
新镇村村委会	春雅路 609 号	58961621
大众村村委会	唐龙路 1388 号	68751892
吕三村村委会	唐龙路 1388 号	58967601
唐四村村委会	高科东路 968 号	58967789
民丰村村委会	新前路 1308 号	58963280
前进村村委会	新前路 1308 号	58961136
唐镇村村委会	高科东路 968 号	58964794
机口村村委会	高科东路 968 号	58961631
一心村村委会	川沙路 2062 弄 88 号	58582849
虹二村村委会	新雅路 268 号 3 号楼	58582327
虹三村村委会	景雅路 221 号	58582852
虹四村村委会	金丰北路 201 号	58581925
大丰村村委会	双叶路 88 号	58582246
暮二村村委会	昌兴路 103 号	58587044
虹一村村委会	双叶路 88 号	58582885
新虹村村委会	紫雅路 58 号	58582325
小湾村村委会	小湾村淮湾路 153 号	58582720
曹路镇人民政府	**上川路 1639 号**	**68722900**
顾路居委会	顾曹路 110 号	68723985
龚路居委会	龚路东街 20 号	58563989
阳光苑居委会	民耀路 98 弄 15 号	50216657
阳光苑第二居委会	民耀路 268 弄 3 号 101 室	50213608
阳光苑第三居委会	民耀路 358 弄 44 号 102 室	50213332
曹路居委会	上川路 1426 号	50215802
龚新居委会	龚华路 479 弄 1 号	50682881
丰舍苑居委会	民春路民春绿地内	68683085

续表

名　　称	地　　址	电　话
丰怡苑居委会	龚华路50弄91号	50680901
银丰苑居委会	银峰路553号	58565232
美地芳邻苑居委会	顾唐路138弄5号102室	61634996
金钻苑居委会	海松路398弄63号2楼	50210097
舜峰家苑居委会	海鹏路301弄22号101室	58637866
海尚东苑居委会	金睦路353弄50号	50760638
中虹家苑居委会	海鸣路98弄1号	50916747
星颂家园居委会	海松路52弄26号	68409572
佳伟景苑居委会	金钻路669弄65号	58482122
星晓家园居委会	金晓路96弄33号	68956793
星海家园居委会	海容路399弄17号	38473098
星纳家园居委会	海纳路129弄34号	68387822
星金家园居委会	金晓路289弄27号	68455820
金群苑居委会	金钻路398弄31号	58630026
永华苑居委会	龚华路35弄68号	58206829
万科蓝山居委会	金海路3333弄567号	68362161
华美新苑居委会	海容路99弄65号	50476665
永乐村村委会	永乐村海家宅临10号	50218186
民建村村委会	华东路1801号	68681246
光耀村村委会	华东路1801号	68680622
兴东村村委会	顾三村卫家宅37号	58638998
群乐村村委会	上川路2299号	58631072
众三村村委会	上川路1753号	58632371
建新村村委会	顾三村卫家宅37号	68726801
顾三村村委会	顾三村卫家宅37号	58637213
联合村村委会	水洞港路699号	58632703
东海村村委会	东海村范家宅58号	58632023
顾东村村委会	顾东村花厅200号	58633918
光明村村委会	光明村计家宅128号	68725338
赵桥村村委会	民雪北路150号	58633265
安基村村委会	川安路11号	58633769
直一村村委会	李家宅288号	58569429
直二村村委会	医院北路220号	58566150
黎明村村委会	东川公路3900号	58566521
永和村村委会	龚路公路700号	58562646
永利村村委会	龚路公路700号	58562661
前锋村村委会	东川公路3900号	58562873

续表

名　称	地　址	电　话
启明村村委会	曙启路 8 号	58563085
迅建村村委会	曙启路 8 号	58563705
曙光村村委会	浦东运河西 11 号	58563380
新华村村委会	新华村强顾家宅 1 号	58565994
日新村村委会	秦家港路 1101 号	58563470
共新村村委会	民唐路 700 号	58562641
新光村村委会	秦家港路 1200 号	50688876
五四村村委会	民唐路 700 号	50680866
星火村村委会	永星路 289 号	58561551
新星村村委会	永星路 289 号	50681312
永丰村村委会	东川公路 4569 号	50681611
金桥镇人民政府	**佳林路 655 号**	**58348850**
张桥居委会	佳林路 898 弄 18 号	50311455
佳虹居委会	永业路 188 弄 17 号	50312165
金浦居委会	金桥路 2346 号综合楼 3 楼	58999818
阳光第一居委会	金高路 1636 号	50310766
金桥新城居委会	东陆路 2000 弄 50 号	50317551
城市家园居委会	永宁路 33 弄 12 号	50176200
阳光第二居委会	永宁路 65 号	58990538
金葵路第一居委会	金粤路 339 号	68860360
金葵路第二居委会	金粤路 346 号	68387337
金葵路第三居委会	金葵路 1315 弄 1347 号 2 楼	68386360
永业第一居委会	永业路 132 号	58340671
永业第二居委会	永业路 122 号	58994688
碧云社区第一居委会	新金桥路 22 弄 2 号 2 楼	50611533
碧云社区第二居委会	黄杨路 69 弄 11 号 102 室	50630799
王家桥村村委会	王家桥村唐陆路 1190 号	58992519
三桥村村委会	金桥路 2626 号	58990811
高行镇人民政府	**东靖路 1801 号**	**68971122**
东沟新村第二居委会	东沟二村 14 号-1	68464289
东沟居委会	东高路 136 号	68461775
东沟新村第四居委会	东沟四村 42 号	68462982
东沟新村第三居委会	东靖路 315 弄 27 号	68468935
东沟新村第一居委会	东沟三村 23 号	68460354
东力新村居委会	申江路 985 弄 8 号	58658346
东旭居委会	东靖路 669 弄 110 号	38750851
高行居委会	复兴路 107 号	68972195

续表

名　　称	地　　址	电　话
高行第二居委会	万安街 272 号	58657210
海韵居委会	高博路 210 弄 18 号 2 楼	58943830
华高新村第一居委会	巨峰路 995 弄 135 号	68972442
华高新村第二居委会	源华路 428 号	68973942
华高新村第三居委会	杨高北路 3885 弄 42 号	58650429
华高新村第四居委会	双桥路 979 号 2 楼	58651481
华庭居委会	东靖路 620 号	33845603
绿地居委会	东靖路 2250 弄 86 号 101 室	68977536
绿洲第二居委会	秋岚路 26 号	33925571
绿洲第三居委会	秋岚路 228 号	68860887
绿洲第四居委会	谐安路 21 号	58680266
绿洲第一居委会	白萱路 99 弄 33 号 201 室	50123175
南新居委会	行南路 900 弄 47 号	50137989
南行居委会	双桥路 1139 弄 33 号 2 楼	58656536
浦江居委会	莱阳路 1446 号	50692694
森兰海弘居委会	莱阳路 2328 弄 22 号	50306706
森兰金地居委会	张杨北路 2899 弄 8 号 2 楼	50174695
森兰绿城居委会	兰谷路 2777 弄 1 单元 101 室	58380692
森兰尚城居委会	繁锦路 688 弄 52 号	33847918
幸福小镇居委会	俱进路 285 弄 250 号	68977076
银杏居委会	金高路 436 弄 56 号	68977295
紫翠居委会	新行路 1 号	58656285
森兰仁恒居委会	兰谷路 2199 弄 1 号 101 室	68785089
森兰新城居委会	繁锦路 1288 弄 38 号 1 楼	68386715
汇郡居委会	思学路 94 号	68772055
周桥村村委会	东煦路 351 号	58651009
高东镇人民政府	**光明路 718 号**	**58481888**
杨园新村第一居委会	新龙路 489 弄 29 号	68488459
杨园新村第二居委会	新跃路 154 弄 3 幢 7 号	68480354
高东新村居委会	光明路 182 弄 180 号	58482012
千秋嘉苑居委会	高东二路 47 弄 62 号	58482909
欣连苑居委会	新园路 246 号	68486385
先锋居委会	镇南路 168 号	68481676
高东新村第二居委会	光泽路 120 弄 21 号	58483454
高东新村第三居委会	光泽路 428 弄 86 号	58487958
新高苑居委会	高宝路 229 弄 108 号	68977856
新高苑第二居委会	高宝路 379 弄 14 号	50112257

续表

名　　称	地　　址	电　话
杨园新村第三居委会	园二路 300 号	68482771
杨园新村第四居委会	新龙路 69 弄 40 号	38821308
新高苑第三居委会	高宝路 68 弄 71 号	58587309
楼夏景园居委会	北新园路 350 弄 1 号	58485116
品欣雅苑居委会	高东二路 118 弄 23 号	58878992
宝佳苑居委会	高宝路 528 弄 38 号	50180718
珊黄村村委会	珊黄村苍头宅 85 号	58482904
张家宅村村委会	洲海路 2800 号	68481459
楼下村村委会	北新园路 350 弄 1 号	58483918
沙港村村委会	沙港村东沙港 5 号	58482313
金光村村委会	顾高路 1218 号	68481606
竞赛村村委会	顾高公路龙跃路 106 号	68724323
踊跃村村委会	踊跃村小宅 36 号	68487850
永新村村委会	永新村杨家宅 80 号	38850036
革新村村委会	张家宅路 300 号	68480324
徐路村村委会	徐路村徐路镇 250 号	68485530
上游村村委会	上钦路 168 号	68480742
张江镇人民政府	**张江路 576 号**	**58951616**
田园路居委会	川北公路 3087 弄 1 号 203 室	58551707
杨镇路居委会	龙三路 70 弄 3 幢 1 号	58556116
孙桥路居委会	横沔江路 60 号	58575291
棕榈居委会	建中路 461 弄 8 幢 2 号	58952632
金桐居委会	高斯路 1234 号	58551548
江春居委会	益丰路 50 号	58553161
丹桂路居委会	广兰路 248 弄 1 号	58955741
古桐居委会	高斯路 1065 号	58558309
香楠路居委会	香楠路 251 号	58553962
孙建路居委会	高木桥路 225 号	50172621
江兰居委会	紫薇路 700 号	50796300
江丰居委会	益江路 335 号	33920262
碧波路居委会	松涛路 125 号	50802411
江夏居委会	益江路 250 号	33920320
江衡居委会	益江路 299 弄 95 号	33921959
华晶居委会	孙农路 398 弄 52 号	50725018
江苑居委会	张东路 2281 弄 80 号	33832201
华顺居委会	顺和路 5 号	50724188
江益居委会	益江路 466 号	33920085

续表

名　　称	地　　址	电　话
晨晖路居委会	晨晖路 825 弄 35 号	50273525
华科居委会	中科路 2500 弄 12 号	50111356
汤臣豪庭居委会	广兰路 50 弄 76 号 2 楼	33900480
城市经典居委会	青桐路 618 弄 27 号	61054710
藿香路居委会	晨晖路 828 弄 16 号	58301186
江薇居委会	紫薇路 667 弄 148 号	38680203
华杨居委会	中科路 2635 弄 39 号	58570065
高木桥路居委会	孙环路 166 号	58309257
孙环路居委会	孙环路 165 号	50938153
科苑路居委会	藿香路 238 弄 72 号	50917691
亮秀路居委会	亮秀路 180 弄 17 号	60250488
樟盛苑居委会	盛夏路 738 弄 4 号旁边	50815327
荣科路居委会	环科路 677 弄 6 号	50561090
孙耀路居委会	孙建路 665 弄 22 号	50623338
韩荡村村委会	韩钱路 900 号	58572037
钱堂村村委会	韩钱路 900 号	58571619
劳动村村委会	（孙桥）横沔江路 112 号	58570574
新丰村村委会	孙环路 1565 号	58570909
长元村村委会	长美路 151 号	58577080
中心村村委会	孙环路 739 号	58570874
环东中心村村委会	孙浦路 375 号	58573401
沔北村村委会	孙桥路 1000 号	58570916
三林镇人民政府	**凌兆路 585 号**	**58493030**
北街居委会	后长街 36 号	58428886
城林美苑居委会	三舒路 62 弄 5 号 2 楼	50651967
城林雅苑居委会	林展路 267 弄 23 号	58385789
德康苑居委会	和炯路 501 号	50712536
海阳路居委会	灵岩南路 380 弄 21 号	68310843
翰城居委会	上南路 3899 弄 115 号	68317583
华城居委会	杨新路 213 号 1 室	68326201
金苹果花园居委会	上南路 3500 弄 27 号	58328144
玲珑苑居委会	上南路 3651 弄 39 号	68310988
岭南花苑居委会	凌兆路 99 弄 1 号 104 室	58413472
绿波家园居委会	和炯路 66 号 3 楼	50630520
明丰花苑居委会	西泰林路 480 弄 35 号	50856416
南街居委会	灵岩南路 150 号	58420914
仁文居委会	上南路 3323 弄 1 号 101 室	58978980

续表

名　　称	地　　址	电　话
三林老街居委会	东林街83弄3号	50157763
杨新居委会	杨新路80弄1号101～103室	58420648
思浦居委会	思浦路11弄4～6号	58426274
杨东居委会	上南路3339弄96号101室	58320822
长清路第一居委会	长清路693弄15号前门	68311716
香樟园居委会	海阳路1080弄31号	58324043
杨南居委会	杨南路694弄7号104室	68323265
新华居委会	杨新路213号-5室	58322201
三林新村第五居委会	永泰路59弄28号2楼	50857577
山水苑居委会	洪山路1096号2楼	68310788
申江豪城居委会	杨思路855弄32号102室	68527900
永泰路第一居委会	永泰路1960弄74号	50858312
永泰路第二居委会	浦三路2801弄49号2楼	50650737
永泰路第三居委会	西泰林路850弄90号2楼	50651299
三林世博家园第三居委会	新浦路251弄22号	61345331
永泰路第四居委会	西泰林路750弄755号3楼	50854231
永泰路第五居委会	御桥路269弄128号3楼	50171811
世博家园第四居委会	高青路2861弄131号	33840149
杨思路第二居委会	板泉路1201弄42号	33903805
杨南第二居委会	杨南路567号	58426201
杨思路第三居委会	杨思路1121弄83号	50107716
尚东居委会	海阳路1333弄24号101室	50151075
长清路第二居委会	长清路807弄21号	68310613
杨思路第一居委会	洪山路762号2楼	68526500
三林新村第二居委会	永泰路468弄29号1楼	50187052
世博家园第五居委会	杨高南路4501弄139号—1	50837193
世博家园南二居委会	东书房路560弄53号	61347126
世博家园北二居委会	新浦路199弄7号	61346909
三林博学家园居委会	杨南路1899弄32号	50185207
懿德新村第一居委会	懿行路971弄115号3楼	38821895
永泰路第六居委会	林鸣路461号	20230792
懿德第二居委会	和佳路105弄68号	50772953
三林新村第三居委会	永泰路136弄36号	68580327
三杨新村居委会	海阳路215弄24号2楼	50902512
盛世南苑居委会	和炯路77弄2号102室	50630517
士韵家园居委会	三旋路92～98号	50630575
同康苑居委会	三舒路272号	58597539

续表

名　　称	地　　址	电　话
三林新村第四居委会	永泰路 133 弄 62 号	58902682
依水园居委会	林展路 411 弄 22 号	50903798
士韵家园第二居委会	三彩路 52 弄 25 号	50820206
依水园第二居委会	林展路 376 号 3 楼	58818865
世博家园东一居委会	大道站路 94 弄 210 号	50930008
世博家园西一居委会	大道站路 94 弄 67 号	61062001
前滩紫丁香居委会	江耀路 122 弄 6 号 1 楼	50670068
东明村村委会	浦三路 2318 号	50837385
三民村村委会	联明路 588 号	50852529
联丰村村委会	联丰村上南路 3365 号	38790039
中林村村委会	长清路 2228 号	68302308
三林村村委会	长清路 2228 号	58412100
归泾村村委会	上浦西路 953 号	
久丰村村委会	久丰村新民队陈家库 205 号	58419092
临江村村委会	临江村王家宅队石河圈 88 号	50826512
新春村村委会	环南一大道 475 号	58410135
西林村村委会	长清路 2228 号	68302308
红旗村村委会	三鲁路 7621 号	33929739
懿德村村委会	懿德路 389 号	68586887
天花庵村村委会	陈行公路 158 号	33936674
金光村村委会	上南路 5159 号	58410716
南阜村村委会	上南路 5159 号	68303269
胡巷村村委会	联明路 588 号	50851861
惠南镇人民政府	**惠南镇城西路 200 号**	**58023593**
东门居委会	三八南路 128 号	58024305
南门居委会	中山路 39 号	68018653
北门居委会	北门大街 188 弄 5 号 202 室	58021828
荡湾居委会	荡湾新村公建 3 号	58006317
西门居委会	人民西路 87 号	58001212
听北居委会	通济路 328 弄 60 号	58020924
听南居委会	西门路 51 号	58013159
梅花居委会	拱极路 3058 弄 1 号楼会所	58021657
东城居委会	东城一村 35 幢底楼 25 号	68005331
黄路居委会	文卫路 65 号	58270033
卫星居委会	广北路 60 号	58021843
红光居委会	拱乐路 888 号(红光菜场 2 楼)	68250322
靖海居委会	靖海路 193 号	68250689

续表

名称	地址	电话
海燕居委会	靖海南路 504 号	68099618
泰燕居委会	听潮南路 77 弄	68015745
迎薰居委会	南团公路 854 号	68050870
西城居委会	听悦路 685 弄 43 号	68092628
学海居委会	振东路 20 号	68002453
观海居委会	拱极路 2368 弄 29 支弄 13 号 2 楼	20966601
明光居委会	靖海路 547 弄 93 号 101 室	38290053
惠城居委会	城南路 555 弄 533 号	58028036
惠园居委会	迎薰路 222 弄 59 号 2 楼	60976398
南园居委会	南园路 455 弄锦园坊小区内	58185083
绿城居委会	靖海南路 519 弄 11 号 4 楼	68001613
南城居委会	南团公路 35 弄 70 号	68099924
惠民居委会	拱川路 99 号	68001862
丰海居委会	观海路 1118 弄 16 幢 2 楼	68009601
德盈居委会	盐大路 2589 号	20959569
惠康居委会	拱海路 78 弄 16 号 3 楼	38220920
惠益居委会	拱为路 2600 弄 9 号 3 楼	68030660
汇雅苑居委会	拱海路 755 弄 14 号楼	20960266
颐景园居委会	拱泰路 29 弄 12 单元底楼	50888205
宝业居委会	宣黄公路 2585 弄 43 号	68011003
惠南朗馨苑居委会	听和路 65 弄 16 号	68010083
惠南丽水雅苑居委会	听达路 325 弄 10 号	68000503
惠南秀园居委会	听健路 151 弄 4 号 102 室	68010051
惠南兰丽苑居委会	拱海路 595 弄 9 号 3 楼	58020127
惠南荣春苑居委会	拱乐路 2400 弄	58020100
惠南海曲雅苑居委会	拱北路 398 弄 8 号	68000801
西门村村委会	听潮路 589 号	68092336
城北村村委会	拱亮路 401 号	58021428
明光村村委会	丰海路 333-1 号	38258109
民乐村村委会	大川公路 4051 弄 68 号	68092157
红光村村委会	红光村 589 号	20915688
长江村村委会	长江村 364 号	68012003
陆路村村委会	陆路村 588 号	68012487
勤丰村村委会	勤丰村 1111 号	68245398
惠东村村委会	惠东村 102 号	58006430
塘路村村委会	G1501 东首，金光路	68012852
灶路村村委会	人民东路 2423 弄 93 号	38258308

续表

名称	地址	电话
英雄村村委会	英雄村 1098 号	58021061
同治村村委会	同治村同心 456 号	58278705
双店村村委会	双店村 518 号	58279116
六灶湾村村委会	六灶湾村 301 号	58275243
桥北村村委会	桥北村 101 号	58276071
四墩村村委会	四墩村 351 号	58270390
团结村村委会	团结村 288 号	58272130
幸福村村委会	黄家路 88 号	68271302
黄路村村委会	南团公路(惠园路 1288 号)	68099225
远东村村委会	远东村远联路 888 号	58277614
海沈村村委会	海沈村幸新路 335 号	58272115
东征村村委会	东征村 133 号	58196792
永乐村村委会	永乐村 728 号	58090428
陆楼村村委会	陆楼村 872 号	20918086
城南村村委会	听潮南路 1021 号	58003335
陶桥村村委会	沪南公路 9435 号	58003141
徐庙村村委会	南芦公路 42 号	68016640
汇南村村委会	迎薰路 418 号	58003638
周浦镇人民政府	**周浦镇年家浜路 365 号**	**68124125**
向阳居委会	年家浜路 213 弄车库 2 层	58111110、20981366
东南居委会	周市路 148 号东南二村 75 号	58111131
公元居委会	康沈路 1365 弄 53 号	58111108
中市居委会	川周公路 4387 弄 104 号 4 楼	58111150
周东居委会	周东路 609 号周东一村 26 号西北角	20980735
澧溪居委会	年家浜路 425 弄 11 号	58111151
瓦屑居委会	瓦屑振兴路 46 号	58152191
果园居委会	康沈路 1978 号	68182893
汇丽居委会	关岳路 229 弄 70 号	68119111
幸福居委会	川周公路 4058 弄 9 号	68127968
安居居委会	繁荣东路 159 弄 118 号	68116698
欧风居委会	瑞意路 399 弄 105 号	33890083
汇腾居委会	瑞浦路 612 弄 28 号 2 楼	68095735
海达社区居委会	周邓公路 6600 弄 34 号楼 3 楼	20930626
横桥居委会	康沈路 3001 弄 9 号 102～103 室	20968007
丽都苑居委会	周市路 380 弄 9 幢 20 号 1 楼	58112178
中虹佳园居委会	瑞浦路 200 号 3 楼	20957660、20906983
瑞阳苑居委会	瑞阳路 351 弄 2～4 号	20981852、20981855

续表

名　　称	地　　址	电　话
中城苑居委会	瑞安路80弄5号2楼	68080595、68080908
安阁苑居委会	瑞安路211弄199～203号	20951683
小上海新城居委会	周市路714号	20972293
康泰居委会	上南路7718弄内	20972276
欣逸居委会	年家浜路28弄8～10号楼底楼	68188604
印象春城居委会	年家浜东路129弄52号楼3楼	20981856
南八灶居委会	康沈路1838-1	20989705
华庭居委会	繁荣路266弄30号	20981875
御沁园居委会	周星路485号(周康路869弄506号)	68188201
华城居委会	周星路500弄1号楼	20951899
汇康居委会	周东路191弄33号102室	68118351
吉祥里居委会	瑞和路555弄45号	68106196、68110319
兴盛里居委会	周秀路168弄13～15号	68188162-801
颐谷苑居委会	周泰路32弄30号	68036191
昌盛里居委会	周秀路398弄14号	68036707
平安里居委会	周秀路118弄12号101—102室	68036228
九龙仓居委会	祝家港路399弄8号底楼	50885095
健康里居委会	瑞和路900弄28号	68181190
祥和里居委会	周阳路259弄21号	38120006
安康里居委会	瑞福路196弄17号301	58250603
中金海棠湾居委会	周东南路599弄5号楼101室	58112399
保利艾庐居委会	蓝靛路1688弄11号、13号	58170317
华盛里居委会	周秀路516弄7～18号	20960316
三泰里居委会	瑞安路700弄16号	20982112
海棠名苑居委会	沈梅东路300弄	20907383
繁荣馨苑居委会	繁荣东路150弄7幢128号301室	
姚桥村村委会	周邓公路6780号	68127579
牛桥村村委会	周祝公路168号	68119574
周南村村委会	繁荣东路88号	58113085
沈西村村委会	沈梅路758号	68130901
里仁村村委会	沪南公路3648号	68189300
棋杆村村委会	周祝公路1765号	58152521
瓦南村村委会	陆瓦路105号	58154828
红桥村村委会	红桥村19组4020号	58150637
界浜村村委会	瓦屑建设路127号	58155837
北庄村村委会	北庄村294号	58152946
新场镇人民政府	**新场镇牌楼东路285号**	**58178050**

续表

名　　称	地　　址	电　话
南大居委会	石笋街 2 号	58171165
工农居委会	新场大街 283 号	68172550
北大居委会	海泉街 85 号	58172030
石笋居委会	新奉公路 331 号	58172021
坦直居委会	坦直路 55 号	68154498
东城居委会	汇腾路 55 号	58179606
笋南居委会	新环西路 58 弄 63 号 3 楼	58178659
汇锦城居委会	新环北路 1065 号	58177668
东城第二居委会	众安路 1055 号	58118825
东城第三居委会	牌楼东路 528 弄 182 号	58179606
笋北居委会	新环北路 1333 弄 7～8 号	58177668
王桥村村委会	杨辉路 488 号	68172980
金建村村委会	金建村 553 号	68170087
新卫村村委会	康新公路 508 号	68170093
果园村村委会	笋心路 233 号	68170095
新南村村委会	新南村 696 号	20904235
众安村村委会	众安村 1 组	33752262
新场村村委会	新奉公路 418 号	58179880
坦西村村委会	申江南路 4111 号	68151632
仁义村村委会	仁义村坦仁路 58 号	68153246
坦东村村委会	坦东村 268 号	68150368
蒋桥村村委会	蒋桥村 540 号	68157443
祝桥村村委会	下盐路 2861 号	68159666
坦南村村委会	坦南村 947 号	68151367
大团镇人民政府	**大团镇南芦公路 899 号**	**58081523**
南大居委社区居委会	南湾新村 19 号	58084111
北大居委社区居委会	永春中路 56 号	58082412
三墩居委社区居委会	三宣公路 397 弄 9 号	58231740
东大居委社区居委会	永达路 99 弄 44 号	58080951
东南居委会	南芦公路 989 弄 1 号	58256223
镇南村村委会	镇南村大杨 888 号	58081647
车站村村委会	车站村龙潭 668 号	58081767
果园村村委会	果园村宣大路 888 号	68080204
金石村村委会	金石村 698 号	58089133
赵桥村村委会	赵桥村 517 号	58082871
海潮村村委会	川南奉公路 7765 号	58081553
邵宅村村委会	邵宅村庙西 189 号	68081802

续表

名　　称	地　　址	电　话
团西村村委会	南芦公路 845 号	58081565
金园村村委会	三三公路 398 号	58237838
金桥村村委会	东大公路 2488 号	58236840
园艺村村委会	园艺村林艺 888 号	58233575
龙树村村委会	龙树村 588 号	58231789
周埠村村委会	周埠村洪波 288 号	58231812
扶栏村村委会	扶栏村下塘 107 号	58231376
团新村村委会	团新村严楼 188 号	58231069
邵村村村委会	邵村村 388 号	58239059
康桥镇人民政府	**秀浦路 3999 弄 1 号**	**68061289**
周康居委会	康沈路 438 号	58120530
梓潼居委会	周浦镇西大街 132 号	68114353
百曲居委会	梓康路 666 弄 6 号	68121201
营房居委会	康沈路 726 弄 9 号 2 楼	68062591
花墙居委会	花墙村 246 号	58125548
和合居委会	御青路 903 号	58126672
横沔居委会	川周公路 2686 号	20923578
汤巷中心村居委会	川周公路 3010 弄 70 号	58130465
康桥半岛居委会	沪南路 2727 弄 1227 号	68196843
秀龙居委会	秀龙村 456 号	33897441
康桥老街居委会	沪南公路 2688 弄 88 号	68194698
康桥花园居委会	康士路 2 弄 30 号	58122249
双秀家园居委会	梓康路 666 弄 6 号	68132096
公元三村居委会	梓康路 51 弄	68113581
南华城居委会	浦三路 4688 弄 54 号 202 室	68065071
昱龙社区居委会	康达路 508 弄 36 号 1 楼	20902599
美林居委会	沪南路 3468 弄 2 支弄 20 号 306 室	68066348
中邦居委会	秀沿路 867 弄 66 号南底楼	38218123
海尚康庭居委会	康弘路 580 弄 100 号	20917858
康桥宝邸居委会	康弘路 508 弄 14 号 1 楼	58076359
康桥月苑居委会	康佳路 38 弄 13 号 1 楼	38013611
城中花园居委会	秀沿路 1028 弄 2 支弄 118 号	20942857
汤巷馨村居委会	环桥路 1481 弄 1 号	20904899
文怡苑居委会	秀沿路 2551 号	20904899
富康居委会	梓康路 188 弄 30 号	20959336
锦绣居委会	御衡路 68 弄 39 号	20980299
宁怡居委会	秀沿路 2875 弄 66 号	68139246

续表

名　　称	地　　址	电　话
天台居委会	上南路6333弄9号101室	68065071
林语溪居委会	秀沿西路68弄1号	68060797
香颂居委会	秀沿西路218弄152号1楼	68060833
御景居委会	秀沿西路258弄257号1楼	20922070
双秀西园居委会	梓康路666弄6号	68133216
海富居委会	秀浦路802弄7号	68281019
康湾苑居委会	周园北路522弄21号	58137099
汤巷雅苑居委会	环桥路1136弄21号3楼	20900036
秀怡苑居委会	环桥路1137弄22幢45号3楼	20900553
康景居委会	渡桥路78弄5号101室	20989067
中邦大都会居委会	康沈路633弄1号底楼	20989123
绿洲康城居委会	康桥路1558弄77号	58120782
太平村村委会	太平村402号	68132538
沔青村村委会	川周公路2686号	68139789
石门村村委会	石门九组411号	58131689
火箭村村委会	川周公路3126号	58131080
怡园村村委会	创业路383号	58132111
沿南村村委会	川周公路3258号	58137391
人南村村委会	沔新路592号	58132805
汤巷村村委会	秀沿路2551号2楼	58131079
叠桥村村委会	创业路487号	58132199
沿北村村委会	沿北村878号	68130580
新苗村村委会	新苗九组980号	58131076
航头镇人民政府	**航头路1528弄18号**	**58222691**
航头居委会	航兴路48号	58222192
下沙居委会	下沙新街101号	58141596
瑞和苑居委会	瑞和路168弄50号	68095682
鹤鸣居委会	航鹤路1700弄75支弄33号	68240968
长达居委会	航梅路525弄5支弄1号	20935020
金色航城居委会	航头路1221弄22号3楼	68220638
东升家园居委会	环镇东路95号	58226686
海洲桃花园居委会	航头路988弄101号	68286318
沉香居委会	航瑞路389弄61号	58226985
南馨佳苑居委会	鹤驰路88弄1号2楼	58140691
恒福家园居委会	鹤驰路99弄62号2楼	58142216
昱丽家园居委会	鹤沙路699弄23号	20985990
瑞浦嘉苑居委会	瑞和路101弄10号楼203室	68222733

续表

名　　称	地　　址	电　话
航武嘉园居委会	鹤韵路550弄28号	20919592
长泰东郊居委会	航定路568弄33号	58120955
聚航苑居委会	航梅路526弄78支弄127号	33750223
汇康锦苑居委会	航瑞路175弄109号	58149326
昱星家园居委会	鹤沙路688弄36号	58148728
金沁苑第一居委会	鹤沙路201弄60号	60242392
金沁苑第二居委会	鹤沙路226弄8号102室	68222909
东茗苑居委会	鹤永路600弄33号	58146890
汇善嘉苑居委会	航昌路199弄2号楼底楼	58226965
汇仁馨苑居委会	航昌路489弄2号楼1楼	58228002
瑞馨苑居委会	航春路169弄3号	58126509
汇诚佳苑居委会	鹤永路751弄35号	58146366
和美苑居委会	鹤洁路175号	68222393
海桥村村委会	海桥村10组103号	58220397
鹤鸣村村委会	沪南公路5397弄1号	68221201
长达村村委会	长达村汇达18组汇达241号	68220519
果园村村委会	果园村829号	58226810
福善村村委会	航都南路3号	58223777
沉香村村委会	沉香村白墙688号	58142256
鹤东村村委会	鹤东村呈祥港路572号	58147686
沈庄村村委会	沈庄路28号	58140129
王楼村村委会	王楼村储墙路双楼路路口207号	58149378
梅园村村委会	梅园村春鹤新村128号	58148975
牌楼村村委会	牌楼村谈弄688号	68145866
航东村村委会	沪南公路5579号	68220081
丰桥村村委会	丰桥村16组龙丰路256号	58222334
祝桥镇人民政府	**卫亭路80号**	**68098319**
第一居委会	东大街57弄77号	58107029
第二居委会	川南奉公路5058号2号楼	58101370
东港花苑居委会	祝城路81号二楼	58102692
东海居委会	盐朝公路869号	68267878
盐仓居委会	南祝公路5683号	58096265
朝阳居委会	盐朝公路1446号	58260550
千汇一村社区居委会	千汇路280弄44幢130～132号	38011076
千汇二村社区居委会	千汇路532号	38011077
千汇三村社区居委会	千汇路551号	38011080
千汇四村社区居委会	华星路432号	38011081

续表

名　　称	地　　址	电　话
祝和苑社区居委会	千汇路 1000 弄 212 号	38234998
江镇居委会	江镇新建路 44 号	58931029
思凡花苑第一居委会	航城五路 401 弄 39 号	68966811
思凡花苑第二居委会	施湾二路 863 弄	68960026
思凡花苑第三居委会	施湾二路 1026 弄 40 号	68968098
施镇居委会	航城四路 616 弄 45 号	68965006
晨阳路第一居委会	江明路 36 弄 16 号	68780607
百欣苑居委会	东亭路 836 弄 76 号	58937908
江家宅居委会	江晖路 436 弄 103 号	58936391
祝安苑居委会	祝潘公路 301 弄 142 号	68102362
东都居委会	东亭路 275 号	68780051
海霞第一居委会	海霞路 685 弄 79 号	50960031
航城第一居委会	航城三路 692 弄 54 号	68962099
航城第二居委会	航城三路 86 弄 77 号	50560953
东港第一居委会	施湾三路 1017 号	38760591
东港第二居委会	施湾三路 1106 弄 63 号	68368009
邓镇第一居委会	施镇路 385 弄 96 号	50722011
邓镇第二居委会	航城七路 450 弄 88 号	58590125
海霞第二居委会	海霞路 135 弄 56 号	50899105
滨一居委会	水闸南路 180 号	68960138
秋亭居委会	秋亭路 88 弄 33 号	58100560
同济启航居委会	航城四路 318 弄 138 号	58959332
江晖苑居委会	江绣路 307 弄 1 号 2 层	68782388
祝康苑居委会	周祝公路 3409 号	68100027
亭中村村委会	亭中村 588 号	68101108-8003
三八村村委会	工业城一区 5 号	68101266
金星村村委会	金亭公路 1070 号	58107681
祝东村村委会	祝东村 702 号	58107824
卫民村村委会	卫亭路 688 号	68106650
星光村村委会	周祝公路 3275 号	58107150
明星村村委会	明星村 9 组	58107425
祝西村村委会	祝西村 10 组 858 号	58107954
红三村村委会	红三村 1018 号	68263510
新东村村委会	东港公路 2961 号	68266816
新如村村委会	新如村六如 958 号	68265042-602
薛洪村村委会	盐朝公路 918 号	68261668
义泓村村委会	义泓村 252 号	68266317

续表

名　　称	地　　址	电　话
先进村村委会	先进村宛虹路 320 号	68261316
星火村村委会	星火村 888 号	55093536
红星村村委会	盐朝公路 333 号	58092968
高永村村委会	下盐公路 8199 号	58095142
果园村村委会	果园村 3 组	68267499
立新村村委会	立新村 801 号	58096808
东滨村村委会	东滨村东张家宅 9 号	33789071
营前村村委会	灵通路 882 号	58931515
新营村村委会	江镇新营村顾家宅 602 号	58939850
森林村村委会	森林村西凌家宅 21 号	58932338
陈胡村村委会	陈胡村王家宅 58 号	58931538
小圩村村委会	小圩村南张家宅 3 号	58436373
新和村村委会	新和村北陆家宅 50 号	33935129
大沟村村委会	大沟村西李家宅 83 号	58937086
卫东村村委会	晨阳路 419 号	58937028
亭东村村委会	亭塘路 175 号	58932082
新生村村委会	晨阳西路陆家宅 4 号	58937013
共和村村委会	晨阳西路 116 号	20273319
军民村村委会	军民村黄家宅 105 号	58031147
红旗村村委会	红旗村东亭路 785 号	58936960
东立新村村委会	东立新村李家宅 58 号	58931134
道新村村委会	道新村东杜家宅 118 号	58932335
中圩村村委会	中圩村五组	68961880
邓一村村委会	凌空路 200 号	68960600
邓二村村委会	川南奉公路 3797 号	68961897
邓三村村委会	故居西一路 1 号	50962027
望三村村委会	望三村东唐家宅 60 号	50960290
泥城镇人民政府	**鸿音路 3152 号**	**58071013**
集镇居委会	新城西路 2 号	58071095
彭镇居委会	马五公路 475 弄 3 号	58243028
云锦苑居委会	彭平东路 119 号	58077817
云帆苑社区居委会	鸿音路 2888 号	38254008
云松苑社区居委会	彩云路 567 弄 36 号	38215998
云绣苑居委会	云汉路 662 号	20901002
云翔苑居委会	彩云路 702 号	20922068
云荷苑居委会	云汉路 978 弄 38 号	20900551
云欣苑居委会	云汉路 1096 弄 1128 号	20921013

续表

名　　称	地　　址	电　话
云霞苑居委会	池月路 333 弄 44 号	38017186
千祥居委会	南芦公路 2129 号	58070909
阳光里居委会	彭平东路 236 号 2 楼	
彭兴苑居委会	云汉路 1288 弄 78 号	
人民村村委会	人民村人民路 1588 号 3 号门	58071608
横港村村委会	横港村 1188 号	58071437
公平村村委会	公平村 168 号	58076080
龙港村村委会	龙港村 401 号	58077600
海关村村委会	海关村 188 号	58248110
中渤村村委会	中渤村 950 号	58240869
彭庙村村委会	彭庙村彭一路 178 号	58244322
永盛村村委会	彭镇新华路 15 号	58246090
新渤村村委会	彭镇彭平路 17 弄 5 号	58242008
马厂村村委会	马五公路 218 号	58249640
杭园村村委会	新华路 15 号	58240676
宣桥镇人民政府	**沪南公路 8888 号**	**58181298**
南区居委会	万新路 8 号	58182755
三灶居委会	南六公路 589 号	58036559
欣松苑居委会	宣黄公路 428 号 2 楼	68049196
欣兰苑居委会	宣黄公路 428 号 3 楼	68049198
艺泰安邦居委会	南六公路 399 弄 229 号	58039113
明祥苑居委会	明祥苑闵家浜路 60 弄 6 号 101 室	20983679
枫丹白露居委会	南六公路 99 弄 17 支弄 15 号	58185510
枫庭居委会	人民西路 1955 弄 47 号	58181810
明和居委会	南六公路 607 号	20980182
张家桥村村委会	张家桥村 8595 弄 106 号	58181185
新安村村委会	宣新路 604 号	58181284
中心村村委会	六奉公路 222 号汇骏路口	58185406
陆桥村村委会	赵陆路 102 号	58185407
宣桥村村委会	六奉公路 398 号	58181285
长春村村委会	汇技路六奉公路口	58185405
季桥村村委会	季桥村蔡圈 199 号	58033303
项埭村村委会	项埭村项文路 1056 号	58036647
光辉村村委会	光辉村二灶港路 5566 号	58036071
光明村村委会	光明村 2488 号	58039080
腰路村村委会	腰路村 1088 号	58035480
三灶村村委会	下盐公路 3695 号	58036657

续表

名　　称	地　　址	电　话
书院镇人民政府	**新府东路 81 号**	**58196292**
第一居委会	老芦公路 1360 号	58061091
新欣居委会	老芦公路 711 弄 7 号	58196687
东场居委会	滨果公路 2811 号	58291277
新舒苑社区居委会	中久路 48 弄 1 号	33753673
丽泽社区居委会	首善街 605 号	20909039
舒馨居委会	石潭街 127 号	58150735
塘北村村委会	塘北村 543 号	58061527
洋溢村村委会	洋溢村书孝路 294 号	58061386
路南村村委会	雪南路 703 号	58061241
新北村村委会	新北村石北 298 号	58061230
李雪村村委会	李雪村新书路 218 号	58067053
中久村村委会	老芦公路 1360 号	58061479
外灶村村委会	外灶村里灶 325 号	58061365
黄华村村委会	黄华村 711 号	58192064
桃园村村委会	桃园村新府西路 5 号	58196607
余姚村村委会	余姚村 201 号	58196398
棉场村村委会	棉场村路北 921 号	58199056
四灶村村委会	四灶村 277 号	58192448
洼港村村委会	洼港四灶路 701 号	58199787
万祥镇人民政府	**三三公路 1181 号**	**58046121**
万祥居委会	振万路 50 号	58046051
祥苑居委会	祥安路 147 号	38200002
馨苑居委会	万和路 132 号	58043551
兰湾居委会	祥安路 231 号	58151261
万兴村村委会	万牧路 280 号	58047224
万隆村村委会	万隆村万三 201 号	58047605
万宏村村委会	振万路 266 号	58046612
新振村村委会	新泥路 102 号	58046654
新建村村委会	新建村新三 351 号	50840027
新路村村委会	新路村路一 458 号	58046445
金路村村委会	宏祥路 636 号	58046711
老港镇人民政府	**建中路 7 号**	**58051322**
老港居委会	建东路 1 号	58051176
滨海居委会	滨海路 10 号	58058102
宏港苑居委会	建中路 285 弄 168 号	58051011
牛肚村村委会	拱极东路 1188 号	58057562

续表

名　　称	地　　址	电　话
中港村村委会	南港公路 1765 号	68291391
成日村村委会	成日村 10 组滴翠路 88 号	68295822
建港村村委会	建中路 558 号	58052498
东河村村委会	东河村 12 组 518 号	58059023
大河村村委会	建中路 704 号	58055529
欣河村村委会	欣河村 698 号	58056331
南汇新城镇人民政府	**申港大道 200 号**	**68283217**
滴水湖馨苑一居委会	镇方竹路 166 弄 61 号 2 楼	68283382
东岸涟城居委会	镇古棕路 211 号	20943151
港口居委会	镇渔港路 562 号	58285153
果园居委会	镇渔港路 46 号	58282618
海滨居委会	镇芦安路 120 号-1	38202022
海汇居委会	镇港辉路 66 弄 14 号	38202101
海芦居委会	镇潮乐路 888 弄 3 号前门	38202621
海尚居委会	镇芦云路 199 号	58281440
临港家园居委会	镇古棕路 555 弄 120 号	38014019
农场居委会	镇芦潮港农场潮华路 13 号	58252272
蔚蓝林语居委会	镇竹柏路 500 弄会所 3 楼	20966003
新芦居委会	镇潮乐路 16 号	58286095
宜浩佳园二居委会	镇竹柏路 366 弄 87 号 101 室	20926080
宜浩佳园一居委会	镇竹柏路 253 弄 20 号	20951568
宜浩欧景一居委会	镇夏栎路 233 弄 122 号	58282150
汇角村村委会	镇果园路 18 号	58282491

二、黄浦区

名　　称	地　　址	电　话
南京东路街道办事处	**大沽路 123 号**	**63278500**
云南中路居委会	贵州路 131 弄 16 号	63224641
龙泉园路居委会	浙江中路 462 号 3 楼	63222524
贵州路居委会	北京东路 830 弄 4 号	63520624
新桥居委会	新闸路 456 弄 10 号	63293241
牛庄路居委会	贵州路 208 号	63128587
厦门路居委会	厦门路 136 弄 84 号	63517574
福海居委会	温州路 41 弄 2 号 106 室	63728988
承兴居委会	黄河路 281 弄 10 号	63273227
三德居委会	新昌路 389 弄 9 号	33060095
福瑞居委会	新闸路 66 弄 54 号前门	33060059

续表

名　　称	地　　址	电　话
平望街居委会	浙江中路118弄35号	53531211
小花园居委会	浙江中路188弄7号旁	63605187
长江居委会	北京西路239弄14号101室	33060026
江阴居委会	江阴路83弄5号	33100217
均乐居委会	大沽路183弄19～21号	63274157
新昌居委会	新昌路87弄14号	63271091
振兴居委会	大沽路260号101室	63274158
定兴居委会	黄河路132弄20号	63279465
顺天村居委会	成都北路262弄114号	63278452
外滩街道办事处	**山西南路350号12、13、14楼**	**63226660**
汉口路居委会	九江路200号	63217751
北京居委会	北京东路288弄80号	63210629
宁波路居委会	宁波路120弄24号	63212211
无锡路居委会	北无锡路51号	63221436
东风居委会	南京东路486弄11号	63224176
山东北路居委会	河南中路531弄24、28号	63292047
虎丘路居委会	虎丘路49～51号	63210419
永安路居委会	永安路13弄24号	63288031
永胜路居委会	金陵东路159号	63289832
中山东一路居委会	江西中路102号	63210636
盛泽居委会	盛泽路62～80号	63280603
宝兴居委会	金陵东路306～308号	63280751
昭通路居委会	福州路272弄7～9号	63229410
瑞福里居委会	宁海东路228号	63263668
云南南路居委会	淮海东路2号	63840231
山西南路居委会	汉口路429弄7号	63224564
新建二村居委会	广东路414弄3支弄1～6号	63282941
瑞金二路街道办事处	**皋兰路22号**	**53064281**
雁荡居委会	南昌路110弄5号	53829101
延中居委会	进贤路200号	62564495
巨鹿居委会	茂名南路9弄1号2楼	52822098
锦江居委会	瑞金一路118弄2号	64157784
南昌居委会	淮海中路927弄98～99号	64371568
茂名居委会	茂名南路169弄11号101室	64741781
淮中居委会	成都南路142弄4号	53066031
长乐居委会	瑞金一路121弄19号	53860727
香山居委会	南昌路224弄甲1号	53821026

续表

名 称	地 址	电 话
永嘉居委会	永嘉路 21 弄 10 号	64371687
思南居委会	复兴中路 553 弄 2 号	64739903
陕建居委会	陕西南路 287 弄 19 号	64333441
瑞成居委会	淮海中路 494 弄 11 号	63845153
瑞兴居委会	重庆南路 4 号	63858308
建德居委会	建德路 1 号 8 号楼 103 室	64730567
瑞雪居委会	陕西南路 271 弄 36 号 102 室	64668394
淮海中路街道办事处	**合肥路 398 号**	**53063665**
新华居委会	普安路 128 号 705 室	53066279
合二居委会	黄陂南路 685 弄 40 号	63859735
复三居委会	复兴中路 455 弄 29 号 101 室	63848904
复四居委会	重庆南路 169 弄 108 号 101 室	63861412
志成居委会	肇周路 126 弄 10 号	63289068
大华居委会	西藏南路 412 弄 5 号前门	63852550
复兴居委会	马当路 301 弄 10 号 101 室	63845087
西成居委会	马当路 278 弄 43 号	63288816
孝和居委会	太仓路 270 号	63873949
瑞华居委会	复兴中路 111 号	63730248
建二居委会	肇周路 272 弄 38 号	63282587
建四居委会	顺昌路 424 弄 36 号	53065828
建六居委会	马当路 357 弄 1 号 104 室	63282962
合一居委会	肇周路 200 弄 102 号	63289729
顺六居委会	顺昌路 425 弄 8 号	63280076
新天地居委会	黄陂南路 519 号	63879923
豫园街道办事处	**河南南路 288 号**	**63793999**
四新居委会	四牌楼路 168 弄 9 号	63281878
宝带居委会	方浜中路 45 弄 7 号	63300460
光启居委会	光启路 107 号	63747053
果育居委会	复兴东路 701 弄	63285998
侯家居委会	侯家路 121 弄 3 号	63289774
太阳都市居委会	河南南路 398 号 4 号楼	33023206
丹马居委会	方浜中路 63 弄 4 号	63301073
学院居委会	学院路 198 号	63289770
露香居委会	柳泉弄 26 号	63288307
广福居委会	侯家路 147 号	63200266
肇方居委会	南孔家弄 36 弄 1 号	63737094
同庆居委会	金家坊 111～115 号	63284787

续表

名　　称	地　　址	电　话
泰瑞居委会	方浜中路 614 弄 1 号	63288337
淮海居委会	淮海东路 89 弄 9 号	63735814
会稽居委会	西藏南路 439 弄 4 号	63280485
方西居委会	方浜西路 63 弄 10 号	63284714
古城居委会	福佑路 114 号	63284327
打浦桥街道办事处	**南塘浜路 103 号**	**63041102**
大同居委会	鲁班路 168 弄 9 号 102 室	63044513
肇东居委会	瑞金二路 410 弄 5 号 106 室	54650223
泰康居委会	徐家汇路 454 弄 46 号乙底楼	64730300
建中居委会	瑞金二路 225 弄 32 号	64736573
丽一居委会	制造局路 208 弄 2 号 102 室	53075072
蒙西居委会	蒙自西路 50 号	63059578
丽二居委会	丽园路 710 弄 10 号 3 楼	63013233
银杏居委会	丽园路 842 弄 41 号 102 室	63013352
局后居委会	局门后路 11 号 107 室	63011296
建一居委会	肇周路 384 弄 1 号 105 室	63285055
徐一居委会	徐家汇路 76 弄 17 号	63262688
建二居委会	建国东路 143 弄 18 号底楼	63843481
徐二居委会	顺昌路 612 弄 31 号前门	63283142
建五居委会	徐家汇路 388 号 104 室	63855034
锦海居委会	打浦路 90 弄 1 号 104～105 室	63035505
南塘居委会	丽园路 1016 弄 5 号 101 室	63047500
汇龙居委会	徐家汇路 515 弄 4 号 202 室	53014447
老西门街道办事处	**大吉路 65 号**	**63696363**
大兴居委会	江阴街 455 号	33180294
大林居委会	大吉路 186 号	33180627
文庙居委会	学西街 19 号	33050034
学宫居委会	梦花街 65 号	33050214
曹家街居委会	曹家街 62 号	53570293
艾家弄居委会	艾家弄 60 号	53570316
小桃园居委会	高家弄 55 号	53570304
方斜居委会	大吉路 281 号	63150813
牌楼居委会	黄家阙路 72 弄 1 号 102 室	33180084
也是园居委会	凝和路 118 号	53570480
龙门村居委会	尚文路 133 弄 96 号	53570564
小西门居委会	蓬莱路 374 号	53570001
唐家湾居委会	西藏南路 688 弄 17 号 204 室	33180422

续表

名　　称	地　　址	电　话
净土街居委会	河南南路 555 弄 7 号	53570314
乔家栅居委会	凝和路 31～35 号	53570421
陆兴居委会	迎勋路 100 弄 9 号	53570295
明日星城居委会	河南南路 1009 弄 8 号 102 室	63667803
陆迎居委会	中华路 868 弄 30 号 103 室	53570040
小东门街道办事处	**白渡路 252 号**	**63325801**
新码头街居委会	豆市街 4 号	33150012
龙潭路居委会	外咸瓜街 223 号	63322576
西姚家弄居委会	西姚家弄 50 号 101 室	53580150
中华路居委会	中华路 211 弄 14 号	53580156
白渡路居委会	白渡路 308 号	63322553
天灯弄居委会	引线弄 28 号	63670225
小石桥街居委会	小石桥街 75 号	33051461
乔家路居委会	乔家路 85 号	53570144
金坛路居委会	金坛路 35 弄 13 号	53570112
赵家宅居委会	赵家宅路 45 号	33051465
荷花池居委会	蓖竹路 209 弄 2 号 103 室	53570031
阳光居委会	南仓街 183 号	63771804
多稼居委会	丰记码头弄 1 号	33766298
万裕街居委会	董家渡路 388 号	63667838
府谷街居委会	东江阴街 49 号	63770095
桑园街居委会	东江阴街 181 号	63770217
五里桥街道办事处	**瞿溪路 758 号**	**63035050**
桥一居委会	局门路 434 弄 11 号	63017161
桥二居委会	斜土路 278 号	63017245
中二居委会	瞿溪路 653 号	53073741
中一居委会	瞿溪路 800 弄 2 号底楼	63017620
铁一居委会	中山南一路 468 号甲 308 室	63137540
铁二居委会	铁道路 776 弄 1 号 101 室	63036535
瞿南居委会	瞿溪路 1072 弄 8 号甲	63024291
瞿中居委会	瞿溪路 1111 弄 28 号	63049814
瞿东居委会	鲁班路 509 弄 16 号	63014235
瞿西居委会	中山南一路 1107 号边门	63032609
斜土居委会	打浦路 316 弄 35 号 103 室	63033851
打浦居委会	打浦路 299 弄 7 号 103 室	63035461
蒙自居委会	蒙自路 440 弄 1 号 102 室	63013767
龙华居委会	中山南一路 1012 弄 1 号	63015638

续表

名　　称	地　　址	电　话
丽园居委会	五里桥路39弄5号2楼	53079486
桑城居委会	局门路295弄4号甲	63044312
紫荆居委会	鲁班路778弄22号101室	63149207
瑞南居委会	瑞金南路185弄2号101室	63031209
海悦居委会	鲁班路388弄1号202室	63050487
半淞园路街道办事处	**西藏南路1360号**	**63120055**
民立里居委会	陆家浜路1256弄10号	33050841
瞿溪路第四居委会	中山南一路247弄1号103室	53590117
西凌新村第三居委会	制造局路365弄2号103～104室	33183283
徽宁路居委会	丽园路68弄17号	53590044
高雄路居委会	中山南一路270号底楼103室	53590307
瞿溪路第二居委会	西藏南路1341弄9号底层	33183376
三门峡路居委会	南车站路52号	53570287
市民新村居委会	西藏南路1501弄4号底楼	53590357
西凌新村第一居委会	制造局路567弄46号101室	33183281
制造局路居委会	西藏南路1188号	33183245
保屯路居委会	斜土东路58号	33183215
西凌新村第二居委会	西藏南路1374弄55号2楼	33183344
耀江花园居委会	半淞园路619号	53590145
黄浦新苑居委会	丽园路333弄8号102室	53590096
迎勋居委会	天柱山路17弄1号101室	53590143
海西居委会	普育东路71弄7号	33768213
益元居委会	中山南路1581弄2楼	63136051
中福花苑第一居委会	海潮路123号	63773267
车中居委会	普育东路226号	63084432
普益居委会	普育西路49号	63773216
新村居委会	瞿溪路120弄4号2106室	63775756
中福花苑第二居委会	海潮路23号307室	63145384

三、徐汇区

名　　称	地　　址	电　话
天平路街道办事处	**余庆路21号**	**64370755**
德昌居委会	天平路139号乙102室	62816058
太原居委会	岳阳路77弄18号101～102室	64660418
永康居委会	襄阳南路277弄5号102室	64722798
建岳居委会	乌鲁木齐南路372弄2号	54656115
嘉善居委会	嘉善路119弄5号	64722762

续表

名　　称	地　　址	电　话
慎成居委会	嘉善路 276 号	64330087
肇嘉浜居委会	襄阳南路 499 弄 1 号	64333244
息村居委会	建国西路 355 弄 7 号乙	64744507
上海新村居委会	高安路 1 弄 3 号	64716465
陕西居委会	陕西南路 550 弄 4 号 102 室	64375012
桃源村居委会	复兴中路 1295 弄 2 号	64377316
永嘉新村居委会	永嘉路 580 弄弄口	64373884
永太居委会	永康路 175 弄 16 号 101 室	64331452
建新居委会	襄阳南路 452 弄 88 号	64453025
高安居委会	衡山路 300 弄 4 号	64152193
宛平居委会	吴兴路 270 弄 8 号 2 楼	64720247
天平居委会	天平路 222 弄 3 号	62836471
吴兴居委会	高安路 100 弄甲 1 号	64372546
安亭居委会	安亭路 71 号	64722150
广元居委会	天平路 179 弄 7 号 103 室	64310705
康平居委会	康平路 114 号	64738025
湖南路街道办事处	**五原路 287 号**	**64317261**
春华居委会	安福路 49 弄 2 号	54046112
淮中居委会	淮海中路 1390 弄 1 号	64716154
安福居委会	武康路 69 弄 1 号 103 室	54037403
兴武居委会	泰安路 27 弄 6 号	64710390
金波居委会	五原路 181 弄 2 号	64661589
武康居委会	淮海中路 1670 弄 14 号	64312725
延庆居委会	延庆路 4 弄 12 号底楼	54037608
淮海居委会	淮海中路 1285 弄 54 号 1 楼	64371937
陕新居委会	长乐路 339 弄甲 12 号	54048404
东湖居委会	延庆路 123 弄 7 号	54041980
复中居委会	复兴中路 1252 弄 10 号	54653186
复襄居委会	汾阳路 9 弄 10 号	64374094
张家弄居委会	复兴中路 1252 弄 5 号	64721652
新乐居委会	新乐路 100 弄 3 号	54039453
复永居委会	永福路 147 弄 33 号 101 室	64372755
华康居委会	湖南路 280 弄 20 号	64665844
斜土路街道办事处	**大木桥路 103 弄 33 号**	**64045132**
日晖五村居委会	茶陵路 225 弄 7 号 101 室	64160539
大木桥路第五居委会	大木桥路 158 弄 9 号 102 室	64042160
大木桥路第四居委会	大木桥路 485 弄 5 号 101 室	64167162

续表

名　称	地　址	电　话
景泰居委会	肇嘉浜路 193 弄 56 号	64439232
肇清居委会	肇嘉浜路 417 弄 4 号 101 室	64033309
肇嘉浜路第一居委会	肇嘉浜路 193 弄 54 号	64043347
日晖二村居委会	大木桥路 599 弄	64431923
茶陵居委会	瑞金南路 458 弄 19 号 104 室	64045616
上影居委会	大木桥路 41 弄 7 号 1 楼	64162763
大木桥路第三居委会	茶陵路 345 弄 34 号	64037675
江南新村居委会	江南二村 21 号甲	64160796
康巨居委会	茶陵路 159 弄 8 号 1 楼	64160595
日晖六村第二居委会	日晖六村 46 号 11～13 室	64039776
日晖六村第一居委会	日晖六村 51 号	64436036
日晖七村居委会	小木桥路 223 弄 2 号 202 室	64030871
日晖新城居委会	零陵路 17 号	64430290
尚海湾居委会	凯滨路 19 弄 2 号 1 楼	60747791
恒益居委会	斜土路 1275 弄 9 号	64033343
医学院路居委会	医学院路 52 号	64172391
枫林路街道办事处	**小木桥路 680 号**	**64416076**
宛南六村居委会	天钥桥路 905 弄 12 号	64270032
大钥新村第一、二居委会	天钥新村 43 号 102 室	64382324
天钥新村第三居委会	天钥新村 131 号 102 室	64380200
天钥新村第四居委会	天钥新村 140 号	64280215
龙山新村第一居委会	中山南二路 960 弄 2 号 101 室	64869684
龙山新村第二居委会	龙山新村 51 号 101 室	64384526
张东居委会	东安路 50 弄 3 号楼底	64431659
安康居委会	斜土路 2200 弄 48 号 104 室	64165834
平江居委会	肇嘉浜路 665 号 103 室	64045618
四季园居委会	东安路 149 弄 3 号 103 室	64179107
东安苑居委会	中山南二路 777 弄 4 号 302 室	33689149
徐汇苑居委会	天钥桥路 968 弄 1 号 108 室	64563520
谨斜居委会	斜土路 2167 弄 9 号甲底楼	64189587
东安一村北居委会	东安路 351 弄 11 号底楼	64189408
张家浜居委会	宛平南路 65 弄 10 号 101～102	64387373
东安一村南居委会	东安一村 64 号 13 室	64177035
西木北居委会	小木桥路 360 弄 7 号 101 室	64186556
黄家宅居委会	宛平南路 909 弄东安五村 15 号对面	64683667
西木南居委会	小木桥路 440 弄 35 号 102 室	64180082
汇园居委会	宛平南路 255 弄 35 号 101 室	64261847

续表

名 称	地 址	电 话
沈家里居委会	东安路 364 弄 8 号 102 室	64431499
振兴居委会	东安路 240 弄 23 号 101 室	64435280
医清居委会	医学院路 110 弄 25 号 105 室	64180319
东安二村居委会	中山南二路 790 号 104 室	64698858
东安四村居委会	东安四村 26 号甲	64281519
枫林新村居委会	零陵路 250 弄 45 号 103 室	64036478
庄家宅居委会	中山南二路 1057 弄 6 号 101～102 室	64561150
宛南新村第一、二居委会	中山南二路 937 弄 15 号 101 室	64387655
宛南三村居委会	龙华路 2381 弄 11 号甲	64695129
宛四居委会	双峰路 371 号	64876283
宛南五村居委会	宛南五村 5 号	64878841
长桥街道办事处	**罗秀路 616 号**	**64100554**
长桥八村居委会	罗香路长桥八村 30 号 102 室	64558978
长桥新村一居委会	上中路 289 弄 1 号 107 室	64769974
长桥新二村居委会	长桥新村 50 号	64774103
港口居委会	苑宏新村 16 号甲	54358849
长桥一村居委会	上中路长桥一村 66 号	64773142
长桥三村一居委会	长桥三村 138 号 101 室	64771994
长桥三村二居委会	长桥三村 29 号 201 室	64766847
长桥四村居委会	长桥四村 97 号 2 室	64103429
长桥五村居委会	上中路 51 弄 6 号 101 室	61266588
长桥七村居委会	长桥六村 38 号	64766127
汇成一村居委会	汇成一村 1 号 102 室	64246595
汇成二村居委会	汇成二村 10-1 号	64236334
汇成三村居委会	汇成三村 33 号 101 室	64237813
汇成四村居委会	汇成四村 75 号	64239200
汇成五村居委会	汇成五村 100 号	64237577
园南二村居委会	园南二村 26 号甲	64761849
园南三村居委会	园南三村 32 甲对面临房	64106450
光华居委会	老沪闵路 790 弄 20 号	64540164
百龙居委会	百色路 28 号	54364043
园南一村居委会	园南一村 1 号 103 室	64778550
罗秀居委会	罗秀新村 28 号底楼	64760469
罗秀三村居委会	罗秀路罗秀三村 112 号	64772858
楼园居委会	老沪闵路 706 弄 16 号底楼	64234974
平福居委会	上中路 483 弄 60 号	64558973
体育花苑居委会	老沪闵路 728 弄 51 号	64236516

续表

名　　称	地　　址	电　话
华东一居委会	龙川北路436弄11号1～2楼	54350882
华东二居委会	罗城路799弄33号	54112774
汇澜园居委会	石龙路999弄2号楼底楼	54111537
徐汇新城居委会	龙吴路1717弄37号	54011383
中海瀛台居委会	罗秀东路128号	33682447
华滨居委会	龙吴路1323弄20号2楼	34691173
华沁居委会	龙吴路1343弄1号楼1-1	64159268
田林街道办事处	**柳州路555号**	**64759900**
田林一、二村居委会	田林路65弄5号103室	64363539
小安桥居委会	中山西路1698弄1号202室	34240933
爱建园居委会	田林东路100弄80号5室	64397493
长春居委会	宜山路518弄公安小区内	64412756
田林十四村居委会	田林十四村79号	64756867
新苑第五、六、七居委会	田林东路414弄22号/宜山路655弄2号101室	64836626
田林八、九、十村居委会	宜山路691弄6号101室	64825609
田林五、六、七村居委会	田林六村14号底楼	64825623
千鹤二、四居委会	钦州北路399弄11号201室	64086117
华鼎居委会	中山西路2366弄1号201室	64877283
田林十一村居委会	田林十一村44号101室	64084485
古宜居委会	古宜路99弄12号	64394535
万科华尔兹居委会	漕宝路77弄10号101室	64832561
千鹤第五居委会	桂林路595号102室	64951072
千鹤第三居委会	柳州路585弄1号203室	64830210
田林十三村居委会	田林十三村34号101室	64081354
新苑第三、四居委会	钦州路840号110室	64082541
新苑第一、二居委会	钦州路900号110室	54484269
锦馨苑居委会	古井路38弄180号105室	64277898
田林十二村居委会	田林十二村30号101室	64707914
田林三、四村居委会	田林三村20号102室	64086143
千鹤第六居委会	钦州北路300弄4号2楼	64820778
尚汇豪庭居委会	华石路88弄37号	54565521
虹梅路街道办事处	**虹梅路2019号**	**64018593**
怡桂苑居委会	桂林路505弄6号102室	64706507
虹星居委会	苍梧路468弄28号3楼	64950193
虹南居委会	钦州北路1018弄66号2楼	64951306
桂林苑居委会	钦州北路666弄1幢3号1层	64839571
古美路第四居委会	古美路1107弄58号102室	64753882

续表

名　　称	地　　址	电　　话
古美路第三居委会	古美路1107弄50号101～102室	64849039
钦北居委会	虹梅路2646号	64056459
古美路第二居委会	东兰路151弄7号101室	54264508
古美路第一居委会	东兰路121弄31号104室	64857598
东兰路居委会	东兰路51弄2号102～104室	64849040
永兆居委会	虹梅路2588弄3号101室	64012135
航天新苑居委会	虹梅路2015弄41号甲	64462096
华悦家园居委会	虹漕路19弄1幢27号1～2层	64829560
康健新村街道办事处	**浦北路268号**	**64757022**
长青坊居委会	桂林西街30弄17号2楼	54193925
康乐小区居委会	钦州南路451弄46号101室	64844042
紫鹃园居委会	钦州南路917弄89号	54204041
长虹坊居委会	桂林西街11弄2号	54203921
寿昌山居委会	桂林西街151弄10号	54193911
康宁强居委会	浦北路21弄3号103室	64837692
寿祥坊居委会	桂林西街111弄4号201室	54193194
丁香迎春居委会	百花街345弄25号	54183912
长丰坊居委会	桂林西街47弄62号	54203917
长兴坊居委会	桂林西街15弄1号	54203919
长顺海居委会	桂林西街14弄1号102室	54210569
玉兰园居委会	桂江路77弄62号	54191935
樱花园居委会	桂平支路20弄17号	54193915
金桂苑居委会	虹漕南路99弄7号2层	64951759
联莘居委会	桂平路260弄13号101室	64082136
欣园居委会	桂平路257弄42号2楼	64085667
桂康居委会	康健路363弄3号101室	64844711
桂林二居委会	柳州路182号	64849008
师大新村居委会	桂林路70弄21舍51号13户	64322868
月季百藤居委会	桂平路126号二楼	54188220
寿益坊居委会	桂林西街85弄45号乙	54183927
茶花桂花居委会	江安路58弄66号	54182712
紫薇园居委会	桂平路123弄	54185916
紫荆党校居委会	钦州南路768弄5号101室	64822568
徐家汇街道办事处	**斜土路2431号**	**64417300**
乐山四五村居委会	乐山路10弄17号	64078028
乐山二三村居委会	乐山路12弄32号	64477749
乐山一村居委会	番禺路801弄18号	64072374

续表

名　　称	地　　址	电　话
西塘居委会	凯旋路凯旋一村12号甲	64472597
虹交居委会	乐山路5号	64079467
汇翠居委会	漕溪北路737弄5号101室	64684303
柿子湾居委会	凯旋路2288弄1号	64693491
番禺居委会	番禺路800弄26号107室	62830261
东塘居委会	虹桥路666弄11号101室	64475742
豪庭居委会	虹桥路168号5号楼103室	64879542
名园居委会	南丹东路300弄8号102室	64694620
南丹南村居委会	虹桥路400弄30号101室	64691424
徐汇新村居委会	裕德路45弄21号后门	64385276
科汇居委会	天钥桥路69弄2号103室	64285391
爱华居委会	双峰北路6号	64274116
殷家角居委会	天钥桥路380弄28号102室	64278112
王家堂居委会	南丹东路100弄3号103室	64381433
南赵巷居委会	天钥桥路171弄28号2楼	64687563
启明居委会	辛耕路81弄11号2楼	33686836
零陵居委会	斜土路2590弄6号105室	64380909
沈马居委会	天钥桥路180弄8号101室	64281017
陈家宅居委会	中漕路92号	64279771
文定居委会	南丹路128弄7号101室	64872240
汇站居委会	南丹路189弄2号103室	64877663
潘家宅居委会	蒲汇塘路50号105室	64698937
交大新村居委会	南丹路368弄9号102室	64482206
虹二居委会	虹桥路693弄12号2楼	62834559
乐山八九村居委会	虹桥路411弄5号	64074166
乐山六七居委会	秀山路16弄8号	64078252
凌云路街道办事处	**虹梅南路108号**	**54284008**
陇南居委会	罗秀路1175弄38号	64760239
凌云新村居委会	凌云新村160号	64237625
阳光居委会	天等路258弄3号底楼	54393027
梅陇七村居委会	梅陇七村47号101室	64530718
梅陇六村居委会	梅陇六村9号204室	64776903
梅陇五村居委会	梅陇五村34号102室	64536926
梅陇四村居委会	梅陇四村90号108室	64545532
梅陇三村居委会	梅陇三村44号	54284392
华理苑居委会	华理苑23号西	64253352
书香苑居委会	天等路430弄11～12号	54392008

续表

名　称	地　址	电　话
兴荣苑居委会	罗秀路955弄38号甲	54282595
闵秀居委会	老沪闵路1039弄49号2楼	64537258
长陇苑居委会	上中西路120弄23号102室	64771164
家乐苑居委会	上中西路55弄62号	64779643
舒乐居委会	老沪闵路1055弄38号2楼	64539087
华东理工大学第二居委会	梅陇路300号化工二村225-6临	64252779
华东理工大学第一居委会	化工一村173号101室	64237562
金塘居委会	老沪闵路333弄30号	54354861
闵朱居委会	罗秀路580弄4号204室	64101281
龙州居委会	罗秀路1101号	64536769
梅苑第二居委会	虹梅南路126弄57号	64235574
梅苑第一居委会	虹梅南路96弄94号-1临	64108167
和平居委会	罗秀路930弄97号-1临	64107333
梅陇十一村第二居委会	梅陇十一村152号101室	64762275
梅陇十一村第一居委会	梅陇十一村44号101室	64237344
梅陇十村居委会	梅陇十村129号102室	54631233
梅陇九村居委会	梅陇九村35号甲2楼	64243154
梅陇八村居委会	梅陇八村22号102室	64105273
龙华街道办事处	**天钥桥南路399号**	**54121054**
东蔡居委会	龙华西路40号-12	64572819
周家湾居委会	龙华西路81弄68号	64566346
龙华新村居委会	龙华路2501弄23号101室	64683768
上缝新村居委会	龙华西路285弄30号	64574468
俞家湾第二居委会	龙华西路21弄16号	64563171
俞家湾第一居委会	龙华西路31弄43号甲	64577068
龙南三、四村居委会	龙南三村37号甲	54092995
龙南第七居委会	龙吴路410弄91号	54350350
丰谷路居委会	丰谷路225弄3号后门	64560060
丰谷路第三居委会	丰谷路300弄1号101室	64575685
龙南第五居委会	龙水南路龙南五村208号	54093882
龙南第六居委会	喜泰北路龙南六村3号102室	54353087
俞家湾第三居委会	龙华西路21弄18号乙	64576513
机场新村居委会	龙华西路机场新村6号102室	64569398
狮城居委会	龙吴路288弄14号2楼	64565478
云锦路居委会	云锦路50弄48号101室	64562542
滨江居委会	天钥桥南路1249弄6号101室	54098592
民苑居委会	云锦路201弄2号101室	54107691

续表

名　　称	地　　址	电　话
华荣路居委会	华容路 111 弄 3 号 1-103 室	54251540
汇龙居委会	龙华路 3208 弄 7 号 104A	54106594
盛大花园第一居委会	龙华路 2518 弄 7 号 204 室	54910427
强生花苑居委会	龙华西路 398 弄 10 号 103 室	64565036
樟树苑居委会	龙吴路 988 弄 9 号 102 室	54350533
漕河泾街道办事处	**康健路 65 号**	**64366118**
凯翔居委会	龙漕路 135 弄 49 号 101 室	64516798
冠生园路居委会	冠生园路 237 弄 44 号底楼	64365276
科苑居委会	沪闵路 9370 号 2 楼	64839355
习勤居委会	漕泾一村 31 号	64363966
漕溪四村居委会	漕溪四村 51 号 103 室	64083328
九弄居委会	康健路 25 弄 31 号 101 室	64365438
馨汇南苑居委会	南宁路 501 弄 33 号	61732344
月河居委会	康健路 58 弄 2—3 号	33683587
漕东居委会	漕溪三村 499 号 102 室	64083188
宾阳路居委会	宾阳路 62 弄 3 号 2 楼	64836342
嘉萱苑居委会	三江路 88 弄	64754449
正南花苑居委会	石龙路 818 弄 25 号 101 室	54364204
罗城居委会	罗城路 700 弄 94 号	54080205
金牛居委会	龙川北路 800 弄 42 号 2 楼	54080864
龙漕居委会	龙漕路 58 弄 8 号 101—102 室	64517581
漕溪南一村第一居委会	漕溪四村 44 号 2 楼	64361102
金谷园居委会	漕溪路 125 弄 28 号	64865547
东荡居委会	老沪闵路 150 弄 1 号 101 室	54359930
东泉路居委会	东泉路 55 号	54111053
张家园居委会	石龙路 33 弄 57 号	61139330
挹翠苑居委会	东泉路 188 弄 72 号 2 楼	54113795
华富居委会	龙吴路 9 弄 2 号底楼	64577156
佳友居委会	龙华西路 535 弄 2 号 1011 室	64275716
梓树园居委会	钦州南路 108 号 5 号楼 101 室	64832915
宏润花园居委会	漕东支路 218 弄 6 号	54244806
中海馨园居委会	钦州南路 8 弄 9 号底楼	64360314
漕溪南一村第二居委会	漕溪一村 10 号	54244005
康健路居委会	康健路 77 弄 17 号 103 室	64361103
薛家宅居委会	康健路 100 弄 20 号	64082536
公园道居委会	定安路 50 号裙房 2 楼	64227718
华泾镇人民政府	**龙吴路 2443 号**	**54821818**

续表

名 称	地 址	电 话
华欣家园居委会	龙吴路 2412 号 406 室	64965056
沙家浜居委会	华济路 2 弄 34 号	54823608
名苑居委会	龙吴路 2525 弄 41-1	54820866
华泾五村居委会	华泾路 1000 弄 36 号	64960471
光华绿苑居委会	华展路 55 弄 63 号 1 楼	54821062
明丰居委会	华发路 99 弄 66 号	61284222
华建居委会	老沪闵路 1296 弄 66 号	54308998
华臻居委会	华发路 333 弄 190 号	64966856
印象旭辉居委会	望月路 890 号 5 楼	54847589
盛华景苑居委会	龙吴路 2888 弄 1 号	54793709
漓江山水居委会	华泾路 999 弄 37 号	64965289
馨宁居委会	华发路 396-5 号	60707401
华泾绿苑居委会	华济路 1 号四楼	34631138
大桥居委会	龙吴路 2388 弄 119 号	54827062
华泾四村居委会	华泾路 880 弄 46 号	64961291
华发居委会	华发路 180 弄	64961924
华阳居委会	龙吟路 501 弄 3 号 104 室	54821508

四、长宁区

名 称	地 址	电 话
新华路街道办事处	**法华镇路 479 号**	**62813399**
番禺居委会	法华镇路 457 弄 8 号楼 106 室	52307063
牛桥居委会	番禺路 222 弄 24 号	52307064
人民居委会	定西路 710 弄 63 号 102 室	52307067
西镇居委会	法华镇路 751 弄 32 号 101 室	52307073
杨宅居委会	法华镇路 660 弄 23 号 102 室	52307072
香花居委会	法华镇路 500 弄 2 号 105 室	52307065
新华居委会	新华路 365 弄 1 号	62948311
梅安居委会	定西路 420 弄 5 号 101 室	52307071
左家宅居委会	安顺路 89 弄 11 号 104 室	52307068
田渡居委会	新华路 569 弄 106 支弄 9 号 101 室	52307069
泰安居委会	兴国路 244 弄 49 支弄 6 号	52307055
陈家巷居委会	华山路 1533 号	52307056
东镇居委会	华山路 1520 弄 79 号 101 室	52307057
红庄居委会	法华镇路 150 弄 1 号 105 室	52307061
幸福居委会	番禺路 215 号	52307058
和平居委会	平武路 38 号 208 室	62521806

续表

名　　称	地　　址	电　　话
张家宅居委会	延安西路 1000 号 101 室	52550026
江苏路街道办事处	**愚园路 909 弄 2 号**	**62520234**
岐山居委会	愚园路 1032 弄 48 号	62524194
江苏居委会	愚园路 718 弄 33 号	62523377
万村居委会	镇宁路 545 弄 108 号 106 室	62513080
南汪居委会	延安西路 649 弄 125 号 103 室	62525855
东浜居委会	东诸安浜路 158 弄 2 号 104 室	62521210
愚三居委会	安西路 23 弄 2 号甲	62525250
曹家堰居委会	昭化东路 102 号 2 楼	62525948
西浜居委会	西诸安浜路 435 弄 3 号 101 室	62525285
福世居委会	宣化路 54 号	62520842
长新居委会	长宁路 491 弄 31 号	62512563
华山居委会	华山路 894 弄 1 号 102 室	62100255
利西居委会	延安西路 983 号 105 室	62527066
北汪居委会	东诸安浜路 59 号 101 室	62521752
华阳路街道办事处	**定西路 1289 号**	**80110101**
华一居委会	长宁路 476 弄 4 号 104 室	52376321
华二居委会	万航渡路 1298 弄 1 号 2 楼	52376512
华三居委会	华阳路 255 号	52376323
华四居委会	长宁路 712 弄 79 号	52376320
华五居委会	华阳路 20 弄 6 号 206 室	52376325
华院居委会	万航渡路 1579 弄 2 号楼对面	52376326
秀水居委会	万航渡路 1424 弄 21 号 101 室	52376327
长一居委会	长宁路 118 号	80110069
长二居委会	江苏北路 111 弄 52 号 106 室	52376330
长支二居委会	长宁支路 176 号 204 室	52376533
苏一居委会	汇川路 300 弄 588 号 2 楼	32083562
潘东居委会	武夷路 337 弄 25 号	52376522
潘西居委会	武夷路 519 弄 59 号	52376516
陶家宅居委会	昭化路 518 弄 13 号 105 室	52376531
徐家宅居委会	昭化路 60 弄 1 号 101 室	52376529
姚家角居委会	愚园路 1423 弄 84 号	52376530
天诚居委会	武夷路 416 弄 1 号 102 室	52376532
潘中居委会	定西路 1235 弄 7 号	52376513
建宁居委会	定西路 1310 弄 8 号 108 室	52376510
飞乐居委会	昭化路 321 号	52376582
西一居委会	汇川路 78 号	52736900

续表

名　　称	地　　址	电　话
周家桥街道办事处	**长宁路1618号**	**52731911**
范北居委会	长宁路1120弄201号	52722591
三北宅居委会	长宁路1135弄23号101室	62748808
三泾南宅居委会	武夷路709弄13号101室	62333100
武夷居委会	武夷路700弄1号103室	52729403
沈家郎居委会	长宁路1488弄20号	52736164
周一居委会	万航渡路2505弄23号103室	52739463
周二居委会	长宁路1447号底楼	52734742
杨家居委会	玉屏南路560弄29号104室	62599568
锦屏居委会	娄山关路969弄3号103室	62597428
古南居委会	天山支路100弄4号103室	62295443
上海花城居委会	长宁路1818弄4号102室	52720416
虹桥新城居委会	长宁路1661弄20号304室	52421164
长宁新城居委会	长宁路1188弄5楼2楼西侧	52412634
中山公寓居委会	长宁路1277弄10号101室	52411529
大家居委会	万航渡路2088弄4号103室	52414160
万博居委会	古北路69弄16号101室	52721354
春天花园居委会	娄山关路999弄75号1楼	52725787
天山河畔花园居委会	水城路883弄12号1楼	62902936
仁恒河滨居委会	芙蓉江路388弄20号101室	62743982
天山华庭居委会	威宁路458弄15号103室	62082089
新天地居委会	芙蓉江路555弄14号底楼	32585096
天山路街道办事处	**遵义路185号**	**62598009**
天山二村居委会	天山二村64号1楼	62293386
天山三村居委会	玉屏南路380弄120号102室	62591135
天山四村居委会	天山四村134号-1	62286198
茅台居委会	天山二村142号1楼	62418442
仙霞居委会	茅台路200弄号101～103室	62590294
天山居委会	娄山关路764弄16号104室	62290912
天义居委会	玉屏南路309号5室	52310023
天支居委会	天山支路67号-1临	62736098
新光居委会	玉屏南路537弄8号101室	62298342
新风居委会	玉屏南路723弄101室	62334009
玉屏居委会	中山路450号108室	62592647
遵义居委会	天山三村20号106室	62596675
友谊居委会	玉屏南路41弄11号102室	62349131
紫云居委会	紫云路367号2楼	32502298

续表

名　称	地　址	电　话
联建居委会	联建新村11号楼上	62416506
中紫居委会	中山西路800弄53号102室	62340273
延西居委会	延安西路1740弄19号102室	62080488
纺大居委会	安顺路220弄12号103室	62098477
仙霞新村街道办事处	**虹古路206号**	**62781828**
天山五村第一居委会	天山路671号101～102室	62598044
天山五村第三居委会	茅台路270弄10号104～105室	62738061
芙蓉江路第一居委会	芙蓉江路103弄26号101～103室	62738172
芙蓉江路第二居委会	芙蓉江路150弄25号103室	62592091
大金更居委会	古北路530弄30号101～104室	62339058
天原二村居委会	天山路461弄18号104室	62598225
虹日居委会	水城路45弄21支弄86号	62425344
虹古居委会	水城路40弄4号102室	62198551
虹纺居委会	虹古路377弄30支弄18号103～104室	62429637
虹霞居委会	虹古路410弄5号103～104室	62423664
虹旭居委会	虹古路417弄5号102～103室	62623304
虹仙居委会	仙霞路750弄56号	62627517
锦苑居委会	虹桥路1829弄36号	62627271
仙逸居委会	水城路382弄14号	62739970
仙二居委会	仙霞路432号105～106室	62089269
杜一居委会	茅台路460弄2号103～104室	62743386
水霞居委会	茅台路601弄36号	62281904
古宋居委会	茅台路600弄22号	62903267
茅台新苑居委会	茅台路455弄5号102～104室	62338169
威宁居委会	茅台路691弄1号102～103室	62908543
虹景居委会	虹古路208弄25号101～102室	62709569
茅台花苑居委会	茅台路500弄2号101～102室	62346080
安龙居委会	安龙路929弄12号102室	62900272
虹桥街道办事处	**虹桥路1155号**	**62085098**
安东居委会	安顺路181弄11号101～104室	22850960
何家角居委会	长顺路105号	22850966
长顺居委会	虹桥路959弄12号101室	22850964
新顺居委会	长顺路34弄9～10号	22850963
长虹居委会	虹桥路966弄5号101室	22850968
虹南居委会	中山西路1432弄37号102室	22850972
虹桥居委会	虹桥路1077弄20号103室	22850978
爱建居委会	安顺路351弄40号105室	22850982

续表

名　　称	地　　址	电　话
伊犁居委会	伊犁路134弄23号102室	22850984
虹储居委会	虹桥路1041弄48号101室	22850980
虹许居委会	张虹路90弄2号101室	22850986
虹梅居委会	虹许路815弄2号103室	22850988
荣华居委会	水城南路51弄1号102室(一期)、黄金城道258弄2号楼D1(二期)、御翠豪庭红宝石路古北路口)(三期)	22850990、22850992、22850994
虹东居委会	虹桥路1017弄5号103室	22850976
中山居委会	虹桥路996弄28号101室	22850970
虹欣居委会	中山西路1410弄22号	22850974
程家桥街道办事处	**哈密路1955号**	**62697306**
程桥一村居委会	程桥一村9号101—103室	22300091
程桥二村居委会	程桥二村82号102—104室	22300042
宝北居委会	程家桥路80弄5号	22300094
虹桥机场新村居委会	机场新村97号101、102室	22300095
王满泗桥居委会	哈密路1800弄23号101～105室	22300093
南龚居委会	虹桥路222弄22号	22300096
上航新村居委会	上航新村333号101室	22300097
嘉利豪园居委会	虹井路888弄14号裙楼	62683269
北新泾街道办事处	**蒲淞北路51号**	**52163762**
新泾一村第一居委会	新泾一村210号101～102室	52184347
新泾一村第二居委会	剑河路254号	52187538
新泾二村居委会	新泾二村37号101～102室	52188441
新泾三村居委会	新泾三村10号102室	52195264
新泾四村居委会	天山西路351弄2号	62396806
新泾五村居委会	天山西路350弄55号106室	52600723
新泾六村居委会	金钟路340弄36号101～102室	52188704
新泾七村居委会	金钟路333弄68号	52188679
新泾八村居委会	新渔路400弄13号102室	52600724
北翟居委会	金钟路428弄26号102～103室	52181255
蒲松北路居委会	北渔路28弄9号201室	32525027
哈密新村居委会	哈密路16号	62330150
元丰花园居委会	天山路88弄15号101室	32505238
金平居委会	淞虹路128弄5号	52161940
剑河家苑居委会	金钟路68弄27号104室	62415675
新泾镇人民政府	**哈密路431号/泉口路68号**	**52161000**
刘一居委会	剑河路409弄19号101室	52170899
刘二居委会	剑河路414弄16号203室	52177052

续表

名　　称	地　　址	电　话
刘三居委会	泉口路 109 弄 98 号	52179748
刘四居委会	泉口路 185 弄 113 号	52173584
福泉路居委会	福泉路 123 弄 14 号	62386910
淮阴路居委会	淮阴路 575 弄 17 号 101 室	62912090
淞二居委会	剑河路 599 弄 107 号底楼	52204736
淞三居委会	平塘路 710 号	52171800
淞四居委会	淞虹路 735 弄 18 号	52170964
淞五居委会	协和路 198 号	52203976
华松居委会	仙霞西路 700 弄 72 号	52178327
曙光居委会	仙霞路 888 弄 10 号甲	62425123
屈家桥居委会	北翟路 980 弄 86 号 103～104 室	52170002
绿一居委会	淞虹路 685 弄 108 号 1 楼	52204017
绿五居委会	淞虹路 1005 弄 7 号 101～102 室	52202453
绿八居委会	协和路 239 弄 24 号 2 楼	52209105
绿十一居委会	福泉路 435 弄 127 号 2 楼	52201421
绿十二居委会	福泉路 495 弄 11 号 102 室	52201167
北虹居委会	北虹路 1000 弄 17 号	62907097
程桥居委会	剑河路 2001 弄 51 号 101 室	62611963
中泾居委会	中泾路 18 弄 16 号 101 室	52186196
林泉居委会	仙霞路 1225 弄 110 号 302 室	62905527
双流路居委会	天山路 288 弄 18 号 101 室	62913074
新渔东路居委会	新渔东路 550 弄 4 号 201 室	62901927
定威路居委会	广顺路 32 弄 40 号	52182567
虹九居委会	平塘路 415 弄 38 号	52201023
平塘居委会	淞虹路 650 弄 56 号 2 楼	52205656
虹康居委会	仙霞西路 500 弄 53 号 101 室	52207110
南洋新都居委会	双流路 54 弄 4 号 101 室	62915426
新泾居委会	仙霞西路 885 弄 76 号 2 楼	32526001
怡景苑居委会	威宁路 511 弄 5 号 101 室	32511655
天山星城居委会	威宁路 358 弄 3 号 101 室	52382320
新泾北苑居委会	仙霞西路 88 弄 16 号 3 楼	62396776

五、静安区

名　　称	地　　址	电　话
江宁路街道办事处	**江宁路 838 号 4 楼**	**62985656**
新安居委会	新丰路 548 号	62885977
永乐居委会	常德路 977 弄 6 号楼 1 楼	62553287

续表

名　　称	地　　址	电　　话
联宝里居委会	昌平路556弄2号301室	62552885
恒德里居委会	常德路633弄20号	62565523
景苑居委会	武定路650弄4号102室	62889317
又一村居委会	常德路545弄52号	62533945
北京居委会	新闸路1335弄8号103、104室	62582747
众乐里居委会	陕西北路661号	62553245
武定坊居委会	西康路446号2楼	62179991
三星坊居委会	江宁路575号2楼	62711392
蒋家巷居委会	昌平路428弄10号101室	52284091
海防村居委会	海防路410弄21—23号101室	62994863
通安里居委会	泰兴路627号	32521041
三乐里居委会	淮安路687弄115号	62762409
句容里居委会	昌化路512号	62666175
天河居委会	西苏州路65弄7号1楼	62278876
石门二路街道办事处	**武定路139号**	**62566699**
奉贤居委会	北京西路779号	62538158
东王居委会	石门二路60号-乙	62174045
新德居委会	北京西路511号4楼	62182640
郑家巷居委会	泰兴路391号	62535803
张家宅居委会	石门二路199弄2号104室	62721533
祥福居委会	大田路354弄360号	52136215
达安城居委会	慈溪路191号	62158957
新福康里居委会	新闸路888弄116号	62586883
恒丰居委会	石门二路485号	62171531
华沁居委会	武定路169号	62581146
斯文里居委会	成都北路1037弄14号103室,10、11号	62538973
南京西路街道办事处	**延安中路929号**	**62472222**
延中居委会	延安中路877弄69号	62471577
联华居委会	南阳路209弄9号	62474902
华业居委会	陕西北路173号中部102室	62471094
陕南居委会	巨鹿路693号-3号	54035380
古柏居委会	巨鹿路787号	54032427
陕北居委会	江宁路83弄4号104—107室	62677183
新成居委会	成都北路333号东楼705室	62535259
中凯居委会	大沽路346号209室	63183743
泰兴居委会	威海路590弄84支弄6号101室	62189032
重华居委会	南京西路1081弄65号	62539306

续表

名　　称	地　　址	电　话
茂北居委会	南京西路1025弄138号	62564966
升平居委会	升平街79弄5号	62728435
威海居委会	延安中路740弄18号	62178941
静安寺街道办事处	**万航渡路55弄7号**	**62886060**
愚谷村居委会	愚园路395弄11号	60489208
四明居委会	愚园路520弄8号	62529889
静安居委会	北京西路1585号107—108室	62171079
三义坊居委会	新闸路1911弄5号	62538951
百乐居委会	乌鲁木齐北路103号	62564714
景华居委会	华山路303弄5号	62481411
华山居委会	长乐路1236弄1号	62489098
海园居委会	华山路343号	62487550
美丽园居委会	延安西路376弄42号	62491258
裕华居委会	长乐路774弄20号	54037452
嘉园居委会	万航渡路458弄3号	62108056
曹家渡街道办事处	**武定路1108号**	**52285522**
叶庆居委会	延平路223弄4号205室	52891147
武南居委会	万春街63弄35支弄2号	62872441
中行别业居委会	万航渡路623弄64号底楼	62302223
高荣居委会	万航渡路661弄23号2楼	62325929
万航居委会	万航渡路858弄18号101室	52392557
武西居委会	万航渡路676弄50号105室	62517587
长春居委会	康定路980弄1号302室	62309559
玉兰村居委会	安远路669号	62306320
姚西居委会	余姚路487弄46号底楼	62724072
康定居委会	康定路1299弄21号103室	62301630
四和花园居委会	新闸路1910弄7号107室	62170599
三和花园居委会	延平路123弄4号104室	62460982
均泰居委会	武宁南路418弄4号101室	62321784
达安花园居委会	长寿路999弄11号1C室	62309765
天目西路街道办事处	**天目中路749弄53号**	**63177505**
蕃瓜弄居委会	天目中路749弄68号1楼	63170958
卓悦居居委会	华康路69弄2号201—202室	63807898
华康居委会	长安路308号	63172936
新桥居委会	长安路500号	63175796
华新居委会	中华新路950弄102室	66299358
地梨港居委会	恒丰北路108弄2号104室	56537227

续表

名　　称	地　　址	电　话
华丰居委会	沪太路315弄1号204室	56559395
普善居委会	中华新路893弄24号103—105室	56553786
铁路新村居委会	普善路铁路新村27号(副甲临)	56550528
和泰花苑居委会	沪太路555弄8号2楼	56557254
安源居委会	长安路1001号4号楼边	32510771
河滨融景居委会	汉中路333弄会所1楼	63808060
北站街道办事处	**国庆路43号**	**63800303**
新泰居委会	山西北路108弄13号	63245756
顺庆里居委会	七浦路219弄25号	63245591
文安居委会	曲阜路32号	63062086
颐福里居委会	东新民路100号101室	63240538
来安居委会	罗浮路88弄14号	63242512
南林居委会	浙江北路411号	63253765
天保里居委会	浙江北路411号	63251216
华安坊居委会	浙江北路411号	63251216
三生里居委会	西藏北路225弄2号101室	63175318
永顺居委会	晋元路228弄10号203室	63809662
南星路居委会	南星路70号4号楼106室	63178935
海昌居委会	共和新路111弄12号	63547227
晋元居委会	蒙古路28弄7号	63544605
高寿里居委会	康乐路203弄4号	63243630
吉庆里居委会	康乐路203弄2号	63244329
宝山路街道办事处	**青云路600号**	**56630582**
通源居委会	宝源路209弄16号甲	56638930
宝山路499弄居委会	宝山路499弄3号106室	66280183
三宝居委会	宝山路450弄15号	56638377
儒林里居委会	宝山路268弄4号	56636791
新宝通居委会	宝昌路399弄7号2楼	56629757
陆丰居委会	东宝兴路560号	56728603
象山里居委会	临山路203弄3号101室	56636134
会铁居委会	中兴路748号	56637990
王家宅居委会	虬江路1150弄局西村2号102室	56639611
芷园路294弄居委会	芷江中路660弄1号101室	56723209
宝昌路600弄居委会	芷江中路345弄12号	56901655
通阁新村居委会	通阁路200弄3号106室	56310894
新华德居委会	宝昌路500号	36335689
邮电新村居委会	会文路302弄48号101室	56989102

续表

名　　称	地　　址	电　话
存仁居委会	鸿兴路45号	66055506
宝华里居委会	宝昌路552号	56629208
新汉兴居委会	东宝兴路812号	56626267
止园新村居委会	芷江中路529号	56985124
青云路435弄居委会	中山北路280弄4号103室	56626625
共和新路街道办事处	**平型关路489号**	**56203035**
柳营新村第一居委会	柳营路309弄11号102室	66542504
柳营新村第二居委会	柳营路319弄29号102室	56626422
洛平居委会	洛川东路320弄11号101室	56903446
谈家桥居委会	谈家桥路163弄9号甲	56522796
沪北新村居委会	沪太路655弄1号1楼	56096837
谈家宅居委会	洛川中路901弄2号103室	56033401
谈家桥路80弄居委会	谈家桥路85弄16号102室	56523937
中山北路805弄居委会	中山北路805弄6号103室	56972631
柳营桥居委会	共和新路1302号105室	56625880
唐家沙居委会	洛川东路200弄11号102室	56388378
洛川居委会	洛川东路400弄3号104室	56312445
延新居委会	共和新路1725弄22号	56339640
三阳居委会	西宝兴路922弄1号2楼	56628640
洛川中路1100弄居委会	洛川中路1100弄31号103室	56521343
锦佳苑居委会	延长中路600弄31号102室	66305312
申地居委会	和田路256号	56626277
永乐居委会	延长中路800弄64号102室	56529136
和乐居委会	俞泾港路15弄19号102室	56627913
锦灏居委会	延长路152弄25号1楼	56337021
新理想居委会	洛川中路600弄19号101室	56774976
嘉利居委会	平型关路377弄8号102室	56387067
洛善居委会	洛川中路777弄6号102室	56030741
家豪城居委会	柳营路669弄21号	36362579
中山北路899弄居委会	中山北路899弄41号	52842723
延长中路727弄居委会	延长中路727弄29号2楼	66285899
大宁路街道办事处	**彭江路188号**	**56658618**
延长新村居委会	共和新路1700弄62号101室	56037850
延铁新村居委会	老沪太路199弄5号2楼	56773043
大宁新村第一居委会	共和新路2203弄19号103室	56653466
大宁新村第二居委会	大宁路181弄5号甲	56652600
上工新村居委会	广延路350弄33号103室	56333316

续表

名　　称	地　　址	电　话
广延路居委会	共和新路 1873 弄 2 号甲	56332512
延长中路 451 弄居委会	延长中路 451 弄 9 号对面	56773206
八方花苑居委会	大宁路 660 弄 18 号	56651830
平型关路 801 弄居委会	延长路 99 弄 7 号 102 室	56337597
大宁路 540 弄居委会	大宁路 540 弄 29 号底楼	66690329
延峰居委会	延长中路 561 弄 1 号 108 室	56035523
粤秀新村居委会	粤秀路 318 弄 17 号甲 101 室	56775381
大宁路 505 弄居委会	大宁路 505 弄 13 号 101 室	66523707
新梅共和城居委会	广中西路 99 弄 5 号 3 楼	66315677
大宁路 667 弄居委会	大宁路 667 弄 36 号 102 室	66524907
慧芝湖花园居委会	平型关路 1115 号 1 楼	36332550
宝华现代城居委会	共和新路 2399 弄 9 号 101 室	66307092
永和南居委会	共和新路 2999 弄 1 号 202 室	56035127
平型关路 2199 弄居委会	粤秀路 1402 号	56526330
永和北居委会	广延路 1188 弄 5 号 1 楼	56550008
虹屿居委会	平型关路 1899 弄 2 号 1 层	56777208
金茂雅苑居委会	彭江路 399 弄 1 号 1 层	65875820
云平居委会	平陆路 999 弄 212 号 25 号楼 3 楼	56080855
云荣居委会	万荣路 1199 弄 228 号 102、202	56630330
彭浦新村街道办事处	**曲沃路 450 号**	**56478800**
彭浦新村第一居委会	彭浦新村 65 号甲底楼	66986088
彭浦新村第三居委会	闻喜路 806 弄 15 号 101 室	66838220
彭浦新村第五居委会	彭浦新村 328 号 106 室	56910050
彭浦新村第七居委会	彭浦新村 248 号 103 室	56912019
平顺路 180 弄居委会	汾西路 661 号 103 室	56817635
岭南路 539 弄居委会	保德路 681 弄 12 号 101 室	56834307
彭新居委会	临汾路 971 弄 12 号 101 室	56409275
临汾路 1244 弄居委会	曲沃路 321 弄 35 号 101 室	56410741
闻喜路 1110 弄居委会	闻喜路 1110 弄 7 号 101 室	56418445
临汾路 1564 弄居委会	临汾路 1564 弄 38 号甲	56406664
场中路 2471 弄居委会	闻喜路 1223 弄 33 号 103 室	56420592
共和新 4555 弄居委会	平顺路 721 弄 6 号底楼	56832819
平顺路 790 弄居委会	平顺路 790 弄 5 号 101 室	56887454
临汾路 894 弄居委会	汾西路 815 弄 8 号 101 室	56910027
场中路 2401 弄居委会	场中路 2401 弄 15 号 101 室	56482805
闻喜路 935 弄居委会	闻喜路 935 弄 18 号 103、104 室	66248362
三泉路 424 弄居委会	三泉路 424 弄 11 号 101 室	56484511

续表

名　　称	地　　址	电　话
保平居委会	平顺路 371 号	56887340
三泉路 770 弄居委会	三泉路 764 号	56422098
三泉路 517 弄居委会	三泉路 517 弄 26 号 102—104 室	56422611
三泉路 821 弄居委会	三泉路 821 弄 46 号 2 楼	56423758
三泉路 601 弄居委会	三泉路 601 弄车棚上	56420901
三泉路 1015 弄居委会	三泉路 1015 弄 29 号车棚顶	56402463
临汾路 1515 弄居委会	临汾路 1515 弄 7 号 103 室	56427960
共康三村居委会	长临路 200 弄 55 号甲	56428473
共康四村第一居委会	长临路 380 弄 69 号甲	56429723
共康四村第二居委会	长临路 380 弄 146 号甲	56428220
保德路 1316 弄居委会	保德路 1316 弄 76 号甲	56421287
曲沃路 430 弄居委会	曲沃路 430 弄 19 号 101、102 室	56402896
保德路 921 弄居委会	共和新路 4470 弄 5 号 101 室	56423618
场中路 2601 弄居委会	场中路 2601 弄 11 号 102 室	56433294
艺康苑居委会	保德路 1238 弄 3 号	66244061
三泉家园居委会	三泉路 999 弄会所 2 楼	56404940
临汾路街道办事处	**临汾路 335 号**	**36601685**
岭南路 100 弄居委会	岭南路 100 弄 4 号 2 楼	56811321
临汾路 299 弄居委会	闻喜路 280 弄 28 号 101 室	56834447
岭南路 270 弄居委会	岭南路 270 弄 8 号 101 室	56811453
临汾路 375 弄居委会	临汾路 375 弄 20 号甲	56834484
临汾路 380 弄居委会	临汾路 380 弄 10 号	56811466
保德路 425 弄居委会	安业路 300 弄 8 号 101 室	56834446
闻喜路 251 弄居委会	阳曲路 50 弄 19 号	56833263
汾西路 261 弄居委会	阳泉路 345 弄 10 号	56834421
阳曲路 470 弄居委会	阳曲路 470 弄 42 号 102 室	56915430
阳曲路 570 弄居委会	阳曲路 570 弄 86 号 102 室	56814367
岭南路 700 弄居委会	岭南路 700 弄 32 号丁	56917706
汾西路 260 弄居委会	汾西路 241 弄 58 号 101 室	56917929
阳曲路 760 弄居委会	阳曲路 760 弄 10 号 102 室	56918069
场中路 1011 弄居委会	场中路 1011 弄 22 号 101 室	66832535
景凤路 520 弄居委会	景凤路 522 号	56912897
汾西路 87 弄居委会	汾西路 87 弄 36 号 102 室	56790053
闻喜路 555 弄居委会	闻喜路 555 弄 49 号 1 楼	56836208
临汾路 99 弄居委会	临汾路 99 弄 17 号 2 楼	56819803
和源名城第一居委会	江杨南路 466 弄 19 号 1 楼	56795162
汾西路 88 弄居委会	汾西路 88 弄 31 号后门	56703127

续表

名　　称	地　　址	电　话
芷江西路街道办事处	**芷江西路155号**	**56623401**
大统路居委会	大统路933弄6号甲	56903373
共和新路居委会	共和新路555弄5号107室	56907617
南山路居委会	南山路16～20号	56986364
洪南山宅居委会	南山路99-1号	56727058
新赵家宅居委会	青云路751号	56906841
芷江西路123弄居委会	芷江西路123弄36号	51227075
芷江新村居委会	芷江西路285弄22号104室	56979403
永太居委会	太阳山路157号	56727648
苏家巷居委会	芷江西路393弄7号102室	36520135
交通公园居委会	虬江路1352号2楼	56907904
复元坊居委会	虬江路1431弄4号104室	56728770
中兴路1233弄居委会	中兴路1275号	56989974
光华坊居委会	永兴路595弄2号101室	56632524
三兴大楼居委会	中兴路1258弄5号201室	56632522
灵光居委会	共和新路710弄38号106室	56629459
城上城居委会	虬江路1488弄19号	56325651
普善路居委会	普善路139号202室	36060607
协和居委会	中山北路814弄6号102室	66073103
彭浦镇人民政府	**灵石路725号**	**56659950**
海鹰居委会	场中路3300弄内	56511071
翔前居委会	场中路3332弄19号103室	56687500
场中路801弄居委会	场中路3123弄21号104室	56518125
绿园居委会	沪太路883弄13号106室	56951778
永和北第一居委会	高平路774弄30号甲	56507120
万荣东怡居委会	灵石路733弄6号甲	56032842
沪太路1051弄居委会	灵石路999弄32号202室	56378751
沪太路1170弄居委会	沪太路1170弄18号甲	66352197
永和北第二居委会	原平路917弄5号102室	56500854
洪泉居委会	场中路2600弄90号甲	56422238
万荣新苑居委会	灵石路739弄5号甲	66520334
共和新路3650弄居委会	共和新路3650弄38号甲	56481665
万荣佳苑居委会	万荣路970弄19号甲	66528847
永和北第三居委会	原平路918弄25号甲	56505779
场中路2800弄居委会	场中路2800弄28号甲	56409426
丽园居委会	原平路383弄5号甲	66500879
阳城居委会	阳城路283弄10号甲	56370867

续表

名称	地址	电话
幸福一村居委会	场中路 2600 弄 11 号 2 楼	56482239
幸福二村居委会	场中路 2950 弄 28 号甲 2 楼	56481781
龙潭居委会	灵石路 1123 弄 2 号甲	56071660
运城居委会	大宁路 883 弄 43 号 101 室	56952820
望景苑居委会	宜川路 733 弄 19 号 2 楼	56945551
江场西路 1366 弄居委会	江场西路 1366 弄 4 号 1 楼	66510363
白玉兰馨园居委会	少年村路 479 弄 61 号 101 室	51033025
龙馨嘉园居委会	场中路 3386 弄 7 号 201 室	66513137
美景雅园居委会	高平路 598 弄 14 号 101 室	66516683
成亿花园居委会	原平路 1029 弄 17 号 102 室	66512570
永和家园居委会	高平路 809 弄 29 号 102 室	66512072
晋城居委会	晋城路 663 弄 18 号 101 室	56943068
阳城贵都居委会	阳城路 280 弄 19 号 102 室	36396815
塘南居委会	汶水路 649 弄 31 号	66059622
白遗桥居委会	原平路 289 弄 13 号甲	56956313
沪太路 935 弄居委会	沪太路 935 弄 29 号甲	56379832
广中西路 999 弄	广中西路 999 弄 47 号-1 临	56373521
龙盛雅苑居委会	万荣路 166 弄 9 号 105 室	56409569
灵石路 963 弄居委会	灵石路 981 弄 2 楼	66118928

六、普陀区

名称	地址	电话
长寿路街道办事处	**胶州路 1095 号**	**62277887**
绿洲城市花园居委会	胶州路 1155 弄 13 号 102 室	62779409
澳门路居委会	澳门路 660 弄 22 号	62777053
陕北居委会	长寿路 160 弄 16 号	62980698
正红里居委会	昌化路 994 弄 9 号 103 室	62661817
梅山苑居委会	长寿路 555 号 1 楼	62309507
长鸿居委会	新会路 290 号	62768867
长寿新村第三居委会	常德路 1391 号 101～103 室	62665864
长寿新村第四居委会	澳门路 698 弄 10 号 205 室	62663337
九茂居委会	西康路 970 号	62665319
世纪之门居委会	江宁路 1415 弄 33 号	52892246
合德里居委会	光复西路 645 号 A	62039260
永定新村居委会	东新路 55 弄 12 号 102 室	62041342
叶家宅居委会	长寿路 790 号 101～106 室	62777084
锦绣里居委会	安远路 84 号 217 室	62664268

续表

名称	地址	电话
武宁新村第一居委会	武宁路74弄3号底楼	62050340
武宁新村第二居委会	武宁路200弄26号101室	52900758
安全里居委会	中山北路2584弄2号裙房2楼	62059993
普雄路居委会	谈家渡路139号	62445554
谈家渡居委会	谈家渡路111号	62445253
芙蓉花苑居委会	中山北路2196弄52号底楼	52913227
地方天园居委会	东新路355弄8号206室	62044254
玉佛城居委会	江宁路1076号1楼A室	62998584
上海知音苑居委会	长寿路1028弄29号101室	62309197
武宁小城居委会	武宁路300弄16号201室	52909793
半岛花园居委会	西康路1518弄9号底楼	62760993
秋水云庐居委会	昌化路962号2楼	62766744
河滨围城居委会	澳门路288弄21号底楼	62760916
圣骊澳门苑居委会	澳门路58弄11号203室	62275823
苏堤春晓居委会	长寿路800弄19号1楼	62315389
新湖明珠城居委会	东新支路110弄3号2楼	52041702
逸流公寓居会会	普雄路29弄5号3楼	52357916
大上海城市花园居委会	宜昌路588弄4号101室	62771712
泰欣嘉园居委会	光复西路133弄6号楼1楼	32569517
上青佳园居委会	常德路1258弄6号楼底楼	52985283
梅芳里居委会	胶州路960弄1号楼2楼	62769897
曹杨新村街道办事处	**曹杨路933号**	**62160359**
源园居委会	曹杨一村142号二楼	62547047
花溪园居委会	花溪路181号	62162701
金岭园居委会	梅岭支路7弄3号101室	51621010
杏梅园居委会	曹杨五村242号103室	62850643
南岭园居委会	曹杨五村67号对面	62458106
南杨园居委会	曹杨五村313号	62573136
南梅园居委会	梅岭支路85弄23号101室	62162962
沙溪园居委会	曹杨六村215号105室、沙田新苑16单元106室	62869538
南溪园居委会	曹杨七村111号甲	62435322
枫杨园居委会	曹杨路903弄6号2楼、曹杨路710弄11号101室	62163431
金杨园居委会	曹杨九村51号	62435673
北岭园居委会	曹杨二村125号甲	62434626
兰溪园居委会	兰溪路21弄12号104室	62438179
金梅园居委会	梅川路43弄42号102室	62868953
杏杨园居委会	曹杨三村318号101室	62602815

续表

名　　称	地　　址	电　话
北梅园居委会	梅岭北路400弄27号201室	62546063
兰岭园居委会	曹杨三村129号	62861475
桂杨园居委会	桂巷新村55号101室	62166717
北杨园居委会	曹杨二村276号101室	62167253
枫岭园居委会	曹杨七村105号106室	62574257
长风新村街道办事处	**中山北路3500号2号楼**	**62549008**
曹家巷居委会	中山北路3644弄16号107室	62236347
中山桥居委会	凯旋北路1888弄8号201室	52681289
师大一村居委会	中山北路3671弄1号101—102室	62232830
新渡口居委会	光复西路2213弄89号1楼	62602971
长风一村居委会	长风一村37号—39号	62574725
长风二村第一居委会	长风二村137号101室	62223425
长风三村居委会	枣阳路465弄12号101室	62862292
长风四村第一居委会	怒江路131弄2号104室	62869557
大渡河路95弄居委会	大渡河路21弄16号	62864687
长风四村第二居委会	怒江路30弄3号105室	62454636
长风二村第二居委会	长风二村46号	62436551
锦绿新城居委会	宁夏路353弄12号101室	62604728
曹家村居委会	白玉路678弄7号203室	52365195
白玉新村第一居委会	白玉新村85号101室	62035413
白玉新村第二居委会	白玉新村18号107室	62224511
普陀四村第一居委会	白玉路100号	62440226
普陀四村第二居委会	白兰路88号	62146154
普陀二村居委会	宁夏路312弄1号	62441804
金沙新村居委会	顺义路南林家港13号底楼	62869103
隆德居委会	光复西路1145弄19号	52359419
海鑫公寓居委会	光复西路2077弄32号202室	62600095
师大二村居委会	金沙江路895弄60号301室	62652253
师大二村居委会	枣阳路师大二村25号	62232840
中江居委会	中江路650弄38号102室	52819258
清水湾居委会	凯旋北路1555弄70号2楼	52682500
世纪同乐居委会	顺义路130号3楼	52360276
紫御豪庭居委会	同普路689弄5号3楼	52788996
宜川路街道办事处	**华阴路298号**	**56485012**
宜川一村居委会	宜川一村157号	56534881
宜川二村居委会	宜川二村184号	56056174
宜川四村居委会	宜川四村36号101室	56483365

续表

名　　称	地　　址	电　话
赵家花园居委会	宜川一村19号底楼	56483173
华阴居委会	沪太路680弄12号101室	55150172
泰山一村居委会	泰山一村4号101室	56416315
泰山二村居委会	泰山二村18号101室	52848009
泰山宅居委会	泰山三村2号105室	56419199
交通西路居委会	交通路1461弄65号甲	56086075
平江居委会	交通西路129弄13号101室	56538517
大洋新村居委会	大洋新村42号105室	56536247
光新村居委会	光新路光新三村5号101室	62243450
农林村居委会	农林路101弄5号101室	32211969
香溢花城居委会	石泉东路168弄38号1楼	32551694
振华居委会	中山北路1540号	52914824
中远两湾城第一居委会	中潭路100弄32号2楼中9	52954696
中远两湾城第二居委会	中潭路99弄41号	52376190
中远两湾城第三居委会	中潭路99弄79号101室	52926455
中远两湾城第四居委会	远景路97弄37号	62866180
宜川六村第一居委会	宜川六村59号101室	56076251
宜川六村第二居委会	交通路1913弄6～7号底楼	65217638
宜川三村第一居委会	宜川三村44号底楼1～4室	65217996
宜川三村第二居委会	宜川三村77号底楼102～108室	56094093
甘泉路街道办事处	**志丹路125号**	**56612260**
延长居委会	新村路50弄11号	56055839
合阳居委会	延长西路150弄37号101室	56062213
新宜居委会	宜川路451弄28号102室	56070892
新沪居委会	新村路39弄27号101室	56075165
子长居委会	子长路77弄58号	56943310
长新居委会	新村路349弄6号101室	56063627
周家巷居委会	新村路350弄12号	56613389
志丹居委会	甘泉路501弄5号甲	56052203
名都居委会	黄陵路200弄10号甲	56063964
黄陵居委会	甘泉路634号	56613719
安塞居委会	宜君路28弄18号1楼	56070996
汪家井居委会	交通路2107弄13号101室	56950935
章家巷居委会	延长西路526弄39号101室	56944395
东泉苑居委会	志丹路400弄16号	56619378
新长居委会	新村路248弄21号	56069924
甘泉苑居委会	平利路41弄13号103—106室	56955201

续表

名　　称	地　　址	电　话
南泉苑居委会	西乡路 105 弄 8 号 103～106 室	56057323
悦达第一居委会	延长西路 677 弄 40 号	56069740
双山居委会	双山路 131 弄 21 号	56610570
新灵居委会	灵石路 1620 弄 43 号 102 室	56062579
石泉路街道办事处	**管弄路 268 号**	**62147302**
中山新村居委会	光新路 177 弄 4 号 110 室	62035470
镇坪路居委会	镇坪路 81 弄 13～14 号	62881060
太浜巷居委会	中山北路 2185 弄 6 号 101 室	52913043
薛家厍居委会	岚皋路 200 弄 5 号 103～107 室	52945089
信仪新村居委会	石岚二村 35 号 102 室	62048318
石泉新村第一居委会	石泉五村 20 号底楼	62140157
石泉新村第二居委会	光新路 191 弄 12 号 101～105 室	62245436
石泉六村居委会	石泉六村 19 号一层	62248307
铁路新村居委会	宁强路 100 弄 8 号 101～104 室	62246039
洵阳新村第一居委会	石岚三村 78 号 1 楼(临时)	52902151
洵阳新村第二居委会	岚皋路 300 弄 13 号	62147695
石岚三村居委会	石岚三村 32 号 101～108 室	62247864
中宁路居委会	石泉路 508 号	52911407
铜川路居委会	铜川路 346 弄 32 号 101 室	52049202
管弄新村第一居委会	管弄路 252 弄 15 号 101 室	62039081
管弄新村第二居委会	管弄路 311 弄 9 号 101～106 室	62145983
管弄新村第三居委会	管弄路 121 弄 1 号 101～104 室	62149748
陆家宅第一居委会	武宁路 492 弄 51 支弄 3 号 101 室	52918538
陆家宅第二居委会	岚皋西路 306 弄 7 号 105 室	52903259
联合新村居委会	中山北路 2347 弄 11 号底楼	62054486
和平新村居委会	中山北路 2347 弄 10 号 201 室	62058165
兰凤新村居委会	兰凤新村 654 号	52915430
秋月枫舍居委会	镇坪路 176 弄 17 号 102～103 室	62054101
品尊国际居委会	铜川路 58 弄 35～36 号	61671119
真如镇街道办事处	**芝川路 205 号**	**52858400**
南大街居委会	兰溪路 221 弄 5 号 101～103 室	62578112
北大街居委会	糖坊街 29 号 101～104 室	62160003
水塘街居委会	北石路 175 弄 6 号 101 室	62659130
真如西村居委会	真如西村 23 号底 3～6 室	62655075
真北新村第一居委会	桃浦路 221 弄 10 号 101～103 室	52856369
真北新村第三居委会	大渡河路 2070 弄 1 号 101 室	62654060
真西新村第一居委会	大渡河路 1550 弄 160 支弄 9 号 2 楼	62651113

续表

名　　称	地　　址	电　话
真西新村第二居委会	北石路 610 弄 26 号 101 室	62651824
车站新村居委会	车站新村 95 号 101 室	52850517
杨家桥居委会	真北路 2960 弄 15 号 102 室、真北路 2977 弄 35 号 101 室、真南路 85 弄 62 号 102 室	63637100、63637405、66093153
真西新村第五居委会	铜川路 1422 弄 41 号 101 室	62650694
海棠苑居委会	武宁路 2650 号综合楼二楼	52819046
曹杨八村第一居委会	曹杨八村 185 号 101 室	62601471
曹杨八村第二居委会	曹杨八村 299 号 102 室	62867790
真光新村第二居委会	铜川路 1780 弄 86 号 101 室	52768723
真光新村第四居委会	铜川路 2060 弄 127 号 101 室	52769109
真光新村第五居委会	铜川路 2059 弄 29 号 101 室	52766419
真光新村第六居委会	铜川路 1899 弄 44 号 101 室	52766675
真光新村第七居委会	铜川路 1781 弄 70 号 102 室	52794209
真光新村第八居委会	金汤路 353 弄 84 号 101 室、金汤路 155 弄 16 号 101 室	52793638、52756300
真光新村第九居委会	金汤路 59 弄 43 号 101 室	52769875
真光新村第十居委会	子洲路 58 弄 26 号	52766175
清涧新村第二居委会	桃浦路 1028 弄 59 号 101 室	52793219
清涧新村第六居委会	桃浦路 1023 弄 53 号 101 室	52766539
清涧新村第七居委会	桃浦路 873 弄 18 号 101 室	52769614
清涧新村第八居委会	桃浦路 743 弄 14 号 103 室、金鼎路 298 弄 48 号	52765924、52855372
清涧新村第三居委会	清涧路 187 弄 11 号 101 室	62067838
曹杨花苑居委会	芝川路 81 弄 39 号	33605186
曹杨新苑居委会	曹杨路 2288 弄 21 号	52851484
金鼎花苑居委会	铜川路 999 弄 25 号、铜川路 1168 弄 25 号	52663612、52807372
真光新村第一居委会	子洲路 330 弄 16 号 102 室	52780189
真北新村第五居委会	大渡河路 1927 弄 8 号 101 室	62651437
清涧新村第四居委会	清涧路 39 弄 78 号、子洲路 680 弄 30 号 102 室	62067008、52752310
真光新村第三居委会	真光路 1933 号 2 楼	52750093
中鼎豪园居委会	清涧路 68 弄 59 号 101 室	52853839
星河世纪城居委会	桃浦路 296 号四楼 401—405 室	52733687
万里街道办事处	**真金路 459 号**	**51688801**
交暨居委会	交暨路 51 号	36150440
香泉路居委会	香泉路 85 弄 58 号 101 室	56613383
万里名轩居委会	真华路 295 弄 18 号 101 室	56355550
中浩云居委会	富平路 299 弄 4 号	36365430
愉景华庭居委会	新村路 2003 弄 69 号	66097821
中骏天誉居委会	水泉路 99 弄 14 号 1 楼	56350224

续表

名　　称	地　　址	电　话
颐华第一居委会	武威东路 479 弄 5—6 号 3 楼	66409130
颐华第二居委会	武威东路 477 弄 69 号 102 室	62508721
万里雅筑居委会	富平路 889 弄 38 号 101 室	66080689
富平居委会	富平路 737 弄 42 号	53931556
凯旋华庭居委会	真金路 459 号 3 楼	66090220
凯旋公寓居委会	新村路 1717 弄 46 号 1 楼	66080139
中环家园居委会	新村路 1388 弄 62 号	56353550
中环锦园居委会	真华路 388 弄 30 号 1 楼	66080119
中环花苑居委会	新村路 1288 弄 24 号 1 楼	66080102
长征镇人民政府	**万镇路 180 号**	**52709699**
北巷居委会	梅川路 999 弄 23 号 101 室	52500900
芝巷居委会	梅川路 829 号 201 室	52501063
新长征花苑第一居委会	清峪路 81 弄 81 号 101 室	32033220
梅岭北路居委会	梅岭北路 1001 弄 14 号	52500618
怒江第二居委会	梅川路 278 弄 11 号 102 室	52501176
梅川第一居委会	梅岭北路 1101 弄 44—50 号底楼	52501019
梅川第二居委会	梅岭北路 1258 弄 63 号 101 室	52501134
梅川第四居委会	武宁路 2525 弄 23 号 104 室	62607031
梅川第六居委会	丹巴路 1500 弄 52 号	52501064
怒江第一居委会	怒江路 601 弄 6 号 103—107 室	52510023
运旺新村居委会	吉镇路 415 号	52620478
泾泰居委会	金沙江路 2348 弄 59 号	32033267
建德花园居委会	泾阳路 258 号	32190094
真源小区居委会	真光路 962 弄 365 号	32023240
银开居委会	大渡河路 1332 弄 23 号 101、102 室	52501114
东旺居委会	真光路 1339 弄 60 号 102 室	52620420
祥和居委会	梅川路 1500 弄 24 号	52620428
新曹杨居委会	梅川路 799 弄 1 号 2 楼	52816648
金沙雅苑居委会	金沙江路 2208 弄 15 号	52700937
万豪居委会	金沙江路 2098 弄 34 号	52700437
建德小区第二居委会	同普路 1485 号	52959910
未来街区居委会	金沙江路 2299 弄 28 号底楼	52691334-20
祥和名邸居委会	梅川路 1333 弄 212 号	52753767
象源丽都居委会	真光路 798 弄 49 号 1 楼北	32559787
嘉广居委会	祁连山南路 999 弄 28 号 101 室	52705654
桃浦镇人民政府	**武威路 789 号**	**62506313**
同济大学沪西校区居委会	桃浦西路 443 弄 36 号 102 室	51030270

续表

名　　称	地　　址	电　话
莲花公寓居委会	真北路 3725 弄 61 号	66398877
昆仑花苑居委会	桃浦路 1149 弄 28 号底楼	52798946
李子园六村居委会	真南路 822 弄 521 支弄 79 号 2 楼	63639795
瑞香苑居委会	武威路 1087 弄 193 号底楼	66269275
合欢苑居委会	武威路 1082 弄 68 号底楼	66262153
绿春苑居委会	雪松路 392 弄 71 号 101 室	66955104
雪松苑第一居委会	雪松路 458 弄 62 号 103 室	66262817
海棠苑居委会	雪松路 393 弄 314 号 103 室	66950324
和乐苑居委会	白丽路 401 弄 113 号 201 室	66269764
石榴苑居委会	武威路 1236 弄 21 支弄 208 号 102 室	66261877
白丽苑居委会	红棉路 311 弄 73 号 101 室	66263706
紫荆苑居委会	绿杨路 51 弄 81 号	66269782
杜鹃苑居委会	绿杨路 201 弄 30 号 105 室	66268146
山茶苑居委会	雪松路 503 弄 252 号 101 室	66273936
迎春苑居委会	红棉路 351 弄 127 号 101 室	66273404
樱花苑居委会	雪松路 330 弄 40 号 101 室	66951786
雪松苑第二居委会	雪松路 458 弄 235 号 103 室	66957423
雪松苑第三居委会	雪松路 458 弄 283 号 103 室	66956780
紫藤苑居委会	白丽路 701 弄 40 号底楼	66261157
香樟苑居委会	桃浦路 1341 弄 95 号 101 室	52764147
南李苑居委会	真南路 895 弄 26 号 101 室	62842939
新家园居委会	银杏路 30 弄 25 号 101 室	66951150
永汇新苑居委会	白丽路 99 弄 98 号	66278633
古浪苑居委会	古浪路 518 弄 251 号 102 室	62500085
阳光建华城第一居委会	祁连山南路 2727 弄 2 号底层东侧	52753937
阳光建华城第二居委会	定边路 377 弄 8 号底楼	61403575
阳光建华城第三居委会	靖边路 199 弄 30 号底楼	61495113
阳光建华城第四居委会	祁连山南路 2727 弄 15 号 101 室	33725670
安祁古浪新苑居委会	祁安路 88 弄 17 号底楼	62501767
金祁新城居委会	祁安路 365 弄 91 号 101 室	33877863
祥和星宇居委会	古浪路 183 弄 30 号底楼	56550656
华公馆居委会	武威东路 788 弄 52 号底楼	56037971
中环名品居委会	古浪路 288 弄 19 号 B2 层	66283808
金光村村委会	武威东路 736 号	62504605
祁连村村委会	古浪路 391 弄 1 号	62509519
春光村村委会	真南路 2125 号	62845608
李子园村村委会	真南路 828 号	62506763

续表

名　　称	地　　址	电　话
新杨村村委会	红柳路238弄40号后	66955965
桃浦村村委会	红棉路185号	66262407
槎浦村村委会	金迈路300号	59170709

七、虹口区

名　　称	地　　址	电　话
四川北路街道办事处	**溧阳路1338号**	**56660611**
吉祥居委会	吉祥路84弄23号	56963385
长春路居委会	溧阳路1333弄4号	56963136
宝安居委会	四平路283号9号楼1单元2楼	56714189
黄渡路居委会	黄渡路63弄8号1楼	65402938
山一居委会	山阴路69弄60号	56960672
山二居委会	山阴路132弄1号	56661025
山三居委会	山阴路165弄1号	56660057
多伦路居委会	多伦路201弄1号	56662652
永丰居委会	四川北路2023弄32号	56661668
余庆坊居委会	长春路319号2楼	56664752
浙兴里居委会	四平路97弄95、96号	56964522
邢长居委会	长春支路7号101室	56663927
永美居委会	四川北路1774弄4号	56665800
中州路居委会	中州路60弄13号1楼(即将搬至中州路64弄21号)	63647121
正兴居委会	新广路251弄21号	63079718
永德居委会	四川北路1515弄44号、45号(从后门进入)	63244097
四川里居委会	四川北路1604弄24号	63573712
新乡居委会	东宝兴路258弄3号3楼	63246803
南克俭居委会	哈尔滨路17号	63256919
衡水居委会	海宁路382弄23号	56661576
河南北居委会	海宁路590弄107号	63243722
江西北居委会	江西北路401号	63245167
欧阳路街道办事处	**四平路421弄21号**	**65752790**
模范新村居委会	东体育会支路65弄5号102室	56962599
欧二居委会	四达路145号	65083945
欧三居委会	山阴路343弄28号	56662021
欧四居委会	祥德路274弄51号	65077599
欧五居委会	欧阳路545弄21～22号	65227766
祥德路居委会	四达路58弄15号2楼	65089255
建设新村居委会	欧阳路378弄29号	56661354

续表

名 称	地 址	电 话
虹仪居委会	欧阳路 359 号	65070358
紫荆居委会	欧阳路 289 弄 2 号 203 室	65080906
大连新村第二居委会	天宝西路 252 弄 16 号 2 楼	65211535
大连新村第三居委会	大连西路 215 弄 14 号 103 室	65228808
大连西居委会	天宝西路 223 号	65211083
邮电新村居委会	四平路 621 弄甲 1 号 104 室	65087364
幸福村居委会	四平路幸福村 299 号	65222568
祥德东居委会	天宝西路 4 弄 9 号 103 室	65227613
蒋家桥居委会	天宝西路 5 弄 30 号	65223235
北郊居委会	曲阳路 385 弄 4 号 104 室	65751790
董家宅居委会	曲阳路 118 弄 17 号 101 室	65756370
嘉兴路街道办事处	**天宝路 868 号**	**65076127**
岳州居委会	周家嘴路 733 弄 60 号(即将搬入舟山路 559 号)	65637577
安丘居委会	天宝路 133 号 201 室	65039132
宝元居委会	飞虹支路 77 号 2 楼	65460107
瑞鑫居委会	瑞虹路 217 弄 45 号	65670513
海欧居委会	临平北路 89 弄 12 号	65089935
海伦居委会	海伦路 88 弄 19 号 3 楼	65130646
梧州居委会	梧州路 297 号	55961404
垦业居委会	通州路 387 号	65359973
临平居委会	天宝路 72 号	65413529
庆源居委会	溧阳路 649 号二号楼 3 楼	56961719
庆阳居委会	物华路 246 弄 5 号 101 室	65085904
瑞虹第一居委会	临平路 333 号 10 号楼 103 室后门	53935512
瑞康居委会	新嘉路 1 弄 1 号 202 室	56965070
通州居委会	海门路 609 号 108 室	65453822
通海居委会	物华路 118 弄 2 号 104 室	65359916
天水居委会	天水路 173 号门口会议室(即将搬入沙泾港路 180-6、-7 号)	65087466
香港丽园居委会	通州路 188 弄 3 号 101 室	65790547
新陆居委会	四平路 494 弄 12 号 1 楼	65082212
飘鹰居委会	周家嘴路 1063 弄 8 号 102 室	65013038
自建居委会	虹镇老街 239 弄 49 号	65015645
大连居委会	大连路 975 弄 46 号 201～202 室	65031766
和平居委会	天宝路 834 号	55969218
榆兰居委会	远洋新村 14 号 201 室	65032096
虹叶居委会	周家嘴路 981 弄 5 号 202 室	65133586

续表

名称	地址	电话
天虹居委会	虹关路186号	65033478
新港居委会	天镇路296号	65011703
张桥居委会	四平路710号10楼	65019782、65084554
曲阳路街道办事处	**巴林路68号**	**65525500**
玉一居委会	玉田新村10弄7号103、104室	65526325
玉二居委会	玉田新村44号甲2楼	65527730
玉三居委会	玉田新村131号甲2楼	65556196
玉四居委会	玉田新村111号2楼	65542426
曲一居委会	大连西路230弄17号2楼	65525926
曲二居委会	大连西路270弄10号2楼	65525707
东体居委会	曲阳路577号2楼(即将搬回赤峰路373弄7号2楼)	65555523
东四居委会	赤峰路372弄7号2楼	65544695
东五居委会	曲阳路619号2楼	65548838
赤一居委会	密云路471弄3号2楼	65555158
赤二居委会	曲阳路610弄13号2楼	65550702
赤三居委会	曲阳路630弄3号2楼	65532887
密一居委会	赤峰路317弄11号2楼	65542664
密二居委会	玉田支路16号2楼	65554873
密三居委会	玉田支路33号2楼	65527991
运一居委会	邯郸路47弄69号1楼	65529402
运二居委会	曲阳路838号-10	65546714
运三居委会	巴林路60弄50号	65540586
上农一居委会	赤峰路626弄31号108室	65315104
上农二居委会	新市路251弄5号102室	65429407
林云居委会	辉河路26号	65544823
巴林居委会	巴林路41弄14号	55884995
鸿雁家委会	赤峰路600弄9号101室	65830642
银联居委会	东体育会路880弄10号102室	65364462
北外滩街道办事处	**新建路100号**	**65855018**
北外滩居委会	海平路18号	55100577
长治居委会	唐山路218号	65410726
春江居委会	昆明路388弄1号101室	65418663
大名路第二居委会	大名路179弄9号	63243817
德裕居委会	高阳路489号	65124969
东大名居委会	霍山路66弄47号前门(即将搬入东大名路1096号底层)	65456465
蕃兴居委会	唐山路708弄3号102室	65451015
逢源居委会	安国路166号(过街楼)	65416622

续表

名称	地址	电话
海宁居委会	崇明支路 9 号 107 室(即将搬回乍浦路 313 弄 6 号)	
汉阳居委会	梧州路 35 号	65122187
恒泰居委会	周家嘴路 864 弄 31 号	65417563
鸿兴居委会	丹徒路 340 弄 3 号 104 室	65411276
惠民居委会	惠民路 234 号	65411215
晋阳居委会	惠民路 74 弄 22 号(前门)	65418196
景星居委会	公平路 612 号	65379731
久耕居委会	峨嵋路 366 弄 2 号 101 室	63255532
昆山居委会	昆山路 104 号 3 楼	56557156
禄寿居委会	东余杭路 1143 弄 113 号	65416990
明华坊居委会	保定路 20 弄 20 号 102 室	65377391
南天潼居委会	北苏州路 400 号 217 室	63242107
前进居委会	周家嘴路 86 弄 10 号 101	65357108
三联居委会	唐山路 535 号	65416982
唐山居委会	唐山路 902 号 5 号楼(即将搬入东余杭路 1336 弄 4 号 101 室)	65416520
塘汉居委会	塘沽路 130 号	63253925
提篮桥居委会	长阳路 50 弄 5 号(即将搬入昆明路 80 弄 1 号底楼)	65416620
西安居委会	东长治路 319 弄 64 号	65866078
西村居委会	榆林路 1～3 号	65417866
业广居委会	舟山路 350 弄 21 号	65410371
源福居委会	唐山路 778 弄 40 号	65464270
兆庆居委会	唐山路 367 弄 4 号 101 室	65418561
舟山居委会	长阳路 138 弄 18 号	65463092
广中路街道办事处	**同丰路 667 弄 105 号**	**31070212**
西江湾居委会	中山北一路 250 弄 2 号 101 室	65424471
商业一村居委会	商业一村 36 号 101 室	56904066
商洛小区居委会	商业二村 21 号甲 104 室(即将搬回广灵二路洛阳新村 10 号 104 室)	65163575
广中路居委会	株洲路 399 弄 9 号 101 室	56657684
广中新村第二居委会	广中一村 17 号后门(即将搬回广灵一路广中二村 63 号 101 室)	65445936
广中新村第三居委会	广中三村 12 号 1 室后门	35052240
友谊新村居委会	友谊三村 33 号 101 甲(即将搬入广灵一路友谊二村 35 号 101 室)	65427725
广灵新村居委会	广灵四路 128 号	65421108
新虹居委会	水电路 541 弄 12 号 102 室	65420585
灵新居委会	汶水东路 510 弄 37 号甲	65318380

续表

名　　称	地　　址	电　话
金属新村居委会	广中路366弄14号202室(即将搬回水电路300号9幢3单元102室)	56325001
同心路居委会	同鸣路71号	56961849
同济里居委会	同心路338弄3号底楼	56661154
何家宅居委会	中山北一路131弄6号1楼	56633254
八字桥居委会	同心路1045弄2号104室	56904154
柳营路居委会	同丰路666弄1号	56627674
黄山路居委会	黄山路30弄3号	56628693
恒业路居委会	恒业路301号	56626922
华昌路居委会	华昌路49号	56629892
横浜路居委会	天通庵路709号	56965667
株洲路居委会	株洲路258弄15号会所3楼(即将搬入广中路680弄10号101室)	66300035
花园城居委会	花园路118弄5号会所2楼	66056229
凉城新村街道办事处	**凉城路661号**	**65297591**
广水居委会	水电路818弄2号乙	65261249
广凉居委会	广灵二路380弄13号202室	65283970
广灵二居委会	广灵二路282号	81862110
中虹居委会	凉城路215弄12号101室	65925210
广粤居委会	广中路581弄12号102室	65288273
梦湖苑居委会	广灵四路866弄17号1楼	65298278
水电居委会	汶水东路650弄1号103—104室	65261224
汶一居委会	广灵四路360弄6号103室	65267611
汶二居委会	汶水东路690弄8号103室	65258111
秀苑居委会	凉城路465弄18号101室	65292177
馨苑居委会	广粤路439弄21号102室	65263485
复旦居委会	水电路1324弄5支弄6号101室	65297157
凉一居委会	水电路1312弄6支弄20号	65294287
凉二居委会	车站南路406弄1号101室	65250781
凉三居委会	凉城三村11号103室	65297508
凉四居委会	车站北路491弄9号	65264471
凉五居委会	车站南路407弄50号	65260541
凉六居委会	车站北路500弄24号104室	65298330
锦一居委会	汶水东路717弄19号101室	65267343
锦二居委会	车站北路611弄25号101室	65290912
锦三居委会	车站北路625弄46号103室	65267868
华一居委会	凉城路847弄5号甲	65297778
华二居委会	奎照路790弄7号110室	65264568

续表

名　　称	地　　址	电　话
文苑一居委会	车站北路 732 弄 77 号 3 楼	65265957
文苑二居委会	车站北路 715 弄 11 号居委会	65293553
文苑三居委会	广粤路 577 弄 17 号 102 室	65266569
科佳居委会	奎照路 679 弄 7 号 106 室	65253832
江湾镇街道办事处	**丰镇路 300 号**	**65933222**
忠烈居委会	新市北路 1508 弄 37 号	65170065
镇西居委会	凉城路 1201 弄 10 号 202 室	65295480
镇北居委会	三门路 719 弄 40 号	65613791
逸仙路居委会	场中路 4 弄 37 号	65440792
学府居委会	万安路 1209 号	65298512
新市南路居委会	新市南路 560 弄 12 号	65607970
新市南路第二居委会	新市南路 515 弄 4 号 205 室	65319124
新市北路居委会	场中路 10 弄 9 号 103 室	65444937
欣逸居委会	纪念路 555 弄 19 号	65174126
文治路居委会	文治路 5 号-1	65429426
万安路西居委会	华严路 60—62 号	65290458
胜利居委会	万安路 1323 弄 8 号	65291627
韶嘉路居委会	水电路 1381 弄 26 号 101 室	65442213
韶嘉路第二居委会	水电路 1321 弄 36 号 106 室	65360221
三门路居委会	三门路 750 弄 29 号 102 室	65616617
三门二路第二居委会	三门路 759 弄 54 号	65175946
仁德路居委会	仁德路 416 号	65363181
奎照路居委会	奎照路 441 号	65360338
纪念路居委会	吴家湾路 52 弄 57 号	65420218
虹湾居委会	虹湾路 150 号	56206055
虹纺居委会	虹湾路 59 号	66610200
沽源路居委会	公安街 153 弄 3 号	65362486
丰镇路第二居委会	新市北路 1501 弄 38 号	65317202
丰镇路居委会	丰镇路 14 弄 7 号	65443329
方浜居委会	汶水东路 541 弄 23 号 103 室	65618607
春生路居委会	新市南路 988 号	65366097
池沟路居委会	新市北路 1426 号	65600461
车站西路居委会	奎照路 4 弄 3 号 101 室	65617132
车站南路居委会	车站北路 24 弄 11 号	65609822
场中路居委会	场中路 755 弄 72 号	66835449
场中路第二居委会	场中路 916 弄 3 号 102 室	56884285
宝鸿居委会	水电路 1666 弄 5 号 2 楼	65929934

续表

名　　称	地　　址	电　话
安汾路居委会	安汾路780弄42号101室	56833541
虹馥居委会(筹)	虹湾路249号	
虹彩居委会(筹)	虹湾路250号	

八、杨浦区

名　　称	地　　址	电　话
定海路街道办事处	**隆昌路56号**	**65669509**
十七棉工房第二居委会	杨树浦路3061弄151号	65669948
十九棉居委会	平凉路2767弄8号	65664618
公助一村居委会	周家嘴路4214弄26号	65678574
中联村居委会	贵阳路97弄98号	65691654
东白林寺居委会	隆昌路468弄5号101室	65200120
白洋淀居委会	平凉路2545弄22号105—107室	65662025
西白林寺居委会	长阳路2166号202室	65196890
军工路居委会	军工路339弄周家小区4号101室	65663698
沈家滩居委会	杨树浦路2611弄24号	65690638
波阳居委会	腾越路465弄11号	65698398
定海居委会	定海路449弄4009号	65669227
定海港路居委会	定海港路363号2楼	65692040
复兴岛居委会	军工路400弄6号101室	65691031
凉州路居委会	杨树浦路2811弄1号101室	65678818
海州路居委会	海州路2号103室	65194851
爱国二村第二居委会	内江路168弄7号101室	65664306
隆昌居委会	杭州路899号	35072853
和润苑居委会	顺平路59弄22号301室	55829078
和乐苑居委会	顺平路60弄4号303室	65685571
平凉路街道办事处	**吉林路1号**	**65129051**
许阳居委会	扬州路310号甲	55216082
惠明居委会	榆林路555号	65125030
平三居委会	怀德路491弄33号	65896074
纺三居委会	许昌路356号	65466924
明园村居委会	长阳路910弄11号1楼	65467595
怀德居委会	榆林路620号101室	55211824
江浦居委会	齐齐哈路205弄7号	55214091
上水工房居委会	怀德路191号	35072520
秦家弄居委会	济宁路252号	55215626
兰州居委会	龙江路317弄11号2楼	65899053

续表

名　　称	地　　址	电　话
福宁路居委会	杨树浦路 1177 弄 16 号 102 室	65891614
霍新居委会	霍山路 1191 弄 2 号	55213271
万新居委会	江浦路 666 弄 16 号 101 室	65894142
锦杨苑居委会	齐齐哈尔路 598 弄 38 号 101 室	65891349
海杨居委会	扬州路 588 弄 3 号 103 室	65899190
嘉禄居委会	通北路 517 号	65357883
福禄居委会	平凉路 245 弄 6 号 105 室	65413830
江浦路街道办事处	**许昌路 1212 号**	**65864438**
吴家浜居委会	大连路 848 弄 5 号 101 室	65012805
兰州新村居委会	江浦路 1424 弄 18 号	65133908
辽源新村居委会	飞虹路 740 号 103 室	65039201
陈家头第一居委会	双辽路 200 弄 35 号甲	65143352
蒋家浜居委会	齐齐哈尔路 1010 号 106 室	65415037
张家浜居委会	双辽支路 65 弄 3 号 103 室	65020717
陈家头第二居委会	双辽新村 19 号 101 室	65033774
陈家头第三居委会	双辽支路 60 弄 23 号 107 室	55967076
辽源二村第一居委会	打虎山路 8 号	65030941
辽源二村第二居委会	许昌路 1471 弄 3 号 104 室	65158300
辽源三村居委会	辽源三村 18 号 101～103 室	65032531
姚家桥居委会	周家嘴路 2001 弄 2 号楼 1 楼	65032899
辽源一村居委会	大连路 1184 号	65157065
五环居委会	打虎山路 15 弄 1 号楼半地下室	65047773
辽源四村居委会	辽源四村 14 号 101 室	65148534
金鹏居委会	兰州路 1151 弄 1 号 101～102 室	65890774
又一村居委会	周家嘴路 1683 弄 30 号 104 室	65130801
大花园居委会	周家嘴路 1299 弄 40 号 2 楼	65637145
星泰居委会	江浦路 1100 弄 19 号甲	65458896
阳明居委会	周家嘴路 2360 号 2 楼	65413254
金上海居委会	江浦路 1057 弄 17 号 101 室	65410846
辽昆居委会	长阳路 539 弄 2 号	65414163
恒阳花苑居委会	辽源西路 230 弄 17 号 2 楼	55960924
海上海居委会	飞虹路 600 弄 7 号 103 室	65909223
大连路居委会	唐山路 1099 弄 1 号 106 室	65375365
四平路街道办事处	**锦西路 69 号**	**65130912**
控江路 2026 弄居委会	打虎山路 84 弄 2 号底楼	65034339
鞍山三村居委会	鞍山三村 4 号 4 室	65153025
鞍山四村第一居委会	抚顺路 373 弄 1 号 104—105 室	65142441

续表

名　　称	地　　址	电　话
鞍山四村第二居委会	阜新路 182 弄 8 号甲	65023968
鞍山四村第三居委会	苏家屯路 29 弄 4 号	65026806
鞍山五村居委会	鞍山五村 51 号	65048803
鞍山六村居委会	鞍山六村 90 号	65023511
鞍山七村居委会	鞍山六村 39 号甲	65025603
鞍山八村居委会	鞍山八村 21 号底楼	65023319
抚顺路 363 弄居委会	抚顺路 363 弄 4 号楼底楼	65138640
大连西路四弄居委会	赤峰路 59 弄 9 号	65981979
同济新村居委会	同济新村合作楼 1 号	65983291
密云路居委会	大连西路 30 弄 29 号 104 室	65524554
公交新村居委会	阜新路 169 弄 12 号 101 室	65147955
铁岭路 50 弄居委会	铁岭路 50 弄 51 号 101 室	65799416
铁岭路 90 弄居委会	铁岭路 90 弄 15 号 101 室	65151807
鞍山一村第二居委会	鞍山一村 124 号 103 室	65158934
鞍山一村第三居委会	控江路 1670 弄 26 号 101～103 室	65151961
鞍山路 310 弄居委会	阜新路 284 弄 5 号 101 室	65148459
金安居委会	密云路 528 弄 1 号 105 室	65975374
同济绿园居委会	控江路 1888 弄 25 号 101 室	65159760
鞍山一村第一居委会	铁岭路 28 弄 9 号 101 室	65030922
和平花苑居委会	控江路 2202 号 E 座 205～206 室	65667965
控江路街道办事处	**沧州路 138 号**	**65433276**
控江一村居委会	双阳路 426 号	55809700
欣辉居委会	靖宇南路 118 弄 12 号 104 室	61806979
控江四村第一居委会	控江四村 28 号临-1	55052226
控江四村第二居委会	控江四村 150 号甲	65201281
控江二村 107 弄居委会	控江二村 107 弄 34 号丙底楼	65187338
沧州路 180 弄居委会	沧州路 180 弄 8 号 103 室	55095371
双阳居委会	双阳一村 36 号 101 室	65181048
双花居委会	双阳路 666 弄 1 号 103 室	55223921
控江路 1197 弄居委会	控江路 1197 弄 15 号 101 室	65731218
新凤城居委会	控江路 1500 弄 92 号 101 室	65159241
凤城二村第一居委会	凤城二村 27 号 101 室	65017199
凤城三村第一居委会	延吉西路 80 弄 27 号 101 室	65018520
凤城三村第二居委会	凤城三村 80 号底楼	65033578
凤城三村第三居委会	长岭路 60 弄 12 号	65013774
抚岭居委会	凤城五村 21 号 101 室	65032331
黄兴居委会	黄兴路 1019 弄 10 号底楼	65020825

续表

名　　称	地　　址	电　话
凤南居委会	凤南一村 56 号	65201307
望春花居委会	控江六村 31 号 1 楼	65201282
凤联居委会	长岭路凤城六村 1 号 105 室	65639674
大运盛居委会	中山北二路 99 弄 57 号 105 室	65626636
紫城居委会	延吉中路 365 弄 5 号 101 室	55805123
凤城二村第二居委会	凤城二村 91 号 102 室	62108300
凤城三村第四居委会	凤城三村 142 号 103 室	35073067
控江路 1200 弄居委会	控江二村 65 号底楼	65191638
凤新居委会	控江路 1505 弄 45 号 103 室	65022634
长白新村街道办事处	**靖宇东路 27 号**	**55833800**
上理居委会	军工路 516 弄 210 号-1	55277762
内江大楼居委会	内江路 488 号	65681285
图们路居委会	长白路 125 号	55824997
长白路第二居委会	延吉东路 315 弄 6 号底楼	55825979
长白二村第一居委会	延吉东路 140 弄院内	55828008
安图新村居委会	靖宇东路 85 弄 6 号 102—103 室	55822942
松花新村居委会	延吉东路 82 弄 26 号 2 楼	65487650
民治路居委会	民治路 12 弄 41 号 2 楼	55224156
内江路 384 弄居委会	内江路 384 弄 31 号 2 楼	65687584
广远新村居委会	广远新村 69 号	65680883
控江路 121 弄居委会	控江路 121 弄 20 号	65681394
控江路 18 弄居委会	控江路 18 弄 6 号 101～103 室	55833866
松延居委会	延吉东路 5 弄 3 号 102 室	55822003
延东居委会	延吉东路 137 弄 8 号甲	55822104
松花江路 95 弄居委会	松花江路 95 弄 9 号—7 临	65346940
长白新城居委会	靖宇东路 58 弄 29 号一层	55800422
延吉新村街道办事处	**延吉中路 77 号**	**65341133**
敦化路居委会	敦化路 2 弄 27 号甲	65345856
控江路 645 弄居委会	控江路 645 弄 19 号底楼	65696583
控江七村居委会	控江七村 13 号 101 室	55238252
友谊新村居委会	友谊新村 235 号-1	65438343
松花江路居委会	松花江路 337 号 105 室	65483894
舒兰路居委会	舒兰路 61 弄 10 号 101 室	65687014
内江新村居委会	内江一村 40 号	65676659
长白三村居委会	长白三村 57 号甲	65492555
延吉一村居委会	延吉一村 7 号 103 室	65308945
延吉二三村居委会	延吉三村 24 号底楼	65386478

续表

名　　称	地　　址	电　话
延吉四村居委会	延吉四村 60 号	65388722
延吉五六村居委会	延吉五村 54 号底楼	65384585
延吉七村居委会	延吉七村 20 号 101 室	65343893
控江东三村居委会	控江东三村 54 号 1 室	65345907
控江西三村居委会	控江西三村 104 号 2～4 室	65511456
控江五村居委会	控江五村 106 号 101 室	55226956
杨家浜居委会	控江路 888 弄 15 号甲底楼	65344393
殷行街道办事处	**包头路 781 号**	**65324567**
殷行一村居委会	殷行一村 44 号 102 室	65325301
殷行二村居委会	殷行路 301 弄 12 号 103 室	65745886
工农新村居委会	殷行路 305 弄 94 号 105 室	65241436
工农二村第一居委会	殷行路 451 弄 1 号 102 室	65248212
工农二村第二居委会	殷行路 571 弄 6 号 102 室	65325268
工农二村第三居委会	开鲁路 382 弄 52 号 101 室	65327466
工农二村第四居委会	开鲁路 320 弄 18 号 102 室	65238551
工农三村第一居委会	工农三村 25 号 103～104 室	65324906
闸殷路第一居委会	水电新村 8 号	65742262
闸殷路第二居委会	闸殷路 181 弄 22 号 103 室	65326272
开鲁一村居委会	开鲁一村 58 号 102～104 室	65326284
开鲁二村居委会	开鲁二村 12 号 104～105 室	65325227
开鲁三村居委会	开鲁三村 66 号 101～103 室	65324423
开鲁四村居委会	开鲁四村 26 号 104 室	65320390
市光一村第一居委会	市光一村 3 号 103 室	65573927
市光一村第三居委会	市光一村 105 号	65275208
市光二村第一居委会	市光二村 13 号	65585231
市光二村第二居委会	市光二村 23 号 103 室	65585232
市光二村第三居委会	市光二村 108 号 201 室	65270845
市光四村第二居委会	市光四村 65 号 101 室	65320047
国和一村第一居委会	国和一村 16 号 101 室	65882893
国和一村第三居委会	国和一村 60 号 102 室	65745993
国和二村第一居委会	国和二村 140 号 101 室	65328260
国和二村第三居委会	国和二村 53 号 101 室	65327240
民星一村第一居委会	嫩江路 839 弄 5 号 104 室	65586396
市光三村第一居委会	市光三村 50 号 101 室	65325221
开鲁五村居委会	开鲁五村 38 号 101～102 室	65326230
开鲁六村居委会	开鲁六村 16 号 101 室	65326292
市光一村第二居委会	市光一村 50 号 101 室	65573852

续表

名　　称	地　　址	电　话
殷行路470弄居委会	殷行路470弄33号102室	65740703
殷行路310弄居委会	殷行路310弄64号101室	65748653
中原一村居委会	中原一村61号101～103室	65064294
闸殷路81弄居委会	闸殷路81弄48号102室	65746129
殷行路250弄居委会	殷行路250弄37号	65325261
市光四村第三居委会	市光四村3号102～103室	65052435
民星路600弄居委会	中原路60弄3号	65578218
工农四村第二居委会	工农四村103号104室	65069809
民星二村居委会	民星二村36号103室	65585094
市光三村第二居委会	市光三村179号103室	65744786
工农三村第二居委会	工农三村119号101室	65323152
工农三村第三居委会	工农三村156号101室	65235317
工农四村第一居委会	工农四村150号101室	65231982
中原路990弄居委会	中原路990弄1-1号	65062741
市光四村第一居委会	市光四村103号103室	65741799
民星一村第二居委会	包头路300弄10号	65567015
国和一村第二居委会	国和一村90号101室	65327223
国和二村第二居委会	国和二村116号101室	65328259
城市名园居委会	包头路1150弄15号205室	65882238
城市庭院居委会	国伟路138弄25号	65057732
城市方园居委会	国伟路100弄2号102～103室	55573397
大桥街道办事处	**眉州路871号**	**65195966**
仁兴街居委会	周家牌路10弄21号	65730701
方子桥居委会	眉州路西方子桥162号	65435351
顺成里居委会	周家牌路95号	65431782
杨家宅居委会	平凉路1782弄43号甲	65730959
华忻坊居委会	杨树浦路1963弄16号	65706256
永安里居委会	眉州路224弄1号	65561837
周家牌路居委会	临青路233弄87号	65152390
富禄里居委会	临青路66号107室	65730716
鸿德坊居委会	临青路66号104室	65190628
锦州湾路居委会	临青路391号	65435557
临青路居委会	临青路365号	65393449
双阳路居委会	长阳路1841弄22号101室	65399240
引翔港居委会	宁武路636号	65804310
幸福村居委会	双阳路300弄29号101室	65201644
长眉居委会	长阳路1389弄17号101室	65706277

续表

名　　称	地　　址	电　话
宁武路居委会	长阳路1900弄4号104室	65188217
河间路居委会	眉州路515弄60号102室	55084880
中王家宅居委会	眉州路888弄2号101室	65200376
申新村居委会	眉州路严家木桥9号	65105515
平眉居委会	平凉路1157弄21号102室	65732062
新华里居委会	眉州路381号406室	65182842
渭南路委会	眉州路100弄10号101室	65391275
宁国里居委会	杭州路401号	65706257
广杭居委会	杭州路66弄35号	65706863
杭州路居委会	杭州路500弄12号2楼	65432383
银河苑居委会	临青路663号2楼	65182096-801
长阳新苑居委会	长阳路1318弄57号102室	35301179
富阳居委会	周家嘴路3118弄30号2楼	65671443
月坊居委会	河间路688弄5号	55135978
五角场街道办事处	**政通路54号**	**65487084**
东郸居委会	邯郸路500弄6号	65119951
建新居委会	政通路285弄12号	65114432
四平新村第一居委会	政本路115号	55068620
北茶园居委会	国顺路80弄35号	55068962
蓝天居委会	黄兴路2053弄社区活动中心	51256219
政通路第一居委会	政通路100弄24号101室	65300849
政翔殷居委会	翔殷路934弄7号105室	51667046
国顺居委会	国权路230弄11号	55061617
航天居委会	国权路300弄9号	65102652
国年居委会	国顺路389弄18号甲	51233590
南茶园居委会	国顺路81弄35号	55056203
国权路第一居委会	国权路85弄6号102室	55580463
国权北路居委会	政立路817弄5号201室	55033812
五一居委会	国定路601弄1号104室	65116674
武东居委会	武川路103号2楼	65603804
三门路居委会	三门路358弄26号103室	55031547
吉浦居委会	吉浦路395弄16号101室	65912956
邯郸路居委会	逸仙路167弄2号103室	65608655
仁德路居委会	仁德路148弄4号101室	65420275
铁路新村居委会	国定路277弄6号甲	65645505
复旦居委会	政肃路45弄17号102室	65643315
国权居委会	国达路8号	65100135

续表

名　　称	地　　址	电　话
四平居委会	四平路 2065 弄 18 号 2 楼	65118545
政民居委会	政通路 240 弄 C1	65511697
国定路第一居委会	政立路 580 弄 61 号甲	65644873
财大居委会	政立路 580 弄 38 号甲	65903540
文化花园居委会	仁德路 100 弄 10 号	65600977
正文居委会	政立路 1585 弄 40 号 2 楼	65913524
三湘居委会	学府路 88 弄 35 号 201 室	65446277
汇元坊居委会	国顺东路 900 弄 27 号 102 室	55065447
吉浦一居委会	吉浦路 375 弄 37 号 202 室	65440133
新江湾城街道办事处	**殷行路 990 号**	**55252516**
政立路第一居委会	政立路 683 号 3 楼	35183806
时代花园居委会	殷行路 850 弄 53 号	65907749
政立路第二居委会	政云路 220 号	55077287
建德国际公寓居委会	政悦路 588 弄 32 号	65907519
雍景苑居委会	政悦路 500 弄 2 号	55250188
东森涵碧居委会	殷行路 851 号 4 楼	55251510
江湾国际公寓居委会	政和路 1011 号 2 楼	35306880
橡树湾居委会	江湾城路 1229 弄 70 号 1 楼	36374275
政青路居委会	民府路 1279 号	55572632
长海路街道办事处	**政立路 55 号**	**65487305**
国和路第一居委会	国和路 611 弄 61 号底楼	65585879
市光居委会	民府路 100 号	65569507
市光路第三居委会	三门路 36 弄 4 号 101 室	65588809
黑山新村居委会	长海四村 13 号底层	65347245
洪东居委会	翔殷路 309 弄 42 号	65303721
梅林居委会	翔殷路 280 弄 20 号 2 楼	65384270
虬江居委会	虬江码头路 1 弄 6 号 101 室	65568394
翔殷路 491 弄居委会	翔殷路 491 弄 43 号底层	65381089
梅花村居委会	翔殷路 871 弄 4 号	81870713
长海居委会	中原路 32 弄 26 号 102 室	81873101
上海体院居委会	国和路 555 弄 5 号 101 室	55899285
长海一村居委会	长海一村 23 号二层	65587484
长海三村居委会	长海三村 35 号 102 室	65568904
浣纱三村居委会	浣沙三村 25 号	65486200
浣纱四村居委会	浣沙四村 52 号甲	65503301
浣纱六村居委会	国顺东路 243 弄 6 号	65505869
市京一村居委会	世界路 91 弄 4 号 104 室	65060314

续表

名　　称	地　　址	电　话
市光路第二居委会	市光路60弄30号甲	55671655
民京路第一居委会	民京路823号甲	65242092
国顺东路26居委会	国顺东路26弄46号101室	65484698
中翔居委会	中原路28弄4号102室	81870711
兰新居委会	安波路706号201～206室	65332531
中原路99弄居委会	中原路99弄19号甲	65588027
长海二村居委会	长海二村68号甲	65570174
佳木斯路居委会	佳木斯路110弄11号103室	64342007
佳木斯路315弄居委会	佳木斯路315弄14号乙	55660026
中农新村居委会	佳木斯路185弄14号105室	65382206
翔殷新村居委会	翔殷三村41号104室	65582729
佳泰居委会	营口路789弄63号底楼	65495773
教师公寓居委会	安波路265弄7号206室	65510485
黄兴花园居委会	双阳北路288弄103号(1楼半)	55061473
世界居委会	世界路15弄43号101室	65569282
东方名城居委会	国和路888弄52号102室	65578039
佳龙居委会	营口路600弄43号2楼	55223360
黄兴绿园居委会	国顺东路179弄31号102室	65487104
香阁丽苑居委会	双阳北路395弄54号甲	65515423
文化佳园居委会	国权东路99弄20～21号	55060938
莱茵居委会	翔殷路500弄37号底楼	65332945
民庆园居委会	民京路658弄15号101室	35300305
星云居委会	翔殷路258弄55号	65586070
海上硕和城居委会	安波路567弄29号2楼	55235771

九、宝山区

名　　称	地　　址	电　话
友谊路街道办事处	**牡丹江路1299弄1号**	**66595022**
宝钢一村居委会	宝钢一村114号102～103室	36071472、56100473
宝钢二村居委会	宝钢二村32号乙102室	36071480、56100476
宝钢三村居委会	宝钢三村10号甲101室	36071473
宝钢四村居委会	宝钢四村13号101～104室	36071474
宝钢五村居委会	宝钢五村1号105室	36071475
宝钢六村居委会	宝钢六村1号104室	36071476
宝钢七村居委会	宝钢七村42号-1临	36071523
宝钢八村居委会	宝钢八村63号底楼	36071477
宝钢九村居委会	宝钢九村12号102～103室	36071478

续表

名称	地址	电话
宝钢十村居委会	宝钢十村6号107室	36071465
宝钢十一村居委会	宝钢十一村25号201室	36071464
宝林一村居委会	宝林一村124号	36100294
宝林二村居委会	宝林二村93号	36100297
宝林三村居委会	宝林三村26号	36100355
宝林四村居委会	宝林四村65～66号	36100205
宝林五村居委会	宝林五村44号	36100295
宝林六村居委会	宝林六村84号102室	36100249
宝林七村居委会	宝林七村56号101～104室	36100309
宝林八村居委会	宝林八村53号101～104室	36100296
宝林九村居委会	宝林九村27号103室	36100248
密山二村居委会	密山二村52号103～104室	36071599
临江新村居委会	临江三村22号	36071468
临江公园居委会	宝城三村1号乙	36071467
宝城新村居委会	宝城一村49号	36071469
宝山一村居委会	塘后路300号	66650162
宝山二村居委会	宝山二村33号	66650163
宝山三村居委会	宝山三村123号	66650164
宝山五村居委会	双庆路85弄32号	56608103
宝山八村居委会	宝山八村81号102室	36100425
宝山九村居委会	宝山九村55号101室	36010831
宝山十村居委会	宝山十村93号102室	36100422
宝山七村居委会	宝山七村31号101室	36100426
华能城市花园居委会	牡丹江路1298弄55号208室	56110525
白玉兰花园居委会	海江路667弄45号2楼	36011242
宝山六村居委会	宝山六村69号101～102室	56120057
同济公寓居委会	同济公寓25号102室	56601783
住友宝莲花园居委会	住友宝莲花园10号楼东侧区服务站2楼	56102477
炮台村村委会	淞青路223号	56163820
吴淞街道办事处	**淞滨路385号**	**56672262**
和丰居委会	淞滨路70弄8号	56670056
淞新居委会	淞滨路165弄1号	56849724
泗东居委会	泗东新村21号101室	56679256
李金居委会	淞滨支路40弄2号101室	56849358
一纺居委会	淞滨路810弄1号101室	56845617
二纺居委会	宝林雅园52号101室	56848451
桃园居委会	桃园新村28号104室	56847023

续表

名　　称	地　　址	电　　话
淞西居委会	同济路 60 弄 43 号 101 室	56843716
长征居委会	长征新村 8 号 102 室	56843270
吴淞三村居委会	吴淞三村 33 号 102 室	56844801
吴淞新城居委会	班溪路 55 弄 82 号	56840265
海滨二村一居委会	同泰北路 401 弄 2 号 101 室	56560053
海滨二村二居委会	海滨二村 95 号西侧	66650722
海滨三村居委会	海滨三村 45 号 101 室	56563850
海滨四村居委会	海滨四村 35 号	56560950
西朱新村居委会	西朱新村 64 号	56678148
三营房居委会	前三营房 188 号	56172328
永清新村居委会	永清新村 118 号	56567010
永清二村居委会	永清二村 116 号	56565249
海江新村居委会	塘后路 203 弄 22 号	56563948
海滨新村(1)居委会	海滨新村 67 号乙	56562183
海滨新村(2)居委会	海滨新村 121 号西侧	56560127
海江二村(1)居委会	海江二村 36 号	56578033
海江二村(2)居委会	海江二村 153 号	56163077
海滨八村(1)居委会	海滨八村 50 号 101～103 室	56172566
海滨八村(2)居委会	海滨八村 5 号 101、103、105 室	56161187
牡丹江路(1)居委	海滨六村 13 号	56569872
牡丹江路(2)居委	海滨七村 17 号 101 室	56560058
张庙街道办事处	**呼玛路 800 号**	**36110877**
虎林居委会	泗塘 村 50 号甲 101 室	66201923
新桥居委会	泗塘一村革新路 25 号	56766067
泗塘居委会	泗塘一村 67 号	66209101
虎林二居委会	泗塘二村 28 号-1	56998152
泗塘三村居委会	泗塘三村 49 号 101 室	66227103
泗塘四村一居委会	泗塘四村 10 号 101 室	56993036
泗塘四村三居委会	长江西路 1160 弄 20 号 104 室	66205818
泗塘五村一居委会	泗塘五村 34 号	66201960
泗塘五村二居委会	泗塘五村 171 号 101	66205613
泗塘六村居委会	泗塘六村 52 号-1	56744441
泗塘七村居委会	泗塘七村 85 号-1 临	56764794
泗塘八村居委会	泗塘八村 53-1	66220024
呼玛一村二居委会	呼玛一村 56 号 101 室	66201941
呼玛一村三居委会	呼玛一村 103 号 102 室	66201940
富浩居委会	虎林路 800 弄 19 号 3 楼	56730200

续表

名称	地址	电话
泗塘七村三居委会	虎林路 99 弄 75 号 2 楼	66215726
振兴居委会	泗塘二村 93 号	56743612
通河一村居委会	通河一村 109 号乙	56760524
通河二村居委会	通河二村 60 号(甲)	66209901
通河三村一居委会	通河三村 15 号乙	56765435
通河三村二居委会	通河三村 109 号	56762813
通河四村一居委会	通河四村 71 号	56762899
通河四村二居委会	通河四村 71 号	56762899
通河六村一居委会	通河六村 246 号	56762470
通河六村二居委会	通河六村 246 号	56762470
通河七村一居委会	共江路 758 号	56762385
通河八村一居委会	通河八村 71 号 101 室	56762737
通河八村二居委会	通河八村 71 号 101 室	56762737
通河八村三居委会	通河八村 190 号	56762383
呼玛二村一居委会	呼玛二村 125 号 101 室	66226621
呼玛二村二居委会	呼玛二村 125 号 102 室	66226621
呼玛三村一居委会	呼玛三村 377 号	56759760
呼玛三村二居委会	呼玛三村 196 号甲	56737712
呼玛三村三居委会	呼玛三村 196 号甲	56572209
呼玛三村四居委会	呼玛三村 110 号	56769678
呼玛四村居委会	呼玛四村 74 号	66210336
呼玛五村居委会	呼玛五村 4 号	56742445
通河七村二居委会	爱晖路 28 弄 22 号	56732804
通河九村居委会	通河路 128 弄昌鑫家园 58 号 101 室	56730970
三湘盛世花苑居委会	一二八纪念路 688 弄 18 号 102 室	66985039
罗店镇人民政府	**沪太路 6655 号**	**56591335**
古镇居委会	塘西街 181 号	56863829
向阳居委会	向阳新村 8 号 104 室	56863813
祁南居委会	市一路 153 弄 3 号	56861607
新桥居委会	罗升路 257 弄 1 号二楼	56861602
罗南居委会	南东路 25 号、南东路 89 弄 23 号	56010786、66015806
罗溪居委会	罗溪路 671 弄 16 号 2 楼	66866651
富辰居委会	南东路 108 弄 15 号 102 室	56012755
富丽居委会	富南路 199 弄 55 号	56010996
金星居委会	集贤路 500 弄 34 号 2 楼	66866269
富南居委会	南长路 111 弄 15 号 101 室	66010340
罗新居委会	集贤路 800 弄 26 号	66712080

续表

名称	地址	电话
金星第二居委会	集贤路501弄130号	56866508
顺驰美兰湖居委会	罗迎路558弄100号2楼	56590542
美兰湖颐景园居委会	美艾路198弄192—196号	36509918
美兰湖景瑞欧兰高邸居委会	罗芬路98弄33号2楼	36190626
美兰湖琥珀郡园居委会	美艾路177弄106—107号	36508928
美兰湖朗诗绿岛园居委会	罗芬路1199弄1号102室	36511891
美罗家园罗贤苑居委会	美安路250号	36559500
美罗家园美安苑居委会	美平路431号	36559511
美罗家园佳翔苑居委会	陆翔路3489弄9号2楼	36552588
罗溪村村委会	罗太路269号	56860325
毛家弄村村委会	毛家路398号	66861462
光明村村委会	罗东路325号	66876253
天平村村委会	石太路2018号	66866266
金星村村委会	罗溪路371弄88号	33853393
四方村村委会	石太路3605号	56861490
东南弄村村委会	永顺路71号	56865198
束里桥村村委会	罗东路100号	56861328
义品村村委会	石太路2398号	66863710
王家村村委会	潘泾路1201号	56010763
蔡家弄村村委会	沪太路6018号	56022392
繁荣村村委会	月罗路2198号	36011398
北金村村委会	沪太路6486弄16号	66015918
张士村村委会	联杨路3606弄110号	56010941
十年村村委会	杨南路十年路	66865560
朱家店村村委会	锦南路26号	56869776
西埝村村委会	南长路231号	66010515
远景村村委会	月罗路3359号	66012072
南周村村委会	联杨路王家湾路2号	56010952
联合村村委会	联杨路4568号	56010308
大场镇人民政府	**大华路1469号**	**56684716**
大华一村一居委会	沪太路1500弄28号甲	66340053
大华一村二居委会	华灵路591弄16号	66349313
大华一村三居委会	华灵路510弄16号甲	66347665
大华一村四居委会	华灵路860号2楼	66347747
大华一村五居委会	华灵路82弄68号101室	66354873
大华二村一居委会	大华路455弄38号旁	66343468
大华二村二居委会	新沪路555号	66340524

续表

名 称	地 址	电 话
大华二村四居委会	大华路 781 弄 6 号 101 室	66352075
大华二村五居委会	新沪路 1060 弄 1 号 101 室	66349504
大华二村七居委会	华灵路 1180 弄 45 号 101 室	66371907
大华三村四居委会	大华路 1380 弄 33 号	66353237
大华三村七居委会	行知路 635 弄 1 号	66349133
大华四村一居委会	华灵路 1885 弄 25 号 102 室	66374971
乾溪新村一居委会	乾溪路 150 弄 13 号	56689940
乾溪新村二居委会	乾溪路 250 弄 26 号	56688962
乾溪新村四居委会	环镇北路 500 弄 38 号	56504285
乾溪新村六居委会	环镇北路 417 弄 34 号	56501856
东街居委会	场中路 3658 弄 28 号 2 楼	56500024
西街居委会	南大路 18 弄 5 号 1 楼	56680804
联建居委会	南大路 146 弄 9 号	56681071
联合居委会	南大路 158 弄 26 号 2 楼	56681037
祁连一村一居委会	祁连山路 2500 弄 5 号	56132335
祁连一村二居委会	聚丰园路 388 弄 75 号 101 室	56131477
祁连二村一居委会	祁连山路 2828 弄 20 号 2 楼	56133253
祁连二村二居委会	锦秋路 1456 弄 33 号 2 楼	56132634
祁连三村第一居委会	上大路 1329 弄 170 号	56133734
祁连四村居委会	祁连山路 2777 弄 20 号 101 室	56132334
大华一村七居委会	华灵路 1351 弄 51 号	66357993
大华二村八居委会	新沪路 1099 弄 1 号 101 室	66375525
大华三村一居委会	沪太路 1771 弄 40 号 102 室	56515057
大华三村二居委会	大华路 1372 号 2 楼	66362252
大华三村三居委会	大华路 1195 号 2 楼	66342950
大华三村五居委会	大华路 1376 号 2 楼	66362262
大华三村六居委会	行知路 572 弄 82 号	66342232
乾溪新村五居委会	环镇北路 600 弄 61 号	56501955
大华二村嘉华苑居委会	新村路 789 弄 46 号 202 室	56352371
大华二村六居委会	新沪路 1059 弄 3 号 102 室	66397860
大华四村第二居委会	华灵路 1895 弄 42 号 201 室	66391343
大华四村第三居委会	真金路 1250 弄 31 号 102 室	66368593
大华四村第四居委会	行知路 638 弄 18 号 101 室	66360870
大华四村第五居委会	华灵路 1781 弄 72 号 102 室	66379567
大华四村第六居委会	华灵路 1788 弄 37 号 101 室	66408122
联乾居委会	南大路 190 弄 6 号 101 室	56507238
乾溪新村八居委会	上大路 128 弄 12 号 2 楼	56510654

续表

名　　称	地　　址	电　话
祁连三村二居委会	聚丰园路 188 弄 49 号 203 室	66122772
祁连三村三居委会	上大路 1288 弄 102 号会所	66122212
锦秋第一居委会	锦秋路 695 弄 68 号	66128278
乾溪新村第七居委会	环镇北路 699 弄 117 号	56514825
新华居委会	华灵路 1225 弄 418 号	66408832
乾宁苑居委会	上大路 218 弄 56 号 101 室	56684513
祁连一村三居委会	聚丰园路 500 弄 63 号 2 楼	66165122
祁连二村三居委会	聚丰园路 669 弄 63 号 2 楼	66127022
城市绿洲一居委会	纬地路 88 弄 71 号 201 室	61073310
和泰苑居委会	沪太路 4099 弄 31 号 2 楼	61472966
大华一村六居委会	新沪路 198 弄 12 号 201 室	66402002
滨江雅苑居委会	大华路 988 弄 121 号 201 室	66342583
大华四村七居委会	真华路 999 弄 5 号 102 室	66359808
铂金华府居委会	真华路 1030 弄 46 号 1 楼	66345512
慧华苑居委会	南陈路 278 弄 92 号	36382470
大华五村一居委会	真华路 1958 弄 2 号 2 楼	56502823
大华五村二居委会	真华路 1801 弄 54 号 102 室	66509556
大华五村三居委会	真北路 4333 弄 56 号 2 楼	36324106
聚丰景都居委会	聚丰园路 628 弄 165 号 2 楼	66167466
城市绿洲二居委会	涵青路 398 弄 362 号 2 楼	61077798
城市绿洲三居委会	纬地路 358 弄 20 号 101 室	36393213
葑润华庭居委会	华秋路 186 号	66123098
当代高邸居委会	聚丰园路 105 弄 15 号 201 室	56138546
锦秋第二居委会	锦秋路 699 弄 8 区 226 号	66128850
大华五村四居委会	真大路 333 弄 27 号 3 楼	66519833
大华五村五居委会	真大路 406 号 2 楼	56056810
聚丰福邸居委会	环镇北路 1366 弄 34 号 103 室	56143205
宝祁雅苑第一居委会	锦秋路 1601 弄 16 号 101 室	36383057
保利叶之林居委会	华秋路 349 弄 14 号 2 楼	56878033
宝祁雅苑第二居委会	祁华路 655 弄 25 号	36508735
汇枫景苑居委会	祁华路 300 弄 2-1 号	56127939
丰宝苑居委会	锦秋路 1588 弄 48 号 2 楼	56878918
南秀雅苑居委会	鄂尔多斯路 98 弄 30 号 5 楼	66272015
联东村村委会	沪太路 2751 号	56687640
场南村村委会	龙珠苑 200 号	56686533
东方红村村委会	环镇南路 858 弄 9 号楼 11 楼	66364169
场中村村委会	沪太路 2009 号 5 楼	56516010

续表

名　　称	地　　址	电　话
联西村村委会	南陈路126号	56130334
南大村村委会	南大路395号	62501833
红光村村委会	沪太路3651弄188号	56517764
葑村村村委会	丰宝路388号	56132446
丰收村村委会	锦秋路1688号	66120236
丰明村村委会	祁连山路2088弄2号3楼	56132448
杨行镇人民政府	**水产路2699号**	**56801977**
杨泰一村一居委会	杨桃路159号	56801358
杨泰一村二居委会	杨桃路338弄57号	56492008
杨泰二村一居委会	杨泰二村25号102室	56803116
杨泰二村二居委会	杨鑫路311号	56802580
杨泰三村一居委会	杨泰三村西区195号	33850338
天馨花园第一居委会	蕰川路1498弄106号	56807843
宝杨路2021弄居委会	铁力路550号	33795021
宝启花园居委会	宝杨路3288弄90号	56492685
富锦苑居委会	富锦路1815弄90号	36300418
城西居委会	富锦路659弄57号旁	56920176
宝启公寓居委会	蕰川路1625弄68号	56809659
富杨居委会	富杨路223弄46号	51052069
杨泰春城居委会	镇泰路382号	36045658
梅林居委会	杨鑫路451弄45号102室	56805690
宝地绿洲居委会	湄浦路218弄34号102室	36216568
四季花城第一居委会	松兰路1169弄39号101室	36045502
天馨花园第二居委会	蕰川路1498弄289号	56493580
友谊家园第一居委会	铁峰路2000弄100号203室	33797088
友谊家园第二居委会	铁峰路2001弄1999号	33797378
康桥水都第一居委会	水产路260弄88号2楼	66769905
禄德嘉苑居委会	竹韵路258弄27号	56807277
柏丽华庭居委会	蕰川路1623弄4号103室	66760587
同盛嘉园居委会	月城路25弄1号楼307室	36045977
四季花城第二居委会	松兰路90号2楼	36047900
大黄馨园居委会	水产西路489弄4号	36317613
丽景翠庭居委会	盘古路2618弄42号	33914227
杨鑫居委会	杨鑫路95号2楼	36511925
福地苑第一居委会	友谊路1869弄10号101室	33850856
福地苑第二居委会	友谊路1869弄51号1楼	33717598
保集绿岛家园居委会	友谊路1999弄7号102室	36211388

续表

名　　称	地　　址	电　话
盛高香逸湾庭院居委会	莲花山路 517 弄 128 号 2 楼	36506211
飘鹰锦和花园居委会	红林路 58 弄 10 号 101 室	56806889
春江美庐居委会	松兰路 198 弄 158 号	56809239
紫辰苑居委会	江杨北路 1568 弄 77 号 101 室	56176299
东方丽都居委会	友谊路 2858 弄 63 号	33913809
宝虹水岸景苑居委会	梅林路 85 弄 4 号 102 室	56806632
友谊苑居委会	铁峰路 2268 弄 16-1 号	56450091
和家欣苑居委会	顾北东路 39 弄 20-1 号 3 楼	56800318
和家欣苑二居	红林路 576 弄 65 幢 1-2 号	66011813
远洋悦庭居委会	杨泰路 2158 弄 10 单元 1 楼	36211029
海德花园居委会	海笛路 333 弄 293 号 2 楼	36381298
绿地香颂名邸居委会	杨泰路 55 弄 236 号 101	36510639
东街村村委会	镇东路 165 号	33912388
城西　村村委会	江杨北路 1638 号	56802876
大黄村村委会	蕰川路 1188 弄 48 号	66763526
钱湾村村委会	杨泰路 192 号	56805828
杨北村村委会	杨北路 365 号	33852479
苏家村村委会	共祥路 255 号	56390334
北宗村村委会	杨宗路 368 号	33852752
西街村村委会	宝杨路 3258 号	66763030
城西二村村委会	富杨路 460 号	33911051
西浜村村委会	泰和路 1969 号	56801912
湄浦村村委会	蕰川路 2252 号	56807889
桂家木村村委会	富锦路 2379 号	56390824
陈巷村村委会	铁力路 288 号	33793037
三汀沟村村委会	铁山路 128 号	33794221
杨东村村委会	宝杨路 2026 号	33792311
泗塘村村委会	盘古路 727 号 3 幢 4 楼	66593757
月浦镇人民政府	**月罗路 200 号**	**56646652**
月浦二三村居委会	月浦三村 41 号 2 楼	56930230
月浦四村居委会	德都路 399 弄 6 号 101 室	56931765
月浦五村居委会	月浦五村 44 号 101 室	56930259
月浦七村居委会	月浦七村 35 号 101 室	56642413
月浦八村居委会	月浦八村 84 号	56935540
月浦九村居委会	月浦九村 10 号 101 室	56198232
月浦十村居委会	宝泉路 65 号 2 楼	56644763
乐业一村居委会	春雷路 431 弄 40 号	56934614

续表

名 称	地 址	电 话
乐业二村居委会	春雷路 354 弄 3 号	56643514
乐业四村二居委会	德都路 269 弄 37 号 2 楼	56198961
乐业五村居委会	德都路 218 弄 5 号	56198300
庆安一村居委会	庆安一村 25 号	56937341
庆安二村居委会	庆安三村绥化路 52 弄 63 号	56649514
马泾桥新村居委会	马泾桥二村 15 号	56649515
盛桥新村居委会	盛桥一村 38 号 2 楼	56153884
盛桥三村居委会	塔源路 258 弄 58 号	56152014
盛桥四村居委会	月川路 33 弄 37 号 2 楼	66036618
庆安四村居委会	绥化路 260 弄 22 号 102 室	36301030
庆安五村居委会	春雷路 288 弄 7 号 2 楼	36303228
星月居委会	盛桥塔源路 58 弄 78 号	56158081
时代富浩居委会	德都路 28 弄 25 号 2 楼	36302512
宝月尚园居委会	申浦路 288 弄 17 号 2 楼	56450639
新月明珠园居委会	塔源路 150 弄 98 号 2 楼	36308526
鸿锦苑居委会	月罗路 259 弄 8-3 号 2 楼	66860293
北岸郡庭居委会	塔源路 302 弄 5 号 2 楼	66038809
阳光锦园居委会	月富路 218 弄 19 号楼	66931920
昱翠家苑居委会	月盛路 51 号 2 楼	66931930
梅园村村委会	蕰川路 3965 号	56649682
段泾村村委会	月新北路 381 号	56648010
茂盛村村委会	月新南路 822 号	56932711
勤丰村村委会	月丰路 25 号	56928871
长春村村委会	园和路 819 号	56646621
沈巷村村委会	月罗路 309 号	56646518
友谊村村委会	月宁路 301 号	56646163
月狮村村委会	蕰川路 5479 号	56155641
沈家桥村村委会	石太路 489 号	56153362
钱潘村村委会	钱陆路 425 号	56930337
海陆村村委会	和合路 9 号	56153386
盛星村村委会	石太路 665 号	56154678
聚源桥村村委会	聚发路 240 号	56153365
新丰村村委会	石太路 98 号	56151520
罗泾镇人民政府	**飞达路 85 号**	**56870050**
罗泾第一居委会	陈东路 79 弄 15 号	56878651
宝虹家园居委会	陈川路 555 弄南门宝虹家园活动中心 2 楼	51283025
宝通家园居委会	萧月路 166 号	56873841

续表

名　　称	地　　址	电　话
宝悦家苑居委会	罗宁路 3030 弄 144 号	36380025
宝祥宝邸居委会	潘沪路 69 弄 40 号	56143278
海上御景苑居委会	长虹路 779 弄 95 号 2 层	56143356
海星村村委会	北蕰川路 1688 弄	56870027、56871544
潘桥村村委会	飞马路 225 号	56871856
合建村村委会	罗宁路 1996 号	56870261
新陆村村委会	东升路 268 号	56870013
川沙村村委会	萧月路 166 号	56871845
三桥村村委会	金石路 188 号-1	56871873
合众村村委会	罗宁路 3030 弄 144 号	56870214
肖泾村村委会	沪太路 8872 弄 25 号 3 楼	56870975
高椿树村村委会	潘川路 999 号南首	56874120
陈行村村委会	陈镇路 285 号	56870087
花红村村委会	北蕰川路 2399 弄 221 号	56870671
牌楼村村委会	牌楼二房 58 号	56874779
新苗村村委会	沪太路 9405 号	66878558
塘湾村村委会	沪太路 9713 号	56878032
洋桥村村委会	沪太路 9898 号	66598795
海红村村委会	海红村袁家宅 8 号	56871070
宝丰村村委会	陈东路 87 号	56871525、56878920
解放村村委会	金勺路 1688 号	56867851
王家楼村村委会	老罗北路 1558 号	56861422
和平村村委会	潘泾路山茶路路口	56862585
民众村村委会	罗东路 1250 号	66876007
顾村镇人民政府	**泰和西路 3431 号**	**56045711**
泰和新城第一居委会	泰和西路 3463 弄 47 号 103 室	56047826
泰和新城第二居委会	泰和西路 3381 弄 63 号 202 室	56047820
泰和新城第三居委会	泰和西路 3493 弄 42 号 201 室	56047819
荻泾苑居委会	泰和西路 3527 弄 30 号 201 室	56047821
大唐花园居委会	沪太路 3717 弄 133 号	56049504
顾村居委会	顾新路 32 号	56043349
天极盛宅花园居委会	富联路 25 弄 48 号	56182774
菊泉居委会	菊泉街 600 弄 102 号	56020979
共富新村第七居委会	共富路 351 弄 84-1 号	33708342
共富新村第一居委会	共富一村 99 弄 18 号	33710942
共富新村第二居委会	共富一村 889 号	33702273
共富新村第四居委会	共富二村 300 号 314 室	33712305

续表

名 称	地 址	电 话
共富新村第五居委会	联谊路501弄37号三楼	33707316
共富新村第六居委会	共富二路120号	33700387
共富新村第三居委会	共富二村300号312室	33712553
新顾村大家园第一居委会	顾北东路501弄131号	33719229
新顾村大家园第二居委会	顾北路500弄29号甲	36041035
新顾村大家园第三居委会	顾北东路155弄183号	33719031
成亿宝盛家苑居委会	水产西路858弄35号	36044296
菊泉新城第二居委会	菊盛路50弄10号	66025092
菊泉新城第三居委会	陆翔路358弄92号101室	56029768
丰水宝邸居委会	教育路555弄512号202室	56186702
盛宅新村第一居委会	富联路128弄18号	33854586
绿洲花园居委会	沙浦路128弄39号	36313363
圣卡洛·铂庭居委会	沙浦路518弄1号1楼	36313400
菊泉新城第四居委会	陆翔路698弄17号104室	66029086
菊泉新城第一居委会	菊泉街39弄16号底楼	66029085
新天地荻泾花园居委会	顾荻路303号	36314038
好日子大家园第一居委会	菊太路777弄109号2楼	56029736
好日子大家园第二居委会	宝菊路655号2楼	66026002
采菊苑居委会	菊联路68弄32号101室	36315081
好日子大家园第三居委会	菊太路1221弄82号	36383029
好日子大家园第四居委会	菊太路1399弄19号	66028195
古北菊翔苑居委会	菊联路233弄68号	36315283
旭辉依云湾小城居委会	顾北路666弄4号楼2楼	36310549
文宝苑居委会	菊联路157号5楼	66028256
世纪长江苑居委会	电台路568弄17号	36310132
上投佳苑居委会	水产西路729弄11号102室	33855647
东方帕堤欧小城居委会	顾北路739号	33715220
保利叶城第二居委会	宝菊路133弄295号1楼	66788750
保利叶都第一居委会	菊太路1198弄10-1大会所2楼	56180265
宝顾佳苑居委会	苏家浜路435弄56-1	56808805
馨佳园第九居委会	韶山路348弄6号-1	56185935
馨佳园第十居委会	韶山路245弄20-2号	36508355
新顾村大家园第四居委会	顾北东路188弄42号	56878205
中铁建青秀苑第一居委会	宝荻路500弄58号101室	56145109
金地云锦苑居委会	苏家浜路428弄3号楼-8(3楼)	66020109
顾村村村委会	电台路91号	66046186
羌家村村委会	苏家浜路499号	66045058

续表

名　称	地　址	电　话
盛宅村村委会	泰和西路 3358 号	56044158
朱家弄村村委会	佳龙路 200 号	56042627
星星村村委会	湄星路 1815 号	36040067
白杨村村委会	顾陈路 151 号	66012373
谭杨村村委会	潘泾路 915 号	36042872
胡庄村村委会	联谊路 500 弄 10 号	33711153
杨木桥村村委会	苏家浜路 371 号	56042502
老安村村委会	潘广路 993 号	56022651
沈宅村村委会	联杨路 2211 弄 5 号	56023870
沈杨村村委会	顾陈路 715 号	56189081
归王村村委会	陆陈路 338 号	56023193
正义村村委会	菊联路 89 弄 55—57 号	36312325
广福村村委会	宝安公路 2185 号	56020704
陈家行村村委会	陈广路 556 号	56029005-813
高境镇人民政府	**殷高西路 111 号**	**66185020**
逸仙一村一居委会	逸仙路 1321 弄 93 号	55030234
逸仙一村二居委会	逸仙路 1321 弄 3 支弄 2 号	55031120
逸仙一村三居委会	逸仙路 1321 弄 1 支弄 41 号	55044228
逸仙一村五居委会	逸仙路 1511 弄 22 号	65445175
逸仙二村一居委会	三门路 489 弄 4 号甲	55034429
逸仙二村二居委会	国权北路 290 弄 39 号	55032571
逸仙二村三居委会	吉浦路 615 弄 89 号甲	55035482
逸仙二村五居委会	三门路 485 弄 83 号	55041764
逸仙三村一居委会	殷高路 21 弄 5 号	51057167
高境一村一居委会	高境一村 142 号	56826581
高境一村二居委会	高境一村 160 号	56140600
高境二村一居委会	高境二村 204 号	56826579
共和一二村居委会	共和一村 35 号	66985704
共和三村居委会	共和三村 44 号 101 室	66837395
共和八村居委会	共和八村 74 号	66838035
共和十村居委会	共和新路 4703 弄 99 号	66833472
共和十一村居委会	共和新路 4719 弄 161 号	66835732
共和五村居委会	共和五村 14 号	66986330
共和六村居委会	岭南路 1288 弄 10 号	56917610
共和九村居委会	共和新路 4719 弄 202 号	56836541
高境三村居委会	新二路 999 弄 156 号	66186657
高境四村居委会	逸仙路 1238 弄 17 号	65601642

续表

名　　称	地　　址	电　话
高境五村居委会	新二路 183 弄 57 号 2 楼	36385221
逸仙四村居委会	国权北路 828 弄 139 号	33622193
三花现代城二居委会	云西路 219 弄 17 号 102 室	36352473
三花现代城三居委会	高跃路 133 弄 9 号 103 室	63078915
高杨佳苑居委会	恒高路 127 弄 5-1 号 1—2 楼	56636852
逸景佳苑居委会	逸仙路 1588 弄 50 号 1—2 楼	56043190
庙行镇人民政府	**长江西路 2699 号**	**66981005**
共康二村居委会	共康路 400 弄 23 号乙	56412069
共康五村居委会	共康五村 235 号	56420524
共康六村一居委会	共康六村 10 号-1 临	56416288
共康六村二居委会	共康六村 110 号 2 楼	56418100
共康七村居委会	共康七村 163 号 2 楼	56428936
共康八村一居委会	长临路共康八村 53 号 2 楼	56413132
共康公寓居委会	三泉路 1495 弄共康公寓 53 号 101 号	56409311
屹立家园居委会	长临路 1118 弄 50 号	56407727
馨康苑居委会	共康路 169 弄 25-2 临	56471538
和欣国际花园居委会	场北路 39 弄 3 号底层	33873006
九英里居委会	长临路 1318 弄 30 号 101—102	33873028
共和家园居委会	三泉路 1858 弄共和家园 2 号	33873012
新梅绿岛苑居委会	场北路 399 弄 2 号	33873454
宝宸怡景园居委会	三泉路 1859 弄 31 号 2 楼	36353005
共康雅苑居委会	花园宅路 52 弄 24 号 2 楼	36060544
场北居委会	场北路 740 弄 13 号 4 楼	56473362
中环国际第三居委会	大康路 1079 弄 1 号-3 2 楼	66610018
丽都雅苑居委会	长江西路 2230 弄 10 号	56415220
共康雅苑二居委	大康路 891 弄 102 号 2 楼	65875669
中环国际居委会	场北路 547 号 2 楼	36337681
康家村村委会	共康路 999 号	56433272
野桥村村委会	长临路 913 号 15 楼	56403689
场北村村委会	场北路 558 号	66380011-501
淞南镇人民政府	**淞南路 500 号**	**56144920**
淞南一村居委会	淞南二村 50 号	56825894
淞南三村一居委会	淞南三村 128 号	56822217
淞南四村一居委会	淞南四村 76 号甲 2 楼	56822230
淞南五村一居委会	淞肇路 88 号	56143490
淞南五村二居委会	淞南五村 500 号	56828503
淞南六村居委会	淞南六村 89 号	66185939

续表

名　　称	地　　址	电　话
淞南七村一居委会	淞南七村87号	36140364
淞南八村居委会	长江南路530弄2号	66186025
淞南九村一居委会	宝景苑55弄3号2楼	56640780
淞南九村二居委会	淞南九村192号	66156338
淞南十村居委会	淞南十村195号	66148909
长江路第一居委会	长江路848弄4号103室	66143855
长江路第五居委会	长江路406弄6号	56448302
长宏新苑居委会	淞南路111弄(逸居苑)A房2楼	56450823
张华浜居委会	长江路20弄5号	56451233
华浜居委会	华浜新村19号	56448303
华浜二村居委会	逸仙路3456弄22号	56445128
嘉骏花苑居委会	新二路1088弄25号2楼	56177225
盛达家园居委会	一二八纪念路55弄45号3楼	66155565
新城尚景居委会	淞肇路333弄15号单元2楼	66185856
新梅淞南苑居委会	长逸路301弄24号2楼	56450395
嘉骏香山苑居委会	通南路38弄82号2楼	36215688
盛世宝邸居委会	淞塘路72号3楼	60719681
三湘海尚居委会	长江西路210号5楼	56143533
宝山城市工业园区管委会	**真陈路1000号**	**36161522**
丰翔新城居委会	城银路655弄7号楼101室	36307691
金地艺境城居委会	市台路555弄16号	56042155
三星村村委会	城银路1号	36382169
五星村村委会	真陈路818号	36160399
宝山工业园区管委会	**金石路1688号**	**36381645**
上河苑居委会	潘泾路4777弄41号1楼	66879801
旭辉澜悦苑居委会	潘泾路4655弄51号2楼	66871622

十、闵行区

名　　称	地　　址	电　话
江川路街道办事处	**鹤庆路258号**	**64305780**
东风新村第一居委会	江川路248弄26号乙	64356495
东风新村第三居委会	兰坪路401弄7号对面	54707452
电机新村第一居委会	江川路558弄67号101室	64624286
电机新村第二居委会	宾川路416弄33号1楼	64302885
电机新村第四居委会	碧江路195弄153号101室	64636876
电机新村第五居委会	江川路680弄18号2楼	34975782
兰坪新村第一居委会	兰坪路70弄36号103室	54715574

续表

名　　称	地　　址	电　话
兰坪新村第二居委会	兰坪路 190 弄 25 号	54715153
北街居委会	新闵路 481 弄 29 号 101 室	54715020
安宁路第一居委会	安宁路 289 弄 17 号	54708771
华江新村第一居委会	华坪路 69 弄 27 号	64357250
华江新村第二居委会	建设路 22 号	54700724
红旗新村第三居委会	碧江路 402 弄 30 号	64630238
红旗新村第四居委会	景谷路 176 弄 98 号	64304722
红旗新村第五居委会	碧江路 401 弄 18 号	64306542
红旗新村第六居委会	碧江路 502 弄 73 号 103 室	64635571
红旗新村第七居委会	碧江路 501 弄 35 号	64632229
汽轮新村第一居委会	江川路 296 弄 14 号	64630804
汽轮新村第三居委会	宾川路 380 弄 54 号香樟家园 3 楼	64634474
沧源新村第一居委会	沧源路 880 弄 51 号底层	34201129
沧源新村第二居委会	沧源路 660 弄 7 号	54706245
沧源新村第三居委会	沧源路 755 弄 32 号	54707688
河东居委会	闵东路 18 号 4 号楼	64351153
金平新村居委会	金平路 479 号	64356859
昆阳新村第一居委会	昆阳路 570 弄 11 号	54723482
昆阳新村第三居委会	昆阳路 570 弄 11 号	54723482
南洋博仕欣居居委会	景谷东路 99 弄 20 号	34202770
高华新村第二居委会	江川路 241 弄 98 号 103 室	54736769
高华新村第三居委会	沪闵路 158 弄 24 号 102 室	64356978
富仕名邸居委会	碧江路 329 弄 12 号 102 室	54758898
紫藤新园居委会	东川路 2759 弄 5 号	54751140
新闵新村居委会	新闵路 522 弄 47 号	54717846
瑞丽新村居委会	江川路 456 弄 25 号 104 室	64630605
鹤北新村第一居委会	鹤庆路 136 弄 26 号	54715666
鹤北新村第三居委会	鹤庆路 358 弄 65 号	54756005
鹤北新村第四居委会	鹤庆路 560 弄 57 号	64637992
鹤庆新村第一居委会	兰坪路 352 弄 50 号 101 室	64628518
鹤庆新村第二居委会	鹤庆路 465 号	64631526
红旗新村居委会	华宁路 191 弄 225 号	64622402
好第坊文馨苑居委会	东川路 865 弄 18 号	54745820
假日景苑居委会	金平路 328 弄 76 号	33887320
合生城邦城第一居委会	安宁路 552 号	33885218
合生城邦城第二居委会	金平路 785 号 3 楼	24200292
合生城邦城第三居委会	金平路 564 号	33885208

续表

名称	地址	电话
合生城邦城第四居委会	金平路 784 号	34201709
永平南路第一居委会	德宏路 2465 号	34635983
凤凰景苑居委会	石屏路 521 号	54133231
古美路街道办事处	**平南路 890 号**	**34227900**
古美一村居委会	莲花路 528 弄 6 号 2 楼	64804783
古美三村居委会	平阳路 360 弄 32 号 101 室	64803811
古美四村居委会	平阳路 300 弄 42 号	54800962
古美七村居委会	顾戴路 35 弄 2 号	64802246
古美八村居委会	莲花路 310 弄 67 号 102 室	64808945
古美九村居委会	古美路 377 弄 24 号 101—102 室	54801751
古美十村居委会	平阳路 59 号 27 号 103 室	54802452
古龙一村居委会	古美路 675 弄 1 号 2 楼	54803605
古龙二村居委会	古美路 718 弄 12 号	54805045
古龙三村居委会	古龙路 287 弄 3 号甲	64804414
古龙四村居委会	平吉路 88 弄 25 号	34220811
古龙五村居委会	古龙路 300 弄 2 号 101 室	54931865
古龙六村居委会	古龙路 66 弄 69 号 1 楼	34221928
平南新村第一居委会	莲花路平南一村 96 号	64809097
平南新村第二居委会	万源路 1185 弄(临)平南三村 48 号	64804573
平南新村第三居委会	东兰路 751 弄 3 号 102 室	54933731
华一新城居委会	古美路 1455 弄 65 号 2 楼(近东兰路南门出口处)	54930377
华梅花苑居委会	虹梅路 999 弄 24 号 101 室	54800342
梅莲苑居委会	古美路 1458 弄 14 号 101 室	54808403
万源城第一居委会	古龙路 666 弄 17—18 号	62209776
万源城第二居委会	万源路 986 弄 32 号	24285718
万源城第三居委会	莲花路 755 弄 7 号	34228319
万源城第四居委会	万源路 580 弄 1 号 2 楼	64057667
东兰新村第一居委会	龙茗路 1702 号	51111920
东兰新村第二居委会	东兰路 1111 弄 111 号 101 室	51112857
东兰新村第三居委会	龙茗路 1699 弄 5 号 102 室	54930024
东兰新村第四居委会	龙茗路 2121 弄 3 号 1 楼	54336678
平吉一村居委会	虹莘路 2388 弄 10 号	54166653
平吉二村居委会	虹莘路 2288 弄 143 号	54162871
平吉三村居委会	顾戴路 1266 弄 107 号	54163253
平吉四村居委会	龙茗路 1458 弄 48 号 2 楼	54160106
平吉五村居委会	古龙路 1065 弄 14 号	54147639
平吉六村居委会	顾戴路 1100 弄 85 号 102 室	54167500

续表

名　　称	地　　址	电　话
平阳一村居委会	平阳路 1508 号	54148774
平阳二村居委会	顾戴路 1199 弄 88 号	34171370
平阳三村居委会	平阳路 1375 弄 30 号	54149701
平阳四村居委会	古美西路 628 弄 140 号 102 室	54141105
平阳五村居委会	龙茗路 513 弄 120 号	54163732
平阳六村居委会	古美西路 631 弄 97 号 11 室	54140086
新虹街道办事处	**申滨路 777 号**	**64200282**
航华一村第二居委会	沪青平公路 391 弄 40 号 2 楼	54475009
航华一村第五居委会	航东路 775 弄 39 号	64213359
航华一村第六居委会	沪青平公路 158 弄 40 号	64216791
航华一村第七居委会	沪青平公路 101 弄 4 号 103 室	64209897
爱博一村居委会	宁虹路 1101 弄 100 号 216 室	34666792
爱博二村居委会	申滨路 1051 弄 176 号	34667458
沙茂居委会	七莘路 3885 弄 85 号 103	64780380
华美路居委会	华美路 216 号	62200935
华美路第二居委会	中华美路 14 号	62208508
爱博三村居委会	申滨路 1058 弄 76 号会所 216 室	62201650
爱博五村居委会	天山西路 4178 弄 101 号 102 号	32231067
爱博四村居委会	天山西路 4358 弄 55 号 105 室	34975189
万科润园居委会	申郑路 18 弄 9 号 2 楼	54731828
申贵路居委会	申贵路 1599 弄 35-1 临	64886152
红星村村委会	华翔路 1969 号	62218588
光华村村委会	沪青平公路 1207 号	54476572
范巷村村委会	华翔路 255 号 436 室	34900562
陶家角村村委会	中华美路 33 号	62209511
新家弄村村委会	爱博五村天山西路 4178 弄 101 号 310 室	62211511
浦锦街道办事处	**浦星公路 800 号**	**34783056**
世博家园第一居委会	浦驰路 50 号	34503791
世博家园第二居委会	北江燕路 228 弄 16 号	34500229
世博家园第三居委会	南江燕路 69 弄 25 号	34503792
世博家园第四居委会	南江燕路 229 弄 12 号	61454768
世博家园第五居委会	浦申路 120 号	34503927
世博家园第六居委会	联航路 1948 号	61519179
陈行居委会	浦秀路 1139 弄	54331908
景江苑居委会	浦秀路 499 弄 44 号	34303578
景舒苑第一居委会	浦雪路 351 弄 18 号	24284823
景舒苑第二居委会	浦秀路 183 弄 30 号	34302226

续表

名　　称	地　　址	电　话
景舒苑第三居委会	浦雪路179弄22号	34633966
滨浦第一居委会	浦驰南路238弄12号	34620345
滨浦第二居委会	浦驰南路39弄32号	34629689
新浦江城第一居委会	江桦路400弄74号	34783127
新浦江城第二居委会	浦锦路1286弄32号	64299615
一品漫城第一居委会	芦恒路128弄71号	54390882
一品漫城第二居委会	芦恒路306弄258号3F	54739306
茉莉名邸居委会	浦秀路1536弄70号	34790358
浦江颐城居委会	浦晓路298弄55号	34791379
滨浦新苑第三居委会	浦雪南路369弄14号	34781855
滨浦新苑第四居委会	江汉路751弄26号	34793289
丁连村村委会	丁连路88号	64290058
丰收村村委会	丰收村九组1号	64110492
芦胜村村委会	芦胜村四组12号	64292036
近浦村村委会	塘浦路619号	64292199
郁宋村村委会	浦晓南路166号北楼	64292426
浦江村村委会	浦江村二组20号	64292221
跃农村村委会	立跃路4520号	64292427
勤俭村村委会	勤俭村七组101号	64110275
塘口村村委会	陈行公路4001号	64292167
为民村村委会	为民村一组200号	64292257
叶凌村村委会	陈南路59号	64292433
李巷村村委会	李巷路588号	64295226
亭子村村委会	杜行西街170号	64110491
恒星村村委会	恒星村十一组恒星路	64292418
莘庄镇人民政府	**七莘路889号**	**64885100**
东街居委会	长寿花苑62号二楼	64889161
西街居委会	莘中新村3号102室	64921791
团结花苑居委会	莘建路375弄48号101	64920852
莘纪苑居委会	西园路128弄27号101	64881696
世纪名门居委会	莘松路225弄26号101室	54940382
沁春园一村居委会	莘西南路400弄45号	64888630
沁春园二村居委会	莘西南路155弄61号	64880751
沁春园三村居委会	沁春路1366弄58号2楼	54830475
邻里苑居委会	沪闵路5600弄62号2楼东侧	34537060
莘松一村居委会	莘松二村46号甲	64921024
莘松三村居委会	莘松三村74号	64921354

续表

名　　称	地　　址	电　话
莘松四村居委会	莘松路 470 弄 90 号	64882213
莘松五村居委会	莘沥路 499 弄 7 号	64924785
莘松九村居委会	莘东路 373 弄 37 号	64925139
西环新村居委会	西环路西环一村 56 号 2 楼	64924530
康城第一居委会	莘松路 958 弄维园道 9 号 2 楼	34671060
康城第二居委会	莘松路 958 弄山林道 68 号 101 室	64938017
康城第三居委会	莘松路 958 弄维园道 25 号 3 楼	34671622
康城第四居委会	莘松路 958 弄大浪湾道 35 号 4 楼	34556298
绿梅一村居委会	莘北路 255 弄绿梅一村 28 号 1 楼	64884197
绿梅二村居委会	莘凌路绿梅二村 13 号	64889974
绿梅三村居委会	莘北路 399 弄 34 号 102 室	64884866
宝安新苑居委会	疏影路 789 弄 78 号 2 楼	54889264
东苑新天地居委会	疏影路 711 弄 19 号 2 楼	54940213
莘城苑居委会	疏影路 1111 弄 55 号 2 楼	54884005
西湖苑居委会	西环路 777 弄 48 号	64882293
水清一村居委会	雅致路 228 弄 27 号甲	64122686
水清三村居委会	庙泾路 52 弄 39 号	64128916
报春第一居委会	报春路 817 弄 5 号	64126706
报春第二居委会	报春路 816 弄 12 号	64124939
众众家园居委会	广贤路 128 号	54131503
丽华公寓居委会	报春路 748 弄 46 号 101 室	54133998
阳明花苑居委会	山花路 108 弄 34 号 102 室	54173751
黎安第一居委会	黎安一村 56 号 102 室	64126009
黎安第二居委会	黎安二村 38 号 102 室	64131085
香树丽舍居委会	水清路 999 弄 44 号 2 楼	64131817
星丰苑居委会	黎明路 155 弄 1 号 201 室	54175212
圣陶沙花园居委会	圣陶沙小区会所 3 楼	64121903
佳佳花园居委会	报春路 218 弄 26 号	64137568
新梅花苑居委会	报春路 388 弄 60 号	64139532
绿世界居委会	报春路 128 弄 8 号	64137363
新梅广场居委会	报春路 399 弄 69 号 2 楼	64135267
虹莘新村居委会	虹莘路 1551 弄 38 号	54147650
莘南花苑居委会	莘朱路 699 号 203 室	54384665
莘城公寓居委会	宝城路 158 弄 44 号 101 室	54150154
名都新城居委会	宝城路 155 弄 20 号 102 室	54157623
新申花城居委会	春申路 2768 弄 32 号	54385592
春申新村居委会	都市路 4633 弄 34 号	54153995

续表

名　　称	地　　址	电　话
春申万科城居委会	伟业路199弄181号3楼	54993159
世纪阳光园居委会	闵城路199弄15号北5楼	54153736
春申复地城居委会	腾冲路286号	64605214
东苑利华苑居委会	普洱路88弄10号102	64605841
都市星城居委会	珠城路118弄1号2楼	54157295
青春村村委会	莘松路855弄5幢A区1层H	64923083
莘北村村委会	莘北路655号	64921572
七宝镇人民政府	**吴宝路8号**	**64780860**
大上海国际花园居委会	漕宝路1555弄樱花园6号101室	64787009
三佳花苑居委会	新镇路1060弄5号	64789242
万兆家园居委会	七莘路2855弄3号底楼	54855899
万科城市花园居委会	七莘路3333弄6区20号101室	64197581
万科城市花园第二居委会	中春路8888弄4号101室	33502640
万科城市花园第二居委会	新龙路111弄85号	33500319
万泰花园第一居委会	七莘路2299弄88号101室	54866204
中春路居委会	沪星路299弄63号	54471420
东方花园居委会	七莘路2288弄16号102室	64595655
华林路第一居委会	华友路260弄22号101室	54883988
华林路第二居委会	华林路229弄1号301室	54889123
华林路第三居委会	中谊路888弄96号	64783603
华林路第四居委会	华茂路32弄6号乙	64595570
红明新村居委会	漕宝路1565弄39号	64789854
牡丹居委会	七莘路2999弄12号东	64597809
园艺新村居委会	七莘路2628弄68号	64611104
吴宝路第一居委会	七莘路3128弄38支弄15号101室	64595560
吴宝路第二居委会	吴中路2727弄15号101室	54865304
佳宝新村第一居委会	佳宝二村30号	64788464
宝仪新村居委会	新镇路876弄56号101室	64780166
京都苑居委会	青年路369弄6—7号	54855668
茂盛新村居委会	新镇路1036弄108号101室	54855066
皇都花园居委会	顾戴路2000弄	34531070
莲浦府邸居委会	七莘路1818弄5号	54863919
富丽公寓居委会	七莘路1999弄29号101室	64591337
蒲汇新村居委会	青年路77弄4号101室	64192951
塘北居委会	七莘路2990弄15号	64781572
塘南居委会	富强街37号	64190771
豪世盛地园居委会	沪松公路195弄9号	54791060

续表

名　　称	地　　址	电　话
静安新城第一居委会	漕宝路 1467 弄 1 区 34 号	54786358
静安新城第二居委会	漕宝路 1467 弄 5 区 54 号	54786719
静安新城第三居委会	漕宝路 1467 弄 11 区 55 号	54780710
静安新城第四居委会	漕宝路 1467 弄 7 区 42 号 101 室	54780070
静安新城第五居委会	宜山路 2328 弄 12 号	54788954
静安新城第六居委会	漕宝路 1467 弄 1 号 101 室	54781096
漕宝路居委会	漕宝路 2999 弄 11 号 101 室	64785779
漕宝路第二居委会	漕宝路 1800 弄 53 号乙	64596022
黎明花园居委会	七莘路 2465 弄 30 支弄 75 号	64794474
东方花园第二居委会	荣谊路 108 弄 35 号 2 楼	34535306
航华一村第一居委会	航华一村一街坊 46 号	64216899
航华一村第三居委会	航东路 284 号	64219764
航华一村第四居委会	航华一村 492 号	64214090
航华二村第一居委会	航北路 483 号嘉丰公寓	64210826
航华二村第三居委会	航新路 288 号	64211527
航华二村第四居委会	航华二村三街坊 178 号西侧	64216220
航华三村第一居委会	航华三村 200 号	64209443
航华四村第一居委会	航华四村 90 号	54472038
航华四村第二居委会	航北路 180 弄 53 号 202 室	54476188
航华四村第三居委会	航华四村三街坊 288 号	64214648
航华四村第四居委会	航东路 255 弄 40 号 102 室	64201653
中春路第三居委会	联明路 308 弄 2 号(F2)	34207133
吴宝路第三居委会	新龙路 558 弄 23 号	54855266
中春路第二居委会	中春路 8889 弄 56 支弄 20—22 号	34722039
七韵美地苑居委会	航中路 99 弄 104—107 号	34722117
万科第四居委会	中春路 8889 弄 55 支弄 18 号 101 室	54550253
漕宝路第三居委会	虹莘路 3333 弄 55 号 2—3 楼	33887255
七宝村村委会	中春路 7039 弄 26 号	64785201
九星村村委会	九星路 288 号	64790855
中华村村委会	中春路 6785 号华贸产业园 C 幢 5 楼	64192991
友谊村村委会	中谊路 869 号	64780595
沪星村村委会	中春路 9969 号	64193622
联明村村委会	中春路 7155 弄 68 号 4 号楼 2 楼	64781896
虹桥镇人民政府	**吴中路 1136 号**	**64062888**
上虹新村居委会	莲花路 2150 弄上虹新村七、八街坊综合楼	64655098
古北虹苑居委会	姚虹路 251 弄 13 号	54770976
古北新城居委会	吴中路 511 弄 9 号综合楼	54779709

续表

名称	地址	电话
井亭苑居委会	虹莘路3799弄井亭苑邻里中心3楼	34315872
华光花园居委会	虹梅路3297弄75号101室	64467546
红春公寓居委会	虹梅路3321弄综合楼	64050819
名都城居委会	虹许路780弄名都城俱乐部底楼	64012180
虹华苑居委会	华光路300弄41号101室	64654776
虹桥花苑居委会	虹梅路3200弄6号3楼	64063784
虹桥居委会	吴中路910号	64061489
虹鹿居委会	虹中路780弄虹鹿二公寓37号甲	64019990
河西居委会	吴中路970弄12号乙	64017331
河南居委会	环镇南路49号	64060948
金虹大厦居委会	吴中路633弄88号	54220070
金斯花园居委会	金汇路460弄34号底楼	64495756
海申花园居委会	张虹路125弄东航1号楼对面2楼	64871894
振宏公寓居委会	伊犁南路32弄15号	64656098
锦华公寓居委会	吴中路405弄9号101室	54771185
锦绣江南家园居委会	金汇南路60弄54号楼1楼	34320074
万源新城居委会	合川路2870号万源邻里中心4楼	54220462
龙柏一村第一居委会	龙柏公寓88号	64490922
龙柏一村第二居委会	黄桦路386号	64026849
龙柏二村居委会	龙柏二村140号	64495901
龙柏三村居委会	龙柏三村68号西侧	64495395
先锋公寓居委会	红松路175弄73号丙	64025057
龙柏四村居委会	龙柏四村134号乙	64027189
龙柏六村居委会	龙柏易居物业楼	64061524
龙柏七村居委会	青杉路417弄26号	64052823
金汇花园居委会	红松路175弄54号甲	64020827
西郊居委会	虹井路629弄22号西郊邻里中心3楼	64029207
龙柏五村居委会	青杉路5弄25号	34310479
金汇华光城居委会	虹井路618弄109号	64021851
兰竹居委会	兰竹路17弄215号	64494076
梅陇镇人民政府	**银都路1618号**	**64970000**
上陇新村居委会	上中西路810弄50号	64545935
上海欣苑居委会	罗秀路1980弄42号101室	54811452
上海春城第一居委会	莲花南路1288弄87号底层	54377497
上海春城第二居委会	莲花南路1108弄52号底层	54999762
中梅苑居委会	上中西路855弄16号底层	64765359
未名园居委会	莲花南路588弄24号	54372734

续表

名　　称	地　　址	电　话
世纪苑居委会	莲花路155弄31号101室	54811007
朱行第一居委会	莘朱路1760弄46号2楼	64771074
朱行第二居委会	朱行三村15号	54390782
华唐苑居委会	虹梅南路2288弄71号底楼	64976601
罗阳新村第一居委会	罗阳路258弄89号	64552987
罗阳新村第二居委会	罗锦路258弄50号	64536328
罗阳新村第三居委会	莲花南路431弄81号	54299705
罗阳新村第四居委会	罗阳四村29号101室	64539185
罗阳新村第五居委会	莲花南路565弄102号101室	54280844
罗阳新村第六居委会	罗阳路568弄94号102室	64104675
罗阳新村第七居委会	罗阳路750弄96号底楼	54992819
罗阳新村第八居委会	罗阳路800弄175号	54993042
罗阳新村第九居委会	罗锦路888弄7支弄6号	54994616
罗秀苑居委会	上中西路1011弄64号102室	64108689
罗锦苑居委会	罗锦路111弄21号	54281839
南方新村第一居委会	古美西路86弄88号	64126618
南方新村第二居委会	古美西路316弄24号	64806543
南方新村第三居委会	古美西路420弄113号	64084654
春申花园居委会	莲花南路988弄58号会所2楼	54995849
春申景城居委会	兴梅路1199弄3号2楼	61361517
虹景苑居委会	虹梅南路2589号2楼	64976862
莲花公寓居委会	莲花路425弄96号1楼	54805466
莲花新村居委会	春申路2458弄52号102室	54381226
高兴花园第一居委会	莘朱路879弄51号	54371790
高兴花园第二居委会	莘朱路879弄65号	54381732
高兴花园第三居委会	莘朱路851弄105号	54371796
曹行居委会	金都路978弄16号	64970411
梅陇第一居委会	益文路100号	64540274
梅陇第二居委会	梅陇一村180号	64242547
梅陇第三居委会	梅陇二村31号	64774262
梅陇第四居委会	梅陇二村140号	64775204
梅陇第五居委会	紫藤二村1号甲	64101548
梅陇第六居委会	益文路101弄1号楼104室	64763910
梅陇第七居委会	上中西路925弄48号	64768565
望族苑居委会	上中西路1285弄38号底楼	54811314
望族新苑居委会	万源路400弄48号3楼	34222294
鸿福新村居委会	同乐路151弄14号101室	64552882

续表

名　　称	地　　址	电　话
普乐新村第一居委会	虹梅南路1555弄94号	64105237
普乐新村第二居委会	普乐路425弄46号	64559023
源梦苑居委会	春申路1888弄47号	64541120
嘉和花苑居委会	罗秀路1999弄25号1楼	54810024
蔷薇新村第一居委会	春申路1581弄15号	64976206
蔷薇新村第二居委会	春申路1717弄13号1楼	54320073
蔷薇新村第三居委会	春申路1580弄22号102室	64977839
都市宜家苑居委会	虹梅南路1661弄78号102室	54282321
南方城居委会	沪闵路7580弄111支弄31号	34221016
燕南麒麟居委会	景联路1111弄2号201室	54402657
银兆银都居委会	银都路666弄18号1楼	64965150
银泰苑居委会	双柏路1710弄2号203室	34290020
银河新都居委会	绿连路99弄4号2楼	34669278
锦梅馨苑居委会	莲花南路969弄26号	34676232
金都路居委会	曙建路51弄	34975606
上海晶城第一居委会	业祥路151号2楼	54398672
上海晶城第二居委会	老沪闵路1111弄24号2楼	54222953
上海晶城第三居委会	龙州南路130号201室	34307282
中海寰宇居委会	银都路2188弄26号3楼	54719896
五一村村委会	虹梅南路2009弄9号	64976778
车沟村村委会	澄江路505号	64340318
双溪村村委会	墨江路356弄18号	64347300
民建村村委会	金都路28号	64345180
永联村村委会	银都路518号	64973302
华一村村委会	莲花路1555号	64802668
许泾村村委会	澄江路1588号	33506638
行西村村委会	龙里路98号	54389108
行南村村委会	虹梅南路1586号	64777400
张慕村村委会	梅陇西路968号	54991378
爱国村村委会	虹梅南路澄江路1000号	33506188
曹行村村委会	曹建路185号	64973212
曹中村村委会	双柏路1288号	64971830-803
集心村村委会	集心路268号	54385178
曙建村村委会	老沪闵路2288号	64974609
华漕镇人民政府	**纪翟路228号**	**62216660**
九韵城居委会	繁兴路296号	52262804
华漕第二居委会	华江路华漕新村63号202室	62206923

续表

名　称	地　址	电　话
纪王居委会	纪高路78号	62965208
西郊城第一居委会	北翟路2000弄70支弄102—202室	52210286
金丰城第一居委会	金丰路121弄44号	62210824
南华路居委会	北翟路2900弄	52230221
美邻苑居委会	保乐路666弄	62219712
诸新路居委会	纪翟路450号	62215283
诸翟居委会	紫苑路116号	62211140
银杏新村居委会	纪翟路1625弄28号	62964749、62966362
紫薇新村居委会	北翟西路紫薇路94号	62212447
西郊虹韵城居委会	开兴路199弄11号	34710975
爱博六村居委会	爱博六村289弄	54398829
闵北路居委会	季乐路299弄1号	54315570
卫星村村委会	华漕镇联友路1798号	62961631
王泥浜村村委会	北翟路3318号	52236658
石皮弄村村委会	北青公路2196号	62211229
红卫村村委会	纪翟路1459号	52960538
纪王村村委会	纪翟路2762号	52968825
纪东村村委会	纪中路58号	52630035
纪西村村委会	纪高路1308号	62960003
许浦村村委会	北翟路1550号	62209795
朱家泾村村委会	纪翟路1105号	52260562
华漕村村委会	南华街38弄50号	52236685
陈家角村村委会	繁兴路1280号	62211203
杨家巷村村委会	华翔路3759号	62211206
赵家村村委会	联友路2716号	62960224-802
诸翟村村委会	诸新路8号	62210581
鹫山村村委会	纪鹤路828号	62964739
吴泾镇人民政府	**剑川路388号**	**64503421**
双柏新村居委会	剑川路100弄43号	64503460
永北新村居委会	永德路5511弄335号2楼	64507916
永南新村居委会	剑川路140弄134号	64506327
吴泾新村居委会	龙吴路5530弄40号	64502375
宝秀路居委会	剑川路201弄97号	64505342
枫桦景苑居委会	剑川路198弄1号	64526567
通海新村居委会	通海路121弄201号	64500672
紫晶南园居委会	广南路688号	64528756
氯碱新村居委会	剑川路50弄55号	64502477

续表

名　　称	地　　址	电　话
新华新村居委会	龙吴路 5599 弄 116 号西门	64525007
万科阳光苑居委会	龙吴路 5688 号 49 号 2 楼	34223156
虹梅新苑第一居委会	永德路 360 弄 6 号 102 室	54848910
虹梅新苑第二居委会	景东路 715 号	34701353
虹梅景苑第一居委会	永德路 700 弄 25 号	34679285
虹梅景苑第二居委会	尚义路 459 弄 18 号	34713012
嘉怡水岸居委会	紫龙路 500 弄 85 号 2 楼	64206282
塘泾南苑居委会	曹家塘路 220 弄 10 号	54720878
塘泾北苑居委会	曹家塘路 390 弄 10 号 101 室	34203205
友爱村村委会	广南路 676 号 2 楼	54333862
共和村村委会	放鹤路 58 号	64505567
和平村村委会	莲花南路 3718 号	34307727
英武村村委会	景东路 727 号 2 楼	64522528
幸福村村委会	永德路 676 号 2 楼	34290562
星火村村委会	金家塘路 88 号	54872286
新建村村委会	元江路 800 号	64501621
塘湾村村委会	北吴路 479 号	34307539
浦江镇人民政府	**联航路 1515 号**	**64292222**
杜行居委会	鹤坡路 66 号	64115824
鲁汇居委会	闸航路 2725 弄 99 支弄 39 号	64914593
闵浦第三居委会	江玮路 298 弄 37 号	34623001
闵浦新苑第二居委会	鹤坡南路 169 弄 2 号	34683498
新汇绿苑居委会	汇臻路 939 弄 9 号	34534593
宝邸第一居委会	江文路 138 号	54825366
浦航新城第三居委会	浦连路 389 弄 122 号	60913539
浦航新城第四居委会	浦涛路 768 弄 812 号	34094220
浦航新城第五居委会	浦涛路 505 弄 10 号	34094303
浦航新城第六居委会	江航路 60 弄 21 号	61510313
浦航第七居委会	浦连路 150 弄 21 号	24206216
智汇园居委会	联航路 1401 号	34505637
欣佳宝邸居委会	闵驰二路 266 号	64113177
闵浦第一居委会	江玮路 71 号	54408500
浦航新城第二居委会	江协路 51 弄 1 号	34151853
浦润苑居委会	浦航路 718 弄 8 号	34790200
浦江馨都居委会	先新路 1058 弄 57 号	34795880
瑞和华苑居委会	闵驰一路 302 弄 12 号	34795186
汇秀景苑居委会	闵驰一路 208 弄 20 号	34791282

续表

名　　称	地　　址	电　话
聚缘居委会	闵驰一路 50 弄 26 号	34782668
中虹浦江苑居委会	浦涛路 100 弄 2 号	20960899
瑞和城第三居委会	汇延路 199 弄 33 号	34796058
红梅苑居委会	西城一路 177 弄 169 号	34798685
永康城第一居委会	永高路 255 弄 257 号	34792900
永康城第七居委会	永跃路 782 弄 6 号	34792010
永康城第八居委会	永杰路 577 弄 13 号	34791589
永康城第九居委会	永跃路 555 弄 17 号	54847993
浦江瑞和城第五居委会	汇舒路 119 弄 31 号	34070558
浦江宝邸第二居委会	江文路 153 号	34791950
浦航新城第八居委会	浦连路 99 弄 7 号	34791862
永康城第二居委会	盐铁塘路 565 弄 10 号	34790310
永康城第三居委会	永高路 75 弄 2 号	34789700
永康城第四居委会	鲁康路 1198 弄 1 号	34790115
永康城第五居委会	永恩路 72 号	34791650
永康城第六居委会	永杰路 363 号	34796027
瑞和城第二居委会	汇延路 59 弄 22 号	34791217
瑞和城第四居委会	鲁康路 555 弄 41 号	34781551
瑞和城第六居委会	鲁浩路 160 弄 10 号	54707980
瑞和雅苑第一居委会	叶家桥东路 260 弄 19 号	34782012
瑞和城第一居委会	鲁宁路 43 弄 13 号	34790219
万里村村委会	联胜路 169 号	64110113
苏民村村委会	陈行公路 1115 号	64292507
友建村村委会	三鲁公路 5667 弄 80 号	64293243
永丰村村委会	金闸路 1515 号	64911325
永新村村委会	永浦路 999 号	64911319
正义村村委会	正义村正义路 88 号	64911789
东风村村委会	立跃路 1208 号	54336918
立民村村委会	立民路 80 号	64290840
汇中村村委会	召泰路 1448 号	64911546
汇东村村委会	闸航路 1155 号	64911340
汇北村村委会	闸航路 2255 号	64911025
汇西村村委会	闸航路 2993 号	64911301
汇红村村委会	闸航路 2221 号	54550099
汇南村村委会	永南路 1 号	64911764
北徐村村委会	北徐支路 58 号	64911842
先进村村委会	三鲁公路 919 号	64911309

续表

名　　称	地　　址	电　话
光继村村委会	沿浦路 110 号	64911306
张行村村委会	浦星公路东侧沈杜公路南	64110037
杜行村村委会	杜行西街 170 号	64115343
建中村村委会	三鲁路 4808 号	34030077
建东村村委会	鲁陈路 1599 号	54310728
建岗村村委会	联胜南路 8 号	64110655
建新村村委会	建新路 100 号	64110184
知新村村委会	苏近路 665 号	64295790
革新村村委会	沈杜公路 1589 号	64110499
胜利村村委会	联胜南路 8 号	64110496
跃进村村委会	杜行西街 170 号	64110490
联民村村委会	联跃路民联路口	64110489
联合村村委会	联建路 99 号	64111611
联星村村委会	江月路林海公路路口	64110646
联胜村村委会	联胜路 119 弄 51 号	64118035
勤劳村村委会	万芳路 1698 号	64293792
新风村村委会	先新路 555 号	64914035
群益村村委会	三鲁公路 2918 号	64110497
镇北村村委会	苏召路 318 号(联航路南首)	64110495
颛桥镇人民政府	**颛盛路 18 号**	**64896905**
北桥居委会	沪闵路 2282 弄 65 支弄 1 号	64909568
众安居委会	颛兴路 180 弄 18 号 2 楼	64890140、64899351
众众新家园居委会	都市路 2899 弄 47 号 3 楼	33585698
好世凤凰城居委会	银都路 3536 弄 148 号	54439590
兴银花园居委会	都市路 3635 弄 38 号 2 楼	64580698
秀龙居委会	颛兴路 180 弄 18 号 3 楼	64890235
君临花园居委会	银都路 3399 弄小区会所	64586965
金都新村第二居委会	银都路 3151 弄 174 号 3 楼	64581370
莘闵荣顺苑居委会	颛盛路 135 弄 44 号 2 楼	64428869
银桥花园居委会	沪闵路 3131 弄 250 号 2 楼	64909566
银春花园居委会	灯辉路 501 弄会所 2 楼	64906911
银都苑第一居委会	银都路 3118 弄银都 7 村 55 号	64583076
银都苑第三居委会	银都路 3118 银都 8 村 52 号 2 楼	34512353
颛溪新村第五居委会	颛盛路 118 号	33585160
樱缘花园居委会	都市路 3588 弄会所 3 楼	54439998、54337860
颛溪新村第八居委会	颛兴路 358 弄 53 号	34073996
繁盛苑居委会	颛兴路 639 弄会所 3 楼	34074445

续表

名 称	地 址	电 话
日月华城居委会	颛建路 650 号东 2 楼	33507818
复地北桥城居委会	都市路 391 号会所 2 楼	61369355
君莲新城第二居委会	沪光路 39 弄 54 号	61911202
君莲新城第一居委会	都会路 3199 弄会所 3 楼	34551736
骏苑居委会	金阳路 116 弄 20 号、金阳路 366 弄会所 2 楼	60401210
君莲新城第三居委会	春都路 88 弄 76 号	52960051
翔泰苑居委会	鹤翔路 28 弄 9 号商铺 3 楼	52230536
金榜新苑居委会	都市路 1900 弄 80 号 2 楼	62203772
都市富苑居委会	都市路 778 弄会所	64202001
招商雍华苑居委会	沪光路 555 弄 5 号	64203088
文博水景居委会	都市路 2501 弄 360 号	54305773
君莲新城第四居委会	春都路 525 号	33582318
君莲新城第五居委会	春都路 358 弄 1 号	64982866
中心村村委会	沪闵路 1998 号	64902356
北桥村村委会	北松路 599 号	64900169
光明村村委会	北五路 1219 号	54570168
安乐村村委会	银春路 578 号	34716286
向阳村村委会	向阳路 1158 号	64890283
灯塔村村委会	沪闵路 2099 号	64901957
黄一村村委会	江川东路 582 号	54717736
集体村村委会	鑫都路 2430 号	64892996
新闵村村委会	沪闵路 445 号	64357485
马桥镇人民政府	**北松公路 2188 号**	**64090120**
马桥居委会	马桥镇南中街 53 号	64090450
飞碟苑居委会	银春路 1800 弄 17 号 210 室	64090837
华银坊居委会	银春路 1399 弄 67 号 101 室	64090319
元吉新村居委会	联青路 135 弄 186 号	33584330
元祥新村居委会	联青路 699 弄 258 号	64090850
夏朵园居委会	银春路 1799 弄 142—143 号	34973415
敬南路居委员会	敬南路 251 弄 5 号	64090261
茜昆路居委会	元江路 6600 弄 270 号	54737715
景城乐康苑居委会	银春路 2200 弄 1—2 号	64098699
景城银春苑居委会	银康路 76 弄	64090811
景城保利佳苑居委会	富国路 39 弄 6 号	64097770
景城保利雅苑居委会	银秋路 1351 弄 32 号	64090922
景城馨苑居委会	银林路 1020 弄 20 号	64099899
景城品雅苑居委会	富卓路 789 弄 1—3 号南面 1 楼	64091579

续表

名　　称	地　　址	电　话
工农村村委会	昆阳路 2069 号	64091284
友好村村委会	临沧路 85 号	54756615
民主村村委会	民仙路 86 号	54720995
同心村村委会	汇江路 195 号	57421383
吴会村村委会	剑川路 1980 号	54723866
金星村村委会	丽江路 32 弄 88 号	64307676
俞塘村村委会	北松公路 1600 号裕隆花园 3127 号	64090109
彭渡村村委会	江川路 2048 号	34097518
旗忠村村委会	光华路 2685 号	54980823
莘庄工业区管委会	**金都路 3688 号**	**54425442**
申莘新村第一居委会	春光路 748 号	54422512
申莘新村第二居委会	申北路 385 弄 29 号	54832636
申莘新村第三居委会	申北路 350 弄 58 号 201 室	34073385
正峰苑居委会	申北路 168 弄 54 号 2 楼	54426248
南郊别墅居委会	中春路 3455 弄 68 号 2 楼	54832959
春辉新村居委会	颛兴路 748 弄 53 号	34974388
天恒名城居委会	鑫都路 2688 弄 52 号 102 室	34096988
新源路第一居委会	鑫都路 2699 弄 28 号 4 楼	34093806
鑫峰苑居委会	鑫都路 2535 弄 11 号 4 楼	34630928
瓶安路居委会	瓶安路 1600 弄 36 号 203 室	64586936

十一、嘉定区

名　　称	地　　址	电　话
安亭镇人民政府	**墨玉路 79 号**	**59579277**
玉兰第一社区居委会	安亭镇阜康西路 9 弄 75 号	59577122
玉兰第二社区居委会	安亭镇阜康西路 199 弄 37 号底楼	59571449、59577210
玉兰第三社区居委会	安亭镇墨玉路 362 弄 75 号	59571149
紫荆社区居委会	泽普路 108 弄 16 号	59577163
红梅社区居委会	昌吉路 237 弄 35 号	59577409
迎春社区居委会	昌吉路 890 号	69571510
博泰社区居委会	和静路 1585 弄 38 号	69578366
沁富社区居委会	新源路 1288 弄 218 号、曲惠路 520 弄	69570161
新源社区居委会	新源路 1025 弄 50 号 2 楼、民丰路 897 弄小区东侧裙房	39542245、39541002
新安社区居委会	南安德路 9 号	69960603
金桂社区居委会	南安路 88 弄 1 号 201 室	39949023
方泰社区居委会	安亭镇宝安公路 4642 号	59509132
泰东社区居委会	安亭镇东环路 207 号	59507042

续表

名 称	地 址	电 话
黄渡社区居委会	安亭镇文化街 59 弄 17 号	59595357
莱英社区居委会	玉麦路 25 号	39909071
绿苑社区居委会	绿苑路 82 弄内	59598524
春盛苑社区居委会	安亭镇嘉松北路 7222 弄 63 号底楼	69582002
博园社区居委会	春荣路 800 弄 69 号	39503856
墨玉社区居委会	园国路 1888 弄 142 号	59562988
讴象社区居委会	园区路 301 弄 38 号	59504097
泰顺社区居委会	安亭镇泰顺路 451 号	59502930
陆巷社区居委会	安亭镇陆家巷路 225 弄 166 号	39508268-801
昌吉东路社区居委会	安亭镇荣轩路 60 弄 3 号楼附楼	59531617
沁乐社区居委会	震川路 68 弄 55 号	59580978
六泉桥社区居委会	博园路 8155 弄 45 号 105 室	59925150
安驰社区居委会	博园路 7226 号	59161601
安景社区居委会	曹安公路 4908 弄 185 号	59997886
安城社区居委会	嘉松北路 6130 弄 197 号	39920118
方翔社区居委会	翔方公路 300 弄 92 号	39508272
安研社区居委会	安研路 156 号	39590855
塔庙村村委会	和静路 24 号	59579208
南安村村委会	昌吉路 988 号	59573884
顾浦村村委会	墨玉路 154 弄 12 号	59569338
兰塘村村委会	和静路 2000 号	59576025
向阳村村委会	蓬青东路 298 号	69958458
火炬村村委会	外青松公路 921 号	59563044
新泾村村委会	墨玉北路 385 号	59562139
前进村村委会	园际路 838 号	59563025
塘庄村村委会	宝安公路 5036 号	56563084
林家村村委会	昌吉路 170 号-4	59563919
双浦村村委会	新源路 1301 号	59567926
吕浦村村委会	震川路 33 号	59577199
安亭水产村村委会	和静路 1285 弄 3 号 101 室	59565260
西元村村委会	西元村 332 号	59561510
龚闵村村委会	龚闵村 296 号	69581228
先锋村村委会	先锋路 388 号	59509440
赵巷村村委会	翔方公路 3055 号	59509990-8001
星光村村委会	星光村正星路 688 号	39508776
星明村村委会	翔方公路 2280 号	39509653-818
光明村村委会	翔方公路 150 弄 196 号	39509217-11

续表

名称	地址	电话
黄墙村村委会	漳翔路1288号	59509412
漳浦村村委会	翔方公路2377号	39509586
顾垒村村委会	嘉松北路3871号	59509637
讴思村村委会	园福路501号	69573261
陆象村村委会	宝安公路4788弄258号	59509214
方泰村村委会	宝安公路4758号	59509587-806
方泰水产村村委会	泰富路488号	59505693
联西村村委会	联西路9号	69593710
联群村村委会	春浓路75号	69592893
星塔村村委会	星塔路1125号	69591621
黄沈村村委会	曹安公路4668号	69580107
杨木桥村村委会	杨木桥村10号	59592919
顾家村村委会	谢春路288号	69589756
老宅村村委会	春归路1453号	59595137
横河村村委会	绿苑路258号	59592081
泥岗村村委会	泥岗村408号	33512109
邓家角村村委会	邓家角村21号	59595422
钱家村村委会	钱家村文化街93号	59595140
朱家村村委会	朱家路388号	39531851
罗家村村委会	罗家路1号	59595116
许家村村委会	许家村208号	39548121
东街村村委会	东街村172号	69581020
马陆镇人民政府	**沪宜公路2228号**	**59107288**
天马社区居委会	马陆塘街186号2楼	59158077
育兰社区居委会	马陆镇玉桂路81号3楼	59159481
马陆新村社区居委会	马陆镇宝安公路3500号2035室	59156354
金沙湾社区居委会	马陆镇沈徐路128弄36号1楼	59156019
育苑社区居委会	沪宜公路1866弄	59159512
康丰社区居委会	康丰路201弄11号	59102361
仓新社区居委会	嘉新公路668弄(膳来村餐厅南)	59901300
远香一坊社区居委会	马陆镇裕民南路1783号	69983325
远香二坊社区居委会	洪德路168号	59106266
洪德一坊社区居委会	洪德路259号	59101568
德富一坊社区居委会	白银路560弄5号	59152100
德立社区居委会	德立路99弄157号3楼303室	59155903
封周一坊社区居委会	封周路368弄11号楼底楼	59909629
沥苑社区居委会	马陆塘街30弄49号北	59155727

续表

名　称	地　址	电　话
崇信社区居委会	崇信路 52 号	59155930
白银一坊社区居委会	白银路 1505 号	59156253
白银二坊社区居委会	云屏路 1515 弄 15 号 103 室	59132169
白银三坊社区居委会	云谷路 1388 弄 4 号 1 楼	69901160
双单一坊社区居委会	双单路 1499 号邻里中心 1 楼	59511266
双丁一坊社区居委会	双丁路 1216 号	59100920
云谷一坊社区居委会	云谷路 268 号	59510887
希望一坊社区居委会	希望路 978 弄 3 号楼底楼	59510675
复华社区居委会	叶城路 309 弄 11 号	59105315
戬浜社区居委会	嘉戬公路 658 弄 82 号	59510806
嘉新社区居委会	马陆镇立新路 80 弄 3 号门西侧	39940642
樊家社区居委会	嘉定新城(马陆镇)东宝路 88 弄 117 号	39908221
包桥社区居委会	宝安公路 2888 弄 369 号	69154266
彭赵社区居委会	丰登路 1551 弄 8 号	59101684
崇福社区居委会	崇福路 398 弄 15 号	59105501
崇文社区居委会	崇文路 1180 弄 12 号 2 楼	69892122
德富二坊社区居委会	宝塔路 399 弄 9 号 104	59101109
洪德二坊社区居委会	洪德路 81 号	59100332
枫树林社区居委会	麦积路 508 弄 9 号	59151071
洪德三坊社区居委会	洪德路 1280 弄 66 号	39596293
海上荟居委会(筹)	双丁路 69 弄 8 号	59106295
惠民家园居委会(筹)	洪德路 1281 号	59100330
香溢璟庭居委会(筹)	合作路 1586 号	69115225
梦之缘居委会(筹)	云屏路 1029 号	59947011
唐家苑居委会(筹)	叶城东路 350 弄 11 号	59903778
金地世家居委会(筹)	云谷路 268 号(临时)	59945620
盘古园府居委会(筹)	崇信路 77 弄	
金沙湾二期居委会(筹)	沈徐路 128 弄 36 号 1 楼(临时)	59101918
包桥村村委会	宝安公路 2888 弄 369 号	39907876
陈村村村委会	陈宝路 269 号	65153473
大宏村村委会	沪宜公路 2878 号	59515116
立新村村委会	嘉戬公路 418 号	59511099
新联村村委会	嘉新公路 698 号	59903568
大裕村村委会	大治路 27 号	59511263
李家村村委会	宝安公路 2466 弄 2 号	69154187
马陆村村委会	宝安公路 3601 号	59156019
仓场村村委会	申裕路 508 号	59901115

续表

名　　称	地　　址	电　话
戬浜村村委会	浏翔公路 2878 号	59511761
樊家村村委会	东宝路 86 号	39907636
石冈村村委会	双单路 36 弄 10 号	59100321
北管村村委会	北管村 491 号	69154490
彭赵村村委会	嘉新公路 1109 号	59101684
南翔镇人民政府	**沪宜公路 8 号**	**59176610**
古猗园社区居委会	民主东街 8 号	59122012
德华社区居委会	古猗园路 688 号	59127344
德园社区居委会	南翔镇德园路 345 号	59122110
云翔社区居委会	解放街 320 弄	59121375
南华社区居委会	南翔镇南华路 101 弄 15 号	59122591
白鹤社区居委会	南翔镇民主街 39 号	59121125
虹翔社区居委会	南翔镇裕丰路 201 弄 6 号西	59129745
翔华社区居委会	南翔镇火车站路 185 弄 46 号	59171845
丰翔社区居委会	芳林路 618 号	39536560
银翔社区居委会	南翔镇金通路 1788 弄 43 号	69895880
宝翔社区居委会	宝翔路 560 弄	60743002
永翔社区居委会	金润路 478 弄 11 号	69898125
新翔社区居委会	真南路 4889 弄 28 号	69921590
瑞林社区居委会	南翔镇陈翔路 1575 号	69921611
隽翔社区居委会	宝翔路 888 弄 1 号	69916576
翔北社区居委会	浏翔村管弄 737 号	69956982
东园社区居委会	嘉年路 46 号	59120600
天恩社区居委会	德园路 1525 号	69178033
留云社区居委会	陈翔公路 1588 弄 18 号	69927816
清猗社区居委会	德华路 80 弄 31 号	69982626
华丰社区居委会	南翔镇德园路 1500 弄 3 号	59120559
华猗社区居委会	德园路 1055 弄 17 号	59120053
芳林社区居委会	陈翔路 1921 弄	59120870
金通社区居委会	金通路 1968 弄 24 号	69932575
劳动街社区居委会	沪宜公路 425 弄 15 号	69029832
嘉绣社区居委会(筹)	瑞林路 800 弄 115 号 2 楼	69029826
惠平社区居委会(筹)	嘉年路 746 号	69983380
东翔社区居委会(筹)	宝翔路 160 号	69900359
翔源社区居委会(筹)	金通路 1717 号 2 楼	59901020
乐惠社区居委会(筹)	嘉绣路 955 弄 17 号	69921633
嘉美社区居委会(筹)	乐惠路 701 弄 14 号 2 层	69115183、69110212

续表

名　　称	地　　址	电　话
静华村村委会	陈翔公路 2288 弄 33 号	59122163
永乐村村委会	翔乐路 285 号	59122686
永丰村村委会	惠平路 900 弄 5 号	59123464
新丰村村委会	新丰村新勤路 488 号	39126807
曙光村村委会	宝翔路 1 号	69121928
红翔村村委会	银翔路 1125 号	69126195
新裕村村委会	胜辛南路 398 号	69176157
浏翔村村委会	蕰北公路 2221 弄	39125104
江桥镇人民政府	**金沙江西路 555 弄**	**69112617**
曹安社区居委会	华江支路 300 号	59144925
江宁社区居委会	曲江路 15 弄 35 号	59144606
江安社区居委会	丰江路 128 弄 8 号	59148513
嘉华社区居委会	江桥镇张掖路 406 号 2 楼	59149984
江华社区居委会	靖远路 799 弄 44 号 2 楼	59113013
恒嘉社区居委会	曹南路恒嘉花园 58 号 2 楼南侧	59110640
金华社区居委会	丰华公路 1469 弄 21 号 3 楼	69111322
杨柳社区居委会	江桥镇吴杨路 100 弄 19 号	59132229
富友社区居委会	临夏路 1000 弄 76 号底楼	69139164
嘉怡社区居委会	吴杨东路 333 弄 258 号 2 楼	33513106
嘉城社区居委会	江桥镇海蓝路 318 弄 218 号	39111243
金岸社区居委会	鹤旋路 500 弄 158 号 2 楼	39550798
封杨社区居委会	江桥镇星华公路 1933 号 10 号楼	59137269
金桥社区居委会	江桥镇鹤望路 365 弄 48 号	39565024
金中社区居委会	江桥镇金耀路 333 弄 1 号	39553089
金莱社区居委会	江桥镇金园一路 1519 弄 31 号 2 楼	39553087
金园社区居委会	金园一路 1359 弄 65 号	69156081
金旺社区居委会	江桥镇临夏路 800 弄 22 号 1 楼	39520325
嘉川社区居委会	江桥镇海波路 118 弄 5 号 2 楼	39111723
金佳社区居委会	江桥镇金园一路 1118 弄 173 号	39530875
嘉星社区居委会	华江支路 677 弄 97 号	59112282
金水社区居委会	江桥镇鹤霞路 555 弄 91 号 2 楼	69929915
金虹社区居委会	鹤霞路 111 弄 38 号	69924652
嘉航社区居委会	海川路 58 弄 16 号 1 楼	39111310
绿一社区居委会	江桥镇金耀南路 270 号	39552002
绿二社区居委会	金耀南路 80 弄 100 号	69020032
绿三社区居委会	金耀南路 279 号	59949278
金达社区居委会	爱特路 68 弄 45 号	69116519

续表

名　　称	地　　址	电　话
金城社区居委会	鹤霞路 618 弄	39551156
金德社区居委会	爱特路 185 弄 39 号	69001768
嘉禧社区居委会	江桥镇乐秀路 299 弄 27 号	39555192
嘉封社区居委会	江桥镇星华公路 1782 弄 26 号	39115171
嘉豪社区居委会	嘉涛路 60 弄 20 号底楼	59992729
金耀社区居委会	江桥镇金耀路 555 弄 27 号	69166026
江佳社区居委会	华江路 90 弄 19 号	69117552
嘉涛社区居委会	海波路 1000 弄 32 号 1 楼	69130191
嘉蓝社区居委会	海蓝路 98 弄 20 号	59115151
嘉海社区居委会	嘉峪关路 376 号	69112188
嘉峪社区居委会	嘉峪关路 280 弄 10 号	69166005
嘉远社区居委会	武都路 100 弄 30 号	39550081
江丰社区居委会	海蓝路 399 号	59118216
中心村村委会(农民集中小区)	红光中心村吴杨东路 101 弄 330 号、黄家花园路 88 弄 105 号	59945301、69199199
新江村村委会	曹丰路 600 号	39528025
火线村村委会	宝园一路 50 号	69132880
高潮村村委会	靖远路 750 号	59140627
华庄村村委会	爱特路 128 号	59142650
沙河村村委会	鹤旋路 3 号 2 楼	39948102
幸福村村委会	发祥路 28 号	59145463
红光村村委会	星华公路 1722 号 3 楼	59133907
年丰村村委会	曹丰路 318 号	69152369
太平村村委会	宝园五路 35 号	69132622
先农村村委会	曹安路 2769 号	69130712
封浜村村委会	封杨路 1718 号	59137830
五四村村委会	鹤望路 281 号	69116351
建华村村委会	海蓝路 11 号	59539198
新华村村委会	星华公路 567 号	69135218
星火村村委会	曹安公路 3035 号	39556593
增建村村委会	博园路 65 号	69133060
徐行镇人民政府	**新建一路 1588 号**	**59558480**
徐行社区居委会	启源路 1000 弄 30 号	59555104
曹王社区居委会	徐行镇开源路 29 号	59946815
启悦社区居委会	徐行镇启悦路 358 弄 418 号	59559071
启源社区居委会	徐行镇启源路 900 弄 38 号	59908717
启宁社区居委会	徐行镇启宁路 421 弄 24 号 1 楼	59553600

续表

名　　称	地　　址	电　话
小庙村村委会	徐浦路1155号	39524631
徐行村村委会	澄浏路641号	59558743
钱桥村村委会	澄浏路756号	59908735
大石皮村村委会	曹新路3600号	39198666
伏虎村村委会	伏虎路228号	59908778
红星村村委会	曹红路813号	59945526
劳动村村委会	劳动路699号	59945298
和桥村村委会	和桥路228号	39971993
安新村村委会	安新路318号	39533908
曹王村村委会	徐曹路88弄25号	59946910
外冈镇人民政府	**瞿门路518号**	**39103040**
杏花社区居委会	外冈镇春及路66号	59580362、59580074
外冈新苑社区居委会	恒飞路516号、瞿门路399弄115号	39107001
佳苑社区居委会	外冈镇中泉路129弄20号	39977856
兰郡社区居委会	外冈镇百安公路2999弄468号	59968581-801
景苑第一社区居委会	外冈镇喜泉路118弄42号、外冈镇喜泉路118弄59号	59981639
上海庄园社区居委会(筹)	恒荣路589弄541号	59968110
雅苑社区居委会(筹)	恒飞路733弄24号	39593663
恒荣社区居委会(筹)	外青松公路199弄35号	59117939
甘柏村村委会	恒冠路2号	69575921
冈峰村村委会	西冈身路288号	59587460
杨甸村村委会	外青松公路585号	69953196
葛隆村村委会	葛隆村133号	59585431
马门村村委会	外钱公路348号	59936453
望新村村委会	望安路676号	39930127
长泾村村委会	长泾村高杨路108号	59939678
周泾村村委会	望安路392号	69950057
北龚村村委会	汇仁路1701号2楼	59588668
管家村村委会	西冈身路215号	59588237
外冈村村委会	外钱公路66号	59588616
陈周村村委会	嘉松北路1211号	59586167
徐秦村村委会	徐秦村291号	59588569
巨门村村委会	巨门村424号	59937516
泉泾村村委会	宝钱公路5528号	69932650
大陆村村委会	大碾路208号	59584867
施晋村村委会	宝钱公路5005号	59585423
中泾村村委会	中泾路391号	59937487

续表

名　　称	地　　址	电　　话
古塘村村委会	谢界路 86 号	69932676
华亭镇人民政府	**霜竹公路 1358 号**	**59956123**
沁园社区居委会	华亭镇高竹路 501 弄	59951476
华旺社区居委会	华旺路 866 号	59970408
袁家桥社区居委会	浏翔公路 7148 弄 10 号	59972718、59971063
毛桥村村委会	霜竹公路 1268 号	59951655
双塘村村委会	双塘村 241 号	59959421
塔桥村村委会	塔桥一路 247 号	59950184
连俊村村委会	嘉行公路 3395 号	59951975
金吕村村委会	向华路 501 号	59971001
华亭村村委会	浏翔公路 6463 号	59970305
联一村村委会	霜竹路 188 号	39195236
联三村村委会	沪华中路 111 弄 33 号	59973352
唐行村村委会	嘉行公路 3188 号	59950089
北新村村委会	霜竹公路 938 号	39963668
嘉定镇街道办事处	**塔城路 885 号**	**59532303**
叶池社区居委会	城中路 171 弄 4 号东侧 20 米	59522446
侯黄桥社区居委会	嘉丰路 2 号	59532632
花园弄社区居委会	清河路 109 弄 11 号	59532175
汇龙潭社区居委会	城中路 29 弄 34 号	59534961
嘉中社区居委会	李园二村 36 号	39923433
李园二村社区居委会	博乐路 238 号	39923559、39922359
李园一村社区居委会	金沙路 418 号 2 楼	39921159
丽景社区居委会	塔城路 475 弄 74 号	59929449
梅园社区居委会	梅园路 300 弄 11 号	59527299
秋霞社区居委会	东大街 292 号后 2 楼	59531243
三皇桥社区居委会	清河路人民街 278 弄 20 号 101 室	59528620
塔城路社区居委会	塔城路 321 弄 2 号南侧	59531868
桃园社区居委会	桃园新村 57 号 101 室	59178122
西大社区居委会	西大街 212 弄 3 号	69917434
小囡桥社区居委会	塔城路 440 弄 29 号	59534978、59537440、59920291
银杏社区居委会	塔城路 710 号 3 楼	69912901、69914693
州桥社区居委会	塔城路 360 弄 10 号	59530061
新城路街道办事处	**迎园路 400 号**	**69993073**
仓场社区居委会	仓场路迎园一坊 85 号	69993101
迎园社区居委会	迎园八坊 4 号	69993133、69993107
新成社区居委会	迎园中路 485 弄 17 号	69993105、69993020

续表

名　　称	地　　址	电　　话
新望社区居委会	迎园路 300 弄 50 支弄 16 号	69993108、69993109、69993022、69993029
嘉乐社区居委会	嘉罗公路 455 弄 11 号	69993110、69993111、69933006
南陈社区居委会	和政路 228 弄 16 号	69993115
源珉社区居委会	墅沟路 888 弄 125 号	69993112、69993113、59900662
爱里舍花园社区居委会	叶城路 505 弄 2 号	69524175
沧海社区居委会	澄浏中路 2500 弄 35 号	69993121
南塘河社区居委会	和政路 885 弄 29 号	69993125
墅沟社区居委会	墅沟路 69 弄 20 号	69993098
新成村村委会	澄浏中路 3637 弄 81 号	69993128
真新街道办事处	**清峪路 885 号**	**59186429**
清峪社区居委会	新郁路 199 弄 50 号 1 楼	39100715
丰二社区居委会	丰庄路 268 弄 33 号旁丰二居委会二楼丰庄二村 19 号 101 室	59193967、59198934
双河社区居委会	铜川路 2188 弄 80 号	69182114
金沙社区居委会	丰庄西路 433 弄 21 号	59184072
虬江社区居委会	丰庄路 279 号	59183659
梅川社区居委会	梅川路 1558 弄 37 号 2 楼	69187627
新郁社区居委会	丰庄西路 558 弄 21 号	59198074
栅桥社区居委会	丰江路 188 弄 51 号	59118671
丰西居委会	丰庄北路 651 号 3 楼	59967099
吉镇社区居委会	吉镇路 445 弄 32 号	69192267
铜川社区居委会	铜川路 2395 弄 145 号 3 楼	69188619
丰一社区居委会	丰庄路 450 弄	59189727
鼎秀社区居委会	铜川路 2655 弄 34 号 2 楼	69187590
金汤社区居委会	铜川路 2285 弄 61 号/铜川路 2288 弄 15 号 1 楼	69189114、69189609
万镇社区居委会	万镇路 1177 弄 31 号	69180801
祁连社区居委会	丰庄北路 480 弄 133 号	59182173
金鼎社区居委会	金鼎路 2388 弄居委 1 楼	59987270
新丰社区居委会	金沙江路 2788 弄 2786 号 3 楼	59190034
嘉定工业区管委会	**汇源路 200 号**	**39966511**
庆阳社区居委会	南苑一村 58 号	59161232、69523957
民乐社区居委会	南苑六村 14 号	59161134、59169010
永盛社区居委会	福海路 800 弄 30 号	69962347
凤池社区居委会	福海路 281 弄 55 号(南苑七村)	59166433、59160992
裕民社区居委会	嘉定裕民路 1000 弄 93 号	69963301
胜辛社区居委会	裕民路 1180 弄 102 号	69962801、69962802
横沥社区居委会	沪宜公路 3056 号	59911551、59533600、69905026

续表

名称	地址	电话
福蕴社区居委会	良舍路 233 弄 19 号	59165364、59165829
宜景社区居委会	富蕴路 555 弄 20 号	69520355
丰怡社区居委会	嘉安公路 258 号	69520328
新宝社区居委会	新宝路 558 弄 175 号	59960021
汇旺社区居委会	汇旺东路 1148 号	59963608
越华社区居委会	嘉朱公路 1125 弄 191 号	59960256
天华社区居委会	汇善路 1322 弄 177 号	39561055
娄塘社区居委会	娄塘镇南新路 282 号	59546132
汇珠社区居委会	嘉朱公路 1758 号	59961833
同盛园社区居委会(筹)	慈竹路 835 弄 10 号	39963185、39963186
梧桐坊社区居委会(筹)	秋竹路 1001 弄 1-1 号	59533806
蔷薇苑社区居委会(筹)	红石路 915 弄 58 号	39963918
汇源社区居委会(筹)	汇源路 518 弄 51 号	39965010、39965011
嘉盛园社区居委会(筹)	慈竹路 1088 弄 7 号	59961051、59961052
永泰佳苑居委会(筹)	慈竹路 615 弄 12 号	59169062、59168560
辛勤村村委会	兴贤路 1398 号	39538261
牌楼村村委会	兴庆路 1201 号	39538138
胜利村村委会	福海路 999 号	59164884
虬桥村村委会	回城南路 2211 号	59166429
群裕村村委会	嘉安公路 239 号	59160122、39540501
现龙村村委会	嘉安公路 526 号	39108008
娄塘村村委会	嘉唐公路 1715 号	59543782
泾河村村委会	祁迁路 68 号	59548020
赵厅村村委会	嘉唐公路 658 号	39968171
娄东村村委会	宝钱公路 2388 弄 6 号	59541493
草庵村村委会	赵庵路 486 号	59545630
陆渡村村委会	娄陆公路 1023 号	59545013
灯塔村村委会	嘉朱公路 3028 号	59969476
雨化村村委会	北和路 128 号	39161085
旺泾村村委会	旺泾村 788 号	59966538
朱家桥村村委会	新宝路 885 号	59961694
黎明村村委会	黎明路 560 号	59960190
白墙村村委会	汇旺东路 1163 号	59961891
竹桥村村委会	兴贤路 1398 号	39538281
王里村村委会	娄陆公路 728 号	59544787
菊园新区管委会	**胜竹路 200 号**	**39986600**
泰宸社区居委会	柳湖路 791 号	69902865

续表

名　　称	地　　址	电　话
嘉筱社区居委会	秋竹路 108 号	69915617
嘉宏社区居委会	清河路 420 弄 30 号	69913105
嘉富社区居委会	环城路 160 弄 49 号	59926045、69901206
嘉邦社区居委会	柳湖路 88 弄 16 号	59924060
宝菊社区居委会	红石路 699 弄 88 号	39903033
竹筱社区居委会	红石路 730 弄 45 号	59962153
嘉悦社区居委会	秋竹路 801 弄 41 号	69921882
嘉悠社区居委会	柳梁路 118 弄 2 号	59920599、59161082
嘉宜社区居委会	慈竹路 73 号	59503950
嘉馨社区居委会	平城路 606 弄 7 号 101 室	69901511
嘉盛社区居委会	双坪路 200 弄 12 号	69901085
嘉汇社区居委会	柳湖路 621 弄 9 号	59907561
嘉和社区居委会	秋竹路 655 弄 21 号	69932921
嘉枫社区居委会	永靖路 288 弄内街 104	69903171
嘉北社区居委会	陈家山路 388 弄 15 号	39530379
嘉保社区居委会	胜竹路 1780 弄 2 号 303 室	69903665
嘉铭社区居委会(筹)	武乡南路 230 弄 5 号	
嘉呈社区居委会(筹)	嘉唐公路 151 号	
嘉慈社区居委会(筹)	慈竹路 441 号	
六里村村委会	嘉安公路 2002 号	69168682
青冈村村委会	秋竹路 118 弄 24 号 202～203 室	69968818
永胜村村委会	胜竹路 1780 弄 76 号 401 室	59558512

十二、金山区

名　　称	地　　址	电　话
石化街道办事处	**卫零路 485 号**	**57941191**
三村居委会	石化三村 312 号 101～102 室	57933548
四村居委会	石化四村 400 号	57933646
七村居委会	石化七村柳城路 100 号 2 楼	57931815
柳城新村居委会	石化八村 824-1 号	57931494
九村居委会	石化九村 986 号	57931258
十村居委会	石化十村 19 号	57933792
合浦居委会	石化十一村 69 号 2 楼	57933674
十二村居委会	石化十二村 111 号	57932557
十三村居委会	石化十三村 5 号 102 室、6 号 101～102 室	57932181
海棠居委会	海棠新村海棠街 67 号	57941879
梅州新村居委会	梅州新村 B 公建 192 号二楼	57941738

续表

名　　称	地　　址	电　话
临蒙居委会	临潮一村 21 号	57931217
临潮三村居委会	临潮三村 55 号	57940996
滨海一村居委会	滨海三村 10 号 2 楼	67262927
滨海二村居委会	滨海二村 40 号	67262110
东村居委会	学府路 221 号 2 楼	57940318
东礁新村第一居委会	东礁三村 8 号 2 楼	57961442
东礁新村第二居委会	东礁四村 12 号 101、102、103 室	57967899
东泉新村居委会	东泉新村 211 号	57934768
辰凯居委会	辰凯花苑 18 号 2 楼	57965601
山鑫阳光城居委会	蒙山路 1090 弄 88 号	67244940
山龙新村居委会	山龙新村 130 号	57967526
桥园新村居委会	东平南路 535 弄 31 号(党建服务站)	57961043
卫清新村居委会	振阳新村 4 号 101 室	57967518
紫卫社区居委会	蒙山路 1517 弄 76 号	57969776
合生居委会	龙胜路 69 弄 5 号 101～104 室	33690299
朱泾镇人民政府	**人民路 310 号**	**57321943**
东林居委会	城中路 82 号 101 室	57311349
罗星居委会	罗星新村 27 号 102 室	57317470
新汇居委会	仓桥街 101 弄 10 号北 2 楼	57311346
广福居委会	西粮库路 168 号	57317469
西林居委会	万安新村 22 号	57320446
南圩居委会	南圩新村 144 号	67228540
临源居委会	万安街 556 号 2 楼	57310211
临东居委会	临源一村 171 号 101 室	57317134
北圩居委会	临源街 1072 号	57325257
钟楼居委会	钟楼新村 45 号	57337705
凤翔居委会	凤翔新村 46 号 101 室	57324004
金龙居委会	众安街 389 弄 2 号	57315445
浦银居委会	浦银路 455 号	57340662
塘园居委会	健康南路 518 弄 61 号	57333767
金汇居委会	罗星南路 258 弄 55 号	57318232
金来居委会	金南街 501 弄 91 号 2 楼	67223093
红菱居委会	秀洲街 718 弄 2 号 3 楼	67220278
众安居委会	众安街 928 弄 1 号楼 4 楼	57323007
民主村村委会	罗星南路 190 弄 455 号	57317841
大茫村村委会	大茫村增产 14 组 6011 号	57309007
待泾村村委会	待泾村蒋泾 3 组 7088 号	57317842

续表

名　　称	地　　址	电　话
秀州村村委会	秀州村胜利 5 组 3198 号	57311835
新泾村村委会	朱平公路 5198 号	57308546
万联村村委会	万枫公路 238 号	57317843
长浜村村委会	长浜村仙居路 818 号	67311792
五龙村村委会	金廊公路 5185 号	57340588
慧农村村委会	慧农村 8 组 5006 号	57340600
牡丹村村委会	牡丹路 2088 号	57345381
温河村村委会	温河村新民 2 组 4002 号	57348271
枫泾镇人民政府	**朱枫公路 9880 号**	**57351413**
和平居委会	北大街 303 号	57351213
友好居委会	枫泾镇圣堂弄 18 号	57351297
新枫居委会	枫泾镇枫丽路 99 号	57351296
白牛居委会	白牛路 99 弄 3 号	57351040
枫阳居委会	枫泾镇泾波路 219 弄 59 号	57352507
兴塔居委会	新金山路 386 号	67361148
枫香居委会	枫兰路 128 弄 44 号	67297178
新苑居委会	兰兴路 200 弄 1006 号	57361852
枫岸居委会	枫湾路 500 弄 54 号 201 室	37352639
桃源居委会	泾波路 1536 弄 41 号东 2 楼	57358528
新元村村委会	新元村 5113 号	57358339
中洪村村委会	中洪村 17 组 5087-1 号	57358156
俞汇村村委会	俞汇村 1 组 1118 号	57354459
新春村村委会	枫阳路 1811 弄 116 号	33693033
农兴村村委会	白牛路 346 号	57351343
钱明村村委会	钱明村王圩东路 5088 号	67355316
长征村村委会	万枫公路 5019 号	67295889
盛新村村委会	盛新村 13 组 5120 号	67355549
新华村村委会	新华村枫南 6 组 6138 号	67359333
新义村村委会	新义村 5 组 2115 号	57357524
新新村村委会	枫泾镇新新村 6 组	57357528
菖梧村村委会	菖梧村 6008 号	57357592
团新村村委会	团新村 7002 号	57357531
双庙村村委会	双庙村 4138 号	57361082
兴塔村村委会	枫泾镇兴塔村 1062 号	67361925
五一村村委会	枫泾镇五一村 15 组 2120 号	57360188
贵泾村村委会	枫泾镇兴坊路 698 号	57362112
新黎村村委会	枫泾镇兴寒路 2120 号	57361148

续表

名称	地址	电话
下坊村村委会	兴坊路358号(下坊村12组)	57361045
泖桥村村委会	泖桥村4组5003-1号	57366060
韩坞村村委会	韩坞村2162号	57366162
卫星村村委会	卫星村5130号	57366065
五星村村委会	五星村蒋浜1068号	57361050
张堰镇人民政府	**康德路328号**	**57213987**
东风居委会	新华东路67号	57213371
解放居委会	政安弄5支弄1号	57213152
富民居委会	富民新村110号	57213259
留溪居委会	松金公路2800弄85号	33696512
旧港村村委会	旧港村张旧公路1038弄2号	57217611
桑园村村委会	张旧公路1802号	57213075
角里村村委会	角里村松金公路2088号	57213092
鲁堰村村委会	鲁堰村8组2188号	57213093
百家村村委会	百家路4058号	57217791
秦望村村委会	金张公路506号	57213068
秦山村村委会	张溪路308弄8号	57216953
秦阳村村委会	秦阳村4组7001号	57213066
建农村村委会	建农村12组1288号	57213099
亭林镇人民政府	**华亭路25号**	**57232215**
中山居委会	中山街196号	57232223
新建居委会	新建新村29号	57232229
复兴居委会	和平东路85号	57232226
寺平居委会	寺平北路165弄72号	67231178
松隐居委会	松隐小康路34号	57381059
寺北居委会	寺平北路351弄213号	67231513
隆亭居委会	金展路2146弄52号	57230655
华城第一居委会	林珍路59弄97号	67230535
华城第二居委会	林珍路58弄66号	67230536
龙泉村村委会	南亭公路5346弄9号	37919958
亭东村村委会	亭虹路308号	57232111
东新村村委会	亭朱公路1955号	57233606
新巷村村委会	新巷村14组2087号	57232257
油车村村委会	油车村5088号	57233745
亭西村村委会	亭西村8组2020号	57232261
金门村村委会	亭枫公路1034号	57234220
亭北村村委会	亭北村9组6088号	57232264

续表

名　　称	地　　址	电　话
红阳村村委会	红阳村 7 组 9093-30 号	57232267
浩光村村委会	浩光村 8 组 6088 号	57381113
南星村村委会	南星村 9 组 4110 号	57384510
周栅村村委会	周栅村松牌路 415 号	57386060
驳岸村村委会	驳岸村 11 组 7100 号	57386191
后岗村村委会	后岗村前中 10 组 4128 号	57386892
金明村村委会	金明村 5 组 2048 号	57380161
吕巷镇人民政府	**朱吕路 6888 号**	**57371216**
吕巷居委会	溪南路 68 号	57377250
干巷居委会	龙士路 8 号	57201030
荡田村村委会	荡田村 6 组 2088 号	57371231
夹漏村村委会	蔷荚路 1068 号	57371239
姚家村村委会	姚家村 13 组 3088 号	57372939
马新村村委会	马新村马村 3 组 5080 号	57371265
太平村村委会	吕新路 1785 号	57370190
蔷薇村村委会	吕青路 1002 号	57371247
龙跃村村委会	金张公路 1625 号	57201123
和平村村委会	和平村 5 组 3000 号	57208036
白漾村村委会	白漾村张泾 5 组 2121 号	57206918
颜圩村村委会	干林路 1318 号	57201399
廊下镇人民政府	**景乐路 228 号**	**57391022**
廊下居委会	益民路 56 号	57391016
景展居委会	春虹路 208 弄 29 号	37908933
万春村村委会	漕廊公路 6825 弄 519 号	37392077
中联村村委会	中联村 3013 号	57397246
勇敢村村委会	勇敢村 5078 号	57394830
中丰村村委会	中丰村 4 组 3088 号	57397510
景阳村村委会	景阳村新建丰 1012 号	57391043
中民村村委会	中民村 5068 号	57399233
山塘村村委会	山塘村 1053 号	57390330
中华村村委会	中华村 5092 号	57397032
南陆村村委会	南陆村庄家 2002 号	57391042
南塘村村委会	南塘村 10 组	57371235
光明村村委会	金石北路 985 号	57201207-13
友好村村委会	友好村 7 组	57397293
金山卫镇人民政府	**老卫清路 288 号**	**57260425**
西门居委会	临江村路 59 号	57260124

续表

名　　称	地　　址	电　话
钱圩居委会	建圩路20弄38号	57291029
东门居委会	学府路818弄792号	67260393
南门居委会	北泰路318弄50号	67295361
北门居委会	龙轩路2208弄90号	57268693
金康居委会	南阳湾路1288弄102号	67220838
海帆居委会	龙皓路2039弄25号	67268136
东平居委会	龙皓路1738弄67号	57266020
八一村村委会	建昌路1006号	57260403
八二村村委会	卫五北路199号	57260406
永久村村委会	海金路538号	57266402
永联村村委会	金石南路805号永联村10组	57266521
横浦村村委会	横浦村6组1061号	57267709
卫通村村委会	卫通村9组5011号	57267078
农建村村委会	农建村长春1组	57267473
金卫村村委会	板桥西路1338号	57262587
卫城村村委会	古城路239号	67261341
塔港村村委会	塔港村7组6027号	57291046
横召村村委会	横召村联合7组2138号	57291005
星火村村委会	钱鑫路258号	57291009
八字村村委会	八字村2组7030号	57297013
张桥村村委会	金石南路1122号张桥村刘埝15组	57297159
漕泾镇人民政府	**漕廊公路398号**	**57251476**
花园居委会	中心街252弄2号	57251478
建龙居委会	共建路25号	57252406
绿地居委会	富漕路461弄26号	67252836
增丰村村委会	增丰村7组	57251033
东海村村委会	东海村2121号	57251053
营房村村委会	富漕路565号	57251566
沙积村村委会	沙积村2132号	57251299
阮巷村村委会	朱漕公路3828号	57258213
蒋庄村村委会	蒋庄路2058号	57258139
护塘村村委会	护塘村邓桥1518号	57251025
金光村村委会	漕廊公路958号	57251290
水库村村委会	水库村水泾路1155号	57258212
海渔村村委会	海渔村1180号	57251008
海涯村村委会	漕廊公路985弄601号	37282403
山阳镇人民政府	**龙皓路28号**	**57241011**

续表

名　称	地　址	电　话
山新居委会	山中路 18 号	57241148
金海岸居委会	金海岸花园 45 号 104 室	67247099
戚家墩居委会	隆安东路 161 号	57281293
海趣居委会	蒙山北路 581 弄 22 号	33698258
三岛龙洲居委会	棕榈湾 37-1 号	67962278
联江居委会	鑫联城花苑 72 号	57969399
金世纪居委会	金山大道 2335 号 402 室	67961159
金豪居委会	卫清东路 2988 弄 58 号底楼	33690368
海云居委会	海丰路 83 弄 1 号三楼	37289916
康健居委会	卫清东路 2835 弄海滨新城 171 号 2 楼	57280803
蓝色收获居委会	板桥东路 902 弄 48 号 303 室	33695295
海尚居委会	海盛路 515 弄 30 号 2 楼	67290155
海欣居委会	龙皓路 398 弄 8 号	67290660
红树林居委会	卫零北路 800 弄 113 号	67290150
金天地居委会	卫清西路 88 弄 18 号 2 楼	67290886
金悦居委会	卫零北路 813 号	67290156
金韵居委会	卫零北路 333 弄 139 号	67290152
龙泽园居委会	龙翔路 783 号 403 室	67290153
金湾居委会	海芙路 275 号 2 楼	67220113
万盛居委会	海汇街 334 弄 70 号 2 楼	67968035
向阳村村委会	红旗东路 232 弄 48 号	57243183
九龙村村委会	汀南路 4005 号	57241229
杨家村村委会	南阳湾路 309 号	37289266
东方村村委会	金山大道 1388 号	67241279
中兴村村委会	中甸路 8056 号	57241012
长兴村村委会	长兴村 2009 号	57247508
华新村村委会	工农路 4012 号	57247077
渔业村村委会	亭卫南路 88 号	57241326
新江村村委会	临桂路 933 号	57281634
卫东村村委会	卫零路 799 弄 66 号	57282366
金山工业区管委会	**朱行开乐大街 158 号**	**57276833**
朱行居委会	高林路 115 号	57270735
恒信居委会	立新街 228 号	57277030
桥湾居委会	朱漕公路 328 弄 161 号	57270917
恒顺居委会	恒顺路 408 号	57277511
红叶居委会	珠港街 148 号	57273867
恒康居委会	恒康路 256 号	33697861

续表

名　　称	地　　址	电　话
欢兴村村委会	欢兴村 2060 号	67270380
红光村村委会	朱漕公路 655 号	67270913
立新村村委会	立新村 8 组 3062 号	57275689
运河村村委会	朱漕公路 328 弄 161 号	57270917
高楼村村委会	高楼村 2 组 2121 号	57270918
胥浦村村委会	胥保路 4090 号	57272711
合兴村村委会	合兴村 2001 号	57276559
保卫村村委会	保卫村 6 组 3010 号	67276162
新街村村委会	新街村 4 组 1020 号	67276586

十三、松江区

名　　称	地　　址	电　话
岳阳街道办事处	**谷阳北路 343 号**	**57820421**
金沙滩居委会	松汇中路 351 弄 22 号	57739343
佛字桥居委会	佛字桥 18 号	57711451
景德路居委会	景德路 37 弄 6 号 101～102 室	57825115
莱花泾居委会	松乐路 88 弄 21 号 102 室	67731354
通波居委会	通波小区 33 号南侧	57709446
方舟园居委会	方舟园 3 村 45 号 2 楼	57704351
醉白池居委会	长桥南街 77 号	57826924
长桥居委会	松汇中路 518 弄 12 号底楼	57826930
黑鱼弄居委会	中山二路 51 弄 23 号	67731044
凤凰新村居委会	凤凰西村 36 号	57826926
九峰居委会	乐都路 296 弄 17 号北侧	57710305
高乐居委会	荣乐中路 120 弄 60 号	57727437
太平居委会	乐都支路 85 弄 19 号 2 楼	67730819
龙潭居委会	中山二路 125 弄 53 号 102 室	67730522
人民桥居委会	松汇中路 971 弄(荣汇公寓北大门 2 楼)	57721967
马路桥居委会	松汇中路 972 弄 53 号荣景苑内	57710147
西林塔居委会	人民北路 71 弄(松石苑小区)30 号 202 室	57812619
人乐居委会	人乐二村 66 号	57739199
荣乐居委会	乐都路 390 号荣乐一村 82 号	57739221
民乐居委会	民乐二村 5 号 2 楼	57731243
蒋泾居委会	南埭路 180 弄 37 号	57729214
西新桥居委会	乐都路 411 弄 51 号南侧	67721530
龙兴居委会	荣乐中路 228 弄 5～11 号	67715572
白洋居委会	荣乐中路 816 号 3 楼	67729029

续表

名称	地址	电话
松乐苑居委会	荣乐中路841号2楼	67818043
戴家浜居委会	松汇中路1101弄五支弄4号103室	57712983
永丰街道办事处	**松汇西路1188号**	**57822653**
秀南居委会	松汇西路1466号	57814097
仓城居委会	中山西路178号	57713634
仓桥居委会	松汇西路1327号	67723205
周星居委会	草长浜路30弄	67726701
薛家居委会	玉树路525号	57733780
仓吉居委会	松吉路169号	67726665
盐仓居委会	富永路425弄113号	33521346
玉乐居委会	荣乐西路1635弄88号	67815115
三星苑居委会	乐都西路1155弄95号	37719207
花园浜居委会	仓汇路401弄36号	67813746
玉荣居委会	仓汇路758号4楼	67811531
银杏苑居委会	乐都西路1455弄46号3楼	67651720
三辰苑居委会	仓丰路993号2楼	67720712
五丰苑居委会	荣乐西路106弄67号101室	57871405
兴日家园居委会	中山西路555弄水云间36号3楼	57632707
新理想居委会	荣乐西路758弄70号101室	67810982
华亭荣园居委会	荣乐西路600弄34号101室	67810150
百合苑居委会	乐都西路1629弄56号3楼	33523124
金色华亭居委会	乐都西路1636弄1号2楼	37657667
海尚名都居委会	荣乐西路399号4楼底楼(南)	67815115
金地艺境居委会	仓轩路177弄9号3楼	37690267
玉树居委会	仓丰路88号	57705089
谷水佳苑居委会	富强路1599弄1585号3楼	57810765
辰丰苑居委会	辰塔路455弄32号2楼	33553641
方松街道办事处	**人民北路1111号**	**37721000**
放生池居委会	南期昌路889弄168号公建房2楼	67729934
江虹居委会	南期昌路459弄公建房	67700239
天乐居委会	谷阳北路900弄123号	57707391
江中居委会	南期昌路458弄95号三楼	67711671
绿庭苑居委会	思贤路888弄11号	67734183
祥和居委会	谷阳北路1066弄1号	67732320
兰桥居委会	思贤路1365弄31号公建房	67734051
鼎信居委会	谷阳北路1251弄46号2楼	67738059
开元小区居委会	新松江路926弄12号	67820386

续表

名　　称	地　　址	电　话
世纪小区居委会	滨湖路585弄111号	67820023
檀香小区居委会	新松江路1188弄102号	67820093
建设居委会	谷阳北路1250弄89号	67737475
湖畔天地居委会	江学路558弄公建房2楼	37793604
紫东新苑居委会	新松江路1388弄116号2楼	67826373
名庭花苑居委会	新松江路259弄18号	37826723
海德名园居委会	玉树北路455弄160号	37720013
久阳文华居委会	新松江路2218弄187号2楼	67826391
润峰苑居委会	思贤路2399弄公建房2楼	37720924
泰晤士小镇居委会	三新北路900弄669号、泰晤士小镇市政厅4号楼101室	37720704
昌鑫花园居委会	思贤路1855弄80号东2楼	37824309
原野居委会	文诚路1777弄252号2楼	37824359
华亭居委会	文诚路2000弄6号	67751031
安琪花苑居委会	通波路725弄2号楼底楼	67683917
锦桂苑居委会	南青路276弄90号2楼	37783910
上泰绅苑居委会	文涵路680号2楼	37783936
月亮河居委会	弘翔路51弄	57729170
珠江新城居委会	文诚路888弄16号底楼	37680136
德邑小城居委会	文涵路893号公建配套房1楼和2楼	37721051、37721052
东鼎居委会	滨湖路310弄4号楼2楼	37786316
浪琴水岸居委会	文诚路2159弄浪琴水岸小区公建配套房2楼	57877390
英郡别苑居委会	辰塔路1655弄英郡别苑会所	67683915
阳光翠庭居委会	新松江路1111弄1号楼公建房2楼	37793610
中山街道办事处	**茸平路168号**	**57781985**
茸梅居委会	天虹四村茸梅路194号	57782674
北门居委会	沪松路5弄20号	67830226
白云居委会	白云新村5号	57834350
平桥居委会	中山东路70弄1号底楼	57834969
东外居委会	环城新村78号	57836360
方东居委会	迎宾路2号	57834951
方西居委会	中山东路165弄方塔西村25号101～102室	57832148
南门居委会	松汇东路149弄16号	67832796
五龙居委会	茸平路288弄48号	57780478
花桥居委会	茸惠路1100弄37号	37790028
中山苑居委会	茸惠路758弄34号2楼	57783080
蓝天一村居委会	松东路195-1号	57741308

续表

名　　称	地　　址	电　话
蓝天二村居委会	松东路193弄蓝天新村338号	57746350
蓝天四村居委会	愉光新村22号102室	57745767
蓝天五村居委会	荣乐东路1763弄60号	57746287
莱顿居委会	辰花路839弄莱顿小城46号底楼	57786538
同济雅筑居委会	环城路886弄31～32号	67671027
黄渡浜居委会	淡家浜街99弄15号底楼(光星路1686号南侧)	67671025
淡家浜居委会	淡家浜街88弄万科梦想派19号底楼	67890571
广富林街道办事处	**人民北路3456号**	**37683656**
三湘四季居委会	广富林路1599弄98号底楼东	33559064
蔷薇居委会	广富林路1518弄572号	67683921
御上海居委会	谷阳北路2399弄66号会所	67683925
松云水苑居委会	文翔路928弄1176号	37826213
西子湾居委会	广富林路1188弄38号1楼	67668460
星辰园居委会	梅家浜路1505弄1号楼	37728705
文翔名苑居委会	文翔路3088弄144号2楼	67827697
丁香居委会	三新北路1333弄76～78号	37697355
上林居委会	文翔路3588弄40～41号公建房	37683891
银源居委会	龙源路1208弄148号	37723305
辰富居委会	广富林路3939弄58号2楼	37680380
谷水湾居委会	云清路76号	67710611
仓兴居委会	谷阳北路2388弄会所2楼	37720292
悦都居委会	云恩路59弄24号	37683881
银泽居委会	秋柏路98弄15号2楼	37683876
九里亭街道办事处	**九杜路333号**	**37030155**
九里亭居委会	沪松公路1588号2楼	57633561
亭汇居委会	沪松公路1480弄115号	67639339
知雅汇居委会	涞坊路333弄1号居委会2楼	67624378
奥园居委会	沪松公路1186号	67628615
中大居委会	九杜路1000弄1号2楼	67610272
亭北居委会	沪亭北路1080弄43号2楼	67758678
朗庭居委会	涞坊路1188弄98号207室	57895190
涞寅居委会	涞寅路1200弄2号3楼	37775966
亭谊居委会	九杜路505弄	37699579
绿庭尚城居委会	涞寅路658弄40号3楼	67633291
九城湖滨居委会	涞寅路382号3楼	67757388
贝尚湾居委会	沪亭北路338弄110号	67765850
百丽苑居委会	九杜路909弄8号102室	57890051

续表

名　　称	地　　址	电　话
五洲居委会	涞坊路 617 号 1 楼东	67621350
杜巷居委会	涞坊路 328 弄 65 号	57636905
泗泾镇人民政府	**泗泾镇人民路 1 号**	**57621100**
张泾居委会	鼓浪路 129 号	57610082
中西居委会	江达北路 85 号	57610212
江川居委会	江川北路 173 弄 1 号	57613620
新南居委会	鼓浪路 168 弄新南村 101 号	57614596
润和苑居委会	横港路 167 号	57620651
润江居委会	古楼公路 656 弄 109 号	37789007
丽水居委会	沪松公路 2517 弄 168 号	37694227
新凯一村居委会	新家园路 207 号	33732992
新凯二村居委会	新家园路 26 号	57853883
景园居委会	赵非公路 579 号	67765708
景港居委会	横港路 649 号	57655766
西南居委会	泗陈公路 501 弄 83 号	57850831
张施居委会	泗砖路 368 号	57628226
赵非泾居委会	赵非泾村 401 号	57620697
打铁桥居委会	方泗路 241 弄 1 号	57617446
横港居委会	泗凤路 222 号	57618271
祥泽居委会	泗通路 703 号	57618538
青松居委会	青凯路 329 弄 15 号	57618129
古楼居委会	古楼公路 107 号	57625180
新凯二村居委会	泗凯路 151 号	67633506
同润居委会	古楼公路 1198 弄 294 号	67692885
新凯四村居委会	泗凯路 415 弄 11 号	37683325
新凯五村居委会	城鸿路 222 弄 32 号	37683327
叶星居委会	横塘桥村 101 号	57617251
韵意一村居委会	泽悦路 325 弄 14 号	67613153
韵意二村居委会	泽悦路 326 弄 17 号	67757635
韵意三村居委会	泽悦路 211 弄 13 号	37629669
韵意四村居委会	泽悦路 88 弄 21 号	37652199
韵意五村居委会	德悦路 493 号	57896623
新凯六村居委会	城置路 257 弄 9 号	57617976
新凯七村居委会	城置路 282 弄	67861997
新凯八村居委会	泗凯路 855 号	37707528
金地一村居委会	泗祥路 486 号	67628359
向阳桥居委会	古楼公路 1899 弄 18 号	57629268

续表

名　　称	地　　址	电　话
韵意六村居委会	德悦路 619 号	67898161
韵意七村居委会	泗滨路 501 弄泗滨苑 12～15 号 2 楼	67899293
佘山镇人民政府	**佘山镇佘新路 358 号**	**57651306**
陈坊居委会	佘山镇桃源路 362 弄 79 号 101 室	57656806
天马居委会	天新路 126 号	57661014
月湖居委会	外青松公路 1 号停车场北侧	57793710
江秋新苑居委会	桃源路 688 弄 888 号	37660109
翠鑫苑居委会	千新公路 1200 弄 67 号	57650823
佘山家园居委会	千新公路 585 弄 218 号	57653913
秋潭苑居委会	江秋路 199 弄 45 号	57990227
陈坊新苑居委会	外青松公路 8228 弄 52 号	37786332
茗雅居委会	佛山路 318 号	57796318
康桂居委会	佛山路 318 号	57796317
莘泽居委会	佛山路 318 号	57656319
江秋村村委会	江秋路 1 号	57658334
张朴村村委会	张朴村 444 号	57654254
高家村村委会	佘山小机山路 118 弄 13 号	57792212
北干山村村委会	佘北公路 2130 号	37827969
陈坊村村委会	河泾公路 601 号	57651270
陆其浜村村委会	新陆路蔡家浜 720 号	57660985
卫家埭村村委会	青昆路 150 号	57669515
新镇村村委会	九江路 288 号	57667124
横山村村委会	横山村 1 号	57660578
刘家山村村委会	刘家山村许家浜 591 号	57661091
新宅村村委会	新宅路 288 号	37682332
车墩镇人民政府	**北松公路 4688 号**	**57602085**
虬长路居委会	虬长路 175 号	57601450
华阳居委会	环阳路 28 号	57774550
祥东居委会	车峰路 199 弄会所 2 楼	37605040
影佳居委会	影维路 258 弄 3 号底楼	67819852
同乐居委会	影维路 180 号-03	37635806
华源居委会	香亭路 1291 号	57668189
高桥村村委会	李高路 255 号	57602324
新余村村委会	车嘉路 6 号	57601303
联建村村委会	车亭公路 4 号桥 617 号	57608528
得胜村村委会	车亭公路 792 弄 101 号	57607580
联庄村村委会	车峰路 601 弄 1 号	57608844

续表

名　　称	地　　址	电　话
汇桥村村委会	汇北公路 199 号	57601920
联民村村委会	联民村 161 号	57773238
南门村村委会	联络路 460 号	67833255
米市渡村村委会	松卫北路 1959 号	57770086
永福村村委会	松卫公路 2099 号	57770583
长溇村村委会	华长路 353 号	57772178
洋泾村村委会	车亭公路闵塔西	57772845
香山村村委会	北松公路 5559 号	57776002
打铁桥村村委会	松卫北路 1999 号	57770507
华阳村村委会	松卫北路 1959 号 3 号楼 1 楼	57775358
东门村村委会	环城路 204 弄 65 支弄 61 号茸联苑西门口	57836272
新桥镇人民政府	**新桥镇新站路 360 号**	**57640849**
新乐居委会	新中街 20 号	57645251
新育居委会	新南街 301 弄 24 号 101 室	57640730
民益居委会	新镇街 388 号	57646771
场东居委会	场东路 68 号 3—4 楼	67647499、67647451
场西居委会	明兴路 595 弄 288 号 2 楼	67682040
潘家浜居委会	陈春公路 851 弄 1 号	33735701
场中居委会	莘松路 1155 弄 145 号	67644383
新东苑居委会	陈春公路 951 弄 418 号	57647537
明中居委会	九新公路 2335 弄 8 号	57642601
晨星居委会	茜浦路 600 弄 2 号	67600295
春中居委会	陈春公路 328 号	67648006
莘松居委会	莘松路 1458 号	67601299
白马居委会	明中路 1010 弄 277 号	67601278
春九居委会	新南路 99 弄会所 2 楼 198 号	67647453
春莘居委会	新南路 555 弄 132 号 2 楼 201	57657128
明华居委会	新南路 1088 弄 184 号 2 楼	67602088
明兴居委会	明中路 275 弄 2 号	67601268
达安居委会	明中路 1177 弄 279 号	67618596、57874359
新弘居委会	月台路 611 弄 3 号 1 层	67637685
馨庭居委会	明中路 1588 弄月台路口	67647336
新泾居委会	新飞路 1751 弄 113 号	57606186
丁浜居委会	明中路 1800 弄 39 号	67860771
庄浜居委会	新镇街 1058 弄 2 号	57641181
华屿居委会	明华路 1077 弄 71 号	57648806
洞泾镇人民政府	**长兴路 528 号**	**57672298**

续表

名　　称	地　　址	电　话
新欣居委会	蔡家浜路 299 号	57675935
长欣居委会	长兴路 539 号 2 楼	57672099
海欣居委会	长兴路 98 弄 25 号	67671359
光星居委会	洞泾镇洞宁路 655 弄 649 号	33735922
同欣居委会	长兴路 75 弄 2 号	57676902
砖桥居委会	江川南二路 119 弄 1 号	57676098
渔洋浜居委会	王家厍 55 弄 27 号	57670799
塘桥居委会	王家厍路 775 弄 6 号	37721209
荣欣居委会	长兴东路 1290 号	57701653
平阳居委会	同乐南路 4 号 2 楼	67897603
集贤居委会	德悦路 375 弄 26 号	37653058
祥欣居委会	洞泾镇新农河路 398 弄 357 号	37707895
九亭镇人民政府	**康亭路 100 号**	**57631801**
亭中居委会	九亭大街 473 弄 6 号 2 楼	67683997
亭东居委会	沪亭路 246 号 3 楼	67633829
亭南居委会	莘松路 1288 弄物业楼 2 楼	67692737
庄家居委会	康亭路 588 号	57633273
兴联居委会	涞亭南路 105 号	57635319
朱龙居委会	连富路 188 号	67691091
金吴居委会	盛龙路 300 号	67627793
松沪居委会	沪亭南路 745 号	37622097
小寅居委会	涞寅路 1468 号	67696107
朱泾浜居委会	中心路 515 号	67632578
亭源居委会	九亭大街 851 弄 10 号	57634877
北场居委会	沪亭南路 1505 号	67632281
牛车泾居委会	沪亭南路 288 弄	57639969
国亭居委会	九亭大街 368 弄 16 号 102 室	67636683
嘉禾居委会	九新公路 58 弄 16 号 208 室	57634680
颐景园居委会	涞亭南路 888 弄 91 号 2 楼	67621474
复地居委会	涞亭南路 599 弄 162 号	67621796
云润居委会	九新公路 150 号	33550008
青春居委会	九新公路 33 弄 2 号 202 室	67890267
天元居委会	九亭镇九亭大街 626 弄 25 号	67885790
紫金居委会	沪亭南路 208 弄 81 号 4 楼	57637725
象屿都城居委会	虬泾路 976 号 3 楼	67698219
涞亭居委会	虬泾路 189 弄海德公寓会所 1 楼	67693912
九亭家园居委会	文浦路 29 号	37015387

续表

名　　称	地　　址	电　话
象屿品城居委会	雪家桥路1弄10号一层	67809286
亭新居委会	易富路120号	57885826
九亭家园第二社区居委会	文浦路255弄10号	67790003
泖港镇人民政府	**泖港镇新宾路358号**	**57861182**
泖港居委会	新乐路66号	57862283
五库居委会	五库支路1号	57871190
港湾居委会	中天路185弄	57865022
焦家村村委会	松金公路7936号	57865462
新龚村村委会	中天路127号	57860667
腰泾村村委会	腰泾公路161号	57868262
胡光村村委会	区塘公路301号	57866118
黄桥村村委会	黄桥陆庄村152号	57866493
范家村村委会	范家村210号	57860389
泖港村村委会	同涵路586号	57861039
新建村村委会	松金公路8239号	57867066
徐厍村村委会	徐厍中厍路752号	57871867
南三村村委会	南三村202号	57871006
兴旺村村委会	西兴公路188号	57861806
田黄村村委会	田黄村800号	57874642
曙光村村委会	曙光村812号	57876005
曹家浜村村委会	曹家浜村788号	57874181
朱定村村委会	朱定村330号	57874142
茹塘村村委会	茹塘村茹塘公路383号	57875006
石湖荡镇人民政府	**石湖荡镇学府路132号**	**57752033**
古松居委会	古松路138号	57752765
塔汇居委会	石湖荡镇延寿路41号	57845683
恬润新苑居委会	闵塔路1751弄395号	67856269
新姚村村委会	石湖荡镇新姚村688号	57750086
泖新村村委会	石湖荡镇泖新村401号	57751331
新源村村委会	广庵路南首	57752094
洙桥村村委会	洙桥村888号	37734528
东夏村村委会	闵塔路401号	57754004
东港村村委会	石湖荡镇辰塔路1098号	57843983
金汇村村委会	石湖荡镇长东路299号	57844506
金胜村村委会	石湖荡镇塔汇街79弄1号	57845163
张庄村村委会	石湖荡镇张庄村203号	57849556
新中村村委会	新村路288号	57841705

续表

名　　称	地　　址	电　话
小昆山镇人民政府	**文翔路 6000 号**	**57761019**
秦安居委会	文翔路 5041 号	57766208
平原居委会	平原街 236 号	57767393
昆西居委会	平原街 274 号	57769189
大港居委会	昆港公路 485 号	57852083
玉昆一村居委会	平原街 922 弄 109 号	57765853
玉昆二村居委会	玉昆路 280 弄 117 号	37761045
平复苑居委会	平原街 700 弄 58 号	67750327
翔昆苑居委会	翔昆路 180 号	37023033
文晋苑居委会	中昆路 360 号	57766226
周家浜村村委会	周家浜村 111 号	57765054
汤村村村委会	汤村村 405 号	57765356
永丰村村委会	永丰村永昆路 400 号	57765062
荡湾村村委会	荡湾村曹浜 411 号	57766715
泾德村村委会	泾德村 1 号	33529090
港丰村村委会	港中路 218 号	57853929
大港村村委会	彭丰路 558 号	57853650
陆家埭村村委会	昆港公路 372 弄 9 号	57853053
新浜镇人民政府	**新浜镇中心街 1 号**	**57891023**
桃园居委会	共青路 1238 号(临时)	57891975
方家哈居委会	新工路 81 弄 80 号	67891132
鲁星村村委会	胡角路 966 号	57894167
南杨村村委会	许村公路 739 号	57895506
陈堵村村委会	白陈公路 39 号	57895126
赵王村村委会	香长路 1898 号	57890034
林建村村委会	叶新公路 6688 号	57890643
许家草村村委会	许村公路 89 号	57895124
新浜村村委会	共青路 885 号	57893053
黄家埭村村委会	彭中路、黄家埭路交界处	57897185
文华村村委会	叶新公路 5361 弄 25 号	57894111
胡家埭村村委会	胡曹公路 999 弄 30 号	57898833
香塘村村委会	香长路 1 号	57894557
叶榭镇人民政府	**叶政路 388 号**	**57808306**
张泽居委会	张泽辕门路 156 弄 8 号	57886419
中原居委会	大叶公路 99 号	37691650
世强居委会	叶校路 427 弄 21 号 3 楼	57800085
同建村村委会	同建路 1 号	57800533

续表

名　　称	地　　址	电　话
金家村村委会	张星公路 2 号	57802506
东石村村委会	东石路 1 号	57679626
兴达村村委会	长兴公路 9 号	57801204
东勤村村委会	东勤公路 288 号	57804242
堰泾村村委会	杨典公路 688 号	57801354
团结村村委会	叶新公路 268 号	57805596
四村村村委会	村中路 1 号	57880296
井凌桥村村委会	张塘路 181 号	57887528
大庙村村委会	大庙村 462 号	57883900
马桥村村委会	竹亭南路 515 号	57883052
八字桥村村委会	辕门路浦亭路口	57881403
徐姚村村委会	竹亭路 858 号	57880855

十四、青浦区

名　　称	地　　址	电　话
赵巷镇人民政府	**赵中路 69 号**	**59756906**
新镇社区居委会	赵中路 48 号	59754518
赵巷社区居委会	赵华路 498 号	59754575
金葫芦社区居委会	民实路 58 号	59754116
北崧社区居委会	沪青平公路 2829 弄 7 号	59756190
金葫芦第二社区居委会	垂盈路 28 号	69750601
崧鑫社区居委会	崧文南路 395 弄 16 号	59800672
崧涵社区居委会	崧文南路 169 弄崧泽华城生活汇 3 楼	69809178
崧湖社区居委会	崧文南路 60 弄 22 号	69750727
佳福东社区居委会	秀泽路 225 弄 19 号	69750639
巷佳社区居委会	镇泽路 518 弄 86 号	59752125
华沁社区居委会	崧漪一路 46 弄 17 号楼 2 楼	59286081
华秀社区居委会	崧漪一路 55 弄 1 号楼	59286029
佳煌社区居委会	置旺路 288 弄 52 栋 205 号	59750282
佳辉社区居委会	嘉松中路 6888 弄 1 号	59750527
佳昱社区居委会	秀泽路 339 弄 9 号楼 3 楼	69726393
龙联社区居委会	秀淳路 307 号	59830769
秀景社区居委会	崧润路 1160 号	69750571
方夏村村委会	方夏村方西路 45 号	59750313
南崧村村委会	民实路 58 号	59754180
和睦村村委会	和睦村 195 号	39875583
沈泾塘村村委会	沈泾塘村 182 号	69753538

续表

名　　称	地　　址	电　话
垂姚村村委会	垂盈路 28 号	69750601
中步村村委会	中步村中伍 133 号	39850124
崧泽村村委会	崧泽村 309 号	39850572
金汇村村委会	青湖东路 901 号	69719820
徐泾镇人民政府	**盈港东路 1800 号**	**59763473**
徐泾社区居委会	育才西路 588 号	59760606
龙阳社区居委会	明珠路 159 号	59760526
宅东社区居委会	高光路 666 号	69233125
京华社区居委会	明珠路 555 弄 13 号 2 楼	59763521
蟠龙社区居委会	陆什泾小区蟠龙社区服务中心	59883523
徐安第一社区居委会	联民路 88 弄 231 号	59708002
徐安第二社区居委会	沪青平公路 1881 弄 5002-2B 室	69766271
卫家角第二社区居委会	谢卫路 258 弄 3 号楼 101 室	59881219
卫家角第一社区居委会	诸光路 888 号	39850781
高泾社区居委会	高泾路 999 弄 151 号	59881377
玉兰清苑社区居委会	龙联路 58 弄 41 号 101 室	69798732
徐安第三社区居委会	叶联路 333 弄 18 号	39881706
徐安第四社区居委会	徐乐路 100 弄林锦庭园物业楼 2 楼	59880368
尚鸿路社区居委会	乐爱路 215 弄 13 号	39889581
尚泰路社区居委会	尚泰路 238 弄 4 幢 12～15 号	39881591
尚茂路社区居委会	乐高路 191 弄 13 号	59760805
仁恒西郊社区居委会	徐盈路 1188 弄 27 号楼 1 楼	39881723
卫家角第三社区居委会	诸光路 1355 弄综合楼 3 楼	59760097
前明村村委会	沪青平公路 2103 弄 666 号	39811661
金云村村委会	金云村前云路 117 号	59898406
联民村村委会	徐盈路 19 号	69766810
光联村村委会	徐南路 268 号	39812637
民主村村委会	谢卫路 229 弄 36 号	59760271
二联村村委会	二联村徐灵路 8 号	39879355-101
金联村村委会	明珠路 1005 号	59884559
迮庵村村委会	徐盈路 275 号	59764823
陆家角村村委会	徐乐路 119 号	59840180
华新镇人民政府	**华新街 318 号**	**59790418**
华新社区居委会	新益路 455 号	59794603
凤溪社区居委会	凤星路 1415 号	59770537
华腾社区居委会	新凤中路 358 弄 99 号	69787283
宝龙社区居委会	新府中路 30 幢 1558 弄 18 号	59790171

续表

名　　称	地　　址	电　话
春江社区居委会	凤强塘路 1120 弄 5 号	59796202
华府社区居委会	新凤中路 19 号	69790361
金瑞苑社区居委会	凤阁路 1000 弄 7～8 号 203 室	69781325
瑞和锦庭社区居委会	凤马塘路 228 号	69781073
西郊半岛社区居委会	新府中路 1331 弄 1 号 101 室	59790167
新丰社区居委会	凤徐路 85 弄 36 号	59796037
星尚湾社区居委会	新凤中路 899 弄 10 号	69780932
悦欣社区居委会	凤丹路 224 号	69781591
徐谢村村委会	新凤北路 249 号	59796345
周浜村村委会	嘉松中路 1558 号	69790725
朱长村村委会	华南路 88 号	69790711
华益村村委会	华纪路 189 弄 98 号	69799288
陆象村村委会	新凤北路 588 号	59790203
凌家村村委会	纪鹤公路 1858 号	59790286
淮海村村委会	华丹路 868 号	69791128
马阳村村委会	纪鹤公路 3835 号	59799900
秀龙村村委会	华徐公路 3728 号	69798045
新谊村村委会	新凤路 588 号	69236616
火星村村委会	火星村 3 号	59778143
新木桥村村委会	新凤南路 233 弄 8 号	59776011
北新村村委会	凤星路 388 号	69781699
嵩山村村委会	北青公路 3488 号	39809366
叙南村村委会	叙南村叙中路 18 号	59773366
叙中村村委会	叙北路 1 号	39872585
坚强村村委会	凤徐路 66 号	59773182
白马塘村村委会	嘉松中路 4739 号	39807751
杨家庄村村委会	嘉松中路 4188 弄 188 号	59779665
重固镇人民政府	**福泉山路 628 号**	**59784003**
福泉社区居委会	福泉山路 445 号	59786047
泉山社区居委会	大街 518 弄西大门 2 楼会议室	59788597
福定社区居委会	重联路 165 号	69790988
泉华社区居委会	赵重公路 2778 弄 8 号	59782712
回龙村村委会	回龙村 179 号	59860015
新联村村委会	赵重公路 2939 号	59781625
中新村村委会	中新村秀横路 100 号	59785328
章堰村村委会	章埝村 800 号	59860600
郏店村村委会	郏店村 358 号	39876338

续表

名 称	地 址	电 话
毛家角村村委会	北青公路 6725 弄 38 号	59789616
徐姚村村委会	徐姚村徐元 368 号	59860018
新丰村村委会	新丰村 458 号	59860013
福泉山村村委会	北青公路 7488 号	39815988
白鹤镇人民政府	**外青松公路 2723 弄 6 号**	**59746155**
第二社区居委会	外青松公路 2851 弄 10 号	39806229
第一社区居委会	鹤如路 185 弄 47 号	59740508
赵屯社区居委会	赵江路 265 弄(原老小学)	59211050
新江社区居委会	启航城晶座 30 号 4 楼	39296539
白虬江社区居委会	白虬江路 256 号(服务中心)4 楼	39803115
杜村村委会	杜村村胥沟 338 号	59745635
鹤联村村委会	鹤联村纪鹤公路 5500 号	39805893
红旗村村委会	胜利路红旗路路口	39802353
江南村村委会	白石公路 3338 号	59218609
金项村村委会	金项村 468 号	39804930
梅桥村村委会	白石公路 2439 号	59210803
南巷村村委会	南巷村西马巷 42 号	59218526
青龙村村委会	青龙村 475 号	69744900
沈联村村委会	外青松公路 3648 号	59742387、59741992
胜新村村委会	胜新村 643 号	39806441
曙光村村委会	青赵公路 6407 号	59211687
太平村村委会	太平村南平路 118 号	59218417
塘湾村村委会	纪鹤公路 5320 号	69744640
万狮村村委会	万狮村北村 58 号	39808226
王泾村村委会	新白石公路 666 号	59744345
五里村村委会	兴利路 772 号	59217388
响新村村委会	白石公路响新路南首 188 号	39821431
新江村村委会	新江村 1 号	39803905
赵屯村村委会	赵江路 430 号	59211401、59211022
朱浦村村委会	鹤吉路 158 号	59748071
白鹤村村委会	外青松公路 2996 号	59740901
朱家角镇人民政府	**沙家埭路 18 号**	**59245180**
大新街社区居委会	新风路 115 号	59242672
胜利街社区居委会	胜利街 74 号	59241300
东湖街社区居委会	东湖街 133 弄 3 号	59240829
西湖新村社区居委会	漕平路 149 号	59240817
北大街社区居委会	油车浜路 36 号	59240821

续表

名　　称	地　　址	电　话
东井街社区居委会	东井街 55 号	59242552
大淀湖社区居委会	港周路南港 108 号	59237807
沈巷街道社区居委会	泖溪路 58 弄 110 号	59830454
东大门社区居委会	河畔路 51 号	59241940
泰安第一社区居委会	浦泰路 19～21 号	59235808
泰安第二社区居委会	石家浜东路 88 弄 86 号	59235698
淀湖社区居委会	沪青平公路 6101 弄 85 号	59245029
珠湖社区居委会	阁游路 258 弄 13 号	59245009
珠溪社区居委会	马家桥路 299 弄 24 号	59245003
泖阳社区居委会	沈巷路 57 号	59767506
周荡村村委会	周荡村盈朱路 160 号	59239021
横江村村委会	港周路 108 号	59237896
盛家埭村村委会	盛家埭村西洋淀路 19 号	59237569
张家圩村村委会	浦泰路 1350 号	59242395
新旺村村委会	新旺村石家浜东路 88 弄 86 号	59235698
新华村村委会	浦泰路 19～21 号	59235909
小江村村委会	小江村峰甸路丁家浜 93 号	39874553
周家港村村委会	周家港村 123 号	59240346
沙家埭村村委会	沪青平公路 6621 号	59231385
山湾村村委会	山湾村 1 号	69247253
庆丰村村委会	庆丰村 1 号	69247128
淀峰村村委会	淀峰村 1 号	69248205
山海桥村村委会	港周路山海桥村 1 号	59238382
创建村村委会	沪青平公路 6048 号	59240482
淀山湖一村村委会	沪青平公路 7500 号	69247857
水产村村委会	水产村 67 号	59242546
安庄村村委会	安庄村朱天路 132 号	69832650
先锋村村委会	先锋村朱天路 333 号	59836188
沈巷村村委会	沈巷路 282 号	59830124
张马村村委会	张马村沈太路 2115 号	59837281
李庄村村委会	李庄村沈太路 1688 号	59837201
建新村村委会	建新村 341 号	69830741
王金村村委会	王金村 149 号	69830151
林家村村委会	林家村倪马 72 号	39800365
新胜村村委会	沈砖路 2205 号	69831108
张巷村村委会	沈太路 28 号	59832443
万隆村村委会	万隆村龙甸 1 号	39874245

续表

名 称	地 址	电 话
薛间村村委会	薛间村红星路 88 号	69248164
练塘镇人民政府	**章练塘路 900 号**	**59257619**
下塘社区居委会	朱枫公路 3465 号	59257811
湾塘社区居委会	练新路 125 号	59253795
小蒸社区居委会	小蒸社区三官桥路 128 号	59810566
蒸淀社区居委会	蒸富路 100 号	59821903
三里塘社区居委会	章练塘路 958 弄 1 号楼 2 楼	59250355
泖甸村村委会	泖甸村 100 号	59250426
泾花村村委会	泾花村 313 号	59829483
练东村村委会	练东村 1 号	59255970
泾珠村村委会	泾珠村长珠 102 号	59255545
北埭村村委会	北埭村北庄 303 号	59251785
金前村村委会	金前村金田 256 号	59251889
太北村村委会	太北村林家草 285 号	59848570
叶港村村委会	叶港村西叶库 143 号	59848071
朱庄村村委会	朱庄村朱家庄 5 号	59849110
东泖村村委会	东泖村南王浜 1 号	59255440
东田村村委会	东田村东叶库 157 号	59848213
联农村村委会	联农村四联 57 号	59847506
双菱村村委会	蒸淀欧风路 29 号	59820442
东淇村村委会	东淇村东叙 118 号	59820435
长河村村委会	长河村 116 号	59829127
大新村村委会	大新大浜 123 号	59828655
东厍村村委会	东厍村 177 号	59820703
张联村村委会	张联村钟联 309 号	59256391
徐练村村委会	徐练村 5529 号	59255970
浦南村村委会	浦南村四合 47 号	59819166
蒸浦村村委会	蒸浦村浦江 148 号	59811186
东庄村村委会	东庄村蒸东 288 号	59811160
蒸夏村村委会	蒸夏村唐夏 1 号	59811121
芦潼村村委会	芦潼村芦周路 101 号	59811211
星浜村村委会	星浜村 70 号	59817708
金泽镇人民政府	**金中路 5 号**	**59261181**
田山庄村村委会	田山庄村 115 号	59864007
金溪社区居委会	下塘街 105 号	59260404
金杨社区居委会	金姚村 525 号	59262293
西岑社区居委会	练西路 4219 号	59294424

续表

名　　称	地　　址	电　话
莲盛社区居委会	莲民路20号	59270333
商榻社区居委会	商周公路102弄88号	59281840
徐李村村委会	徐李村李红51号	59268660
新池村村委会	新池村203号	59268058
金泽村村委会	沪青平公路9412号	59261715
杨湾村村委会	杨湾村杨垛602号	59261234
东西村村委会	东西村88号(环湖北路)	59266856
建国村村委会	沪青平公路9080号	59265132
金姚村村委会	金姚村750号	59262916
新港村村委会	新港村莲尤路188号	59862536
西岑村村委会	练西公路4777号	59296043
三塘村村委会	三塘村塘联2号	59290080
育田村村委会	育田村王田129号	59295251
河祝村村委会	河祝村59号	59291586
爱国村村委会	莲爱路118号	59271663
东天村村委会	东天村练西公路2780号	59271258-12
任屯村村委会	任屯村112号	59865219
龚都村村委会	龚都村港都1号	59865681
钱盛村村委会	钱盛村198号	59863254
莲湖村村委会	莲湖村谢庄1号	59271153
淀湖村村委会	沪青平公路8309号	59291147
蔡浜村村委会	蔡浜村60号	59281381
东星村村委会	商榻北路274弄5号	59281557
王港村村委会	王港村港楼1398号	59281380
双祥村村委会	双祥路399号	69287675
南新村村委会	陈新路南车1号	59283607
陈东村村委会	商榻陈新路408号	59281485
雪米村村委会	雪米村石米226号	59281602
淀西村村委会	商榻锦商公路4000号	59281437
沙港村村委会	沙港村朝阳2号	69287021
岑卜村村委会	岑卜村220号	59294149
夏阳街道办事处	**外青松公路6300号**	**59710368**
东盛社区居委会	公园路223号2楼	59710224
东方社区居委会	保安路103号2楼	59713137
章浜社区居委会	章浜新村章浜综合楼	59727454
青城社区居委会	青松路129弄大盈公寓西门岗2楼	59857134
祥龙社区居委会	青安路368号祥龙小区综合楼	69204317

续表

名　　称	地　　址	电　话
界泾港社区居委会	公园路 220 弄 15 号 103 室	69200141
新青浦社区居委会	外青松公路 6048 弄 15 号东 201 室	69717326
桂花园社区居委会	青湖路 958 弄 55 号	59715275
华骥苑社区居委会	青峰路 19 号	59715271
青湖社区居委会	青湖路 789 弄 17 号 39 室	61219308
夏阳湖社区居委会	青湖路 800 弄 18 号	69732377
千步泾社区居委会	公园东路 1688 弄 38 号	39286633
佳乐苑社区居委会	盈港东路 8300 弄 138 号	69731415
仓桥社区居委会	华科路 155 弄 15 号 2 楼	69734696
宜达社区居委会	盈港东路 8000 弄 259 号 3 楼	39859696
青平社区居委会	沪青平公路 5669 弄 63 栋 2 楼	33865933
青松社区居委会	外青松公路 6666 弄 63 号	33866533
青华社区居委会	华青南路 177 弄 180 号	33863692
青安社区居委会	盈港路 112 弄综合楼 3 楼	69217360
青乐社区居委会	华科东路 180 弄 28 号 205 室	39287211
青泽社区居委会	崧文路 300 弄 9 号 3 楼	39806735
青园社区居委会	青竹路 161 弄 28 幢 2 楼	39220002
南箐园社区居委会	沪青平公路 5000 弄 16 号	39298790
青科社区居委会	华浦路 301 号凯旋景庭 4 号楼 1 层	39286633
王仙村村委会	王仙村 120 号	69207928
新阳村村委会	新阳村 260 号	39287056
塘郁村村委会	塘郁村 179 号	59716033
金家村村委会	青昆路 688 号	59859913
枫泾村村委会	枫泾村 145 号	39820528
太来村村委会	太来村 118 号	59859905
塔湾村村委会	沪青平公路 5251 号	59720133
城南村村委会	青昆路 79 号	59856180
盈浦街道办事处	**环城东路 128 号**	**59724046**
庆华社区居委会	庆华一路 84 弄综合楼	59733857
庆新社区居委会	青安路 507 弄综合大楼 3 楼	69218471
城北社区居委会	海盈路 30 号	69204207
龙威社区居委会	城中北路 626 弄 10 号服务站	69237611
复兴社区居委会	环城东路 324～326 号	59733639
解放社区居委会	五厍浜路 208 号 3 楼	59732935
西部花苑社区居委会	城中西路 333 弄西部绿墅综合楼	59851601
万寿社区居委会	万寿二区北 11～101 号	59203695
盈港社区居委会	胜利路 502 号八字桥菜场 2 楼东侧	59207001

续表

名　　称	地　　址	电　话
盈中社区居委会	卫中路22号综合楼	59202009
三元河社区居委会	支家路23号	39290028
盈联社区居委会	港俞路1088弄68号楼2楼	69226229
民佳社区居委会	盈港路1755弄88号	69227455
绿舟社区居委会	港俞路555弄43号	39222852
上达社区居委会	盈港路780号	59208772
民乐社区居委会	盈港路1750弄会所	69221422
民欣社区居委会	盈港路1880弄综合楼	69215465
浩泽社区居委会	漕盈路555弄综合楼	69226208
华浦社区居委会	漕穗北路135弄4号2楼	59203509
怡澜社区居委会	淀山湖大道199弄会所2楼	69717360
尚美社区居委会	胜利路502号八字桥菜场2楼西侧	69203070
赵屯浦社区居委会	赵屯浦路380弄6号	59803818
崧子浦社区居委会	崧子浦路289弄22号	59843923
双桥社区居委会	盈浩路107弄8号	59801055
贺桥社区居委会	城中北路862号	69220017
东渡社区居委会	盈清路155弄144号	69720131
淀山浦社区居委会	黄泥娄路300号	59790291
漕盈社区居委会	俞家埭路159弄5号102室	18930565406
贺桥村村委会	城中北路862号	69220017
南厍村村委会	南厍村45号	59205062
俞家埭村村委会	青赵公路980号旁	59204738
天恩桥村村委会	天恩桥村北浪88号	59207942
南横村村委会	盈米路33弄11号	59200892
香花桥街道办事处	**新桥路786号**	**59224369**
香花桥社区居委会	香花桥水厂路108号	59702972
金巷社区居委会	香花桥赵巷66号	59753558
桃源埔社区居委会	清河湾路486弄6号2楼	59228403
清河湾社区居委会	清河湾路900弄15号2楼	59700221
友爱社区居委会	新胜路1777弄友爱社区会所2楼	59223291
青山社区居委会	崧达路39号	59757165
都汇华庭社区居委会	新园路509弄47号2楼	69213622
民惠社区居委会	香大路848弄308号	59220636
民惠第二社区居委会	久远路1660弄9区4号会所	69409520
民惠第三社区居委会	久康路99弄12幢23号	59220662
玫瑰湾社区居委会	清河湾路699弄物业中心后3楼	39288381
玉兰花园社区居委会	清河湾路1699弄18单元	39270610

续表

名 称	地 址	电 话
七汇村村委会	外青松路 5537 号	69211701
盈中村村委会	崧泽大道 9364 号	69213210
石西村村委会	外青松公路 5529 号	69212522
大联村村委会	太联路 145 号	59223866
陈桥村村委会	青安路 1097 号	69211355
杨元村村委会	新园路 58 号	69210248
袁家村村委会	工业园区新技路 188 号	69212098
金米村村委会	青赵公路 4358 号	59229408
泾阳村村委会	泾阳村横泾 406 号	39814037
朝阳村村委会	崧泽大道 9386 号	69213901
郏一村村委会	郏一村 231 号	39876173
新姚村村委会	新胜路 148 号	59228358
天一村村委会	崧泽大道 9386 号 2 楼	69212838
新桥村村委会	新桥村大盈路 255 号	59221609
爱星村村委会	友爱路 79 号	59220020
东方村村委会	东方村 131 号	59220258
燕南村村委会	燕南村南库组 435 号	59860176
向阳村村委会	香大路 848 弄 308 号	59223712
曹泾村村委会	曹泾村委员会 171 号	59701342
东斜村村委会	青赵公路 3281 号	59229780
金星村村委会	北青公路 8618 号	59705576
胜利村村委会	崧泽大道 9386 号 1 楼	69211090
大盈社区居委会	新桥路 1316 号	59221629

十五、奉贤区

名 称	地 址	电 话
南桥镇人民政府	**南桥江海路 86 号**	**57199001**
古华第一居委会	振贤一支路 3 号	57410774
古华第二居委会	古华路 780 号	57187210
古华第三居委会	古华 A 区 442 号	67180014
运河居委会	奉苑新村 23 号 101 室	67182271
育秀第一居委会	育秀东区 54 号 101 室	57190944
育秀第二居委会	育秀西区 181 号	57193540
育秀第三居委会	古华南区 716 号	57190924
育秀第五居委会	育秀东区 215 号 102 室	57190914
育秀第七居委会	育秀东区 1103 号 102 室	57190620
解放第一居委会	新建西路 158 弄 16 号 102 室	57417610

续表

名　　称	地　　址	电　话
解放第二居委会	新成路 29 号	57411058
解放第三居委会	解放新村 60 号	57411951
北街居委会	南桥路 262 号南洋科技大楼 2 楼	57410340
曙光第一居委会	解放东路疾控中心南侧新 3 楼	67182679
中街居委会	南新新村 8 号 102 室	57410072
南街居委会	教苑新村 30 号 C 梯 102 室	57103245
贝港第一居委会	南亭公路 334 号 2 楼	67192133
贝港第二居委会	贝港南区 537 号西侧	57418134
贝港第三居委会	贝港北区 130 号西侧	57183446
贝港第四居委会	贝港南区 714 号 102 室	57418057
贝港第五居委会	贝港花苑 73 号	67190604
江海第一居委会	秀龙路 274 号	57411436
江海第二居委会	秀龙路 1035 号	57411817
江海第三居委会	南星路 242 号	57181309
江海第四居委会	菜场路 155 号	67112907
江海第五居委会	江海花园内活动中心	57196570
曙光第二居委会	建贤路 269 弄丽江苑 4 号 103 室	67186697
阳光第一居委会	环城南路 1309 号	67111729
正阳第一居委会	南奉公路 8889 弄 232 号	67186177
阳光第二居委会	育秀路 1288 弄 65 号 2 楼	67195654
贝港第六居委会	环城西路 735 号 3 楼	67198084
正阳第二居委会	育秀东路 29 号	33611299
民旺苑第一居委会	运河北路 1351 弄民旺苑会所 2 楼	57426099
正阳第三居委会	正环路 666 幢 12 号	67183960
阳光第三居委会	环城南路 1128 弄 32 号 2 楼	37110313
朝阳居委会	光明路 402 号	57475262
新悦居委会	运河北路 1098 弄新民旺苑会所 2 楼	37408223
银河居委会	银河丽湾 13 号 102 室	33613988
昊海居委会	光昊路 395 弄会所	33657819
富康居委会	普康苑 40 号 101 室	67116221
沈陆村村委会	沈陆村中心路 338 号	37520005
江海村村委会	五星中心路 379 号	37520588
六墩村村委会	六墩村 638 号	37523783
曙光村村委会	曙光村跃进 758 号	57184448
张翁庙村村委会	张翁庙村 1038 号	33658562
华严村村委会	航南公路 7351 号	37523049-606
庙泾村村委会	光晃路 338 号 4 楼	57471745

续表

名　　称	地　　址	电　话
光明村村委会	光乐路 96 号	37567130
杨王村村委会	金海公路 2588 号	33617409
吴塘村村委会	大叶公路 2188 号	57401368
灵芝村村委会	芝泽路 33 号	57401435
奉城镇人民政府	**兰博路 2008 号**	**57522014**
头桥第一居委会	头桥社区大庆西路 39 号	57551507
头桥第二居委会	头桥社区大庆西路 39 号	57550156
洪庙第一居委会	洪庙社区水闸路 10 号	57131710
洪庙第二居委会	洪庙社区洪中路 177 号	57131779
塘外居委会	塘外社区人民路 160 号	57170102
奉城第一居委会	东街 80 号	57525361
奉城第二居委会	镇海新村 4 号 2-1 室	57524912
奉城第三居委会	兰博路 3126 号(奉德苑)	57527166
奉城第四居委会	兰博路 2858	57520123
奉城第五居委会	邮电路 421 弄 24 幢 50 号	57522098
奉城第六居委会	兰博路 1801 弄(中建小区)44 幢 107 号	57526216
奉馨社区居委会	新奉公路 6125 弄 195 号(奉馨苑二期)	57521326
灯民村村委会	灯民村 256 号	57526621
高桥村村委会	奉旺路 699 号	57523739
陈桥村村委会	陈桥村 740 号	57521792
八字村村委会	八字村 303 号	57521821
路口村村委会	路口村 828 号	57520614
久茂村村委会	久茂村 802 号	57529225
爱民村村委会	爱护路 421 号	57529468
永民村村委会	永民村永益 535 号	57515113
联民村村委会	联民村启民 539 号	57529258
新民村村委会	新民村一致 913 号	57529707
东门村村委会	东门村 273 号	57522452
城东村村委会	城东村 727 号	57522407
南街村村委会	川南奉公路 9810 弄 5 号	57522514
奉城村村委会	奉粮路 30 弄 139 号	57522510
北门村村委会	北门村 888 号	57522518
白衣聚村村委会	白衣聚村 328 号	57522492
盐行村村委会	盐青路 9 号	57170473
朱墩村村委会	平庄东路 8077 号	57174200
大门村村委会	平庄东路 7388 号	57170766
塘外村村委会	塘外村胜利 368 号	57170439

续表

名称	地址	电话
卫季村村委会	卫季村 1028 号	57174296
护民村村委会	护民村海民 355 号	57170413
洪东村村委会	洪东村盘灶 1028 号	57131861
洪北村村委会	洪北村 1101 号	57131055
洪庙村村委会	洪西中心路 18 号	57131214
洪西村村委会	团青公路 2858 号	57131740
洪南村村委会	川南奉公路 9249 号	57133230
协新村村委会	协新村太平 655 号	57522491
朱新村村委会	朱新村镇北 3 组	57132090
集贤村村委会	集贤村东西路 335 号	57131994
陆家桥村村委会	陆家桥村陆桥 858 号	57552636
红旗村村委会	奉飞路 333 号	57551365
冯家村村委会	桥福路 673 号	57551543
幸福村村委会	幸福村南幸福路 858 号	57551532
戴家村村委会	头桥东路 298 号	57555943
分水墩村村委会	分水墩村联工 354 号	33615164
二桥村村委会	服民路 228 号	57552261
蔡家桥村村委会	蔡家桥村 253 号	57553387
东新市村村委会	蔡建路 51 号	57553141
南宋村村委会	新潮路 588 号	57557747
北宋村村委会	蔡建路 958 号	67558186
四团镇人民政府	**川南奉公路 8123 号**	**57533507**
四团居委会	团青公路 187 弄 2 号	57533332
平安居委会	堂前街 6 号	57546209
邵厂居委会	邵厂北区 28 号	57143558
平安第二居委会	平福路 1633 弄平安新苑小区 49 幢 183 号 101 室	57545651
锦港佳苑居委会	港佳路 515 弄 16 幢 37 号	57140058
海港新苑居委会	新四平路 467 弄海港新苑 40 幢 178 号 207 室	57541153
三坎村村委会	坎中路 208 号	37510116
镇西村村委会	顾西村 466 号	57533374
大桥村村委会	大桥村 368 号	57535520
团南村村委会	团青公路 321 弄 8 号	57533303
四团村村委会	团青公路 556 号	57536327
长堰村村委会	长堰村秦树 1228 号	57530828
小荡村村委会	小荡村浦鉴 743 号	57530896
新桥村村委会	六团公路 428 号	57539655
夏家村村委会	夏家村 498 号	57530354

续表

名　　称	地　　址	电　话
拾村村委会	川南奉公路 467 号	37553022
渔墩村村委会	渔墩村 610 号	57533307
渔洋村村委会	渔洋村五古 151 号	57142872
向阳村村委会	新四平公路 1533 号	57545203
龙尖村村委会	平福路 1633 弄平安新苑小区 49 幢 183 号 101 室	57545651
平海村村委会	新四平公路 135 号	57541492
三团港村村委会	三团港村 768 号	57541705
五四村村委会	五四村 1555 号	57541483
新建村村委会	港佳路 515 弄 16 幢 37 号	57142503
前哨村村委会	港佳路 515 弄 16 幢 37 号	57140058
横桥村村委会	横桥村 148 号	57142587
杨家宅村村委会	新杨路 3699 号	57143562
平南村村委会	平南村 546 号	57540843
红庄村村委会	安逸路 1 号	57541498
农展村村委会	农展村 201 号	57541501
民福村村委会	民福村 808 号	57543126
邵靴村村委会	邵靴村 258 号	57143119
拓林镇人民政府	**新塘路 198 弄 180 号**	**57446101**
柘林居委会	胡桥路 1 号	57445083
新寺居委会	新北路 129 号	57491265
胡桥居委会	胡桥社区农交路 28 号	57451215
目华居委会	苍工路目华新村内	57448180
冯桥居委会	原冯桥村 670 号	57445281
海韵居委会	联业路 859 弄 61 号	57445383
渔业居委会	苍工路 99 号	57445215
海畔居委会	苍工路 295 弄 100 号	57422269
如意居委会	新塘路 198 弄 18 号	37575753
佳源居委会	金海公路 99 弄 3 号 301—302 室	57440127
营房村村委会	营房村 548 号	57446370
夹路村村委会	海泉路 958 弄 288 号	57444462
柘林村村委会	联业路 918 弄 398 号	57448629
华亭村村委会	江海南路 2799 弄 58 号	57446352
新塘村村委会	新塘村 1329 号	57491968
新寺村村委会	新寺村虹光 999 号	57491452
南胜村村委会	环城东路 6280 号	57494369
金海村村委会	金海村新林路 208 号	33653446
海湾村村委会	金海公路 751 号	33653660

续表

名　　称	地　　址	电　　话
胡桥村村委会	胡桥村窑桥中心路 108 号	57457316
王家圩村村委会	科工路 201 号	57457790
迎龙村村委会	迎龙村迎新 519 号	57450528
法华村村委会	浦卫公路 6788 号	57459663
三桥村村委会	三桥村 821 号	57459572
兴园村村委会	兴园村兴隆 553 号	57452935
临海村村委会	临海村黄沙 388 号	57456676
庄行镇人民政府	**腾庄路 8 号**	**57466101**
庄行居委会	油车弄 32 号	57466194
邬桥居委会	邬桥镇汇中路 33 号	57401237
庄行新苑居委会	庄行新苑 317 号	57466949
庄行丽水湾居委会	三民路 81 号	33650226
庄行沙港湾居委会	钜庭路 99 弄 1 栋	57460309
吕桥村村委会	吕桥村庄北 534 号	57466679
东风村村委会	腾庄路 299 弄 188 号	57466650
长浜村村委会	沪发路 8 号	57461646
长堤村村委会	东穗路 669 号	57467538
潘垫村村委会	庄良路 1415 号	57469983
新华村村委会	三民路 81 号	33650226
杨楼村村委会	杨溇路 28 号	57466461
芦泾村村委会	芦泾村光明中心路 228 号	37526979
存古村村委会	存古村姚泾 1026 号	37526622
西校村村委会	西校村 1037 号	57401426
汇安村村委会	汇安村 588 号	57401340
马路村村委会	马路村 868 号	57401421
浦秀村村委会	浦秀村 1358 号	57401439
渔沥村村委会	渔沥村 246 号	57401441
新叶村村委会	北环路 1399 弄 1 号	57401384
张塘村村委会	张塘村 1158 号	57401463
金汇镇人民政府	**汇中路 1666 号**	**57481101**
金汇镇居委会	金闸公路 225 弄 167 号 202 室	57480626
齐贤居委会	齐贤文明街 5 号	57575174
泰日居委会	泰日新建路 24 号	57586651
泰绿居委会	泰日绿色家园 128 号	57583925
金碧居委会	金碧路 1980 弄 88 号	37516393
恒苑居委会	清宁路 85 弄 17 号	57576833
和苑居委会	万顺路 2058 号 5 楼	57579858

续表

名称	地址	电话
旺苑居委会	万顺路2388弄3楼	37527400
泰顺居委会	泰叶路159弄49号	57585131
泰和居委会	大叶公路6288弄192号商业楼4楼	57586302
金贤居委会	万顺路2968弄2单元2楼	67190812
金聚居委会	北行路555弄	67190828
德苑居委会	沿港河路478弄	57575176
金汇村村委会	金钱公路682弄2号	57481481
金星村村委会	工业路518号	37561671
东星村村委会	金闸路1158号	57481470
新强村村委会	新强村762号	57480137
白沙村村委会	白沙村李家427号	57575532
行前村村委会	行前村陆家202号(浦星公路东侧)	57578529
百曲村村委会	航南公路2588号	57575535
南行村村委会	金碧路1970号	57575546
光辉村村委会	光辉村东环路1288号	57586365
明星村村委会	泰日明星村1199号	57586790
北丁村村委会	北丁村548号	57581650
南陈村村委会	南陈村578号	57582562
乐善村村委会	乐善村1222号	57586772
梁典村村委会	航塘公路梁典北路58号	57589567
资福村村委会	资福村628号	57588952
梅园村村委会	梅园村5组	57588449
周家村村委会	周家村姚堂559号	57588648
墩头村村委会	墩头村华星248号	57588481
青村镇人民政府	**南奉公路2815号**	**57567099**
青村居委会	人民路15号	57561091
钱桥居委会	奉柘公路3185号	57596101
北唐居委会	南明路103号	57561541
红星居委会	德泉路99弄38号	33616878
青河居委会	人民路219-1号	57560626
青韵居委会	振浦路36号	57560705
长丰居委会	振水路1号	
朱店村村委会	朱店村1358号	57563588
钟家村村委会	钟家村品星路709号	57560527
姚家村村委会	姚家村1439号	57560868
和中村村委会	沿钱公路3782号	57563052
岳和村村委会	泰青公路3918号	57561557

续表

名　　称	地　　址	电　话
陶宅村村委会	沿钱公路 2915 号	57569715
西吴村村委会	人民路 756 号	57561580
北唐村村委会	南明路 103 号	57561613
李窑村村委会	李窑村上塑路 169 号	57567586
钱忠村村委会	钱忠村竹筱 880 号	57595142
桃园村村委会	桃园村 1158 号	57594942
申隆二村村委会	申隆二村 2001 号	57594119
申隆一村村委会	申隆一村 178 号	57594493
元通村村委会	元通村 934 号	57596603
金王村村委会	金王村 558 号	57596605
吴房村村委会	吴房村平庄公路 478 号	57596607
新张村村委会	西张浦星公路 658 号	57596609
花角村村委会	花角村 331 号	57596042
石海村村委会	石海村石桥 358 号	57590344
湾张村村委会	南奉公路 5518 号	33616668
工农村村委会	工农村 340 号	57471344
张弄村村委会	光明东路 52 号	57471283
解放村村委会	浦星公路 8108 号	57472537
南星村村委会	钱桥路 699 号米	57596370
海湾镇人民政府	**海农公路 1358 号**	**57505440**
星火明城居委会	明城路 1198 弄 3 号	57504009
星火第一居委会	星中路 99 号	57503258
星火第二居委会	海滨新二村 75 号	57501610
燎原居委会	燎原育才路 128 号	57110068
中港居委会	五四公路 1132 号	57160016
一兴居委会	五四一村 7-2	57160900
洪卫居委会	五四公路 3599 弄 21 号	57169449
世茂居委会	民乐路 28 弄 77 号	57501550
西渡街道办事处	**西闸公路 1276—1278 号**	**67156309**
鸿宝第一居委会	鸿宝一村 30 号	57150161
鸿宝第二居委会	鸿宝一村南区 110 幢	57156252
鸿宝第三居委会	鸿乐路 248 号	67150691
水闸居委会	沿江路 3 号联华超市东面	57150892
闸园居委会	闸园新村 25 幢西侧	57158369
浦江居委会	沪杭公路 303 弄	57156825
新南居委会	西闸公路 1118 弄新南家园内	67159645
水岸居委会	西闸公路 1678 号	57151428

续表

名　　称	地　　址	电　话
文怡居委会	西闸公路 1373 号	67155356
金都居委会	扶港 629 弄金都雅苑 132 号	67156136
发展村村委会	大叶公路 3285 号(发展村农家会所内)	57434581-606
灯塔村村委会	西闸路 2009 号	37526285
南渡村村委会	西闸路 901 弄 300 号	67156282
金港村村委会	奉金路延伸段	57434092
关港村村委会	新民港路 888 号	57489808
北新村村委会	西闸公路 801 号	57489623
五宅村村委会	五宅村联欢 163 号	57486586-8001
益民村村委会	益民村金益路 6 号	67115508
奉浦街道办事处	**奉浦大道 111 号**	**67105905**
奉浦第一居委会	国顺路 218 号奉浦苑会所 108 室	37441632
奉浦第二居委会	陈桥路 299 弄同盛花园	57185619
奉浦第三居委会	肖塘路 146 弄小区“居民之家”	57435720
奉浦第四居委会	环城东路 885 弄 354 号	67107018
奉浦第五居委会	国顺路 551 号	67109671
奉浦第六居委会	奉浦大道 95 弄 5 号会所(2 楼)	61150651
奉浦第七居委会	八字桥路 828 弄	37565244
奉浦第九居委会	南桥老街 885 弄 232—236 号	67107028
肖塘居委会	北虹路 81 弄 42 号	57434181
弯弯居委会	肖塘吴塘路 459 弄 36 号陈湾会所	57435230
天鹅湾居委会	高州路 100 弄 15 幢 12 号会所 2 楼	67105539
秋月居委会	富竹路 39 弄 14 号	67105532
君望居委会	八字桥路 99 弄半岛君望会所	
陈湾村村委会	吴塘路 458 弄 5 号	57434548
公谊村村委会	远东路 733 弄 5 号	57434585
韩村村委会	国顺路 83 号	67100607
九华村村委会	韩谊路 515 号	57411958
肖塘村村委会	肖塘北虹路 168 号肖塘村村委会 3 楼	57434430
金海街道办事处	**金海公路 5885 号**	**37195000**
金水苑社区居委会	金齐路 188 弄	37195199
金水新苑居委会	金齐路 348 弄 15 号	37521022
恒盛居委会	楚园路 236 号	60245932
恒贤居委会	德丰路 199 弄 1 号	37190802
金水佳苑居委会	广丰路 100 弄 54 号	37521373
金水丽苑居委会	嘉园路 361 弄 18 号 501 室	37198031
文杏居委会	泽丰路 566 弄 15 号	37198869

续表

名称	地址	电话
少湖居委会	金海公路 4808 弄 54 号 2 楼	37563597
龙潭居委会	湖堤路 399 弄 9 号楼 101 室	67181023
韩树村村委会	望园南路 2288 弄 1 号楼 409 室	57102668
陈谊村村委会	嘉园路 189 弄 39 号 307—309 室	57432803
齐贤村村委会	嘉园路 361 弄 18 号南 2 楼	37195723
龙潭村村委会	龙潭村 845 号	57576479
三长村村委会	三长村 245 号	57575517
陈家村村委会	嘉园路 189 弄 3 号 303 室	37195936
屠家村村委会	屠家村 815 号	37195537
丁家村村委会	丁家村 513 号	57576109
石家村村委会	嘉园路 361 弄 18 号 201 室	37594181
海湾旅游区管委会	**海佳路 18 号**	**57120879**
海湾旅游区居委会	奉炮公路 141 弄 49 号	57121556
海湾第二居委会	海马路 5888 弄 683 号	57120326
海棠居委会	海马路 4333 弄综合楼	57125008
新港村村委会	人民塘路 648 号	57120278

十六、崇明区

名称	地址	电话
长兴镇人民政府	**长兴镇凤滨路 77 号**	**66700123**
新建村村委会	潘圆公路 1506 号 5 号楼(临时)	56850294
海星村村委会	金淼路 9 号 101—102 室(临时)	56850031
合心村村委会	凤凰街 62 号(临时)	56857120
圆东村村委会	潘圆公路 152 号	56850039
鼎丰村村委会	潘圆公路 58 号	56850289
农建村村委会	潘圆公路 101 号	56850797
庆丰村村委会	丰福路 599 弄 147 号 3 楼(临时)	56857232
同心村村委会	丰福路 599 弄 177 号 3 楼(临时)	56850020
大兴村村委会	大兴路 180-1 号	33801065
长明村村委会	潘圆公路 1107 号	33800185
新港村村委会	长江隧桥口西侧	56858656
丰产村村委会	丰景路 249 号	56851661
先进村村委会	凤凰街 179 号	56850659
先丰村村委会	凤滨路 330 号	56852825
北兴村村委会	凤西路 1512 号	56851721
光荣村村委会	光荣三路 208-1 号	56850927
红星村村委会	红星村村委会 456-1 号	56851484

续表

名　　称	地　　址	电　话
长征村村委会	长征路230号-1	66851508
团结村村委会	潘圆公路1558号	56851589
潘石村村委会	潘石村221号	56851537
建新村村委会	建新村188号-1	56851560
创建村村委会	创建村306号-1	66858882
石沙村村委会	潘圆公路3838号	66852190
凤凰佳苑居委会	丰康路11号13室	56251388
清水苑居委会	合作路871号2楼	33803177
前卫新村居委会	潘圆公路1389号	33801770
凤辰乐苑居委会	长橘路461号3楼	56856338
滨江苑居委会	长橘路159弄89号202室	66850968
长兴家园居委会	丰福路599弄186号三楼	66853032
鹭岛华庭居委会	金森路759弄160号2楼	56850866
长兴新苑居委会	金滂路199弄30号	56850330
横沙乡人民政府	**横沙乡新环路75号**	**56893508**
丰乐村村委会	丰乐村1068号	56899531
新春村村委会	新春2路18号	56890138
增产村村委会	增新路327号	56890621
兴胜村村委会	兴胜村538号	56890611
民建村村委会	民东支路185号	56896448
惠丰村村委会	惠民路158号	56899289
民星村村委会	富民沙路1299号	56890349
新永村村委会	新永村750号	56890220
东海村村委会	东兴路987号	56899562
民永村村委会	民北路251号	56890749
红旗村村委会	丰乐路580号	56890254
民东村村委会	民东支路655号	56890030
江海村村委会	富民沙路2201号	56899557
公平村村委会	丰乐路888号	56899625
永胜村村委会	育贤北路168号	56899548
东兴村村委会	东兴2路528号	56899765
海鸿村村委会	海鸿村海星路101号	56890990
永发村村委会	富民支路0118号	56890397
富民村村委会	富民沙路2851号	56890371
新联村村委会	新联路1508号	56890133
兴隆村村委会	兴隆村246-1号	56890025
民生村村委会	民生中心路655号	56899580

续表

名　　称	地　　址	电　话
新北村村委会	新北村 88 号	56899793
东浜村村委会	东滨路 2081 号	56890117
新民居委会	锦辉路 258 号	56896350
新村乡人民政府	**星村公路 2105 号**	**59650878**
新卫村村委会	星村公路 908 号	59341595
新乐村村委会	星村公路 1601 号	59651809
新浜村村委会	星村公路 2029 号	59650826
新中村村委会	星村公路 2381 号	59650823
新国村村委会	星村公路 2990 号	59650494
新洲村村委会	星村公路 3468 号	59655820
绿华镇人民政府	**绿华路 518 号**	**59351020**
绿湖村村委会	绿湖村大新 421 号	39633506
绿港村村委会	绿港村建同 336 号	59351283
绿园村村委会	绿园村建三 808 号	59351012
华星村村委会	华星村城北 1188 号	59351505
华荣村村委会	华荣村建成 117 号	59351324
华西村村委会	华西村建桥 1088 号	59351015
华渔村村委会	华渔村 1 号	59351150
新绿居委会	嘉华路 22 号	59351070
三星镇人民政府	**宏海公路 4219 号**	**59601298**
沈镇村村委会	沈镇村 841 号	59606189
洪海村村委会	洪海村 968 号	59601403
东安村村委会	东安清平 925 号	59601470
平安村村委会	平安村 953 号	59601471
协进村村委会	协进村 449 号	59600497
海洪港村村委会	海洪港草棚 1130 号	59601404
纯阳村村委会	纯阳村 555 号	59608460
南协村村委会	南协社西 439 号	59601012
育德村村委会	育德村 141 号	59608515
育新村村委会	育新村 1088 号	59352871
三协村村委会	三协养正 688 号	59609150
西新村村委会	西新村 780 号	59608718
邻江村村委会	邻江村 1380 号	59606043
南桥村村委会	南桥徐泉 735 号	59601025
新安村村委会	新安村 555 号	59305633
永安村村委会	永安村 1288 号	59300554
大平村村委会	大平村 1288 号	59303126

续表

名　　称	地　　址	电　　话
海中村村委会	海中老洪 180 号	59300931
北桥村村委会	北桥村 798 号	59302384
海滨村村委会	海滨村滨南 581 号	59302337
海安村村委会	海安海平 180 号	59303054
三星居委会	解放新街 59 号	59601606
庙镇人民政府	**宏海公路 1829 号**	**59361324**
万安村村委会	万安村 744 号	69369543
万北村村委会	万北村 1588 号	69369667
联益村村委会	联益村新立 452 号	69369672
鸽龙村村委会	鸽龙村 888 号	69368053
启瀛村村委会	启瀛村汇河 588 号	69361099
宏达村村委会	宏达村宏北 760 号	69361087
江镇村村委会	宏海公路 293 号	69361153
民华村村委会	民华村 625 号	69361114
镇东村村委会	镇东村双桥 242 号	69361119
庙港村村委会	庙港村 834 号	59360140
爱民村村委会	爱民村 398 号	59361402
南星村村委会	南星村丁棚 158 号	59369237
庙南村村委会	庙南村 835 号	59361405
庙中村村委会	合作公路 101 号	59361031
庙西村村委会	庙西村 1088 号	59363220
米洪村村委会	宏海公路 2850 号	59361409
白港村村委会	白港北路 501 号	59607209
通济村村委会	通济村蜞镇 1098 号	59387227
小竖村村委会	小竖村 1006 号	59381661
和平村村委会	和平村 1236 号	59382404
窑桥村村委会	窑桥村 630 号	59382146
猛东村村委会	小星公路 900 号	59381638
永乐村村委会	永乐村盘洪 170 号	39630241
周河村村委会	周河村 1140 号	69630980
合中村村委会	合中村 342 号	59381034
猛西村村委会	猛西村 1211 号	59382252
保东村村委会	保东村保西 538 号	59382213
保安村村委会	保安村 1045 号	59382214
庙镇居委会	庙中路 2 号	59361632
猛将庙居委会	和富路 9 号	59382051
江口居委会	江民路 147 号	69361009

续表

名　　称	地　　址	电　　话
港西镇人民政府	**三双公路1581弄60号**	**59671380**
静南村村委会	鼓浪屿路1000弄135号	59678639
双津村村委会	陈海公路4488号	39627402
团结村村委会	港东公路887弄2号	59671348
北双村村委会	三双公路1021号	39627662
富民村村委会	富民村盘东395号	39627606
盘西村村委会	盘西村长生1186号	39627675
排衙村村委会	港东公路1500号	59671062
协西村村委会	三双公路1691号	59674923
协兴村村委会	三双公路1877号	59677447
北闸村村委会	北沿公路2405号	59676006
协北村村委会	北沿公路1010号	39627004
新港村村委会	新港村194号	39627005
城桥镇人民政府	**城桥镇星火路2号**	**69616301**
南门居委会	南门港街102号	69698257
花园弄居委会	人民路31号	69616236
城中居委会	酱园弄115号103室	69616237
北门居委会	北门二村11号	69616241
新崇居委会	新崇南路399号	69616235
吴家弄居委会	吴家弄2号	69616239
西门南村居委会	西门南村25号112室	69616246
西门北村居委会	西门北村6号301室	69616247
观潮居委会	观潮新村43号101室	69616253
城西居委会	西园路附56号	69616249
永凤居委会	北门路388号	69616259
怡祥居居委会	西门路501弄	69625784
川心街居委会	中津桥路9弄28号103室	69616242
西泯沟居委会	八一路599号9甲2B	69627243
小港居委会	小港新村8号楼2楼	69616254
东河沿居委会	西小港96弄81号	69629285
学宫居委会	学宫新村19号	69698255
湄洲居委会	湄洲路237号	69693346
江山居委会	一江山路18号	69616251
东门居委会	东门新村附24号	69616252
玉环居委会	玉环路100号201室	59675260
明珠居委会	育麟桥路188弄98号	69672081
金珠居委会	湄洲路1288弄47号3楼	69674047

续表

名 称	地 址	电 话
海岛居委会	绿海路 500 弄 181 号 2 楼	39635109
城东居委会	长侯路 92 号	59691190
金鳌山居委会	翠竹路 1388 弄 1 号 213 室	69699791
江帆居委会	乔松路 899 弄 155 号 202 室	69611061
金日居委会	青柏路 801 弄 65 号 204 室	69628089
丁家桥居委会	东引路 369 弄 38 号 301 室	69691253
推虾港村村委会	推虾港村竖中 238 号	59691373
侯南村村委会	侯南村 837 号	59691128
聚训村村委会	聚训村 958 号	59693646
鳌山村村委会	乔松路 300 弄(南门岗)8 号楼 2 楼	59694912
山阳村村委会	团城公路 6506 号	59690501
长兴村村委会	长兴村兴家 1288 号	59694359
运粮村村委会	运粮村三江 117 号	59611634
城桥村村委会	鼓浪屿路东首	59612522
利民村村委会	利民村泯西 868 号	69624033
新闸村村委会	新闸村近海 8 队	69622633
元六村村委会	元六村 5 队	69622524
马桥村村委会	马桥村斜港 558 号	69622620
湾南村村委会	湾南村友谊 9 队	69623022
老滧港村村委会	老滧港水闸西首	69699549
建设镇人民政府	**建星路 108 号**	**59331061**
富安村村委会	富安村 521 号	59330734
运南村村委会	运南村 821 号	59333416
白钥村村委会	镇中路 318 号	59331038
虹桥村村委会	虹桥村 839 号	59339626
三星村村委会	三星村 1116 号	59331424
界东村村委会	界东村 324 号	59331470
效东村村委会	效东村红梅 993 号	59339425
建垦村村委会	建垦村 620 号	59641303
建设村村委会	蟠龙公路 438 号	59392993
蟠南村村委会	蟠龙公路 1039 号	59393887
大同村村委会	蟠龙公路 1399 号	59396062
浜东村村委会	浜东村浜南 1397 号	59392407
浜西村村委会	浜西村 761 号	59393155
新河镇人民政府	**新河公路 666 号**	**59689196**
三烈村村委会	三烈村津口 956 号	59686568
兴教村村委会	兴教村镇南 964 号	59681317

续表

名　　称	地　　址	电　话
井亭村村委会	井亭村 1258 号	59688821
石路村村委会	石路村 118 号	59681709
金桥村村委会	金桥村 1472 号	59688193
天新村村委会	天新村 947 号	59681212
新梅村村委会	新梅村 436 号	59685794
新民村村委会	新民村新新 1138 号	59373024
强民村村委会	强民村 273 号	59371306
进化村村委会	进化村 901 号	59371715
新建村村委会	新建村新风 638 号	59373135
新隆村村委会	新隆村新华 945 号	59371281
永丰村村委会	永丰村 688 号	59373191
群英村村委会	群英村永民路 678 号	59375282
卫东村村委会	卫东村平南 169 号	59371353
民生村村委会	民生村 801 号	59371359
新光村村委会	新光村 588 号	59666820
新南居委会	新中路 542 号	59681443
新景居委会	新中路 786 弄 5 号	59687770
新东居委会	东后街 13 号	59681753
新源居委会	唐家湾路 369 弄 46 号	59687456
新晨居委会	新晨路 139 号	59375002
新舟居委会	新开河路 800 弄（公建 2 号楼）	59681013
竖新镇人民政府	**响椿公路 58 号**	**59491753**
大东村村委会	大东村 671 号	59492639
响哃村村委会	响哃中路 89 号	59494879
仙桥村村委会	仙桥村 649 号	59481850
跃进村村委会	跃进村 757 号	59481906
春风村村委会	春风村 458 号	59481008
时桥村村委会	时桥村向明 145 号	59483974
椿南村村委会	椿南村 620 号	59491911
育才村村委会	育才村 1314 号	59492864
大椿村村委会	大椿村 830 号	59491916
前哨村村委会	前哨村 328 号	39631625
前卫村村委会	前卫村 8011 号	59649132
竖西村村委会	竖西村 701 号	59484037
竖南村村委会	竖南村 501 号	59488027
竖河村村委会	竖河村 1443 号	59483931
惠民村村委会	惠民村竖新 729 号	59483645

续表

名　　称	地　　址	电　话
永兴村村委会	永兴村 432 号	59481139
东新村村委会	东新村 780 号	59482004
明强村村委会	明强村 3 队	59480664
油桥村村委会	油桥村南新 6 队	59480660
堡西村村委会	堡西村 1553 号	59480674
新征村村委会	新征村 809 号	69459060
瀛兴居委会	前竖公路 2965 号	59495769
新乐居委会	竖桥公路 989 号	59481965
堡镇人民政府	**正大街 122 号**	**59421056**
新港居委会	化工路 15 号	59426497
光明居委会	堡镇南路 349 号	59426480
玉屏居委会	堡港路 109 号	59426481
正大居委会	工农路 143 号 10 室	59426482
向阳居委会	育英路 37 号	59426485
交通居委会	交通街 48 号	59426489
电业居委会	大通路 139 号 61 号楼	59426479
虹宝居委会	石岛路 618 弄 15 号 301 室	39634688
解放居委会	堡镇北路 258 号	39660537
南海村村委会	南海村 1434 号	59458321
瀛南村村委会	瀛南村 1265 号	59458243
四滧村村委会	四滧村 1340 号	59459546
五滧村村委会	五滧村 178 号	59450934
小漾村村委会	小漾村 288 号	59451047
彷徨村村委会	彷徨村 737 号	59458122
米行村村委会	米行村 1678 号	59451049
堡港村村委会	石岛路 107 号	59420638
永和村村委会	永和村堡东 745 号	59422210
花园村村委会	花园村 898 号	39660238
营房村村委会	营房村 168 号	39660115
桃源村村委会	桃源村堡闸 555 号	59421950
财贸村村委会	财贸村 888 号	59421353
堡北村村委会	堡北村 1054 号	59467682
人民村村委会	人民村 1331 号	59427206
堡兴村村委会	堡港路 208 号	39661141
菜园村村委会	为民路 15 号	59421266
堡渔村村委会	堡渔村 100 号	59421312
港沿镇人民政府	**港沿公路 1177 号**	**59461549**

续表

名　　称	地　　址	电　话
梅园村村委会	梅园村 830 号	59451157
鲁东村村委会	鲁东村友南 645 号	59452601
鲁玙村村委会	合五公路 3145 号	59452040
漾滨村村委会	漾滨村 852 号	59452015
园艺村村委会	园艺村大港 868 号	59456010
合东村村委会	合东村 1339 号合兴中学东面	59456027
合兴村村委会	合兴村合五公路 3819 号	59456051
同心村村委会	同心村 488 号	59456026
同滧村村委会	同滧村 133 号	69459903
建华村村委会	建华村 668 号	59466224
建中村村委会	建中村 353 号	59466344
跃马村村委会	跃马村 1258 号	59468596
港沿村村委会	港沿村建联 985 号	59461097
骏马村村委会	骏马村 756 号	59463455
齐力村村委会	齐力村富裕路 98 号	59462649
富国村村委会	富国村齐乐 1175 号	59462640
齐成村村委会	齐成村齐村 358 号	59461942
富强村村委会	富强村富东 1296 号	59469634
惠中村村委会	惠中村 1158 号	59465475
富军村村委会	富军村 655 号	59469674
惠军村村委会	惠军村 1188 号	59464925
沿中居委会	港沿公路 1077 号	59461468
向化镇人民政府	**向中路 62 号**	**59442160**
六滧村村委会	六滧村闸东 399 号	59446920
花仓村村委会	花仓村丕林 958 号	59441422
春光村村委会	春光村 696 号	59400018
阜康村村委会	阜康村 1258 号	59400097
南江村村委会	南江村 283 号	59445411
向化村村委会	向东路 358 号	59443689
卫星村村委会	卫星村永春 688 号	59408319
米新村村委会	米新村堤北 288 号	59447549
齐南村村委会	齐南村 1021 号	59448466
北港村村委会	北港村齐北 638 号	59449476
渔业村村委会	六滧港渔业村 440 号	59446675
向宏居委会	向化大街 149 号	59441275
中兴镇人民政府	**广福路 42 号**	**69446931**
滧中村村委会	滧中村 688 号	69442415

续表

名　　称	地　　址	电　话
七潋村村委会	七潋村潋西 961 号	59441585
爱国村村委会	爱国村 388 号	69446889
中兴村村委会	陈彷公路 2701 弄 67 号	69446900
红星村村委会	陈海公路陈潋路口北首	69443254
汲浜村村委会	红汲路大公 1158 号	69444211
永南村村委会	永南村 856 号	39633022
胜利村村委会	胜利村 998 号	39632603
永隆村村委会	永隆村 1547 号	69441347
北兴村村委会	北兴村兴西 368 号	69441954
富圩村村委会	富圩村永北 864 号	69448104
开港村村委会	开港村渔业 108 号	59402163
广福居委会	振业路 92 号	69443914
陈家镇人民政府	**北陈公路 1433 号**	**59404613**
裕丰村村委会	裕丰村裕南 1588 号	59431734
鸿田村村委会	鸿田村 596 号	59406101
花漂村村委会	花漂村 8 队	59430283
展宏村村委会	展宏村 288 号	69431331
晨光村村委会	晨光村 884 号	59403824
裕西村村委会	裕西村永东 9 队	59403626
德云村村委会	新出港路 1188 号	59401030
瀛东村村委会	瀛东村 52 号	59436537
立新村村委会	立新村村委会	59471749
奚渔村村委会	奚渔村 1 号	59431850
协隆村村委会	协隆村滨江 388 号	69431857
陈西村村委会	陈西村 1288 号	59431207
八潋村村委会	八潋公路 1148 号	69479053
裕北村村委会	裕鸿佳苑裕展路 679 弄 67 号	59471230
先锋村村委会	安瑞路 532 号	39630253
朝阳村村委会	安润路 637 弄 26 号	59439290
裕安村村委会	北陈公路 1477 号	59403847
裕弘居委会	北陈公路 1477 号	59403847
陈南村村委会	陈南村陈家镇 6 队	59431341
瀛陈居委会	陈南村陈家镇 6 队	59438528
铁塔村村委会	裕盛路 3 弄 2 号	69431694
裕鸿佳苑第一社区居委会	裕盛路 3 弄 2 号	69431694
裕鸿佳苑第二社区居委会	裕国路 328 弄 57—58 号 2 楼	39360377
东海村村委会	裕鸿佳苑安寓路 80 号	39361036

续表

名　　称	地　　址	电　　话
裕鸿佳苑第三社区居委会	裕鸿佳苑安寓路 80 号	39361036
新桥村村委会	裕鸿佳苑裕洲路 151 弄 57 号	39637182
裕鸿佳苑第四社区居委会	裕鸿佳苑裕洲路 151 弄 57 号	39637182
裕鸿佳苑第七社区居委会	裕鸿佳苑安瑞路 185 弄 62 号	39637006
新海镇人民政府	**北沿公路 3366 号**	**59655392**
跃进居委会	跃进新村 10 号	59321171
新海居委会	兴阔路 165 号	59655104
新海二村居委会	海辉路 235 号	59656820
红星居委会	星村公路 25 号	59341249
长征居委会	长征农场场部	59311462
东平镇人民政府	**平悦路 288 号**	**59666533**
桂林新村居委会	明华一村 38 号楼北首	59666556
长江新村居委会	北沿公路 1647 弄 812 号	59668166
东风新村居委会	林风公路 1131 号	59641441
风伟新村居委会	林风公路 251 号	59641481
前进新村居委会	北沿公路 1328 弄 38 号	59631152
前哨新村居委会	前哨公路 40 弄 2 号	59471106

附录六：

民政服务机构名录

（一）上海市救助管理机构一览表(19个)

名 称	地 址	电 话
上海市救助管理站	蒙自路430号	62048414
上海市救助管理二站	府村路500号	63017282
上海市浦东新区救助管理站	浦东新区顾唐路3078号	58962567
上海市浦东新区救助管理站南汇分站	浦东新区沪南公路9618号	20924193
上海市黄浦区救助管理站	黄浦区巡道街128号	63664478
上海市徐汇区救助管理站	徐汇区上海市关港路301号	34621794
上海市长宁区救助管理站	长宁区北翟路1444弄77号	52190558
上海市静安区救助管理站	静安区天目中路749弄72号	62982016
上海市普陀区救助管理站	普陀区长风二村82号	52664610
上海市虹口区救助管理站	虹口区水电路1558号	55383772
上海市杨浦区救助管理站	杨浦区周家嘴路4214弄16号	65675720
上海市宝山区救助管理站	宝山区罗店集贤路19号	66860754、66861013
上海市闵行区救助管理站	闵行区灯辉路920号	64908699
上海市嘉定区救助管理站	嘉定区浏翔公路1515号	39126288
上海市金山区救助管理站	金山区石化六村641号	57970004
上海市松江区救助管理站	松江区永丰街道淹浜路88号	67728319
上海市青浦区救助管理站	青浦区青松路245号	59729431
上海市奉贤区救助管理站	奉贤区文化南路7号	57473233
上海市崇明区救助管理站	崇明区港西镇草港公路2800号	69678197

（二）慈善超市一览表(218家)

名 称	地 址	电 话
浦东新区区级慈善超市	浦东新区城基路25号	20979118
浦东新区南汇新城镇慈善超市(古棕路店)	浦东新区古棕路211号	20956603
浦东新区南汇新城镇慈善超市(芦潮港店)	浦东新区渔港路50号	20956603

续表

名　　称	地　　址	电　话
浦东新区川沙新镇慈善超市（华夏店）	浦东新区华夏一路163—175号	50925557
浦东新区川沙新镇慈善超市（城南店）	浦东新区妙川路1024号	58905316
浦东新区祝桥镇慈善超市	浦东新区南祝公路108弄90号	58095393
浦东新区陆家嘴街道慈善超市	浦东新区商城路873号	58780285
浦东新区潍坊新村街道慈善超市	浦东新区潍坊五村555号甲	58768071
浦东新区塘桥街道慈善超市	浦东新区浦建路207弄58号	50396021
浦东新区洋泾街道慈善超市	浦东新区博山路51弄40号	58853952
浦东新区花木街道慈善超市	浦东新区芳芯路259号	50588177-815
浦东新区金杨新村街道慈善超市	浦东新区灵山路1803号115室	50706402
浦东新区沪东新村街道慈善超市	浦东新区利津路89号	58503537
浦东新区浦兴路街道慈善超市	浦东新区凌河路150号	68717119
浦东新区上钢新村街道慈善超市	浦东新区德州路366号	58836053
浦东新区南码头路街道慈善超市	浦东新区东三里桥路340号	58392294
浦东新区周家渡街道慈善超市	浦东新区齐河路27弄7号	50562795
浦东新区东明路街道慈善超市	浦东新区环林东路799弄73号	50827959
浦东新区金桥镇慈善超市	浦东新区东陆路1974—1976号	38729268
浦东新区曹路镇慈善超市	浦东新区民区路9号105室	58631389
浦东新区张江镇慈善超市	浦东新区益江路400号	33921330
浦东新区合庆镇慈善超市	浦东新区东川公路7136号	68903558
浦东新区唐镇慈善超市	浦东新区唐陆路3300号	20233097
浦东新区高桥镇慈善超市	浦东新区夏碧路261号	58620969
浦东新区高东镇慈善超市	浦东新区高宝路528弄38号	68769924
浦东新区高行镇慈善超市	浦东新区东靖路43号	50694161
浦东新区三林镇慈善超市	浦东新区和炯路75号	58560779
浦东新区北蔡镇慈善超市	浦东新区莲中路211弄	33783088
浦东新区康桥镇慈善超市	浦东新区沪南公路2532号	20913229
浦东新区周浦镇慈善超市	浦东新区横桥路8号106室	58111275
浦东新区航头镇慈善超市	浦东新区沪南公路5287号	68220384
浦东新区新场镇慈善超市	浦东新区新环西路58弄64号2楼	58171582
浦东新区宣桥镇慈善超市	浦东新区三灶老街7号	58181107
浦东新区惠南镇慈善超市	浦东新区人民东路3252号	58013364
浦东新区老港镇慈善超市	浦东新区建中路335号	58051812
浦东新区万祥镇慈善超市	浦东新区三三公路2029号	58040161
浦东新区大团镇慈善超市	浦东新区南团公路3191号	58082689
浦东新区泥城镇慈善超市	浦东新区彩云路82号	58071754
浦东新区书院镇慈善超市	浦东新区船山街118号	33750130
黄浦区南京东路街道慈善超市	黄浦区新闸路274号	63752822

续表

名 称	地 址	电 话
黄浦区外滩街道慈善超市	黄浦区福州路480号	63216708
黄浦区小东门街道慈善超市	黄浦区南仓街38号	63355531
黄浦区豫园街道慈善超市	黄浦区昼锦路68号	63366070
黄浦区老西门街道慈善超市	黄浦区蓬莱路374号	63462139
黄浦区打浦桥街道慈善超市	黄浦区丽园路872号	33050893
黄浦区淮海中路街道慈善超市	黄浦区肇周路224弄36号	63551821
黄浦区瑞金二路街道慈善超市	黄浦区瑞金二路71号	53836619
静安区静安寺街道慈善超市	静安区愚园路524号	62582102
静安区曹家渡街道慈善超市	静安区延平路488号	52395727
静安区江宁路街道慈善超市	静安区江宁路916号	32120018
静安区石门二路街道慈善超市	静安区新闸路1132号	62600655
静安区南京西路街道慈善超市	静安区升平街36—39号	62083511
静安区天目西路街道慈善超市	静安区中华新路828号(门牌待定)	63538084
静安区北站街道慈善超市	静安区南星路60号	52555516
静安区宝山路街道慈善超市	静安区中兴路363号	66292835
静安区芷江西路街道慈善超市	静安区芷江西路431号	66051813
静安区共和新路街道慈善超市	静安区柳营路309弄20号	36033241
静安区大宁路街道慈善超市	静安区延长中路413号	56654994
静安区彭浦新村街道慈善超市	静安区临汾路1322号	56030006
静安区临汾路街道慈善超市	静安区临汾路575号	56887351
静安区彭浦镇慈善超市	静安区三泉路168号	56030006
徐汇区漕河泾街道慈善超市	徐汇区漕河泾街道漕东支路137号宏润汇二楼	54660016
徐汇区长桥街道慈善超市	徐汇区长桥街道罗秀新村112号	54306656-103
徐汇区枫林街道慈善超市	徐汇区枫林街道枫林路591号南大楼	33638106
徐汇区湖南街道慈善超市	徐汇区湖南街道安福路167号	54652201
徐汇区康健街道慈善超市	徐汇区康健街道桂林西街23号	54210576-8018
徐汇区天平街道慈善超市	徐汇区太原路76号	64735799
徐汇区徐家汇街道慈善超市	徐汇区宜山路50弄2号邻里汇B楼	34199737
徐汇区斜土街道慈善超市	徐汇区斜土路街道医学院路52号	64183553
徐汇区凌云街道慈善超市	徐汇区凌云街道老沪闵路799号	64190129
徐汇区华泾镇慈善超市	徐汇区盛华景苑9号(邻里汇)	54821818-2052
徐汇区龙华街道慈善超市	徐汇区龙华街道龙水南路326号	33683662
长宁区华阳路街道慈善超市	长宁区华阳街道定西路1234号	80110303
长宁区仙霞新村街道慈善超市	长宁区仙霞街道虹古路377弄24号	62788673
长宁区江苏路街道慈善超市	长宁区江苏街道宣化路59号	62256226
长宁区新华路街道慈善超市	长宁区新华街道法华镇路712号	62813260
长宁区周家桥街道慈善超市	长宁区周家桥街道武夷路651号	

续表

名　　称	地　　址	电　话
长宁区新华路街道廿四文创慈善超市	长宁区新华街道安顺路151号	
长宁区天山路街道联华慈善超市	长宁区天山街道安顺路154号	
长宁区虹桥街道慈善超市	长宁区虹桥街道中山西路1030弄2号甲	22850772
长宁区程家桥街道慈善超市	长宁区程桥街道程家桥路50号	62625115
长宁区北新泾街道慈善超市	长宁区北新泾街道天山西路90号	52162350
长宁区新泾镇慈善超市	长宁区新泾镇泉口路393号2楼	52160606-3010
普陀区曹杨新村街道慈善超市	普陀区兰溪路88号	52655325
普陀区长风新村街道慈善超市	普陀区隆德路81号	
普陀区长寿路街道慈善超市	普陀区长寿路822弄77号	62276347
普陀区甘泉路街道慈善超市	普陀区甘泉路1号	56650082
普陀区石泉路街道慈善超市	普陀区石泉六村63号1楼东侧	62032010
普陀区宜川路街道慈善超市	普陀区华阴路218号103室	36527939
普陀区长征镇慈善超市	普陀区清峪路137号	62153978
普陀区真如镇街道慈善超市	普陀区桃浦路743弄52号	52757107
普陀区桃浦镇慈善超市	普陀区绿杨路30号甲	66265641
普陀区万里街道慈善超市	普陀区真金路459号	51987666-5886
虹口区广中路街道慈善超市	虹口区广中路街道同心路127号	51812229
虹口区北外滩街道慈善超市	虹口区北外滩街道长治路147号	65861067
虹口区四川北路街道慈善超市	虹口区四川北路街道新广路296号	60560603
虹口区嘉兴路街道慈善超市	虹口区嘉兴路街道天宝路80号	65011706
虹口区江湾镇街道慈善超市	虹口区江湾镇街道沽源路84号	65612128
虹口区凉城新村街道慈善超市	虹口区凉城新村街道广灵四路344号	65267953
虹口区曲阳路街道慈善超市	虹口区曲阳路街道东体育会路705号	55540927
虹口区欧阳路街道慈善超市	虹口区欧阳路街道天宝西路248弄11号	55560243
杨浦区四平路街道慈善超市	杨浦区四平街道铁岭路96号	65200380
杨浦区延吉新村街道慈善超市	杨浦区延吉新村延吉七村20号	55123718-8023
杨浦区江浦路街道慈善超市	杨浦区辽源西路154号	65111932
杨浦区五角场街道慈善超市	杨浦区五角场街道国定路39号	55082688
杨浦区殷行街道慈善超市	杨浦区市光四村56号	65051782
杨浦区长白新村街道慈善超市	杨浦区控江路55号	65665700
杨浦区大桥街道慈善超市	杨浦区眉州路131号	
杨浦区平凉路街道慈善超市	杨浦区惠民路1000号	
杨浦区控江路街道慈善超市	杨浦区抚顺路161号	55803283
杨浦区长海路街道慈善超市	杨浦区翔殷路791弄5号	54375068
宝山区月浦镇慈善超市	宝山区德都路111号	56646546
宝山区吴淞街道慈善超市	宝山区吴淞街道同济支路199号7号楼1楼	66153500
宝山区高境镇慈善超市	宝山区殷高路14弄	66793021

续表

名　　称	地　　址	电　话
闵行区莘庄镇慈善超市	闵行区莘庄镇莘建路 147 号	64955983
闵行区七宝镇慈善超市	闵行区七宝镇航星路航华三村 161 号	64193589
闵行区颛桥镇慈善超市	闵行区颛桥镇中沟路 385 号	34172391
闵行区华漕镇慈善超市(纪翟路店)	闵行区华漕镇纪翟路 188 号	54280850
闵行区华漕镇慈善超市(北华路店)	闵行区华漕镇北华路 230 号 115 室	24287552
闵行区虹桥镇慈善超市	闵行区虹桥镇吴中路 888 号	64618881
闵行区梅陇镇慈善超市	闵行区梅陇镇镇西路 78 号 1 楼	64770433
闵行区吴泾镇慈善超市	闵行区吴泾镇龙吴路 5530 弄 86 号	64509514
闵行区马桥镇慈善超市	闵行区马桥镇西新街 35 号	64093922
闵行区江川路街道慈善超市	闵行区江川路街道闵东路 18 号	54752162
闵行区古美路街道慈善超市	闵行区古美路街道古美西路 760 号	34902771
闵行区新虹街道慈善超市	闵行区新虹街道天山西路 4178 弄 103 号	64218004
闵行区浦江镇慈善超市	闵行区浦江镇汇秋路 16 弄 9 号 102 室	34302403
闵行区浦锦街道慈善超市	闵行区浦锦街道联航路 1910 号 1 楼	
闵行区莘庄工业区慈善超市	闵行区莘庄工业区新源路 3201-09 号	54421097
嘉定区爱嘉慈善超市	嘉定区塔城东路 482	69991360
嘉定区安亭镇慈善超市	嘉定区墨玉路 50 号	59577370
嘉定区南翔镇慈善超市	嘉定区德华路 439 号	59126200
嘉定区江桥镇慈善超市	嘉定区华江路 39 号	59114654
嘉定区徐行镇慈善超市	嘉定区嘉行公路 1458 号	59553055
嘉定区外冈镇慈善超市	嘉定区瞿门路 518 号	39106683
嘉定区真新街道慈善超市	嘉定区新郁路 591 号	59180871
嘉定区嘉定镇街道慈善超市	嘉定区张马路 27 弄 8 号	59532657
嘉定区新成路街道慈善超市	嘉定区迎园中路 622 弄 1 号	69993075
嘉定区惠民龙湖店慈善超市(马陆)	嘉定区双单路 1499 号	59155615
嘉定区惠民永靖路店慈善超市(菊园)	嘉定区永靖路 246 号 101 室	69922908
嘉定区惠民慈竹路店慈善超市(菊园)	嘉定区慈竹路 820 号	59531031
嘉定区惠民慈竹路南店慈善超市(菊园)	嘉定区慈竹路 76 号	59925581
嘉定区惠民德园路店慈善超市(南翔)	嘉定区德园路 1450 号	69925703
嘉定区惠民远香舫店慈善超市(新城路)	嘉定区裕民南路 1777 弄 2 号	59156968
金山区枫泾镇枫兰慈善超市	金山区枫泾镇枫兰路 148 号	57358281
金山区朱泾镇慈善超市	金山区朱泾镇金龙新街 519 号 2 楼	67321858
金山区亭林镇华亭慈善超市	金山区亭林镇大通路 28 号	67969810
金山区漕泾镇爱心慈善超市	金山区漕泾镇汇安路 12 号	57252605
金山区山阳镇慈善超市	金山区山阳镇亭卫公路 1500 号	67299677
金山区金山卫镇广济慈善超市	金山区金山卫镇老卫清路 535 号	57260727
金山区吕巷镇惠民慈善超市	金山区吕巷镇璜溪西街 59 号	57377161

续表

名　　称	地　　址	电　话
金山区金山工业区鑫连心慈善超市	金山区金山工业区恒顺路412号	57270230
金山区石化街道慈善超市	金山区石化街道金零路127号	57966867
金山区廊下镇新村慈善超市	金山区廊下镇益民路25号	57395412
金山区张堰镇慈善超市	金山区松金公路2800弄132—135号	57210212
松江区慈善超市	松江区西林北路377号	
松江区岳阳街道慈善超市	松江区缸甏巷247—249号	
松江区中山街道慈善超市	松江区茸梅路600弄恒都广场地下一层	
松江区永丰街道慈善超市	松江区仓轩路177弄8号	
松江区方松街道慈善超市	松江区思贤路1365弄31号公建房底楼	
松江区广富林街道慈善超市	松江区广富林路1518弄556号公建配套房2楼	
松江区九里亭街道慈善超市	松江区九里亭街道亭知路738号	
松江区九亭镇慈善超市	松江区九亭镇易富路158号	
松江区泗泾镇慈善超市	松江区泗泾镇泗通路9号	
松江区洞泾镇慈善超市	松江区洞泾镇同乐南路4号	
松江区新桥镇慈善超市	松江区新桥镇申浜路280号	
松江区车墩镇慈善超市	松江区车墩镇车峰路167号	
松江区叶榭镇慈善超市	松江区叶榭镇叶政路443号	
松江区泖港镇慈善超市	松江区泖港镇中南路69号	
松江区新浜镇慈善超市	松江区新浜镇新绿路758号	
松江区石湖荡镇慈善超市	松江区石湖荡镇石湖新路63—65号	
松江区小昆山镇慈善超市	松江区文翔路5049号	
松江区佘山镇慈善超市	松江区佘山镇桃源路362弄79号	
青浦区华新镇慈善超市	青浦区新风中路9号	59792564
青浦区重固镇慈善超市	青浦区福定路400号	59784003
青浦区白鹤镇慈善超市	青浦区外青松公路2945号	39290186
青浦区朱家角镇慈善超市	青浦区浦泰路1332号	59249075
青浦区金泽镇慈善超市	青浦区莲湖村谢庄7号	59261678
青浦区夏阳街道慈善超市	青浦区沪青平公路5333号	69712633
青浦区赵巷镇慈善超市	青浦区赵华路472号	59750092
青浦区徐泾镇慈善超市	青浦区盈港东路1999号	59763507
青浦区练塘镇慈善超市	青浦区练新路123号	59257619
青浦区盈浦街道慈善超市	青浦区胜利路盈港花园门卫旁	59725392
青浦区香花桥街道慈善超市	青浦区向阳河路609号1楼	59224325
青浦区慈善超市	青浦区城中东路494、496、498号	59725125
奉贤区慈善超市	奉贤区新建西路213号	57420059
奉贤区南桥镇慈善超市	奉贤区南桥镇江海花园87号108室	57199919
奉贤区奉城镇慈善超市	奉贤区奉城镇曙宏路342号	57520399

续表

名称	地址	电话
奉贤区四团镇平安社区慈善超市	奉贤区四团镇平安社区安居路 11 号	57540320
奉贤区金汇镇慈善超市	奉贤区金汇镇汇泰路 16 号	57480255
奉贤区青源慈善超市	奉贤区青村镇吴房村 453 号 1 楼	57567065
奉贤区柘林镇慈善超市	奉贤区柘林镇胡桥新街 95 号	57446909
奉贤区庄行镇慈善超市	奉贤区庄行镇邬桥汇中路 35 号	37182124
奉贤区海湾镇慈善超市	奉贤区海湾镇五四公路 1132 号	57163601
奉贤区西渡街道慈善超市	奉贤区原西渡街道沿浦路 198 号	67156309
奉贤区奉浦街道慈善超市	奉贤区奉浦街道国顺路 553 号	67102193
奉贤区金海街道慈善超市	奉贤区金海街道嘉园路 258 号	67103938
奉贤区海湾旅游区慈善超市	奉贤区海湾旅游区人民塘路 700 号	57121686
崇明区新村乡慈善超市	崇明区新村乡星村公路 3468 号	59655811
崇明区绿华镇慈善超市	崇明区绿华镇绿园村建三 808 号	59351012
崇明区三星镇慈善超市	崇明区宏海公路 4318 号	59601298
崇明区庙镇慈善超市	崇明区庙镇庙中路 46 号	59364745
崇明区港西镇慈善超市	崇明区鼓浪屿路 1000 弄 136 号 107 室	59678639
崇明区城桥镇慈善超市	崇明区城桥镇东门路 538 号	69616313
崇明区城桥镇聚训村慈善超市	崇明区城桥镇聚训村 958 号	59693646
崇明区城桥镇长兴村慈善超市	崇明区城桥镇长兴村兴家 1288 号	59691483
崇明区建设镇慈善超市	崇明区建设镇镇中路集贸市场	59331308
崇明区新河镇慈善超市	崇明区新河镇新晨路 120 号	59682483
崇明区竖新镇慈善超市	崇明区竖新镇大椿村 347 号	59491916
崇明区堡镇慈善超市	崇明区堡镇通富路 37 号	59417801
崇明区港沿镇慈善超市	崇明区港沿镇鲁东村友南 7 队	31195188
崇明区向化镇慈善超市	崇明区向化镇向民路 282 号	59441067
崇明区中兴镇慈善超市	崇明区中兴镇草港公路 850 号永南村村委会	69440925
崇明区陈家镇街道慈善超市	崇明区陈家镇安通东路 657 弄 28 号	59404605
崇明区长兴镇慈善超市	崇明区长兴镇丰福路 599 弄 170 号	56850300
崇明区横沙乡慈善超市	崇明区横沙乡民惠路 129 号	56890421
崇明区东平镇慈善超市	崇明区东平镇平悦路 485 号	59666019
崇明区新海镇慈善超市	崇明区兴阔路 181 号	59655900

（三）养老机构一览表（663 家）

名称	地址	电话
市级		
上海市第一社会福利院	徐汇区宛平南路 465 号	31109666
上海市第二社会福利院	崇明区港沿镇骏马村 1718 号	59461357、39420040

续表

名　　称	地　　址	电　话
上海市第三社会福利院	宝山区漠河路655号	36213332
上海市第四社会福利院	松江区松汇西路1172号	57822397
浦东新区		
浦东新区陆家嘴敬老院	浦东新区崂山二村48号	58979920
浦东新区潍坊敬老院	浦东新区潍坊六村627—628号	58202777
上海琭锦颐养院有限公司	浦东新区东环龙路299号	68682401
上海金枫养老院	浦东新区张杨路1734弄21号	68535391
浦东新区歇浦敬老院	浦东新区浦东大道1615弄8号	58858203
浦东新区花木敬老院(含外设服务区)	浦东新区玉兰路58号(外设服务区地址:严桥路240弄24号)	68452975
浦东新区花木社区街道广洋养老院	浦东新区灵山路2011弄59号	50769792
浦东新区申东颐养院	浦东新区严桥路306号	50890306
浦东新区金杨新村街道灵山养老院	浦东新区灵山路2011弄29号	50768761
浦东新区金杨第二敬老院	浦东新区龙居路180弄20号(甲)	58520957
浦东新区新金桥金杨养老院	浦东新区博山东路629号	68800203
上海罗山养老院	浦东新区博山东路40弄30号	58608242
浦东新区美馨敬老院	浦东新区金杨路660弄23号	50755222
上海春馨养护院	浦东新区浦东大道2507号	50273890
浦东新区安达锦阳敬老院	浦东新区枣庄路658弄11号	50716322
浦东新区沪东社区敬老院	浦东新区柳埠路142弄48号	58507411
浦东新区沪东社区朱家门敬老院	浦东新区浦东大道2970弄31号	50382074
上海红日养老院有限公司	浦东新区博兴路202—222号(双)1—2层、博兴路224号2层室、博兴路226—246号(双)1—2层、博兴路248弄1—4号301—308室	68407115
浦东新区浦兴敬老院	浦东新区博兴路1208号	68956907
浦东新区证大家园养老院	浦东新区巨峰路209号	50682531
上海浦东钱桥养老院有限公司	浦东新区凌河路269号一层西区、三至六层(601、602室除外)	60893000
上海伟业养护院	浦东新区东陆路1268弄59—64号	58388635
浦东新区南码头路街道南园养老院	浦东新区浦三路628弄18号	50779884
浦东新区南码头路街道南风养老院	浦东新区东三里桥路160弄22号	58816242
浦东新区华康恒裕养老院	浦东新区杨高南路2068号	58739865
浦东新区民众敬老院	浦东新区浦三路741弄28号	50771286
浦东市南养老院	浦东新区西三里桥路6号	58892115
浦东新区周家渡街道昌里养老院	浦东新区昌里东路80弄61号	58457058
浦东新区上钢新村街道德州养老院	浦东新区德州路255弄56号	33938908
浦东新区上钢新村街道耀华养老院	浦东新区耀华路550弄2号	58476531
上海秀英养老院	浦东新区德州路380弄56号	58456891

续表

名　　称	地　　址	电　话
浦东新区东明路街道心悦家园养老院	浦东新区环林东路 815、817 号	58382826
浦东新区东明路街道永泰养老院	浦东新区永泰路 1129 弄 96、98 号	50652790
浦东新区东明路街道世博家园养老院	浦东新区东泰林路 158 号	50658622
浦东新区金桥镇张桥养护院	浦东新区佳林路 82 弄 161 号	38729392
浦东新区金桥镇申江养护院	浦东新区申江路 2480 号	20248708
浦东新区金桥利群敬老院	浦东新区王家桥村孙家浜 58 号	58342707
浦东新区曹路镇龚路养护院	浦东新区浦东曹路曙星路南首	58563106
浦东新区曹路镇顾路养护院	浦东新区曹路镇顾东村吴家宅 8 号	58630900
浦东新区曹路镇期颐养老院	浦东新区曹路镇杨东路 6 号	58632886
上海正华养老院	浦东新区川沙路 1188 号	58561117
浦东新区高桥幸福敬老院	浦东新区高桥镇学后街 39 号	50412511
浦东新区高桥吉祥敬老院	浦东新区高桥镇欧高路 382 号	58677838
浦东新区高桥镇凌桥养护院	浦东新区高桥镇双江路 1323 号	24150707
浦东新区金色港湾老年公寓	浦东新区溪兰路 125 号	58674065
浦东新区高东镇第一养老院	浦东新区高东镇镇南路 116 号	20250776
浦东新区高行镇万安养老院	浦东新区新行路 306 号	68689981
浦东新区张江镇孙桥养老院	浦东新区横沔江路 264 号	58570582
浦东新区张江镇顺和养老院	浦东新区顺和路 139 弄 5 号	58579018
浦东新区张江镇环东养老院	浦东新区三灶路 1101 号	58571071
上海光启养老院	浦东新区居里路 469 号	58556131
浦东新区新唐镇敬老院	浦东新区创新中路 73 号	58967148
浦东新区合庆敬老院	浦东新区青暮路 281 号	68901803
上海青墩养老院	浦东新区青暮路 1348 号	68910655
浦东新区爱心养老公寓	浦东新区合庆镇奚阳路 612～618 号	68915398
浦东新区三林镇常青养老院	浦东新区永泰路 302 弄 16 号	50827380
浦东新区康德敬老院	浦东新区恒大路 65 号	58429858
浦东新区积孝敬老院	浦东新区杨高南路 4501 弄 79 号	50851606
上海汇亲园养护院	浦东新区上南路 5128 号	50827077
浦东新区日月星养老院	浦东新区顾全路 100 号	61348880
上海华安养老院	浦东新区云台路 839 号	58381870
浦东新区北蔡镇莲溪养护院	浦东新区北中路 575 号	50910633
上海安达养护院	浦东新区莲园路 359 号	50421225
上海凯健华鹏老年服务有限公司（上海凯健华鹏养老院有限公司）	浦东新区华鹏路 96 号	68387000
上海万福年华养护院	浦东新区沪南路 865 号	68580955
浦东新区惠南镇黄路养老院	浦东新区惠南镇黄路文卫路 51 号	68271440
浦东新区惠南镇惠乐养老院	浦东新区惠南镇川南奉公路 6168 号	58270892

续表

名　　称	地　　址	电　话
浦东新区惠南镇惠颐养护院	浦东新区南祝路2700号	58098999
上海心悦养老院	浦东新区惠南镇南门路70号	58011019
浦东新区新场镇石笋养老院	浦东新区新场镇新环南路288号	58171209
浦东新区新场镇坦直养老院	浦东新区新场镇下盐路89号	68150235
浦东新区大团敬老院	浦东新区大团镇永春东路16号	58081889
浦东新区永春福利院	浦东新区大团镇永春东路18号	58086248
上海能益养老院	大团镇扶栏村下塘458号	20958981
上海公谊养护院	浦东新区大团镇团新村10组	68235315
浦东新区周浦镇长乐养护院	浦东新区周浦镇康沈路2186号	58110735
上海松福养护院	浦东新区周祝公路1529号	58151522
上海民乐养护院	浦东新区周浦镇周东路508弄108号	68118654
太平养老产业管理有限公司上海梧桐人家养老院分公司	浦东新区忘忧路100弄14号	51769198
浦东新区康桥镇敬老院	浦东新区康桥镇拯安路55号	58131673
上海亲和源颐养院	浦东新区康桥镇秀沿路2999弄10号	38256162
上海亲和源老年公寓	浦东新区秀沿路2999弄	38256221
浦东新区浦惠鹤韵养护院	浦东新区鹤韵路201号(临)	68911798
上海航馨养护院	浦东新区航头镇航南公路501号	58229011
浦东新区航头镇下沙敬老院	浦东新区沪南公路4845号	58148888
浦东新区航头阳光养老院	浦东新区航头镇航南路101号	68221299
上海香柏养老院	浦东新区航头镇下盐路1018号	58140730
上海白金养老院	浦东新区下沙新街103号	58145775
浦东新区二灶敬老院	浦东新区宣桥镇二灶北街54号	58036050
上海金龙养护院	浦东新区宣桥镇光明村金光2组	58034510
上海仁爱养护院	浦东新区泥城镇马五公路351号	58241976
上海明家养护院	浦东新区泥城镇彭平东路1103弄76号	58241194
上海建国养护院	浦东新区泥城镇龙港村9组535室	20913866
上海春雷养护院	浦东新区泥城彭镇艺华路1号	58241785
浦东新区书院镇馨苑养老院	浦东新区书院镇老芦公路1412号	58061105
上海佳家乐养老院	浦东新区书院书塘路888号	58064388
上海邻港养护院	浦东新区书院镇老芦公路1423号	58069799
浦东新区华康恒裕滨海养老院	浦东新区三三公路5020弄9号	58292383
浦东新区万祥镇乐龄养老院	浦东新区万祥镇果园村669号	58046345
浦东新区老港敬老院	浦东新区老港镇牛肚桥北首	58051276
上海龙港养护院	浦东新区老港镇老芦公路398号	68018668
浦东新区祝桥敬老院	浦东新区祝桥镇新东村竞新11组190号	68261831
浦东新区机场第一敬老院	浦东新区祝桥镇江镇社区新东路25号	58931236

续表

名　　称	地　　址	电　话
浦东新区机场第二敬老院	浦东新区祝桥镇水闸南路 200 号	68961586
浦东新区祝桥镇光明养护院	浦东新区祝桥镇祝西村 8 组	68098121
上海康颐养护院	浦东新区祝桥镇星火村小桥 188 号	58096176
上海海欣养护院	浦东新区祝桥镇先进村 9 组 156 号	68266971
浦东新区福林颐养院	浦东新区祝桥镇森林村金家宅 38 号	68781215
浦东新区川沙第一敬老院	浦东新区新川路东门街 1 弄 1 号	58980722
浦东新区川沙第二敬老院	浦东新区川沙镇川黄路 1 号桥东首	68650157
浦东新区川沙六团敬老院	浦东新区六团德兴街 55 号	58590580
浦东新区川沙新镇德川养护院	浦东新区川沙新镇德川路 469 号	58372521
浦东新区六灶敬老院	浦东新区周祝公路 2490 弄 27 号	58162525
浦东新区会龙养老院	浦东新区川沙新镇六灶社区会龙村三组	58168377
上海善芯养护院	浦东新区六灶镇陈桥村 888-1 号	58167737
上海洪川养老院有限公司	浦东新区新川路 694 号	58987909
浦东新区浦惠川沙养护院	浦东新区川沙路 5637 号	68650201
浦东新区浦惠明川养护院	浦东新区明川路 258 号	68911798
黄浦区		
黄浦区五里桥街道顾卞裘莉敬老院	黄浦区瞿溪路 1111 弄 26 号	63317009-100
上海银色港湾福利院	黄浦区瞿溪路 700 号	63013057
上海百家乐养老院	黄浦区鲁班路 499 号	63340268
黄浦区中三敬老院	黄浦区瞿溪路 1252 弄 1 号乙	63030584
黄浦区五里桥街道萌志敬老院	黄浦区蒙自路 654 号	63391325
上海龙祥养老院	黄浦区大吉路 44 弄 14 支弄 6 号	63451099
上海山海苑敬老院	黄浦区乔家栅路 35 号	63689959、63772102
黄浦区蓬莱老年公寓	黄浦区学前街 64—68 号	51082588
上海快乐之家养护院	黄浦区黄家路 195 号	63732808
黄浦区老年公寓—中福院	黄浦区海潮路 151 号	63230650
黄浦区春升老年公寓	黄浦区南车站路 555 号	53098793
黄浦区半淞园兰公馆老年公寓	黄浦区中山南路 1416—1420 号	63309715
上海归侨养怡院	黄浦区外马路 984 号	33760303-8501
黄浦区福华老年公寓	黄浦区聚奎街 2 号	53028576
上海快乐老年公寓	黄浦区天灯弄 109 号	63229731
黄浦区老年公寓	黄浦区长沙路 149 弄 16 号	63183322、63272591
黄浦区蒲轮颐养院	黄浦区丽园路 490 号	53029523
黄浦区瑞金二路街道敬老院	黄浦区陕西南路 271 弄 43 号	64679640
黄浦区申福敬老院	黄浦区金家坊 176 号	33762288
黄浦区谷翠老年公寓	杨浦区敦化路 167 号	55232139
黄浦区南京东路街道敬老院	浦东新区严桥路 240 弄 10 号	58393402、38689013

续表

名　　称	地　　址	电　　话
黄浦区外滩街道敬老院	浦东新区严桥路 240 弄 15 号	58390312
黄浦区小东门街道敬老院	浦东新区京浦路 160 弄 28—30 号	68933604、63772054
黄浦区第二社会福利院	浦东新区东园四村 427 号	58876826、58829963
黄浦区千鹤老年公寓乳山院	浦东新区乳山路 139 号	58882101
黄浦区第一社会福利院	浦东新区东三街 55 号	58891878、68734503
黄浦区兴林老年公寓	浦东新区南码头路 52 号	68389878
黄浦区千鹤老年公寓	浦东新区昌里路 120 号	58833819、58475523
黄浦区天伦敬老院	浦东新区成山路 248 弄 34 号	38800046、34061077
陈娟英敬老院	浦东新区杨新东路 18 号	58429240、58428841
黄浦区华朝老年公寓	松江区明兴路 595 弄 87 号	57689462
上海大众养老院	松江区申南二路 131 号	67648400
上海银宜港湾福利院	松江区叶榭镇孟溪路 9 号	37777110
黄浦区老西门街道海阳敬老院	浦东新区宣桥镇光明村 495 号	58032208
上海中福老年公寓	金山区石化施二路 59 号	33762288
上海祥和敬老院	闵行区龙吴路 5591 号	64525033
徐汇区		
徐汇区新乐养老院	徐汇区江安路 88 号 3 楼	54197284
徐汇区斜土街道敬老院	徐汇区大木桥路 321 号	64168928
徐汇区枫林街道敬老院	徐汇区小木桥路 440 弄 22 号甲	64167843
徐汇区阳光养老院	徐汇区平福路 19 号	64556813
徐汇区华泾养老院	徐汇区建华路 180 号	64960088-8053
徐汇区漕河泾街道敬老院	徐汇区康健路 120 弄 50 号	64363809
徐汇区龙华街道敬老院	徐汇区天钥桥南路 1199 弄 38 号	54095337
徐汇区第三老年福利院	徐汇区华发路 210 号	34906969
徐汇区田林街道敬老院	徐汇区宜山路 655 弄 8 号	64831224
上海上达天平养老院	徐汇区钦州路 107 号	64757799
徐汇区第二社会福利院	徐汇区龙州路 600 号	54290063
徐汇区龙华街道怡乐家园养护院	徐汇区丰谷路 180 弄 101 号	54482528
上海凯健华展养老院有限公司	徐汇区华展东路 33 号	54337768
徐汇区悦颐养老院	徐汇区茶陵路 76 号	54260010
徐汇区日晖养老院	徐汇区零陵北路 2 号	64042727-2308
徐汇区徐家汇街道敬老院	徐汇区凯旋一村 21 号	64077922
徐汇区社会福利院	徐汇区虹漕南路 601 号	54180600
徐汇区源梦颐养院	徐汇区龙吴路 2577 号	54413727
徐汇区枫林街道第二敬老院	徐汇区龙华路 3208 弄 32 号	54590997
徐汇区漕河泾街道常青敬老院	徐汇区桂平路 350 弄 30 号	64084994
长桥街道第二敬老院	徐汇区长桥四村 54 号	64103932

续表

名称	地址	电话
上海申养钦州路望年荟养老院	徐汇区钦州路828号楼	54660655
徐汇区久康养老院	徐汇区龙吴路2221弄29号	54821838
徐汇区颐祥养老院	徐汇区斜土路2590弄7号	64391283
徐汇区华汇老年福利院	徐汇区银都路303号	34201507
徐汇区梅陇敬老院	徐汇区虹梅南路126弄55号	64768188
徐汇区金色港湾龙华颐养院	徐汇区龙南三村85号	54091067
徐汇区永康养老院	徐汇区华发路100弄20—21号	64962525、64962929
徐汇区虹梅养老院	徐汇区虹梅路1501号	54481263
徐汇区斜土第二敬老院	徐汇区大木桥路600弄54号	64181132
徐汇区凌云敬老院	徐汇区梅陇四村84号	64542360
徐汇区徐家汇街道龙吴路养老院	徐汇区龙吴路71号	54019638
徐汇区长桥街道敬老院	徐汇区罗城路651弄65号	54112932
徐汇区虹梅街道敬老院	徐汇区钦州北路900号	64516255
徐汇区康健敬老院	徐汇区桂林西街30弄41号	54187600
上海乐缘养老院	徐汇区宾阳路36号	64151576-8111
上海玄迈养老院	徐汇区梅陇路555号	64962099
上海长青藤颐养院	徐汇区华容路85弄8号	51688880
徐汇区湖南敬老院	徐汇区桂林西街30号42号	54199447
徐汇区兰公馆老年公寓	徐汇区天等路430弄39号	64969077
徐汇区田林养老院	徐汇区柳州路500号4楼	64751149
徐汇区宛贤敬老院	徐汇区中山南二路908号	64641123
长宁区		
长宁区社会福利院	长宁区红松路81弄158号	34310539
长宁区第二社会福利院	长宁区华漕中华美路40号	62202062
上海华阳敬老院	长宁区长宁路396弄79号	62258022
上海天山敬老院	长宁区玉屏南路113弄29号	62598142
上海虹桥敬老院	长宁区中山西路1030弄10号	62087012
长宁区仙霞社区逸仙敬老院	长宁区芙蓉江路100弄1号	62597018-0
长宁区逸仙第二敬老院	长宁区茅台路616号	62911088
长宁区逸仙第三敬老院	长宁区安西路651号	32560068
长宁区逸仙程桥敬老院	长宁区哈密路2008号	62629147
上海睦霖苑敬老院	长宁区新泾三村166号	52180359
长宁区新泾敬老院	长宁区剑河路599弄85号	52201734
长宁区颐养敬老院	长宁区茅台路460弄30号	62598488
上海颐养第一敬老院	长宁区愚园路1355弄7—8号	62134094
长宁爱晚亭敬老院	长宁区虹桥路1035号	62089932
上海华松敬老院	长宁区仙霞西路700弄63号	62397552

续表

名　　称	地　　址	电　话
上海法华颐养院	长宁区法华镇路 920 号	62718625
上海南山敬老院	长宁区新泾路 118 号	52198005
上海喜满楼敬老院	长宁区中春路 5801 号	54887821
上海广慈敬老院	长宁区平塘路 201 号	52183257
上海神州敬老院	长宁区仙霞西路 601 号	62386057
长宁安馨敬老院	长宁区林泉路 157 号	51119990-0
上海金福养老院	长宁区玉屏南路 571 号	62592208
上海金福第二养老院	长宁区愚园路 1088 弄 110 支弄 22 号	62125056
上海祥福颐养院	长宁区协和路 99 号	52175099-8896
长宁安馨第二敬老院	青浦区金泽镇北石桥堍（沪青平公路 9188 号）	59262188
上海西郊协和颐养院	长宁区协和路 295 号	62902070
上海颐养第二敬老院	长宁区茅台路 455 弄 8 号	52834776
长宁区康逸敬老院	长宁区镇宁路 405 弄 73 号甲	52669383
长宁安馨第三敬老院	长宁区淞虹路 681 号	51119980-0
上海金福第三养老院	长宁区广顺路 18 号	52689677
长宁区逸仙天山养老院	长宁区玉屏南路 373 号	62458500
上海颐养第三养老院	长宁区长顺路 55 号	52821819
上海金福第四养老院	长宁区长宁支路 150 号	62588811
长宁安馨第五养老院	长宁区通协路 288 弄 7 号楼	62038968
长宁区逸仙西郊养老院	长宁区虹桥路 2302 号 6 幢	52907782
上海人寿堂颐养院有限公司	长宁区虹桥路 2302 号 1 幢 7—9 楼	52907782
静安区		
静安区和养老年福利院	静安区汾西路 217 号	56913815
静安区宝山路街道敬老院	静安区止园路 400 弄 7 号甲	56620793
静安区共和新路街道敬老院	静安区柳营路 319 弄 45 号甲	56902240
上海和养第一老年公寓	静安区汾西路 650 弄 3 号	66837245
上海和养第二老年公寓	静安区临汾路 1513 弄 45 号	52843156-805
静安区天目西社区敬老院	静安区沪太路 453 弄 84 号	36397916
静安区东风芷江养老院	静安区青云路 755 号	56987689
静安区教工敬老院	静安区彭浦新村 322 号	56919975
静安区田泽文华敬老院	静安区共康四村 147 号	56404753
静安区皓馨养老院	静安区场中路 3332 弄 1 号	56506853
静安区爱知里敬老院	静安区闻喜路 251 弄 23 号	58858805
静安区沁怡敬老院	静安区彭浦新村 88 号	66822962
静安区一家人家敬老院	静安区阳曲路 570 弄 7 号	56889588
静安豪斯达敬老院	静安区场中路 1177 弄 22 号	66821363
静安之星养老院	静安区芷江中路 413 弄 10 号	56729778

续表

名 称	地 址	电 话
上海生乐养老院	静安区中华新路 457 号 H	56971198
静安区城建敬老院	静安区三泉路 524 号	整体改建、歇业
上海豪锦粤秀养老院	静安区粤秀路 518 号	56773167
静安区颐和养老院	静安区普善路 858 弄 2 号	51601145
静安郁金香颐养园	静安区场中路 3690 号	63695890
上海共康养老院	静安区三泉路 879 号	66243937
静安区孙克仁老年福利院	静安区延安西路 399 号	62486765
静安老年公寓	静安区昌化路 430 弄 5 号	整体改建、歇业
静安区曹家渡街道敬老院	静安区安远路 899 弄 14—24 号	62307960
静安区蝴蝶湾敬老院	静安区石门二路 505 号	62195613
静安区乐宁老年福利院	静安区武定路 661 号	62566060
静安区日月星养老院	静安区余姚路 338 号	52752709
静安区曹家渡爱华养老院	静安区胶州路 485 号	62157096
上海新开元颐养院	青浦区盈港东路 8000 弄 249 号	39858966
静安区恒裕曹家渡老年福利院	静安区万航渡路 767 弄 43 号	62307522
上海和养临汾养护院	静安区汾西路 360 号	36601366
上海和养彭浦养护院	静安区江场西路 1655 号	36563599
上海和养宝华养护院	静安区江场西路 1200 号	56208166
上海益福养老院	静安区西藏北路 1375 号	66271070
静安区江宁颐美敬老院	静安区西苏州路 33 号	62983547
普陀区		
普陀区社会福利院	普陀区枣阳路 515 号	52999061
上海宜川养老院	普陀区远景路 69 号	62736681
上海长寿家园桃浦九村养老院	普陀区竹柳路 70 号	66775789
普陀区长寿路街道敬老院	普陀区常德路 1393 弄 4 号	62662800
上海长寿家园养老院	普陀区宜昌路 555 号四楼	31169927
普陀区宜川第二敬老院	普陀区宜川二村 120 号	56615274
普陀区宜川路街道泰山敬老院	普陀区泰山三村 52 号	56095362
上海泾惠敬老院	普陀区交通路 2107 弄 27 号	56947530
普陀区宜福敬老院	普陀区宜川六村 78 号	56947233
普陀区宜川路街道中山北路敬老院	普陀区中山北路 1766 号	62180717
普陀区申养镇坪路望年荟养老院	普陀区中山北路 2020 号	67337337
普陀区甘泉路街道敬老院	普陀区宜君路 80 弄 28 号	56050582
普陀区甘泉宏利敬老院	普陀区新村路 349 弄 38 号	56948076
普陀区甘泉路街道合阳老年公寓	普陀区延长西路 40 弄 42 号	56376038
上海颐和爱心敬老院	普陀区延长西路 172 号	36397118
上海毅韬快乐养老院	普陀区黄陵路 159 号	65872212

续表

名　　称	地　　址	电　话
上海市鑫美养老院	普陀区黄陵路126号2楼	56061917
上海云集子长养老院	普陀区新村路349弄29号	56358590
普陀区石岚敬老院	普陀区岚皋路200弄32号	62047435
普陀区沙田敬老院	普陀区中山北路2467弄41号	52911210
普陀区信仪敬老院	普陀区信仪新村12号	62146636
上海云集养老院	普陀区同泰新村631号	52906522
普陀区长风敬老院	普陀区长风二村145号	62225826
普陀区白玉敬老院	普陀区宁夏路白玉新村114号	62225323
普陀区泰和源养老院	普陀区白兰路136号	62095851
普陀区颐长敬老院	普陀区枣阳路251弄99号	62236277
普陀区曹杨敬老院	普陀区兰溪路21弄14号	62438990
普陀区曹安敬老院	普陀区怒江路600弄3号	62600023
上海云集曹杨养老院	普陀区梅岭北路93号	62127311
普陀区真如镇敬老院	普陀区真北支路263弄4号	62642351
普陀区真如镇真光敬老院	普陀区金汤路353弄64号	52794963
普陀区真如颐天年养老院	普陀区真北路2904弄56号	52840427
上海月星敬老院	普陀区子洲路672号	52755090
上海新长征福利院	普陀区清峪路130弄57号	62063108
上海云集新曹杨颐养院	普陀区中江路1070弄69号	52651858
上海百达敬老院	普陀区真北路1101弄18号	52790090
上海康乐福养老院	普陀区泾阳路399弄1—40号	52923183
上海美源养老院	普陀区同普路977号	62163122
普陀区白丽敬老院	普陀区红棉路311弄48号	66264592
普陀区桃浦镇社会福利院	普陀区靖边路199弄19号	61495603
普陀区桃浦镇第一养老院	普陀区真南路822弄432号	66076060
上海中环逸仙敬老院	普陀区富水路712号	36351826
虹口区		
虹口区建阳养老院	虹口区中山北二路2199号	65161590
虹口区凉城新村街道敬老院	虹口区凉城路574号	65298467-803
虹口区吉阳红敬老院	虹口区纪念路335弄10—12号	61670738
虹口区红日家园老年公寓	虹口区株洲路307弄1号	56408900
虹口区博慈河滨敬老院	虹口区新市南路1104号	65360690
虹口区广济养老院	虹口区纪念路500号	65619720
虹口区申虹敬老院	虹口区凉城路854号	65286173
虹口区瑞信养老院	虹口区赤峰路600弄18号	65608619
虹口区孝乐汇养老院	虹口区新市路242号	55780060
虹口区银康老年公寓	虹口区场中路685弄98号	66971212-208

续表

名 称	地 址	电 话
虹口江湾镇敬老院	虹口区场中路769号	66820187
虹口区爱峰敬老院	虹口区万安路669弄14号	65605156
虹口区凉城复馨敬老院	虹口区丰镇路788号	65266861
虹口区曲阳路街道敬老院	虹口区巴林路60弄28号	65548978
虹口区民建大铭敬老院	虹口区广中支路24弄13号	56904974
虹口区广中路街道敬老院	虹口区新市南路488弄15号	65610785
虹口区为民敬老院	虹口区三门路759弄49号	65166335
虹口区虹叶养老院	虹口区溧阳路1084弄28号	56719977
虹口区祥云敬老院	虹口区四达路109号	65086722
虹口区鸿荣敬老院	虹口区东余杭路1023号	65121757
虹口区欧祥养老院	虹口区欧阳路175号	56668849
虹口区社会福利院	虹口区密云路623号	65546977
虹口区社会福利中心	虹口区广灵四路268号	65286498
虹口区银龄知音养老院	虹口区北宝兴路611号	56382832
虹口区海江养护院	虹口区车站北路709号	55831225
虹口区天成养老院	虹口区东体育会路663号	55886216
虹口区虹德养老院	虹口区中州路66号	63567922-8611
虹口欧阳路街道祥德敬老院	虹口区祥德路302号	65556350
虹口区海江瑞祥养护院	虹口区保宁路44号	55271772
虹口区兰公馆养老院	虹口区中山北一路903号	60323211
虹口区奎照老年福利院	虹口区奎照路840号	65012760
虹口区提篮桥街道临潼路养老院	虹口区临潼路191号	65370688
虹口区嘉兴路街道天宝养老院	虹口区天宝路881号	55883922-1081
虹口区长寿和庭养护院	虹口区山阴路277号	65871377
虹口区彩虹湾老年福利院	虹口区凉城路2196号	31106997
虹口区四川北路街道吉祥养老院	虹口区吉祥路69号	62271213
虹口区鸿福养老院	虹口区东体育会路1130号	65608300
杨浦区		
杨浦区社会福利院	杨浦区松花江路55弄5号	65345464
杨浦区社会福利院第一分院	杨浦区怀德路802号	65485013
福象新江湾城老年福利院	杨浦区政和路77号	65800605
光大汇晨长白老年福利院	杨浦区民治路15号	65681329、65686670
欣益养老院有限公司	杨浦区民星路450号	65565125、65139635
长白新村街道敬老院	杨浦区松花一村32号甲乙	65345560
殷行街道敬老院	杨浦区开鲁路286弄7号	65748197
五角场街道敬老院	杨浦区三门路358弄65号	65247987
长海路街道敬老院	杨浦区翔殷路505弄9号	65486761

续表

名　　称	地　　址	电　话
控江路街道敬老院	杨浦区凤城三村 31 号	65135287
大桥街道敬老院	杨浦区平凉路 1730 号	65435686
延吉街道养老院	杨浦区控江路 600 号	65485082-209
大桥社区老年公寓	杨浦区平凉路 1759 号	51213318
长白街道长馨养老院	杨浦区安图路 18 弄 39 号	65665337
寿星敬老院	杨浦区殷行路 470 弄 52 号	65051347
新宇敬老院	杨浦区沧州路 180 弄 5 号	55099737
水丰敬老院	杨浦区控江路 680 弄 12 号	65300324
中原敬老院	杨浦区民星二村 28 号	65577472
新光敬老院	杨浦区佳木斯路 258 号	65483393
世纪养老院	杨浦区政修路 270 号	65100603
民星敬老院	杨浦区市东一村 7 号	65054722
民星第二敬老院	杨浦区市光二村 89 号	65585153
新世纪养老院	杨浦区兰州路 390 号	55217835
舒雅园敬老院	杨浦区眉州路 470 号	65397809
宏原敬老院	杨浦区民星二村 37 号	65578577
惠仁养老院	杨浦区杭州路 107 弄 20 号	65432029
吉祥敬老院	杨浦区控江路 650 弄 1 号	65300664
宏运敬老院	杨浦区军工路 400 弄 20 号	65685539
长恒养老院	杨浦区殷行一村 9 号、殷行二村 12 号甲	65329343、65578577
政民敬老院	杨浦区政民路 150 弄 12 号	65113995
慈心敬老院	杨浦区市光一村 103 号	65279258
沁园春敬老院	杨浦区延吉东路 137 弄 21 号	55825401
阳光养老院	杨浦区定海路 150 号	65686531
夕阳红敬老院	杨浦区市光四村 106 号	65068736
市东敬老院	杨浦区武东路 55 号	55660682、65130605
红日养老院	杨浦区双阳路 330 号	55808760
爱光敬老院	杨浦区波阳路 301 号 1—8	65663303
日月星养老院	杨浦区纪念路 100 号	51055771
鑫光养老院	杨浦区宁武路 622 号	65691698
中原新江湾敬老院	杨浦区国伟路 559 号	65059358
康乃馨老年公寓	杨浦区眉州路 80 号	65200586
怡百康养老院	杨浦区双阳支路 19 号	65181362
海康敬老院	杨浦区隆昌路 8 号	65688906
高乐寿养老院	杨浦区松花江路 159 号	55963318
怡安养老院	杨浦区松花江路 327 号	35360379
遐福养老院	杨浦区辽源西路 230 弄 18 号	55091688

续表

名　　称	地　　址	电　话
康源养老院	杨浦区永吉路158号	65507766
延吉耆乐园养老院	杨浦区周家嘴路3531号	55083591
和禾和养老院	杨浦区翔殷路121弄	65101877、65101878
康善养老院	杨浦区辽源西路107号1、3、4、5、6、8号楼	65660538
快乐靖宇养老院	杨浦区靖宇中路120号	55581067
杨浦区久安养老院	杨浦区国伟路300号E座	55215676
宝山区		
宝山区社会福利院	宝山区长兴镇潘园公路3536号	56851473
上海宝康老年公寓	宝山区宝山十村106号	56127869
宝山区海滨新村街道敬老院	宝山区永清二村122号	56566635
宝山区永清养老院	宝山区永清新村76号	56167148
宝山区吴淞街道敬老院	宝山区同济路2号	56676011
上海同泰敬老院	宝山区同泰北路183号	56172183
宝山区逸仙养老院	宝山区塘后支路19—21号	56562778
宝山区通河新村街道敬老院	宝山区通河二村40号	56749563
宝山区新康安养院	宝山区呼兰路呼玛四村27号	66229687
上海张庙养老院	宝山区长江西路1181号	56121365
宝山区庙行镇敬老院	宝山区长江西路2700号	66989196
宝山区大场镇敬老院	宝山区环镇北路600弄158号	66509830
宝山区大场镇祁连敬老院	宝山区锦秋路2088号	56131503
宝山区德照敬老院	宝山区沪太路3651号	51609188
上海星堡老年服务有限公司	宝山区环镇南路858弄5号楼101室	31001500-80108
宝山区金悦养老院	宝山区大场镇祁真路485号	36589951
上海大场长乐养老院	宝山区大场镇少年村路218号	66610336
上海秋晖养老院	宝山区丰宝路26号	56696127
宝山区高境镇养老院	宝山区何家湾路99弄9号	55040277
上海美庭阳光养老院	宝山区长江南路970号	36589188
宝山区淞南镇养老院	宝山区长江路860弄58号	56121758
宝山区顾村镇敬老院	宝山区沪太路5129弄10号	66020638
宝山区顾村镇馨佳园养老院	宝山区潘广路1645号	66035652
上海顾村和平养老院	宝山区陆翔路688弄1—33号	66028550
宝山区保龙养老院	宝山区宝安公路2365号	56752222
宝山区康泰养老院	宝山区顾陈路430号	66788076
宝山沣德养老院	宝山区湄星路1818号11幢	66680189
宝山杨行镇金秋晨曦老年公寓	宝山区盘古路1911号	56780662
宝山区杨行镇宝山敬老院	宝山区漠河路1100弄1号	36216217
宝山区益康敬老院	宝山区泰和路1155号	33795030

续表

名称	地址	电话
宝山区百姓敬老院	宝山区杨行镇杨宗路308号	33852677
宝山勤丰家乐养老院	宝山区盘古路715弄9号	66785088
上海月浦恬逸养老院	宝山区月富路318号	66933026
宝山区月浦乐业养老院	宝山区春雷路332弄2号	56932568
宝山区月浦镇怡康敬老院	宝山区盛桥一村28号	56159598
宝山区金色晚年敬老院	宝山区月浦镇新镇车站南首	56935189
上海金罗敬老院	宝山区罗东路1176号东首	66865186
宝山罗福养老院	宝山区东西巷街79弄26号	56864175
上海西埝敬老院	宝山区沪太路6289弄88号	66012905
宝山美兰金苑养老院	宝山区沪太路6273弄50号	66010806
宝山区罗泾镇敬老院	宝山区沪太路集宁路179号	56870784
上海罗泾丽康养老院	宝山区罗泾镇新川沙路503号	56870135
上海怡景养老院	宝山区潘沪路78号	66877829
闵行区		
闵行区老年福利院	闵行区七莘路700号	64923911
闵行区北桥老年福利院	闵行区沪闵路1810号	33360523
闵行区君莲养老院	闵行区沪光路225号	54724882
闵行区中谊福利院	闵行区中谊路955号	54889450
闵行区莲花老年公寓	闵行区莲花路1115号	34226530
闵行区江川敬老院	闵行区江川东路830弄27号	64202287
上海恩光敬老院	闵行区凤庆路1058	64635483
闵行区新虹敬老院	闵行区润虹路798号	34662056
闵行区呵护家颐养院	闵行区南华路35号	66263777
闵行区平阳敬老院	闵行区平阳路1225号	34174387
闵行区古美敬老院	闵行区虹莘路2288弄135号	54162838
闵行区世柏敬老院	闵行区南江燕路409号	20922999
上海瑀璟养老院有限公司	闵行区浦锦路1246号	64899980
闵行区浦江镇鲁汇敬老院	闵行区浦江镇鲁汇教师新村37号	64911027
闵行区一家人敬老院	闵行区召楼路2926号	34793100
闵行区福星养老院	闵行区苏召路1086号	33882868
闵行区晨星敬老院	闵行区浦江镇沿浦路15号	64918693
上海浦江星堡老年服务有限公司悦堡养老院分公司	闵行区联航路1505弄5号楼1层、202—207室	31001518
闵行区吴泾镇敬老院	闵行区剑川路100弄139号	64501896
闵行区永德敬老院	闵行区曹家塘路100号	34121291
闵行区亲情安养院	闵行区剑川路50弄28号	64523563
闵行区夕阳红养老院	闵行区剑川路50弄200号	64503885

续表

名　　称	地　　址	电　话
闵行区马桥镇敬老院	闵行区元松路15号	54842967
闵行区紫江敬老院	闵行区北松公路818号	64093266
闵行区扩伦福利院	闵行区江川路1565弄10～12号	34098733
闵行区华哈养老院	闵行区昆阳路168号	51103858
闵行区颛桥敬老院	闵行区颛桥镇联农路39号	64423363
闵行区福禄寿敬老院	闵行区瓶北路38号	64901045
上海大华福利院	闵行区中春路2626号	64896890
闵行区爱德养老院	闵行区沪闵路1774号C座南门	64906949
闵行区莘庄镇敬老院	闵行区莘西路66号	64983639
闵行区康城敬老院	闵行区莘松路958弄大浪湾道66—67号	64930775
闵行区中春福田颐养院	闵行区中春路6595号	61190068
上海南张安老院	闵行区秀文路485弄50号	54136956
闵行区梅陇颐乐养老院	闵行区双柏路1333弄58号	52217891
闵行区虹梅敬老院	闵行区景联路1109号	64973228
闵行区陇南敬老院	闵行区虹梅南路768号	54573258
闵行区七宝敬老院	闵行区中谊路965号	33581683
闵行区虹桥镇敬老院	闵行区环镇南路120号	64063939
闵行区虹桥镇龙柏敬老院	闵行区龙柏七村104号	34313038
上海璟颐养老院有限公司	闵行区程家桥路238号、258号第六幢、第十幢	62211956
闵行区华漕镇敬老院	闵行区繁兴路461号	62212615
闵行区继王敬老院	闵行区纪翟路2780号	52968668
上海新东苑养老服务有限公司快乐家园养老院	闵行区金光路199号	34726899
闵行区莘庄工业区敬老院	闵行区联农路588号	52961911
嘉定区		
嘉定区第一社会福利院	嘉定区嘉好路600号	59928508
安亭社会福利院	嘉定区外青松公路10号桥西鸵鸟路555号	69571982
安亭镇黄渡敬老院	嘉定区黄渡新黄路1号	59593883
安亭镇方泰敬老院	嘉定区方中路160号	59503437
安亭联西敬老院	嘉定区博园路2868号	69593725
退休职工嘉定公寓	嘉定区嘉戬公路685号	59511473
嘉定双善养老院	嘉定区双单路65号	59108221
嘉定怡龄养老院	嘉定区育绿路301弄1号	59151536
马陆镇福利院	嘉定区大治路577弄	59512018
金马社区福利院	嘉定区封周路631弄15号	39515055
南翔镇福利院	嘉定区众仁路355号	59122576
嘉定永乐养老院	嘉定区翔乐路265号	39199365

续表

名称	地址	电话
江桥镇封浜敬老院	嘉定区星华公路 2022 号	59112662
徐行镇敬老院	嘉定区新建一路 2115 号	59558470
上海椿萱茂养老服务（院）有限公司	嘉定区黄家花园路 128 弄 1 号	59183377
嘉定康福养老院	嘉定区新建一路 2258 号	59556228
外冈养老院	嘉定区祁昌路 365 号	59588528
华亭敬老院	嘉定区华谊一路 176 号	59970559
嘉定社会福利院	嘉定区嘉定镇北大街 301 号	69992702
新成路街道社会福利院	嘉定区迎园路 458 号	59981690
上海颐康家园	嘉定区澄浏中路 3000 号	59990952
真新街道养老院	嘉定区祁连山南路 2500 号	69180215
虬桥社会福利院	嘉定区虬桥路 300 号	69161122
上海东方老年公寓	嘉定区沪宜公路 4800 号	69968577
上海礼爱颐养院	嘉定区嘉行公路 1257 号	59552839
金山区		
金山区枫泾镇第一敬老院	金山区枫泾镇枫杰路 65 号	57352396
金山区枫泾镇第二敬老院	金山区亭枫公路 7038 号	57361217
金山区朱泾镇第一敬老院	金山区朱泾镇民主村东方红 11 组 3006 号	57307697
金山区朱泾镇第二敬老院	金山区朱泾镇浦银路 240 号	57345030
上海安宁养老院	金山区朱泾镇新农康健路 46 号	57346600
金山区亭林镇敬老院	金山区亭林镇桃贤路 28 号	57233617
金山区亭林镇第二敬老院	金山区亭林镇大通路 14 号	67968831
金山区亭林镇松隐敬老院	金山区亭林镇松隐大街 496 号	57381091
金山工业区敬老院	金山工业区高林路 128 号	57273102
金山区漕泾镇敬老院	金山区漕泾镇中一西路 488 号	57251338
金山区山阳镇敬老院	金山区山阳镇山倪路 1600 号	57241684
金山区金山卫镇敬老院	金山卫镇张桥村刘埝 7 组 2143 号	57291250
金山区廊下镇敬老院	金山区廊下镇廊华公路 156 号	57391289
金山区吕巷镇敬老院	金山区吕巷镇太平村蒋巷 1 组 4070 号	57371549
金山区吕巷镇干巷敬老院	金山区吕巷镇干林路 2818 号	57201110
金山区张堰镇敬老院	金山区张堰镇张漕公路 28 号	57213330
金山区石化街道敬老院	金山区石化街道石化十村 113 号	57936835
金山区社会福利院	金山区金山大道 3528 号	37316039
金山区东林养老院	金山区朱泾镇东风南路 185 号	57319341
金山区亭林镇松隐养老院	金山区亭林镇松隐大街 456 号	57381174
上海张堰老年公寓	金山区张堰镇东大街 199 号	57220797
金山区山阳镇养老院	金山区山阳镇向阳西路 88 号	37240006
上海永乐养老院	金山区石化街道施二路 55 弄 2 号楼	67221589

续表

名称	地址	电话
上海金夕老年公寓	金山卫镇秦弯路1155弄19号	57294342
上海金福居敬老院	金山区车亭公路3466号	57237111
上海新农普度养老院	金山区朱泾镇慧农村5008号	57341163
上海颐和苑老年服务中心	金山区金石北路7666号	37310368
上海颐和苑养老中心	金山区金石北路7666号	37310368
上海鑫阳养老院	金山区吕巷镇汇丰大街588号	57320869
金山区逸庭养老院	金山区朱泾镇金张公路7193号	57319716
金山区佰仁养护院	金山区枫泾镇枫渡路522号	57359626
松江区		
松江社会福利院分院	松江区龙腾路1155号	57700888
佘山敬老院	松江区佘山镇细林路9号	57659578
泖港敬老院	松江区泖港镇新乐路1号	57860056
新桥敬老院	松江区新桥镇申浜路288号	57641925
叶榭敬老院	松江区叶榭镇浥东路1号	57886088
新浜敬老院	松江区新浜镇叶新公路6192号	57891092
石湖荡敬老院	松江区石湖荡镇金胜村313号	57841318
仓桥敬老院	松江区富强路1621号	67813191
洞泾敬老院	松江区洞泾镇沪松公路3715弄9号	57697376
泗泾敬老院	松江区泗泾镇泗陈公路363号	57610937
车墩敬老院	松江区车墩镇长溇村160号	57602761
小昆山敬老院	松江区小昆山镇玉昆路660号	57765338
方松街道敬老院	松江区三新北路1800弄18号	37025500
康佳托老所	松江区松汇中路401弄8号	57718941
九亭镇福利院	松江区九亭镇九新公路811弄99号	57639583
华阳敬老院	松江区车墩镇环阳支路6弄20号	57774802
花桥养老院	松江区辰花路251弄231号	57677189
唐人百老汇福利院	松江区九亭镇龙高路815号	67626005
蓝色港湾福利院	松江区叶榭镇辕门路111号	57887242
厚德养老院	松江区泖港镇五厍支路27号	57871693
亲清养老院	松江区辰花路387号	57675918
名庭颐养院	松江区永丰路30号2号楼;20号8、9号楼	57610607
泰康申园	松江区广轩路298号	80299999
青浦区		
青浦区夏阳街道安康养护院	青浦区王仙村588号	59716490
青浦区冉升塔湾新天地养老院	青浦区沪青平公路5251号	59721990
上海中福会养老院	青浦区公园东路1126号	33863535
青浦区仁泽赵巷养护院	青浦区芦沈路59号	

续表

名称	地址	电话
青浦区徐泾镇明珠路养护院	青浦区明珠路 305 号	59766679
青浦区华新镇凤溪社区养老院	青浦区凤雅路 906 号	59773238
青浦区华新镇康华养护院	青浦区华强街 495 号	59794613
青浦区重固镇福泉养护院	青浦区芦花浜路 29 号	59785431
青浦区白鹤养护院	青浦区程鹤路 399 号	59747468
上海青浦香花苑养老院	青浦区华青路 1099 号	59700151
上海亚莱菲养护院	青浦区普光路 209 号	59705068
上海盈康养老院	青浦区大盈路 488 号	59222277
青浦区香花桥街道大盈养护院	青浦区青赵公路 5701 号	59221268
上海澳维养老院	青浦区朱家角镇康业路 888 弄 72 号	39290196
青浦区朱家角镇养护院	青浦区沈太路 85 号	59835065
青浦区练塘镇九峰养护院	青浦区张联村钟联 500 号	59295002
青浦区金泽镇商榻养护院	青浦区金泽镇商榻北路 310 号	59281139
盈浦街道盈浦养护院	青浦区沪青平公路 5251 号	59204336
奉贤区		
奉贤区福利院	奉贤区南桥镇古华路 119 号	67115965
奉贤区第二福利院	奉贤区金汇镇望河路 89 号	57575596
奉贤区南桥镇江海敬老院	奉贤区南桥镇江南路 469 号	57198393
奉贤区奉浦敬老院	奉贤区陈桥路 2388 号	57433046
奉贤区柘林镇福利院	奉贤区柘林镇永革村北横路 638 号	57459155
奉贤区庄行镇邬桥敬老院	奉贤区庄行镇渔沥村耀光 1433 号	57402368
奉贤区青村镇敬老院	奉贤区青村镇北唐村 387 号	57568101
奉贤区四团镇敬老院	奉贤区四团镇北街 100 号	57533540
奉贤区奉城镇敬老院	奉贤区塘外社区人民路 108 号	57170103
奉贤区奉城镇头桥敬老院	奉贤区奉城镇新奉公路 4942 号	57551026
奉贤区金汇镇敬老院	奉贤区金汇镇果多路 489 号	57575176
奉贤区金汇镇泰日敬老院	奉贤区金汇镇泰青路 501 号	57575176
奉贤区海湾镇敬老院	奉贤区海湾镇五四公路 1558 弄	37598090
奉贤区乐慧养老院	奉贤区庄行镇安邬路 188 号	57404312
奉贤区鸿恩托老所	奉贤区奉城镇洪北村 4 组	57133069
奉贤区维丰颐养院	奉贤区奉城镇幸福村一支路 58 号	57558800
奉贤区益人养老院	奉贤区南桥镇优化路 58 号	57470800
奉贤区永生养老院	奉贤区西渡街道奉金路 758 号	57430094
奉贤区南桥镇光明村养老院	奉贤区南桥镇光钱公路 500 弄 195 号	57473052
奉贤区伊甸敬老院	奉贤区庄行镇庄北路 301 号	57465563
奉贤区泰日光星养老院	奉贤区金汇镇泰日社区光星路 551 号	57581551
奉贤区钱桥恩霖托老所	奉贤区青村镇金王村 173 号	57597691

续表

名称	地址	电话
奉贤区南桥镇关港养老院	奉贤区西渡街道关港村 399 号	57489186
奉贤区明馨艺术养老院	奉贤区南桥镇金海公路 2488 号	61909190
奉贤区兰公馆养老院	奉贤区青村镇南奉公路 4999 号	33616999
奉贤区长远养老院	奉贤区庄行镇邬桥社区安东路 58 号	57406255
奉贤区金汇养老院	奉贤区金汇镇金钱公路 718 号	57480018
奉贤区金苹果养老院	奉贤区青村镇南奉公路 4146 号	57569106
奉贤区新华老年公寓	奉贤区庄行镇南亭公路 4388 号	57467999
崇明区		
崇明区福利院	崇明区建设镇建星路 88 号	69601015
崇明区新村敬老院	崇明区新村乡新浜村 1476 号	59651541
崇明区绿华敬老院	崇明区绿华镇新建路 894 号	59351659
崇明绿港养老公寓	崇明区绿华镇绿港村 521 号	59554388
崇明区三星敬老院	崇明区三星镇协进村 496 号	59601521
崇明区合作敬老院	崇明区庙镇合作公路 1318 号	59382287
崇明庙镇敬老院	崇明区庙镇民华村 624 号	69361642
崇明方顺养老院	崇明区庙镇宏海公路 2568 号	59362428
崇明江龙老年公寓	崇明区庙镇宏海路 88 号	69361001
崇明区庙镇江合养护院	崇明区庙镇合作公路 1293 号	59387095
上海孝庄养老院	崇明区庙镇庙南村 249 号	31169618
崇明区港西第一敬老院	崇明区港西镇长生村 11 队	59670170
崇明协兴养老院	崇明区港西镇三双公路 2005 号	59676108
崇明区城桥第一敬老院	崇明区城桥镇油车湾 67 号	69620765
崇明区城桥第二敬老院	崇明区城桥镇团城公路 6380 号	59691087
崇明城桥第三敬老院	崇明区城桥镇长侯路 25 号	59691322
崇明区城桥利民托老院	崇明区城桥镇利民村一队	69626078
崇明区建设敬老院	崇明区建设镇浜东村红梅 312 号	59339227
崇明区大同敬老院	崇明区建设镇蟠龙公路 1278 号	59392128
崇明区新民敬老院	崇明区新河镇强民村 137 号	59371210
崇明区新河敬老院	崇明区新河镇石路村 1158 号	59681364
崇明康馨养老院	崇明区新河镇强民村义化 3 队 338 号	59374128
崇明生康养老院	崇明区新河镇北新公路 417 号	59682298
崇明区大新敬老院	崇明区竖新镇跃进村新南 1367 号	59491922
崇明区竖河敬老院	崇明区竖新镇永兴村朱桥 211 号	59481712
崇明嘉龙养老院	崇明区竖新镇大东村 68 号	59492207
崇明前卫善养苑	崇明区竖新镇前卫村 802 号	59649266
崇明区堡镇敬老院	崇明区堡镇大通路 555 号	59421247
崇明月亮湖老年公寓	崇明区堡镇大通路 388 号	59415388

续表

名　　称	地　　址	电　话
崇明逸达敬老院	崇明区堡镇桃源村 568 号	59427190
上海海科第三福利院	崇明区堡镇堡渔村 890 号	39661590
上海海阳清怡养护院	崇明区堡镇堡镇中路 223 号	59395002
崇明区港沿敬老院	崇明区港沿公路 1101 号	59461248
崇明区合兴敬老院	崇明区港沿镇同心村 1319 号	69459257
崇明区向化镇敬老院	崇明区向化镇米新村 168 号	59447225
崇明南江老年公寓	崇明区向化镇南江村 657 号	59445605
上海五福原野养老院	崇明区向化镇齐东 714 号	59449212
崇明区广福养老院	崇明区中兴镇陈彷公路 2130 号	39440037
崇明区陈家镇敬老院	崇明区陈家镇铁塔村 6 队	59437990
崇明德云养老院	崇明区陈家镇新出港路 1188 号	59406366
崇明爱心养老院	崇明区陈家镇朝阳村全民 15 队	59433373
上海蘭馨福利院	崇明区陈家镇裕西村 5 队	59402078
崇明长兴敬老院	崇明区长兴镇潘园公路 1656 号	56851415
崇明横沙敬老院	崇明区横沙乡富民沙路 108 弄 25 号	56890845
崇明东平养老院	崇明区东平镇平悦路 728 号	59666099
崇明东平瀛润敬老院	崇明区东平镇北沿公路 1323 号	69687699
崇明新海怡心养老院	崇明区新海镇兴阔路 189 号	59655072

(四) 长者照护之家(163 家)

名　　称	地　　址	电　话
浦东新区陆家嘴社区长者照护之家	浦东新区乳山路 130 弄 21 号	50630616
浦东新区潍坊社区四村长者照护之家	浦东新区浦电路 305 弄潍坊四村 459—460 号	50870171
浦东新区塘桥社区长者照护之家	浦东新区浦建路 1 弄 12 号 2 楼	50355013
浦东新区南码头社区长者照护之家	浦东新区浦三路 629 弄 15 号	68732907
浦东新区金杨社区长者照护之家	浦东新区金杨路 220 弄 41 号	32265310
浦东新区洋泾社区长者照护之家	浦东新区海防新村 84 号	58361291
浦东新区花木社区培花长者照护之家	浦东新区培花路 234 号	50685939
浦东新区浦兴社区福苑长者照护之家	浦东长岛路 1560 弄 25 号(甲)	58358138
浦东新区上钢社区长者照护之家	浦东新区上钢三村 2 号甲	68901878
浦东新区北蔡社区长者照护之家	浦东新区鹏飞路 330 号	68403605
浦东新区周浦社区长者照护之家	浦东新区周市路 720 号 1 楼、3 楼	68126364
浦东新区曹路社区长者照护之家	浦东新区金钻路 398 弄 31 号 101、102 室	68773537
浦东新区高东杨园社区长者照护之家	浦东新区高东镇园二路 251—285 号(单号)	68485118
浦东新区航头社区长者照护之家	浦东新区航春路 120 号 2 楼	58110975
浦东新区惠南民乐社区长者照顾之家	浦东新区惠南镇听悦路 1356 号 3、4 楼	38020005

续表

名　　称	地　　址	电　话
浦东新区万祥社区长者照护之家	浦东新区万祥镇三三公路 2029 号	58040180
浦东新区老港滨海社区长者照护之家	浦东新区老港镇滨海路 10 号 2—4 楼	38250173
黄浦区打浦桥街道长者照护之家	黄浦区打浦路 284 弄 18 号	63788836
黄浦区南京东路街道长者照护之家	黄浦区宁波路 450 号	63022032
黄浦区外滩街道长者照护之家	黄浦区山东南路 46 弄 1 号	63030623
黄浦区半淞园路街道长者照护之家	黄浦区保屯路 252 号	63010075
黄浦区老西门街道长者照护之家	黄浦区亭桥街 15 号	63026050
黄浦区五里桥街道长者照护之家	黄浦区瞿溪路 1111 弄 26 号	63317009
黄浦区瑞金街道长者照护之家	黄浦区陕西南路 271 弄 25 号	64679640
黄浦区瑞金街道瑞福长者照护之家	黄浦区南昌路 44 号	53060007
黄浦区小东门街道长者照护之家	黄浦区中华路 723—727 号	33357075
黄浦区上海小东门社区明龙长者照护之家	黄浦区南仓街 33 弄 7 号	33312870
黄浦区淮海中路街道长者照护之家	黄浦区淡水路 345 弄 9 号	63860205
黄浦区豫园街道长者照护之家	黄浦区方浜西路 63 弄 59 号	63335273
徐汇区斜土社区长寿家园康馨苑长者照护之家	徐汇区大木桥路江南一村 55 号 2—3 楼	54019572
徐汇区长桥社区长者照护之家	徐汇区罗秀新村 112 号 2 楼	34315747、54306656-202
徐汇区天平社区长者照护之家	徐汇区嘉善路 232 弄 17 号	54015219
徐汇区枫林社区爱照护长者照护之家	徐汇区中山南二路东安一村 121 号 1 楼	64172432
徐汇区湖南社区长者照护之家	徐汇区湖南路 298 弄 2 号 2 层	64030120
徐汇区徐家汇街道长者照护之家	徐汇区宜山路 50 弄 2 号 3 楼	64417737
徐汇区龙华街道怡乐长者照护之家	徐汇区龙华西路 21 弄 80 号	54961892
徐汇区华泾社区长者照护之家	徐汇区华济路 28 弄 4 号 3 楼	62963186
徐汇区凌云社区长者照护之家	徐汇区老沪闵路 875 弄 30 号	54302207
徐汇区漕河泾社区长者照护之家	徐汇区冠生园路 230 弄 59 号	64831375
徐汇区虹梅社区长者照护之家	徐汇区虹漕路 19 弄 28 号 1—2 层	54101322
徐汇区田林社区乐怡长者照护之家	徐汇区田林十三村 17 号	64828835
徐汇区康健社区寿昌坊长者照护之家	徐汇区桂林西街 151 弄 32 号甲	64459810
徐汇区田林社区悦颐长者照护之家	徐汇区文定路 223、225 号	61212826
长宁区周家桥街道长者照护之家	长宁区武夷路 709 弄 26 号	32576668
长宁区虹桥社区银龄阁长者照护之家	长宁区安顺路 181 弄 1—3 号	62197311
长宁区新泾社区孝敬长者照护之家	长宁区仙霞西路 700 弄 43 号	62383689
长宁区虹桥社区颐养虹南长者照护之家	长宁区中山西路 1432 弄 36 号	32093618
长宁区山社区颐养长者照护之家	长宁区中山西路 800 弄 13 号	62373892
长宁区仙霞社区逸仙长者照护之家	长宁区茅台路 270 弄 7 号	62277781
长宁区慧生活幸福长者照护之家	长宁区仙霞路 471 弄 12 号水仙楼 1 楼	62779918
长宁区江苏路街道颐家长者照护之家	长宁区长宁路 515 号 2 号楼 2 楼	31029261

续表

名称	地址	电话
长宁区江苏路社区逸仙长者照护之家	长宁区利西路 307 号	32560068
长宁区程家桥街道长者照护之家	长宁区虹桥路 2286 号底层	62620212
长宁区北新泾街道长者照护之家	长宁区北渔路 84 号三楼	52160015
长宁区新泾镇长者照护之家	长宁区仙霞西路 915 号	52526001
长宁区天山路街道长者照护之家	长宁区天山四村 122 号三号楼 1、2 层	62290266
长宁区新华街道长者照护之家	长宁区番禺路 50 支弄 6 号	62806180
长宁区万宏悦馨第一长者照护之家	长宁区定西路 1235 弄 26 号	62303129
静安区北站社区申养长者照护之家	静安区南星路 80 号	63532836
静安区石二社区福苑长者照护之家	静安区新闸路 848 号 2 层	62096202
静安寺社区红日长者照护之家	静安区富民路 22 弄 10 号	62609218
静安区曹家渡社区恒裕长者照护之家	静安区万航渡路 767 弄 43 号	62307522
静安区南京西路社区长者照护之家	静安区长乐路 528 号	54270137
静安区大宁路社区长者照护之家	静安区粤秀北路 1472 号四楼	66520799
静安区临汾社区爱照护长者照护之家	静安区阳曲路 391 弄 16 号	36600007
静安区天目西社区长者照护之家	静安区长安路 500 号	32180706
静安区共和新社区长者照护之家	静安区柳营路 319 弄 29 号甲	56628968
静安区江宁路社区乐宁长者照护之家	静安区武定路 661 号三层	62566060
静安区宝山路社区长者照护之家	静安区虬江路 997 弄 1 号 5 楼	66775861
静安区芷江西路社区长者照护之家	静安区芷江西路 393 弄 14—15 号	66277707
静安区彭浦镇幸福新苑长者照护之家	静安区场中路 2600 弄 112 号	66696511
静安区彭浦新村社区长者照护之家	静安区平顺路 721 弄 4—6 号	56832018
静安区临汾社区申养岭南长者照护之家	静安区岭南路 100 弄 4 号	56885266
静安区静安寺社区长者照护之家	静安区镇宁路 458 号二层	62199932
普陀区长寿安远长者照护之家	普陀区安远路 676 号	62766060
普陀区全程玖玖长者照护之家	普陀区西沙洪浜路 51 号	62563860
普陀区真如意长者照护之家	普陀区铜川路 1899 弄 35 号	
普陀区真如社区爱照护长者照护之家	普陀区真北路 1902 弄 1 号 102—104 室	62166689
普陀区长征社区爱照护长者照护之家	普陀区真光路 798 弄 21 号 2 楼	52350797
普陀区长征社区馨越长者照护之家	普陀区千阳南路 99 弄 63 号	52696060
普陀区万里社区爱照护长者照护之家	普陀区武威东路 553 号	
普陀区岚西长者照护之家	普陀区岚皋西路 145 弄 1 号	62240513
普陀区陆一长者照护之家	普陀区中山北路 2655 弄 43 号	62055338
普陀区曹家巷长者照护之家	普陀区中山北路 3700 弄 10 号	62160469
普陀区曹杨社区长者照护之家	普陀区棠浦路 51 号 2—3 楼	62299697
普陀区宜川社区金鑫长者照护之家	普陀区交通路 1401 弄 24 号	66277175
普陀区甘泉社区慧享福长者照护之家	普陀区新村路 423 弄 15 号 3 楼	55152262
普陀区石泉街道爱照护长者照护之家	普陀区中山北路 2605 弄 6 号二楼	62660559

续表

名　　称	地　　址	电　话
普陀区忆桃园长者照护之家	普陀区三源路133号	62599890
普陀区云惠长者照护之家	普陀区普陀区武威路1087弄57号	56371005
普陀区桃浦社区慧享福长者照护之家	普陀区桃浦镇真南路822弄432号1楼	56983536-822
虹口区欧阳社区蒋家桥长者照护之家	虹口区蒋家桥路15号甲	56372352
虹口区江湾镇社区爱照护长者照护之家	虹口区场中路32弄10号	
虹口区提篮社区丹徒路长者照护之家	虹口区丹徒路233弄23号	65672982
虹口区嘉兴路社区新港路长者照护之家	虹口区大连路975弄46—47号	55580292
虹口区川北社区溧阳长者照护之家	虹口区宝安支路76号	66053595
虹口区广中社区花园长者照护之家	虹口区水电路120号	51812275
虹口区凉城社区水电长者照护之家	虹口区水电路1132弄15号	65267953
虹口区曲阳社区乐龄长者照护之家	虹口区东体育会路1130号	65051165
虹口区凉城社区银康恬苑长者照护之家	虹口区凉城路593号	65255188
杨浦区延吉(吉善)长者照护之家	杨浦区延吉一村16号	55669131
杨浦区定海(顺平)长者照护之家	杨浦区顺平路67号	65065890
杨浦区五角场(国定)长者照护之家	杨浦区国定支路24—28号	65680796
杨浦区大桥(长隆)长者照护之家	杨浦区长阳路2087弄6号一楼	65669180
杨浦区殷行(闸殷)长者照护之家	杨浦区闸殷路86号三、四层	55220102
杨浦区长白(常乐)长者照护之家	杨浦区延吉东路131弄21号底层	65345560
杨浦区长白(常健)长者照护之家	杨浦区松花一村55号104—107室底层/安图路160号底层	65345560
杨浦区江浦(爱照护)长者照护之家	杨浦区飞虹路777弄1号底层	62660816
杨浦区大桥(常康)长者照护之家	杨浦区渭南路51—53号底层	65345560
杨浦区江浦(康善)长者照护之家	杨浦区辽源西路107号2号楼	65660538
宝山区友谊社区馨谊长者照护之家	宝山区宝林四村12号	66220968
宝山区友谊慧忆家园长者照护之家	宝山区牡丹江路1784号3楼	56699305
宝山区友谊慧享福长者照护之家	宝山区牡丹江路1784号4—6楼	56699305
宝山区吴淞社区幸福苑长者照护之家	宝山区淞青路74—88号	36555626
宝山区张庙社区异香长者照护之家	宝山区泗塘二村59号	66208355
宝山区大场镇福乐长者照护之家	宝山区鄂尔多斯路800号3楼	56150075
宝山区淞南社区爱照护长者照护之家	宝山区一二八纪念路55弄127号1楼	56601117
宝山区顾村社区慧享福长者照护之家	宝山区菊太路1198弄10—1号3楼	56182868
闵行区江川社区合韵长者照护之家	闵行区兰坪路131弄13号	64306583
闵行区古美社区艾为康长者照护之家	闵行区莲花路1105弄平南一村98号	54163260
闵行区古美社区乐健长者照护之家	闵行区平阳路452号2楼—2	54385523
闵行区古美社区智汇坊长者照护之家	闵行区平阳路1526号	33583223
闵行区浦锦社区锦颐浦瑞长者照护之家	闵行区浦瑞路333号	34783620
闵行区浦江社区春田长者照护之家	闵行区浦连路412号	34792180

续表

名称	地址	电话
闵行区浦江春天长者照护之家	闵行区苏召路1648号3幢、5幢	51380299
闵行区君莲社区万福年华长者照护之家	闵行区春都路330号	54815070
闵行区银桥社区万福年华长者照护之家	闵行区沪闵路3131弄36号	54415935
闵行区梅陇社区田园许泾长者照护之家	闵行区梅陇镇许泾村2组61号、62号、63号	64979992
闵行区梅陇社区吴介巷长者照护之家	闵行区梅陇镇永联村东吴27号	34943220
闵行区七宝社区华爱长者照护之家	闵行区宜山路2271号	54435961
闵行区七宝镇万科城市花园社区智汇坊长者照护之家	闵行区中春路8888弄82号	34903366
闵行区莘庄工业区社区爱照护长者照护之家	闵行区莘庄工业区瓶北路467号2楼	54321507
嘉定区彭赵长者照护之家	嘉定区丰登路1551弄8号	59900130
嘉定区北管长者照护之家	嘉定区北陈路1286号	69152449
嘉定区戬浜长者照护之家	嘉定区嘉富路500弄356号	59548160
嘉定区赵巷长者照护之家	嘉定区翔方公路3000号	59503212
嘉定区虬桥长者照护之家	嘉定区虬桥路300号	69161122
嘉定区嘉翔福爱家社区长者照护之家	嘉定区槎溪路699弄4号101(昌辉大厦B栋2号)	59549010
嘉定区嘉定镇街道长者照护之家	嘉定区塔城路321弄7号	69956702
金山区漕泾镇汇安长者照护之家	金山区漕泾镇富漕路539弄48号	57930594
金山区石化街道长者照护之家	金山区石化街道东礁二村30号	57250381
松江区堰泾长者照护之家	松江区叶榭镇堰泾村蒋四房405号	67800005
松江区怡耋长者照护之家	松江区泖港镇五库二号街58号	57861182
松江区永丰社区长者照护之家	松江区永丰街道富强路1637号	57811488
松江区岳阳社区长者照护之家	松江区岳阳街道荣乐四村5号	57822384
松江区小昆山社区长者照护之家	松江区小昆山镇平原街925号4楼	57761919
松江区九亭社区长者照护之家	松江区九亭镇花园路1号	57631893
松江区佘山社区长者照护之家	松江区佘山镇千新公路1200弄67号	57652876
松江区广富林社区长者照护之家	松江区广富林街道三新北路1800弄18号	37683789
松江区方松社区长者照护之家	松江区方松街道江学路381弄50—54号	37721142
青浦区盈浦街道社区慧享福长者照护之家	青浦区青安路5—33号医院路3—19号	
上海市华新社区万德福长者照护之家	青浦区华新镇纪鹤路2828号	59794588
青浦区夏阳社区旭昇长者照护之家	青浦区沪青平公路5251号	59721990
青浦区金泽社区银辉长者照护之家	青浦区山深支路186号	59290298
青浦区白鹤镇鹤联村长者照护之家	青浦区纪鹤公路5550号	39805027
奉贤区瑷佲长者照护之家	奉贤区奉城镇爱民村421号	57529468
奉贤区高桥长者照护之家	奉贤区奉城镇奉旺路659号	37580501
奉贤区蔡嘉桥长者照护之家	奉贤区奉城镇蔡家桥村蔡桥142号	
崇明区新村乡新洲长者照护之家	崇明区新村乡星村公路3468号三楼	59659113
崇明区崇明三星至远长者照护之家	崇明区三星镇协进村497号	59601521

续表

名　　称	地　　址	电　话
崇明区城桥镇鳌山社区乐祥长者照护之家	崇明区城桥镇鳌山村 888 号	59620317
崇明区中兴镇胜利村安馨长者照护之家	崇明区中兴镇汲浜公路 998 号	69446925
崇明区堡镇全程玖玖长者照护之家	崇明区堡镇大通路 527 号	59490298

（五）社区老年人日间照护机构(681 家)

名　　称	地　　址	电　话
浦东新区北蔡老年人日间服务中心	浦东新区北中路 575 号甲	58440639
浦东新区北蔡社区陈桥老年人日间照护中心	浦东新区陈春路 586 号	58440639
浦东新区曹路金海华城老年人日间照护中心	浦东新区曹路镇金睦路 336 号	50688705
浦东新区曹路期颐老年人日间服务中心	浦东新区曹路镇杨东路 6 号	50688705
浦东新区川沙新镇六灶社区老年人日间照护中心	浦东新区惠东路 268 号	68395083
浦东新区东明社区凌兆老年人日间照护中心	浦东新区上南路 4306 号一层局部	20222556
浦东新区东明社区新月老年人日间服务中心	浦东新区环林东路 799 弄 73 号	20222556
浦东新区高东社区老年人日间服务中心	浦东新区高东镇光明路 182 弄 180 号 285	58480524
浦东新区东沟社区老年人日间服务中心	浦东新区高行镇东沟二村 5 号	38980192
浦东新区高行老年人日间服务中心	浦东新区新行路 306 号	38980192
浦东新区高桥潼港二村老年人日间服务中心	浦东新区清溪路 299 弄 33 号	68660530
浦东新区高桥潼港一村老年人日间照护中心	浦东新区张杨北路 5428 弄 25 号二楼	68660530
浦东新区高桥学前街老年人日间服务中心	浦东新区学前街 74 号	68660530
浦东新区高桥镇凌桥老年人日间照护中心	浦东新区双江路 1323 号一楼	68660530
浦东新区航头镇鹤沙航城老年人日间照护中心	浦东新区航头镇鹤驰路 235 号 3 楼	68220126
浦东新区合庆开心老年人日间服务中心	浦东新区合庆镇前哨路 198 弄	68904311
浦东新区合庆营房村老年人日间照护中心	浦东新区合庆镇川杨路 238 号	68904311
浦东新区沪东社区沪新老年人日间服务中心	浦东新区沪东新村 76 号甲	58503732
浦东新区沪东社区朱家门老年人日间服务中心	浦东新区莱阳路 451 弄 20 号	58503732
浦东新区花木东城老年人日间照护中心	浦东新区东绣路 1010 号	50456017
浦东新区花木芳芯老年人日间照护中心	浦东新区培花路 230 号(二楼)、234 号	50456017
浦东新区花木牡丹老年人日间服务中心	浦东新区牡丹路 72—78—82—88 号	50456017
浦东新区花木钦洋老年人日间服务中心	浦东新区锦绣路 105 号	50456017
浦东新区花木由由老年人日间服务中心	浦东新区高科西路 2091 号三楼	50456017
浦东新区惠南东城社区老年人日间照护中心	浦东新区惠东路 268 号	68252242
浦东新区惠南惠馨苑老年人日间照护中心	浦东新区人民西路 158 号	68252242
浦东新区惠南民乐社区老年人日间照护中心	浦东新区听悦路 1356 号	68252242
浦东新区金桥镇申江老年人日间照护中心	浦东新区申江路 2480 号	50318964

续表

名　称	地　址	电　话
浦东新区金杨社区老年人日间服务中心	浦东新区金杨路220弄41号	68509533
浦东新区康桥镇双秀路老年人日间照护中心	浦东新区康桥梓康路666弄6号3楼	58121673
浦东新区陆家嘴社区老年人日间照护中心	浦东新区乳山路30弄21号一楼	68768532
浦东新区南汇新城老年人日间照护中心	浦东新区古棕路211号	68286967
浦东新区南汇新城镇申港社区综合为老服务中心	浦东新区竹柏路487号3楼	68286967
浦东新区南码头社区老年人日间照护中心	浦东新区临沂路381弄31号201室	58730297
浦东新区南码头社区六里老年人日间照护中心	浦东新区浦三路637弄50支弄45号	58730297
浦东新区南码头社区沂南老年人日间照护中心	浦东新区沂南路54弄36号	58730297
浦东新区泥城镇老年人日间服务中心	浦东新区泥城镇彩云路220弄6幢7—8号	58070656
浦东新区泥城镇综合为老服务中心(云汉路)	浦东新区云汉路668号	58070656
浦东新区三林爱博老年人日间服务中心	浦东新区爱博路629弄681号三楼	50827139
浦东新区三林社区懿德老年人日间照护中心	浦东新区和炯路681号	50827139
浦东新区德州老年人日间服务中心	浦东新区德州路380弄30号	68703806
浦东新区上钢老年人日间服务中心	浦东新区西营路33弄11号	68703806
浦东新区唐镇老年人日间照护中心	浦东新区创新中路95弄77号	68792171
浦东新区浦东新区王港老年人日间照护中心	浦东新区胜利路51号	68792171
浦东新区塘桥宁阳老年人日间服务中心	浦东新区宁阳路12弄1号101室	50906937
浦东新区塘桥社区老年人日间服务中心	浦东新区浦建路211弄12号一楼	50906937
浦东新区潍坊二村老年人日间服务中心	浦东新区浦东南路1533弄31号一楼	58204241
浦东新区潍坊三村老年人日间服务中心	浦东新区浦东南路1475弄10号108室	58204241
浦东新区潍坊十村老年人日间服务中心	浦东新区潍坊路140弄12号	58204241
浦东新区潍坊四村老年人日间服务中心	浦东新区浦电路潍坊四村432号一楼	58204241
浦东新区潍坊源竹老年人日间服务中心	浦东新区潍坊路375弄33号一楼	58204241
浦东新区潍坊八村老年人日间服务中心	浦东新区浦电路305弄10号一楼	58204241
浦东新区新场老年人日间照护中心	浦东新区新环西路58弄64号	58178050
浦东新区宣桥社区老年人日间照护中心	浦东新区宣中路440号	58181107
浦东新区洋泾街道星海老年人日间照护中心	浦东新区民生路999弄15号一楼	38992322
浦东新区洋泾街道巨野老年人日间照护中心	浦东新区巨野路191号三楼	38992322
浦东新区洋泾社区西镇老年人日间照护中心	浦东新区洋泾镇路89弄6—8号一楼	38992322
浦东新区张江老年人日间服务中心	浦东新区顺和路139弄	58554528
浦东新区张江青桐老年人日间服务中心	浦东新区青桐路569号	58554528
浦东新区上南乐居老年人日间服务中心	浦东新区上南路929弄1号二楼	68457829
浦东新区周家渡街道上南三村老年人日间照护中心	浦东新区上南路1251弄31号一楼	68457829
浦东新区周家渡社区上南八村老年人日间服务中心	浦东新区洪山路237弄36号	68457829

续表

名 称	地 址	电 话
浦东新区桃源老年人日间照护中心	浦东新区瑞浦路 478 号 B 座一楼	68126364
浦东新区周浦老吾老老年人日间照护中心	浦东新区南八灶街 179 号	68126364
浦东新区周浦镇老年人日间服务中心	浦东新区康沈路 2186 号	68126364
浦东新区江镇社区晚霞老年人日间照护中心	浦东新区祝桥镇晚霞路 426 号	58109494
黄浦区南京东路街道军晖老年日托所	黄浦区厦门路 230 弄 7 号前门	63590155
黄浦区南京东路街道新昌老年日托所	黄浦区凤阳路 228 弄 35 号	63020226
黄浦区南京东路街道承兴老年日托所	黄浦区黄河路 281 弄 14 号	63594148
黄浦区南京东路街道平望老年日托所	黄浦区广东路 487 号	33050912
黄浦区南京东路街道龙泉老年日托所	黄浦区宁波路 450 号 1 楼	63022031
黄浦区南京东路街道三德老年日托所	黄浦区新昌路 455 弄 19 号	63022031
黄浦区小东门街道老年人日间服务中心	黄浦区大夫坊 91 号	33051460
黄浦区小东门街道温馨老年人日间服务中心	黄浦区南仓街 30 弄 7 号底层	33312870
黄浦区小东门街道康家弄老年人日间照护中心	黄浦区康家弄 42 号	63351358
黄浦区外滩街道永胜老年人日间服务中心	黄浦区四川南路 44 弄 3 号	63281673
黄浦区外滩街道宝兴日托所	黄浦区福建南路 84 弄 10 号	63529333
黄浦区外滩街道老年人日间照护中心	黄浦区汉口路 271 号 4 楼	63331505
黄浦区半淞园路街道老年人日间服务中心	黄浦区瞿溪路 120 弄 4 号 4 楼甲	63083132
黄浦区半淞园路街道老年人日间服务中心	黄浦区瞿溪路 120 弄 4 号 3 楼乙	63083132
黄浦区仁晖老年人日间照护中心	黄浦区普育西路 105 号 6 号楼 103 室	61280195
黄浦区豫园街道老年人日间服务中心	黄浦区方浜中路 63 弄 4 号	63305960
黄浦区豫园街道综合为老服务中心老年人日间照护中心	黄浦区方浜西路 63 弄 59 号	63335301
黄浦区老西门街道老年人日间照料服务中心(一)	黄浦区庄家街 51 弄 1—2 号	33050102
黄浦区老西门街道老年人日间照料服务中心(二)	黄浦区蓬莱路 374 号	33050102
黄浦区老西门街道综合为老服务中心老年人日间照护中心	黄浦区蓬莱路 81 号	63012603
黄浦区五里桥社区第一老年日间照料站	黄浦区瞿溪路 1111 弄 27 号	53013520
黄浦区五里桥社区第二老年日间照料站	黄浦区局门路 434 弄 11 号	51508308
黄浦区五里桥社区第三老年日间照料站	黄浦区瞿溪路 883 弄 21 号	63036602
黄浦区五里桥街道综合为老服务中心老年人日间照护中心	黄浦区瞿溪路 1111 弄 26 号	63317009
黄浦区淮海中路街道顺昌老年日托所	黄浦区顺昌路 419 弄 2 号	63840952
黄浦区淮海中路街道复三老年日托所	黄浦区复兴中路 455 弄 29 号 104 室	63113582
黄浦区淮海中路街道建六老年日托所	黄浦区建国东路 328 弄 21 号 102 室	33070752
黄浦区淮海中路街道西城老年日托所	黄浦区马当路 306 弄 39 号	63844335
黄浦区瑞金二路街道综合日托站	黄浦区南昌路 44 号一楼	53060007

续表

名　　称	地　　址	电　话
黄浦区瑞金二路街道思南日托站	黄浦区复兴中路553弄97号	54561218
黄浦区瑞金二路街道锦江日托站	黄浦区瑞金一路148弄2号	54041025
黄浦区瑞金二路街道中心日托站	黄浦区南昌路69弄5号主楼一楼	64733395
黄浦区打浦桥街道第一老年日托所	黄浦区蒙自西路72弄9号	64333517
黄浦区打浦桥街道第二老年日托所	黄浦区顺昌路564—566号	64333517
黄浦区打浦桥街道第三老年日托所	黄浦区建国中路137弄6号	64333517
黄浦区打浦桥街道综合为老服务中心老年人日间照护中心	黄浦区蒙自路255-1号	64333517
静安区静安寺街道老年人日间服务中心	静安区长乐路1234号	62482576
静安区静安寺街道愚谷邨老年人日间服务中心	静安区愚园路361弄94—96号	32565885
静安区曹家渡街道老年人日间照护中心	静安区康定路841弄内	52133991
静安区曹家渡街道恒裕老年人日间照护中心	静安区万航渡路767弄43号3号楼1—2楼	62307522
静安区江宁路街道老年人日间服务中心	静安区常德路545弄43号	62557988
静安区江宁路街道爱老家园老年人日间服务中心	静安区陕西北路919号	62557988
静安区石门二路街道老年人日间照护之家	静安区新闸路888弄56号1楼	62379383
静安区南京西路街道老年人日间服务中心	静安区长乐路528号2楼	54270137
静安区天目西路街道老年人日间服务中心	静安区沪太路453弄84号	36523160
静安区天目西路街道长安路老年人日间服务中心	静安区长安路500号	32180706
静安区北站街道社区老年人日间照料中心	静安区南星路80号1楼	63532836
静安区宝山路街道老年人日间服务中心	静安区虬江路997弄1号5楼	66775861
静安区芷江西路街道老年人日间服务中心	静安区徐家宅路93号3楼	56086257
静安区芷江西路街道苏家巷老年人日间服务中心	静安区芷江西路393弄14—15号	66277707
静安区共和新路街道老年人日间服务中心	静安区柳营路319弄29号甲	56628968
静安区共和新路街道中山北路805弄老年人日间服务中心	静安区中山北路805弄34号甲	56629205
静安区共和新路街道唐家沙邻里中心日间服务中心	静安区洛川东路140弄18号	66051063
静安区大宁路街道老年人日间服务中心	静安区粤秀北路1472号4楼	66520788
静安区大宁路街道2301弄老年人日间服务中心	静安区共和新路2301弄1号3楼	63060327
静安区大宁路街道平型关路669弄老年人日间服务中心	静安区平型关路669弄18号3楼	63060327
静安区彭浦新村街道老年人日间服务中心	静安区安泽路91号2楼	56481218
静安区临汾路街道老年人日间服务中心	静安区阳曲路391弄16号	36600007
静安区临汾路街道岭南路老年人日间服务中心	静安区岭南路100弄4号	56885266
静安区彭浦镇永和路老年人日间服务中心	静安区永和路616号	66525792

续表

名　　称	地　　址	电　话
静安区彭浦镇高平路老年人日间服务中心	静安区高平路 860 弄 21 号甲	66525792
静安区彭浦镇场中路 2600 弄老年人日间服务中心	静安区场中路 2600 弄 112 号	66696511
静安区彭浦镇高平路 809 弄老年人日间服务中心	静安区高平路 809 弄 63 号	56659950
徐汇区虹梅街道古美社区老年人日间服务中心	徐汇区东兰路 151 弄 17-3 号	54276066
徐汇区长桥社区老年人日间服务中心	徐汇区罗城路 65 号	54112932
徐汇区徐家汇街道南丹老年日间照护中心	徐汇区宜山路 50 弄 2 号楼 3 楼	64417737
徐汇区华泾社区华济路日间照护中心	徐汇区华济路 28 弄 4 号 3 楼	62963186
徐汇区漕河泾社区乐缘老年人日间服务中心	徐汇区宾阳路 36 号 2 层	64151576
徐汇区徐家汇社区龙吴路老年人日间照护中心	徐汇区龙吴路 71 号	54019638
徐汇区龙华社区怡乐家园老年人日间照护中心	徐汇区丰谷路 180 弄 101 号	64030696
徐汇区龙华社区老年人日间照护中心	徐汇区华西路 21 弄 80 号	54121081
徐汇区田林社区乐龄老年人日间照护中心	徐汇区田林十三村 17 号	64828835
徐汇区枫林街道老年人日间照料中心	徐汇区中山南二路 790 号	64030620
徐汇区湖南社区老年人日间服务中心	徐汇区湖南路 301 弄 2 楼	64030120
徐汇区长桥社区罗秀老年人日间服务中心	徐汇区长罗秀新村 112 号 1 楼	54306656-102/201
徐汇区田林社区乐馨老年人日间照护中心	徐汇区文定路 223、225 号	61212826
徐汇区漕河泾社区老年人日间服务中心	徐汇区冠生园路 230 弄 59 号	64831375
徐汇区徐家汇社区老年人日间服务中心	徐汇区凯旋一村 21 号	64070959
徐汇区虹梅社区老年人日间服务中心	徐汇区全州路 69—71 号 1—2 层	54101322
徐汇区康健社区日间照料服务社	徐汇区百花街 345 弄 118 号	54187275
徐汇区凌云社区日间照护中心	徐汇区老沪闵路 875 弄 30 号	54302207
徐汇区天平社区嘉善路老年人日间服务中心	徐汇区嘉善路 232 弄 17 号	54015219
徐汇区斜土社区老年人日间服务中心	徐汇区大木桥路 317 号 2 楼	64041782
徐汇区斜土社区长寿家园康馨苑老年人日间服务中心	徐汇区江南一村 55 号	54019572
徐汇区田林社区古宜日间老年人照料中心	徐汇区吴中东路 500 弄 8 号	64700635
徐汇区枫林社区爱照护老年人日间服务中心	徐汇区龙华路 2379 号 1 楼	54019786
徐汇区康健社区寿昌坊老年人日间照护中心	徐汇区桂林西街 151 弄 32 号甲	31127884
徐汇区华泾社区老年人日间服务中心	徐汇区华泾路 186 号	54829333
徐汇区上达漕河泾老年人日间服务中心	徐汇区沪闵路 9118 号	54487291
徐汇区天平社区老年人日间服务中心	徐汇区襄阳路 452 弄 88 号	64313326
徐汇区枫林社区日间服务中心(东安路)	徐汇区东安路 182 号	33638016
徐汇区长华苑日间照护中心	徐汇区长华路 460 号	54829333
徐汇区龙华社区龙水南路老年人日间照护中心	徐汇区龙水南路 322 号	54121130

续表

名　　称	地　　址	电　话
长宁区新华社区老年人日间服务中心	长宁区法华镇路480号	52303982
长宁区新华社区西法华老年人日间服务中心	长宁区新华路680弄7号101—102室	62806069
长宁区新华街道第二日间服务中心	长宁区番禺路222弄50支弄6号	62806180
长宁区江苏街道逸仙日间照料中心	长宁区利西路307号	62252736
长宁区江苏街道日间服务中心	长宁区长宁路515号二楼	31029261
长宁区江苏路街道颐家日间服务中心	长宁区安化路111弄6号1楼	62186323
长宁区康逸敬老院老年人日间照护中心	长宁区镇宁路405弄73号甲	52669383
长宁区万宏悦馨第一日间服务中心	长宁区定西路1235弄26号	62303129
长宁区金福第四养老院日间服务中心(在建)	长宁区长宁支路150号	62588811
长宁区华阳社区老年人日间服务中心	长宁区武夷路311弄15号	32201204
长宁区天山老人日间服务中心	长宁区天山四村122号三号楼	62290266
长宁区周家桥第二老年人日间服务中心	长宁区武夷路709弄26号	32576668
长宁区周家桥街道范北老年人日间服务中心	长宁区长宁路1302弄73支弄2号乙、4号乙	
长宁区仙霞新村街道老年日间服务中心	长宁区茅台路298号甲3楼	
长宁区虹桥街道日间服务中心	长宁区中山西路1030弄8号	22850770
长宁区虹桥街道“银龄阁”老年人日间照料中心	长宁区安顺路181弄1—3号	62197311
长宁区程家桥第二老年人日间照料中心	长宁区虹桥路2286号	62620212、62620207
长宁区北新泾街道老年人日间服务中心	长宁区北渔路84号	52162350
长宁区新泾镇老年人日间服务中心	长宁区泉口路393号	52189368
长宁区新泾镇第二老年人日间服务中心	长宁区仙霞西路915号	52526001
长宁区神州敬老院日间服务中心	长宁区仙霞西路601号	51877957
长宁区西郊协和颐养院日间服务中心	长宁区协和路295号	62902201
长宁区金福第三养老院日间服务中心	长宁区广顺路18号	52689677
普陀区长寿宜昌片区老年人日间服务中心	普陀区宜昌路555号3楼D	62523187
普陀区长寿东新片区老年人日间服务中心	普陀区西谈家渡路139号	62563860
普陀区长寿社区老年人日间服务中心	普陀区安远路676号	62766060
普陀区长寿西沙老年人日间服务中心	普陀区洪浜路51号	62563860
普陀区曹杨梅岭南片区老年日间照料中心	普陀区梅岭支路85弄30号	62660762
普陀区曹杨武宁片区老年日间照料中心	普陀区曹杨路924—926号	62095192
普陀区曹杨桂杨园居委会老年日间照料中心	普陀区桂巷新村19号	62166717
普陀区曹杨杏梅园居委会老年日间照料中心	普陀区曹杨五村241号	52921053
普陀区曹杨兰岭园居委会老年日间照料中心	普陀区曹杨三村250号1楼	62220057
普陀区长风白玉敬老院老年人日间服务中心	普陀区白玉新村114号	62225323
普陀区长风隆德老年人日间服务中心	普陀区光复西路1145弄3号	52706769
普陀区长风社区老年人日间服务中心	普陀区凯旋北路1555弄70号2楼	62308385
普陀区长风长四二委为老服务站	普陀区怒江路30弄18号	62227435
普陀区长风长二一委为老服务站	普陀区长风二村168号	62360315

续表

名　　称	地　　址	电　话
普陀区宜川社区老年人日间服务中心	普陀区宜川一村 5 号	56091047
普陀区宜川中远两湾城社区老年人日间服务中心	普陀区中潭路 36 号	62866179
普陀区宜川香溢片区老年人日间服务中心	普陀区中山北路 1561 号 2 楼	52789689
普陀区甘泉社区老年人日间服务中心	普陀区延长西路 172 号	36331762
普陀区甘泉社区老年人日间服务中心(分中心)	普陀区交通路 2285 弄 18 号	56400750
普陀区甘泉沪太片区老年人日间服务中心	普陀区宜川路 600 号	56330833
普陀区甘泉甘泉片区老年人日间服务中心	普陀区甘泉路 453 号 2 楼	66251563
普陀区石泉一村老年人日间服务中心	普陀区石泉一村 20 号	62147843
普陀区石泉石岚社区老年人日间服务中心	普陀区石岚三村 93 号	52393177
普陀区石泉兰田片区老年人日间服务中心	普陀区中山北路 2605 弄 45 号	62660559
普陀区真如清二老年人日间服务中心	普陀区桃浦路 1028 弄 55 号	52766899
普陀区真如清八老年人日间服务中心	普陀区桃浦路 743 弄 52 号	52766899
普陀区真如真西一老年人日间服务中心	普陀区大渡河路 1550 弄 160 支弄 9 号	52766899
普陀区真如星河片区老年人日间服务中心	普陀区桃浦路 296 号 5、6 楼	52766899
普陀区真如八一老年人日间服务中心	普陀区曹杨八村 44 号(乙)	52766899
普陀区长征镇金沙片区老年人日间服务中心	普陀区泾阳路 135 号	52351005
普陀区长征镇祥和名邸老年人日间服务中心	普陀区梅川路 1333 弄 212 号 2 楼	59921326
普陀区长征镇云集新曹杨社区老年人日间服务中心	普陀区中江路 1070 弄 69 号	52651858
普陀区长征镇怒江片区老年人日间服务中心	普陀区中江路 875 号	52350797
普陀区长征镇星梅为老服务站	普陀区真北路 1524 弄 66 号	59921326
普陀区长征镇聚乐园为老服务站	普陀区梅川路 799 弄 1 号长征社区生活服务中心 1 楼老年活动室	59921326
普陀区桃浦镇东部片区老年人日间服务中心	普陀区真南路 822 弄 432 号	56355665
普陀区万里社区老年人日间服务中心	普陀区新村路 1615 号	66266026
普陀区万里爱照护老年人日间服务中心	普陀区武威东路 573 号	51987666
虹口区川北街道老年人日托站	虹口区溧阳路 1084 弄 28 号	56719977
虹口区川北社区虹德老年人日间照护机构	虹口区中州路 66 号	63567922-8611
虹口区川北街道老年人日间服务中心	虹口区宝安支路 76 号	66053595
虹口区广中社区花园老年人日间照护机构	虹口区水电路 120 号三楼	31070163
虹口区广中社区新同心老年人照护机构	虹口区新同心路 104 号 2 楼	51812216
虹口区嘉兴社区市民驿站第三分站老年人日间照护机构	虹口区天宝路 470 号	65120305-806
虹口区嘉兴路街道老年人日间服务中心	虹口区天宝路 881 号二楼	55883922-1483
虹口区嘉兴路社区新港路长者照护之家	虹口区大连路 975 弄 46—47 号	55580292
虹口区江湾颐养院老年人日托站	虹口区场中路 769 号	66820187
虹口区江湾镇街道第五片区综合为老服务中心	虹口区奎照路 280 号 4 楼	65605529

续表

名称	地址	电话
虹口区江湾镇街道第一市民驿站老年人日间照护机构	虹口区虹湾路79号	66980567
虹口区江湾镇街道第六市民驿站老年人日间照护机构	虹口区新市南路920号	65666731
虹口区彩虹湾老年人日间照护机构	虹口区凉城路2196号	31106997
虹口区江湾镇街道第三市民驿站老年人日间照护机构	虹口区华严路60号	55273093
虹口区凉城社区水电老年人日间照护机构	虹口区水电路1132弄15号	65127986
虹口区凉城街道红枫老年人日托站	虹口区车站北路732弄77号2号楼	65265957
虹口区凉城新村街道长者日间照料中心	虹口区凉城路215弄27—28号	
虹口区凉城社区第二市民驿站老年人日间照护机构	虹口区广灵四路344号	
虹口区凉城社区第三市民驿站老年人日间照护机构	虹口区车站北路727弄2幢5—8号	
虹口区欧阳街道老年人日托站	虹口区天宝西路248弄11号1楼	65756927
虹口区欧阳社区蒋家桥老年人日间照护机构	虹口区蒋家桥路15号	56372352
虹口区欧阳社区长寿和庭老年人日间照护机构	虹口区山阴路277号	65871377
虹口区曲阳街道玉田老年人日托站	虹口区玉田路430号三楼	65521171
虹口区曲阳街道第一老年人日托站	虹口区曲阳路619号	65554871
虹口区曲阳社区第一市民驿站老年人日间照护机构	虹口区东体育会路1130号	65051165
虹口区北外滩社区第一市民驿站老年人日间照护机构	虹口区长治路147号	66770095
虹口区北外滩老年人日托站	虹口区东余杭路1332号	65557635
杨浦区定海路街道顺平社区老年人日间服务中心	杨浦区顺平路67号	65670011-2019
杨浦区大桥社区老年人日间服务中心	杨浦区长阳路2087弄6号	65669180
杨浦区大桥社区第二老年人日间服务中心	杨浦区平凉路1759号	65200920
杨浦区平凉社区老年人日间服务中心	杨浦区江浦路745弄9号	65126193
杨浦区平凉社区第二老年人日间服务中心	杨浦区江浦路400号	55211503
杨浦区平凉路街道社区老年人日间服务中心	杨浦区平凉路624号	65125502
杨浦区长白新村社区老年人日间服务中心	杨浦区延吉东路131弄21—22号	55833551
杨浦区长白社区综合为老服务中心内设日间服务中心	杨浦区安图路18弄42号—47号	55833551
杨浦区长白街道常欢老年人日间服务中心	杨浦区安图路158号(民办)	65345560
杨浦区延吉新村社区老年人日间服务中心	杨浦区控江五村50号	65482290
杨浦区延吉新村社区第二老年人日间服务中心	杨浦区控江路600号	55231007
杨浦区延吉新村社区第三老年人日间服务中心	杨浦区延吉一村17号	55669131

续表

名 称	地 址	电 话
杨浦区控江路街道老年人日间服务中心	杨浦区控江四村76号甲	55122968
杨浦区控江社区(双阳)老年人日间照护中心	杨浦区控江路1031—1035号	55809210
杨浦区控江社区(快乐靖宇)老年人日间服务中心	杨浦区靖宇中路120号	55581067
杨浦区四平路街道老年人日间服务中心	杨浦区锦西路57号	65010981
杨浦区四平路街道社区老年人日间服务中心	杨浦区密云路454弄2号	65015267
杨浦区殷行社区老年人日间服务中心(内设于综合体)	杨浦区殷行一村74号	65231907
杨浦区殷行街道闸殷路社区老年人日间服务中心	杨浦区闸殷路86号	55099351
杨浦区五角场街道国定社区老年人日间服务中心	杨浦区国定支路24号	65500347
杨浦区长海路街道老年人日间服务中心	杨浦区翔殷路791弄5号	55237107
杨浦区新江湾城社区老年人日间服务中心	杨浦区殷行路850弄53号二楼	55252567
杨浦区新江湾城社区第二老年人日间服务中心	杨浦区政云路200号	35303711
杨浦区新江湾城街道综合为老服务中心(内设日托)	杨浦区殷行路1628弄1号	35391038
杨浦区社会福利院老年人日间服务中心	杨浦区松花江路55弄5号	65485225
宝山区友谊路街道老年人日间服务中心	宝山区密山路131号2楼	66595201
宝山区宝山八村老年人日间服务中心	宝山区宝山八村28号	66595201
宝山区社区老年人日间服务中心	宝山区淞宝路392号	56846104
宝山区社区老年人日间服务中心第二站点	宝山区淞青路74—88号	56846104
宝山区张庙街道呼玛二村日间照料中心	宝山区呼玛二村108号	66229899
宝山区张庙街道呼玛一村日间照料中心	宝山区呼玛一村55号	66229899
宝山区张庙街道泗塘二村日间照料中心	宝山区泗塘二村59号	66229899
宝山区张庙街道泗塘五村日间照料中心	宝山区泗塘五村172号	66229899
宝山区张庙街道泗塘一村日间照料中心	宝山区泗塘一村80号乙	66229899
宝山区张庙街道通河四村日间照料中心	宝山区通河四村55号	66229899
宝山区张庙街道通河一村日间照料中心	宝山区通河一村11号甲	66229899
宝山区张庙街道通河八村一日间照料中心	宝山区通河八村127号对面	66229899
宝山区张庙街道通河三村日间照料中心	宝山区通河三村15楼乙一楼	66229899
宝山区大场镇福乐老年人日间照护中心	宝山区鄂尔多斯路800号3楼	56150010
宝山区大场镇场南日间服务中心	宝山区汶水路1585弄198号1楼	56150010
宝山区大场镇新华日间服务中心	宝山区华灵路路1225弄418号	56150010
宝山区大场镇汇枫景苑老年日托中心	宝山区祁华路300弄4号	56150010
宝山区庙行镇康馨苑日间照料中心	宝山区共康五村166号一楼	56476560
宝山区庙行镇怡馨苑日间照料中心	宝山区三泉路1859弄31号二楼	56476560
宝山区庙行镇雅馨苑日间照料中心	宝山区大康路891弄101-1号二楼	56476560

续表

名称	地址	电话
宝山区顾村镇共富老年日间照料中心	宝山区顾村镇共富二路 122 号	66045089
宝山区白杨村老年人日间照料中心	宝山区顾村镇顾陈路 455 弄 15 号-1	66045089
宝山区顾村镇星星村日间服务中心	宝山区顾村镇星星村吴家宅路 28 号	66045089
宝山区顾村镇沈杨村日间服务中心	宝山区顾村镇顾陈路 715 号	66045089
宝山区顾村镇菊华苑老年日间照料中心	宝山区菊太路 1755 弄 8-2	66045089
宝山区淞南社区爱照护老年人日间照护中心	宝山区一二八纪念路 55 弄 127 号	56826231
宝山区高境镇老年人日间照料中心	宝山区高境镇江杨南路 671 号	66185017
宝山区高境镇老年人日间照料中心(分中心)	宝山区高境镇高境路 371 号	66185017
宝山区高境镇老年人日间照料中心(分中心)	宝山区高逸路 133 号	66185017
宝山区和家欣苑老年人日托中心	宝山区红林路 589 弄 2—3 号	56803673
宝山区杨行镇综合为老日间服务中心	宝山区红林路 528 弄 25—32 号	56803673
宝山区月浦镇马泾桥老年人日间照护中心	宝山区富乐路 28 号	56931732
宝山区罗泾镇宝虹家园日间服务中心	宝山区陈川路 555 弄 253 号 101—102 室	66876886
宝山区罗泾镇宝悦家苑老年人日间服务中心	宝山区罗泾镇罗宁路 3030 弄 144 号	66876886
宝山区罗店镇四方村老年日间服务中心	宝山区罗溪路 1201 弄 53 号	33713876
宝山区南周村老年人日间照护中心	宝山区南周村王湾路 1 号	33713876
宝山区远景村老年人日间照护中心	宝山区远景村西小 35 号	33713876
宝山区宝欣苑三居老年人日间照护中心	宝山区美平路 1060 弄 5 号	33713876
宝山区毛家弄村老年人日间照护中心	宝山区毛家弄村毛家路 406 号	33713876
宝山区鼎苑社区老年人日间照护中心	宝山区美秀路 558 弄 12 号	33713876
闵行区一家人日间照料中心(内设)	闵行区召楼路 2926 号	34796186
闵行区浦江镇蒲航二居委综合型为老服务中心	闵行区江协路 51 弄 2 号	64893375
闵行区浦航老年人日间照料中心	闵行区浦连路 125 弄 41 号	34786073
闵行区永康老年人日间照料中心	闵行区永颂路 198 弄 22 号、23 号	34751508
闵行区勤劳村日间睦邻点	闵行区勤劳村 4 组	34030099
闵行区浦江镇叶家桥路日间照料中心	闵行区叶家桥路 283 号	34790013
闵行区浦江镇江玮路日间照料中心	闵行区江玮路 269 号	34500076
闵行区瑞和雅苑老年人日间照料中心	闵行区叶家桥东路 260 弄 19 号	34782012
闵行区瑞和城老年人日间照料中心	闵行区汇秋路 16 弄 8—9 号	34781230
闵行区吴泾镇老年人日间照料中心(内设)	闵行区剑川路 100 弄 139 号	64520174
闵行区吴泾镇亲情老年人日间照料中心(内设)	闵行区剑川路 50 弄 28 号	64523563
闵行区吴泾镇虹梅景苑综合为老服务中心	闵行区永德路 700 弄 24 号	34679285
闵行区吴泾新村综合为老服务中心	闵行区龙吴路吴泾新村内	64970291
闵行区塘泾南苑为老服务中心	闵行区曹家塘路 220 弄 10 号	54720878
闵行区共和村斗姆为老服务中心	闵行区共和村斗姆组	64503199
闵行区枫桦景苑老年人日间照料中心	闵行区剑川路 198 弄 1 号	64526567

续表

名　　称	地　　址	电　话
闵行区丽华家园日间照料中心	闵行区尚义路459弄18号	34975863
闵行区荷塘苑老年人日间照料中心	闵行区塘湾村三新街荷塘新苑	34307928
闵行区马桥镇金星村综合型为老服务中心	闵行区丽江路32弄108号	54753260
闵行区马桥元吉日间照料中心	闵行区联青路135弄182号	34201093
闵行区银春苑为老服务中心	闵行区银康路76弄16号	64090811
闵行区元松老年人日间照料中心	闵行区元松路15号	64090031
闵行区银康苑日间照料中心	闵行区银林路100弄57号楼	64092073
闵行区新街坊日间照料中心	闵行区中街193弄乙	64091200
闵行区马桥镇沙溪坊日间照护中心(旗忠村)	闵行区光华路3188号	54980081
闵行区敬南路居委日间照料中心	闵行区富砾路269弄	64092040
闵行区颛桥镇大华老年人日间照料中心	闵行区中春路2626号	64898010
闵行区颛桥镇君莲老年人日间照料中心	闵行区都会路3199弄67号	64893375
闵行区颛桥镇老年人日间照料中心	闵行区颛盛路525号	64893375
闵行区银桥社区长者照护之家	闵行区沪闵路3131弄	54415935
闵行区颛桥镇金榜新苑老年人日间照料中心	闵行区都市路1900弄80号	62203772
闵行区梅陇镇银泰苑综合型为老服务中心	闵行区双柏路1710弄2号203室	34290020
闵行区梅陇镇锦梅馨苑综合型为老服务中心	闵行区锦梅路1500弄8号	54298618
闵行区梅陇永义综合为老服务中心	闵行区龙联路100号	54298618
闵行区梅陇综合为老服务中心(上中西路)	闵行区上中西路762号	54298618
闵行区梅陇曹行村老年人日间照料中心	闵行区曹建路185号	54298618
闵行区梅陇综合为老服务中心(金都路)	闵行区曙建路78弄21号	64588900
闵行区莘庄镇绿梅老年人日间照料中心	闵行区莘凌路285弄8号	64555362
闵行区康城老年人日间照料中心(内设)	闵行区莘松路958弄大浪湾道66—67号	64930775
闵行区沁馨综合为老服务中心(内设日间照料)	闵行区沁春园三村99号3楼	52960607
闵行区七宝镇老宅角老年人日间照料中心	闵行区新镇路983弄	
闵行区七宝镇综合为老服务中心	闵行区航南路108号	34900889
闵行区虹桥镇老年人日间照料中心(内设)	闵行区环镇南路120号	64063939
闵行区虹桥综合为老服务中心	闵行区合川路2870号2楼	62212772
闵行区虹桥镇龙柏老年人日间照料中心(内设)	闵行区龙柏七村104号	34313038
闵行区华漕镇继王老年人日间照料中心(内设)	闵行区纪翟路2780号	52968668
闵行区华漕镇综合为老服务中心	闵行区申长北路185弄41号二楼	54306603
闵行区紫薇新村为老服务中心	闵行区紫苑路紫薇新村46号-1	54306627
闵行区纪王为老服务中心	闵行区纪翟路1785号	34688378
闵行区世柏家园日间照料中心(内设)	闵行区南江燕路409号	20922999
闵行区景舒苑社区日间照料中心	闵行区浦瑞路333号	34783620
闵行区一品漫城综合为老服务中心	闵行区浦申路2510号	34783193
闵行区江川路街道老年人日间照料中心(内设)	闵行区兰坪路131弄13号	64306583

续表

名　　称	地　　址	电　话
闵行区东风综合为老服务中心	闵行区兰坪路301弄12支弄25号	34303925-805
闵行区汽轮综合为老服务中心	闵行区宾川路380弄54号	64091028
闵行区鹤北综合为老服务中心	闵行区鹤庆路136弄97号	34201765
闵行区沧源日间照料中心	闵行区东川路925弄44号	64300025
闵行区电机老年人日间照料中心	闵行区碧江路195弄152号	64090501
闵行区合生老年人日间照料中心	闵行区安宁路518号	64090576
闵行区古美路街道平南三村老年人日间照料中心	闵行区平南三村48号	54145347
闵行区古美路街道老年人日间照料中心(内设)	闵行区虹莘路2288弄135号	54162838
闵行区古美综合为老服务中心	闵行区平吉路528号	34227900-113
闵行区平吉一村日托站	闵行区虹莘路2388弄72号	54800425
闵行区莲花日间照料中心	闵行区莲花路1115号	34226575
闵行区平阳日间照料中心	闵行区平阳路1225号	34174387
闵行区艾为日间照料中心	闵行区平南一村98号	54163260
闵行区爱博第二老年人日间服务中心(爱博三村)	闵行区申滨路1058弄76号	54808551
闵行区新虹街道航华为老服务中心	闵行区航东路775弄37号	54223227
闵行区爱博四村为老服务中心(218地块)	闵行区天山西路4358弄	52236191
闵行区爱博第一老年人日间服务中心(爱博一村)	闵行区宁虹路1101弄100号	34666792
闵行区莘庄工业区综合为老服务中心(内设长照之家)	闵行区瓶北路467号	62205073
嘉定区嘉定镇街道老年人日间服务中心	嘉定区李园二村59号北侧	59160611
嘉定区嘉定镇街道乐龄老年人日间服务中心	嘉定区塔城路440弄29号	39119231、59946630
嘉定区嘉定镇街道(高昌路)老年人日间服务中心	嘉定区塔城路560号	69956702
嘉定区新成路街道社区老年人日间服务中心	嘉定区迎园中路638号	59980667
嘉定区南翔镇社区老年人日间照护中心	嘉定区德园路665号	59121047、69126995
嘉定区南翔镇劳动街社区老年人日间照护中心	嘉定区劳动街206号	59121047、69121610
嘉定区南翔镇东园社区老年人日间照护中心	嘉定区鹤槎路182弄1号	59121047、69951062
嘉定区南翔镇东社区老年人日间照护中心	嘉定区宝翔路160号	59121047、69950297
嘉定区真新街道社区老年人日间服务中心	嘉定区丰庄路450弄45号	69191561
嘉定区工业区社区老年人日间服务中心(南区)	嘉定区良舍路333弄40号	69522242
嘉定区工业区社区老年人日间服务中心(北区)	嘉定区嘉朱公路1468号	39963103
嘉定区安亭镇社区老年人日间服务中心	嘉定区昌吉路253弄5—6号	59561440
嘉定区安亭镇黄渡社区老年人日间服务中心	嘉定区新黄路18号	59590279
嘉定区安亭镇黄渡社区幸福弄堂老年人日间照料中心	嘉定区佛阁弄5号	59590162
嘉定区安亭镇赵巷社区老年人日间照护中心	嘉定区翔方路3000号	59503212

续表

名　　称	地　　址	电　话
嘉定区马陆镇社区老年人日间服务中心	嘉定区宝安公路 3322 号二楼	39150159
嘉定区马陆镇戬浜社区老年人日间服务中心	嘉定区大治路 470 号	39150159
嘉定区马陆镇社区云谷老年人日间服务中心	嘉定区双单路 817 弄 10—24 号 4 楼	39150159
嘉定区马陆镇北管社区老年人日间照护中心	嘉定区北陈路 1286 号	69152449
嘉定区马陆镇彭赵社区老年人日间照护中心	嘉定区丰登路 1551 弄 8 号	59900130
嘉定区江桥镇社区老年人日间服务中心	嘉定区榆中路 68 弄 134 号	59141258
嘉定区江桥镇北虹桥社区老年人日间照料中心	嘉定区海波路华江支路	69112624
嘉定区外冈镇社区老年人日间服务中心	嘉定区恒荣路 386 号 4 楼	59936666
嘉定区菊园新区社区老年人日间服务中心	嘉定区柳湖路 756 号	39921669
嘉定区徐行镇社区老年人日间服务中心	嘉定区曹王路 236 号	59945556
嘉定区华亭镇华谊一路老年人日间服务中心	嘉定区华谊一路 172 号	59972280
嘉定区华亭镇社区老年人日间照护中心	嘉定区嘉行公路 3218 号	59972280
金山区枫泾镇老年人日间服务中心	金山区枫泾镇枫兰路 112 号	67297178
金山区兴塔社区老年人日间服务中心	金山区枫泾镇兴塔新金山路 388 号	57364775
金山区枫泾镇新义村老年人日间服务中心	金山区枫泾镇新义村 1 组	57357524
金山区朱泾镇老年人日间服务中心	金山区朱泾镇西林街 2 弄 15 号	57321896
金山区朱泾镇第二老年人日间服务中心	金山区朱泾镇金龙新街 519 号 2 楼	57321896
金山区朱泾新农老年人日间服务中心	金山区朱泾镇新农社区贸易路 55 号	57321896
金山区朱泾镇五龙村老年人日间服务中心	金山区朱泾镇吕新路 2056 号	57340131
金山区朱泾镇秀洲村老年人日间服务中心	金山区朱泾镇前进四组 3063 号	57311835
金山区朱泾镇罗星居委老年人日间服务中心	金山区罗星新村 63 号旁	57317470
金山区亭林镇老年人日间服务中心	金山区亭林镇大通路 6 号	57381091
金山区后岗村老年人日间服务中心	金山区亭林镇后岗居村委前中 7 组	57386892
金山区松隐社区老年人日间服务中心	金山区松隐小康路 16 号	57381091
金山区亭西村老年人日间服务中心	金山区亭林镇亭西村 8 组 2020 号	57238768
金山区油车村老年人日间服务中心	金山区亭林镇油车村居村委 5089 号	57232258
金山区亭东村老年人日间服务中心	金山区亭林镇亭东村六塔 6001 号	57230590
金山区浩光村老年人日间服务中心	金山区北松金公路 6088 号(浩光村 6 组)	57381113
金山区周栅村老年人日间服务中心	金山区周栅村松牌路 411 号	57386060
金山区金门村老年人日间服务中心	金山区金山区亭林镇金门村 9 组 4028 号	57234220
金山区亭林镇新巷村老年人日间服务中心	金山区亭林镇新巷村 14 组	57231080
金山区漕泾镇老年人日间服务中心	金山区漕泾镇中心街 252 号	57251478
金山区漕泾镇第二老年人日间服务中心	金山区漕泾镇富漕路 539 弄 48 号	67252965
金山区蒋庄村老年人日间服务中心	金山区漕泾镇蒋庄路 1192 号	
金山区护塘村老年人日间服务中心	金山区护塘村邓桥 1118 号	57251022
金山区阮巷村老年人日间服务中心	金山区漕泾镇阮巷 7 组	57258493
金山区沙积村老年人日间服务中心	金山区漕泾镇沙积村建国 2071 号	57251184

续表

名　　称	地　　址	电　话
金山区漕泾镇水库村老年人日间服务中心	金山区漕泾镇长堰 2076 号	57258806
金山区山阳镇老年人日间服务中心	金山区山阳镇体育路 29 号	57242800
金山区山阳镇第二老年人日间服务中心	金山区山阳镇老西路 64 号	
金山区杨家村老年人日间服务中心	金山区金山区卫零北路 89 号	57242386
金山区新江村老年人日间服务中心	金山区山阳镇华江小区 46 号	57282943
金山区东方村老年人日间服务中心	金山区山阳镇龙皓路 585 弄 28 号	67241279
金山区华新村老年人日间服务中心	金山区山阳镇华新村工农 4014 号	57247077
金山区九龙村老年人日间服务中心	金山区山阳镇朱山路 368 号	57241020
金山区长兴村老年人日间服务中心	金山区山阳镇长兴村 2 组 2009 号	57248060
金山区中兴村老年人日间服务中心	金山区山阳镇中兴 4 组中甸路 8056 号	57241012
金山区渔业村老年人日间服务中心	金山区山阳镇渔业村 2115-1 号	57243187
金山区金山卫镇老年人日间服务中心	金山区金山卫镇临江路 59 号	57264340
金山区北门老年人日间服务中心	金山区金山卫镇龙轩路 2208 弄 90 号	57268693
金山区钱圩老年人日间服务中心	金山区金山卫镇建圩路 20 弄 38 号	57291029
金山区八字村老年人日间服务中心	金山区金山卫镇八字村 2 组 7062 号-2 临	57297013
金山区张堰镇老年人日间服务中心	金山区张堰大街 184 号	57215200
金山区秦望村老年人日间服务中心	金山区张堰镇金张公路 506 号	57220829
金山区秦阳村老年人日间服务中心	金山区张堰镇秦阳村四组 3199 号	57213066
金山区桑园村老年人日间服务中心	金山区张堰镇张旧路 1885 号	57213075
金山区张堰镇第二老年人日间服务中心	金山区张堰镇松金公路 2800 弄 129—136 号	57215200
金山区廊下镇老年人日间服务中心	金山区新村路 28 号	57392656
金山区廊下镇第二老年人日间服务中心	金山区廊华公路 156 号	57399233
金山区景展社区老年人日间服务中心	金山区春虹路 29 号	37908933
金山区中民村老年人日间服务中心	金山区廊下镇中民村 5066 号	57399233
金山区特色民居老年人日间服务中心	金山区景钱路 1688 弄特色民居 666 号	57398221
金山区勇敢村老年人日间服务中心	金山区勇敢村勇敢村 5078 号	57394830
金山区吕巷镇老年人日间服务中心	金山区吕巷镇南溪二村 102 号	57376625
金山区吕巷镇干巷老年人日间服务中心	金山区吕巷镇干巷干溪街 258 号	57201696
金山区吕巷镇吕巷居委老年人日间服务中心	金山区吕巷镇郭家新村 95 号	57377273-0
金山区石化街道老年人日间服务中心	金山区石化四村 438 号	57972741
金山区东礁居委会老年人日间服务中心	金山区东礁二村 30 号	57950600
金山区金山工业区老年人日间服务中心	金山区金山工业区市西街 76 号	57273577
金山区恒康老年人日间服务中心	金山区朱亭路恒康家苑西门对面	33697861
金山区欢兴村老年人日间服务中心	金山区金山工业区欢兴村 2038 号	67270380
金山区区一福院老年人日间服务中心	金山区梅州新村 84 号	37316039
松江区康乐老年日间照料服务中心	松江区岳阳街道华中公寓内	57820483
松江区永丰街道老年日间照料服务中心	松江区富强路 1621 号	57811488

续表

名　　称	地　　址	电　话
松江区三湘四季日间服务中心	松江区广富林路 1599 弄 98 号	37683789
松江区新桥镇老年人日间照料中心	松江区申浜路 276 号	57641262
松江区高桥村综合文化服务中心	松江区车墩镇影维路 6 弄 21 号	57602286
松江区得胜村老年人综合服务中心	松江区车墩镇得胜村 666 号	57602286
松江区汇桥老年人综合服务中心	松江区车墩镇汇北公路 1009 号	57602286
松江区联建村为老服务中心	松江区车墩镇车亭公路 618 号	57602286
松江区叶榭镇金家村老年人日间服务中心	松江区叶榭镇金家村张星路 2 号	67800005
松江区叶榭镇堰泾村老年人日间服务中心	松江区叶榭镇堰泾村蒋四房 405 号	67800005
松江区新浜镇老年日间照料服务中心	松江区新浜镇新绿路 758 号	57891322
松江区石湖荡新源村老年日间照料服务中心	松江区石湖荡镇新源村委会内(广庵路南首)	57750009
松江区石湖荡洙桥村老年日间照料服务中心	松江区石湖荡镇洙桥村委会旁	57750009
松江区泖港胡光村日间照料服务中心	松江区泖港镇胡光村 306 号	57861182
松江区小昆山镇老年人日间服务中心	松江区平原街 925 弄翔昆苑大厦 4 楼	57761919
松江区小昆山大港社区老年人日间服务中心	松江区彭丰路 455 弄(宜居苑内)	57761919
青浦区徐泾镇老年人日间服务中心	青浦区徐泾镇明珠 305 号	59766679
青浦区二联村老年人日间服务中心	青浦区诸光路 2399 号	39879039
青浦区蟠龙居委会老年人日间服务中心	青浦区罗家四队 1-1 号	59883457
青浦区徐安三居老年人日间服务中心	青浦区叶联路 601 弄 2 楼/叶联路 333 弄 18 号 2 楼	39881706
青浦区尚泰路居委老年人日间服务中心	青浦区尚泰路 238 弄 4 幢 12—15 号	39881591
青浦区尚鸿路居委老年人日间服务中心	青浦区乐国路 218 弄 10 号	39889581
青浦区赵巷镇爱欣日间服务中心	青浦区赵巷镇民实路 58 号	59753241
青浦区崧泽村老年人日间服务中心	青浦区崧泽村中泽路 327 号	39850572
青浦区方夏村老年人日间服务中心	青浦区赵巷镇方夏村方东新村	59750313
青浦区和睦村老年人日间服务中心	青浦区和睦村 195 号	39875386
青浦区金葫芦老年人日间服务中心	青浦区赵巷镇民实路 62 号	59750952
青浦区中步村老年人日间服务中心	青浦区中步村中泽苑 183 号	39850124
青浦区佳福社区老年人日间服务中心	青浦区秀泽路 339 弄 9 号楼	69753538
青浦区沈泾塘村老年人日间服务中心	青浦区沈泾塘村 182 号	69753538
青浦区华腾社区老年人日间服务中心	青浦区新凤中路 358 弄 99 号	69787283
青浦区章埝村老年人日间服务中心	青浦区章埝村 800 号	59860520-812
青浦区徐姚村老年人日间服务中心	青浦区重固镇村部东侧	59860750
青浦区重固镇老年人日间服务中心	青浦区重固镇芦花浜路 29 号	69726011
青浦区福泉山村老年人日间服务中心	青浦区福泉山村村部	39815732
青浦区回龙村老年人日间服务中心	青浦区回龙村 179 号	59860373
青浦区白鹤镇老年人日间服务中心	青浦区白鹤镇外青松公路 2980 弄 33 号	59747320
青浦区鹤联村老年人日间服务中心	青浦区白鹤镇鹤联村纪鹤公路 5550 号	39805027
青浦区南巷村老年人日间服务中心	青浦区南巷村西马巷 42 号	59218216

续表

名　　称	地　　址	电　话
青浦区江南村老年日间服务中心	青浦区江南村江平路 168 号(原南兴老村部)	59218134
青浦区杜村村老年人日间服务中心	青浦区杜村村 154 号杜康养殖场旁	59745635
青浦区太平村老年人日间服务中心	青浦区白鹤镇太平村南平路 118 号	39299660
青浦区塘湾村老年人日间服务中心	青浦区纪鹤公路 5320 号	59745093
青浦区青龙村老年人日间服务中心	青浦区青龙村 499 号(原 473 号)	69745015
青浦区朱浦村日间照料中心	青浦区鹤吉路 75 号	39803618
青浦区响新村日间照料中心	青浦区响新村响新路 2 号	39801431
青浦区建新村老年人日间服务中心	青浦区建新村 341 号	69830741
青浦区新胜村老年人日间服务中心	青浦区沈砖公路 2205 号	69831108
青浦区安庄村(和平)老年人日间服务中心	青浦区朱天路和平 2 组	69832650
青浦区李庄村老年人日间服务中心	青浦区沈太路西侧 252 号	59837201
青浦区水产村老年人日间服务中心	青浦区水产村 67 号	59242546
青浦区张马村老年人日间服务中心	青浦区张马村星光 204 号	59837281
青浦区西湖新村老年人日间服务中心	青浦区朱家角镇漕平路 149 号	59240817
青浦区胜利街老年人日间服务中心	青浦区朱家角镇胜利街 75 号	59241300
青浦区王金村老年人日间服务中心	青浦区王金村新王路 149 号	69830091
青浦区周家港村老年人日间服务中心	青浦区周家港路 123 号	59240346
青浦区山湾村老年人日间服务中心	青浦区山湾村 1 号	69247253
青浦区淀山湖一村老年人日间服务中心	青浦区淀山湖一村 1 号	69247857
青浦区万隆村老年人日间服务中心	青浦区万隆村马家埭 93 号	39874245
青浦区张巷村老年人日间服务中心	青浦区张巷村 14 组(童南老年活动室)	
青浦区东湖街老年人日间服务中心	青浦区东湖街 133 弄 3 号	59240829
青浦区庆丰村老年人日间服务中心	青浦区庆丰村 1 号	69247058
青浦区周荡村老年人日间服务中心	青浦区周荡村 160 号	59239021
青浦区先锋村老年人日间服务中心	青浦区先锋村 333 号	59836261
青浦区安庄村老年人日间服务中心	青浦区安庄村村部	69832650
青浦区朱家角镇综合为老服务中心(内设)	青浦区人和路 58 号	59230100
青浦区泖甸村老年人日间服务中心	青浦区练塘镇泖甸村 900 号	59254718
青浦区泾珠村老年人日间服务中心	青浦区泾珠村长珠 102 号	59829483
青浦区徐练村老年人日间服务中心	青浦区老朱枫公路 5525 号	59822782
青浦区东庄村老年人日间服务中心	青浦区东庄村蒸东 115 号	59812103
青浦区太北村老年人日间服务中心	青浦区太北村北王浜 73 号	59848570
青浦区北埭村老年人日间服务中心	青浦区北埭村网埭 56 号	59251164
青浦区东田村老年人日间服务中心	青浦区东田村长田 19 号	59848213
青浦区芦潼村老年人日间服务中心	青浦区芦潼村周潼 150 号	59811341
青浦区蒸浦村老年人日间服务中心	青浦区蒸浦村浦江 148 号	59810196
青浦区叶港村老年人日间服务中心	青浦区叶港村西叶厍 137 号	59848071

续表

名 称	地 址	电 话
青浦区东库村老年人日间服务中心	青浦区东库村东团 175 号	59820729
青浦区练塘镇九峰养护院	青浦区张联路 500 号	59295002
青浦区大新村老年人日间服务中心	青浦区大新村新庄 1 号	59828491
青浦区东淇村老年人日间服务中心	青浦区东淇村淇浒 2 号	59820435
青浦区星浜村老年人日间服务中心	青浦区星浜村庄浜 1 号	59817708
青浦区泾花村日间照料中心	青浦区泾花 354 号	59255545
青浦区联农村日间照料中心	青浦区联农村四农 182 号、183 号	59847506
青浦区蒸浦村蒸南日间照料中心	青浦区蒸浦村蒸南 2 号	59810686
青浦区湾塘居委会日间照料中心	青浦区湾塘路 78 号	59252326
青浦区田山庄村老年人日间服务中心	青浦区田山庄村 114 号	59864007
青浦区沙港村老年人日间服务中心	青浦区沙港村朝阳 2 号	69287021
青浦区莲湖村老年人日间服务中心	青浦区谢庄 161 号	59271153
青浦区岑卜村老年人日间服务中心	青浦区岑卜村 220 号	59294149
青浦区新港村老年人日间服务中心	青浦区新港村尤浜 188 号	59862536
青浦区东天村老年人日间服务中心	青浦区东天村 67 号	59271258-12
青浦区西岑村老年人日间服务中心	青浦区西岑村张联 247 号北侧	59296043
青浦区雪米村老年人日间服务中心	青浦区雪米村石米 226 号	59281602
青浦区陈东村老年人日间服务中心	青浦区陈东村陈新路 408 号	59281485
青浦区东星村老年人日间服务中心	青浦区商蔡路 137 号旁边	59281557
青浦区双祥村老年人日间服务中心	青浦区双祥村 399 号	69287675
青浦区金泽村老年人日间服务中心	青浦区沪青平公路 9425 号	59261715
青浦区爱国村老年人日间服务中心	青浦区爱国村莲爱路 118 号	59271663
青浦区钱盛村老年人日间服务中心	青浦区钱盛村 198 号	59863254
青浦区夏阳街道宜达老年人日间服务中心	青浦区盈港东路 8000 弄 265 号	39859797
青浦区夏阳街道青湖老年人日间服务中心	青浦区青湖路 789 弄 17 号 39 室	61219308
青浦区夏阳街道塘郁村老年人日间服务中心	青浦区塘郁村 179 号	59716033
青浦区夏阳街道新青浦老年人日间服务中心	青浦区外青松公路 6048 弄 15 号综合楼	69717326
青浦区夏阳街道章浜老年人日间服务中心	青浦区城东新村 124 号楼	59736766
青浦区仓桥社区老年人日间服务中心	青浦区华科路 255 弄	69734697
青浦区佳乐苑社区老年人日间服务中心	青浦区盈港东路 8300 弄 138 号	69731400
青浦区青华社区老年人日间服务中心	青浦区华青南路 177 弄 180 号	33863693
青浦区青平社区老年人日间服务中心	青浦区沪青平公路 5599 弄	33860857
青浦区金家村老年人日间服务中心	青浦区青昆路 688 号	59856070
青浦区界泾港社区老年人日间服务中心	青浦区浦仓路 648 弄	59201869
青浦区青城社区老年人日间服务中心	青浦区青松路 129 弄大盈公寓 17 号 102 室	59817928
青浦区青园社区老年人日间服务中心	青浦区青竹路 161 弄 28 幢二楼	39220001
青浦区王仙村老年人日间服务中心	青浦区王仙村 120 号	69207932

续表

名　　称	地　　址	电　话
青浦区城南村老年人日间服务中心	青浦区南太路420弄100号	59856180
青浦区太来村社区日间服务中心	青浦区太来村93号	59859409
青浦区南菁园社区日间服务中心	青浦区沪青平公路5000弄16号	39298789
青浦区青乐社区老年人日间服务中心	青浦区华科东路180弄21号202室	39287013
青浦区老年综合服务中心	青浦区盈浦街道城中北路322号	69205980
青浦区民欣社区老年人日间服务中心	青浦区盈港路1880弄综合楼	69215466
青浦区怡澜社区老年人日间服务中心	青浦区淀山湖大道199弄15号会所二楼	69717366
青浦区绿舟社区老年人日间服务中心	青浦区港俞路555弄43号楼底楼	39222095
青浦区解放社区老年人日间服务中心	青浦区西园新村18号104室	59732925
青浦区双桥社区老年人日间服务中心	青浦区盈米路8号、10号	59801056
青浦区盈中社区老年人日间服务中心	青浦区盈中社区居委	59203629
青浦区庆华社区老年人日间服务中心	青浦区庆华一路84弄6号	59733659
青浦区上达社区老年人日间服务中心	青浦区盈港路780号	59200492
青浦区崧了浦社区老年人日间服务中心	青浦区崧了浦路55弄顾会庭	59813906
青浦区泾阳村老年人日间服务中心	青浦区香花桥街道泾阳村518号	39814037
青浦区香花桥社区老年人日间服务中心	青浦区香花桥普光路76号	59701338
青浦区民惠社区老年人日间服务中心	青浦区民惠佳苑四区社区活动中心	59220636
青浦区东方村老年人日间服务中心	青浦区香花桥街道东方村131号	59220258
青浦区民惠二居老年人日间服务中心	青浦区香花桥民惠二居委会	69409520
青浦区曹泾村老年人日间服务中心	青浦区香花桥街道曹泾村村部	39290082
青浦区大联村老年人日间服务中心	青浦区香花桥街道大联村村部	59223358
青浦区爱星村老年人日间服务中心	青浦区香花桥街道爱星村村部	59220203
青浦区玫瑰湾社区老年人日间照料服务中心	青浦区清河湾路699弄物业中心后一楼	39288381
青浦区民惠第三社区老年人日间照料服务中心	青浦区久康路99弄12幢23号	59220662
青浦区民惠第二社区老年人日间照料服务中心	青浦区友爱东路25弄296号	69409520
奉贤区南桥镇江海敬老院老年人日间照护中心	奉贤区南桥镇江南路469号	57188525
奉贤区南桥镇杨王村老年人日间照护中心	奉贤区南桥镇杨王村金海公路2588号	33617475
奉贤区南桥镇六墩村老年人日间照护中心	奉贤区南桥镇六墩村南庄路509号	37523773
奉贤区南桥镇南桥源老年人日间照护中心	奉贤区南桥镇周家弄路32号	67110400
奉贤区奉城镇老年人日间照护中心	奉贤区奉城镇东街173号	57515721
奉贤区四团镇海港开发区老年人日间照护中心	奉贤区四团镇海港开发区港极路58号红庄小区18幢	67530760
奉贤区四团镇老年人日间服务中心	奉贤区四团镇四新街17号	67530503
奉贤区四团镇平安社区老年人日间服务中心	奉贤区四团镇安居路11号	57540320
奉贤区四团镇邵厂社区老年人日间服务中心	奉贤区四团镇邵厂社区北区28号	37575696

续表

名　　称	地　　址	电　话
奉贤区柘林镇柘林村老年人日间照护中心	奉贤区柘林镇联业路 918 弄 397 号	57448629
奉贤区柘林镇新塘村老年人日间照护中心	奉贤区柘林镇新塘村 1329 号	57491968
奉贤区柘林镇临海村老年人日间照护中心	奉贤区柘林镇黄沙 388 号	57452262
奉贤区柘林镇海湾村老年人日间服务中心	奉贤区柘林镇海湾村西湾 7 组	33654465
奉贤区庄行镇老年人日间照护中心	奉贤区庄行镇油车弄 29 号	57460603
奉贤区庄行镇新叶村老年人日间照护中心	奉贤区庄行镇北环路 1366 弄 29 号	57401443-801
奉贤区庄行镇邬桥乐慧老年人日间照护中心	奉贤区金汇镇安邬路 188 号	57404312
奉贤区金汇镇梁典村老年人日间照护中心	奉贤区金汇镇梁典北路 58 号	57588010
奉贤区金汇镇资福村老年人日间照护中心	奉贤区金汇镇资福村 628 号	57588952
奉贤区金汇镇明星村老年人日间服务中心	奉贤区金汇镇明星村国光 5 组	57586790
奉贤区金汇镇白沙村老年人日间服务中心	奉贤区金汇镇白沙村李家 424 号	57575532
奉贤区金汇镇行前村老年人日间服务中心	奉贤区金汇镇行前村陆家 203 号	57578529
奉贤区金汇镇乐善村老年人日间服务中心	奉贤区金汇镇乐善村 1222 号	57586487
奉贤区青村镇北唐村老年人日间照护中心	奉贤区青村镇北唐新苑 101 号	57561613
奉贤区青村镇桃园村老年人日间照护中心	奉贤区青村镇桃园村 1158 号	57594942
奉贤区青村镇姚家村老年人日间照护中心	奉贤区青村镇上塑路 965 弄 108 号	57568801
奉贤区青村镇解放村老年人日间照护中心	奉贤区青村镇浦星公路 8108 号	57472537
奉贤区青村镇青村居委老年人日间照护中心	奉贤区青村镇中街 51 号	57569093
奉贤区青村镇朱店村老年人日间照护中心	奉贤区青村镇朱店村 1360 号	57566110
奉贤区青村镇新张村老年人日间照护中心	奉贤区青村镇南张 312 号	57590041
奉贤区青村镇吴房村老年人日间照护中心	奉贤区青村镇吴房村 453 号	57596281
奉贤区青村镇陶宅村老年人日间照护中心	奉贤区青村镇陶宅村 609 号	57569717
奉贤区青村镇申隆一村老年人日间照护中心	奉贤区青村镇申隆一村 666—667 号	57594493
奉贤区青村镇金王村老年人日间服务中心	奉贤区青村镇金王村 558 号	57599110
奉贤区青村镇花角村老年人日间服务中心	奉贤区青村镇花角村 331 号	57596042
奉贤区青村镇青韵老年人日间服务中心	奉贤区青村镇振浦路 58 号	57560705
奉贤区海湾镇星火社区老年人日间照护中心	奉贤区海湾镇海湾民乐路 76 号	57502577
奉贤区海湾镇燎原社区老年人日间照护中心	奉贤区海湾镇燎原育才路 128 号	57110148
奉贤区海湾镇五四社区老年人日间照护中心	奉贤区海湾镇五四公路 1132 号	57163337
奉贤区西渡街道益民村老年人日间照护中心	奉贤区西渡街道益民村村委会	67115508-8005
奉贤区金海社区老年人日间照护中心	奉贤区金海街道嘉园路 246 号	37196829
奉贤区海湾旅游区老年人日间照护中心	奉贤区海湾旅游区人民塘路 551 弄 224 号	57120028
崇明区新村乡新洲村日间照料中心	崇明区新村乡星村公路 3468 号	59655811
崇明区新村乡新乐村日间照料中心	崇明区新村乡星村公路 1730 号	59650804
崇明区绿华镇日间照料中心	崇明区绿华镇新建公路 799 号	59351170
崇明区江龙老年日托所	崇明区庙镇宏海路 88 号	69361001
崇明区庙镇社区老年日间中心	崇明区庙中路 46 号	59498083

续表

名　　称	地　　址	电　话
崇明区港西静南日间照料中心	崇明区港西镇鼓浪屿路1000弄137号	59678639
崇明区城桥金日社区日间照料中心	崇明区城桥镇青柏路601弄47号	69628089
崇明区建设老年日托所	崇明区建设镇溆东村红梅312号	59339227
崇明区大同老年日托所	崇明区建设镇蟠龙公路1278号	59392128
崇明区建设三星日间照料中心	崇明区建设镇三星村牛路3队	59331424
崇明区建设镇大同社区老年人日间服务中心	崇明区建设镇蟠龙公路1079号	59331308
崇明区新河镇日间照料中心	崇明区新河镇石路村1158号	59681364
崇明区新河镇永丰村老年人日间服务中心	崇明区新河镇永丰村688号	59373191
崇明区竖新嘉龙日间照料中心	崇明区竖新镇大东村682号	59492207
崇明区竖新大椿村日间照料中心	崇明区竖新镇大椿村347号	59491916
崇明区竖新镇老年人日间服务中心	崇明区竖新镇竖新南路277号	59491006
崇明区堡镇人民村日间照料中心	崇明区堡镇人民村槐荫300号	59421356
崇明区堡镇虹宝社区老年人日间照料中心	崇明区堡镇达山路20号	39634688
崇明区堡镇日间服务中心	崇明区通富路37号	59490298
崇明区港沿镇老年人日间服务中心	崇明区港沿镇鲁东村友南7队大港公路胜利北路交叉口	31195188
崇明区中兴镇老年日托所	崇明区中兴镇陈彷公路2130号	39440037
崇明区永南日间服务中心	崇明区中兴镇永南村856号	69446925
崇明区蘭馨老年日托所	崇明区陈家镇裕西村5队	59402078
崇明区陈家镇老年人日间照料中心	崇明区陈家镇裕展路426号(配套商品房十期)2楼	39363983
崇明区东平镇日间照料中心	崇明区东平镇平悦路728号	59666099
崇明区东平镇平悦老年人日间服务中心	崇明区东平镇长江8街坊60丘	59666595
崇明区新海老年日托中心	崇明区新海镇兴阔路181号	59655072
崇明区新海镇红星日间服务中心	崇明区新海镇洪中一村第19幢	59655218
崇明区长征日间服务中心	崇明区新海镇长征会理路(长征居委会后侧)	59311462
崇明区长兴社区老年人日间服务中心	崇明区长兴镇潘园公路1656号	56851415
崇明区长兴凤辰乐苑日间照料中心	崇明区长兴镇长橘路500弄108号101—102室	66850721
崇明区长兴镇日间服务中心	崇明区长兴镇丰福路699弄18号	66850378

（六）社区老年人助餐场所一览表(973家)

名　　称	地　　址	电　话
浦东新区锦华居委老年人助餐点	浦东新区锦绣路2868弄4号政府	58440639
浦东新区绿川三居委老年人助餐点	浦东新区绿林路51弄59号	58440639
浦东新区振东一居委老年人助餐点	浦东新区北支路1765弄56号政府	58440639
浦东新区上海万福年华养护院助餐服务点	浦东新区沪南路865号	58440639
浦东新区北蔡综合为老服务中心助餐点	浦东新区鹏飞路330号	58440639

续表

名称	地址	电话
浦东新区曹路金海华城老年人助餐点	浦东新区金睦路 336 号	50688705
浦东新区城南助餐服务点	浦东新区城南路 292 弄 7 号	68395083
浦东新区城西居委助餐服务点	浦东新区华夏东路 2170 弄 15 号	68395083
浦东新区川北助餐服务点	浦东新区川沙路 4586 弄 1 号	68395083
浦东新区川迪二居助餐服务点	浦东新区华夏二路 1500 弄 43 号	68395083
浦东新区川迪三居助餐服务点	浦东新区华夏二路 1255 弄 35 号	68395083
浦东新区川迪一居助餐服务点	浦东新区华夏二路 1455 弄 73 号 1 楼	68395083
浦东新区临园助餐服务点	浦东新区川沙路 5015 路 23 号	68395083
浦东新区妙兰居委助餐服务点	浦东新区妙栏路 265 弄	68395083
浦东新区南桥助餐服务点	浦东新区城南路 368 弄 6 号	68395083
浦东新区七灶助餐服务点	浦东新区七新路 256 号	68395083
浦东新区沙田居委助餐服务点	浦东新区华夏东路 1152 弄	68395083
浦东新区舒馨居委助餐服务点	浦东新区新德西路 508 弄	68395083
浦东新区曙光助餐服务点	浦东新区曙光路 71 号	68395083
浦东新区万馨居委助餐服务点	浦东新区新德西路 207 弄	68395083
浦东新区园西助餐服务点	浦东新区川沙路 5122 弄 56 号	68395083
浦东新区长丰村助餐服务点	浦东新区城丰路 918 号	68395083
浦东新区中市助餐服务点	浦东新区西泥弄 95 弄 1 号	68395083
浦东新区川沙老年人综合型助餐服务点	浦东新区川周公路 8858 弄 8 号	68395083
浦东新区东明路街道心悦老年人助餐服务中心	浦东新区环林东路 799 弄 823 号	20222556
浦东新区阳光综合型助餐服务点	浦东新区光明路 182 弄 180 号	58480524
浦东新区杨园社区老年人综合型助餐服务点	浦东新区园二路 285 号	58480524
浦东新区高行镇单一型助餐点	浦东新区新行路 306 号	38980192
浦东新区东沟社区老年人助餐点	浦东新区东靖路 2 号	38980192
浦东新区高桥学前街老年人日间服务中心助餐服务点	浦东新区学前街 74 号	68660530
浦东新区高桥镇凌桥养护院综合型老年人助餐点	浦东新区双江路 1323 号 1 楼	68660530
浦东新区航头社区老年人助餐服务点	浦东新区航头镇鹤驰路 235 号	68220126
浦东新区牡丹助餐服务	浦东新区牡丹路 72—78—82—88 号	50456017
浦东新区花木由由助餐服务点	浦东新区高科西路 2091 号 3 楼	50456017
浦东新区花木钦洋助餐服务点	浦东新区锦绣路 105 号	50456017
浦东新区惠南镇荡湾居委助餐服务点	浦东新区荡湾公建 3 号楼	68252242
浦东新区绿川三居委老年人助餐点	浦东新区卫星西路 11 号	68252242
浦东新区振东一居委老年人助餐点	浦东新区城基路 255 号	68252242
浦东新区万福年华养护院助餐服务点	浦东新区通济路 227 号	68252242

续表

名　称	地　址	电　话
浦东新区北蔡综合为老服务中心助餐点	浦东新区听悦路1356号	68252242
浦东新区味乐佳大食堂助餐服务点	浦东新区佳乐路32号	50318964
浦东新区信德祥大食堂助餐服务点	浦东新区金高路2200号	50318964
浦东新区芳知美食餐厅助餐服务点	浦东新区金高路2017—2019号	50318964
浦东新区金京阁餐厅助餐服务点	浦东新区新金桥路28号	50318964
浦东新区渔堂公园餐厅助餐服务点	浦东新区乐园路3号	50318964
浦东新区金口一居为老助餐点	浦东新区金口路44弄46号	68509533
浦东新区金杨新村街道九街坊老年人助餐点	浦东新区第九街坊居委会	68509533
浦东新区庆宁寺老年人助餐服务点	浦东新区浦东大道2639弄24号	68509533
浦东新区康桥镇双秀居委老年人单一型助餐服务点	浦东新区梓康路666弄6号	58121673
浦东新区康桥镇康桥花园居委老年人单一型助餐服务点	浦东新区康士路2弄37号	58121673
浦东新区康桥镇南华城居委老年人单一型助餐服务点	浦东新区上南路6333弄7号102	58121673
浦东新区康桥镇康桥半岛居委老年人单一型助餐服务点	浦东新区沪南公路2727弄1227号	58121673
浦东新区康桥镇老年人综合示范型助餐服务点	浦东新区康弘路481号	58121673
浦东新区老港镇综合型老年人助餐服务点	浦东新区建中路335号	58051675
浦东新区陆家嘴居家养老服务中心助餐点	浦东新区南泉北路45号210室	68768532
浦东新区南汇新城镇助餐服务点	浦东新区古棕路211号	68286967
浦东新区南码头社区东三助餐服务点	浦东新区东三街102弄7号	58730297
浦东新区南码头社区六里助餐服务点	浦东新区浦三路629弄15号	58730297
浦东新区南码头社区助餐服务点	浦东新区临沂路381弄31号	58730297
浦东新区泥城镇老年人助餐点	浦东新区云汉路668号	58070656
浦东新区浦兴路街道利津路助餐服务点	浦东新区利津路1109号2楼	50906193
浦东新区党建中心助餐点	浦东新区利津路69号	50906193
浦东新区沪东街道大食堂	浦东新区浦东大道2900号	50906193
浦东新区三林镇为老助餐点	浦东新区新杨路117号	50906193
浦东新区德州七村老年助餐服务点	浦东新区德州路380弄30号	68703806
浦东新区上钢九村老年助餐服务点	浦东新区西营路33弄11号	68703806
浦东新区德州二村老年助餐服务点	浦东新区德州路255弄39号	68703806
浦东新区济阳二村老年助餐服务点	浦东新区耀华路550弄2号	68703806
浦东新区书院镇新舒苑社区老年人助餐服务点	浦东新区中久路48弄1号	58194317
浦东新区书院镇新港社区老年人助餐服务点	浦东新区石潭街115号	58194317
浦东新区书院镇书院社区老年人助餐服务点	浦东新区老芦公路1418号	58194317
浦东新区唐镇老年人综合服务中心助餐点	浦东新区创新中路95弄77号	68792171

续表

名称	地址	电话
浦东新区唐镇唐人苑老年人助餐服务点	浦东新区唐镇路127弄57号	68792171
浦东新区唐镇新虹村老年人微型助餐服务点	浦东新区唐镇紫雅路58号	68792171
浦东新区唐镇唐巢食堂综合型老年人助餐点	浦东新区创新西路343号	68792171
浦东新区唐镇老年人综合型助餐服务点	浦东新区创新中路73号	68792171
浦东新区金浦助餐服务点	浦东新区浦建路211弄12号	50906937
浦东新区南泉助餐服务点	浦东新区南泉路1250弄22号	50906937
浦东新区塘桥社区老年人综合型助餐服务点	浦东新区峨山路488号5楼	50906937
浦东新区万祥社区示范型助餐点	浦东新区三三公路2029号	58041129
浦东新区潍坊八村助餐服务点	浦东新区浦电路305弄10号101—104	58204241
浦东新区潍坊二村助餐服务点	浦东新区浦东南路31号1楼	58204241
浦东新区潍坊十村助餐服务点	浦东新区潍坊路140弄12号	58204241
浦东新区潍坊四村助餐服务点	浦东新区潍坊四村432号101—104	58204241
浦东新区潍坊张杨助餐服务点	浦东新区源深路600弄1支弄14号101—104	58204241
浦东新区新场镇老年人综合型助餐服务点	浦东新区新环西路58弄64号	58178050
浦东新区洋泾街道星海老年人综合型助餐服务点	浦东新区民生路999弄15号	38992322
浦东新区洋泾街道西镇老年人综合型助餐服务点	浦东新区洋泾镇路89弄6—8号	38992322
浦东新区洋泾街道羽北老年人助餐服务点	浦东新区巨野路482弄4号	38992322
浦东新区洋泾街道海院老年人助餐服务点	浦东新区浦东大道1460弄7号	38992322
浦东新区洋泾街道巨野老年人综合型助餐服务示范点	浦东新区巨野路191号	38992322
浦东新区洋泾街道综合示范助餐服务点	浦东新区海防新村84号	38992322
浦东新区张江青桐社区老年人综合型助餐服务点	浦东新区青桐路569号	58554528
浦东新区周家渡街道昌里七居委助餐点	浦东新区南码头路1021弄59号1楼	08457829
浦东新区川新社区服务中心助餐服务点	浦东新区成山路544弄52支弄32号	68457829
浦东新区周家渡街道老年人日间照护中心助餐点	浦东新区上南路1251弄31号	68457829
浦东新区上南一村老年人助餐点	浦东新区上南路929弄1号	68457829
浦东新区云台二居委助餐点	浦东新区昌里东路190弄6号1楼	68457829
浦东新区周家渡老年人综合型助餐服务示范点	浦东新区洪山路237弄36号	68457829
浦东新区瓦屑乐膳助餐服务点	浦东新区建设路28号	68126364
浦东新区公元居委助餐服务点	浦东新区康沈路1365弄53号	68126364
浦东新区东南居委助餐服务点	浦东新区东南二村75号	68126364
浦东新区周浦老吾老老年人日间照护中心助餐服务点	浦东新区南八灶街179号	68126364
浦东新区周浦镇益膳为老助餐中心	浦东新区横桥路8号	68126364

续表

名　　称	地　　址	电　　话
浦东新区桃源老年人日间照护中心助餐服务点	浦东新区瑞浦路 478 号	68126364
浦东新区周浦镇欣膳为老助餐中心	浦东新区周建路 98 号	68126364
浦东新区祝桥镇社区老年服务中心盐仓助餐点	浦东新区盐仓老街 49 号	58109494
浦东新区江镇社区老年人助餐服务点	浦东新区晚霞路 426 号	58109494
黄浦区光明村老年配餐中心	黄浦区鲁班路 205 号	33051327、33051328
黄浦区小绍兴老年配餐中心	黄浦区中华路 97 号	63138769
黄浦区瑞金二路街道敬老院助餐点	黄浦区陕西南路 271 弄 43 号	64679640
黄浦区瑞金二路街道茂名社区助餐点	黄浦区茂名南路 169 弄 13 号地下室	64330470
黄浦区瑞金二路街道康乐家建德助餐服务点	黄浦区建德路 1 号 3 号楼 103 室	54650595
黄浦区瑞金二路街道综合站助餐点	黄浦区南昌路 44 号 1 楼	53060007
黄浦区瑞金二路街道锦江日托站助餐点	黄浦区瑞金一路 148 弄 2 号	54041025
黄浦区瑞金二路街道思南日托站助餐点	黄浦区复兴中路 553 弄 97 号	64332692
黄浦区瑞金二路街道永嘉助餐点	黄浦区永嘉路 19 弄 8 号	34605254
黄浦区瑞金二路街道淮中助餐点	黄浦区淮海中路 622 弄 4 号	53062643
黄浦区瑞金二路街道陕建助餐点	黄浦区陕西南路 287 弄 20 号	34605248
黄浦区瑞金二路街道瑞成助餐点	黄浦区淮海中路 526 弄 32 号	33665574
黄浦区瑞金二路街道延中助餐点	黄浦区延安中路 531 号	52138184
黄浦区瑞金二路街道瑞雪助餐点	黄浦区陕西南路 271 弄车库 2 楼	54651290
黄浦区瑞金二路街道香山助餐点	黄浦区南昌路 224 弄甲 1 号	33665542
黄浦区瑞金二路街道巨鹿助餐点	黄浦区巨鹿路 272 弄 3 号	52137488
黄浦区瑞金二路街道雁荡助餐点	黄浦区南昌路 168 弄 1 号	33665491
黄浦区瑞金二路街道长乐助餐点	黄浦区瑞金一路 121 弄 48 号	34605249
黄浦区瑞金二路街道南昌助餐点	黄浦区淮海中路 927 弄 14 号	33665564
黄浦区瑞金二路街道中心日托站助餐点	黄浦区南昌路 69 弄 5 号主楼 1 楼	53836619
黄浦区瑞金二路街道瑞兴助餐点	黄浦区重庆路 4 号	53825984
黄浦区淮海中路街道建六助餐点	黄浦区建国东路 328 弄 21 号 102 室	33070752
黄浦区淮海中路街道顺昌助餐点	黄浦区顺昌路 419 弄 2 号	63840952
黄浦区淮海中路街道西城老年日托所助餐点	黄浦区马当路 306 弄 39 号	63844335
黄浦区淮海中路街道复三老年日托所助餐点	黄浦区复兴中路 455 弄 29 号 104 室	63113582
黄浦区淮海中路街道复三助餐点	黄浦区重庆南路 205 弄 47 号	63848904
黄浦区淮海中路街道复兴助餐点	黄浦区马当路 301 弄 25 号 103 室	63845087
黄浦区淮海中路街道建二助餐点	黄浦区建国东路 36 弄 31 号	63282587
黄浦区淮海中路街道合二助餐点	黄浦区黄陂南路 663 弄 1 号	63859735
黄浦区淮海中路街道志成助餐点	黄浦区肇周路 126 弄 7 号	63289068
黄浦区淮海中路街道西成助餐点	黄浦区马当路 328 弄 42 号	63288816
黄浦区淮海中路街道复四助餐点	黄浦区淡水路 214 弄 98 号	63861412

续表

名　　称	地　　址	电　话
黄浦区淮海中路街道孝和助餐点	黄浦区淡水路89弄9号	63873949
黄浦区打浦桥街道第一助餐点	黄浦区鲁班路309号	64333517
黄浦区打浦桥街道第二助餐点	黄浦区瑞金二路410弄13号	64333517
黄浦区打浦桥街道第一老年日托所助餐点	黄浦区蒙自西路72弄9号	63016444
黄浦区打浦桥街道第二老年日托所助餐点	黄浦区顺昌路564—566号	64333517
黄浦区打浦桥街道第三老年日托所助餐点	黄浦区建国中路137弄6号	54657126
黄浦区打浦桥街道老年人日间照护中心助餐点	黄浦区蒙自路255-1号	53099857
黄浦区五里桥街道社区第一日间照料站助餐点	黄浦区瞿溪路1111弄27号	53013520
黄浦区五里桥街道社区第二日间照料站助餐点	黄浦区局门路434弄11号	51508308
黄浦区五里桥街道社区第三日间照料站助餐点	黄浦区瞿溪路883弄21号	63036602
黄浦区银色港湾福利院助餐点	黄浦区瞿溪路700号	63044758
黄浦区五里桥街道社区长者食堂	黄浦区蒙自路654号	63391325
黄浦区五里桥街道老年人日间照护中心助餐点	黄浦区瞿溪路1111弄26号	53013520
黄浦区南京东路街道振兴老年人助餐服务点	黄浦区大沽路258号104室	63278287
黄浦区南京东路街道综合型助餐服务示范点	黄浦区牯岭路139号	63278287
黄浦区南京东路街道顺天邨送餐点	黄浦区成都北路262弄5号	63594148
黄浦区南京东路街道新昌老年人日托所助餐点	黄浦区凤阳路228弄35号	63020226
黄浦区南京东路街道三德日托所助餐点	黄浦区新昌路455弄19号	63022031
黄浦区南京东路街道平望老年人日间服务中心助餐点	黄浦区广东路487号2楼	33050912
黄浦区南京东路街道南京承兴日托所助餐点	黄浦区黄河路281弄14号	63594148
黄浦区南京东路街道厦门送餐点(军晖)	黄浦区厦门路230弄7号前门	63590155
黄浦区南京东路街道龙泉日托所助餐点	黄浦区宁波路450号1楼	63022031
黄浦区外滩街道宝兴助餐服务点	黄浦区福建南路84弄10号	63529333
黄浦区外滩街道综合型助餐服务点	黄浦区四川南路44弄3号	63281673
黄浦区外滩街道老年人日间照护中心助餐点	黄浦区汉口路271号4楼	63331505
黄浦区豫园街道综合型助餐服务示范点	黄浦区光启路135号	63737768
黄浦区豫园街道综合型助餐服务示范点	黄浦区方浜中路63弄4号	63301073
黄浦区豫园街道老年人日间照护中心助餐点	黄浦区方浜西路63弄59号	63335301
黄浦区老西门街道助餐服务点	黄浦区庄家街51弄1—2号	63678576
黄浦区老西门街道综合型助餐服务点	黄浦区蓬莱路374号	33183285
黄浦区老西门街道老年人日间照护中心助餐点	黄浦区蓬莱路81号	63012603

续表

名　　称	地　　址	电　话
黄浦区小东门街道福华老年人综合型助餐服务点	黄浦区聚奎街2号	53023867
黄浦区小东门街道综合型助餐服务示范点	黄浦区大夫坊91号	33051460
黄浦区小东门街道温馨老年人综合型助餐服务示范点	黄浦区南仓街30弄7号底层	33312870
黄浦区小东门街道助餐服务点	黄浦区东江阴街77号	63770095
黄浦区小东门街道康家弄老年人日间照护中心助餐点	黄浦区康家弄42号	63351358
黄浦区半淞园路街道综合型助餐服务点	黄浦区瞿溪路120弄4号4楼甲	63083132
黄浦区半淞园街道老年人日间服务中心助餐点	黄浦区瞿溪路120弄4号3楼乙	63083132
黄浦区上海仁晖老年人日间照护中心助餐点	黄浦区普育西路105号6号楼103室	61280195
徐汇区徐家汇社区王家堂居委助餐服务点	徐汇区南丹东路100弄3号101室	64381433
徐汇区徐家汇社区科汇居委助餐服务点	徐汇区天钥桥路69弄2号103室	64285391
徐汇区徐家汇社区综合型助餐服务点	徐汇区凯旋一村21号	64070956
徐汇区徐家汇社区陈家宅居委助餐服务点	徐汇区中漕路92号	64279771
徐家汇街道龙吴路养老院综合型助餐服务点	徐汇区龙吴路71号	54019638
徐汇区徐家汇社区乐山一村居委助餐服务点	徐汇区番禺路801弄18号	64072374
徐汇区徐家汇社区乐山八九村居委助餐服务点	徐汇区虹桥路411弄5号	64074166
徐汇区徐家汇社区乐山六七村居委助餐服务点	徐汇区乐山路30弄15号	61553093
徐汇区徐家汇社区交大居委助餐服务点	徐汇区南丹路368弄9号102室	64482206
徐汇区徐家汇社区南丹居委助餐服务点	徐汇区宜山路50弄1号	64691424
徐汇区徐家汇社区徐汇新村居委助餐服务点	徐汇区漕溪北路810号	64385276
徐汇区徐家汇社区殷家角居委助餐服务点	徐汇区天钥桥路380弄28号102室	64278112
徐汇区徐家汇社区汇站居委助餐服务点	徐汇区南丹路189弄2号103室	64877663
徐汇区徐家汇社区沈马居委助餐服务点	徐汇区天钥桥路180弄2号107室	64281017
徐汇区徐家汇社区爱华居委助餐服务点	徐汇区双峰北路6号	64274116
徐汇区家乐苑助餐服务点	徐汇区家乐苑62号	61779613
徐汇区梅七助餐服务点	徐汇区龙州路47号101室	64530718
徐汇区梅陇四村助餐服务点	徐汇区凌云路街道梅陇四村居村委路39号楼栋	64545532
徐汇区金塘助餐服务点	徐汇区老沪闵路333弄30号	54354861
徐汇区阳光助餐服务点	徐汇区天等路3号	54393027
徐汇区凌云街道梅陇六村助餐服务点	徐汇区梅陇六村24号	64776903
徐汇区梅陇敬老院助餐服务点	徐汇区虹梅南路126弄55号	64768188
徐汇区第二福利院综合型助餐服务点	徐汇区龙州路600号楼栋	54285611-0
徐汇区上缝助餐服务点	徐汇区龙华西路285弄30号	64565132
徐汇区云锦助餐服务点	徐汇区云锦路50弄48号101室	64562542

续表

名　　称	地　　址	电　话
徐汇区周家湾助餐服务点	徐汇区龙华西路 81 弄 50 号	64566346
徐汇区金色港湾助餐服务点	徐汇区龙南三村 85 号	54091067
徐汇区龙华社区助餐服务点	徐汇区龙华西路 21 弄 80 号 216 室	64567718-134
徐汇区龙华敬老院助餐服务点	徐汇区天钥桥南路 1199 弄 38 号	54095337
徐汇区怡乐家园助餐服务点	徐汇区丰谷路 180 弄 101 室	64030696
徐汇区龙南五村助餐服务点	徐汇区龙南五村 208 号	54093882
徐汇区龙南七村助餐服务点	徐汇区龙吴路 410 弄 78 号	54350350
徐汇区长青藤助餐服务点	徐汇区华容路 85 弄 8 号	51688880-0
徐汇区虹梅社区古美助餐点	徐汇区东兰路 151 弄 17 号 1 楼	64140071
徐汇区虹梅社区华悦助餐点	徐汇区全州路 71 号	64140071
徐汇区罗秀新村助餐点	徐汇区罗秀新村 112 号	54297229
徐汇区田林街道千鹤第一助餐点	徐汇区钦州路 399 弄 11 号 101 室	64829992
徐汇区田林街道新苑五六七助餐点	徐汇区宜山路 2 号 102 室	64839522
徐汇区田林街道田林三四助餐点	徐汇区柳州路 374 弄 13 号甲	64829992
徐汇区田林街道古宜助餐点	徐汇区吴中东路 500 弄 14 号 101 室	64829992
徐汇区田林街道田林十二村助餐点	徐汇区田林十二村 41 号 101 室	64829992
徐汇区冠生园助餐服务点	徐汇区冠生园路 230 弄 59 号	64831375
徐汇区天平居委助餐服务点	徐汇区天平路 222 弄	64313326
徐汇区湖南社区春华助餐服务点助餐服务点	徐汇区常熟路 228 弄甲 10 号 1 楼	54046112
徐汇区湖南社区武康助餐服务点助餐服务点	徐汇区淮海中路 1704 号 1 楼	64312725
徐汇区湖南社区综合型助餐服务点	徐汇区湖南路 298 弄 2 号 1 楼	54662550
徐汇区湖南社区陕新助餐服务点助餐服务点	徐汇区长乐路 339 弄甲 11 号 1 楼	54048404
徐汇区斜土街道综合为老助餐中心	徐汇区大木桥路 317 号	64177840
徐汇区江南邻里汇助餐服务点	徐汇区江南一村 55 号	64160796
徐汇区日新居委助餐服务点	徐汇区斜土路街道日新楼栋	64430290
徐汇区凌云社区邻里汇社区长者食堂	徐汇区老沪闵路 875 弄 30 号	33637777
徐汇区枫林综合助餐服务点	徐汇区东安路 182 号 1 楼	64043787
徐汇区东一南助餐服务点	徐汇区东安一村 110 号	64043787
徐汇区西木北助餐服务点	徐汇区小木桥路 360 弄 2 号西 11	64043787
徐汇区息村助餐服务点	徐汇区建国西路 395 弄	64313326
徐汇区嘉善助餐服务点	徐汇区嘉善路 101 弄 61 号	64313326
徐汇区康平助餐服务点	徐汇区康平路 100 弄活动室	64313326
徐汇区吴兴路助餐服务点	徐汇区吴兴路 270 弄弄口	64313326
徐汇区安亭助餐服务点	徐汇区安亭路 71 弄底楼	64313326
徐汇区永康助餐服务点	徐汇区永康路 38 弄 61 号 101 室	64313326
徐汇区嘉善路综合型助餐服务点	徐汇区嘉善路 232 弄 17 号	64313326
徐汇区天平社区襄阳南路助餐服务点	徐汇区襄阳南路 452 弄 88 号	64313326

续表

名　　称	地　　址	电　话
徐汇区康健丁香迎春居委会助餐服务点	徐汇区百花街345弄25号	54183912
徐汇区康健寿昌坊长者照护之家助餐服务点	徐汇区桂林西街151弄32号甲	54187275
徐汇区康健康乐小区居委会助餐服务点	徐汇区桂林东街195号	54187275
徐汇区康健敬老院助餐服务点	徐汇区桂林西街30弄41号	54187275
徐汇区康健社区体育场助餐服务点	徐汇区桂林西街168号	54187275
徐汇区第一福利院助餐服务点	徐汇区虹漕南路路601号	54187275
徐汇区康健月季百藤居委会助餐服务点	徐汇区桂平路67弄95号	54187275
徐汇区康健桂花园居委会助餐服务点	徐汇区江安路58弄65号	54187275
徐汇区康健茶花园居委会助餐服务点	徐汇区浦北路959弄47号	54187275
徐汇区康健金桂苑居委会助餐服务点	徐汇区虹漕南路99弄7号楼2层	54187275
徐汇区康健长兴坊居委会助餐服务点	徐汇区桂林西街15弄1号	54187275
徐汇区康健长虹坊居委会助餐服务点	徐汇区桂林西街11弄2号	54187275
徐汇区日二居委助餐服务点	徐汇区零陵路日晖二村97号	64431923
徐汇区江南居委助餐服务点	徐汇区零陵路江南二村21号甲2楼	64160796
徐汇区虹梅社区综合型助餐点	徐汇区钦州北路900号	64140071
徐汇区长桥综合助餐服务点	徐汇区龙川路103号2楼	54297229
徐汇区漕河泾社区乐缘养老院综合型助餐服务点	徐汇区宾阳路36号	64151585
徐汇区漕河泾社区绿抱翠苑助餐服务点	徐汇区龙吴路555弄12号	54487291
徐汇区田林街道悦颐长者照护之家综合型助餐点	徐汇区文定路233号2楼	64829992
徐汇区康健社区为老服务中心助餐服务点	徐汇区百花街345弄118号	54187275
徐汇区虹梅社区永兆助餐点	徐汇区虹梅路2588弄3号	64140071
徐汇区康健杜鹃园居委会助餐服务点	徐汇区钦州南路917弄89号	54187275
徐汇区华泾镇大桥居委单一助餐点	徐汇区龙吴路2388弄119号	54829333
徐汇区华泾社区第三福利院综合型助餐服务点	徐汇区华发路210号	54829333
徐汇区华泾镇华欣家园居委单一助餐点	徐汇区龙吴路2412号4楼	54829333
徐汇区华泾社区印象旭辉居委助餐服务点	徐汇区望月路47栋890号4楼	54829333
徐汇区华泾镇盛华景苑居委单一助餐点	徐汇区龙吴路2888弄1号楼1楼	54829333
徐汇区华泾镇华阳居委会单一型助餐服务点	徐汇区龙吟路501弄4号103室	54829333
徐汇区华泾镇名苑居委会单一型助餐服务点	徐汇区龙吴路2525弄41号	54829333
徐汇区华泾社区综合型助餐服务点	徐汇区华泾路186号	54829333
徐汇区汇成四村居委助餐点	徐汇区汇成四村75号	64239200
徐汇区光华居委助餐点	徐汇区老沪闵路路790弄20号	64540164
徐汇区长桥社区老年人日间服务中心助餐点	徐汇区罗城路651弄65号	54112932
徐汇区园南三村居委助餐点	徐汇区园南三村32号	64106450
徐汇区长桥四村助餐点	徐汇区长桥四村97号	64103429

续表

名　　称	地　　址	电　　话
徐汇区康健樱花园居委助餐点	徐汇区桂平支路35弄樱花园	54193915
徐汇区漕河泾社区食堂	徐汇区漕东支路81号106室	54487291
徐汇区田林社区长春老年人助餐点	徐汇区宜山路518弄四层小楼1楼	64412756
徐汇区田林社区新苑一二老年人助餐点	徐汇区钦州路860号111室	54484269
徐汇区田林社区锦馨苑老年人助餐点	徐汇区古井路38弄180号108室	64277898
徐汇区田林社区田林八九十村老年人助餐点	徐汇区宜山路691弄8号	64825609
徐汇区长华苑老年助餐点	徐汇区长华路460号	54829333
徐汇区华泾社区华泾绿苑居委老年助餐点	徐汇区华济路1号4楼	34631138
徐汇区华泾社区明丰居委老年助餐点	徐汇区华发路99弄66号	61284222
徐汇区乌鲁木齐南路邻里长者餐厅	徐汇区乌鲁木齐南路66号	64313326
长宁区新华街道综合为老服务中心助餐点	长宁区番禺路222弄50支弄6号	62806180
长宁区杨宅居委助餐点	长宁区法华镇路660弄23号102室	52303982
长宁区红庄助餐点	长宁区法华镇路128号	52303982
长宁区陈家巷社区老年助餐点	长宁区淮海中路2006弄14号	52303982
长宁区新华社区老年幸福助餐点	长宁区番禺路215号	52303982
长宁区新华街道和家园助餐点	长宁区定西路420弄5号101室	52307071
长宁区新华社区老年人综合助餐点	长宁区法华镇路480号	52303982
长宁区江苏路街道大食堂	长宁区东诸安浜路127号	62128936
长宁区江苏社区综合型助餐服务示范点（社区食堂）	长宁区安化路299号	32560001
长宁区江苏社区金福综合型助餐服务点	长宁区愚园路1088弄110支弄22号	62125056
长宁区江苏街道社区综合为老服务中心助餐点	长宁区长宁路515号2楼	31029261
长宁区江苏社区万村老年助餐服务点	长宁区武定西路1371弄65号	62513080
长宁区江苏社区逸仙第三敬老院助餐点	长宁区安西路651号	32560001
长宁区愚园路市民中心助餐点	长宁区愚园路1051号2楼	62592737
长宁区易园白领助餐点	长宁区安化路492号E座2楼	32201204
长宁区日托所南块助餐点	长宁区武夷路311弄15号	62375721
长宁区华四居委助餐点	长宁区华阳路298弄3号	32201204
长宁区社区生活服务中心中心助餐点	长宁区长宁支路274号	52735268
长宁区社区长者食堂	长宁区安化路492号A座1幢112室	
长宁区飞乐居委助餐点	长宁区昭化路60弄1号	32201204
长宁区天山街道综合型助餐服务点	长宁区天山四村122号3号楼底楼	62290902
长宁区天山敬老院助餐点	长宁区玉屏南路113弄29号	62598142
长宁区祥和一家助餐点	长宁区凯旋路583号	52669308
长宁区雍景园助餐点	长宁区天山支路138弄8号	62295443
长宁区天山华庭助餐点	长宁区威宁路488号1楼	

续表

名　　称	地　　址	电　话
长宁区周家桥街道范北老年人日间服务中心助餐点	长宁区长宁路1302弄73支弄2号乙、4号乙	
长宁区周桥街道综合为老服务中心助餐点	长宁区武夷路709弄26号	32576668
长宁区虹仙居民区助餐服务点	长宁区仙霞路780弄16号101室	62627517
长宁区大金更居民区老年助餐服务点	长宁区古北路530弄50号甲	62339058
长宁区水霞助餐服务点	长宁区茅台路601弄36号	62281904
长宁区仙逸居民区助餐服务点	长宁区仙霞路451弄33号	62739970
长宁区虹旭小区单一助餐点	长宁区虹古路417弄9号	62623304
长宁区仙霞综合型助餐示范点	长宁区茅台路610号	62918055
长宁区仙霞物业老年人综合型助餐服务点	长宁区茅台路321号	32506992
长宁区慧谷白猫老年人综合型助餐服务示范点	长宁区天山路641号2号楼底楼	32506992
长宁区屋小饭香助餐点	长宁区天山五村91号	62598044
长宁区古北市民中心助餐点	长宁区富贵东道99号古北市民中心3楼	22850970
长宁区长虹老年人助餐服务点	长宁区虹桥路996弄157号	22850968
长宁区虹桥街道社区卫生服务中心助餐服务点	长宁区虹桥路961弄4号(卫生中心食堂)	22850771
长宁区虹桥街道银龄阁综合型助餐服务点	长宁区安顺路181弄1—3号	22850771
长宁区虹桥街道虹东综合型助餐服务点	长宁区中山西路1030弄8号1楼	22850771
长宁区程家桥综合为老中心助餐点	长宁区虹桥路2286号	62620207
长宁区虹桥中园助餐点	长宁区哈密路1999弄7号楼底楼	2230043
长宁区一村居民区助餐服务点	长宁区哈密路程桥一村9号101室	22300091
长宁区南龚助餐服务点	长宁区虹桥路2222弄22号	22300046
长宁区王满助餐服务点	长宁区哈密路1800弄23号101室	22300043
长宁区机场新村助餐服务点	长宁区机场新村97号101室	22300095
长宁区北新泾街道新泾七村助餐点	长宁区天山西路450弄4号楼对面	52188679
长宁区北新泾街道新泾六村助餐点	长宁区金钟路340弄13号	52188704
长宁区北新泾街道新泾三村老年助餐点	长宁区新泾三村132号104室	52195264
长宁区北新泾街道综合为老服务中心助餐点	长宁区北渔路84号	52162350
长宁区新泾镇综合为老服务中心	长宁区仙霞西路915号	52526001
长宁区天山星城为老助餐点	长宁区天山星城41号活动室	52382320
长宁区刘二居委为老助餐点	长宁区剑河路404弄老年活动室	52177052
长宁区平塘居委为老助餐点	长宁区淞虹路650弄56号	52205658
长宁区绿一居委为老助餐点	长宁区淞虹路685弄108号	53204017
长宁区福泉居委为老助餐点	长宁区福泉路120弄多功能活动室	62386910
长宁区祥瑞菜馆为老助餐服务点	长宁区剑河路563号	52177052
长宁区刘一居委为老助餐点	长宁区剑河路419弄9号对面	52170899

续表

名　　称	地　　址	电　话
静安区静安寺街道胶州社区老年人助餐服务点	静安区胶州路125弄6号	52132726
静安区静安寺街道海园社区老年人助餐服务点	静安区长乐路962弄2号101室	62483867
静安区静安寺街道长乐社区老年人助餐服务点	静安区长乐路766号	54039381
静安区静安寺街道愚园社区老年人助餐服务点	静安区愚园路579弄21、25号	62483208
静安区静安寺街道万航社区老年人助餐服务点	静安区万航渡路320弄23号	62400030
静安区静安寺街道延西社区老年人助餐服务点	静安区长乐路1234号	62482576
静安区静安寺街道愚谷村社区老年人助餐服务点	静安区愚园路361弄94、96号	32565885
静安区曹家渡街道长春社区老年人综合型助餐服务示范点	静安区康定路888弄3号	62150127
静安区曹家渡街道玉兰社区老年人助餐服务点	静安区余姚路321弄6号	32212036
静安区曹家渡街道姚西社区老年人助餐服务点	静安区余姚路487弄61号101室	32211961
静安区曹家渡街道武西社区老年人助餐服务点	静安区武定西路1398弄12号、长宁路155弄30号	62510082
静安区曹家渡街道三和社区老年人助餐服务点	静安区延平路123弄4号102室	62460127
静安区曹家渡街道均泰社区老年人助餐服务点	静安区安远路899弄67号底楼101室	32566117
静安区曹家渡街道达安花园社区老年人助餐服务点	静安区长寿路999弄21号1-A	62306591
静安区江宁路街道众乐社区老年人助餐服务点	静安区陕西北路643弄10号	62198656
静安区江宁街道社区老年人综合型助餐服务示范点	静安区常德路545弄43号	52280737
静安区江宁路街道乐宁养老院综合型助餐服务示范点	静安区武定路661号	62566060
静安区江宁路街道北京社区老年人助餐服务点	静安区北京西路1300弄8号102室	62892039
静安区江宁路街道海防社区老年人助餐服务点	静安区西康路770号	62557988
静安区江宁路街道新安社区老年人助餐服务点	静安区余姚路180弄3号101室	52289513
静安区江宁路街道联宝社区老年人助餐服务点	静安区常德路633弄43号	52895105
静安区江宁路街道三乐社区老年人助餐服务点	静安区淮安路687弄115号	52131517

续表

名称	地址	电话
静安区石门二路街道恒丰社区老年人综合型助餐服务示范点	静安区石门二路 505 号	52282780
静安区石门二路街道新福康里社区老年人助餐服务点	静安区新闸路 888 弄 132 号 102 室	62532389
静安区石门二路街道东王社区老年人助餐服务点	静安区北京西路 605 弄 8 号	62671588
静安区石门二路街道东斯文社区老年人助餐服务点	静安区南苏州路 1393 弄 1 号 805 室	62550817
静安区石门二路街道新德社区老年人助餐服务点	静安区成都北路 483 弄 18 号	62181606
静安区石门二路街道奉贤社区老年人助餐服务点	静安区南汇路 85 弄 20 号	62672522
静安区南京西路街道泰兴社区老年人综合型助餐服务点	静安区威海路 590 弄 84 号 102 室	52286387
静安区南京西路街道威海社区老年人助餐服务点	静安区威海路 647 弄 3 号	62178718
静安区南京西路街道延中社区老年人助餐服务点	静安区延安中路 877 弄 41 号	62472289
静安区南京西路街道联华社区老年人助餐服务点	静安区铜仁路 314 弄 5 号 101、104 室	62471673
静安区南京西路街道重华园社区老年人助餐服务点	静安区南京西路 1173 弄 3 号 21 室	62170085
静安区南京西路街道新成社区老年人助餐服务点	静安区南京西路 591 弄 129 号	62171131
静安区南京西路街道陕南社区老年人助餐服务点	静安区巨鹿路 693 号	54039983
静安区南京西路街道社区综合型助餐服务示范点	静安区长乐路 528 号	54270137
静安区南京西路街道陕北社区老年人助餐服务点	静安区江宁路 83 弄 4 号	52655095
静安区天目西路街道社区老年人综合型助餐服务示范点	静安区沪太路 453 弄 84 号	66290051
静安区天目西路街道番瓜弄老年人助餐服务点	静安区天目中路 749 弄 68 号 1 楼	52730836
静安区天目西路街道长安路老年人助餐服务点	静安区长安路 500 号	63175451
静安区天目西路街道河滨融景老年人助餐服务点	静安区长安路 825 号 2 楼	36350795
静安区北站街道社区老年人综合型助餐服务点	静安区南星路 80 号	63532836
静安区宝山路街道宝通路老年人综合型助餐服务点示范点	静安区宝通路 449 号	63077979
静安区宝山路街道西藏北路社区老年人助餐服务点	静安区西藏北路 828 号	63077979
静安区宝山路街道虬江路社区长者食堂	静安区虬江路 1013—1017 号	63077979

续表

名　　称	地　　址	电　话
静安区芷江西路街道新赵家宅社区老年人助餐服务点	静安区西藏北路 1071 弄 15 号	65877891
静安区芷江西路街道社区老年人助餐服务点	静安区共和新路 970 弄 17 号甲	66278353
静安区芷江西路街道老年人综合型助餐服务示范点	静安区徐家宅路 93 号 3 楼	65218001
静安区共和新路街道社区老年人综合型助餐服务示范点	静安区柳营路 319 弄 29 号甲	56321897
静安区共和新路街道虹桥人家老年人综合型助餐服务示范点	静安区洛川东路 327 号内(虹桥人家洛川东路店)	63560807
静安区共和新路街道中山北路 805 弄老年人综合型助餐服务示范点	静安区中山北路 805 弄 34 号甲	56710352
静安区共和新路街道家豪城老年人助餐服务点	静安区柳营路 669 弄 21 号	36362579
静安区共和新路街道 1100 弄老年人助餐服务点	静安区柳营路 999 号	56521343
静安区共和新路街道锦灏老年人助餐服务点	静安区延长路 152 弄 25 号 1 楼	56337021
静安区共和新路街道延新老年人助餐服务点	静安区共和新路 1725 弄 11 号-1 临	56339640
静安区共和新路街道洛善老年人助餐服务点	静安区洛川中路 777 弄 7 号 104 室	56030741
静安区共和新路街道和乐老年人助餐服务点	静安区平型关路 188 弄 2 号底楼	56371821
静安区共和新路街道唐家沙老年人助餐服务点	静安区洛川东路 140 弄 18 号	66051063
静安区大宁路街道大宁路 505 弄老年人助餐服务点	静安区大宁路 505 弄 23 号	36031540
静安区大宁路街道平型关路 669 弄老年人综合型助餐服务点	静安区平型关路 669 弄 18 号	36031540
静安区大宁路街道共和新路 1700 弄老年人助餐服务点	静安区共和新路 1700 弄 65 号甲	56080862
静安区大宁路街道老年人综合型助餐服务示范点	静安区共和新路 2301 弄 1 号	36031540
静安区大宁路街道延铁老年人助餐服务点	静安区延长中路 500 弄 5 号甲	66273839
静安区彭浦新村街道安泽路老年人综合型助餐服务示范点	静安区安泽路 91 号	56481218
静安区彭浦新村街道汾西路老年人综合型助餐服务示范点	静安区汾西路 635 弄 16 号	56615558
静安区彭浦新村街道闻喜路社区长者食堂	静安区闻喜路 935 弄 22 号	56478800
静安区彭浦新村街道共康三村老年人综合型助餐服务示范点	静安区共康三村 110-1	56478800
静安区彭浦新村街道彭三社区长者食堂	静安区闻喜路 806 弄 21 号	56478800
静安区临汾街道阳曲路老年人综合型助餐服务示范点	静安区阳曲路 391 弄 16 号	36600007
静安区临汾路街道 760 弄老年人助餐服务点	静安区景凤路 201 号甲	56918069
静安区临汾路街道岭南路老年人综合型助餐服务示范点	静安区岭南路 100 弄 4 号	36600197

续表

名称	地址	电话
静安区彭浦镇永和社区老年人综合型助餐服务示范点	静安区永和路 616 号	66525792
静安区彭浦镇场中路老年人助餐服务点	静安区场中路 2600 弄 112 号	66696511
静安区彭浦镇沪太路老年人助餐服务点	静安区沪太路 883 弄大门口	66525792
静安区彭浦镇高平路老年人助餐服务点	静安区高平路 860 弄 21 号甲	66525792
普陀区曹杨社区老年人助餐服务点	普陀区梅岭支路 85 弄 30 号	
普陀区杏梅园助餐点	普陀区曹杨五村 242 号	52921053
普陀区桂杨久龄家园助餐点	普陀区桂巷新村 19 号	
普陀区梅岭北片区社区老年人助餐点	普陀区棠浦路 51 号	62299697
普陀区武宁片区社区老年人助餐点	普陀区曹杨路 926 号	62095361
普陀区紫金小馆社区老年人助餐点	普陀区桂巷路 8 号	52707130
普陀区鸿昌兴社区老年人助餐点	普陀区中山北路 3011 号	52707130
普陀区章家巷老年食堂	普陀区延长西路 526 弄 32 号	56611750
普陀区新宜老人助餐点	普陀区宜川路 413 弄 1 号	56650082
普陀区甘泉社区老年人日间服务中心	普陀区延长西路 172 号	56650082
普陀区黄陵助餐服务点	普陀区甘泉路 634 号	56650082
普陀区周家巷助餐服务点	普陀区新村路 350 弄 12 号	56650082
普陀区沪太片区社区长者食堂	普陀区宜川路 600 号	56330833
普陀区甘泉片区社区长者食堂	普陀区甘泉路 453 号	
普陀区沙田敬老院助餐服务点	普陀区中山北路 2467 弄 41 号	52911210
普陀区信仪敬老院助餐服务点	普陀区信仪新村 12 号	62146636
普陀区石岚敬老院助餐服务点	普陀区岚皋路 200 弄 32 号	62047435
普陀区石泉社区老年人助餐服务点	普陀区石泉一村 21 号	62147843
普陀区兰田家园社区老年人助餐点	普陀区中山北路 2605 弄 43 号	62660833
普陀区铜川片区社区老年人助餐点	普陀区铜川路 366 号	
普陀区镇坪片区社区老年人助餐点	普陀区镇坪路赵家宅 25 号	
普陀区上海宏途餐饮有限公司助餐点	普陀区金迎路 55 号 4 幢 2 楼	62841030
普陀区桃浦九村养老院社区老年人助餐点	普陀区竹柳路 70 号	4008579090
普陀区真南路片区社区老年人助餐点	普陀区真南路 822 弄 450 号	62500599
普陀区中环逸仙社区老年助餐点	普陀区富水路 712 号	36351826
普陀区中浩云社区长者食堂	普陀区新泉路 83 号	66266026
普陀区宜川社区老年人综合型助餐服务示范点	普陀区宜川一村 5 号	56091047
普陀区香溢片区老年助餐点	普陀区石泉东路 168 弄 68 号 2 层	
普陀区上海普陀区社会福利院	普陀区枣阳路 515 号	52999065
普陀区白玉敬老院助餐服务点	普陀区白玉新村 114 号	62225323
普陀区长风新村街道为老服务助餐点	普陀区凯旋北路 1555 弄 70 号	62309590

续表

名　　称	地　　址	电　话
普陀区长风二村第一居委助餐服务点	普陀区长风二村 168 号	62223425
普陀区长风三村居委助餐服务点	普陀区长风三村 82 号	62862292
普陀区华府樟园助餐服务点	普陀区凯旋北路 1555 弄 70 号 2 层	62309590
普陀区隆德综合为老服务中心助餐点	普陀区隆德路 5 号	52706769
普陀区长四二委助餐点	普陀区怒江路 30 弄 18 号	62454636
普陀区普陀二村助餐点	普陀区宁夏路 312 弄 1—2 号	62441804
普陀区枣阳片区老年助餐点	普陀区枣阳路 251 弄 100 号	62419335
普陀区白兰片区老年助餐点	普陀区白兰路 135 弄 1 号	62598029
普陀区谈家 28 社区长者食堂	普陀区谈家渡路 28 号 2 楼	32550618
普陀区老宝贝助餐服务点	普陀区宜昌路 555 号 3 楼	62980191
普陀区武一助餐服务点	普陀区武宁一村 3 号	62050340
普陀区圣骊澳门苑助餐服务点	普陀区澳门路 58 弄 11 号	62275823
普陀区邻里分中心助餐服务点	普陀区普雄路 26 弄 6 号	62445554
普陀区源年社区长者食堂	普陀区东新路 122 号	62980191
普陀区新城片区象源丽都助餐服务点	普陀区真光路 798 弄 21 号	52351008
普陀区百达敬老院	普陀区真北路 1101 弄 18 号	52790090
普陀区金沙片区助餐服务点	普陀区泾阳路 125 号	52351008
普陀区怒江片区助餐服务点	普陀区中江路 875 号	52351727
普陀区清涧二街坊老年人助餐点	普陀区桃浦路 1028 弄 55 号	52766899
普陀区清涧八街坊老年人助餐点	普陀区桃浦路 743 弄 52 号	52766899
普陀区真如镇老年食堂	普陀区大渡河路 1550 弄 160 支弄 9 号	52766899
普陀区真如镇老年助餐点(星河分部)	普陀区桃浦路 296 号 6 楼	52766899
普陀区真光三居助餐点	普陀区真光路 1915 弄 50 支弄 1933 号 201 室	52766899
普陀区真光片区社区老年人助餐点	普陀区真北路 1817 弄	52900288
虹口区江湾镇街道第一市民驿站社区长者食堂	虹口区虹湾路 50 号	66696165
虹口区江湾镇街道第二市民驿站老年助餐点	虹口区三门路 757 号乙	55273180
虹口区江湾镇街道第三市民驿站老年助餐点	虹口区华严路 60 号	55273120
虹口区江湾镇街道第四市民驿站老年助餐点	虹口区新市北路 1424 号	55273725
虹口区江湾镇街道第五市民驿站老年助餐点	虹口区奎照路 280 号 4 楼	65612137
虹口区江湾镇街道第六市民驿站老年助餐点	虹口区新市南路 920 号	65666731
虹口区吉阳红敬老院老年助餐点	虹口区虹口区纪念路 335 弄 10—12 号	61670788
虹口区凉城复馨敬老院老年助餐点	虹口区丰镇路 788 号	65266861
虹口区爱峰敬老院老年助餐点	虹口区万安路 669 弄 14 号	65605156
虹口区四川北路街道市民驿站第一分站老年助餐点	虹口区宝安支路 76 号 2 楼	66053595
虹口区四川北路街道市民驿站第二分站老年助餐点	虹口区溧阳路 1084 弄 28 号	65086722

续表

名　　称	地　　址	电　话
虹口区兰亭饭店老年助餐点	虹口区四川北路 1999 弄 15 号	56662142
虹口区四川北路街道虹德社区长者食堂	虹口区衡水路 365 号 1 楼	63567922-8611
虹口区黄渡居委老年活动室老年助餐点	虹口区黄渡路 63 弄 8 号 1 楼	65402938
虹口区山一居委老年活动室老年助餐点	虹口区山阴路 69 弄 60 号	56960672
虹口区山三居委老年活动室老年助餐点	虹口区山阴路 165 弄 1 号	56660057
虹口区浙兴居委老年活动室老年助餐点	虹口区四平路 97 弄 95—96 号	56964522
虹口区凉城新村街道市民驿站第一分站老年助餐点	虹口区凉城路 215 弄 27—28 号 2 楼	55822126-815
虹口区凉城新村街道市民驿站第二分站老年助餐点	虹口区广灵四路 344 号	55789153
虹口区凉城新村街道市民驿站第三分站老年助餐点	虹口区车站北路 727 弄 2 幢 5—8 号	55965008
虹口区凉城新村街道市民驿站第四分站老年助餐点	虹口区凉城路 638 号	35361200
虹口区凉城新村街道敬老院老年助餐点	虹口区凉城路 574 号	65298467-803
虹口区章氏老年助餐点（广灵店）	虹口区凉城路 457 号	55803626
虹口区章氏老年助餐点（车北店）	虹口区车站北路 588 号	65920537
虹口区章氏老年助餐点（凉城店）	虹口区凉城路 822 号	65292499
虹口区凉城社区长者食堂	虹口区广灵四路 268 号	65284030
虹口区奎照老年福利院老年助餐点	虹口区奎照路 840 号	65012760-69
虹口区虹口第六离职干部休养所饮食服务中心老年助餐点（内部供应）	虹口区广灵四路 269 号	65284030
虹口区虹口第七离职干部休养所食堂老年助餐点（内部供应）	虹口区广灵四路 280 弄 24 号	65284030
虹口区曲阳路街道第一市民驿站社区长者食堂	虹口区东体育会路 1130 号	65051198
虹口区曲阳路街道第二市民驿站社区长者食堂	虹口区辉河路 51 号	65543061
虹口区曲阳路街道第三市民驿站社区长者食堂	虹口区东体育会路 705 号 2 楼	55807226
虹口区曲阳路街道第四市民驿站社区长者食堂	虹口区玉田路 430 号 4 楼	55881890
虹口区瑞信养老院老年助餐点	虹口区赤峰路 600 弄 18 号	65602323
虹口区兰公馆养老院老年助餐点	虹口区中山北一路 903 号	63309850
虹口区曲阳路街道敬老院老年助餐点	虹口区巴林路 60 弄 28 号	65548978
虹口区广中路街道第一市民驿站社区长者食堂	虹口区水电路 120 号 2 楼	51812266
虹口区广中路街道第二市民驿站老年助餐点	虹口区广灵一路 157 号	31070164
虹口区广中路街道第三市民驿站老年助餐点	虹口区同心路 127 号	31070164
虹口区广中路街道第四市民驿站老年助餐点	虹口区新同心路 104 号	31070164
虹口区甬乐大食堂老年助餐点	虹口区西江湾路 122 号	51812253

续表

名　　称	地　　址	电　话
虹口区孝乐汇养老院老年助餐点	虹口区新市路 242 号	55780060
虹口区宝楼馆(汇民餐饮)老年助餐点	虹口区天宝西路 248 弄 7 号	65756036
虹口区祥云敬老院老年助餐点	虹口区四达路 109 号	36363188
虹口区紫荆居委老年活动室老年助餐点	虹口区欧阳路 289 弄 2 号 103 室	65080906
虹口区模范居委老年活动室老年助餐点	虹口区东体育会支路 65 弄 5 号 104 室	56962599
虹口区欧阳路街道市民驿站 No.1 老年助餐点	虹口区山阴路 277 号	65871377
虹口区欧阳路街道市民驿站 No.2 老年助餐点	虹口区欧阳路 545 弄 21—22 号	65227766
虹口区欧阳路街道市民驿站 No.3 老年助餐点	虹口区四平路 421 弄 123 号	65089255
虹口区欧阳路街道市民驿站 No.4 老年助餐点	虹口区天宝西路 248 弄 11 号	65756176
虹口区欧阳路街道市民驿站 No.5 老年助餐点	虹口区四平路 773 号	65871377
虹口区嘉兴路街道市民驿站第一分站社区长者食堂	虹口区天宝路 881 号	35152894
虹口区嘉兴路街道市民驿站第二分站老年助餐点	虹口区天宝路 80 号	65020114
虹口区嘉兴路街道市民驿站第三分站老年助餐点	虹口区天宝路 470 号	65120350
虹口区嘉兴路街道市民驿站第四分站老年助餐点	虹口区物华路 58 号 2 楼	65122428
虹口区嘉兴路社区新港路长者照护之家老年助餐点	虹口区新港路 11 号	55580292
虹口区北外滩街道市民驿站第一分站老年助餐点	虹口区长治路 147 号	66770095
虹口区北外滩街道市民驿站第二分站社区长者食堂	虹口区百官街 18 号	66770301
虹口区北外滩街道市民驿站第三分站老年助餐点	虹口区东余杭路 1332 号	65557635
虹口区北外滩街道市民驿站第四分站老年助餐点	虹口区霍山路 139 弄 6 号	65012638
虹口区临潼养老院老年助餐点	虹口区临潼路 191 号	65370688
虹口区晋阳居委老年活动室老年助餐点	虹口区惠民路 74 弄 22 号	65418196
虹口区西村居委老年活动室老年助餐点	虹口区榆林路 17 弄 6 号	65417866
虹口区明华坊居委老年活动室老年助餐点	虹口区保定路 20 弄 10 号 109 室	65377391
虹口区前进居委老年活动室老年助餐点	虹口区周家嘴路 86 弄 10 号 101 室	65357108
虹口区邮政公司员工食堂老年助餐点(定向供应)	虹口区江西北路 20 号	63242107
杨浦区定海路街道顺平路睦邻小厨	杨浦区顺平路 67 号	65432429
杨浦区定海路街道十七二敬老助餐点	杨浦区杨树浦路 3061 弄 153 号	65432429

续表

名称	地址	电话
杨浦区定海路街道西白林寺敬老助餐点	杨浦区河间路827弄36号1楼	65432429
杨浦区大桥一康长者食堂	杨浦区杭州路349号	65200920
杨浦区长阳新苑社区敬老助餐点	杨浦区长阳路1318弄57号	65200920
杨浦区河间路社区敬老助餐点	杨浦区眉州路515弄60号102室	65200920
杨浦区幸福村社区敬老助餐点	杨浦区周家嘴路3338弄9号101室	65200920
杨浦区长隆敬老助餐点	杨浦区长阳路2087弄6号	65200920
杨浦区平凉路街道龙江路睦邻小厨	杨浦区龙江路2号	65125502
杨浦区平凉路街道齐齐哈尔路睦邻小厨	杨浦区齐齐哈尔路205弄2号	65125502
杨浦区平凉路街道海杨社区敬老助餐点	杨浦区江浦路400号	65125502
杨浦区平凉路街道综合为老服务中心助餐点	杨浦区平凉路624号	65125502
杨浦区平凉路街道银龄苑敬老助餐点	杨浦区龙江路130弄2号甲2楼	65125502
杨浦区平凉路街道明园村社区敬老助餐点	杨浦区长阳路910弄11号底楼	65125502
杨浦区平凉路街道福宁社区敬老助餐点	杨浦区杨树浦路1177弄16号105室	65125502
杨浦区平凉路街道许阳社区敬老助餐点	杨浦区扬州路310号甲	65125502
杨浦区江浦路街道康善睦邻小厨	杨浦区辽源西路107号	65853539
杨浦区延吉新村街道延乐睦邻小厨	杨浦区内江一村22号	65380078
杨浦区延吉新村街道清真敬老助餐点	杨浦区松花江路267号	65380078
杨浦区延吉新村街道口口田敬老助餐点	杨浦区双阳路505号	65380078
杨浦区凤城三村睦邻小厨	杨浦区凤城三村31号	65397447
杨浦区靖宇南路睦邻小厨	杨浦区靖宇南路99弄16号	65397447
杨浦区多代园睦邻小厨	杨浦区控江路1031—1035号、1035号甲	65397447
杨浦区快乐靖宇睦邻小厨	杨浦区靖宇中路120号	65397447
杨浦区控江路1200弄老年人单一型助餐点	杨浦区1200弄48号1楼	65191638
杨浦区凤城五村老年人单一型助餐点	杨浦区凤城四村24号	65032331
杨浦区凤新老年人单一型助餐点	杨浦区控江路1505弄54号1楼	65022634
杨浦区社区综合为老服务中心助餐点	杨浦区密云路454弄2号	55782123
杨浦区日托所助餐点	杨浦区锦西路57号	65102330
杨浦区殷行新村综合为老服务中心社区长者食堂	杨浦区殷行一村74号	55099351
杨浦区欣益养老院社区长者食堂	杨浦区民星450号	55099351
杨浦区久安社区食堂	杨浦区国伟路300号E栋	55099351
杨浦区幸福家睦邻中心老年人助餐点	杨浦区闸殷路68号	55099351
杨浦区民一活动室老年人助餐点	杨浦区嫩江路839弄18号	55099351
杨浦区闸殷路长者照护之家老年人助餐点	杨浦区闸殷路86号	55099351
杨浦区五角场街道社区长者食堂	杨浦区国定支路24号1楼	65500347
杨浦区五角场街道第二社区长者食堂	杨浦区三门路358弄65号1楼	65500347
杨浦区国顺社区老年助餐点	杨浦区国权路230弄11号	65500347

续表

名　　称	地　　址	电　话
杨浦区复旦社区老年助餐点	杨浦区国年路 101 弄 30 号	65500347
杨浦区国权北社区老年助餐点	杨浦区国权北路 8 弄 1 号甲	65500347
杨浦区北茶园社区老年助餐点	杨浦区国顺路 80 弄 35 号 1 楼	65500347
杨浦区市京一村社区老年助餐点	杨浦区世界路市京一村 25 号	55806335
杨浦区浣纱四村社区老年助餐点	杨浦区浣纱四村 52 号甲	55806335
杨浦区教师公寓社区老年助餐点	杨浦区安波路 265 弄 7 号(门卫室后面)	55806335
杨浦区兰新社区老年助餐点	杨浦区翔殷路 791 弄 3 号	55806335
杨浦区时代花园老年人敬老助餐点	杨浦区殷行路 850 弄 53 号 2 楼	55252562
杨浦区睿达路老年人敬老助餐点	杨浦区殷行路 1628 弄 1 号楼 1 楼	55252562
杨浦区政云路老年人敬老助餐点	杨浦区政云路 200 号 1 楼	55252562
宝山区友谊路街道助餐服务点	宝山区密山路 131 号 2 楼	66595201
宝山区友谊路街道助餐服务点	宝山区友谊路 197 弄 12 号	66595201
宝山区宝林九村老年助餐点	宝山区宝林九村 27 号 104	66595201
宝山区吴淞街道社区老年人综合助餐服务点	宝山区同济路 257 号	66045089
宝山区吴淞街道为老助餐点	宝山区海滨三村 72 号北侧	66045089
宝山区张庙街道社区老年人助餐服务点	宝山区泗塘二村 59 号	66229899
宝山区张庙养老院助餐服务点	宝山区长江西路 1181 号	66229899
宝山区通河一村老年人助餐点	宝山区通河一村 11 号甲	66229899
宝山区大场镇大华助餐服务点	宝山区华灵路 847 弄 3 号	56150010
宝山区大场镇环镇北路助餐服务点	宝山区环镇北路 580 号	56150010
宝山区大场镇真金助餐服务点	宝山区真金路 1116 号	56150010
宝山区大场镇祁连助餐服务点	宝山区聚丰园路 439 号	56150010
宝山区大场镇新华助餐服务点	宝山区华灵路 1225 弄 418 号	56150010
宝山区大场镇上大助餐服务点	宝山区上大路 680 号-4	56150010
宝山区大场镇经纬助餐服务点	宝山区沪太路 3633 号	56150010
宝山区大场镇福乐老年人助餐点	宝山区鄂尔多斯路 800 号 3 楼	56150010
宝山区大场镇南炻助餐服务点	宝山区沪太路 2388 号 101 室	56150010
宝山区庙行镇助餐服务点	宝山区大康路 891 弄 101-1 号 2 楼	56476560
宝山区庙行镇老年第二助餐服务点	宝山区三泉路 1501 号	56476560
宝山区顾村镇社区老年人综合助餐服务点	宝山区泰和西路 3499 弄 118 号	66045089
宝山区顾村镇共富新村老年人综合型助餐服务点	宝山区共富二路 122 号	66045089
宝山区顾村刘行社区老年人综合型助餐服务点	宝山区顾村镇刘行菊盛路 99 弄 60 号	66045089
宝山区顾村镇唛宜德助餐服务点	宝山区顾村镇电台路 550 号	66045089
宝山区顾村镇神火餐饮助餐服务点	宝山区顾村镇水产西路 1033 号	66045089
宝山区顾村镇和平养老院助餐服务点	宝山区陆翔路 688 弄 30 号	66045089
宝山区顾村镇沈杨老年助餐点	宝山区顾陈路 705 号	66045089

续表

名　　称	地　　址	电　　话
宝山区淞南镇盛达家园社区老年人综合助餐服务点	宝山区一二八纪念路55弄127号	56826231
宝山区高境社区老年食堂	宝山区高境镇高逸路111号1101室	66185017
宝山区高境江杨南路助餐点	宝山区高境镇江杨南路671号	66185017
宝山区杨行镇社区老年人综合型助餐服务点	宝山区杨行镇漠河路1100弄1号	56803673
宝山区杨行镇社区老年人综合型助餐服务点	宝山区杨行镇松兰路846号	56803673
宝山区杨行镇老年人综合助餐服务点	宝山区红林路528弄25—32号	56803673
宝山区老年助餐点	宝山区红林路589弄2号	56803673
宝山区马泾桥老年人助餐点	宝山区富乐路18号	56931732
宝山区罗泾镇社区老年综合助餐服务点	宝山区罗泾镇集宁路177号	66876886
宝山区罗泾镇社区老年人助餐点	宝山区潘沪路68号	66876886
宝山区罗店镇四方村老年人综合助餐服务点	宝山区罗溪路1201弄53号	33713876
闵行区马桥镇综合型助餐服务点（三裕）	闵行区马桥镇富硚路268弄28号	64090031
闵行区金星综合型助餐服务点	闵行区丽江路32弄88号	64090031
闵行区同心综合型助餐服务示范点	闵行区马桥镇汇江路678号	64090031
闵行区元松综合型助餐服务点	闵行区马桥镇元松路15号	64090031
闵行区银林坊助餐点	闵行区马桥镇银林路100弄57号	64090031
闵行区新街坊助餐点	闵行区马桥镇中街88号	64090031
闵行区马桥镇养老助餐配送中心	闵行区元松路15号	64090031
闵行区万科社区食堂	闵行区伟业路199弄11号	64987723
闵行区莘城社区食堂	闵行区西环路387号（莘裕菜场）	64987723
闵行区沁馨社区食堂	闵行区沁春路1366弄99号1楼	64091309
闵行区康城社区食堂	闵行区莘松路958弄山林道76号2楼	54476717
闵行区绿梅二村日间照料中心助餐点	闵行区莘庄镇绿梅二村8号	64555362
闵行区华漕敬老院助餐点	闵行区繁兴路461号	52633211
闵行区继王敬老院助餐点	闵行区纪翟路2780号	52633211
闵行区华漕综合为老服务中心助餐点	闵行区申长路185弄44号2楼	52633211
闵行区美邻苑居委助餐点	闵行区金丰路121弄44号	52633211
闵行区诸新路居委助餐点	闵行区保乐路178号	52633211
闵行区九韵居民区助餐服务点	闵行区繁兴路300弄	52633211
闵行区紫薇居民区助餐服务点	闵行区北翟路紫苑路紫薇新村46号—1	52633211
闵行区金丰邻里中心助餐点	闵行区金丰路121弄44号	52633211
闵行区华漕村钱更浪助餐点	闵行区南华街38弄25号	52633211
闵行区蔷薇一居助餐点	闵行区老沪闵路1351弄1号	64976206
闵行区普乐一居助餐点	闵行区虹梅南路1555弄94号	64105237
闵行区华唐苑助餐点	闵行区虹梅南路2288弄71号底楼	64976601
闵行区春城二居助餐点	闵行区莲花南路1108弄52号	54999762

续表

名　　称	地　　址	电　话
闵行区梅陇三居助餐点	闵行区梅陇二村三居委	64774262
闵行区罗阳四居助餐点	闵行区莲花南路 556 弄 29 号 101 室	64539185
闵行区梅陇五居助餐点	闵行区莲花南路 565 弄 102 号 101 室	64101548
闵行区上海欣苑助餐点	闵行区罗秀路 1980 弄 42 号底楼	54811452
闵行区罗阳七居助餐点	闵行区罗阳路 750 弄 93 号 202 室	54992819
闵行区春申景城助餐点	闵行区兴梅路 1199 弄 3 号 2 楼	54390056
闵行区南方一居助餐点	闵行区古美西路南方一居委	64126618
闵行区晶城二居助餐点	闵行区业祥路 22 号	54222953
闵行区高兴二居助餐点	闵行区莘朱路 879 弄 65 号	54381732
闵行区中梅苑助餐点	闵行区上中西路 735 弄 21 号	64765359
闵行区锦梅馨苑助餐点	闵行区锦梅路 1500 弄	54298618
闵行区梅陇镇社区综合为老服务中心助餐点	闵行区曙建路 78 弄 21 号	64588900
闵行区永联村吴介巷农村养老机构助餐点	闵行区永联村西吴 1 号	34943220
闵行区银馨助餐点	闵行区环镇南路 110 号	34686415
闵行区龙柏二村第一居委助餐服务点	闵行区龙柏二村 70 号	34686415
闵行区龙柏三村第一居委助餐服务点	闵行区白樟路 229 号	34686415
闵行区龙柏四村第三居委助餐服务点(兰竹)	闵行区龙柏四村 215 号	34686415
闵行区古北居委助餐服务点(井亭苑)	闵行区吴中路 585 弄 13 号(虹莘路 3799 弄 79 号 1 楼)	34686415
闵行区河南居委助餐服务点	闵行区虹桥路 2759 弄 49 号	34686415
闵行区龙柏为老助餐点	闵行区青杉路 388 号	34686415
闵行区航华一村第五居委助餐服务点	闵行区沪青平公路 128 号	64213359
闵行区航华一村第六居委助餐服务点	闵行区沪青平公路 158 弄 40 号	64216791
闵行区沙茂居委助餐服务点	闵行区七莘路 3885 弄 85 号 103 室	54857346
闵行区华美居委助餐服务点	闵行区东华美路 151 弄	62200935
闵行区航华一村五居委邻里中心助餐点	闵行区航东路 775 弄 37 号	54223227
闵行区爱博三村居委助餐服务点	闵行区申滨路 1058 弄 76 号	34662073
闵行区爱博一村居委助餐服务点	闵行区宁虹路 1101 弄 100 号	34666792
闵行区中虹浦江苑助餐点	闵行区浦涛路 100 弄 5 号 102 室	34302430
闵行区浦航老年人日间服务中心	闵行区江协路 51 弄 1 号 105 室	34302430
闵行区浦航邻里中心助餐点	闵行区浦连路 125 弄 41 号	34302430
闵行区永康邻里中心助餐点	闵行区永颂路 198 弄 22 号、23 号	34302430
闵行区浦航五居委虹浦新城助餐点	闵行区浦涛路 505 弄 10 号 2 楼	34302430
闵行区瑞和城五居委助餐点	闵行区汇舒路 119 弄 31 号	34302430
闵行区平吉助餐点	闵行区虹莘路 2388 弄 72 号	54145347
闵行区平南助餐点	闵行区平阳路 1481 号	54145347
闵行区古龙助餐点	闵行区古美路 675 弄 1 号 101 室	54145347
闵行区古美助餐点	闵行区平阳路 50 弄 2 号 101 室	54145347

续表

名　　称	地　　址	电　话
闵行区社区食堂(助餐点)	闵行区古美街道平阳路1481号103、104室	54145347
闵行区莲花老年公寓助餐点	闵行区莲花路1115号	34226575
闵行区古美敬老院助餐点	闵行区虹莘路2288弄135号	54162838
闵行区平阳敬老院助餐点	闵行区平阳路1225号	34174387
闵行区青年路老年助餐点	闵行区青年路352号	64798100
闵行区航华综合型助餐服务示范点	闵行区航南路108号	64798100
闵行区静安新城综合型助餐示范点	闵行区宜山路2271号	64798100
闵行区大上海国际花园社区食堂	闵行区漕宝路1555弄8号楼商务中心1楼	64798100
闵行区沧源日托助餐服务点	闵行区东川路925弄44号	64302743
闵行区高华小区第二居委助餐服务点	闵行区江川路241弄9号104室	64302743
闵行区新闵居委助餐服务点	闵行区江川东路863弄80号	64302743
闵行区高华小区第三居委助餐服务点	闵行区兰坪路131弄13号	64302743
闵行区东风小区第一居委会助餐服务点	闵行区江川路248弄134号102室	64302743
闵行区红旗新村居委会老年人助餐服务点	闵行区华宁路191弄25号	64302743
闵行区昆阳社区老年人综合型助餐服务示范点	闵行区昆阳路520弄10号	64302743
闵行区汽轮日托助餐服务点	闵行区宾川路380弄54号1楼	64302743
闵行区合生日托助餐服务点	闵行区安宁路518号	64302743
闵行区鹤北日托助餐服务点	闵行区鹤庆路136弄97号	64302743
闵行区红旗邻里中心为老助餐点	闵行区碧江路401弄50号	64302743
闵行区鑫泽阳光社区老年人助餐服务点	闵行区瓶北路467号	34626108
闵行区申馨社区食堂	闵行区申北路280号	34626108
闵行区颛桥镇社区老年人助餐服务点	闵行区中沟路385号	64890751
闵行区社区长者食堂	闵行区颛盛路525号	64890751
闵行区夕阳红养老院助餐点	闵行区剑川路50弄200号	64528998
闵行区亲情安养院助餐点	闵行区剑川路50弄28号	64528998
闵行区吴泾新村社区为老服务中心综合型助餐服务示范点	闵行区龙吴路5530弄40号	64528998
闵行区虹梅景苑居委助餐点	闵行区永德路700弄25号	64528998
闵行区锦颐·世博家园社区助餐服务点	闵行区浦驰路646号	34783193
闵行区锦颐·浦瑞路社区长者食堂	闵行区浦瑞路333号	34783193
闵行区田林综合型助餐服务点	闵行区柳州路374弄7号	
嘉定区嘉定镇街道乐龄助餐服务点	嘉定区塔城路440弄29号	69956702
嘉定区嘉定镇街道(高昌路)老年人综合助餐示范点	嘉定区塔城路560号	69956702
嘉定区真新综合型助餐服务点	嘉定区真新街道丰庄路450弄46号	69191561
嘉定区嘉定新城(马陆镇)社区助餐服务示范点	嘉定区马陆镇双单路817弄10—24号	39150159

续表

名 称	地 址	电 话
嘉定区安亭向阳综合型助餐服务点	嘉定区安亭镇外青松公路 1148 号	69571692
嘉定区黄渡镇综合型助餐服务点	嘉定区黄渡镇新黄路 18 号	59590279
嘉定工业区综合型助餐服务点(南片)	嘉定区良舍路 333 弄 40 号	69522242
嘉定工业区综合型助餐服务点(北片)	嘉定区嘉朱公路 1468 号	39963103
嘉定区徐行镇综合型助餐服务点	嘉定区徐行镇曹王路 236 号	59945556
嘉定区江桥镇综合型助餐服务点	嘉定区江桥镇榆中路 68 弄 134 号	59141258
嘉定区外冈镇综合型助餐服务点	嘉定区外冈镇恒荣路 386 号 411 室	59936666
嘉定区南翔镇老年人综合助餐服务点	嘉定区南翔镇德园路 665 号	69120116
嘉定区菊园社区综合型助餐服务示范点	嘉定区菊园新区柳湖路 756 号	39921669
嘉定区新成路街道老年人助餐服务点	嘉定区迎园中路 638 号	59980667
嘉定区华亭镇社区老年人综合型助餐点	嘉定区华亭镇华谊一路 172 号	59972280
金山区枫泾镇老年人助餐服务点	金山区枫泾镇枫兰路 112 号	67297178
金山区枫泾镇友好居民区老年人助餐服务点	金山区枫泾镇友好居委圣堂弄 18 号	57351297
金山区枫泾镇全朝社区老年人助餐服务点	金山区枫泾镇泾波路 138 号	57356666
金山区枫泾镇枫丽路老年人助餐服务点	金山区枫泾镇枫丽路 168 号	67354834
金山区枫泾镇新义村老年人助餐服务点	金山区枫泾镇新义村 1 组	57357524
金山区朱泾镇老年人助餐服务点	金山区朱泾镇西林街 2 弄 15 号	57321896
金山区朱泾镇五龙村老年人助餐点	金山区朱泾镇吕新路 2056 号	57345005
金山区朱泾镇广缘社区老年人助餐服务社	金山区朱泾镇罗星南路 528 号	67220815
金山区亭林镇老年人助餐服务点	金山区亭林镇大通路 6 号	57381091
金山区后岗村老年助餐服务点	金山区亭林镇后岗居村委前中 7 组	57386892
金山区亭西村老年人助餐服务点	金山区亭林镇亭西村 8 组 2020 号	57232269
金山区油车村老年人助餐服务点	金山区亭林镇油车村居村委 5089 号	57236280
金山区寺北居委会老年人助餐服务点	金山区寺平北路 351 弄 213 号	67231513
金山区亭东村老年人助餐服务点	金山区亭林镇亭东村六塔 6001 号	57232999
金山区浩光村老年人助餐服务点	金山区北松金公路 6088 号(浩光村 6 组)	57381113
金山区周栅村老年人助餐服务点	金山区周栅村松牌路 411 号	57388660
金山区金门村老年人助餐服务点	金山区亭林镇金门村 9 组 4028 号	57234220
金山区亭林镇新巷村老年人助餐服务点	金山区亭林镇新巷村 14 组	57232257
金山区漕泾镇综合型老年人助餐服务点	金山区漕泾镇富漕路 539 弄 48 号	57250381
金山区阮巷村老年人助餐服务点	金山区漕泾镇阮巷 7 组	67258081
金山区沙积村老年人助餐服务点	金山区漕泾镇沙积村建国 2071 号	57251184
金山区漕泾镇水库村老年人助餐服务点	金山区漕泾镇长堰 2076 号	57258806
金山区山阳镇老年人助餐服务点	金山区山阳镇体育路 29 号	57242800
金山区山阳镇第二老年人助餐服务点	金山区山阳镇老西路 64 号	37219926
金山区杨家村老年人助餐服务点	金山区金山区卫零北路 89 号	37285686
金山区新江村老年人助餐服务点	金山区山阳镇华江小区 46 号	57282943

续表

名　　称	地　　址	电　　话
金山区东方村老年人助餐服务点	金山区山阳镇龙皓路585弄28号	67241279
金山区华新村老年人助餐服务点	金山区山阳镇华新村工农4014号	57247077-201
金山区九龙村老年人助餐服务点	金山区山阳镇朱山路368号	57241020
金山区长兴村老年人助餐服务点	金山区山阳镇长兴村2组2009号	57248060
金山区中兴村老年人助餐服务点	金山区山阳镇中兴4组中甸路8056号	57241012
金山区渔业村老年人助餐服务点	金山区山阳镇渔业村2115-1号	57241326
金山区金山卫镇综合型老年人助餐服务点	金山区金山卫镇龙轩路2208弄90号	57268693
金山区卫城村社区老年人助餐服务点	金山区金山卫镇卫城村老卫清路156号	57260589
金山区海帆居委会老年人助餐服务点	金山区金山卫镇龙皓路2039弄62号	57261835
金山区张堰镇老年人助餐服务点	金山区张堰大街184号	57215200
金山区秦望村老年人助餐服务点	金山区张堰镇金张公路506号	57220829
金山区秦阳村老年人助餐服务点	金山区张堰镇秦阳村四组3199号	57213066
金山区桑园村老年人助餐服务点	金山区张堰镇张旧路1885号	57213075
金山区张堰镇留溪老年人助餐服务点	金山区张堰镇松金公路2800弄129—136号	57213047
金山区廊下镇老年人助餐服务点	金山区春虹路29号	37908933
金山区中民村老年人助餐服务点	金山区廊下镇中民村5066号	57399233
金山区特色民居老年人助餐服务点	金山区景钱路1688弄特色民居666号	57398221
金山区勇敢村老年人助餐服务点	金山区勇敢村勇敢村5078号	57394830
金山区景红园老年人助餐服务点	金山区廊下镇景阳村1107号	57390283
金山区吕巷镇老年人助餐点	金山区吕巷镇南溪二村102号	57376625
金山区吕巷居委会老年人助餐服务点	金山区吕巷镇郭家新村95号	57377273
金山区石化社区老年人综合助餐服务点	金山区石化四村438号	57972741
金山区东礁居委会老年人助餐服务点	金山区东礁二村30号	57930594
金山区合浦居委会老年人助餐服务点	金山区十一村72号	57933674
金山区九村居委会助餐服务点	金山区九村937号底楼	57931258
金山区滨海二村老年人助餐服务点	金山区滨海二村30号	67262110
金山区三村老年人助餐服务点	金山区石化三村306号103室	57933548
金山区金山工业区综合型老年人助餐点	金山区金山工业区市西街76号	57273577
金山区金山第一福利院老年人助餐服务点	金山区石化街道梅州新村84号	37316039
松江区中山苑老年人助餐服务点	松江区中山街道茸惠路758弄34号	57786736
松江区中山街道社区老年人助餐服务点	松江区迎宾路2号	57786736
松江区方松街道兰桥社区老年人助餐服务点	松江区思贤路1336号2楼	37721142
松江区方松街道西部社区老年人助餐服务点	松江区新松江路2661弄2楼	37721142
松江区永丰街道古浦新苑助餐点	松江区草长浜路125弄36号2楼	57811488
松江区永丰街道社区老年人综合型助餐服务点	松江区仓丰路24—26号	57811488
松江区永丰街道谷水社区老年人助餐服务点	松江区富强路1621号	57811488

续表

名　称	地　址	电　话
松江区九峰社区老年人助餐服务点	松江区乐都路 296 弄 17 号北侧	57820483
松江区荣乐社区老年人助餐服务点	松江区乐都路 390 号荣乐一村 82 号	57820483
松江区人乐社区老年人助餐服务点	松江区人乐二村 66 号	57820483
松江区文翔居委会老年人助餐服务点	松江区文翔路 3088 弄 144 号	37683789
松江区洞泾镇社区老年人助餐服务点	松江区洞泾镇长欣(居村委)沪松公路 3715 弄 9 号	57672226
松江区新桥镇春申助餐服务点	松江区新桥镇银都西路 258 号 101 室	57641262
松江区新桥镇社区老年人助餐服务点	松江区新桥镇申浜路 276 号	57641262
松江区九亭镇云润居委会社区老年人助餐服务点	松江区九亭镇九亭大街 473 弄 21 号	57631893
松江区九亭镇亭中居委会社区老年人助餐服务点	松江区九亭镇九新公路 150 号	57631893
松江区九亭镇颐景园社区长者食堂	松江区涞亭南路 888 弄 91 号 2 楼	57631893
松江区九亭镇花园老年人助餐服务点(综合为老服务中心)	松江区九亭镇花园路 1 号	57631893
松江区九亭镇上置亭南社区老年人助餐服务点	松江区九亭镇莘松路 1288 号 1279 弄	57631893
松江区石湖荡镇恬润新苑居委会社区老年人助餐服务点	松江区石湖荡镇闵塔路 1751 弄 395 号 1 楼	57750009
松江区石湖荡镇洙桥村社区老年人助餐服务点	松江区石湖荡镇洙桥村 686 号	57750009
松江区胡光村社区老年人助餐服务点	松江区泖港镇胡光村 306 号	57861182
松江区叶榭镇社区老年人助餐服务点	松江区叶榭镇金家村张星路 2 号	67800005
松江区叶榭镇堰泾村社区老年人助餐服务点	松江区叶榭镇堰泾村蒋四房 405 号	67800005
松江区泗泾街镇下塘社区老年人助餐服务点	松江区泗泾镇江达北路 85 号	57621132
松江区润江居委社区老年人助餐服务点	松江区泗泾镇润江新苑小区	57621132
松江区新凯社区老年人助餐服务点	松江区泗泾镇新凯家园社区	57621132
松江区北干山村横泖社区老年人助餐服务点	松江区佘山镇北干山村横泖队	37827968
松江区北干山村陶泾社区老年人助餐服务点	松江区佘山镇北干山村陶泾大宅队	37827968
松江区佘山镇翠鑫苑社区老年助餐服务点	松江区佘山镇千新公路 1200 弄 67 号	57652876
松江区佘山镇佘山花苑社区老年助餐服务点	松江区佘山镇环山路 18 号	57652876
松江区佘山镇江秋新苑社区老年助餐服务点	松江区佘山镇桃源路 716 号	57652876
松江区佘山镇翠谷社区老年助餐服务点	松江区佘山镇桃源路 328 弄 79 号	57652876
松江区佘山镇秋潭苑社区老年助餐服务点	松江区佘山镇江秋路 199 弄	57652876
松江区佘山镇新宅村老年助餐服务点	松江区佘山镇新宅路 288 号	57652876
松江区小昆山敬老院助餐点	松江区小昆山镇玉昆路 660 号 1 楼	57761919
松江区大港社区老年人助餐服务点	松江区小昆山镇彭丰路 455 弄(宜居苑内)	57761919
松江区新集镇社区老年人助餐服务点	松江区小昆山镇平原街 925 弄翔昆苑大厦 4 楼	57761919
青浦区夏阳街道塘郁村老年人综合型助餐服务点	青浦区塘郁村 179 号	59716033

续表

名　　称	地　　址	电　话
青浦区夏阳街道章浜路老年人综合型助餐服务示范点	青浦区章浜路22号	33863790
青浦区夏阳街道盈港东路老年人综合型助餐服务示范点	青浦区盈港东路8300弄14号	33863790
青浦区夏阳街道城中东路老年人综合型助餐服务示范点	青浦区城中东路58号	33863790
青浦区徐泾镇老年人综合型助餐服务示范点	青浦区徐泾镇明珠路305号	59766679
青浦区朱家角镇西湖新村老年助餐点	青浦区漕平路149号	59230100
青浦区朱家角镇综合为老服务中心长者食堂	青浦区朱家角镇人和路58号	59241066
青浦区壹仟客大食堂(原星康饭店)	青浦区新府中路1806号	
青浦区上海老菜馆(原聪聪饭店)	青浦区凤中路262号	
青浦区凤溪养护院(综合为老服务中心内)	青浦区凤雅路906号	59773238
青浦区综合为老服务助餐点	青浦区城中北路322号	69205980
青浦区练塘镇东庄村老年人助餐点	青浦区东庄村蒸东115号	59812103
青浦区练塘镇碧珎坊社区长者食堂	青浦区练塘镇松蒸公路4486号	59732727
青浦区赵巷爱欣老年人综合型助餐服务点	青浦区赵巷镇民实路58号	59753241
青浦区赵巷镇南崧村老年人综合型助餐服务示范点	青浦区赵巷镇民实路92号	59750952
青浦区钱盛村助餐点	青浦区钱盛村198号	59863254
青浦区龚都村助餐点	青浦区金泽镇龚都村港都9组	59865681
青浦区西岑村助餐点	青浦区西岑村山深200号	59296043
青浦区新港村助餐点	青浦区新港村尤浜188号	59862536
青浦区东天村助餐点	青浦区东天村67号	59271258-12
青浦区田山庄村助餐点	青浦区田山庄村114号	59864007
青浦区莲湖村助餐点	青浦区谢庄161号	59271153
青浦区任屯村助餐点	青浦区任屯村112号	59865219
青浦区爱国村助餐点	青浦区爱国村莲爱路118号	59271663
青浦区盈浦街道"老享来"社区长者食堂	青浦区淀湖路80号	33863790
奉贤区老年大学助餐点	奉贤区南桥镇江海路350号	57100728
奉贤区灵芝村老年人助餐点	奉贤区南桥镇浦灵路1088号	57401435
奉贤区运河居委老年人助餐点	奉贤区南桥镇横泾新村22号东侧	67182271
奉贤区南桥源长者食堂	奉贤区南桥镇周家弄32号	67110400
奉贤区六墩村长者食堂	奉贤区南桥镇南庄路509号	37523776
奉贤区久茂村老年助餐点	奉贤区奉城镇久茂村1039号	57528095
奉贤区护民村老年助餐点	奉贤区奉城镇护民村护海738号	57170413
奉贤区南街老年助餐点	奉贤区奉城镇奉城南街216号	57515721
奉贤区塘外社区长者食堂	奉贤区奉城镇人民路108号	57170103
奉贤区平安社区助餐点	奉贤区四团镇安居路11号	67530503

续表

名　　称	地　　址	电　话
奉贤区四团社区长者食堂	奉贤区四团镇四新街 17 号	67530503
奉贤区海港新苑长者食堂	奉贤区四团镇平安社区海旗路 1505 号	
奉贤区邵厂社区长者食堂	奉贤区四团镇邵厂北区 28 号	37575696
奉贤区新塘村助餐点	奉贤区柘林镇新塘村 1329 号	57491968
奉贤区柘中园助餐点	奉贤区柘林镇华亭村船浜 13 组	57446354
奉贤区海韵居委老年人助餐点	奉贤区柘林镇海韵社区居委会柘林村 918 弄 318 号	57445383
奉贤区王家圩村老年人助餐点	奉贤区柘林镇王家圩村八桥 533 号	57457790
奉贤区胡桥社区长者食堂	奉贤区柘林镇胡桥居民区农交路 28 号	57451215
奉贤区庄行社区助餐点	奉贤区庄行镇油车弄 29 号	57460603
奉贤区存古村助餐点	奉贤区庄行镇存古村姚泾 1 组	37526622
奉贤区西校村长者食堂	奉贤区庄行镇浦卫公路西纬支路往西 50 米	57401426
奉贤区东风村长者食堂	奉贤区庄行镇腾庄路 299 弄 188 号	57466650
奉贤区丽水湾长者食堂	奉贤区庄行镇三城路 40 号	33650226
奉贤区邬桥社区长者食堂	奉贤区庄行镇大叶公路 2675 号	37440081
奉贤区泰日社区长者食堂	奉贤区金汇镇汇泰路 16 号	57586292
奉贤区齐贤社区长者食堂	奉贤区金汇镇白沙村李家 4 组	57575532
奉贤区金汇社区长者食堂	奉贤区金汇镇东方美谷金汇敬老院内	57575176
奉贤区桃园村老年人助餐点	奉贤区青村镇桃园村 1158 号	57594592
奉贤区金王村长者食堂	奉贤区青村镇金王村 558 号	57599110
奉贤区星火助餐点	奉贤区海湾镇海光路 98 弄	57502577
奉贤区燎原助餐点	奉贤区海湾镇燎原育才路 128 号	57110148
奉贤区五四助餐点	奉贤区海湾镇五四公路 1132 号	57163337
奉贤区金都居委助餐点	奉贤区西渡街道扶港路 629 弄 132 号	67156136
奉贤区文怡居委助餐点	奉贤区西渡街道西闸公路 1373 弄	67155356
奉贤区西渡街道长者食堂	奉贤区西渡街道沿浦路 198 号	67155292
奉贤区乐康苑助餐点	奉贤区奉浦街道肖塘路 416 号	67102193
奉贤区国顺路助餐点	奉贤区奉浦街道国顺路 553 号	67102193
奉贤区奉浦二村长者食堂	奉贤区奉浦街道奉浦二村小区会所	67102193
奉贤区金海社区生活服务中心助餐服务点	奉贤区金海街道嘉园路 107 号	67103938
奉贤区海湾旅游区助餐点	奉贤区海湾旅游区人民塘路 700 号	57120935
崇明区长兴镇凤辰居委助餐服务点	崇明区长兴镇凤辰乐苑长橘路 500 弄 108 号 102 室	66850721
崇明区长兴镇石沙村综合型助餐服务点	崇明区长兴镇石沙村潘园公路 3838 号	66852190
崇明区长兴镇建新村综合型助餐服务点	崇明区长兴镇建新村 1 组仓库	56851560
崇明区长兴镇综合型助餐服务点	崇明区长兴镇潘园公路 1656 号	56851415
崇明区长兴镇吾哩屋里助餐点	崇明区长兴镇鹭岛华庭金森路 759 弄 158 号 2 楼	66850823
崇明区长兴镇凤凰老年助餐点	崇明区长兴镇凤凰佳苑丰康路 50 弄 43A	56858281
崇明区长兴镇圆东村老年助餐点	崇明区长兴镇圆东村潘园公路 161 弄	56850039

续表

名称	地址	电话
崇明区长乡镇长兴家园老人助餐点	崇明区长兴镇长兴家园丰福路699弄18号	66850331
崇明区长乡镇前卫新村老人助餐点	崇明区长兴镇前卫新村22号101室	33801291
崇明区长兴镇滨江苑老人助餐点	崇明区长兴镇滨江苑长橘路159弄89号2楼	66850968
崇明区长兴镇长兴新苑社区助餐点	崇明区长兴镇长兴新苑金森路199弄38号	56850330
崇明区长兴镇长征村社区长者食堂	崇明区长兴镇长征村214号	66851508
崇明区横沙乡丰乐村综合型老年助餐服务点	崇明区横沙乡丰乐村育贤南路1068号	56890145
崇明区横沙乡民生村综合型老年助餐服务点	崇明区横沙乡民生村655号	56890454
崇明区横沙乡新永村综合型助餐服务点	崇明区横沙乡新永村368号	56890220
崇明区横沙乡民永村综合型助餐服务点	崇明区横沙乡民永村958号	56890749
崇明区横沙乡民东村综合型助餐服务点	崇明区横沙乡民东中心路北首	56890030
崇明区绿华镇助餐服务点	崇明区绿华镇新建路894号	59351659
崇明区新村乡新浜村老年助餐点	崇明区新村乡新浜村新村1476号	59651541
崇明区新村乡新洲村综合型老年助餐服务点	崇明区新村乡新洲村委会	59655820
崇明区新村乡新乐村老年助餐服务点	崇明区新村乡星村公路1730号	59650804
崇明区三星镇助餐服务点	崇明区三星镇协进村496号	59601521
崇明区三星镇为老服务中心综合型助餐服务点	崇明区三星镇宏海公路4318号	59601298
崇明区三星镇新安村社区长者食堂	崇明区三星镇新安村555号	59305633
崇明区庙镇合中村综合型助餐服务点	崇明区庙镇合中村太平路新保638号	59381034
崇明区庙镇鸽龙村综合型助餐服务点	崇明区庙镇鸽龙村庆华2队	69368053
崇明区庙镇猛东村综合型助餐服务点	崇明区庙镇猛东村三桥4队村民休闲公园南边	59381638
崇明区庙镇社区长者食堂	崇明区庙镇庙中路46号	59498083
崇明区庙镇镇东村村长者食堂	崇明区庙镇镇东村村委会	69361119
崇明区港西镇静南村助餐服务点	崇明区港西镇静南村鼓浪屿路1000弄135号	59678639
崇明区港西镇社区长者食堂	崇明区港西镇三双公路1629号	59671970
崇明区城桥镇西门北村综合型老年助餐点	崇明区城桥镇西门北村6号楼101	69616247
崇明区城桥镇花园弄居委综合型老年助餐点	崇明区城桥镇人民路31号	69616236
崇明区城桥镇川心街助餐服务点	崇明区城桥镇同心弄1号	69616242
崇明区城桥镇油车湾社区长者食堂	崇明区城桥镇油车湾67号	69616313
崇明区建设镇老年助餐服务点	崇明区建设镇大同村蟠龙公路1399号	59396062
崇明区建设镇三星村综合型助餐服务点	崇明区建设镇三星村牛路329号	59331424
崇明区建设镇浜西村助餐服务点	崇明区建设镇浜西村761号	59393010
崇明区建设镇界东村助餐服务点	崇明区建设镇界东村324号	59331470
崇明区建设镇白钥村助餐服务点	崇明区建设镇白钥村镇中路318号	59331404
崇明区建设镇富安村助餐服务点	崇明区建设镇富安村521号	59330735
崇明区建设镇综合型助餐服务示范点	崇明区建设镇蟠龙公路1079号	59331308
崇明区建设镇建设村助餐点	崇明区建设镇建设村蟠龙公路438号	59392993

续表

名　　称	地　　址	电　话
崇明区建设镇蟠南村助餐点	崇明区建设镇蟠南村蟠龙公路 1039 号	59393015
崇明区建设镇浜东村助餐点	崇明区建设镇浜东村浜南 1397 号	59391181
崇明区建设镇运南村助餐点	崇明区建设镇运南村 821 号	59333416
崇明区新河镇卫东村综合型助餐服务点	崇明区新河镇卫东村平南 169 号	59371353
崇明区新河镇永丰村综合型助餐服务点	崇明区新河镇永丰村 688 号	59373191
崇明区新河镇三烈村助餐点	崇明区新河镇三烈村 748 号	59687379
崇明区新河镇群英村助餐点	崇明区新河镇群英村 678 号	59375282
崇明区竖新镇嘉龙助餐服务点	崇明区竖新镇大东村 682 号	59492207
崇明区竖新镇大椿村助餐服务点	崇明区竖新镇大椿村 830 号	59491916
崇明区竖新镇综合型助餐服务点	崇明区竖新镇竖桥公路 989 号	59491006
崇明区竖新镇惠民村社区长者食堂	崇明区竖新镇惠民村竖新 7 队	59483645
崇明区竖新镇仙桥村社区长者食堂	崇明区竖新镇仙桥村 649 号	69491850
崇明区月亮湖综合型老年助餐服务点	崇明区堡镇大通路 388 号	59415388
崇明区堡镇人民村综合型助餐服务点	崇明区堡镇人民村槐荫 300 号	59421356
崇明区堡镇瀛南村助餐服务点	崇明区堡镇瀛南村村委会	59458243
崇明区堡镇综合型助餐服务示范点	崇明区堡镇通富路堡兴路路口	59417801
崇明区港沿镇助餐服务点	崇明区港沿镇港沿公路 1101 号	59461248
崇明区港沿镇为老服务中心助餐点	崇明区港沿镇鲁东村友南 7 队大港公路胜利北路交叉口	31195188
崇明区向化镇米新村为老助餐点	崇明区向化镇米新村 168 号	59447225
崇明区向化镇助餐点	崇明区向化镇春光村阜南 251 号	59441067
崇明区中兴镇胜利村社区长者食堂	崇明区中兴镇汲浜村 998 号	69446925
崇明区陈家镇综合型助餐服务点	崇明区陈家镇裕展路 426 号	59404605
崇明区陈家镇裕鸿佳苑第一社区居委助餐点	崇明区陈家镇裕盛路 3 弄 2 号	39636990
崇明区陈家镇裕鸿佳苑第二社区居委助餐点	崇明区陈家镇裕国路 328 弄 57 号	39360313
崇明区陈家镇裕鸿佳苑第三社区居委助餐点	崇明区陈家镇安寓路 80 号 2 楼	39361036
崇明区陈家镇裕鸿佳苑第四社区居委助餐点	崇明区陈家镇裕展路 450 弄 426 号	39637186
崇明区陈家镇裕鸿佳苑第五工作站助餐点	崇明区陈家镇裕展路 679 弄 67 号	59471230
崇明区陈家镇裕鸿佳苑第六工作站助餐点	崇明区陈家镇安通东路南村	39630253
崇明区陈家镇裕鸿佳苑第七社区居委助餐点	崇明区陈家镇安瑞路 185 弄 62 号	39637006
崇明区陈家镇裕鸿佳苑第八工作站助餐点	崇明区陈家镇安润路 637 弄 26 号	59439290
崇明区陈家镇花漂村助餐点	崇明区陈家镇花漂村村委会	69430283
崇明区陈家镇裕弘居委综合型老年助餐点	崇明区陈家镇裕军路 8 号	59404605
崇明区新海镇综合型老年助餐服务点	崇明区新海镇兴阔路 185 号	59655072
崇明区新海镇红星居委综合型助餐服务点	崇明区新海镇红星居委洪中一村内	59655218
崇明区新海镇长征居委长者食堂	崇明区新海镇长征会理路(长征居委会后侧)	59655218
崇明区东平镇桂林新村老年助餐点	崇明区东平镇长江农场东冉路 678 号	59666233

续表

名　　称	地　　址	电　话
崇明区东平镇东风老年助餐点	崇明区东平镇东风公路555号	59641441
崇明区东平镇前进助餐点	崇明区东平镇北沿公路1328弄38号	59631152
崇明区东平镇风伟社区老年助餐服务点	崇明区东平镇林风公路334号	59641481

(七)社区综合为老服务中心(281家)

名　　称	地　　址	电　话
浦东新区宣桥社区老年服务中心	浦东新区宣中路440号	58187176
浦东新区高东社区综合为老服务中心	浦东新区园二路285号	68485118
浦东新区合庆镇老年综合服务中心	浦东新区东川公路7777号	68904311
浦东新区唐镇老年人综合服务中心	浦东新区创新中路95弄77号	68792053
浦东新区周浦镇老年综合服务中心	浦东新区南八灶街179号	58113058
浦东新区航头镇鹤沙航城老年人综合服务中心	浦东新区鹤驰路235号	58226738
浦东新区祝桥镇江镇社区老年服务中心	浦东新区晚霞路426号	68102488
浦东新区祝桥综合为老服务中心	浦东新区千汇路1209号	58101260
浦东新区新场镇社区综合服务中心	浦东新区新环西路58弄64号	58178858
浦东新区曹路金海华城老年人综合服务中心	浦东新区金睦路336号	68910219、68910220
浦东新区万祥综合为老服务中心	浦东新区三三公路2029号	58043081
浦东新区东明路街道综合为老服务中心	浦东新区环林东路799弄8—15号	50420083
浦东新区塘桥社区综合为老服务中心	浦东新区浦建路211弄12号	50390963
浦东新区沪东新村街道综合为老服务中心	浦东新区寿光路161弄55号	58505900
浦东新区惠南镇综合为老服务中心	浦东新区听悦路1356号	38020005
浦东新区老港综合为老服务中心	浦东新区建中路335号	38229753
浦东新区金桥社区综合为老服务中心	浦东新区佳乐路85号、205号	58342880
浦东新区洋泾街道综合为老服务中心	浦东新区巨野路191号	58605939
浦东新区泥城镇综合为老服务中心	浦东新区云汉路668号	20920205
浦东新区三林镇综合为老服务中心	浦东新区东书房路629弄8号	50826171
浦东新区三林镇综合为老服务中心懿德分中心	浦东新区和炯路681号	50826171
浦东新区高行综合为老服务中心	浦东新区新行路306号	68975012
浦东新区北蔡综合为老服务中心	浦东新区鹏飞路330号	68403605
浦东新区金杨社区综合为老服务中心	浦东新区金杨路220弄41号	31576688
浦东新区花木街道综合为老服务中心	浦东新区培花路230号—250号、芳芯路275号—255号	50588177-816
浦东新区南汇新城镇申港社区综合为老服务中心	浦东新区竹柏路487号	20986100
浦东新区南汇新城镇综合为老服务中心	浦东新区古棕路211号	20955009
浦东新区浦兴路街道综合为老服务中心	浦东新区胶东路555号	50435783

续表

名　　称	地　　址	电　话
浦东新区南码头社区综合为老服务中心	浦东新区临沂路 381 弄 31 号	58730297
浦东新区张江镇老年综合服务中心	浦东新区张衡路 2380 号	58955538
浦东新区康桥镇综合为老服务中心	浦东新区康弘路 481 号	58123650
浦东新区潍坊新村街道社区综合为老服务中心	浦东新区潍坊路 140 弄 12 号	68821191
浦东新区潍坊新村街道社区综合为老服务中心东南分中心	浦东新区东南新村 47 号	58787646
浦东新区大团综合为老服务中心	浦东新区南团公路 3191 号	58081682
浦东新区陆家嘴街道社区综合为老服务中心	浦东新区乳山路 130 弄 21 号	50630616
浦东新区周家渡街道社区综合为老服务中心	浦东新区邹平路 58 号	50775990
浦东新区凌桥综合为老服务中心	浦东新区双江路 1323 号	24150701
浦东新区上钢新村街道社区综合为老服务中心	浦东新区历城路 56 号	68703603
浦东新区书院镇综合为老服务中心	浦东新区石潭街 98 号	33750130
浦东新区川沙新镇综合为老服务中心	浦东新区川沙路 5225-1 号	58925360
黄浦区瑞金二路街道社区综合为老服务中心	黄浦区南昌路 44 号	53836605
黄浦区南京东路街道社区综合为老服务中心	黄浦区宁波路 450 号	63022032
黄浦区半淞园路街道社区综合为老服务中心	黄浦区瞿溪路 120 弄 4 号	63163512
黄浦区小东门街道社区综合为老服务中心	黄浦区康家弄 42 号	63351358
黄浦区豫园街道社区综合为老服务中心	黄浦区方浜西路 63 弄 59 号	33070153
黄浦区五里桥街道社区综合为老服务中心	黄浦区瞿溪路 1111 弄 26 号	63317012
黄浦区淮海中路街道社区综合为老服务中心	黄浦区顺昌路 419 弄 2 号	63860383
黄浦区老西门街道社区综合为老服务中心	黄浦区蓬莱路 81 号	63012603
黄浦区打浦桥街道社区综合为老服务中心	黄浦区蒙自路 255-1 号	53099857
黄浦区外滩街道社区综合为老服务中心	黄浦区汉口路 271 号 4 楼	63331505
黄浦区瑞金二路街道社区综合为老服务(分)中心	黄浦区南昌路 69 弄 5 号	64733395
黄浦区老西门街道社区综合为老服务(分)中心	黄浦区庄家街 51 弄 1—2 号	63678576
静安区静安寺街道社区综合为老服务中心	静安区愚园路 361 弄 52、94、96 号	32588870
静安区曹家渡街道社区综合为老服务中心	静安区康定路 888 弄 3 号	52133835
静安区江宁路街道社区综合为老服务中心	静安区常德路 545 弄 43 号	62557988
静安区石门二路街道社区综合为老服务中心	静安区新闸路 848 号 1—2 楼	62096192
静安区南京西路街道社区综合为老服务中心	静安区长乐路 528 号	54270137
静安区天目西路街道社区综合为老服务中心	静安区长安路 500 号	32180706
静安区北站街道社区综合为老服务中心	静安区南星路 80 号	63532836
静安区宝山路街道社区综合为老服务中心	静安区虬江路 997 弄 1 号 5 楼	66775861
静安区芷江西路街道社区综合为老服务中心	静安区徐家宅路 93 号 3 楼	65218001
静安区共和新路街道社区综合为老服务中心	静安区中山北路 805 弄 34 号甲	56623911

续表

名　　称	地　　址	电　　话
静安区共和新路街道第二社区综合为老服务中心	静安区柳营路 319 弄 29 号甲	56086353
静安区大宁路街道社区综合为老服务中心	静安区粤秀北路 1472 号	66520799
静安区大宁路街道第二社区综合为老服务中心	静安区共和新路 2301 弄 1 号	56654994
静安区大宁路街道第三社区综合为老服务中心	静安区平型关路 669 弄 18 号	66695830
静安区彭浦新村街道社区综合为老服务中心	静安区安泽路 91 号	56481218
静安区彭浦新村街道第二社区综合为老服务中心	静安区汾西路 635 弄 16 号	56615558
静安区彭浦新村街道第三社区综合为老服务中心	静安区闻喜路 935 弄 22 号	56478800
静安区临汾路街道社区综合为老服务中心	静安区阳曲路 391 号 16 号	36600007
静安区临汾路街道第二社区综合为老服务中心	静安区岭南路 100 弄 4 号	36600197
静安区彭浦镇社区综合为老服务中心	静安区场中路 2600 弄 112 号	66696511
静安区彭浦镇第二社区综合为老服务中心	静安区高平路 809 弄 63 号	
徐汇区文定汇综合为老服务中心	徐汇区文定路 223、225 号	61212826
徐汇区田林街道社区综合为老服务中心	徐汇区田林十三村 17 号	64839522
徐汇区漕河泾街道社区综合为老服务中心	徐汇区冠生园路 59 号	64831375
徐汇区徐家汇街道社区综合为老服务中心	徐汇区宜山路路 2 号	64417732
徐汇区凌云街道社区综合为老服务中心	徐汇区老沪闵路 875 弄 30 号	54285611-0
徐汇区龙华街道社区综合为老服务中心	徐汇区丰谷路路 180 弄 101 号	64030696
徐汇区上海湖南街道综合为老服务中心	徐汇区湖南路 301 号、湖南路 298 弄 1 号、2 号	64030120
徐汇区虹梅街道社区综合为老服务中心	徐汇区虹漕路 19 弄 28 号	54101322
徐汇区上海长桥社区综合为老服务中心	徐汇区罗秀新村 112 号	54306656-102
徐汇区斜土街道综合为老服务中心	徐汇区大木桥路 600 弄 55 号	54019572
徐汇区天平社区综合为老服务中心	徐汇区乌鲁木齐南路 64 号	64313326
徐汇区华泾镇综合为老服务中心	徐汇区长华路 450—470 号	54829333
徐汇区康健街道社区综合为老服务中心	徐汇区百花街 345 弄 118 号	54187275
徐汇区枫林社区综合为老服务中心	徐汇区东安路 182 号	64043787
长宁区新华路街道综合为老服务中心	长宁区番禺路 222 弄 50 支弄 6 号	62806180
长宁区江苏路街道综合为老服务中心	长宁区长宁路 515 号 2 楼	31029261、31029262
长宁区华阳路街道综合为老服务中心	长宁区长宁路 396 弄 79 号	
长宁区周家桥街道综合为老服务中心	长宁区武夷路 709 弄 26 号	32576668
长宁区天山路街道综合为老服务中心	长宁区天山四村 122 号三号楼(一、二层)	62290266
长宁区仙霞新村街道综合为老服务中心	长宁区茅台路 298 号	
长宁区虹桥街道综合为老服务中心	长宁区中山西路 1030 弄 2 号甲、6 号、8 号、10 号	22850770

续表

名　　称	地　　址	电　话
长宁区程家桥街道综合为老服务中心	长宁区虹桥路 2286 号	62620212、62620207
长宁区北新泾街道综合为老服务中心	长宁区北渔路 84 号	52162350
长宁区新泾镇综合为老服务中心	长宁区仙霞西路 915 号	52526001
普陀区长寿路街道东新片区社区综合为老服务中心	西谈家渡路 139 号	62522622
普陀区长寿路街道西沙社区综合为老服务中心	西沙洪浜路 51 号	62563860
普陀区长寿路街道宜昌片区社区综合为老服务中心	宜昌路 555 号	62667920
普陀区曹杨新村街道梅岭南片区社区综合为老服务中心	梅岭支路 85 弄 30 号	52655325
普陀区长风新村街道社区综合为老服务中心	凯旋北路 1555 弄 70 号 2—3 楼	62309590
普陀区长风新村街道白兰片区社区综合为老服务中心	白兰路 135 弄 1 号楼	62598086
普陀区宜川路街道社区综合为老服务中心	宜川一村 5 号底楼	56091045
普陀区甘泉路街道社区综合为老服务中心	双山路 128 号	56328519
普陀区甘泉路街道沪太片区社区综合为老服务中心	宜川路 600 号	56330833
普陀区甘泉路街道甘泉片区社区综合为老服务中心	甘泉路 453 号 2 楼	66251563
普陀区石泉路街道兰田片区社区综合为老服务中心	中山北路 2605 弄 43 号	62660991
普陀区石泉路街道铜川片区社区综合为老服务中心	铜川路 366 号	62303070
普陀区真如镇街道星河片区社区综合为老服务中心	桃浦路 296 号 5 楼、6 楼	52766899
普陀区长征镇新城片区社区综合为老服务中心	真光路 798 弄 21 号	52350810
普陀区长征镇金沙片区社区综合为老服务中心	泾阳路 119—125 号，135—137 号	52351008
普陀区长征镇怒江片区社区综合为老服务中心	中江路 875 号	52351708
普陀区桃浦镇东部片区社区综合为老服务中心	真南路 822 弄 450 号	56355665
普陀区桃浦镇西部片区社区综合为老服务中心	秋桂路 85—95 号	56797392
普陀区万里街道社区综合为老服务中心	新村路 1615 号	66266026
普陀区万里街道颐华片区社区综合为老服务中心	真金路 577 弄 64 号	65218058
虹口区广中路街道综合为老服务中心	虹口区水电路 120 号 B 幢 3 楼	51812253
虹口区嘉兴路街道综合为老服务中心	虹口区天宝路 881 号	35152894
虹口区凉城新村街道综合为老服务中心	虹口区凉城路 215 弄 27—28 号 2 楼	65284030
虹口区欧阳路街道综合为老服务中心	虹口区天宝西路 248 弄 11 号	36363188
虹口区曲阳路街道综合为老服务中心	虹口区玉田路 430 号	55881890
虹口区四川北路街道综合为老服务中心	虹口区宝安支路 66—76 号	56662142
虹口区江湾镇街道综合为老服务中心	虹口区奎照路 280 号 4 楼	65612137
虹口区提篮桥街道综合为老服务中心	虹口区长治路 147 号	66770095

续表

名　　称	地　　址	电　话
杨浦区定海路街道社区综合为老服务中心（含长者）	杨浦区顺平路 67 号	65065890
杨浦区大桥街道社区综合为老服务中心	杨浦区平凉路 1759 号	65200920
杨浦区平凉社区综合为老服务中心（含长者）	杨浦区平凉路 624 号	65675839
杨浦区江浦社区综合为老服务中心（含长者）	杨浦区辽源西路 107 号	65660263
杨浦区延吉社区综合为老服务中心（含长者）	杨浦区延吉一村 16 号	55669131
杨浦区控江社区综合为老服务中心（含长者）	杨浦区控江路 1031 号—1035 号、1035 号甲	55960728
杨浦区四平社区综合为老服务中心（含长者）	杨浦区密云路 454 弄 2 号	55782123
杨浦区殷行社区综合为老服务中心	杨浦区殷行一村 74 号	65068096
杨浦区殷行社区综合为老服务中心（含长者）	杨浦区闸殷路 86 号	55220267
杨浦区五角场街道社区综合为老服务中心（含长者）	杨浦区国定支路 24 号	65680796
杨浦区长海路街道社区综合为老服务中心（含长者）	杨浦区翔殷路 791 弄 5 号	55237107
杨浦区新江湾城社区综合为老服务中心（含长者）	杨浦区殷行路 1628 弄	55782129-0
宝山区友谊路街道综合为老服务中心	宝山区密山路 131 号 2 楼	56121765
宝山区吴淞街道综合为老服务中心	宝山区淞宝路 392—396 号	56175309
宝山区张庙社区综合为老服务中心	宝山区泗塘二村 59 号	56748571
宝山区大场镇综合为老服务中心	宝山区大场镇鄂尔多斯路 800 号	56150065
宝山区庙行社区综合为老服务中心	宝山区长江西路 2700 号	56470096
宝山区顾村镇综合为老服务中心	宝山区共富二路 122 号	33710028
宝山区淞南镇社区综合为老服务中心	宝山区一二八纪念路 55 弄 127 号	56826231
宝山区高境镇社区综合为老服务中心	宝山区高境路 371 号	36563386-8018
宝山区综合为老服务中心	宝山区杨行镇红林路 528 弄 25—32 号	56800291
宝山区月浦镇综合为老服务中心	宝山区月富路 318 号	56935570
宝山区罗店镇社区综合为老服务中心	宝山区塘西街 169 号	66878010
宝山区罗泾镇综合为老服务中心	宝山区罗泾镇潘沪路 78 号	66876886
闵行区浦江镇永康综合为老服务中心	闵行区永颂路 198 弄 22 号、23 号	34751508
闵行区浦江镇瑞和城综合为老服务分中心	闵行区汇秋路 16 弄 8—9 号	34781225
闵行区吴泾镇龙吴路综合为老服务中心	闵行区龙吴路 5530 弄 40 号	64970291
闵行区吴泾镇塘泾综合为老服务分中心	闵行区曹家塘路 220 弄 10 号	54720878
闵行区马桥镇元松路综合为老服务中心	闵行区马桥镇元松路 15 号	54719795
闵行区马桥镇银春苑综合为老服务分中心	闵行区银康路 76 弄 16 号 1 楼	54719795
闵行区颛桥镇新建街综合为老服务中心	闵行区新建路 109 号	52270283
闵行区颛桥镇颛盛路综合为老服务分中心	闵行区颛盛路 525 号	64893375
闵行区莘庄镇沁春路综合为老服务中心	闵行区沁春路 1366 弄 99 号	52960300
闵行区莘庄镇新梅综合为老服务分中心	闵行区报春路 488 弄 14 号	64987723
闵行区梅陇镇曙建路综合为老服务中心	闵行区曙建路 78 弄 21 号	64798100

续表

名称	地址	电话
闵行区梅陇镇许泾村综合为老服务分中心	闵行区梅莲路 103 号	54288616
闵行区七宝镇航南路综合为老服务中心	闵行区航南路 108 号	64798100
闵行区七宝镇静安新城综合为老服务分中心	闵行区宜山路 2271 号	54435961
闵行区虹桥镇合川路综合为老服务中心	闵行区合川路 2870 号	34688378
闵行区虹桥镇红春综合为老服务分中心	闵行区虹梅路 3321 弄居委综合楼	54306603
闵行区华漕镇纪王综合为老服务中心	闵行区纪翟路 1785 号	34688378
闵行区华漕镇爱博六村综合为老服务分中心	闵行区申长路 185 弄 41 号 2 楼	54306603
闵行区江川路街道合生综合为老服务中心	闵行区安宁路 518 号	64090576
闵行区江川路街道电机综合为老服务分中心	闵行区碧江路 195 弄 152 号	64090501
闵行区古美路街道平南居综合为老服务中心	闵行区万源路平南三村 48 号	64804573
闵行区古美路街道美乐汇综合为老服务分中心	闵行区平阳路 450 号	54221262
闵行区新虹街道天山西路综合为老服务中心	闵行区天山西路 4358 弄 99 号	52236191
闵行区新虹街道航华综合为老服务分中心	闵行区航东路 775 弄 37 号	54223227
闵行区莘庄工业区瓶北路综合为老服务中心	闵行区瓶北路 467 号	62205073
闵行区莘庄工业区申北路综合为老服务分中心	闵行区申北路 280 号	34300036
闵行区浦锦街道浦瑞路综合为老服务中心	闵行区浦瑞路 333 号	34783638
嘉定区安亭镇综合为老服务中心	嘉定区安亭镇新黄路 18 号	59590279
嘉定区马陆镇综合为老服务中心	嘉定区马陆镇宝安公路 3322 号 2 楼	39150159
嘉定区南翔镇综合为老服务中心	嘉定区南翔镇德园路 665 号 1 楼	69120116
嘉定区江桥镇综合为老服务中心	嘉定区江桥镇榆中路 68 弄 134 号 1—4 层	59141258
嘉定区徐行镇综合为老服务中心	嘉定区徐行镇曹王路 236 号	59941156
嘉定区外冈镇综合为老服务中心	嘉定区外冈镇恒荣路 386 号 202 室	59936009
嘉定区华亭镇综合为老服务中心	嘉定区华亭镇华谊一路 172 号	59972280
嘉定区嘉定镇街道夕阳红俱乐部	嘉定区塔城路 560 号 B 楼	69530450
嘉定区新成路街道综合为老服务中心	嘉定区迎园中路 638 号	59980375
嘉定区真新街道综合为老服务中心	嘉定区丰庄路 450 弄 45 号	69191561
嘉定工业区综合为老服务中心	嘉定工业区嘉朱公路 1468 号 2 号楼	39963773
嘉定区菊园新区综合为老服务中心	嘉定区菊园新区柳湖路 756 号	39921669
金山区枫泾镇综合为老服务中心	金山区枫泾镇枫丽路 168 号	57356545
金山区朱泾镇综合为老服务中心	金山区朱泾镇金龙新街 519 号	57321896
金山区亭林镇综合为老服务中心	金山区亭林镇大通路 26 号	57230363
金山区漕泾镇综合为老服务中心	金山区漕泾镇富漕路 539 弄 48 号	57250381
金山区山阳镇综合为老服务中心	金山区山阳镇老西路 64 号	37219926
金山区金山卫镇综合为老服务中心	金山区金山卫镇御景龙庭 818 弄 47 号	57269008
金山区张堰镇综合为老服务中心	金山区张堰镇松金公路 2800 弄 132—135 号	57213047
金山区廊下镇综合为老服务中心	金山区廊下镇景钱路 1688 弄 666 号	37911633
金山区吕巷镇综合为老服务中心	金山区吕巷镇郭家新村 95 号	57377273-0

续表

名　　称	地　　址	电　话
金山区石化街道综合为老服务中心	金山区石化街道东礁二村 30 号	57950600
金山区金山工业区综合为老服务中心	金山区金山工业区恒顺路 398 号	57270726
金山区枫泾镇综合为老服务中心(分中心)	金山区枫泾镇新义村 1 组	57357524
金山区漕泾镇综合为老服务中心(分中心)	金山区漕泾镇水库村长堰 2076 号	57258806
松江区中山街道综合为老服务中心	松江区迎宾路 2 号	57786736
松江区岳阳街道社区综合为老服务中心	松江区乐都路 390 号荣乐西村 5 号	57820483
松江区永丰街道社区综合为老服务中心	松江区富强路 1621—1637 号	57811488
松江区石湖荡镇社区综合为老服务中心	松江区恬润新苑 1751 弄 395 号	57750009
松江区小昆山镇社区综合为老服务中心	松江区平原街翔昆苑共建配套房	57761919
松江区泖港镇社区综合为老服务中心	松江区叶新支路五朱公路交叉口西北侧	57861182
松江区佘山镇综合为老服务中心	松江区千新公路 1200 弄 67 号	57652876
松江区方松街镇综合为老服务中心	松江区弘翔路 566 弄公建配套房	37721142
松江区广富林街道综合为老服务中心	松江区文翔路 3088 弄 144 号	37683789
松江区九里亭街道综合为老服务中心	松江区涞坊路 288 弄内	37030156
松江区九亭镇综合为老服务中心	松江区花园路 1 号	57631893
松江区新浜镇综合为老服务中心	松江区新绿路 164 号	57891322
青浦区徐泾镇综合为老服务中心	青浦区徐泾镇盈港东路 1999 号	69760609
青浦区赵巷镇综合为老服务中心	青浦区赵巷镇华科东路 41 号	69280272
青浦区华新镇综合为老服务中心	青浦区华新镇凤雅路 906 号	59773238
青浦区重固镇综合为老服务中心	青浦区重固镇芦花浜路 29 号	69726011
青浦区白鹤镇综合为老服务中心	青浦区白鹤镇外青松公路 2951 号	59747320
青浦区朱家角镇综合为老服务中心	青浦区朱家角镇人和路 58 号	59241066
青浦区练塘镇综合为老服务中心	青浦区练塘镇张联村 500 号	59295002
青浦区金泽镇综合为老服务中心	青浦区金泽镇金中路 2 号	59260288
青浦区夏阳街道综合为老服务中心	青浦区青昆路 100 号	69712633
青浦区盈浦街道综合为老服务中心	青浦区城中北路 322 号	59725392
青浦区香花桥街道综合为老服务中心	青浦区香花桥街道北青公路普光路 209 号	
奉贤区南桥镇综合为老服务中心	奉贤区南桥镇南星路 333 号	67195055
奉贤区南桥源综合为老服务中心分中心	奉贤区南桥镇周家弄 32 号	67110400
奉贤区奉城镇综合为老服务中心	奉贤区奉城镇曙宏路 342 号	57515721
奉贤区四团镇平安社区红庄综合为老服务中心	奉贤区四团镇港极路 568 弄 52 号	67530760
奉贤区四团镇平安综合为老服务分中心	奉贤区四团镇安居路 11 号	67530503
奉贤区四团镇四团综合为老服务分中心	奉贤区四团镇四新街 17 号	67530503
奉贤区柘林镇社区综合为老服务中心	奉贤区柘林镇胡桥农交路 33 弄 7 号	57595612
奉贤区庄行镇社区综合为老服务中心	奉贤区庄行镇油车弄 29 号	57460603
奉贤区邬桥社区综合为老服务中心分中心	奉贤区庄行镇大叶公路 2675 号	37440081
奉贤区金汇镇社区综合为老服务中心	奉贤区金汇镇汇泰路 16 号	57586365

续表

名称	地址	电话
奉贤区金汇镇齐贤社区综合为老服务分中心	奉贤区金汇镇白沙李家4组	57575532
奉贤区金汇镇金汇地区综合为老服务分中心	奉贤区金汇镇金钱公路868号	57575176
奉贤区青溪综合为老服务中心	奉贤区青村镇北唐新苑101号	57567356
奉贤区海湾镇综合为老服务中心	奉贤区海湾镇海光路399号	57505162
奉贤区海湾镇燎原综合为老服务分中心	奉贤区海湾镇燎原育才路128号	57503302
奉贤区西渡街道社区综合为老服务中心	奉贤区西渡街道沿浦路198号	67155292
奉贤区奉浦街道综合为老服务中心	奉贤区奉浦街道国顺路555号	67102193
奉贤区金海社区综合为老服务中心	奉贤区金海社区嘉园路246号	67103938
奉贤区海湾旅游区综合为老服务中心	奉贤区海湾旅游区人民塘路700号	57120935
崇明区新村乡综合为老服务中心	崇明区新村乡星村公路3468号	59655820
崇明区竖新镇综合为老服务中心	崇明区竖新镇大椿村347号	59491006
崇明区绿华镇综合为老服务中心	崇明区绿华镇新建公路799号	59351170
崇明区三星镇综合为老服务中心	崇明区宏海公路4316号	59600016
崇明区庙镇综合为老服务中心	崇明区庙镇庙中路46号	59498083
崇明区港西镇综合为老服务中心	崇明区港西镇鼓浪屿路1000弄137—138号	59671970
崇明区城桥镇综合为老服务中心	崇明区城桥镇南门路298号	69616313
崇明区建设镇综合为老服务中心	崇明区建设镇蟠龙公路1079号	59331308
崇明区新河镇综合为老服务中心	崇明区新河镇永丰村688号	59373191
崇明区堡镇综合为老服务中心	崇明区堡镇通富路37号	59490298
崇明区港沿镇综合为老服务中心	崇明区港沿镇鲁东村友南7队大港公路胜利北路交叉口	31195188
崇明区向化镇综合为老服务中心	崇明区向化镇春光村阜南251号	59441067
崇明区中兴镇综合为老服务中心	崇明区中兴镇汲浜公路998号	69446925
崇明区陈家镇综合为老服务中心	崇明区陈家镇裕展路426号	39363983
崇明区东平镇综合为老服务中心	崇明区东平镇东冉路025号	59666595
崇明区新海镇红星综合为老服务中心	崇明区新海镇洪中一村内	59655218
崇明区长兴镇综合为老服务中心	崇明区长兴镇丰福路699弄18号	66850378
崇明区横沙乡综合为老服务中心	崇明区横沙乡锦辉路368号	56890220
崇明区三星镇综合为老服务中心新安分中心	崇明区三星镇新安村555号	59305633
崇明区城桥镇综合为老服务中心金日社区分中心	崇明区城桥镇青柏路601弄47号楼	69628089
崇明区新河镇综合为老服务中心三烈分中心	崇明区新河镇三烈村748号	59687379
崇明区新河镇综合为老服务中心群英分中心	崇明区新河镇群英村678号	59375282
崇明区竖新镇综合为老服务中心竖河分中心	崇明区竖新镇竖桥公路989号	59491006
崇明区竖新镇综合为老服务中心仙桥分中心	崇明区竖新镇仙桥村649号	59491850
崇明区新海镇综合为老服务中心长征分中心	崇明区新海镇长征会理路(长征居委会后侧)	59311462
崇明区新海镇综合为老服务中心新海分中心	崇明区新海镇兴阔路165号	59655104

(八)困境儿童(临时)照料场所一览表(38个)

名　　称	地　　址	联系方式
上海市儿童福利院	闵行区中春路9977号	54478198
上海市儿童临时看护中心	普陀区府村路500号	62031226
浦东新区重度残疾人寄养院(困境儿童临时照护点)	浦东新区祝桥镇东亭路646路	58937002
黄浦区救助管理站	黄浦区巡道街128号	63664478
徐汇区老年社会福利院	徐汇区华发路210号	34906969
徐汇区救助管理站	徐汇区关港路301号	34621529
长宁区华阳敬老院	长宁区长宁支路150号	80110303
上海金福第二养老院	长宁区愚园路1088弄110支弄22号	32120915
长宁区法华颐养院	长宁区法华镇路920号	62942155
长宁区周家桥街道综合为老服务中心	长宁区武夷路709弄26号	52061155-212
长宁区天山街道综合为老服务中心	长宁区天山四村122号3号楼2楼	62296574
长宁区虹桥社区颐养虹南长者照护之家	长宁区中山西路1432弄36号	22850927
长宁区颐养第二敬老院	长宁区茅台路455弄8号	62780316
长宁区程家桥街道社区综合为老服务中心	长宁区虹桥路2286号	22300064
长宁区北新泾街道综合为老服务中心	长宁区北渔路84号	52600291
长宁区新泾敬老院	长宁区剑河路599弄85号	52162723
静安区救助管理站	静安区天目中路749弄72号	62982016
普陀区社会福利院	普陀区枣阳路515号	52999061
普陀区长风敬老院	普陀区长风二村145号	62225826
普陀区宜川路街道中山北路养老院	普陀区中山北路1766号	62180717
普陀区甘泉宏利敬老院	普陀区新村路349弄38号	56948076
普陀区新长征福利院	普陀区清峪路130弄57号	62063108
普陀区白丽敬老院	普陀区红棉路311弄48号	66264592
普陀区信仪敬老院	普陀区信仪新村12号	62146636
普陀区曹杨敬老院	普陀区兰溪路21弄14号	62438990
普陀区长寿路街道敬老院	普陀区常德路1393弄4号	62662890
普陀区真如镇敬老院	普陀区真北支路263弄4号	62642351
虹口区救助管理站	虹口区水电路1558号	55383772
杨浦区困境儿童保护中心	杨浦区周家嘴路4214弄16号	65675720
宝山区儿童临时看护中心	崇明区长兴镇潘园公路3536号	36415730
闵行区流浪未成年人救助保护中心	闵行区灯辉路920号	64908699
嘉定区儿童临时看护中心	嘉定区嘉好路600号	59513715
金山区救助管理站	金山区石化六村641号	57970004
松江区困境儿童临时庇护中心	松江区龙腾路1155号	37736180
青浦区困境儿童临时照料场所	青浦区北淀浦河路2250号(临)	59720199

续表

名　　称	地　　址	联系方式
青浦区未成年人救助保护中心	青浦区北淀浦河路 2250 号(临)	59720199
奉贤区未成年人救助保护中心	奉贤区南桥镇光明社区优化路 7 号	57473233
崇明区救助管理站	崇明区草港公路 2800 号	69678309

(九) 康复辅具社区租赁服务点一览表(70 个)

街　　镇	地　　址
浦东新区周家渡街道	浦东新区邹平路 58 号
浦东新区周浦镇	浦东新区周秀路 399 号
浦东新区金桥镇	浦东新区佳乐路 85 号
浦东新区惠南镇	浦东新区听谐路 73 弄 1—2 号
浦东新区花木街道	浦东新区芳芯路 275 号
浦东新区洋泾街道	浦东新区巨野路 191 号 2 楼
浦东新区潍坊新村街道	浦东新区东南新村 47 号
浦东新区张江镇	浦东新区张衡路 2380 号
浦东新区南码头路街道	浦东新区临沂路 381 弄 31 号 106 室
浦东新区塘桥街道	浦东新区浦建路 211 弄 12 号
浦东新区北蔡镇	浦东新区鹏飞路 330 号
黄浦区豫园街道	黄浦区方浜西路 63 弄 59 号 1 楼
黄浦区打浦桥街道	黄浦区蒙自路 255-1 号
黄浦区五里桥街道	黄浦区瞿溪路 1111 弄 26 号
黄浦区半淞园路街道	黄浦区瞿溪路 120 弄 4 号
徐汇区虹梅街道	徐汇区全州路 61 号
徐汇区凌云街道	徐汇区龙州路 600 号
徐汇区龙华街道	徐汇区龙水南路 330 号
徐汇区田林街道	徐汇区文定路 225 号 3 楼
长宁区虹桥街道	长宁区中山西路 1030 弄 8 号
长宁区新泾镇	长宁区泉口路 185 弄 13 号 102 室/15 号 101 室
长宁区华阳街道	长宁区长宁路 396 弄 71 号
长宁区江苏路街道	长宁区长宁路 515 号 1 楼
静安区江宁路街道	静安区江宁路 770 号
静安区大宁路街道	静安区大宁路 590 号 101 室
静安区芷江西路街道	静安区芷江西路 393 弄 14—15 号
静安区共和新路街道	静安区中山北路 805 弄 34 号甲
静安区彭浦镇	静安区场中路 2600 弄 112 号 1 楼
静安区天目西路街道	静安区长安路 500 号
普陀区石泉街道	普陀区石泉六村 63 号

续表

街　　镇	地　　址
普陀区长征镇	普陀区梅川路799弄1号1楼
普陀区万里街道	普陀区新村路1615号
虹口区嘉兴路街道	虹口区天宝路80号
虹口区凉城新村街道	虹口区凉城路285号
虹口区江湾镇街道	虹口区奎照路280号4楼
杨浦区延吉新村街道	杨浦区延吉中路20号1楼
杨浦区殷行街道	杨浦区嫩江路839弄16号
杨浦区大桥街道	杨浦区隆昌路619号10号楼A栋4楼
杨浦区定海路街道	杨浦区顺平路67号
宝山区罗泾镇	宝山区潘新路558弄37号1楼
宝山区张庙街道	宝山区共江路688号
宝山区高境镇	宝山区江杨南路671号
宝山区杨行镇	宝山区红林路528弄30号
闵行区浦锦街道	闵行区浦瑞路333号
闵行区七宝镇	闵行区联明路326号
闵行区江川街道	闵行区碧江路195弄152号1楼
闵行区莘庄镇	闵行区沁春路1366弄99号3F
嘉定区嘉定工业区	嘉定区嘉朱公路1468号
嘉定区安亭镇	嘉定区新黄路18号
嘉定区真新街道	嘉定区祁连山南路2500号
金山区石化街道	金山区石化滨海一村板桥西路1294—1302号
金山区朱泾镇	金山区西林街2弄15号
金山区廊下镇	金山区廊下大街118号
松江区佘山镇	松江区佘山镇千新公路1200弄67号
松江区新浜镇	松江区新浜镇旺兴路
松江区叶榭镇	松江区叶榭镇滟东路39号
松江区九亭镇	松江区九亭镇易富路158号
松江区方松街道	松江区新松江路2603—2611号
青浦区重固镇	青浦区重固镇芦花浜路29号
青浦区朱家角镇	青浦区朱家角镇人和路58号
青浦区香花桥街道	青浦区普光路209号
青浦区练塘镇	青浦区练塘镇张联村钟联500号
奉贤区金汇镇	奉贤区金汇镇望河路89号
奉贤区金汇镇	奉贤区金汇镇泰日社区光辉村
崇明区长兴镇	崇明区长兴镇长兴家园599弄-170号101室
崇明区横沙乡	崇明区横沙乡丰乐路2602号
崇明区三星镇	崇明区三星镇三阳机构(海桥镇)

续表

街 镇	地 址
崇明区城桥镇	崇明区城桥镇金日东苑青柏路 601 弄 47 号
崇明区竖新镇	崇明区竖新镇竖新南路 277 号
崇明区中兴镇	崇明区中兴镇胜利为老服务中心(汲浜公路 998 号)

(十) 社区事务受理服务中心一览表(274 个)

名 称	地 址	电 话
浦东新区陆家嘴街道社区事务受理服务中心	浦东新区栖霞路 120 号	68767121
浦东新区潍坊新村街道社区事务受理服务中心	浦东新区潍坊路 131 弄 1 号	51029075
浦东新区塘桥街道社区事务受理服务中心	浦东新区峨山路 488 号	50396199
浦东新区洋泾街道社区事务受理服务中心	浦东新区巨野路 219 号 3 号楼	38992151
浦东新区花木街道社区事务受理服务中心	浦东新区梅花路 291 号	50452710-8113
浦东新区金杨新村街道社区事务受理服务中心	浦东新区银山路 330 号	50370500
浦东新区沪东新村街道社区事务受理服务中心	浦东新区长岛路 11 号	58503009
浦东新区浦兴路街道社区事务受理服务中心	浦东新区凌河路 69 号	38420797
浦东新区上钢新村街道社区事务受理服务中心	浦东新区昌里路 335 号	20224801
浦东新区南码头路街道社区事务受理服务中心	浦东新区南码头路 400 号	50396125
浦东新区周家渡街道社区事务受理服务中心	浦东新区南码头路 1136 弄 35 号乙	50775798、50521066
浦东新区东明路街道社区事务受理服务中心	浦东新区上南路 4206 弄 1—3 号	68303920
浦东新区川沙新镇社区事务受理服务中心	浦东新区妙境路 1336 号	68397955
浦东新区川沙新镇社区事务受理服务中心六灶分中心	浦东新区崇溪路 90 号	58166429
浦东新区川沙新镇社区事务受理服务中心六团分中心	浦东新区川六公路 1615 号	58598862
浦东新区川沙新镇社区事务受理服务中心华夏分中心	浦东新区新德西路 359 号	58946891
浦东新区川沙新镇社区事务受理服务中心城厢分中心	浦东新区新川路 300 号	68392793
浦东新区川沙新镇社区事务受理服务中心城南分中心	浦东新区川沙新镇妙川路 1034 号	68395561
浦东新区金桥镇社区事务受理服务中心	浦东新区浦东佳林路 585 号 3 号楼	58995295
浦东新区曹路镇社区事务受理服务中心	浦东新区曹路镇龚丰路 85 号	50688686
浦东新区曹路镇社区事务受理金海华城分中心	浦东新区曹路镇金晓路 65 号	68721234
浦东新区张江镇社区事务受理服务中心	浦东新区张江路 1458 号	50793310
浦东新区张江镇社区事务受理服务中心孙桥分中心	浦东新区高木桥路 517 号	58951359
浦东新区合庆镇社区事务受理服务中心	浦东新区合庆镇东川公路 7777 号 1 号楼	58971201
浦东新区唐镇社区事务受理服务中心	浦东新区唐兴路 495 号	68381116
浦东新区高桥镇社区事务受理服务中心	浦东新区张杨北路 5168 号	50581766

续表

名　　称	地　　址	电　　话
浦东新区高桥镇社区事务受理服务中心凌桥分中心	浦东新区江东路1376号	50100633
浦东新区高桥镇社区事务受理服务中心古镇分中心	浦东新区慈善街14号	50186650、50186706、50186760
浦东新区高东镇社区事务受理服务中心	浦东新区高东镇光明路433号	58485629
浦东新区高行镇社区事务受理服务中心	浦东新区新行路340号	68974238
浦东新区三林镇社区事务受理服务中心	浦东新区和炯路681号(懿德社区中心一楼)	50851300
浦东新区三林镇社区事务受理服务中心杨思分中心	浦东新区杨新路60-1号	38860326
浦东新区三林镇社区事务受理服务中心世博分中心	浦东新区东书房路629弄2号	68747801
浦东新区三林镇社区事务受理服务中心永泰分中心	浦东新区永泰路2079弄63号	50837865
浦东新区三林镇社区事务受理服务中心杨东分中心	浦东新区云台路718号	68323090-805、806
浦东新区三林镇社区事务受理服务中心前滩分中心	浦东新区芋秋路196号7楼	68393293-805
浦东新区北蔡镇社区事务受理服务中心	浦东新区北蔡镇沪南路1105号	68926111
浦东新区康桥镇社区事务受理服务中心	浦东新区沪南公路2538号	58121340
浦东新区康桥镇社区事务受理服务中心双秀分中心	浦东新区梓康路666弄6号(双秀居委1楼)	20989192
浦东新区康桥镇社区事务受理服务中心横沔分中心	浦东新区环桥路1133号(五街坊东门口)	58070871
浦东新区康桥镇社区事务受理服务中心康桥半岛分中心	浦东新区秀沿路1236号	33755161
浦东新区康桥镇社区事务受理服务中心白礼分中心	浦东新区康桥镇秀浦路68号	58122661
浦东新区康桥镇社区事务受理服务中心秀康分中心	浦东新区康桥镇康弘路481号	58122500
浦东新区周浦镇社区事务受理服务中心	浦东新区周浦镇祝家港路190—202号	20922225
浦东新区周浦镇社区事务受理服务中心桃园分中心	浦东新区周浦镇瑞浦路478号	68097601
浦东新区周浦镇社区事务受理服务中心瓦屑分中心	浦东新区周浦镇瓦屑建设路28号	58153215
浦东新区航头镇社区事务受理服务中心	浦东新区航头镇航头路1538号	58229649、58229719
浦东新区航头镇社区事务受理服务中心鹤沙航城分中心	浦东新区航头镇鹤驰路235号	58226787
浦东新区新场镇社区事务受理服务中心	浦东新区新场镇新奉公路331号	58171717
浦东新区宣桥镇社区事务受理服务中心	浦东新区宣桥镇南六公路500号A区	58186291
浦东新区宣桥镇社区事务受理服务中心南区分中心	浦东新区万新路6号	58182817
浦东新区惠南镇社区事务受理服务中心	浦东新区惠南镇人民东路3252号3号楼	68090232

续表

名 称	地 址	电 话
浦东新区惠南镇社区事务受理服务中心东城分中心	浦东新区惠南镇惠东路268号3号楼	68090092
浦东新区老港镇社区事务受理服务中心	浦东新区老港镇建中路556号	58051106
浦东新区万祥镇社区事务受理服务中心	浦东新区万祥镇万和路188号	58042117
浦东新区大团镇社区事务受理服务中心	浦东新区大团镇永春东路10号4号楼	58081037-0
浦东新区泥城镇社区事务受理服务中心	浦东新区泥城镇鸿音路3152号	58071212
浦东新区书院镇社区事务受理服务中心	浦东新区书院镇船山街112号	58198736-0、58198707-0、58198732-0
浦东新区祝桥镇社区事务受理服务中心	浦东新区南祝路5058号	58108730、58108722(人口信息)
浦东新区祝桥镇社区事务受理服务中心江镇分中心	浦东新区晚霞路426号	58933661-801
浦东新区祝桥镇社区事务受理服务中心施湾分中心	浦东新区航城四路350号	68968250
浦东新区祝桥镇社区事务受理服务中心东海分中心	浦东新区东翔路47号	68266495
浦东新区祝桥镇社区事务受理服务中心盐仓分中心	浦东新区南祝路5683号	58093392
浦东新区南汇新城镇社区事务受理服务中心	浦东新区竹柏路487号	68283330
浦东新区南汇新城镇社区事务受理服务中心芦潮港社区分中心	浦东新区芦硕路298号	20942117
黄浦区外滩街道社区事务受理服务中心	黄浦区河南中路568号	63295277
黄浦区南京东路街道社区事务受理服务中心	黄浦区江阴路101号	63271866
黄浦区豫园街道社区事务受理服务中心	黄浦区河南南路288号	63365917
黄浦区老西门街道社区事务受理服务中心	黄浦区大吉路71号	63769098
黄浦区小东门街道社区事务受理服务中心	黄浦区白渡路252号1楼	63325638、63325639
黄浦区半淞园路街道社区事务受理服务中心	黄浦区西藏南路1360号	63122105
黄浦区五里桥街道社区事务受理服务中心	黄浦区瞿溪路768号	53013030-6111
黄浦区打浦桥街道社区事务受理服务中心	黄浦区南塘浜路103号	63041102
黄浦区淮海中路街道社区事务受理服务中心	黄浦区马当路349号1楼	53832593
黄浦区瑞金二路街道社区事务受理服务中心	黄浦区皋兰路6号地下一层	53829109
徐汇区天平路街道社区事务受理服务中心	徐汇区衡山路17弄1号	64737799
徐汇区湖南路街道社区事务受理服务中心	徐汇区淮海中路1788号甲	64377524
徐汇区斜土街道社区事务受理服务中心	徐汇区茶陵路38号	64045999
徐汇区枫林街道社区事务受理服务中心	徐汇区小木桥路680号	33638100
徐汇区长桥街道社区事务受理服务中心	徐汇区罗秀路616号	64535111
徐汇区田林街道社区事务受理服务中心	徐汇区宜山路655弄3号	64824699
徐汇区虹梅路街道社区事务受理服务中心	徐汇区虹梅路2017号	64062444
徐汇区康健街道社区事务受理服务中心	徐汇区浦北路268号	54210576
徐汇区徐家汇街道社区事务受理服务中心	徐汇区斜土路2431号	64417390

续表

名　　称	地　　址	电　　话
徐汇区凌云路街道社区事务受理服务中心	徐汇区梅陇路 268 号	64552736
徐汇区龙华街道社区事务受理服务中心	徐汇区天钥桥南路 399 号	54121059
徐汇区漕河泾街道社区事务受理服务中心	徐汇区冠生园路 211 号	54480560
徐汇区华泾镇社区事务受理服务中心	徐汇区华泾路 505 号	54821212
长宁区新华路街道社区事务受理服务中心	长宁区法华镇路 521 号	62941011
长宁区天山路街道社区事务受理服务中心	长宁区天山二村 64 号乙	62281033
长宁区江苏路街道社区事务受理服务中心	长宁区江苏路 563 弄 8 号	62256600、62116218
长宁区仙霞新村街道社区事务受理服务中心	长宁区虹古路 206 号	62788005
长宁区周家桥街道社区事务受理服务中心	长宁区长宁路 1488 弄 6 号 2 楼	52061155
长宁区华阳路街道社区事务受理服务中心	长宁区万航渡路 1268 号	62266220
长宁区虹桥街道社区事务受理服务中心	长宁区中山西路 1030 弄 51 号	22850900
长宁区程家桥街道社区事务受理服务中心	长宁区虹桥路 2282 号	22300100
长宁区北新泾街道社区事务受理服务中心	长宁区天山西路新泾一村 144 号	52188321、52184379
长宁区新泾镇社区事务受理服务中心	长宁区泉口路 66 号	52160606
静安区静安寺街道社区事务受理服务中心	静安区常熟路 115 号	54036120
静安区曹家渡街道社区事务受理服务中心	静安区万航渡路 676 弄 46 号	62112892
静安区江宁路街道社区事务受理服务中心	静安区常德路 818 号	62668866
静安区石门二路街道社区事务受理服务中心	静安区武定路 139 号	62675858
静安区南京西路街道社区事务受理服务中心	静安区延安中路 955 弄 67 号	62897060
静安区天目西路街道社区事务受理服务中心	静安区沪太路 150 号 1 楼	66283561-7111
静安区北站街道社区事务受理服务中心	静安区天目中路 532 号	63809258
静安区宝山路街道社区事务受理服务中心	静安区宝昌路 519 号	56301203
静安区芷江西路街道社区事务受理服务中心	静安区芷江西路 151 号	66583382、66583383
静安区共和新路街道社区事务受理服务中心	静安区平型关路 487 号	56331590
静安区大宁路街道社区事务受理服务中心	静安区彭江路 188 号 1 楼	56658320
静安区彭浦新村街道社区事务受理服务中心	静安区安泽路 78 号	56478800-8601
静安区临汾路街道社区事务受理服务中心	静安区临汾路 335 号 1 楼	36601696
静安区彭浦镇社区事务受理服务中心	静安区灵石路 725 号丙	66313084
普陀区曹杨新村街道社区事务受理服务中心	普陀区枫桥路 8 号	62167000-8116
普陀区长风新村街道社区事务受理服务中心	普陀区中山北路 3500 号 2 号楼	62573789-0
普陀区长寿路街道社区事务受理服务中心	普陀区胶州路 1087 号	52656103
普陀区甘泉路街道社区事务受理服务中心	普陀区宜君路 9 号	66252255
普陀区石泉路街道社区事务受理服务中心	普陀区宁强路 25 号	60837519、60837517、60837530
普陀区宜川路街道社区事务受理服务中心	普陀区交通路 1511 号	56523016
普陀区万里街道社区事务受理服务中心	普陀区真金路 459 号 1 楼	51987655
普陀区真如镇街道社区事务受理服务中心	普陀区兰溪路 1018 号	52768994

续表

名 称	地 址	电 话
普陀区长征镇社区事务受理服务中心	普陀区清峪路127号	62063771
普陀区桃浦镇社区事务受理服务中心	普陀区绿杨路225号	66267866
虹口区北外滩街道社区事务受理服务中心	虹口区新建路195号(近周家嘴路)	65853300
虹口区江湾镇街道社区事务受理服务中心	虹口区奎照路280号北大厅	65167111
虹口区曲阳路街道社区事务受理服务中心	虹口区伊敏河路88号	35391600
虹口区四川北路街道社区事务受理服务中心	虹口区新广路296号1楼	56661380
虹口区广中路街道社区事务受理服务中心	虹口区水电路120号	51812222
虹口区欧阳路街道社区事务受理服务中心	虹口区曲阳路483弄2号	65222978
虹口区凉城新村街道社区事务受理服务中心	虹口区凉城路465弄41号甲	65290666、65289696
虹口区嘉兴路街道社区事务受理服务中心	虹口区三河路388号	65158800
杨浦区定海路街道社区事务受理服务中心	杨浦区长阳路3066号	65670011
杨浦区大桥街道社区事务受理服务中心	杨浦区平凉路1730号	65701838
杨浦区大桥街道社区事务受理服务中心眉州路延伸点	杨浦区眉州路131—133号	65701838
杨浦区大桥街道社区事务受理服务中心周家牌路延伸点	杨浦区周家牌路95号	65701838
杨浦区大桥街道社区事务受理服务中心引翔港延伸点	杨浦区宁武路636号	65701838
杨浦区平凉路街道社区事务受理服务中心	杨浦区吉林路18号	65850951
杨浦区江浦路街道社区事务受理服务中心	杨浦区许昌路1150号	65853533
杨浦区控江路街道社区事务受理服务中心	杨浦区黄兴路572号	55803282
杨浦区控江路街道社区事务受理服务中心凤城睦邻中心延伸点	杨浦区抚顺路161号	65131205
杨浦区延吉新村街道社区事务受理服务中心	杨浦区延吉中路77号	65251756
杨浦区延吉四村居委会延伸服务点	杨浦区延吉四村60号	65336070
杨浦区长白新村街道社区事务受理服务中心	杨浦区延吉东路107号	55832016
杨浦区四平路街道社区事务受理服务中心	杨浦区鞍山路158号	65145236
杨浦区殷行街道社区事务受理服务中心	杨浦区国和路1047号	65063740
杨浦区殷行街道社区睦邻中心延伸点	杨浦区开鲁路333号2楼	35377559
杨浦区五角场街道社区事务受理服务中心	杨浦区政通路100弄11号	55621137
杨浦区五角场街道社区事务受理服务中心政化路延伸点	杨浦区政化路279—285号	55087961
杨浦区五角场街道社区事务受理服务中心仁德路延伸点	杨浦区仁德路67弄10支弄27号102室	55085332
杨浦区长海路街道社区事务受理服务中心	杨浦区国和路425号	65564636
杨浦区新江湾城街道社区事务受理服务中心	杨浦区政悦路329号	55130258
宝山区友谊路街道社区事务受理服务中心	宝山区永清路899号	56122006
宝山区吴淞街道社区事务受理服务中心	宝山区淞青路151号	56572070
宝山区张庙街道社区事务受理服务中心	宝山区泗塘二村108号	56762616

续表

名　　称	地　　址	电　　话
宝山区月浦镇社区事务受理服务中心	宝山区德都路 111 号	36303222
宝山区杨行镇社区事务受理服务中心	宝山区松兰路 826 号	56801939
宝山区淞南镇社区事务受理服务中心	宝山区长江路 556 号	66186516、66186332
宝山区高境镇社区事务受理服务中心	宝山区河曲路 108 号	66793002
宝山区庙行镇社区事务受理服务中心	宝山区长江西路 2700 号	56475979、56476527
宝山区大场镇社区事务受理服务中心	宝山区沪太路 2518 号	61671000
宝山区顾村镇社区事务受理服务中心	宝山区电台南路 7 号	66048603
宝山区罗店镇社区事务受理服务中心	宝山区祁北东路 209 号	56865420
宝山区罗泾镇社区事务受理服务中心	宝山区潘新路 216 号	4008210378-833
闵行区莘庄镇社区事务受理服务中心	闵行区莘西南路 158 号 1 号楼 1 楼大厅	34709928
闵行区七宝镇社区事务受理服务中心	闵行区沪松公路 577 号	54791001
闵行区颛桥镇社区事务受理服务中心	闵行区联农路 297 号	51987090
闵行区华漕镇社区事务受理服务中心	闵行区平乐路 25 号	33509620
闵行区虹桥镇社区事务受理服务中心	闵行区合川路 2885 号	64658822
闵行区梅陇镇社区事务受理服务中心	闵行区莘朱路 1925 号	64101122-0
闵行区吴泾镇社区事务受理服务中心	闵行区宝秀路 555 号	54737105
闵行区马桥镇社区事务受理服务中心	闵行区银春路 2016 号	64099686
闵行区浦江镇社区事务受理服务中心	闵行区江航南路 950 号	34302140
闵行区江川路街道社区事务受理服务中心	闵行区鹤庆路 398 号	64622694
闵行区古美路街道社区事务受理服务中心	闵行区古龙路 1139 号	54163600
闵行区新虹街道社区事务受理服务中心	闵行区申滨路 777 号	52962133
闵行区浦锦街道社区事务受理服务中心	闵行区浦瑞路 326 号	34787815
闵行区莘庄工业区社区事务受理服务中心	闵行区春光路 710 号(近银都路)	34909876
闵行区浦江镇社区事务受理服务中心永康分中心	闵行区永颂路 198 弄 22 号	64116497
闵行区颛桥镇社区事务受理服务中心君莲分中心	闵行区春都路 216 号	51987090-1050
闵行区梅陇镇社区事务受理服务中心晶城分中心	闵行区业祥路 24 号	64767025
闵行区梅陇镇社区事务受理服务中心曹行服务站	闵行区曹建路 240 号	54409323
闵行区新虹街道社区事务受理服务中心航华延伸点	闵行区航东路 355 号	64215151
闵行区梅陇镇社区事务受理服务中心金都路延伸点	闵行区曙建路 78 弄 62 号邻里中心内	34701629
闵行区七宝镇社区事务受理服务中心静安新城延伸点	闵行区漕宝路 1467 弄 4 区 12 号	54792966
闵行区七宝镇社区事务受理服务中心航华延伸点	闵行区航东路 355 号	54789423
嘉定区安亭镇社区事务受理服务中心	嘉定区民丰路 988 号	69578880
嘉定区安亭镇社区事务受理服务中心黄渡分中心	嘉定区绿苑路 39 号	69580313
嘉定区嘉定新城(马陆镇)社区事务受理服务中心	嘉定区沪宜公路 2228 号	59156713
嘉定区南翔镇社区事务受理服务中心	嘉定区古猗园路 358 号	69126004

续表

名　　称	地　　址	电　话
嘉定区江桥镇社区事务受理服务中心	嘉定区华江路129弄5号楼	69001302
嘉定区徐行镇社区事务受理服务中心	嘉定区新建一路1568号	59559801
嘉定区外冈镇社区事务受理服务中心	嘉定区恒飞路711号	39106506
嘉定区华亭镇社区事务受理服务中心	嘉定区高石公路1433号	39981040
嘉定区嘉定镇街道社区事务受理服务中心	嘉定区塔城路360弄8号	59928106-8000
嘉定区新成路街道社区事务受理服务中心	嘉定区迎园路416号	59986381
嘉定区真新街道社区事务受理服务中心	嘉定区清峪路985号	59197632
嘉定区嘉定工业区社区事务受理服务中心	嘉定区永盛路2703号	69960031
嘉定区嘉定工业区社区事务受理服务中心(北区分中心)	嘉定区嘉朱公路1468号2号楼	59543061
嘉定区菊园新区社区事务受理服务中心	嘉定区平城路811号	69016000、69991000
金山区枫泾镇社区事务受理服务中心	金山区枫泾镇枫杰路51号	57353407
金山区枫泾镇社区事务受理服务中心兴塔分中心	金山区枫泾镇兰兴路100弄2216号	67295016
金山区朱泾镇社区事务受理服务中心	金山区朱泾镇人民路360号	57312187、57311232
金山区朱泾镇社区事务受理服务中心新农分中心	金山区朱泾镇浦银路455号	57312038
金山区亭林镇社区事务受理服务中心	金山区亭林镇亭升路550弄33号	67235408、67235370
金山区亭林镇社区事务受理服务中心松隐分中心	金山区亭林镇松隐小康路34号	57382056、57382071
金山区漕泾镇社区事务受理服务中心	金山区漕泾镇中一西路601号	67252955
金山区山阳镇社区事务受理服务中心	金山区山阳镇亭卫公路1500号	57244002
金山区金山卫镇社区事务受理服务中心	金山区金山卫镇古城路319号	57260692
金山区金山卫镇社区事务受理服务中心钱圩分中心	金山区金山卫镇建圩路20弄38号(钱圩居委会对面)	37266016
金山区张堰镇社区事务受理服务中心	金山区张堰镇东贤路951号	57213394、57213795
金山区廊下镇社区事务受理服务中心	金山区廊下镇景乐路228号3号楼	57395078
金山区吕巷镇社区事务受理服务中心	金山区吕巷镇溪南路58号	57371365
金山区吕巷镇社区事务受理服务中心干巷分中心	金山区吕巷镇干新路1—7号	57377037
金山区石化街道社区事务受理服务中心	金山区石化街道卫零路485号	57933627
金山工业区社区事务受理服务中心	金山工业区恒顺路280弄15号	57270729
松江区中山街道社区事务受理服务中心	松江区茸梅路139号	67743115
松江区方松街道社区事务受理服务中心	松江区文涵路733号	37021526
松江区永丰街道社区事务受理服务中心	松江区仓华路623—631号	67816119
松江区岳阳街道社区事务受理服务中心	松江区人民北路73弄1号	57716655
松江区广富林街道社区事务受理服务中心	松江区人民北路3456号1号楼	37655605
松江区九里亭街道社区事务受理服务中心	松江区九里亭街道涞坊路408号东1楼	67890296
松江区车墩镇社区事务受理服务中心	松江区车墩镇影视路28弄1号	57604759
松江区洞泾镇社区事务受理服务中心	松江区洞泾镇同乐南路4号	57672532
松江区新桥镇社区事务受理服务中心	松江区新桥镇新站路460号	57642626

续表

名　称	地　址	电　话
松江区新桥镇社区事务受理服务中心新闵分中心	松江区新桥镇明兴路595弄88号	67677915
松江区九亭镇社区事务受理服务中心	松江区九亭镇九新公路219号	57633103
松江区石湖荡镇社区事务受理服务中心	松江区石湖荡镇学府路160号	57759035
松江区新浜镇社区事务受理服务中心	松江区新浜镇新绿街398号	57892224
松江区泖港镇社区事务受理服务中心	松江区泖港镇中南路35号	57860567
松江区叶榭镇社区事务受理服务中心	松江区叶榭镇叶政路1089号	67800093
松江区泗泾镇社区事务受理服务中心	松江区泗泾镇文化路298号	57611712
松江区泗泾镇新凯社区事务受理服务中心（分中心）	松江区泗泾镇泗凯路400号	57895329
松江区佘山镇社区事务受理服务中心	松江区佘山镇佘新路358号	57652626
松江区小昆山镇社区事务受理服务中心	松江区小昆山镇文翔路6000号	57761030
青浦区赵巷镇社区事务受理服务中心	青浦区赵巷镇镇中路580号	59751231、59750070
青浦区徐泾镇社区事务受理服务中心	青浦区徐泾镇明珠路800号	59760342
青浦区华新镇社区事务受理服务中心	青浦区华新镇华强街585号	59797200
青浦区重固镇社区事务受理服务中心	青浦区赵重公路3025号	59786333
青浦区白鹤镇社区事务受理服务中心	青浦区白鹤镇建屯路130号5号楼	59212666
青浦区香花桥街道社区事务受理服务中心	青浦区香大路1001号	59221919
青浦区朱家角镇社区事务受理服务中心	青浦区沙家埭路18号	59247703
青浦区练塘镇社区事务受理服务中心	青浦区练塘镇朱枫公路3666弄4号楼	59255965
青浦区金泽镇社区事务受理服务中心	青浦区金中路19号	59261029、59260110
青浦区夏阳街道社区事务受理服务中心	青浦区城中南路58号	59731779
青浦区盈浦街道社区事务受理服务中心	青浦区胜利路119号	69223601
奉贤区南桥镇社区事务受理服务中心	奉贤区南桥镇新建西路160号	67193483
奉贤区奉城镇社区事务受理服务中心	奉贤区奉城镇兰博路2009号	57512868
奉贤区四团镇社区事务受理服务中心	奉贤区四团镇天鹏街54弄32号	57533152
奉贤区柘林镇社区事务受理服务中心	奉贤区柘林镇钦林北路56号	57447464
奉贤区庄行镇社区事务受理服务中心	奉贤区庄行镇腾庄路4号	57469731
奉贤区金汇镇社区事务受理服务中心	奉贤区金汇镇金碧路2028号	57481252
奉贤区青村镇社区事务受理服务中心	奉贤区青村镇南奉公路2955号	57591215
奉贤区海湾镇社区事务受理服务中心	奉贤区海湾镇海农公路1478号	57505108
奉贤区奉浦街道社区事务受理服务中心	奉贤区奉浦街道国顺路555号	67109680
奉贤区西渡街道社区事务受理服务中心	奉贤区西渡街道西闸公路1272号	67157228
奉贤区金海社区社区事务受理服务中心	奉贤区金海社区嘉园路258号	37195028
奉贤区海湾旅游区社区事务受理服务中心	奉贤区海湾旅游区新海街18号	57120935
崇明区新村乡社区事务受理服务中心	崇明区新村乡新中村新跃287号	59650862
崇明区绿华镇社区事务受理服务中心	崇明区绿华镇嘉华路8号	59351070
崇明区三星镇社区事务受理服务中心	崇明区三星镇宏海公路4291号	59601619

续表

名 称	地 址	电 话
崇明区庙镇社区事务受理服务中心	崇明区庙镇合作公路 70 号	59363291
崇明区港西镇社区事务受理服务中心	崇明区港西镇三双公路 1573 号	59670688
崇明区城桥镇社区事务受理服务中心	崇明区城桥镇寒山寺路 164 号	69617365
崇明区建设镇社区事务受理服务中心	崇明区建设镇建星路 108 号	59331317
崇明区新河镇社区事务受理服务中心	崇明区新河镇新申路 801 号	59688727
崇明区竖新镇社区事务受理服务中心	崇明区竖新镇前竖公路 3150 号	59495846
崇明区堡镇社区事务受理服务中心	崇明区堡镇化工路 17 号	59410413
崇明区港沿镇社区事务受理服务中心	崇明区港沿镇港沿公路 1198-1 号临	59462567
崇明区向化镇社区事务受理服务中心	崇明区向化镇向化大街 149 号	59443733
崇明区中兴镇社区事务受理服务中心	崇明区中兴镇兴工路 57 号	69444936
崇明区陈家镇社区事务受理服务中心	崇明区陈家镇北陈公路 1454 号	59405815
崇明区长兴镇社区事务受理服务中心	崇明区长兴镇海舸路 465 号西辅楼	66859818
崇明区横沙乡社区事务受理服务中心	崇明区横沙乡新环路 57 号	56897067
崇明区东平镇社区事务受理服务中心	崇明区东平镇东冉路 783 号	59667809
崇明区新海镇社区事务受理服务中心	崇明区新海镇海展路 80 号	59655101

（十一）社会组织服务中心(孵化基地)一览表(234 个)

名 称	地 址	电 话
上海市社会组织服务中心	黄浦区普育西路 105 号 3 号楼辅楼 1 楼	63214240
浦东新区社会组织服务中心	浦东新区峨山路 613 号 A 楼 313 室	58990390
浦东新区高行社会组织服务中心	浦东新区东靖路 43 号	68971808
浦东新区北蔡社会组织服务中心	浦东新区沪南路 1105 号 3 楼	50912610
浦东新区潍坊社会组织服务中心	浦东新区潍坊路 140 弄 12 号	58787457
浦东新区东明社会组织服务中心	浦东新区永泰路 1129 弄 96 号 111 室	50836684
浦东新区上钢社会组织服务中心	浦东新区历城路 56 号 306 室	51925776
浦东新区浦兴社会组织服务中心	浦东新区长岛路 1201 弄 74 号	58523895
浦东新区金桥社会组织服务中心	浦东新区东陆路 1978 号一层	38729268
浦东新区陆家嘴社会组织服务中心	浦东新区崂山五村 555 号 301 室	58782285
浦东新区洋泾社会组织服务中心	浦东新区沈家弄路 891 号 302 室	58525184
浦东新区金杨社会组织服务中心	浦东新区灵山路 1803 号 210 室	38473078
浦东新区南码头社会组织服务中心	浦东新区临沂路 381 弄 31 号 302 室	50931157
浦东新区高桥社会组织服务中心	浦东新区高桥镇慈善街 14 号	50409801
浦东新区合庆社会组织服务中心	浦东新区东川公路 7779 号 301 室	68901191
浦东新区塘桥社会组织服务中心	浦东新区峨山路 679 弄 1 号	50170342
浦东新区高东社会组织服务中心	浦东新区新园路 436 弄 24 号	58480443
浦东新区沪东社会组织服务中心	浦东新区浦东大道 3230 弄 9 号 1 号楼 2 楼	58710511

续表

名　　称	地　　址	电　　话
浦东新区周家渡社会组织服务中心	浦东新区齐河路27弄7号	68630029
浦东新区曹路镇社会组织服务中心	浦东新区曹路镇龚丰路85号	50688698
浦东新区川沙新镇社会组织服务中心	浦东新区华夏二路1455弄37号301室	58980124
浦东新区张江社会组织服务中心	浦东新区高科中路3039号307、309室	58554528
浦东新区新场镇社会组织服务中心	浦东新区新场镇牌楼东路285号	58178037
浦东新区宣桥镇社会组织服务中心	浦东新区宣桥镇三灶下盐公路54号	58039519
浦东新区唐镇社会组织服务中心	浦东新区唐镇创新中路95弄77号402室	58969122
浦东新区花木社会组织服务中心	浦东新区杨高中路2797号305室	61016207
浦东新区惠南镇社会组织服务中心	浦东新区惠南镇城西路200号	68090131
浦东新区老港社会组织服务中心	浦东新区老港镇建中路335号	68291562
浦东新区三林社会组织服务中心	浦东新区和炯路681号302、303、305室	50851297
浦东新区周浦社会组织服务中心	浦东新区周浦镇横桥路8号410室	58111300
浦东新区南汇新城社会组织服务中心	浦东新区南汇新城镇申港大道200号D区515室	68283599
浦东新区万祥社会组织服务中心	浦东新区万祥镇三三公路2029号	58043268
浦东新区康桥镇社会组织服务中心	浦东新区康桥镇康弘路481号405室	20917131
浦东新区大团社会组织服务中心	浦东新区大团镇南团公路3191号	58088260
浦东新区书院社会组织服务中心	浦东新区书院镇石潭街100号	33750368
浦东新区祝桥社会组织服务中心	浦东新区南祝公路5058号101室	58103497
浦东新区航头社会组织服务中心	浦东新区航头镇航鹤路660号330室	58225363
浦东新区泥城社会组织服务中心	浦东新区泥城镇云汉路979号	58070656
黄浦区社会组织服务中心	黄浦区瑞金二路410弄7号底楼	64227017
黄浦区社会组织公益园	黄浦区黄家路118号9楼	33763685
徐汇区社会组织服务中心	徐汇区南宁路969号1013室	54591961
徐汇区徐家汇街道社会组织服务中心	徐汇区徐虹北路11号	54251375
徐汇区湖南街道社会组织服务中心	徐汇区复兴西路100号2楼B02室	54365395
徐汇区龙华街道社会组织服务中心	徐汇区天钥桥南路399号	54121810
徐汇区田林街道社会组织服务中心	徐汇区宜山路655弄3号	64828867、64759900-1291
徐汇区枫林街道社会组织服务中心	徐汇区小木桥路680号四号楼303室	33638020
徐汇区华泾镇社会组织服务中心	徐汇区龙吴路2388弄84号甲	54823399
徐汇区虹梅街道社会组织服务中心	徐汇区虹梅路2019号	64017896
徐汇区长桥街道社会组织服务中心	徐汇区罗秀路616号	64540672
徐汇区康健街道社会组织服务中心	徐汇区桂林西街23号	64757022-5233
徐汇区凌云路街道社会组织服务中心	徐汇区老沪闵路875弄30号	33500137
徐汇区漕河泾街道社会组织服务中心	徐汇区南宁路501弄33号205室	33687325
徐汇区斜土街道社会组织服务中心	徐汇区零陵北路1号211室	34243357
徐汇区天平街道社会组织服务中心	徐汇区衡山路237号206室	64150725

续表

名　称	地　址	电　话
长宁区社会组织创新实践园	长宁区平塘路187号	52047337
长宁区社会组织服务中心	长宁区平塘路187号	52047337
长宁区新华路街道社会组织服务中心	长宁区法华镇路521号405室	62823060
长宁区江苏路街道社会组织服务中心	长宁区愚园路1118号2楼	52909507
长宁区华阳路街道社会组织服务中心	长宁区安化路500号1楼辅楼	80110072
长宁区周家桥街道社会组织服务中心	长宁区凯旋路585号	52730317
长宁区天山路街道社会组织服务中心	长宁区天山四村122号3号楼4—5楼	62281287
长宁区仙霞新村街道社会组织服务中心	长宁区虹古路377弄25号	62456560
长宁区虹桥街道社会组织服务中心	长宁区虹桥路1053弄7号	22850733
长宁区程家桥街道社会组织服务中心	长宁区剑河路2345号	22300055
长宁区北新泾街道社会组织服务中心	长宁区天山路18号901室	52139803
长宁区新泾镇社会组织服务中心	长宁区金钟路658号东华科技园12号楼甲2层	52162790
静安区社会组织服务中心	静安区愚园路500号	51915360
静安区静安寺街道社会组织服务中心	静安区常熟路113弄23号	54046230
静安区曹家渡街道社会组织服务中心	静安区胶州路283弄4号301室	62725008
静安区江宁路街道社会组织服务中心	静安区江宁路838号4楼038室	62998098
静安区石门二路街道社会组织服务中心	静安区石门二路333弄26C	32586660
静安区南京西路街道社会组织服务中心	静安区延安中路841号2层206室、209室	36030972
静安区天目西路街道社会组织服务中心	静安区沪太路150号6楼	63176171
静安区北站街道社会组织服务中心	静安区天目中路383号11楼	56030108
静安区宝山路街道社会组织服务中心	静安区陆丰路4号	66296331
静安区芷江西路街道社会组织服务中心	静安区芷江西路151号2楼	66583382-209
静安区共和新路街道社会组织服务中心	静安区平型关路377弄8号楼102室	56079183-5018、56079183-5019
静安区大宁路街道社会组织服务中心	静安区平型关路1700号7号楼5楼	56330282
静安区彭浦新村街道社会组织服务中心	静安区彭浦新村65号甲204室	66983032
静安区临汾路街道社会组织服务中心	静安区保德路181号5楼	36601150
静安区彭浦镇社会组织服务中心	静安区万荣路808号3楼	56659950-215
静安区社会组织培育孵化基地	静安区愚园路500号	51915360
静安区曹家渡街道社会组织孵化基地	静安区胶州路283弄4号、293弄4号	62725008
静安区南京西路街道社会组织孵化基地	静安区延安中路841号南西创想中心206室、209室	62996092
静安区天目西路街道社会组织孵化基地	静安区沪太路150号6楼	66059823
静安区北站街道社会组织孵化基地	静安区天目中路383号11楼	63259903
静安区大宁路街道社会组织孵化基地	静安区平型关路1700号7号楼5楼	56330282
静安区临汾社区公益项目孵化基地	静安区保德路181号5楼	33601150
静安区彭浦镇社会组织孵化基地	静安区万荣路808号3楼	56659950-215
静安创益空间	静安区武宁南路241号4楼	

续表

名　　称	地　　址	电　　话
普陀区社会组织服务中心	普陀区曹杨路510号9楼907室	62441118-1516
普陀区社会组织孵化园	普陀区曹杨路510号9楼	62441118-1525
虹口区欧阳路街道社会组织服务中心	虹口区欧阳路545弄21号二楼东	65227766-8004
虹口区广中街道社会组织服务中心	虹口区花园路16弄嘉和国际大厦2316室	31070176
虹口区嘉兴路街道社会组织服务中心	虹口区四平路710号广益大厦10楼	56770271
虹口区凉城街道社会组织服务中心	虹口区凉城路661号204室	55610258
虹口区江湾镇街道社会组织服务中心	虹口区丰镇路300号315室	65932319
虹口区曲阳路街道社会组织服务中心	虹口区曲阳路610弄13号3楼	65062357
虹口区四川北路社会组织服务中心	虹口区四平路97弄171号301	56311221-8001
虹口区北外滩街道社会组织服务中心	虹口区公平路612号	65853983
杨浦区社会组织服务中心	杨浦区济宁路252号A座523室	25017729
杨浦区定海路街道社会组织服务中心	杨浦区长阳路3077号204室	55890282
杨浦区大桥街道社会组织服务中心	杨浦区杭州路66弄35号408室	65671372
杨浦区平凉路街道社会组织服务中心	杨浦区龙江路130弄2号甲2楼	55079838
杨浦区江浦路街道社会组织服务中心	杨浦区许昌路1483弄4号201室	33777891
杨浦区长白新村街道社会组织服务中心	杨浦区靖宇东路58弄28号	65680002
杨浦区延吉新村街道社会组织服务中心	杨浦区控江路600号B栋201室	65482290
杨浦区控江路街道社会组织服务中心	杨浦区靖宇南路99弄16号107室	55802900
杨浦区四平路街道社会组织服务中心	杨浦区四平路1028弄42号	65022591
杨浦区殷行路街道社会组织服务中心	杨浦区包头路545号207室	55223628
杨浦区五角场街道社会组织服务中心	杨浦区政通路30号304室	65333865
杨浦区长海路街道社会组织服务中心	杨浦区国权东路99弄20—21号	65345238
杨浦区新江湾城街道社会组织服务中心	杨浦区殷行路990号	55252552
杨浦区社会组织创新实践园	杨浦区济宁路252号	25017729
杨浦区社会组织公益（总部）基地	杨浦区江浦路627号2号楼6楼	55885897
杨浦区定海路街道社会组织孵化园	杨浦区顺平路59弄22号4楼	55890282
杨浦区大桥街道公益性社会组织孵化园	杨浦区杭州路66弄35号3—4楼	65671372
杨浦区平凉路街道“乐银龄”公益性社会组织孵化园	杨浦区龙江路130弄2号甲2楼	55079838
杨浦区平凉路街道“群欣”公益性社会组织孵化园	杨浦区扬州路310号甲2楼	55210144
杨浦区江浦路街道公益性社会组织孵化园	杨浦区许昌路1483弄4号	33777891
杨浦区长白新村街道社区社会组织孵化园	杨浦区延吉东路140弄	65680002
杨浦区延吉新村街道社会组织孵化园	杨浦区控江路600号B栋	65482290
杨浦区控江路街道社会组织孵化园	杨浦区靖宇南路99弄16号	55802900
杨浦区五角场街道公益性社会组织孵化园	杨浦区国定路59号	65061559
杨浦区新江湾城街道社会组织孵化园	杨浦区国秀路181号4楼	55910095
宝山区社会组织服务中心	宝山区淞滨路28号12楼	36210767、36210805

续表

名　　称	地　　址	电　话
宝山区友谊路街道社会组织服务中心	宝山区同济路 990 号	66590083
宝山区吴淞街道社会组织服务中心	宝山区同济支路 199 号 3 号楼 3513 室	56677082
宝山区张庙街道社会组织服务中心	宝山区泗塘一村 14 号 2 楼	66180287
宝山区大场镇社会组织服务中心	宝山区沪太路 2010 号-1 综合馆 208 室	56531993
宝山区高境镇社会组织服务中心	宝山区吉浦路 551 号	65053859、56825672
宝山区杨行镇社会组织服务中心	宝山区杨鑫路 268 号	56803779
宝山区顾村镇社会组织服务中心	宝山区菊太路 1535 号北楼 2 层	66037802
宝山区月浦镇社会组织服务中心	宝山区德都路 111 号	56391067、56391316
宝山区淞南镇社会组织服务中心	宝山区淞南路 316 号	56165118
宝山区罗泾镇社会组织服务中心	宝山区罗泾镇萧月路 151 号 2 楼	66873991
宝山区罗店镇社会组织服务中心	宝山区罗店镇美平路 388 号 101 室	66863886
宝山区庙行镇社会组织服务中心	宝山区三泉路 1501 号	63066075
闵行区社会组织服务中心	闵行区七莘路 750 号	64929922
闵行区颛桥社会组织服务中心	闵行区中沟路 385 号	34172391
闵行区莘庄镇社会组织服务中心	闵行区莘庄镇伟业路 199 弄 8 号	64922705
闵行区梅陇镇社会组织服务中心	闵行区梅陇镇镇西路 78 号	62966589
闵行区浦江镇社会组织服务中心	闵行区浦江镇谈中路 220 号 4 楼	64110115
闵行区华漕社会组织服务中心	闵行区华漕镇平乐路 25 号	52261737
闵行区七宝镇社会组织服务中心	闵行区吴宝路 8 号 2 号楼	54880217
闵行区虹桥镇社会组织服务中心	闵行区合川路 2885 号	64059209
闵行区吴泾镇社会组织服务中心	闵行区龙吴路 5347 号	64504709
闵行区马桥社会组织服务中心	闵行区北松公路 2239 弄 91 号	64090958
闵行区江川社会组织服务中心	闵行区鹤庆路 225 号 3 楼	33583558
闵行古美路街道社会组织服务中心	闵行区古龙路 1125 号	34292256
闵行区新虹街道社会组织服务中心	闵行区申滨路 1058 弄 76 号 202 室	54573009
闵行区浦锦街道社会组织服务中心	闵行区浦申路 520 号 308 室	34799856
闵行区莘庄工业区社会组织服务中心	闵行区瓶北路 479 弄 18 号楼	64887707
闵行区社会组织培育发展中心	闵行区七莘路 250 号 8 号楼 1 楼	52275319
嘉定区安亭镇社会组织服务中心	嘉定区曹安公路 5533 号 2 楼	59501905
嘉定区马陆镇社会组织服务中心	嘉定区崇信路 1531 号 316	59520016
嘉定南翔镇社会组织服务中心	嘉定区南翔镇德园路 665 号	69120116
嘉定区江桥镇社会组织服务中心	嘉定区江桥镇海川路 58 弄 16 号	69112633
嘉定区徐行镇社会组织服务中心	嘉定区徐行镇开源路 29 号	39977781
嘉定区外冈镇社会组织服务中心	嘉定区外冈镇恒荣路 386 号	39103040
嘉定区华亭镇社会组织服务中心	嘉定区嘉行公路 3218 号 3 楼 305	59953722
嘉定区嘉定镇街道镇社会组织服务中心	嘉定区塔城路 560 号 D202	59536199
嘉定新成路街道社会组织服务中心	嘉定区迎园路 886 弄 1 号	69902753

续表

名　　称	地　　址	电　　话
嘉定区真新街道社会组织服务中心	嘉定区金鼎路 2288 号 303 室	59196255
嘉定工业区社会组织服务中心	嘉定区嘉定工业区嘉朱公路 1280 号	59557732
嘉定区菊园新区社会组织服务中心	嘉定区平城路 850 弄 15 号	69991719
嘉定区安亭镇社会组织公益实践园	嘉定区安亭镇曹安公路 5533 号 2 楼	59501905
嘉定区徐行镇社会组织公益实践园	嘉定区徐行镇开源路 29 号	39977781
嘉定区嘉定镇街道社会组织公益实践园	嘉定区塔城路 560 号	59536199
嘉定区菊园新区社会组织公益实践园	嘉定区平城路 850 弄 15 号	69991719
嘉定区华亭镇社会组织公益实践园	嘉定区华亭镇嘉行公路 3218 号	59953722
嘉定区真新街道社会组织公益实践园	嘉定区金鼎路 2288 号 3 楼	59196255
嘉定区江桥镇社会组织公益实践园	嘉定区海川路 58 弄 16 号	69166002
嘉定区暖心益家上海嘉定工业区社会组织公益实践园	嘉定区嘉朱公路 1280 号	59557732
嘉定区马陆镇社会组织公益实践园	嘉定区云屏路 1023 号	59520090
嘉定区外冈镇社会组织公益实践园	嘉定区外冈镇恒荣路 386 号	69580756
金山区社会组织服务中心	金山区蒙山北路 603 号 2 楼	57922377、67960299
松江区社会组织服务中心	松江区新松江路 1800 弄 3 号楼 2 楼	67676365
松江区中山街道社会组织服务中心	松江区茸平路 168 号 205 室	57781386
松江区方松街道社会组织服务中心	松江区三新北路 900 弄 682 号 2215 室	37720641
松江区永丰街道社会组织服务中心	松江区松汇西路 1188 号	57813595
松江区岳阳街道社会组织服务中心	松江区荣乐一村 49—51 号北侧	57716290
松江区广富林街道社会组织服务中心	松江区人民北路 3456 号	37683800
松江区九里亭街道社会组织服务中心	松江区涞坊路 408 号	57632976
松江区车墩镇社会组织服务中心	松江区车墩镇车峰路 176 号	57601436
松江区洞泾镇社会组织服务中心	松江区洞泾镇长兴路 528 号	57672215
松江区新桥镇社会组织服务中心	松江区新桥镇新站路 460 号 411 室	57641262
松江区九亭镇社会组织服务中心	松江区九亭镇易富路 158 号	57631850
松江区石湖荡镇社会组织服务中心	松江区石湖荡镇学府路 132 号 2 号楼 112 室	57753949
松江区新浜镇社会组织服务中心	松江区新绿路 758 号	57892779
松江区泖港镇社会组织服务中心	松江区泖港镇新宾路 358 号 102 室	57861005
松江区叶榭镇社会组织服务中心	松江区叶榭镇大德路 288 号	57805869
松江区泗泾镇社会组织服务中心	松江区江达北路 85 号	57621132
松江区佘山镇社会组织服务中心	松江区佘山镇千新公路 1200 号翠鑫苑社区生活服务中心	57657051
松江区小昆山镇社会组织服务中心	松江区文翔路 6000 号 2408 室	57766280
松江区社会组织服务园	松江区新松江路 1800 弄 3 号楼 3—4 楼	67676365
松江区车墩镇社会组织孵化基地	松江区车墩镇车峰路 176 号	57601436
松江区泖港镇社会组织服务园	松江区泖港镇叶新公路 3003 号	57861005

续表

名　　称	地　　址	电　话
松江区叶榭镇社会组织服务园	松江区叶榭镇张泽大德公路 288 号 2 层	57805869
松江区岳阳街道社会组织服务中心	松江区乐都支路 59 弄北侧	67723160
松江区中山街道社会组织创客中心	松江区五昆路 143 号	67742069
青浦区社会会组织服务中心	青浦区清河湾路 115 号 9 楼	59833030
青浦区重固镇社会组织服务中心	青浦区福定路 379 号	59868011
青浦区金泽镇社会组织服务中心	青浦区沪青平公路 9412 号 205 室	59260288
青浦区朱家角镇社会组织服务中心	青浦区沪青平公路 6101 弄 85 号	59241297
青浦区华新镇社会组织服务中心	青浦区华强街 585 号	59791335
青浦区赵巷镇社会组织服务中心	青浦区崧漪一路 46 弄 17 号 2 楼	59286081
青浦区香花桥街道社会组织服务中心	青浦区新桥路 786 号	5922440
青浦区白鹤镇社会组织服务中心	青浦区外青松公路 2965 号	39290186
青浦区徐泾镇社会组织服务中心	青浦区徐泾镇盈港东路 1800 号 218 室	59760291
青浦区盈浦街道社会组织服务中心	青浦区盈米路 17 号	69223637
青浦区夏阳街道社会组织服务中心	青浦区青昆路 100 号	69729706
青浦区练塘镇社会组织服务中心	青浦区练塘镇朱枫公路 3666 弄练民新村 1 号楼	59252627
奉贤区社会组织服务中心	奉贤区南桥镇新建西路 219 号	57180852
崇明社会组织服务中心	崇明区城桥镇寒山寺路 578 号 105 室	33800995
崇明城桥镇社会组织服务中心	崇明区城桥镇南门路 225 号	69606839
崇明横沙乡社会组织服务中心	崇明区横沙乡新环路 84 号南侧一两楼	56899908
崇明长兴镇社会组织服务中心	崇明区长兴镇金滂路 199 弄 30 号 202 室	66852101
崇明堡镇社会组织服务中心	崇明区堡镇堡兴路 79 号	59410208
崇明庙镇社会组织服务中心	崇明区庙镇大街 43 号 4 号楼	59411432
崇明东平镇社会组织服务中心	崇明区东平镇东冉路、平悦路路口(社区事务受理服务中心内)	59666533
崇明新河镇社会组织服务中心	崇明区新河镇西河沿 10 号	59681986
崇明建设镇社会组织服务中心	崇明区建设镇建星路 108 号	59330733
崇明港沿镇社会组织服务中心	崇明区港沿镇港沿公路 1059 号	69410071
崇明三星镇社会组织服务中心	崇明区宏海公路 4291 号	59601298
崇明新海镇社会组织服务中心	崇明区北沿公路 3366 号(新海镇文化活动中心)	59657066
崇明陈家镇社会组织服务中心	崇明区陈家镇北陈公路 1454 号	59403262
崇明港西镇社会组织服务中心	崇明区港西镇三双公路 1573 号	59670089
崇明中兴镇社会组织服务中心	崇明区中兴镇广福路 37 号	69444936
崇明新村乡社会组织服务中心	崇明区星村公路 2128 号	59650804
崇明向化镇社会组织服务中心	崇明区向化镇向化大街 149 号	59441973
崇明竖新镇社会组织服务中心	崇明区竖新镇团城公路 1918 号	59486191
崇明绿华镇社会组织服务中心	崇明区绿华镇绿港村建民 708 号	59351668

(十二) 婚姻(收养)登记机构一览表(18个)

区	地　址	电话
市婚姻登记中心(涉外)	上海市漕宝路80号(光大会展中心D座)3楼	64325088
浦东	浦东新区浦东南路2240号永业商务楼3楼	58828056(结婚) 58829805(离婚)
	浦东新区惠南镇城基路29号	68018414
黄浦	黄浦区江西中路250号(邮编200002)	63777913
徐汇	徐汇区南宁路999号徐汇区行政服务中心2号楼3楼	64325543
长宁	金钟路631弄2号楼1楼	62705589
静安	静安区天目西路街道秣陵路50号(1—2楼)	53550041
普陀	普陀区曹杨路510号(近白玉路)	62441118-3002(结婚) 62441118-3009(离婚)
虹口	虹口区巴林路76号(近运光路)	55127328
杨浦	杨浦区济宁路252号(近江浦路)	25017777
宝山	宝山区樟岭路2号南楼(近盘古路)	56699902(婚姻) 56699901(收养)
闵行	闵行区七莘路750号	54530884
嘉定	嘉定区澄浏中路2560号	59528242(结婚) 59528667(离婚)
金山	金山区朱泾镇临源街620号	57319540
松江	松江区乐都西路867—871号2号楼4楼	57828156(结婚) 57727552(离婚)
青浦	青浦区外青松公路6189号	69714230(结婚) 69713671(离婚)
奉贤	奉贤区南桥镇望园南路1529弄(奉贤区行政服务中心)B座3楼	57420620(结婚) 57421029(离婚)
崇明	崇明区翠竹路1501号	39611574(结婚) 59629140(离婚)

(十三) 殡葬服务单位一览表(69家)

设施名称	业务范围	地　址	电　话
上海市龙华殡仪馆	殡仪服务	徐汇区田林街道漕溪路210号	64380004
上海市宝兴殡仪馆	殡仪服务	虹口区广中路街道西宝兴路833号	56629007
上海市益善殡仪馆	殡仪、火化服务	闵行区梅陇镇老沪闵路1500号	54821444
上海市浦东新区浦东殡仪馆	殡仪、火化服务	浦东新区曹路镇龚路支路1401号	58562189
上海市浦东新区南汇殡仪馆	殡仪、火化服务	浦东新区惠南镇沪南公路9707号	58003331
上海市闵行区殡仪馆	殡仪、火化服务	闵行区浦江镇沈杜公路2748号	64110647
上海市宝山区殡仪馆	殡仪、火化服务	宝山区杨行镇宝安公路111号	56801501

续表

设施名称	业务范围	地　址	电　话
上海市嘉定区殡仪馆	殡仪、火化服务	嘉定区菊园新区嘉朱公路 320 号	39903111
上海市金山区殡仪馆	殡仪、火化服务	金山区朱泾镇金张公路 6605 号	57317444
上海市松江区殡仪馆	殡仪、火化服务	松江区中山街道松汇东路 60 号	57831289
上海市青浦区殡仪馆	殡仪、火化服务	青浦区盈浦街道青赵公路 1919 号	59203790
上海市奉贤区殡仪馆	殡仪、火化服务	奉贤区青村镇金钱公路 3008 号	57471292
上海市崇明区殡仪馆	殡仪、火化服务	崇明区新河镇草港公路 3200 号	59374393
上海市崇明区殡仪馆(长兴)	殡仪、火化服务	崇明区长兴镇长明村 11 组	56851080
上海市崇明区殡仪馆(横沙)	殡仪、火化服务	崇明区横沙乡民新村 14 组	56890914
上海浦东新区乐乡公墓	骨灰安葬	浦东新区川沙新镇栏学路 8 号	58374753
上海浦东川沙永安公墓	骨灰安葬	浦东新区川沙新镇华夏东路 975 号向北 200 米	58376536
上海浦东新区天长公墓	骨灰安葬	浦东新区曹路镇秦家港路 1595 号	58562120
上海浦东新区界龙古园	骨灰安葬	浦东新区川沙新镇界龙一路 759 号	58942823
上海浦东新区天逸静园	骨灰安葬	浦东新区曹路镇龚卫路 388 号	58566511
上海南汇长桥山庄	骨灰安葬	浦东新区新场镇沪南公路 7960 号	58171234
上海汇龙园陵园有限公司	骨灰安葬	浦东新区军港公路 388 号	58260616
上海华南公墓管理有限公司	骨灰安葬	浦东新区航头镇航都南路 668 号	58220179
上海南院实业发展有限公司福寿园海港陵园	骨灰安葬	浦东新区临港新城杞青路 1717 号	4008216869
上海仙鹤园墓园	骨灰安葬	闵行区马桥镇仙鹤路 588 号	4008882606
上海天国墓园	骨灰安葬	闵行区华漕镇北青公路 2200 号	62213569
上海市颛桥寝园	骨灰安葬	闵行区颛桥镇沪闵公路 4044 号	64890767
上海福乐山庄有限公司	骨灰安葬	闵行区浦江镇沈杜公路 4300 号	64110729
上海宝罗暝园	骨灰安葬	宝山区罗店镇苗圃路 350 号	56860833
上海宝凤暝园	骨灰安葬	宝山区大场镇丰翔路 644 号	56132307
宝山月浦安息灵园	骨灰安葬	宝山区月浦镇月罗路 341 号	56031271
上海市嘉定区松鹤墓园	骨灰安葬	嘉定区安亭镇嘉松北路 3485 号	59507801
上海市嘉定区长安墓园	骨灰安葬	嘉定区安亭镇嘉安公路 3688 号	59563996
上海仙乐息园	骨灰安葬	嘉定区徐行镇宝钱公路 288 号	39533315
上海华亭息园	骨灰安葬	嘉定区华亭镇浏翔公路 7990 号	59970155
上海清竹园墓园有限公司	骨灰安葬	嘉定区外冈镇嘉松北路 633 号	59588899
上海南翔白鹤憩园有限公司	骨灰安葬	嘉定区南翔镇翔乐路 175 号	59123649
上海望仙安息园	骨灰安葬	嘉定区外冈镇外钱公路 1515 号	69932100
上海金山松隐山庄	骨灰安葬	金山区亭林镇松隐松金公路 5636 号	57381540
上海市金山区枫泾公墓	骨灰安葬	金山区枫泾镇林园路 168 号	57351223
上海天马山公墓	骨灰安葬	松江区佘山镇沈砖公路 3555 号	57661734
上海浦南陵园有限责任公司(上海浦南陵园)	骨灰安葬	松江区泖港镇叶新公路 5049 号	57866666

续表

设施名称	业务范围	地址	电话
上海天马塔园有限公司	骨灰安葬	松江区佘山镇沈砖公路 3645 号	57668380
上海华夏公墓	骨灰安葬	松江区小昆山镇永昆公路 482 号	57761055
上海市淀山湖归园公墓	骨灰安葬	青浦区朱家角镇港周路 1111 号	59238754
上海徐泾西园	骨灰安葬	青浦区徐泾镇诸陆西路 183 号	59760425
上海卫家角息园有限公司	骨灰安葬	青浦区徐泾镇谢卫路 598 号	59881427
上海福寿园实业发展有限公司	骨灰安葬	青浦区外青松公路 7270 弄 600 号	39820026
上海九天陵园有限公司	骨灰安葬	青浦区白鹤镇万狮村	39801028
上海青浦静园公墓	骨灰安葬	青浦区朱家角镇朱枫公路 1002 号	59830004
上海福泉山留园	骨灰安葬	青浦区香花桥街道郏一村 215 号	39876104
上海至尊园实业股份有限公司	骨灰安葬	青浦区朱家角镇朱枫公路 1128 号	59834449
上海滨海古园	骨灰安葬	奉贤区海湾镇五四农场内海古路 755 号	57160119
上海海湾寝园有限公司	骨灰安葬	奉贤区上海海湾旅游区海乐路 200 号	57120077
上海永福园陵有限公司	骨灰安葬	奉贤区奉城镇洪庙社区洪东路 333 号	57133613
上海市崇明县鳌山瞑园	骨灰安葬	崇明区城桥镇鳌山村 384 号	69693732
上海瀛裕瞑园	骨灰安葬	崇明区陈家镇晨光村六队	59431912
上海瀛新园陵园有限公司	骨灰安葬	崇明区新河镇草港公路 3188 号	59376000
上海市崇明区长亭冥园	骨灰安葬	崇明区长兴镇新港村 8 组	56851673
崇明县横沙明珠公墓	骨灰安葬	崇明区横沙乡红旗村	56891492
上海浦东新区三林静园	骨灰安葬	浦东新区三林镇人民桥南首三鲁路 7681 号	33929361
上海浦东新区北蔡镇西山湾安息堂	骨灰安葬	浦东新区北蔡镇中心路 400 号	58911640
浦东新区东沟乡静园	骨灰安葬	浦东新区高行镇东高路 1443 号	58651058
上海浦东新区洋泾乡安息堂	骨灰安葬	浦东新区杨高中路 1202 号	58991936
浦东新区金桥乡息安堂	骨灰安葬	浦东新区金桥镇陆行庄家宅	58992803
浦东新区张桥乡安息堂	骨灰安葬	浦东新区金桥镇陆行庄家宅	58992803
上海宝安瞑园	骨灰安葬	宝山区杨行镇宝安公路 128 号	56800444
上海光启息安骨灰堂	骨灰安葬	松江区泗泾镇沪松公路 2188 号	57617079
玉佛功德园静园	骨灰安葬	青浦区朱家角淀峰村报国寺内	69248950

附录七：

上海市民政局局管社会组织名录(376家)

名　称	地　址
上海市养老服务行业协会	盛泽路8号四层
上海市癌症康复俱乐部	镇宁路405弄164号
上海市残疾人集中就业企业协会	天钥桥路325号2810室
上海市康复器具协会	娄山关路新虹桥中心
上海市街镇工作协会	制造局路88号4B
上海市居(村)委会工作协会	制造局路88号3楼
上海市社会建设研究会	柳营路125号5楼C119
上海市婚姻介绍机构管理协会	成都北路500号3805
上海市殡葬行业协会	江浦路2100号A栋2层
上海市社会工作者协会	浦东大道2601号1209室
上海市福利彩票服务中心	漕宝路66号B座12楼
上海真爱梦想公益发展中心	碧波路572弄116号5幢1—3层A座
上海东方肿瘤双防康复指导中心	郭守敬路199号403室
上海利生公益服务中心	昭化路357号376幢303室
上海市社会福利服务中心	宛平南路465号北楼8楼
上海乐龄文化艺术中心	中山南路1088号310室
上海市社会福利评估事务所	普育西路105号4号楼211室
上海益群居家养老服务指导中心	华山路263弄7号3号楼2楼
上海科技助老服务中心	普育西路105号5号楼201—202室
上海中民老龄事业开发服务中心	建国东路525号巴士大厦15楼
上海鸿泰老龄服务中心	源深路368号706室
上海民福养老事业服务中心	汉中路158号东3A楼19室
上海华龄涉老产业发展中心	南环路506号22幢401室
上海现代养老产业发展中心	南京西路580号主楼38楼14室
上海市现代老龄事业促进中心	长寿路360号2706室
上海佰爱养老事业发展中心	漕溪北路333号1904室
上海海福养老事业发展中心	钦州北路1001号光启园12号楼1901室
上海市乐善源公益服务中心	金沙江路2890弄5号2007室

续表

名　　称	地　　址
上海市五筹养老事业促进中心	河南南路 33 号 6 楼 L 座
上海安康联养老事业发展中心	宜山路 515 号徐家汇环线广场 18H
上海生安养老服务中心	六里中心路 511 号 303 室
上海万民养老事业促进中心	江宁路 293 号 302 室
上海爱照护长者公益发展中心	岚皋路 597 号 702 室
上海长三角区域养老服务促进中心	世博村路 231 号 2 单元 3 层 326 室
上海宝贝之家病患儿童关爱中心	东方路 1678 号（上海儿童医学中心招待所第 2 层、3 层）
上海 2007 特奥中心	江苏路 121 号 20 楼 1 室
上海小笼包聋人协力事务所	普育西路 105 号 2 号楼 110 室
上海艺途无障碍工作室	普育西路 105 号 3 号楼 107—110 室
上海黑暗中对话服务中心	江滨路 99 号 2-103 室
上海市小咖云康复辅助器具产业服务促进中心	青浦区诸光路 1588 弄 530 号 209 室
上海东方家园社区事务推展中心	峨山路 679 弄 1 号 208B 室
上海一门式政务研发中心	普育西路 105 号 4 号楼 305 室
上海海惠社区民生发展促进中心	漕溪北路 45 号 Base 大厦 8F
上海邻里之家社区服务中心	普济路 53 号万有集市 2 楼
上海大润百年社区公益服务中心	延安西路 1228 弄 2 号 23 楼 D 室
上海百益社区服务中心	合川路 2885 号 B 栋 302 室
上海好运婚姻介绍所	大田路 129 弄 1 号 21 层 A 室
上海殡葬文化研究所	文定路 80 弄 1 号 501 室
上海民政历史文化研究所	普育西路 105 号 1 号楼
上海协励汇社区志愿服务中心	雪野路 48 号上海市民办协和双语学校浦东校区 106 室
上海益行家园志愿服务中心	环城路 515、535、555 号 157、158、159、160 室
上海愿景志愿服务中心	小昆山镇广富林路 4855 弄 105 号 701 室
上海彩虹桥公益社	丁香路 1066 弄 8 号 3 楼
上海市阳光善行公益事务中心	瞿溪路 758 号 3 号楼 206 室
上海和爱同行公益中心	园文路 28 号 1915 室
上海灵青公益发展中心	国霞路 455 号 402 室
上海新活力公益发展中心	共和新路 2802 号甲 1 号楼 203
上海市五月桃公益组织服务中心	天钥桥路 1178 号 306 室
上海明日公益事业发展中心	延安中路 847 号 24 楼 24R11 室
上海我加壹公益服务中心	曲阳路 775 号 204 室
上海市公益服务促进中心	普育西路 105 号 3 号楼 201—203 室
上海迁善社会公益事业服务中心	金高路 2357 号一层 104—106 室
上海忧道公益服务中心	奉浦大道 97 号 303 室
上海公羊公益服务中心	双流路 31 号 607 室（1）（2）
上海根与芽青少年活动中心	福州路 666 号 7 楼 E 单元

续表

名　称	地　址
上海现代公益研究院	北张家浜路 88 号 G 座
上海市社会组织服务中心	延平路 123 弄 15 号 101 室
上海现代社会团体秘书长工作促进中心	陆家浜路 285 号 706 室
上海恩派社会创新发展中心	普育西路 105 号 10 号楼
上海市社会组织评估院	延平路 123 弄 15 号 101 室
上海国信社会服务评估院	铁岭路 32 号 605-12 室
上海颂鼎社会公益创新发展中心	普育西路 105 号 2 号楼 105 室
上海卓越公益组织发展中心	沪太路 150 号 605 室
上海公益新媒体中心	普育西路 105 号 4 号楼 7 楼
上海嘉宝公益基金会	清河路 55 号 607 室
上海市帮困互助基金会	西藏南路 760 号 1105 室、1106 室
上海兴华教育扶贫基金会	虹桥路 977 号中山广场第二座 36 楼 B 座
上海民建扶帮公益基金会	延安中路 841 号 1608 室
上海慈源爱心基金会	双城路 803 弄 9 号楼 6 楼
上海浦发公益基金会	浦东南路 256 号华夏银行大厦 34 楼 3401 室
上海真爱梦想公益基金会	张江高科技园区碧波路 518 号 1 幢 209 室
上海汇添富公益基金会	富城路 99 号震旦国际大厦 21 层 02
上海民生公益基金会	福州路 666 号 13D 座
上海慈慧公益基金会	金钟路 658 弄 1 号楼 B 座 4 楼
上海复大公益基金会	国定路 335 号 2 号楼 812 室
上海荣昶公益基金会	淮海中路 1857 弄 10 号
上海宏信公益基金会	耀江路 9 号 2 楼
上海紫江公益基金会	七莘路 1388 号 1 号楼 218 室
上海心系大爱公益基金会	田林路 397 号 C 座 10 楼 905 室
上海银科公益基金会	浦电路 360 号 7 楼 B 单元
上海红纺公益基金会	光复西路 2899 弄 9 号 5 楼 501 室
上海袁立公益基金会	黄兴路 1 号中通大厦 22K
上海同心同行公益基金会	遵义路 797 弄 2 号 405 室
上海医贾通公益基金会	东三里桥路 555 号 2 层
上海韵达公益基金会	崧复路 1253 号行政办公楼 101 室
上海弈慧公益基金会	长柳路 56—62(双)号 910 室
上海景熙公益基金会	浦东大道 599 号 3017 室
上海量子公益基金会	政府路 18 号波司登大厦 8 楼 803 单元
上海古宣辉公益基金会	美丹路 18 弄 146 号 301 室
上海三思公益基金会	威海路 696 号 10 幢 01 层 009 室
上海新奥光明公益基金会	普育西路 105 号 2 号楼 203 室
上海翔宇公益基金会	仙霞路 88 号西楼 2 层 A2 室

续表

名　　称	地　　址
上海市文能慈善基金会	昌里东路72弄16号1201
上海享物公益基金会	平塘路195号2楼203室
上海心苹公益基金会	南京西路555号三五大厦1206室
上海万众公益基金会	金迈路1号上海陆交商务中心大厦411室
上海金桥碧云公益基金会	锦绣东路2777弄35号楼102室
上海睿远公益基金会	芳甸路1155号42层4205B-1室
上海浅橙公益基金会	国安路758弄48号605-2室
上海东方财富公益基金会	宛平南路88号6层603室
上海颂尧慈善基金会	南京西路580号主楼1006室
上海波克公益基金会	金沙江路1628弄10号2109室
上海达尔威公益基金会	恒丰路638号1908—1909室
上海威启伊墨慈善基金会	延安西路1228弄2号嘉利大厦5I室
上海齐家合众慈善基金会	天钥桥路1188号B区304室
上海盘京公益基金会	北京西路1701号1501室
上海上善公益基金会	万源路399号5号楼209室
上海市大华公益基金会	真华路1116号606室
上海车多多公益基金会	峨山路613号双创产业园C幢408室
上海玮仕振华公益基金会	浦东南路528号上海证券大厦北塔1102室
上海中梁公益基金会	云岭东路235号1401室
上海致达公益基金会	延平路121号29楼C室-01
上海敦复公益基金会	中山南二路555号19幢358室
上海市旭辉公益基金会	申虹路1088弄39号201室
上海市盛目慈善基金会	申虹路1188弄北区17号103室
上海市第一太平洋公益基金会	申长路518号202-1室
上海新纪元公益基金会	崇明区陈西村1518号行政楼2楼
上海一帆公益基金会	打浦路15号长城金融大厦3701G室
上海快牛慈善基金会	通协路269号2号楼目林联合办235室
上海清新之爱公益基金会	漕溪北路375号1101-1室
上海立信德豪公益基金会	南京东路61号十一层1104—1105室-1
上海市老年基金会	龙华东路858号19楼
上海亲和宇宙老龄事业发展基金会	秀沿路2999号
上海银杏老年公益基金会	虹桥路1591号22号楼
上海颐乐助老慈善基金会	崧煌路388号A2
上海华信公益基金会	兴国路111号
上海向阳公益基金会	荣乐东路208弄13号第三层
上海淑德公益基金会	北京西路758弄5号楼102室
上海阳光公益基金会	灵山路1号606室

续表

名　　称	地　　址
上海仁心公益基金会	延安西路 728 号华敏翰尊国际 9D
上海大千挚爱公益基金会	南京西路 580 号 B 楼 705 室
上海市百将公益基金会	虹梅路 2975 号第 25 幢 106 室
上海淳遂众慈公益基金会	浦东南路 1862 弄 20 号 503 室
上海心安公益基金会	张杨路 628 弄 2 号 10C 室
上海新东苑公益基金会	金光路 199 弄综合楼
上海尚笙湾公益基金会	安化路 398 号
上海大丰公益基金会	大沽路 190 号 2A
上海市未来梦想公益基金会	真北路 1208 号 D 座 3 层 C8022 室
上海至尊园公益基金会	朱家角镇祥凝浜路 139 弄 48 号
上海海银公益基金会	银城中路 8 号 610 室
上海竞衡公益基金会	沪青平公路 2008 号 19 楼
上海从人公益基金会	虹桥路 355 号 1101 单元
上海新力公益基金会	申长路 988 弄虹桥万科中心 6 号楼 601B 室
上海市慈航公益基金会	浦东南路 500 号 19 层 F 单元
上海大初公益基金会	七宝镇新龙路 1333 弄 96 号 528 室
上海市甬协公益基金会	南汇路 69 号 606 室
上海东方爱心基金会	五星路 676 弄 43 号楼
上海联劝公益基金会	普育西路 105 弄 4 号楼 208 室
上海明德公益基金会	凤城路 30 号
上海易顺公益基金会	真光路 962 弄 26 号 405 室
上海梦飞翔公益基金会	水城路 68 号 2 楼
上海市韩束公益基金会	凯旋北路 1188 号 2103 室
上海随手公益基金会	华宁路 3333 号
上海富邦华一公益基金会	世纪大道 1168 号 A 座 1801 室
上海周桐宇公益基金会	延安西路 895 号 25D1
上海同一苍穹下公益基金会	靖宇南路 99 弄 16 号 101 室
上海巨海成杰公益基金会	金韵路 199 弄华太中心 22 号楼
上海梦想成真公益基金会	四川北路 1688 号 1608 室
上海市青橄榄树公益基金会	龙启路 258 号 9 层 1009 室
上海儒虹公益基金会	南京西路 580 号仲益大厦 45 楼 4502/4503 室
上海海康贝公益基金会	龙华东道 79 弄 4 号 1202 室
上海珍宝公益基金会	红宝石路 500 号 1 号楼 14 楼 03 室
上海蓁爱公益基金会	罗锦路 42 号 2 号楼东侧 2 层 A 区
上海联享公益基金会	江苏路 369 号 26C 室
上海何梅公益基金会	南京西路 1468 号中欣大厦 3507 室
上海正好公益基金会	南京西路 1486 号 3 号楼 1308 室

续表

名　　称	地　　址
上海来伊份公益基金会	沪松公路1399弄68号来伊份青年大厦18楼01室
上海嘉和公益基金会	秀文路908弄19号304室
上海联璧场景公益基金会	广富林路4855弄91号9楼901室
上海永林公益基金会	海湾旅游区海鸥路222号3楼
上海适达公益基金会	西康路1297号5楼501室
上海通江公益基金会	常德路1239号501室
上海慈梦公益基金会	佳京路455弄25号101室
上海天使宝贝公益基金会	杨高中路2108号A栋V16
上海优来公益基金会	德堡路38号2幢3层302-09
上海心生公益基金会	灵山路1000弄1号1112室
上海道杰公益基金会	中山北路3663号第358幢326A室
上海特殊关爱基金会	兴国路78号兴国宾馆9号楼
上海华杰仁爱基金会	水电路682号天鸿商务大厦
上海仁德基金会	峨山路633号5号楼B208室
上海思麦公益基金会	昆明路739号文通大厦1203室
上海市东方红公益基金会	中山南路318号东方国际金融广场2号楼39楼
上海至美公益基金会	广东路689号海通证券大厦201室
上海宜安梦公益基金会	漕溪路125弄15号207室
上海证券交易所公益基金会	浦东南路528号南212室
上海东方证券心得益彰公益基金会	白渡路111号5楼08室
上海正享公益基金会	东方路3601号2号楼2119室
上海虎行公益基金会	世纪大道8号A座11层1116室
上海仲弘公益基金会	外青松公路7270弄600号东区1号楼办公室
上海焕皋公益基金会	祝桥镇江镇路新龙村新龙宅100号上海东方地质科普馆2楼
上海国乾公益基金会	广富林路658弄215号1112室
上海和顺公益基金会	金沙江路2890弄35号320室
上海云开朵朵公益基金会	康定路1437号332室
上海星旭公益基金会	北京西路968号3002室
上海铖锘公益基金会	张江高科技园区李冰路67弄4—6号206室
上海互济公益基金会	苏虹路29号虹桥天地三号楼东楼五层511
上海资邦公益基金会	封周路655号14幢1513、1518室
上海东升公益基金会	浦东南路379号18楼F座
上海传梦爱心基金会	南丹东路238号5006室
上海沪佳公益基金会	永和路118弄41号楼1202室
上海九天公益基金会	中山西路1001号国药大厦1108室
上海铭深公益基金会	东大名路1158号浦江国际金融广场805室
上海陈佩秋公益基金会	世纪大道100号上海环球金融中心29楼2906室

续表

名　　称	地　　址
上海启明星公益基金会	兰溪路145号1211室
上海雨萌公益基金会	石门一路116号3楼305-7室
上海力国公益基金会	吴宝路255号913室
上海临港公益基金会	泥城镇新元南路555弄1号218室
上海市奥理公益基金会	延安西路1228弄2号27楼A座
上海美丽心灵社区公益基金会	普育西路105号9号楼1层
上海嘉定区张彪公益基金会	马陆镇封周路655号14幢304室
上海一起社区公益基金会	桂平路418号A座901-A室
上海心手相牵社区公益基金会	南翔镇翔乐路358号202室
上海美好临汾社区发展基金会	安业路106号
上海金山卫镇社区发展公益基金会	金山卫镇古城路319号207室
上海市杨浦区江浦社区公益基金会	许昌路1483弄4号
上海洋泾社区公益基金会	沈家弄路891号
上海盈浦社区基金会	港俞路1122号
上海桃浦镇社区基金会	绿杨路34号
上海真如社区基金会	兰溪路968号1楼101室
上海宜川路街道社区基金会	石泉东路168弄68号202室
上海曹杨社区基金会	枫桥路8号209室
上海长寿社区基金会	宜昌路458弄7号201室
上海石泉社区基金会	石泉六村63号302室
上海万里社区基金会	真金路459号3楼
上海甘泉社区基金会	甘泉路56号
上海嘉定工业区社区公益基金会	嘉朱路1280号
上海市杨浦区延吉社区公益基金会	控江路600号B栋204
上海长兴社区发展基金会	长兴镇金滂路199弄30号201室
上海长征镇社区基金会	长征镇千阳南路99弄17号2楼18-002
上海长风社区基金会	中山北路3500号2号楼407室
上海市杨浦区五角场街道社区公益基金会	国定路59号
上海江川社区发展基金会	鹤庆路255号
上海奉贤西渡社区发展基金会	西闸公路1276号4楼401室
上海奉贤乐居南桥社区基金会	南桥镇江海花园87号203室
上海市虹口区四川北社区基金会	溧阳路1338号211办公室
上海市虹口区提篮桥社区基金会	公平路612号1楼
上海市虹口区凉城社区基金会	凉城路465弄41号甲201室
上海浦东新区东明社区公益基金会	环林东路799弄65号一层基金会办公室
上海浦东新区唐镇社区公益基金会	唐镇创新中路95弄77号403室
上海市黄浦区五里桥社区基金会	瞿溪路756号308室

续表

名　　称	地　　址
上海市浦东新区周家渡社区公益基金会	齐河路508号102室
上海市虹口区欧阳社区基金会	四平路421弄21号410室
上海浦东新区金杨社区公益基金会	灵山路1803号301室
上海市虹口区曲阳社区基金会	曲阳路910号2107室
上海市浦东新区塘桥社区公益基金会	峨山路679弄1号202室
上海浦东新区浦兴社区基金会	长岛路1201弄74号209室
上海市徐汇田林社区基金会	田林十二村17号305室
上海市长宁区新华社区基金会	定西路650号7楼6338室
上海浦东新区上钢社区公益基金会	昌里路335号406室
上海市虹口区广中社区基金会	水电路120号309室
上海市徐汇虹梅社区基金会	虹梅路2105号
上海市徐汇龙华社区基金会	天钥桥南路399号409室
上海市松江区九里亭社区基金会	九杜路333号2号楼2013室
上海市徐汇枫林社区基金会	东安路182号2楼
上海市徐汇康健社区基金会	桂林西街23号210室
上海市徐汇漕河泾社区基金会	南宁路501弄33号209室
上海市虹口区江湾镇社区基金会	奎照路280号205室
上海市黄浦区淮海中路街道社区基金会	复兴中路369号16层F座
上海市徐汇凌云社区基金会	老沪闵路875弄30号2-206室
上海市徐汇华泾社区基金会	龙吴路2388弄84号甲102室
上海市长宁区天山社区基金会	天山二村64号乙313室
上海市浦东新区南码头社区公益基金会	南码头路400号106室
上海市浦东新区沪东社区公益基金会	金桥路939号1601室
上海市徐汇徐家汇社区基金会	徐虹北路11号204室
上海市松江区中山社区基金会	茸梅路139号309室
上海浦东新区花木社区公益基金会	梅花路289号218室
上海市徐汇长桥社区基金会	罗秀路616号305室
上海市徐汇斜土社区基金会	零陵北路1号210室
上海市浦东新区潍坊社区公益基金会	浦电路438号705室
上海市杨浦区控江街道社区公益基金会	靖宇南路99弄16号107室
上海市杨浦区平凉街道社区公益基金会	惠民路1018弄8号
上海市杨浦区四平路街道社区公益基金会	鞍山五村33号甲
上海市杨浦区长白新村街道社区公益基金会	长白路159号2楼
上海市杨浦区定海社区公益基金会	周家嘴路4214弄26号103室
上海市杨浦区五角场镇社区公益基金会	国权东路99弄20—21号2楼
上海市杨浦区新江湾城街道社区公益基金会	国秀路181号4楼
上海市虹口区嘉兴社区基金会	四平路710号广益大厦1003-1室

续表

名　　称	地　　址
上海市杨浦区大桥街道社区公益基金会	杭州路 66 弄 35 号 405 室
上海市杨浦区殷行社区公益基金会	包头路 781 号 109 室
上海市长宁区江苏社区基金会	宣化路 3 号 2 层 2283 室
上海市长宁区华阳社区基金会	安化路 500 号 1 楼
上海市徐汇湖南社区基金会	湖南路街道复兴西路 100 号 407 室
上海市徐汇天平社区基金会	余庆路 21 号 202 室
上海市长宁区虹桥社区基金会	虹桥路街道富贵东道 99 号 102 室
上海市长宁区周家桥社区基金会	武夷路 656—658 号 202 室
上海奉贤奉城社区发展基金会	曙宏路 342 号 301 室
上海市长宁区北新泾社区基金会	新泾二村 53 号 16 幢 201 室
上海新虹社区发展基金会	沪青平公路 277 号 5 楼 J52 室
上海市建国社会公益基金会	川沙路 5533 号
上海浦东新区社会发展基金会	茂兴路 90 号 21D
上海能近公益基金会	斜土路 2669 号英雄大厦 2206 室
上海汉庭社会公益基金会	虹桥路 2266 号
上海恩德公益基金会	博园路 188 号
上海盛立公益基金会	虹桥路 1591 号虹桥迎宾馆 B7 别墅
上海志成公益基金会	鲁班路 600 号 3 层连廊
上海诺亚公益基金会	杨树浦路 340 号 C 楼 101 室
上海益善公益基金会	北京西路 1701 号中化大厦 2407 室
上海科博达公益基金会	祖冲之路 2388 号 1 幢 A503 室
上海月光公益基金会	天山路 600 弄 4 号 19A 座
上海游族公益基金会	宜山路 717 号 1101 室
上海安慈公益基金会	天山西路 165 号 A 幢 606 室
上海小金牛公益基金会	银城中路 168 号 906 室
上海耕夫公益基金会	新闸路 1136 弄 1 号楼 10 楼 A68 室
上海市浙江商会公益基金会	浦东大道 900 号 2505 室
上海中晋公益基金会	中山东二路 6—8 号 202 室
上海荣庄公益基金会	殷行路 1286 号 1102 室
上海相宜公益基金会	四川北路 1361 号 31 楼
上海华星公益基金会	天目西路 198 号 4-20B-2
上海众爱公益基金会	公平路 38 号 1 楼
上海惠爱公益基金会	菲拉路 55 号第二幢 604 室
上海映绿公益发展基金会	峨山路 613 号第 11 幢 B109 室
上海有人公益基金会	望园路 2101—2107 号(单)号 2 层
上海华扬联众公益基金会	南京西路 338 号 2 楼
上海泉爱公益基金会	张杨路 2389 号 1606 室

续表

名　　称	地　　址
上海星舍公益基金会	丹巴路201号
上海永达公益基金会	龙阳路2277号1楼
上海市金梧桐公益基金会	浦东南路379号12B3
上海正心公益基金会	明月路1257号11号楼一层
上海璞慧公益基金会	淮海中路1325号605室
上海普瑞公益基金会	茅台路899号617室
上海弘信公益基金会	胶州路11弄20号1楼
上海华兴公益基金会	华山路849号4号楼310室
上海福寿园公益发展基金会	漕溪北路88号圣爱大厦1310室
上海如新公益基金会	南桥镇南桥环城西路3000号1楼V102
上海嘉骐公益基金会	祖冲之路295号402A
上海市长益公益基金会	光复西路2899弄9号706室
上海慈善物资管理中心	杨高中路2795号101室
上海市慈善基金会	淮海中路73弄9号甲
上海百马慈善基金会	澳门路519弄1号华生大厦1号楼1104室
上海汤臣慈善基金会	东方路710号208室
上海万宇慈善基金会	翔峰路371弄197号402室
上海宇兴爱心慈善基金会	四平路777号101-10室
上海大成慈善基金会	溧阳路735号5号楼207
上海弘广慈善基金会	黄陂南路700号B栋4层D区
上海市延芳慈善基金会	虹梅南路777号59幢8层1816室
上海瑞华慈善基金会	凯旋北路1309号4楼东区B
上海雪山慈善基金会	陆家嘴环路166号21EF
上海荷福慈善基金会	淮海中路283号香港广场南楼3301室
上海聚德慈善基金会	龙阳路2277号永达大厦1904室
上海慧佳慈善基金会	秀浦路2388号3幢761室
上海市星愿慈善基金会	泰和路2038号2幢1层10室
上海嘉阳慈善基金会	海伦西路23号202室
上海千众慈善基金会	淮海中路381号中环广场17—25
上海荣茂慈善基金会	塘沽路309号14C
上海莱士慈善基金会	望园路2009号1号楼310室
上海国峯慈善基金会	中山西路1279弄6号国峰科技大厦13楼
上海申兆瑞德慈善基金会	板泉路901号3楼办公室
上海双平慈善基金会	罗芬路1236号1205室
上海满愿慈善基金会	长阳路1080号72幢2A层09室
上海大辰慈善基金会	宜昌路555号三楼A-03室
上海愿望成真慈善基金会	长乐路989号世纪商贸大楼8楼158室

续表

名　　称	地　　址
上海善盟慈善基金会	绥德路 118 弄 65 号 4 楼
上海金刚慈善基金会	陆家嘴环路 958 号华能联合大厦 36 楼
上海随相慈善基金会	泰和路 2038 号 D 座 208 室
上海水莲慈善基金会	中山西路 930 号 703 室
上海正事慈善基金会	汶水东路 29 号 1703 室
上海中泽慈善基金会	武威路 88 弄 18 号 303 室
上海爱与承慈善基金会	延安西路 2633 号 C302 室
上海善明慈善基金会	汇源路 218 弄 1 号 1502 室
上海爱加倍慈善基金会	沪青平公路 3938 弄移动智地 20 号楼 401 室
上海市奥盛慈善基金会	商城路 518 号 16—17 楼
上海市荣益慈善基金会	浦电路 489 号 1007 室
上海立洋慈善基金会	长阳路 1616 号 1003 室
上海市和平鸽慈善基金会	龙启路 258 号 1702
上海融乐公益基金会	新金桥路 58 号 301—302 室
上海初心为爱公益基金会	普育西路 105 号 3 号楼 2 层 204 室-3

编后记

资政存史，鉴往知来。《上海民政年鉴（2020）》是新世纪上海民政工作首部部门年鉴。当前，我国正处于重要的历史交汇期，民政工作改革发展正处在一个新的历史起点。作为改革开放的前沿，上海肩负着继续当好改革开放排头兵、创新发展先行者的重任，上海民政部门认真履行基本民生保障、基层社会治理、基本社会服务等职责，为上海改革发展稳定作出了重要的贡献，积累了许多宝贵的实践经验。完整全面记录上海社会救助、社会福利、社区治理、社会组织和社会公益、社会服务等各项民政工作的年度发展情况具有重要的意义。

《上海民政年鉴（2020）》力求全面、精准反映2019年上海民政的时代特征、地方特色、年度特点。自2020年初编纂工作启动以来，上海市民政局各机关处室及31家局属单位、16个区民政局提供了大量丰富的第一手资料。

《年鉴》编纂得到上海市地方志办公室、上海人民出版社的大力指导和支持。值此出版之际，衷心感谢为《年鉴》编纂、设计、出版付出辛勤劳动的领导、专家、撰稿和编审人员，衷心感谢所有关心、支持《年鉴》的社会各界人士。

《上海民政年鉴》编委会

2020年12月

图书在版编目(CIP)数据

上海民政年鉴.2020/上海市民政局编.—上海：
上海人民出版社，2020
ISBN 978-7-208-16728-5

Ⅰ.①上… Ⅱ.①上… Ⅲ.①民政工作-上海-
2020-年鉴 Ⅳ.①D632-54

中国版本图书馆CIP数据核字(2020)第190352号

责任编辑 张晓玲 史尚华
封面设计 陆 弦

上海民政年鉴(2020)
上海市民政局 编

出　版 上海人民出版社
(200001 上海福建中路193号)
发　行 上海人民出版社发行中心
印　刷 上海盛通时代印刷有限公司
开　本 889×1194 1/16
印　张 37
插　页 4
字　数 1,270,000
版　次 2020年12月第1版
印　次 2020年12月第1次印刷
ISBN 978-7-208-16728-5/Z·230
定　价 320.00元